天下黑茶
神韵安化

安化县人大志

1949—2016

《安化县人大志》编纂委员会 编

方志出版社
Publishing House of Local Records

图书在版编目（CIP）数据

安化县人大志：1949-2016/《安化县人大志》编纂委员会编.—北京：方志出版社，2017.11
ISBN 978-7-5144-2727-1

Ⅰ.①安… Ⅱ.①安… Ⅲ.①地方各级人民代表大会—工作概况-安化县 Ⅳ.①D624.644

中国版本图书馆CIP数据核字（2017）第296173号

安化县人大志（1949—2016）

编　　者：《安化县人大志》编纂委员会
责任编辑：李志瑜
出 版 人：冀祥德
出 版 者：方志出版社
地址 北京市朝阳区潘家园东里9号（国家方志馆4层）
邮编 100021
网址 http://www.fzph.org
发　　行：方志出版社图书经销中心
电话（010）67110500
经　　销：各地新华书店
印　　刷：湖南雅嘉彩色印刷有限公司
开　　本：889×1194　1/16
印　　张：42.5
字　　数：1032千字
版　　次：2017年11月第1版　2017年11月第1次印刷
印　　数：0001～1200册
ISBN 978-7-5144-2727-1　定价：398.00元

《安化县人大志》编纂委员会

顾　　问：王定中　艾胜杜　蒋金云

主　　任：蒋跃登　李太源

副 主 任：黄志军　刘跃迎　夏华凤　伍　亮　肖伟群

　　　　　姚国良　张　勇　王良才

成　　员：龙要平　龙吉明　瞿军盛　刘锻武　刘国平

　　　　　夏新情　刘百战　罗舜寰　周正平　谭安民

　　　　　方英姿　罗伟民　方建国　夏秀云　邓卫辉

《安化县人大志》编纂委员会办公室

主　　编：夏华凤　姚国良

执行主编：龙要平

副 主 编：罗舜寰

成　　员：周正平　胡　健　夏琼玲　吉项军　彭　霞

　　　　　侯　兰　夏　巍　李　灿　李　明　李聪勇

　　　　　唐龙飞　瞿荃芳　周　勤　李　旭　夏霄波

《安化县人大志》编纂委员会办公室工作人员合影
前排左起：夏霄波　李　灿　侯　兰　夏琼玲　彭　霞　瞿荃芳　李　明　夏　巍
后排左起：周正平　龙吉明　龙要平　姚国良　罗舜裹　刘国平　谭安民　李聪勇

2015年4月，《安化县人大志》编纂委员会组织编写组成员到湖北省来凤县考察学习

2017年9月，《安化县人大志》编纂委员会办公室工作会议

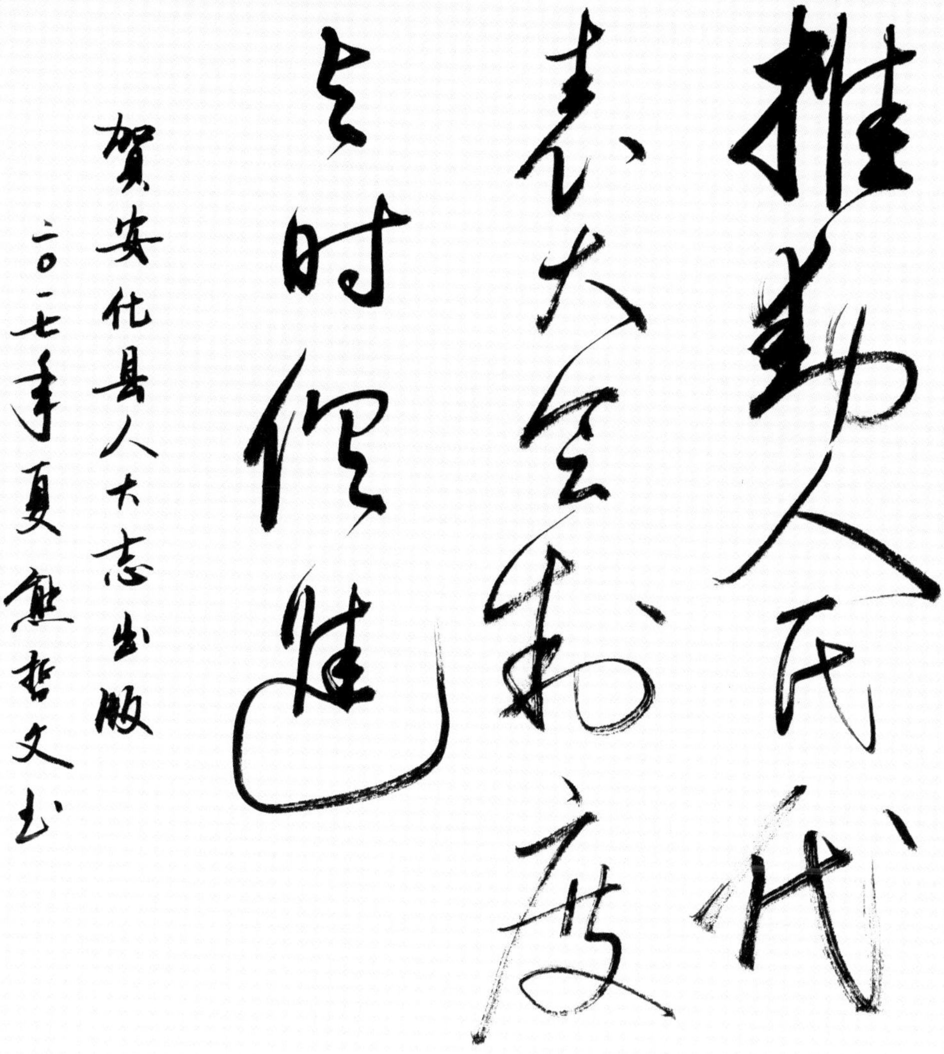

熊哲文　中共安化县委书记

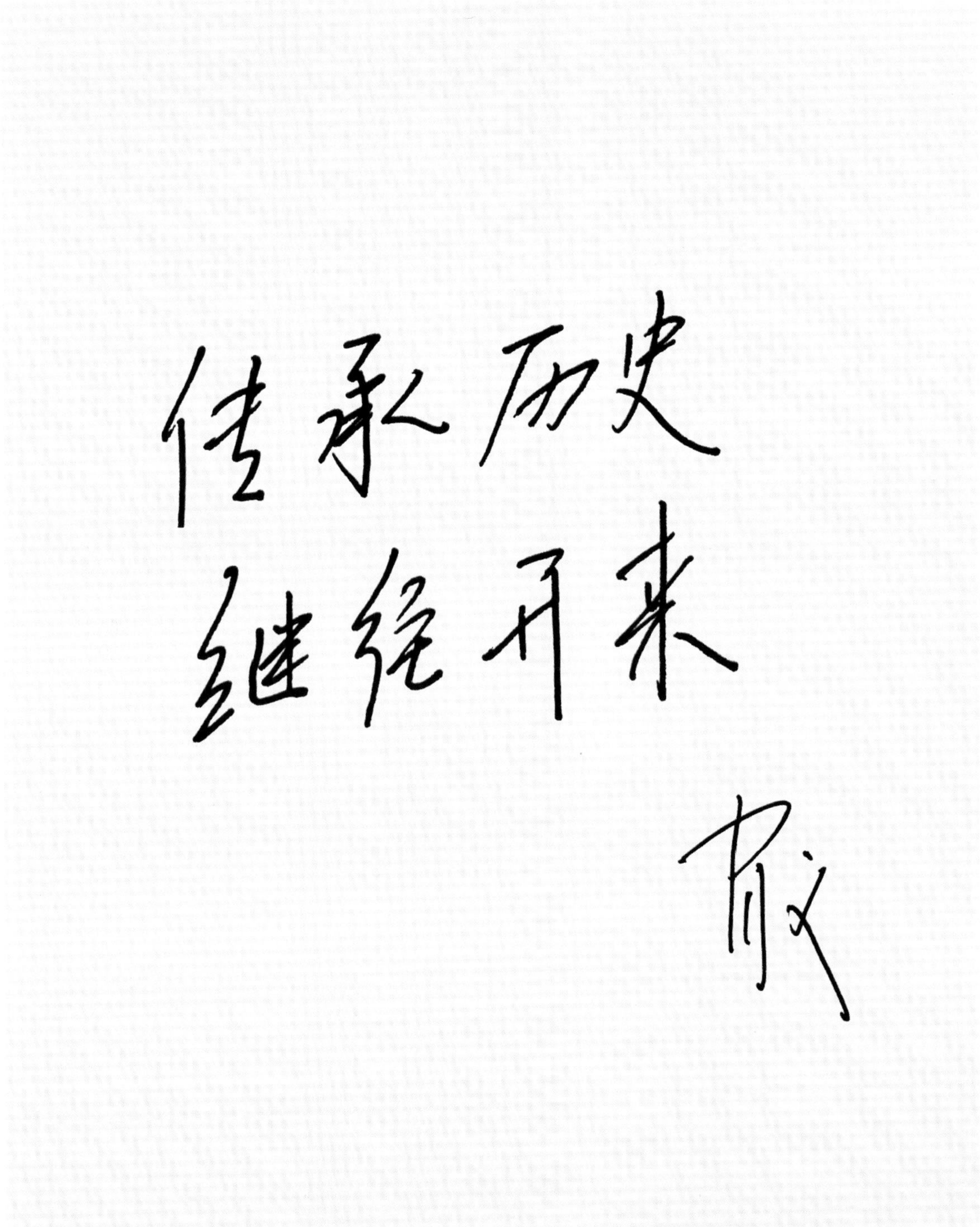

肖　义　中共安化县委副书记、县人民政府县长

倾听民声、反映民意、

对全县人民负责。

王新宇

二〇一七年六月

王新宇　中共安化县委副书记

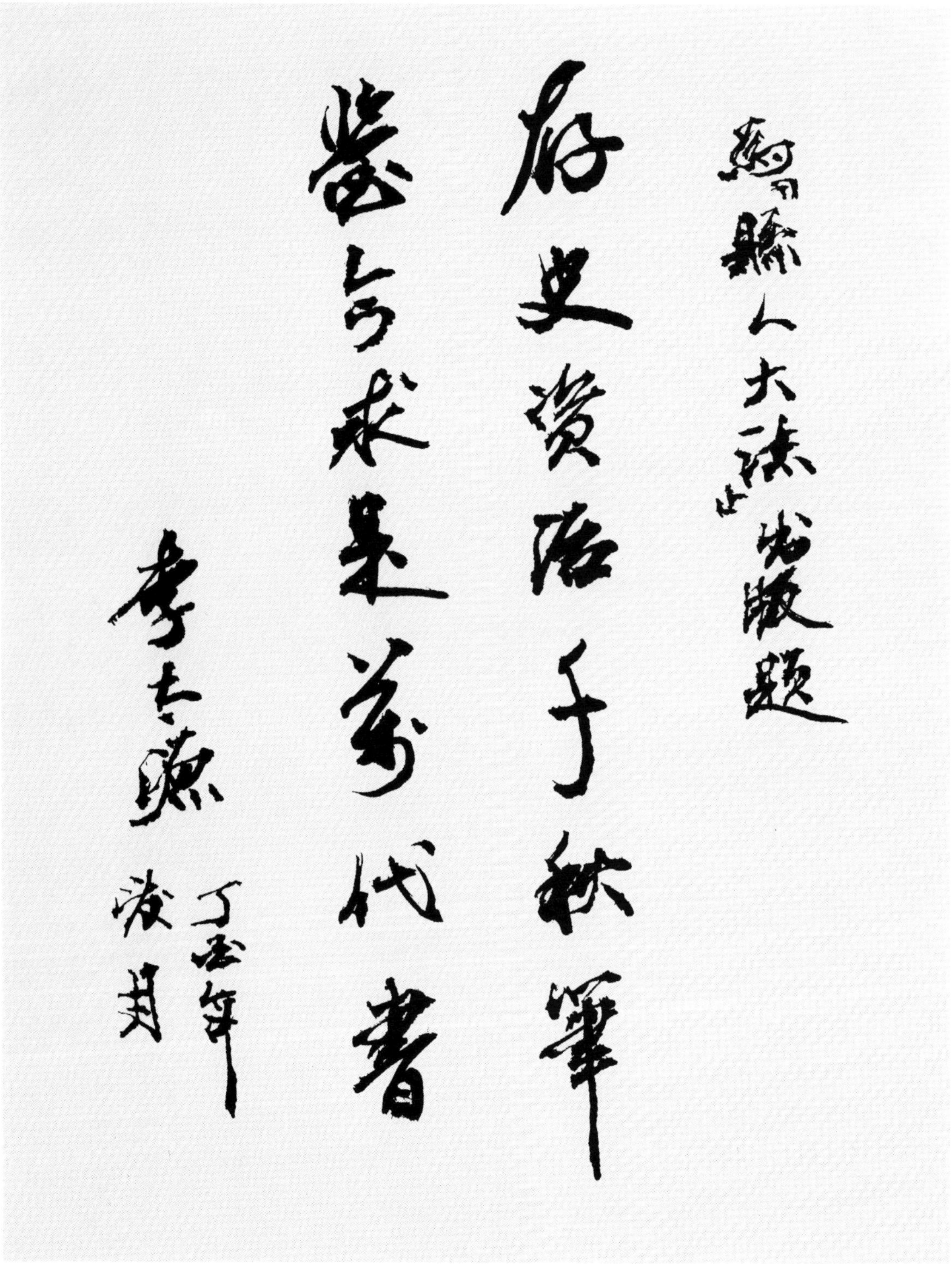

李太源　安化县人大常委会主任

弘扬法治精神
推进安化发展

王益文
2017.6.

王益文　安化县政协主席

2007年5月18日，中共湖南省委书记、省人大常委会主任张春贤（中）到安化考察移民后扶工作

2007年11月16日，第十届全国人大常委会委员、中纪委原副书记夏赞忠（右一）在安化考察工作

2010年10月8日，中共湖南省委书记、省人大常委会主任周强（右一）在古楼乡指导抗洪救灾工作

2013年8月1日，中共湖南省委书记、省人大常委会主任徐守盛（右一）到安化调研黑茶产业建设，并视察指导灾后重建工作

2016年2月4日，湖南省省长杜家毫（右三）到安化视察扶贫攻坚工作

2016年5月22日，全国人大内司委副主任委员白景富（左三）、委员李江（左四）到安化调研司法公开和侦查监督等专项工作

2006年12月24日，湖南省人大常委会中共党组副书记、副主任吴向东（左一）在东坪镇铁炉村慰问特困群众

2015年4月15日，湖南省人大常委会副主任蒋作斌（左二）在安化视察旅游工作

2007年10月10日，益阳市人大常委会主任伍建国（左二）在安化视察

2009年6月22日，益阳市人大常委会主任李稳石（左一）在安化视察黑茶产业

2012年5月26日，益阳市人大常委会主任周再华（左三）在安化调研交通建设情况

2017年3月13日，益阳市人大常委会中共党组书记、副主任（正厅级）徐云波（左一）在安化开展《安化黑茶文化遗产保护条例》立法调研

2017年4月9日，中共益阳市委书记、市人大常委会主任瞿海（右二）在安化一中调研

2004年9月16日，安化县人大常委会纪念人民代表大会制度建立五十周年报告会在红旗剧院举行

2006年10月27日，安化县人大常委会举行国庆文艺晚会

2014年6月27日，安化县人民代表大会成立60周年庆祝大会在东坪举行

2014年6月27日，安化县第十六届人大常委会领导与历届安化籍全国人大代表合影

1951年11月11~15日，安化县第二届各界人民代表大会第一次会议在东坪举行

1968年3月3日，安化县第六届人民代表大会（县革命委员会）会议在东坪举行

1980年12月17~22日，安化县第八届人民代表大会第一次会议在东坪举行

1986年3月5~10日，安化县第九届人民代表大会第三次会议在东坪举行

1987年2月15~21日，安化县第十届人民代表大会第一次会议在东坪举行

1991年2月1~5日，安化县第十一届人民代表大会第二次会议在东坪举行

1992年11月29日至1993年1月3日，安化县第十二届人民代表大会第一次会议在东坪举行

1997年12月28日至1998年1月2日，安化县第十三届人民代表大会第一次会议在东坪举行

2003年12月7~8日，安化县第十四届人民代表大会第二次会议在东坪举行

2011年1月6~9日，安化县第十五届人民代表大会第四次会议在东坪举行

2015年12月27~30日，安化县第十六届人民代表大会第五次会议在东坪举行

2016年11月28日至12月2日，安化县第十七届人民代表大会第一次会议在东坪举行

2016年11月28日，安化县第十七届人民代表大会第一次会议举行主席团第一次会议

2007年1月11日，在县第十四届人民代表大会第六次会议上表彰优秀县人大代表

2008年12月17日，在县第十五届人民代表大会第二次会议上表彰乡镇人大工作目标管理考核先进单位

1989年2月24日，出席县第十届人民代表大会第三次会议的代表审议政府工作报告

1990年2月18日，出席县第十一届人民代表大会第一次会议的代表选举投票

1993年1月3日，出席县第十二届人民代表大会第一次会议的代表填写选票

2015年1月7日，安化县第十六届人民代表大会第三次会议列席会议的领导审议大会文件

2016年12月2日，在县第十七届人民代表大会第一次会议上，新当选的县人大常委会主任、副主任、委员，各专门委员会主任委员、副主任委员、委员向宪法宣誓

2016年12月2日，在县第十七届人民代表大会第一次会议上，新当选的县人民政府县长、副县长，县人民法院院长向宪法宣誓

1998年9月，县人大常委会对由其拟任命的国家工作人员进行法律知识考试

2003年4月，县人大常委会组成人员视察资江大桥建设情况

2004年8月，县人大常委会主任会议重点信访案件交办会

2006年8月，市、县人大代表视察县城柳溪河综合治理情况

2006年12月，全县实施《中华人民共和国各级人民代表大会常务委员会监督法》动员会

2008年9月，县第十四届人大常委会组织乡镇人大主席在宁乡县学习乡镇人大工作

2014年8月，县人大常委会组成人员视察评议茅东公路建设情况

2014年10月，县人大常委会开展“农民健康行”送医下乡活动

2015年3月，县人大常委会任命的县人民法院、县人民检察院法律职务人员向宪法宣誓

2015年6月，县人大常委会组织部分市、县人大代表视察海螺水泥厂大气污染防治情况

2015年7月，县人大常委会会议专题对县国税局、县地税局的工作进行评议

2016年5月，县人大常委会在东坪、马路、小淹、梅城等乡镇进行《中华人民共和国食品安全法》《湖南省食品安全生产加工小作坊和食品摊贩管理条例》执法检查

2016年5月，县人大常委会开展“司法公正安化行”活动

2016年9月，全县基层党建和县乡人大换届工作推进会议

2017年4月，县人大常委会举办新任代表业务培训班

1997年7月，县第十二届人大常委会主任、县怀桃公路（安化段）建设指挥长王定中（左三），县委书记李厚宽（左四），县长符定安（左二）视察怀桃公路工程建设

2001年5月，县第十三届人大常委会主任艾胜杜（右二）在马路镇同意村视察三门大桥和通村公路等扶贫工程建设情况

2011年11月8日，县第十五届人大常委会主任蒋金云（左二）视察全县重点工程建设情况

2015年10月23日，县第十六届人大常委会主任、县茶产业开发领导小组组长蒋跃登在第三届中国安化黑茶文化节开幕式上接过中国质量技术检查检疫总局颁发的安化黑茶全国知名品牌创建示范区牌匾

2017年7月12日，县人大常委会主任、县旅游产业发展领导小组组长、县风电建设协调领导小组组长李太源（左二）在芙蓉山视察风力发电项目

2014年8月1日，县第十六届人大常委会副主任、县茶叶办主任肖伟群（右一）在首届安化黑茶（山西）文化节上，代表安化县人民政府授牌临汾市茶文化促进会为“晋商与安化黑茶文化交流基地”

2016年9月12日，县第十六届人大常委会副主任、县支持马安高速公路建设协调指挥部指挥长伍亮（左二）视察马安高速建设情况

2010年，安化县人大常委会机关在小淹镇扶贫联系点筹资处险加固的原肖木村水库

2011~2014年，安化县人大常委会机关筹集资金600多万元为建整扶贫联系点马路镇潺溪口村修建通村公路

2016年，安化县人大常委会机关在东坪镇木子村扶贫联系点支持修建的村民服务中心

组成人员

安化县第十二届人大常委会组成人员（1997.1）

安化县第十三届人大常委会组成人员（2002.1）

安化县第十四届人大常委会组成人员（2007.1）

安化县第十五届人大常委会组成人员（2012.11）

安化县第十六届人大常委会组成人员（2013.12）

安化县第十七届人大常委会组成人员（2017.2）

2007年3月，县人大常委会集中学习胡锦涛讲话和全国“两会”精神

2015年9月，安化县人大常委会组织新修订的《中华人民共和国预算法》培训学习

2017年7月，安化县人大常委会机关中共支部在东坪镇木子村开展“沧海横流 尽显党员本色”主题党日活动

2017年7月，安化县人大常委会机关中共支部组织机关党员干部到益阳市反腐倡廉教育警示基地开展警示教育活动

机关活动

1999年9月，安化县人大常委会机关干部职工开展庆祝中华人民共和国成立50周年活动

2013年9月，县人大常委会机关、县总工会联合组织迎中秋·庆国庆乒乓球比赛

2014年4月，安化县人大常委会机关干部职工开展登山健身活动

2015年4月，安化县人大常委会中共老干部支部参观白沙溪茶文化博物馆

序

《安化县人大志》修编工作于2014年11月启动，历经两载，数易其稿，现即将付梓面世，这是一件值得庆贺的好事。

人都说，编纂志书“功在当代，惠及千秋”。但是，我和我的同仁们认为，县第十六届人大常委会组织编写一部县人大志，客观地记录和反映安化县人大及其常委会的发展历程，以供后人借鉴、稽考，是历史赋予我们的责任。

《安化县人大志》的编纂，得到了县委的重视、县人民政府的支持，得到了有关专家和老同志的悉心指导，更凝结了编纂者的大量心血。正因为如此，这部志书观点正确、史料翔实、语言通畅、逻辑缜密。它真实记载了安化县人民代表大会制度探索建立、严重挫折、健全发展、开拓前进的历史轨迹；客观反映了安化县人民代表大会及其常务委员会实践人民代表大会制度的渐进历程；全面展示了安化人民当家做主参与行使国家权力、推动社会主义民主法制建设和经济社会和谐发展的丰硕成果；是安化县地方国家权力机关依照宪法和法律赋予的各项职权、代表人民的意志和利益、行使国家权力的光辉史篇。

从1950年5月安化县召开第一届各界人民代表大会，到1954年6月安化县人民代表大会正式成立以来，安化县人民代表大会已经走过了66年的历程。60多年来，特别是地方人民代表大会设立常务委员会的36年间，安化县历届人民代表大会及其常务委员会，在益阳市人民代表大会常务委员会的指导、特别是在中共安化县委的领导下，始终紧扣全县工作大局，以经济建设为中心，以民主法制建设为重点，以加强法律监督和工作监督为己任，求真务实，扎实工作，积极履行法定职责，在行使监督权、决定权、选举任免权和发挥代表作用、加强自身建设等方面做了大量工作，取得了显著成绩，为推动安化经济发展、社会进步、和谐稳定做出了突出贡献，充分彰显了对中国特色社会主义政治发展道路的坚定自信，充分显示了我国根本政治制度的巨大优越性和强大生命力，充分发挥了县级国家权力机关固本强基的重要作用。

《安化县人大志》虽然只是一部专门类志书，但细读全书，你会感受到它为民主正名、为发展张目、为未来殷鉴的深情笔触；你会聆听到安化人民为追求物质文明、精神文明、政治文明而努力前进的脚步声，可以说它不失为一部好的志书。在它出版之际，我欣然书此数行，谨表我的热忱祝贺。

修志之举，旨在资政。在全面建成小康社会、加快实现中华民族伟大复兴的新形势下，地方人大工作面临新的定位，也必将担负起新的历史使命。我深信，在中共安化县委的领导下，安化人大工作在认真总结历史的基础上，必将以创新、坚韧、勤奋、进取的精神，与时代同步，与发展同行，与人民同伴，不断创造新的业绩、开创新的局面，为安化人大事业的不断发展书写更加辉煌的篇章。

安化县第十六届人大常委会主任

2016年11月

凡　例

一、本志以马克思列宁主义、毛泽东思想、邓小平理论、“三个代表”重要思想、科学发展观、习近平新时代中国特色社会主义思想为指导，坚持辩证唯物主义和历史唯物主义的立场、观点和方法，全面、系统、准确地记述中华人民共和国成立以来人民代表大会制度在安化县建立、完善和发展的历程；反映安化县人民在中国共产党领导下，当家做主，建设社会主义政治文明，促进经济和社会发展的历史和现状。

二、本志记事时间：上限起于1949年，下限讫于2016年。

三、本志由序、凡例、总述、大事记、专志及丛录组成，以志为主体，配以照片和图表，专志采用篇章节目结构形式。全书除总述、大事记、丛录外，共设6篇、20章、127节。

四、本志坚持生不立传的原则，人物篇设人物简介。

五、本志述、记、志、传、表、录等体裁并用，以志为主，主要采用语体文、记述体，行文力求简洁、流畅。

六、本志行文中，国家宪法和法律的名称首次出现用全称，以下一般用简称。如《中华人民共和国地方各级人民代表大会和地方各级人民政府组织法》，简称为《地方组织法》。有些机关、会议、部门名称首次出现用全称，以下一般用简称。如安化县第十五届人民代表大会常务委员会、安化县第十五届人民代表大会常务委员会第一次会议、安化县发展和改革局，分别简称为县第十五届人大常委会、县第十五届人大常委会第1次会议、县发改局等。

七、本志采用公元纪年。表示量的数字用阿拉伯字。习惯用语、词汇、专用名字和县人大及其常委会的届数、会议的次数分别用汉字和阿拉伯数字。度量衡用公制。面积用平方公里、公顷，1公顷等于15亩。

八、本志采用资料主要来源于档案、图书、报刊、统计资料。由于资料欠缺，亦有部分口碑资料，均经多方考证、严格鉴别后采用，一概不再注明出处。照片由单位和个人提供，作者均未署名。个别照片时间下延。

目　录

总　述……1
大事记……6

第一篇　人大代表

第一章　县各界人民代表会议代表……35
第一节　县第一届各界人民代表会议代表……35
第二节　县第二届各界人民代表会议代表……35
第三节　县第三届各界人民代表会议代表……37
第二章　县人大代表……41
第一节　县第一届人大代表……41
第二节　县第二届人大代表……44
第三节　县第三届人大代表……48
第四节　县第四届人大代表……51
第五节　县第五届人大代表……56
第六节　县第六届人大代表……60
第七节　县第七届人大代表……60
第八节　县第八届人大代表……66
第九节　县第九届人大代表……70
第十节　县第十届人大代表……74
第十一节　县第十一届人大代表……76
第十二节　县第十二届人大代表……79
第十三节　县第十三届人大代表……83

第十四节 县第十四届人大代表 …… 88
第十五节 县第十五届人大代表 …… 91
第十六节 县第十六届人大代表 …… 95
第十七节 县第十七届人大代表 …… 99
第三章 全国、省、市人大代表 …… 102
第一节 全国人大代表 …… 102
第二节 省人大代表 …… 102
第三节 市人大代表 …… 106

第二篇 人民代表大会

第一章 县各界人民代表会议 …… 110
第一节 县第一届各界人民代表会议 …… 110
第二节 县第二届各界人民代表会议 …… 111
第三节 县第三届各界人民代表会议 …… 112
第二章 一至七届人民代表大会 …… 114
第一节 县第一届人民代表大会 …… 114
第二节 县第二届人民代表大会 …… 116
第三节 县第三届人民代表大会 …… 117
第四节 县第四届人民代表大会 …… 118
第五节 县第五届人民代表大会 …… 119
第六节 县第六届人民代表大会（革命委员会） …… 120
第七节 县第七届人民代表大会（革命委员会） …… 121
第三章 八至十七届人民代表大会 …… 123
第一节 县第八届人民代表大会 …… 123
第二节 县第九届人民代表大会 …… 127
第三节 县第十届人民代表大会 …… 130
第四节 县第十一届人民代表大会 …… 133
第五节 县第十二届人民代表大会 …… 137
第六节 县第十三届人民代表大会 …… 143
第七节 县第十四届人民代表大会 …… 149
第八节 县第十五届人民代表大会 …… 156
第九节 县第十六届人民代表大会 …… 164

第十节 县第十七届人民代表大会……170
第四章 县人大常委会工作报告……174
第一节 县第八届人大常委会工作报告……174
第二节 县第九届人大常委会工作报告……178
第三节 县第十届人大常委会工作报告……183
第四节 县第十一届人大常委会工作报告……191
第五节 县第十二届人大常委会工作报告……199
第六节 县第十三届人大常委会工作报告……208
第七节 县第十四届人大常委会工作报告……214
第八节 县第十五届人大常委会工作报告……220
第九节 县第十六届人大常委会工作报告……227

第三篇 人大常委会

第一章 县人大常委会组成人员……236
第一节 县第八届人大常委会组成人员……236
第二节 县第九届人大常委会组成人员……237
第三节 县第十届人大常委会组成人员……237
第四节 县第十一届人大常委会组成人员……238
第五节 县第十二届人大常委会组成人员……239
第六节 县第十三届人大常委会组成人员……239
第七节 县第十四届人大常委会组成人员……240
第八节 县第十五届人大常委会组成人员……241
第九节 县第十六届人大常委会组成人员……242
第十节 县第十七届人大常委会组成人员……243
第二章 县人大常委会会议……245
第一节 县第八届人大常委会会议……245
第二节 县第九届人大常委会会议……250
第三节 县第十届人大常委会会议……256
第四节 县第十一届人大常委会会议……262
第五节 县第十二届人大常委会会议……267
第六节 县第十三届人大常委会会议……278
第七节 县第十四届人大常委会会议……288

第八节 县第十五届人大常委会会议 300
第九节 县第十六届人大常委会会议 311
第三章 县人大常委会主任会议 324
第一节 县第八届人大常委会主任会议 324
第二节 县第九届人大常委会主任会议 327
第三节 县第十届人大常委会主任会议 330
第四节 县第十一届人大常委会主任会议 334
第五节 县第十二届人大常委会主任会议 342
第六节 县第十三届人大常委会主任会议 355
第七节 县第十四届人大常委会主任会议 369
第八节 县第十五届人大常委会主任会议 381
第九节 县第十六届人大常委会主任会议 391
第四章 法律监督和工作监督 398
第一节 执法检查 398
第二节 规范性文件备案审查 401
第三节 述职(工作)评议 402
第五章 重要日常工作 406
第一节 督促办理代表议案、建议、批评和意见 406
第二节 代表工作 410
第三节 联系指导乡镇人大工作 422
第四节 加强区（办事处）人大联络组建设 426
第五节 信访工作 427
第六节 扶贫工作 429
第七节 宣传报道工作 430

第四篇 县人大常委会机关

第一章 工作机构 436
第一节 机构设置和人员编制 436
第二节 县人大及常委会机关各委室的主要职责 437
第三节 县人大及常委会机关各委室负责人 440
第二章 中共组织 444
第一节 县人大常委会党组 444

第二节 县人大常委会机关党支部 ……446
第三节 县人大常委会机关老干部党支部 ……447
第三章 机关工作人员 ……449
第一节 县人大常委会机关在职人员 ……449
第二节 县人大常委会机关离退休人员 ……451
第四章 县人大常委会机关及干部职工获奖 ……453
第一节 县人大常委会机关获奖 ……453
第二节 县人大常委会机关干部职工获奖评优 ……453

第五篇 乡镇人民代表大会

第一章 乡镇（区）设置与调整 ……456
第二章 乡镇人大 ……457
第一节 高明乡 ……457
第二节 清塘铺镇 ……461
第三节 梅城镇 ……466
第四节 乐安镇 ……470
第五节 仙溪镇 ……474
第六节 长塘镇 ……477
第七节 大福镇 ……482
第八节 羊角塘镇 ……485
第九节 冷市镇 ……489
第十节 龙塘乡 ……492
第十一节 滔溪镇 ……495
第十二节 小淹镇 ……497
第十三节 江南镇 ……502
第十四节 田庄乡 ……505
第十五节 东坪镇 ……509
第十六节 柘溪镇 ……514
第十七节 马路镇 ……516
第十八节 奎溪镇 ……521
第十九节 烟溪镇 ……525

第二十节 渠江镇 530
第二十一节 平口镇 533
第二十二节 古楼乡 537
第二十三节 南金乡 541

第六篇 人物简介

第一章 县人大常委会领导简介 545
第一节 县人大常委会主任 545
第二节 县人大常委会副主任 548
第二章 全国、省人大代表简介 557
第一节 全国人大代表 557
第二节 湖南省人大代表 559

丛 录

一、县人大及常委会工作（议事）规则 573
二、县人大常委会通过的有关办法 595
三、县人大及常委会通过的有关决议决定 608
四、中共安化县委有关人大工作文件 618
后 记 622

总 述

安化古称“梅山”，是梅山文化的发祥地，宋熙宁五年（1027）置县，今隶属湖南省益阳市。地处湘中偏北、资水中游，地理坐标为北纬27° 58′ 54″ ～28° 38′ 37″ 、东经110° 43′ 07″ ～110° 58′ 51″ 。总面积4950平方公里，位列全省第三。县城所在地东坪镇，距益阳市130公里，距长沙市210公里。2016年，全县辖18个镇、5个乡，居民以汉族为主，有少数民族25个，总人口110万人。

安化属亚热带季风湿润气候，具有气候温和、四季分明、热量充足、雨水集中等特点。境内海拔千米左右的山峰157座，山地面积达82%，森林覆盖率76.51%，正在开采和已探明的矿藏有锑、金、钨等39种。资水横贯县境中部，还有干流5公里以上的溪河170条，截断资水而建的柘溪电站水库，在县境内形成水面85平方公里。特殊的地理环境条件，使安化成为湖南有名的有色金属、水能资源、林业资源、茶叶生产、药材生产大县，先后获得“全国经济林建设先进县”“中国厚朴之乡”“中国竹子之乡”“中国最美小城”“中国最佳养生休闲旅游胜地”“中国黑茶第一县”等称号。还因为多名世界羽毛球冠军从这里走向世界，安化也被称为“羽毛球之乡”。

安化地灵人杰，英才辈出。历史上的著名人物有清代两江总督陶澍、云贵总督罗绕典、书法家黄自元等。当代著名人物有福州军区原副司令员邓克明，中纪委原副书记夏赞忠，中共中央原委员、国家工商总局原局长王众孚，中国人民解放军陆军司令李作成，世界羽坛冠军唐九红、龚智超、龚睿娜、黄穗、田卿等，还有龙岳来、朱正春、李静山、廖崇珍、张青娥等历届全国人大代表。

安化历史悠久，小淹镇青桑村旧石器遗址考古发现，距今1.5万年前，就有先民在此繁衍生息。唐宋以后，境外各地大量人口迁入安化，全县居民姓氏达560多个。据历史资料记载，宋置县后，放开对县境居民的禁锢，人民生产生活较为安定。宋末至明代中期，战乱频仍，疾疫灾荒不断，人口锐减，田土荒芜。清末至民国年间，在封建制度与反动专制统治下，战争与苛政双重挤压，安化广大人民群众民生凋敝，积贫积弱，生存尚成问题，何谈民主权利。

1949年6月28日安化解放，从此安化人民获得新生。中华人民共和国成立以后，中国共产党团结带领全国各族人民以一往无前的进取精神，探索社会主义革命与建设规律，实现了从半殖民地半封建社会到民族独立、人民当家做主新社会的历史性转变，从新民主主义革命到社会主义革命和建设的历史性转变，从高度集中的计划经济体制到全面开放、充满活力的中国特色社会主义市场经济体制的历史性转变，并取得了举世瞩目的巨大成就，向全世界展示了社会主义制度的无比优势。作为国家根本政治制度的人民代表大会制度更显示了其巨大的优越性和生命力。1950年5月，安化县第一届各界人民代表会议第一次会议召开，特别是1954年6月，安化县第一届人民代表大会第一次会议召开以后，在中国共产党的领导下，人民代表大会制度不断得到坚持、巩固、发展、完善，大力推进社会主义民主法治，促进中国社会主义建设伟大事业，为安化经济发展与社会进步发挥了重要作用。人民齐奔小康，社会稳定和谐。实践证明，人民代表大会制度符合中国国情，是人民的选择，是历史的选择，必须坚定不移地坚持它并在实践中完善它。

安化县人民代表大会的发展历程始终与中国共产党领导中国革命与建设的历程紧密相连，经历了“探索建立”“严重挫折”“健全发展”“开拓前进”四个阶段。

一、探索建立阶段（1950～1965）

1949年9月29日，在中国共产党的领导下，中国人民政治协商会议第一次会议通过具有临时宪法性质的《中国人民政治协商会议共同纲领》(以下简称《共同纲领》)，对建立巩固新生的共和国政权，维护社会秩序和恢复国民经济，起到了十分重要的作用。根据《共同纲领》的有关规定，安化县于1950年5月2日召开了县第一届各界人民代表会议第一次会议。这是由中共安化县委、县人民政府召集各界人民代表组成的会议。毛泽东指出，各界人民代表会议是人民代表大会的雏形和准备，是人民管理政权的初级形式，是团结各界人民的重要工具。各界人民代表会议的代表由各界推举、选举和由政府特邀产生。各界代表会议的职权为听取和讨论人民政府的工作报告；向人民政府反映人民的意见、要求和建议；向人民传达人民政府的决定、决议并协助人民政府推行。安化县各界人民代表会议自首届始至1953年止共召开了3届7次会议，在动员全县人民群众开展土地改革、镇压反革命、抗美援朝、协助人民政府恢复和发展生产上，发挥了积极作用，为人民代表大会根本政治制度建立奠定了基础，也为人民代表大会制度的实施与运作做了有益探索。

1954年6月至1965年12月，是安化县人民代表大会制度确立后的曲折发展时期。自第一届到第四届，按每届任期2年的规定，全县于1956年、1958年、1960年都按期进行了普选。第五届，因全力抗旱、农村出现“十股黑风”而时间一推再推，直到4年后的1964年8月才开会。按照《中华人民共和国全国人民代表大会和地方各级人民代表大会选举法》（以下简称《选举法》）的规定，一至五届县人大代表的产生先由选民直接选举乡镇人民代表大会代表，再由乡镇人大会议以等额选举方式选举出县人大代表。一至五届县人民代表大会共举行8次会议，其中四届、五届每届只开了一次会，没有达到规定次数。会议听取和审议政府工作报告、国民经济计划报告、财政预决算报告、法院工作报告和其他一些重大议案，并作出相应决议；选举县人民政府县长、副县长、委员和县人民法院院长，选举省人大代表；处理代表议案、建议、批评、意见。

1955年4月14日，在县一届人大三次会议上，改县人民政府为县人民委员会，县人民委员会产生的首长仍称县长、副县长。县一至五届人大选举产生的县人民委员会，负责大会闭会期间的日常工作并负责筹备、主持召开下一次人民代表大会会议。

二、严重挫折阶段（1966～1977）

1964年8月26日举行安化县第五届人民代表大会第一次会议之后，1965年未召开人大会议。进入1966年6月，安化县“文化大革命”运动全面铺开。县人民委员会被“造反派”夺了权，公安局、法院、检察院等政法机关被砸烂。“文化大革命”10年内乱，使中华人民共和国成立以后逐步建立起来的社会主义民主与法制遭受严重破坏。1968年3月3日，经湖南省革命委员会筹备小组批准，安化县成立革命委员会，取代了县人民代表大会和县人民委员会职权，人民代表大会制度因此中断。革命委员会成为集党、政、军、审判、检察大权于一身，包揽行政、司法、党务等各项工作的“权力机构”。

1976年10月，中共中央粉碎了江青反革命集团后，拨乱反正，正本清源，国家和人民从“文化大革命”中解脱出来，国家的政治生活重新走上正轨。

三、健全发展阶段（1978～2002）

1978年，中共十一届三中全会之后，人民代表大会制度得到恢复。1979年6月18日，五届全国人大二次会议对人民代表大会制度进行了重大完善：一是将人大代表直接选举的范围，由乡级扩大到县级；二是在县以上地方各级人民代表大会设立常委会，作为人民代表大会闭会期间的常设机关。

1980年12月18日，安化县第八届人民代表大会第一次会议举行，中断14年之久的人民代表大会制度在安化得以恢复。根据1979年《中华人民共和国地方各级人民代表大会和地方各级人民政府组织法》（以下简称《地方组织法》）的规定，设立了县人大常委会，撤销了县革命委员会，恢复了县人民政府。会议选举产生了县人大常委会组成人员，县人大常委会为县人民代表大会闭会期间的常设机关。

安化县人大常委会设立后，按照《地方组织法》规定，常委会每两个月至少举行一次会议，会议围绕经济社会发展和民主法制建设等重大问题作出决议决定，听取和审议“一府两院”专题工作报告，任免地方国家机关工作人员，保障了安化县域经济与社会事业发展的科学决策和民主决策，保证了地方国家行政权力的高效运行。随着县人大常委会机构不断健全，一系列议事规则、制度和办法逐步建立和完善，并得以实施。在人大日常工作上，制定了县人大常委会几项工作制度、行使职权的具体实施办法、人事任免表决方式的决定、人大代表活动办法、乡镇人大主席团工作办法和县人大常委会信访工作办法等；在财政与专项资金的审议工作上，除对财政预算、决算进行年度审议，并作出相应决议外，还拓宽人大对其他资金管理的监督职能，先后制定和通过了专项资金和重点建设项目的审议规定、预算外资金的管理办法等。对城市建设维护费与林业“两金一费”的收支管理，分别从1988年、1991年起步，纳入县人大常委会年度专项审议内容，逐年提出审议意见并监督实施；在乡镇人大工作指导和法律实施监督上，除及时出台和完善工作办法外，还对个别未按法律程序选举的副乡镇长，作出了撤销重选的严肃决定。从而，常委会的职能得到进一步发挥，地方国家权力机关的工作在制度化、程序化的轨道上健康运行，人民代表大会制度在安化得到进一步加强和完善。

1986年12月，第六届全国人大常委会第十八次会议修改《地方组织法》，第一次对乡镇人大主席团的职责和闭会期间的工作做出规定。根据规定要求，1987年春湖南省乡镇人大换届时，在全省乡镇人大设立人大主席团和常务主席。安化县各乡镇亦于当时设立了人大主席团和主席团专职主席，还设立了专职或兼职的人大办公室主任。从而使乡镇人大建设进一步加强，人民代表大会制度得到补充和完善。

从1980年12月至2002年12月，安化县第八届至第十三届人民代表大会认真履行宪法和法律赋予的职权，听取和审议县人民政府工作报告、县人大常委会工作报告、县人民法院工作报告、县人民检察院工作报告，听取和审议县国民经济和社会发展计划草案的报告、财政预算执行情况和财政预算草案的报告，审查批准安化县国民经济和社会发展第7至第11个五年计划，对上述报告均作出相应决议；依法选举县人大常委会主任、副主任和委员，县人民政府县长、副县长，县人民法院院长，县人民检察院检察长和安化县出席上级人民代表大会代表。1993年1月，县第十二届人民代表大会换届后的任期为5年，届期时间增长，每届职能作用加大，为此，县人大常委会提出了“贯彻县委指示、履行人大职能、支持‘一府两院’、指导乡镇人大、发挥代表作用、加强自身建设”新的指导思想。这一指导思想的有力贯彻实施，有效地行使了地方国家权力机关管理国家和社会事务的权力，保证了人民当家做主和依法实行民主选举、民主决策、民主管理及民主监督的权力，有力地推动和保障了安化县改革开放和社会主义现代化建设的顺利进行。

四、开拓前进阶段（2003～2016）

2003年，安化县人大常委会对全县法律服务市场混乱局面，在反复深入调查研究的基础上，出台整顿决议，监督决议实施到位，并在《人民日报》《法制日报》等全国性报刊上发表长篇通讯报道——《安化人大监督对“黑律师”说不》，当时在全国产生了比较大的影响，也标志着安化县人民代表大会制度步入了一个开拓前进的新阶段。

2007年1月1日，《中华人民共和国各级人民代表大会常务委员会监督法》（以下简称《监督法》）正式施行，安化县第十五届和第十六届人大及其常委会以此为契机，围绕全县中心工作和人民群众关注的热点、焦点、难点问题，突出监督重点，注重监督实效，创新监督形式，在监督中支持，在支持中监督，正确处理监督与被监督的关系，取得了良好监督效果。在实际工作中，创新代表工作，开展了人大常委会主任、副主任接待代表活动和代表述职评议工作；创新监督形式，首次开展专题询问，采用跟踪监督方式；创新常委会会议形式，首次采用票决制表决等等，所有这些，都标志安化坚持完善人民代表大会制度和安化人大工作进入了新的发展时期。

2011年，国家在立法方面最突出的特点是中国特色社会主义法律体系的形成，标志中国的政治生活、经济生活、社会生活各个方面总体上实现了有法可依。随着安化县经济建设的快速推进和改革开放的深入发展，县人大及其常委会顺应历史潮流，开拓创新，奋发有为，依法履职，讨论决定重大事项有新的进展。2012年11月，县十六届人大一次会议通过的《关于加强茶旅一体化建设的决议》，通过监督实施，取得理想的效果。

2014～2016年，安化县人大常委会认真贯彻县委总体部署，全力支持政府工作。县人大常委会主任、副主任负责全县茶产业的发展，负责指挥马安高速和梅黄公路两个重点交通项目的建设，负责组织第三届黑茶文化节，真正把人大支持经济建设的水平提到了一个新的高度。由人大牵头组织的第三届中国·湖南安化黑茶文化节，参观人员上10万人次，邀请参加的各级领导和国内外专家、学者、茶商、记者两万余人，洽谈项目139个，合同总额达83.5亿元。

总之，这一时期，监督工作取得明显成效，代表工作迈出新的步伐，人事任免工作日趋规范，各种制度建设不断健全，各项工作规范化建设顺利推进，常委会及机关自身建设得到加强，为促进全县经济社会科学发展、健康发展，发挥了地方国家权力机关独特的不可替代的重要作用。

在人类社会政治制度发展史上，任何一种制度的发展完善都必然要经过一个长期的实践探索过程。中华人民共和国成立以后，人民代表大会制度不断发展完善，显示出强大的生命力和巨大优越性。国家正处在一个充满生机、富有活力、开拓未来、创造历史的时代。安化县人大及其常委会亲身经历了62年国家沧海桑田的巨变，亲身参加和见证了62年来安化政权、经济、社会事业的建设和发展，时代给予人民代表大会制度的光荣与前程，更赋予了人民代表大会制度的责任与使命。中共十八大报告在总结社会主义民主发展经验时，强调指出："人民民主是社会主义的生命""是我们党始终高扬的光辉旗帜""人民代表大会制度是保证人民当家做主的根本政治制度。要善于使党的主张通过法定程序成为国家意志，支持人大及其常委会充分发挥国家权力机关作用，依法行使立法、监督、决定、任免等职权"。中共十八届三中全会进一步强调，"发展社会主义民主政治，必须保证人民当家做主为根本，坚持和完善人民代表大会制度""要推动人民代表大会制度与时俱进"。这些，为人大和人大工作指明了方向，提出了新的更高要求。安化县人大及其常委会必将认真贯彻落实中共十八大精神，紧密联系建设中国特色社会主义宏伟事业的伟大实践，紧密结合社会主义民主法制建设的实际，坚持党的领导、人民当家做主和依法治国有机统一的基本方针，在安化改革、发展和前进的征途中，谱写出新的篇章，为实现中华民族伟大复兴的中国梦做出更大的贡献。

大 事 记

1949年

6月28日　在中共安化县工作委员会的领导下，县人民武装接管国民党政权安化县政府。安化宣布和平解放。

9月2日　正式成立“安化县人民政府”，曾广成任县人民政府县长。

1950年

5月2~4日　安化县第一届各界人民代表会议第一次会议在县城梅城召开。会议讨论了清匪反霸，减租退押，发展生产等工作。

6月30日　进行民主建政，废除保甲，全县设9个区、271个乡、6个乡级镇、7个街。

是日　县人民法院成立。

7月25~27日　县第一届各界人民代表会议第二次会议在梅城召开。会议讨论研究生产、救灾、秋征等工作，并选举产生出席省各界人民代表会议代表。

10月11~27日　县第一届各界人民代表会议第三次会议在梅城召开。会议主要动员秋征工作，结合发展生产。

1951年

4月22~24日　县第一届各界人民代表会议第四次会议在梅城召开。会议深入开展抗美援朝教育，动员广大群众以实际行动支援前线。

7月18日　县第一届各界人民代表会议第五次会议在梅城召开。会议进行抗美援朝思想教育，动员广大群众增产、捐献，为巩固国防做贡献。

8月18日　蓝田另立县治，第三区、蓝田市区、第四区大部分及第一区的4个乡划属蓝田县（今涟源市）。安化管辖6个区，183个乡（镇），总人口48万人。

9月　县治迁东坪。原县城改称梅城镇。

11月11~15日　县第二届各界人民代表会议第一次会议在县城东坪召开。会议选举产生县各界人民代表会议常务委员会，王俊臣任主席，曾广成任副主席。同时选举乔际华等11人为出席省第一届各界人民代表会议代表。

11月29日 县各界人民代表大会常务委员会在县人民政府院内正式开始办公。

12月 全县调整为15个区、367个乡、9个镇。

1952年

3月27～31日 县第二届各界人民代表会议第二次会议在东坪召开。会议讨论部署抗美援朝、增产节约、贯彻婚姻法等工作。

8月26日 县第二届各界人民代表会议常务委员会，从县文化馆将抗美援朝分会工作接收，并建立健全了各级机构。

11月20日 益阳专区撤销，安化划属常德专区。

11月26～30日 县第三届各界人民代表会议第一次会议在东坪召开。会议讨论开展冬种生产和民主建政；选举熊邵安等11人为出席省第二届各界人民代表会议代表；改选县常务委员会，由熊邵安任主席，陈化民任副主席。

1953年

3月25～28日 县第三届各界人民代表会议第二次会议在东坪召开。会议总结1952年冬季工作，讨论开展春耕生产和贯彻婚姻法。

4月8日 全县调整为15个区、1个区级镇，219个乡、8个区辖镇。

4月18日 成立安化县首届选举委员会。中共安化县委书记宋兰臣任选举委员会主任，共13人组成。

6月 在县第三届各界人民代表会议第二次会议常务委员会的协助下，成立县工商业联合会。

1954年

3月10～31日 全县进行第一次基层普选，共选出乡人大代表6376名，县首届人大代表420名。

6月27～30日 县第一届人民代表大会第一次会议在东坪举行。会议学习、贯彻《中华人民共和国宪法（草案）》；选举县长、副县长等和省人大代表。徐同聚当选为县长，李佐勋等6人当选为省第一届人大代表。

12月20～22日 县第一届人民代表大会第二次会议在东坪举行。会议作出《关于通过政府施政工作报告及开展今冬明春以互助合作为中心的农林生产运动的决议》。

1955年

4月14～17日 县第一届人民代表大会第三次会议在东坪举行。会议听取和讨论《中华人民共和国兵役法（修正草案）》及人大开展春耕生产运动的报告；选举县人民委员会组成人员及县人民法院院长。徐同聚当选为县长。

4月19日 县人民政府改称县人民委员会。

8月6日 县人民检察院成立。

11月30日 县第一届人民代表大会第四次会议在东坪举行。会议讨论研究关于农业合作化等问题，并作出《关于今冬明春发展农业生产合作社的决议》。

1956年

6月 撤区并乡，将全县219个乡、8个乡级镇、1个区级镇合并为55个乡、3个乡级镇。

12月10～12日 县第二届人民代表大会第一次会议在东坪举行。会议听取和讨论《关于巩固提高农业生产合作社、发展生产的报告》；选举县人民委员会组成人员。李佐勋当选为县长。

是年 根据全国人大常委会决定，在全国进行县、乡选举。安化县共选出乡、镇人民委员会委员815名，县人大代表340名。

1957年

6月11～13日 县第二届人民代表大会第二次会议在东坪举行。会议听取与讨论《关于正确处理人民内部矛盾问题》《研究当前农村情况，想尽办法争取农业大丰收》的报告，并通过《关于动员全县人民想尽一切办法争取今年农业大丰收的决议》。

1958年

4月8日～5月上旬 进行全县基层选举工作，共选出乡镇人大代表2878名，县第三届人大代表403名。

5月10～12日 县第三届人民代表大会第一次会议在东坪举行。会议听取和讨论《关于抓住生产为中心，组织全面大跃进》的报告，并通过决议；选举李佐勋为县长，同时选举李佐勋等6人为省第二届人大代表。

9月9日 龙塘人民公社率先建立。不到一个月，全县建成25个人民公社，实现人民公社化。

1960年

11月29～12月1日　县第四届人民代表大会第一次会议在东坪举行。会议审议县人委、县法院工作报告和财政预决算报告；选举第四届县人民委员会组成人员。张华山当选为县长。

1961年

4月　贯彻人民公社六十条，调整公社体制和规模，将全县21个公社调整为51个（次年又调整为55个）。

1962年

12月5日　益阳专员公署成立，安化改属益阳专区。

1964年

8月26～29日　县第五届人民代表大会第一次会议在东坪举行。会议总结4年来的政府工作；审查财政预决算报告；选举县第五届人民委员会组成人员、县人民法院院长及出席省第三届人民代表大会代表。张华山当选为县长，陈般发等8人当选为省第三届人大代表。

1966年

3月19日　县人民委员会县长张华山及各局、办领导34人分组接待来访群众61人，受理案件51起，当天解决32起，是为第一个县长接待群众来访日。

8月27日　全县“文化大革命”运动全面铺开。

1967年

1月　在上海“一月风暴”的影响下，县内各“造反派”组织开始全面夺权。大批领导干部“靠边站”“被揪斗”，党政机关瘫痪。

1968年

3月3日 安化县革命委员会宣告成立。当时文件记载为“第六届人民代表大会即是县革命委员会第一次人民代表大会”。经省革命委员会筹备小组批准，赵喜临任革命委员会主任，叶在田任第一副主任。

1973年

4月9日 恢复县人民法院及梅城、大福、小淹、烟溪、云台5个人民法庭。

5月 撤销县革委下属各办事机构，恢复县直属各科、局及县委各部、室。

1977年

？月 选举邓则兰等8人为省第六届人民代表大会（革命委员会）代表。

1978年

2月1～3日 县第七届人民代表大会第一次会议在东坪举行。会议选举产生县革命委员会，郑国才当选为主任。

1979年

1月1～16日 县委、县革委召开四级干部大会，传达贯彻中共十一届三中全会精神，部署把党的工作重点转移到社会主义现代化建设上来。

1980年

11月1日 第一次进行县、社两级人民代表大会代表的直接选举。

12月17～23日 县第八届人民代表大会第一次会议在东坪举行。县革命委员会改名为县人民政府。建立县人民代表大会常务委员会。黄让泉当选为县人大常委会主任，王育才当选为县人民政府县长。

1981年

1月23～25日 举行县第八届人大常委会第1次会议。会议学习中共中央〔1981〕1、2号文件，学习《地方组织法》，通过《安化县人民代表大会常务委员会几项工作制度》。

2月9日 安常发〔1981〕01号文件印发《安化县人民代表大会常务委员会几项工作制度》。

7月23～24日 举行县第八届人大常委会第4次会议。会议通过《关于进一步整顿社会治安的决议》。

12月30日 省人大代表邓则兰、全国人大代表朱正春分别在县人大机关会议室传达省人民代表大会会议和全国人民代表大会会议精神。

1982年

2月18～21日 县第八届人民代表大会第二次会议在东坪举行。会议通过《关于严禁占用耕地建房的决议》。

6月下旬 县人大常委会视察组对平口镇、烟溪镇、烟溪公社有关县八届人大二次会议决议的执行、代表提案的办理落实和全民讨论宪法修改草案等情况，以及群众生活、社会治安、城镇建设等进行了视察。

7月上旬 县人大常委会视察组视察了城关镇城镇建设、房地产管理以及贯彻县八届人大二次会议《关于严禁占用耕地建房的决议》的情况。

9月8～9日 受省人大常委会委托，县人大常委会邀集县内的8名省人大代表就省政府及有关部门办理代表提案进行座谈，代表要求省政府及有关部门解决安化林业粮与柘溪库区的遗留问题。

12月中下旬 县人大常委会视察组对清塘、仙溪、小淹、江南4个区《严禁占用耕地建房的决议》《关于教育工作中几个问题的决议》的执行情况，民桥、义渡、茶亭、乡间道路等公益设施的恢复发展情况，县、社、镇人民代表活动情况及乡规民约的制定和执行情况等进行了视察。

1983年

3月20日 县第八届人民代表大会第三次会议在东坪举行。会议通过《关于保护水产资源、发展渔业生产的决议》《关于开展全民义务植树造林的决议》《关于做好“五保”户生活供养的决议》《关于加强民桥、义渡、乡村道路、茶亭等公益设施的建设和管理的决议》。

1984年

2月18～23日 县第九届人民代表大会第一次会议在东坪举行。会议选举产生了安化县国家机关领导人员。戴汉初当选为县人大常委会主任，王亚魁当选为县人民政府县长。

6月24～28日 县人大常委会组织部分县人大代表、县人民政府有关部门负责人及人大各组室的有关人员共16人，分3组视察了冷市、清塘、云台3个区的9个乡。视察内容是学习贯彻中共中央〔1984〕1号文件，落实县人大常委会《关于支持、保护农村专业户、重点户及联合体发展商品生产几个问题的决议》的情况；贯彻森林法，制订和实行山林管理乡规民约的情况；县人大代表的活动情况等。

1985年

3月8～11日 县第九届人民代表大会第二次会议在东坪举行 。会议通过《关于力争用三年时间，在全县干部群众中普及法律常识教育的决议》《关于贯彻森林法几个问题的决议》《安化县人民代表大会代表活动办法》。

6月中旬至7月底 县人大常委会组织以代表团为单位，由各县代表组长和部分县人大代表组成视察组进行工作视察。视察内容共10个方面：木材经营、林业责任制完善、法制宣传、尊师重教、五保户供养、公益事业的开展、抗灾救灾、县乡（镇）人大各项决议的落实执行、经济建设和各项任务的完成情况。

11月21～29日 县人大常委会组织对全县10个区、24个乡(镇)的森林法贯彻执行情况进行视察。县委副书记王祖武、副县长黎金龙及县人民政府有关办委局的人员共31人参加了这次视察。

1986年

2月25日～3月2日 驻安化的8名省人大代表，在县人大常委会副主任罗迪祥等的陪同下，采取听汇报、实地视察、走访等办法，对江南、小淹、冷市区的教育工作和几个墟场群众的生产、生活作了调查，并向省人大常委会书面报告了情况。

3月5～10日 县第九届人民代表大会第三次会议在东坪举行。会议同意戴汉初辞去县人大常委会主任职务，补选王祖武为县人大常委会主任。

6月19～24日 县人大常委会副主任何友卿应邀参加省人大法制工作座谈会，并介绍了安化开展法制教育的情况。

11月上旬 县人大常委会协助有关部门举办了有120多名干部参加的法制学习班。

12月15日 根据省人大常委会要求，县人大财政经济工作委员会召集经委、乡镇企业局等有关部门的领导和技术员，对《湖南省乡镇集体矿山企业和个体采矿管理办法（草案）》进行讨论，提出了7个方面的修改意见报省人大常委会办公室。

1987年

2月15～21日 县第十届人民代表大会第一次会议在东坪举行。会议选举王祖武为县人大常委会主任，王亚魁为县人民政府县长。

3月26日至4月2日 组织安化的省人大代表实地视察了县纤维板厂、县乳酸厂的生产情况和岳溪乡、柘溪林场的林业生产情况及柘溪库区移民返迁现场。

4月10日 县人大常委会组织对《湖南省土地管理实施办法（草案）》进行讨论，提出5个方面的修改意见。

7月上旬 组织县人大代表对全县上半年国民经济计划执行情况、“双增双节”运动开展情况及贯彻全国人大《关于加强法制教育，维护安定团结的决定》的情况进行了调查。

11月23～25日 全县乡镇人大工作经验交流会在东坪召开。

12月13日 县人大常委会组织对《湖南省渔业条例（草案）》进行调查研究，并讨论提出了6个方面的修改意见。

1988年

1月6～9日 县第十届人民代表大会第二次会议在东坪举行。会议选举产生了王祖武、王守仁等10名省第七届人大代表。

2月 受省人大常委会委托，组织有关人员，对《湖南省野生动植物保护条例（草案）》提出修改意见。

3月8～11日 县人大常委会副主任姚自豪等参加省人大常委财经委在益阳召开的财经工作座谈会议。

3月13～15日 举行县第十届人大常委会第9次会议。会议任命粟长才为县人民政府副县长；批准王亚魁辞去县人民政府县长职务，决定由副县长粟长才代理县长职务。

5月下旬至6月上旬 县人大常委会主任、副主任和委员分成4组走访联系县人大代表。

7月 受省七届人大委托，收集、报送了对《湖南省审计法条例（草案）》的修改意见。

是月 根据省人大部署，县人大常委会以党组名义向县委写出了《关于贯彻落实省人大常委会决定开展执法检查的几点意见的报告》。县委组成了以县委副书记殷放军牵头的县执法检查联席会议。

9月9日 第六届全国人大代表、云台办事处主任李静山在抗洪救灾中殉职。

10月24日 县委、县人民政府作出开展向李静山学习的决定。

1989年

2月23～27日 县第十届人民代表大会第三次会议在东坪举行。会议补选粟长才为县人民政府县长。

12月9～11日 全国人大常委会委员莫文祥到安化视察林业执法工作。

1990年

2月23～28日 县第十一届人民代表大会第一次会议在东坪举行，王祖武当选为县人大常委会主任，李厚宽当选为县人民政府县长。

5月21日至6月5日 益阳地区人大联工委在地委党校举办全区乡镇人大主席培训班。安化县各办事处人大联络组长、乡镇人大主席团常务、专职主席及人大工作联络员共64人参加了培训。

7～8月 县人大常委会拍摄了反映安化县十年人大工作的电视专题片《牢牢掌握社会主义民主的旗帜》，得到了地区人大联工委的肯定和安化县社会各界的好评。

10月23日 中共安化县委主持召开关于搞好安化县十年人大工作总结电话会。县委书记王亚魁、县人大常委会主任王祖武分别讲话。

11月1～3日 县人大常委会在大福镇、梅城办事处召开乡镇人大工作流动现场会。

11月4～5日 湖南省人大常委会副主任曹文举一行到安化视察柘溪水库防洪保安问题。

12月26日 中共安化县委在东坪镇红旗剧院召开安化县总结十年人大工作报告会，益阳地区人大联工委副主任夏运长参加会议并作了讲话。

1991年

1月 湖南省人大常委会委员王守仁一行6人到安化考察扶贫工作。

2月1～5日 县第十一届人民代表大会第二次会议在东坪举行。会议通过了《关于增加农业投入，增强农业后劲的决议》《关于全面开征农村教育事业费附加的决议》。

2月6日 县人大常委会召开全县乡镇人大工作会议，副主任刘盛余在会上作了《锐意开拓，大胆探索，把全县乡镇人大工作提高到一个新的水平》的报告。

3月 县人大常委会组织各办事处人大联络组长、直属镇人大主席在东坪镇召开了乡镇人大工作现场会。

4月 省人大常委会委员、民族委员会主任赵阳城一行4人到安化检查指导工作，听取了县人大常委会关于加强经济工作监督和机关建设等方面的情况汇报。

是月 县人大常委会会同县档案局深入处、乡、镇，对乡镇人大工作和档案法的实施情况进行了全面检查。

5月26日 省人大常委会选举任免联络委员会委员吴松生到安化考察乡镇人大工作和选举任免工作。

5～6月 县人大常委会在十年人大工作总结的基础上，编印了题为《权力属于人民》的总结专集，共收集整理各类典型材料87篇，约14万字。

6月22～30日 县人大常委会组织部分县人大代表、县人民政府及有关部门的负责人员、工程技术人员，对廖家坪、红岩两座中型水库的建设和管理进行视察。

7月 县人大常委会组织各办事处人大联络组长、直属镇人大主席在中砥召开组织代表评议干部现场会。

9月中旬 县人大常委会组织在县的全国人大代表和部分省、县人大代表，分3组对柘溪库区的林业建设和林政管理问题进行了为期9天的视察。

9月25～27日 省人大常委会副主任吴运昌一行6人到安化检查义务教育法实施情况。

11月 县人大代表龚寿松、黄恩保等参加益阳地区人大联工委召开的代表工作座谈会。龚寿松、黄恩保、成其文等10名代表受到益阳地区人大联工委的表彰。

12月 全县各办事处恢复为区公所。

1992年

1月17～20日 县第十一届人民代表大会第三次会议在东坪举行。会议选举李厚宽等9人为省第八届人大代表；通过《关于批准县人民政府实施“八·七工程”计划的决议》。

1月 县人大常委会根据代表小组评比和目标管理考核情况，对73名优秀人大代表、4个目标管理优胜单位、13个人大工作先进单位、17名先进人大工作者予以表彰。

4月 县人大常委会组织部分县人大代表和政府有关部门负责人对“八·七工程”的实施情况进行视察。主任王祖武带队视察工业系列产品的开发情况；副主任陈君吾带队视察八大优质农产品的开发情况，并参加了县人民政府在梅城召开的经验交流现场会。

5月 县人大常委会组织部分县人大代表，在梅城对司法机关进行评议试点。

11月 益阳地区人大联工委副主任夏运长组织各县市人大负责人到安化检查指导工作，并在此召开各县市换届选举工作碰头会。

12月29日 县第十二届人民代表大会第一次会议开幕。

1993年

1月3日 县第十二届人民代表大会第一次会议闭幕。王定中当选为县人大常委会主任，李厚宽当选为县长，王定中等10人当选为省第八届人大代表。

5月11～16日 益阳地区人大联工委在赫山宾馆举办全区乡镇人大主席、区人大联络组长培训班。县人大常委会副主任姚让之、办公室主任刘应生、联络工委主任吴余保参加了培训。

6月7～13日 县人大常委会组织部分委员和代表，由县人大常委会主任、副主任带队，分成3个小组，对6个区22个乡镇31个村的八大优质农产品开发情况进行了视察。

9月10日 县第十二届人大常委会第5次会议举行。会议接受李厚宽辞去县人民政府县长职务的请求，任命邓三龙为县人民政府副县长，并决定代理县长职务。

10月26日 县人大常委会主任、副主任、顾问及财政经济工委主任和有关工作人员，赴益阳市参加93’中国湖南益阳竹文化节活动。

12月6～8日 益阳地区人大工作会议在安化召开。地区人大联工委主任汪国忠、副主任夏运长、胡署秀及各县市人大常委会主任、分管办公室的副主任和办公室主任参加了会议。县人大常委会副主任姚让之在会上作了《围绕县域经济的发展，努力做好人大工作》的经验介绍。

1994年

1月24～28日 县第十二届人民代表大会第二次会议在东坪举行。会议将1994年定为“小城镇建设年”。会议补选邓三龙为县人民政府县长。

3月7日 经国务院批准，撤销益阳地区，设立地级益阳市，安化县即隶属益阳市管辖。

6月4～5日 县第十二届人民代表大会第三次会议在东坪举行。会议选举产生出席益阳市第一届人大代表，王定中、邓三龙、陈君吾等70人当选为市人大代表。

6月5～6日 县人大常委会召开全县人大工作会议，各区人大联络组长，乡、镇人大主席，区、直属镇人大兼职秘书参加了会议。县人大常委会副主任姚让之作工作报告，县委书记李厚宽、县人大常委会主任王定中、副主任陈君吾作重要讲话。

6月25～30日 益阳市第一届人民代表大会第一次会议在益阳举行。安化县70名代表出席会议，县人大常委会主任王定中任代表团团长，县长邓三龙、副主任陈君吾任副团长。

8月 县人大常委会教科文卫工委与县卫生局组织1500多名医务人员参加了全省性的卫生法律知识竞赛。

9月6～18日 县人大常委会组织力量，分6个组对县人大代表进行一次系统走访，共走访代表257人，走访率达73%，收集代表批评、意见、建议900多条。

12月8～9日 县人大常委会在云台区召开全县人大工作会议。会议听取云台区委、区人大的经验介绍，回顾总结1994年的工作，部署安排了1995年的工作。

1995年

1月16～19日 县第十二届人民代表大会第四次会议在东坪举行。会议增选王亮等3人为市第一届人大代表。

2月13日 县第十二届人大常委会第16次会议举行。会议接受邓三龙辞去县人民政府县长职务的请求，任命李稳石为县人民政府副县长、代理县长职务。

4月8日 益阳市代表履行职责经验交流会在南县召开，市人大代表周腾方、刘晓平出席会议并作了经验介绍。

5月26～30日 省人大常委会副主任董志文一行到安化检查义务教育法、教师法的执行情况。

6月11日 益阳市人大财经工作联席会议在安化召开。

7月12～16日 县人大常委会组织在县的省、市人大代表进行视察。主要视察1995年度安化国民经济计划执行情况。

11月30日 县委、县人民政府宣布安化县乡镇体制改革的具体方案；撤销10个区，由58个乡镇合并为29个乡镇。

12月8日 县第十二届人大常委会第22次会议举行。会议决定授予王银珍等10人“十佳人大代表”荣誉称号。

1996年

1月26～30日 县第十二届人民代表大会第五次会议在东坪举行。会议补选李稳石为县人民政府县长。

2月 县人大常委会机关从原办公楼整体搬入新建的安化县党政机关大院。

3月5～25日 省人大常委会副主任沈瑞庭带领工作组到安化进行“百乡千村万户调查”，先后到安化的8个乡80个村800户了解农村经济情况。

4月中旬至5月中旬 县人大常委会内务司法工委会同县公安局、县监察局组成联合督查组，对9个乡镇、10个派出所以及县直有关单位贯彻落实县十二届人大四次会议作出的禁赌决定进行督促检查。

5月 清塘、梅城等13个乡镇的人大主席参加了市人大常委会组织的乡镇人大主席培训班。

6月 县人大常委会组织29个乡镇人大主席赴江浙等地考察、学习。

8月 县人大常委会副主任黎金龙带领教科文卫工委和县卫生局的相关人员，对13个乡镇的初级卫生保健工作进行了为期8天的视察和督查。

9月12～16日 县人大常委会组织部分县人大代表和有关人员，对乐安、小淹、平口等9个乡镇贯彻落实《关于科教兴县的决议》的情况进行了视察。

12月5～6日 县人大常委会组织部分市人大代表对安化县1996年的有关工作进行了集中视察。

1997年

1月17～18日 举行县第十二届人大常委会第30次会议。会议同意李稳石辞去县人民政府县长职务，任命符定安为县人民政府副县长，并决定由其代理县长职务。

1月25～28日 县第十二届人民代表大会第六次会议在东坪举行。会议补选符定安为县人民政府县长。

3月 副主任黎金龙代表县人大常委会在全市法院行政审判工作现场会上作题为《依法行使监督权，促进行政审判工作》的典型发言。

是月 全县人大工作会议在东坪召开，各乡镇书记和人大主席、副主席、办公室主任参加了会议。

△ 益阳市人大教科文卫工作现场会在安化召开。

4月22～25日 全县乡镇人大副主席和乡镇人大办公室主任培训班在平口镇举行。

7月11～12日 省人大常委会主任刘夫生到安化视察人大工作和湘云制药厂。

7月17～18日 省人大常委会副主任朱东阳到安化视察工作，重点视察走访东坪镇科技示范户谌羡刁和羊角塘的小城镇建设。

是月 县人大常委会机关全体干部职工分两批，先后到马路镇黄婆村扶贫点开展7天访贫问苦活动。

8月9～10日 省人大常委会副主任罗海藩、副省长庞道沐及省直有关部门负责人，到安化就扶贫工作召开现场办公会议，强调要加大扶贫力度。

8月27日 县第十二届人大常委会第35次会议举行。会议接受符定安辞去县人民政府县长职务的请求，任命蔡克勤为县人民政府副县长，并决定由其代理县长职务。

10月20～22日 副主任黎金龙代表县人大常委会出席全省行政审判庭十周年座谈会，并在会上作了经验介绍。

12月28日 县第十三届人民代表大会第一次会议开幕。

12月 全县乡镇人大主席会议在东坪召开。

1998年

1月2日 县第十三届人民代表大会第一次会议闭幕。艾胜杜当选为县人大常委会主任，蔡克勤当选为县人民政府县长。

3月 在益阳市一届人大五次会议上，选举蔡克勤等7人为省第九届人大代表。

3月30日至4月1日 举行县第十三届人大常委会第2次会议。会议根据益人常〔1998〕02号文件的规定，对县十三届一次会议的选举结果进行了确认，何佐才当选为县人民政府副县长，原公布当选为县人民政府副县长的蒋志高不当选。

3～7月 县人大常委会先后分3次对3名副县长、县人民政府21个组成单位的正职负责人、“两院”的副职负责人及县人大常委会全体组成人员和机关所有工作人员进行了法律知识考试。

6月 根据省人大常委会、省人民政府的安排部署，在全县范围内开展对教育法的实施情况进行执法大检查。

是月 全县乡镇人大工作会议在东坪召开，各乡镇人大主席、人大办公室主任参加了会议。

10月 市人大常委会副主任谢正初率市人大教科文卫工委、市科委的人员到安化检查科技成果转化法实施情况。

11月 市人大常委会副主任张百能及农工委主任晏泽良等一行4人到安化检查粮食收购条例贯彻实施情况。

1999年

1月1～5日 县第十三届人民代表大会第二次会议在东坪举行。艾胜杜、蔡克勤等77人当选为益阳市第二届人大代表。

4月 益阳市人大联络工作会议在安化召开。

6月 益阳市人大内务司法工作联席会议在安化召开。

是月 省人大常委会在郴州市召开各地州市内务司法工作联席会议，安化县人大常委会作为全省唯一的县级人大单位参加了会议。

10月 益阳市人大常委会召开纪念县级以上地方人大设立常委会20周年报告会。安化县已从事人大工作20周年的教科文卫委主任伍惠予、办公室副主席姚庆轩应邀参加了会议。

2000年

5月 县人大常委会财政经济工委对梅城镇39户居民状告财政部门征收契税的行政诉讼案进行协调，督促有关部门依法办事，使安化第一宗不服征税的行政案件得到较好处理。

7月 中共安化县委人大工作会议在东坪召开。会上，县委作出了《关于加强人大工作的决定》，解决了乡镇人大主席任同级党委副书记的问题。

10月 省、市人大领导到安化检查人大信访工作情况。省人大信访工作领导小组副组长关国应对安化县人大信访工作给予了高度评价。

11月29～30日 举行县第十三届人大常委会第19次会议。会议补选中共益阳市委组织部部长谢超英为益阳市第二届人大代表。

12月28日 县第十三届人民代表大会第四次会议开幕。

2001年

1月1日 县第十三届人民代表大会第四次会议闭幕。会议通过了关于《安化县国民经济和社会发展第十个五年计划纲要（草案）》《关于安化县国民经济和社会发展第十个五年计划纲要（草案）的报告》决议。

5月 益阳市人大办公室工作座谈会在安化召开。安化《发扬优良传统，做好后勤工作》的经验材料介绍，获得市人大及兄弟县市的肯定与好评。

8月29日 举行县第十三届人大常委会第24次会议。会议接受蔡克勤辞去县人民政府县长职务；任命彭建忠为县人民政府副县长，并决定由其代理县长职务。

12月24日 举行县第十三届人大常委会第27次会议。会议根据市人大常委会选举任免联络工作委员会通知，罢免喻荣贵市第二届人大代表职务，补选彭建忠为市第二届人大代表。

2002年

1月5～8日 县第十三届人民代表大会第五次会议在东坪举行。会议补选彭建忠为县人民政府县长。

3月 县人大常委会主任艾胜杜、副主任傅世平在马路镇主持召开全县人大信访工作会议。马路镇人大主席在会上介绍了信访工作经验。

是月 县人大常委会召开全县乡镇人大主席会议，对乡镇人大工作提出具体指导意见。

4月 县人大常委会采取座谈会、电视讲话、宣传专刊等形式，开展《中华人民共和国全国人民代表大会和地方各级人民代表大会代表法》（以下简称《代表法》）颁布实施10周年纪念活动。

5月 县人大常委会对《中华人民共和国气象法》的执行情况组织执法检查。

6月 县人大常委会组织全县乡镇人大主席参加市人大举办的乡镇人大主席培训班。

7月 县人大常委会办公室、财政经济工委、内务司法工委 、农业工委组成3个调查小组，对全县经济发展环境，民营工业发展情况和财政预算执行情况进行专题调查。

9月13日 举行县第十三届人大常委会第31次会议。会议同意彭建忠辞去县人民政府县长职务，由副县长王新台代理县长职务。

12月 在益阳市二届人大五次会议上，选举蒋金云等7人为省第十届人大代表。

2003年

1月4～9日 县第十四届人民代表大会第一次会议在东坪举行，蒋金云当选为县人大常委会主任，王新台当选为县长。

4月~6月 县人大常委会主任蒋金云、副主任高多庆、彭平移分别率县人大常委会机关工作人员到木子、高明、平口等乡镇督促抗“非典”工作。

8月28日 县人大常委会主任蒋金云率县人大常委会委员和部分县人大代表视察县城南区，实地察看南区扩大区域和安化二中整体搬迁工程，听取县规划勘测设计院关于南区控制性详细规划调整情况的介绍和南区开发公司关于工程建设情况的汇报。

10月 益阳市人大选举任免联络工作会议在安化召开。

10月31日至11月4日 省第十届人大代表安化小组，集中视察S308安化奎马段、S308安化段收费站，听取县人民政府关于S308线安化段建设及该段收费站设置、“两会一部”清收清欠、“农网改造”、小水电建设、教育经费、社会保险等有关情况的汇报。

12月7～8日 县第十四届人民代表大会第二次会议在东坪举行。会议选举产生78名益阳市第三届人大代表。

2004年

2月8～11日 县第十四届人民代表大会第三次会议在东坪举行。

2月11日 县人大常委会首次以县人民代表大会会议主席团的名义向县人民政府交办关于《政府工作报告》的审议意见。

6～9月 县人大常委会组成农业综合执法检查办公室，对全县贯彻农业法的情况进行检查。

7月2日 县人大常委会向全县各级人大代表发出《迅速行动起来投入抗灾救灾工作的动员令》。

8月31日 全县人大办公室工作会议在坪口镇召开，会议由办公室主任谌上游主持。

9月16日 纪念人民代表大会制度建立五十周年报告会在红旗剧院召开。主任蒋金云作《坚持和完善人民代表大会制度加快安化县全面建设小康社会进程》的报告，并于当晚在县有线电视台发表电视讲话。

2005年

1月8～11日 县第十四届人民代表大会第四次会议在东坪举行，谢寿保补选为县人民政府县长。

2～5月 县人大常委会机关深入开展保持共产党员先进性教育活动。活动分学习动员、分析评议、整改提高三个阶段。

3月7日 省人大机关组建扶贫工作队在县委常委（挂职）、工作组组长马建忠率领下，进驻县城南区铁炉村。

3月19日 省人大常委会党组成员、秘书长刘永寿率队到县城南区铁炉村调研组建扶贫工作。

6月28～30日 全县乡镇人大干部培训班在县委党校举行。乡镇人大主席、副主席、办公室主任和县人大常委会机关全体干部参加培训。

8月25日 益阳市第三届人大安化代表团视察柘溪水电站扩建工程、湘安钨矿。市人大常委会副主任谢梦阳、符定安参加视察。

8月 县人大常委会主任蒋金云到北戴河参加全国人大主办的市、县人大常委会主任学习培训班并作典型发言。

9月6日 市人大常委会副主任夏赞秋、符定安，带领由市人大、市扶贫办、市移民局和安化县人大、县政府联合组成的柘溪库区有关问题调查组，对库区扶贫开发的情况进行深入调查。

9月21～22日 市人大内务司法工作联席会议在安化柘溪镇雪峰山庄召开。市人大常委会副主任谌涤尘参加会议。

9月28日 安化县部分省、市、县人大代表视察东坪大桥和东坪水电站两项重点建设工程。

11月2日 市人大常委会副主任符定安带队，“2005年益阳环保世纪行”检查组到安化，视察东坪钒厂整体搬迁工程、东坪电站建设工地、湘安钨业有限公司，听取县人民政府、县环保局、东坪镇政府等单位关于环保工作的情况汇报。

11月18日 省人大常委会党组副书记、副主任吴向东和省人大常委会党组成员、秘书长刘永寿在市委书记蒋作斌、市人大常委会主任伍建国、县委书记彭建忠、县人大常委会主任蒋金云等省市县领导的陪同下，到县城南区铁炉村考察组建扶贫工作。

12月7～9日 省人大常委会党组副书记、副主任吴向东率领4名全国人大代表、16名省人大代表对柘溪库区进行集中视察，重点视察了马路镇和南金乡伏坡村。省人大常委会党组成员、秘书长刘永寿，市委书记蒋作斌、市长刘国湘、市人大常委会主任伍建国等省市县主要领导陪同视察。

2006年

1月4～7日 县第十四届人民代表大会第五次会议在东坪举行。

1月23日 省人大常委会党组成员、秘书长刘永寿率领省人大有关委室负责人到县城南区铁炉村访贫问苦。

7月26日 县委印发《关于进一步加强人大工作的决定》。

7月28日 县委人大工作会议在梅园会场召开。会议主要传达中央9号文件、全省人大工作会议和市委人大工作会议精神，总结近几年来安化县人大工作经验。县委书记彭建忠、县人大常委会主任蒋金云作重要讲话，县长、县人民法院院长、县人民检察院检察长分别作表态性发言。

8月22日 县人大常委会组织益阳市人大代表安化第二小组和县人大常委会组成人员、东坪地区的部分县人大代表集中视察柳溪河综合治理情况。市人大常委会副主任符定安、县长谢寿保、副县长魏刚和县直有关单位负责人应邀参加。

9月7日 益阳市人大代表安化第一小组集中视察安化无病虫柑橘良种繁殖场。市人大常委会副主任符定安，县人大常委会主任蒋金云等13名市人大代表参加视察。

10月27～28日 由县人大常委会主办、国税局协办、文化旅游局承办的“国税杯·人民颂歌”大型文艺会演在东坪红旗剧院隆重举行，40多个文艺节目参与会演。演出后编辑了《“人民颂歌”文艺会演集锦》。

11月6日 省人大常委会党组副书记、副主任周时昌，带领省人大常委会秘书长刘永寿及省发改委、省财政厅、省交通厅、省水利厅、省农办、省电力公司等单位的领导，到县城南区铁炉村参加铁炉村公路通车典礼。县长谢寿保代表县委、县人大、县政府、县政协致欢迎辞。

是日 益阳市第三届人大代表安化第三小组视察乐安镇农村公路建设情况。县人大常委会主任蒋金云等领导陪同。

12月24日 省人大常委会党组副书记、副主任吴向东，在市委书记蒋作斌等市县领导的陪同下，考察县城南区铁炉村组建扶贫工作。

12月29日 全县贯彻实施《监督法》动员大会在县政府电视电话会议室召开。县委书记彭建忠、县人大常委会主任蒋金云分别作重要讲话。

2007年

1月7日 全县人大办公室工作会议在县人大常委会会议室召开。

1月8～11日 县第十四届人民代表大会第六次会议在东坪举行。

3月8日 县人大常委会主任蒋金云带领部分县人大常委会委员在县建设局领导的陪同下视察镇东新桥建设工程和湾竹塘休闲广场等便民改造工程。

4月7日 省人大常委会副主任王四连到安化县检查纸厂关停暨“三湘环保世纪行”工作。

4月19日 部分省、市、县人大代表在县人大常委会组织下视察农村公路建设情况，重点视察田庄乡四方岩至桐溪的村级公路、东坪镇至青山园的县乡公路和S308奎马段改造工程。

5月9日 益阳市人大财经工作联席会议在安化召开。

5月17～18日 省委书记、省人大常委会主任张春贤到安化考察移民后扶工作，听取了县人大常委会主任蒋金云的工作汇报和对基层政权建设方面的意见。他对安化的人大工作表示满意，并请县委、县人大主要领导向从事人大工作的全体人员问候。

5月28日 县人大常委会城乡建设与环境保护工作委员会成立大会在县人大常委会会议室召开。

6月15日 县委书记彭建忠到县人大机关专题调研人大工作，县委副书记郭谷轩和县委常委、县委办主任李俊夫等人参加。蒋金云主任汇报了近年安化县人大常委会的工作，形成了《县委常委研究人大工作专题会议纪要》。

6月 益阳市人大农业和农村工作联席会议在安化召开。

7月2日 安化人大信息网http://www.ahrdxx.gov.cn正式运行。

7月11日 市人大常委会副主任肖振恢带领市人大选举任免联络工委到安化督查县、乡两级人大换届选举工作。

7月17日 安化县县乡两级人大换届选举工作会议在梅园会场举行，县人大常委会主任蒋金云主持，副主任王美兰部署县乡两级人大换届选举工作。

7月31日 县委常委会讨论通过乡镇人大副主席拟任人选，全县各乡镇人大副主席调配到位。

8月20～22日 市人大常委会资江流域益阳段水污染源现状调查组在副主任符定安的带领下到安化调研。

8月30日 县人大常委会主任蒋金云召集有关单位和江南镇负责人，到江南镇木羊村就整建扶贫工作进行现场办公。

9月17日 县人大常委会主任蒋金云到长沙参加“全省人大干部作风建设座谈会”，书面交流了安化县人大机关加强干部作风建设的经验——《民主务实 和谐有为》。

10月10～11日 市人大常委会主任伍建国到安化视察指导人大工作，听取了安化县第十四届人大常委会工作和县乡两级人大换届选举工作情况汇报。

10月15、16日 为全县县乡两级人大代表换届选举日，选举产生县第十五届人大代表303名。

10月23日 县人大常委会副主任夏国新、选举任免联络工委主任罗舜寰等根据县乡两级人大换届选举领导小组的意见，到烟溪镇调查处理该镇县人大代表选举选区划分工作，对不符合法律法规的选区依法进行了整改。

12月14～19日 县第十五届人民代表大会第一次会议在东坪举行。蒋金云当选连任县人大常委会主任，杨光鑫当选为县长。

2008年

1月5日 在益阳市第三届人民代表大会第五次会议上，杨光鑫等7人当选为湖南省第十一届人大代表。

2月1日 县人大常委会发出紧急通知，要求各乡镇人大主席团组织发动各级人大代表迅速投入抗冻救灾工作。

3月20日 县人大代表建议、政协委员提案联合交办会议在县政协机关会议室举行，133件代表建议交县人民政府办理。

5月8～9日 益阳市区县（市）人大城建工作第一次联席会议在安化召开。市人大常委会副主任符定安等出席了会议。

5月15日，县人大常委会机关全体干部职工向“5·12”四川汶川地震灾区捐款11300元。

5月20日 省人大财经委葛汉栋主任带领省人大预算工委一行7人，在市人大常委会副主任张群华等陪同下，深入安化召开座谈会，现场办理代表建议。

6月6日 县人大常委会组织部分省、市、县人大代表，集中视察红岩水库、马路镇防洪大堤。

6月10～12日 省人大常委会委员、法制委主任委员、法工委主任陈兰新率领省人大立法调研组到安化征求《湖南省大中型水库移民条例修正案（草案）》的意见。

6月20日 省人大代表安化小组杨光鑫等对柘溪水库“两乡一场”用电情况进行了视察。

6月25日 市人大常委会主任李稳石、副主任肖振恢等一行，到安化就黑茶产业和县乡人大工作进行专题调研。

6～7月 县人大常委会主任、副主任带领相关委室工作人员，采取召开座谈会、登门访谈等形式，对县第十五届人大代表，特别是生产一线代表进行全面走访，共走访代表250余人次，收集代表建议意见232条。

6月中旬至7月上旬 县人大常委会组织茶产业建设、粮食生产安全、重点工程和工业园区建设、财政预算执行4个调查组，调查了解上半年全县国民经济计划和财政预算执行情况。

7月6日 县人大常委会主任蒋金云赴深圳参加深洽会。

7月15～16日 县人大常委会主任蒋金云参加省人大常委会举办的“市县人大常委会主任监督法培训班”。

7月28日 县人大常委会副主任高多庆赴涟源，参加安邵二广高速公路开工典礼。

8月4日 县人大常委会召开县人大走访代表情况通报会，就代表普遍反映热点问题进行重点交办。

8月14日 县人大常委会组织部分省、市、县人大代表集中视察县城城区消防设施。

9月3～5日 县人大常委会主任蒋金云、副主任彭平移带领县人大常委会财政经济工委和县财政局一行8人，赴株洲市茶陵县考察学习人大财政综合预算工作。

9月4日 沅陵县人大常委会主任宋联君，副主任曹国基、田官武等一行10人到安化考察人大制度建设。

9月23～27日 县人大常委会举办全县人大干部业务培训班，乡镇人大主席、副主席、办公室主任，县人大常委会组成人员及县人大常委会机关全体干部参加了培训。

11月6日 县委常委会议专题听取县人大常委会工作情况和县十五届人大二次会议筹备情况汇报。

11月10～11日 省人大常委会副秘书长罗述勇在益阳市人大常委会秘书长龚友生的陪同下，到安化开展以“坚持民本、保障民权、改善民生”为主题的学习实践科学发展观的调研活动。

12月2日 县人大常委会主任蒋金云，副主任夏国新、张渡期出席在田庄乡茶家坪举行的县城污水处理工程奠基仪式。

12月17~21日　安化县第十五届人民代表大会第二次会议在东坪举行。会议选举出席益阳市第四届人民代表会议代表共82名。

12月30日　县人大常委会举办安化县新当选的市人大代表培训班，对由安化选举产生的81名益阳市第四届人民代表大会代表进行初任培训。翌日，赴益阳出席市四届人大一次会议。

2009年

1月9日　县人大常委会主任蒋金云赴北京参加安化工作汇报会。

1月11～17日　省第十届人大安化代表团杨光鑫等6名代表出席了省十届人大二次会议，县人大常委会主任蒋金云列席会议。

3月6日　县人大代表建议和县政协委员提案交办会议在县人大常委会机关会议室举行。县人大常委会主任蒋金云，县委常委、县人民政府常务副县长蒋跃登出席会议。

3月11日　县人大常委会副主任夏国新率领县人大常委办、县电力局、县质监局建设扶贫工作组进驻小淹镇肖家村,开始新一轮(2009～2010)建设扶贫工作。

3月18日　市人大常委会主任李稳石、副主任张群华，率市人大常委会机关和市发改委、市国土局、市交通局、市财政局、市粮食局、市电力局、市移动公司等市直部门负责人，在县人大常委会主任蒋金云，县委常委、副县长魏刚陪同下，赴冷市镇马桥村考察调研扶贫工作。

3月20日　安化县支持“二广”高速公路建设暨安邵（安化至邵阳）段征地拆迁动员大会在梅城镇召开。县人大常委会主任蒋金云出席会议并讲话，

是日　常宁市人大常委会主任刘志湘率5位副主任及相关委室负责人到安化考察交流人大工作。县人大常委会副主任邓晓君介绍了安化县人大工作的有关情况。

4月1、9、13日　益阳市第四届人大代表安化一、二、三小组，分别视察了县城污水处理厂建设工程、山山食品有限责任公司和乐安镇慧鑫居工艺陶瓷有限公司、梅山酒业有限公司、安化一中。

4月3日　县人大常委会机关召开深入学习实践科学发展观活动动员会。县人大常委会主任蒋金云作动员报告。

4月8日　县人大常委会主任蒋金云在小淹镇肖家村召开建设扶贫现场办公会议，全面部署该村2009～2010年的建设扶贫开发工作。县人大常委办、县发改局、县扶贫局、县财政局、县农开办、县民政局、县交通局、县电力局、县质监局、县水利局、小淹镇政府等单位主要负责人参加了会议。

4月下旬　县人大常委会主任蒋金云，副主任邓晓君、夏国新、高多庆、张渡期、彭平移带队，县人大常委会机关组织开展以“发挥人大职能作用，促进科学发展”为主题的学习实践科学发展观调研活动。

5月5～6日　益阳市人大教科文卫工作联席会暨科技创新研讨会在江南镇高城村召开。市人大常委会副主任刘时贵等出席会议。县人大常委会主任蒋金云，县人民政府县长杨光鑫等应邀参加会议。

5月21日　长沙市天心区人大常委会主任郑蓬、副主任彭剑辉一行6人,在县人大常委会主任蒋金

云、副主任彭平移、副县长罗必胜等人的陪同下，到小淹镇百花村考察农村办学情况。

5月24日 县人大常委会副主任彭平移与县长杨光鑫，县委常委、组织部长李晓跃，赴安徽海螺集团进行考察，并就海螺集团在安化投资兴办水泥厂有关事项进行了洽谈。

6月2日 茶陵县委书记余明刚、县人大常委会主任罗尔胜一行到安化考察交流党的建设、人大工作、大中型水库后期管理等方面的工作。

6月4日 县人大常委会党组印发《关于加强机关作风建设的意见》，把每年6月作为主任与代表面对面活动月，并就加强调查研究、督办常委会审议意见、严格机关经费开支、消除各种不正之风作出具体规定。

6月15～16日 贵州省松桃苗族自治县人大常委会副主任唐其先、政协副主席龙健清一行13人来安化考察茶叶生产及加工情况。

6月中下旬 县人大常委会领导带领相关委室工作人员，分片对县人大代表和在安化的省、市人大代表进行集体走访，深入开展"主任与代表面对面活动"，共走访人大代表230多人次，收集代表建议、批评和意见600多条。

6月22日 市人大常委会主任李稳石率市茶叶局负责人到马路镇考察茶叶生产。

6月25日 市人大常委会举行市人大代表履职培训暨代表履职经验交流会。安化县交通局局长、省第十一届人大代表陶志高在会上作典型发言，安化县选举产生的省代表高招辉及市代表刘岳辉、宁红山书面交流了履职经验。

6月26日 县人大常委会在机关会议室组织任前法律知识考试，李晓跃、陶志高、杨茜等3位副县长拟任人选和其他拟任人员参加了考试。考试结束后，主任蒋金云、副主任高多庆代表县人大常委会对3位副县长拟任人选进行了任前诫勉谈话。

7月1日 县人大常委会主任蒋金云出席在县城湾竹塘休闲广场举行的重点工程建设"三项行动"启动暨湾竹塘休闲广场、休闲风光带、房地产开发项目开工仪式。

7月16～17日 桂阳县人大常委会副主任李绍军一行到安化县考察集体林权制度改革和森林防火工作。

7月中下旬 县人大常委会组织农民专业合作组织、房地产开发、上半年县财政预算执行及中小企业发展3个调查组，分别由县人大常委会副主任夏国新、高多庆、彭平移带队，深入厂矿、企业、乡镇、县直等相关单位进行调研。

7月24日 县人大常委会召集"一府两院"及26个县直部门主要负责人，召开"主任与代表面对面活动"情况通报会，并就代表普遍反映的一些突出问题，向"一府两院"及有关部门发出了代表建议交办函。

8月23日 县人大常委会组织举办的以"锦绣安化"为主题的"金太阳杯"文学创作、"金鑫杯"书法创作、"云天杯"美术创作和"白沙溪杯"摄影创作大奖赛活动，圆满完成征稿工作，共收到各类作品3361篇（件）。经省市专家评审团认真评选，共评定一等奖10名、二等奖20名、三等奖30名、优秀奖284名。

8月下旬至9月初 县人大常委会副主任邓晓君、夏国新、高多庆分别带领工作评议调查组，先后深入到乡镇、企业和县直部门，分别对县扶贫开发局、县信用联社和县电力局的工作进行了调查。

9月9日 省人大常委会委员、内司委主任委员陈刚带领省人大调研组到安化进行立法调研，征求对《湖南省实施〈中华人民共和国突发事件应对法〉办法〈草案〉》的意见和建议。市委常委、常务副市长周再华，市人大常委会副主任张雪秋陪同调研。

9月24日 县人大常委会在云天桥二楼举办“锦绣安化”文学艺术大奖赛获奖作品展览，共展出书法作品77件、美术作品54件、摄影作品63件。

2010年

1月10～15日 县第十五届人民代表大会第三次会议在东坪举行。

1月18～23日 安化县81名市人大代表组团赴益阳出席市四届人大二次会议。

1月23～30日 省十届人大三次会议在长沙举行，安化县杨光鑫等6名省人大代表出席会议。县人大常委会主任蒋金云列席会议。

2月2～3日 省人大常委会副主任谢勇在省人大内司委主任陈钢、省残联理事长肖红林及市人大常委会副主任张雪秋、市残联理事长刘湘中的陪同下，到安化走访慰问特困残疾人。

2月9～10日 省委书记、省人大常委会主任张春贤，在省委常委、省委秘书长杨泰波和市委书记马勇等领导陪同下，到安化看望慰问困难群众，送上新春的问候和祝福。

3月15日 市人大常委会副主任李渐辉率队到安化调研防汛抗旱、农村安全饮水工程建设情况。

3月17日 省人大常委会副主任肖雅瑜到安化考察教育工作

是日 市人大常委会主任李稳石、秘书长龚友生到白沙溪茶厂调研厂房扩建和黑茶扩产工作。

4月1～2日 省人大常委会环资委领导李意云、文志强在市人大常委会副主任王建武等陪同下，到安化考察生态建设和遗产保护工作。

4月8日 县“农民健康行”活动组委会召开组委会成员会议。县人大常委会主任蒋金云等出席会议。

4月19～20日 市人大常委会副主任李渐辉率市人大常委会农业委、市移民局等单位负责人到柘溪库区视察移民工作。

4月29日 县人大常委会办公室组织的安化县首届“宣传人民代表大会制度好新闻”评选结果揭晓。参评作品14件，共评出一、二、三等奖作品6件。

5月10～11日 全市县（市）区人大内务司法工作联席会议在安化召开。市人大常委会副主任张雪秋等参加会议。县人大常委会主任蒋金云致辞，副主任高多庆和内务司法工委主任肖伟群介绍了安化开展执法检查的做法。

5月中旬、6月中旬 县人大常委会主任蒋金云，副主任邓晓君、夏国新、高多庆、彭平移先后深入到马路、龙塘、梅城等乡镇，指导防汛抗灾工作。

5月30日 县人大常委会主任蒋金云、副主任彭平移陪同市人大教科文卫工委、市政协法制群团委领导到木子可耐尔公司调研台资企业保护法贯彻实施情况。

6月中、下旬 县人大常委会副主任夏国新、高多庆、彭平移分别带领调查组深入乡镇、企业和县直有关单位，就财政预算执行、经济发展环境、黑茶生产情况和土地流转工作进行调研。

6月24日 市人大常委会副主任张雪秋带领市国土资源局副局长刘庆云等到乐安镇团安村周家冲水库抢险救灾现场指导工作。

6月30日 县人大常委会主任蒋金云，副主任邓晓君、高多庆出席县人民医院、县体育中心羽毛球馆等市重点工程“三项行动”启动仪式。

7月12、14、21日 市第四届人大代表安化一、二、三小组分别集中视察县电力建设、县移动通信建设、县水利建设。县人大常委会主任蒋金云、副主任邓晓君，副县长陶志高等参加了视察。

7月19日 市人大常委会副主任袁国军、选举任免联络工委主任曹发根等到小淹、江南等乡镇走访省、市人大代表。

7月23日 县人大常委会召开了“主任与代表面对面活动”情况通报会，共通报代表建议、批评、意见600余条，向相关部门发出了代表建议通报函28份，并就进一步重视交通基础设施建设等10条反映相对集中的代表建议向县人民政府进行了重点交办。

7月~9月 县人大常委会副主任彭平移率领机关工作组到白沙溪茶厂开展全面扩建工程协调工作。

8月6日 安化环保世纪行组委会成员单位会议在县环保局举行，活动的主题是“建设生态安化”。县委常委、副县长、环保世纪行组委会主任李晓跃，县人大常委会副主任、环保世纪行组委会副主任夏国新出席会议。

8月24日 湖南省茶叶公司与县人民政府在白沙溪茶厂签订 “湖南省白溪厂年产1.5万吨优质安化黑茶清洁化生产线扩建项目”协议，市人大常委会主任李稳石、秘书长龚友生，县人大常委会主任蒋金云、副主任彭平移出席签约仪式。

8月30～31日 省人大代表安化小组集中视察柘溪水库平口工业小区和阿香柑橘专业合作社。县人大常委会主任蒋金云、副主任邓晓君参加了视察活动。

9月15～16日 市人大常委会主任李稳石、秘书长龚友生，先后深入到白沙溪茶厂、安化茶厂、久扬茶业、晋丰厚茶行考察黑茶产业。县委书记谢寿保、县长杨光鑫、县人大常委会主任蒋金云等陪同考察。

9月21日 长沙市天心区人大常委会主任郑蓬，副主任汤梦罗、彭剑飞，长沙市人大代表、湖南融城建设发展有限公司董事长袁石岗一行，到龙塘乡为天心小学竣工剪彩。天心区人大常委会和袁石岗先生为该校捐赠了现金50万元和桌椅、多媒体、电脑等教学设施。县人大常委会主任蒋金云，县委常委、县委统战部部长林玲，县人大常委会副主任彭平移，副县长郑伯怡出席剪彩仪式。

10月25～26日 县人大常委会主任蒋金云参加在邵阳市召开的第三届“湖湘三农论坛”会议。其撰写的《将人大职能转化为新农村建设动力》论文列入大会交流，并获得表彰。

10月29日 市第四届人大代表安化第二小组集中视察益阳橡胶塑料机械集团有限公司。县人大常委会主任蒋金云、副主任邓晓君参加了视察。

10月29～31日 省人大常委会选举任免联络工委原主任孟凡志一行到安化考察人大工作。

11月9～10日 县人大常委会组织举办乡镇人大干部培训班。各乡镇人大主席、副主席、办公室主任和县人大常委会机关全体干部参加培训。

12月2日 市第四届人大代表安化第一小组视察六步溪国家森林公园。副厅级干部张新德、市交通管理局副局长吴蜀湘、县人大常委会主任蒋金云、县人大常委会副主任邓晓君、县委组织部部长祁辉等领导参加视察。

12月16日 市第四届人大代表安化第三小组视察了二广高速公路建设情况。市人大常委会副秘书长刘文凯、市人大预算工委主任陈建国、市人大教科文卫工委负责人曹彩华和县人大常委会主任蒋金云、副主任邓晓君、张渡期参加了视察。

2011年

1月5～9日 县第十五届人民代表大会第四次会议在东坪举行。

1月10～15日 安化县81名市人大代表组团赴益阳出席了市四届人大三次会议。县人大常委会主任蒋金云，副主任邓晓君、张渡期出席会议。

1月25～30日 省十一届人大五次会议在长沙举行，安化县杨光鑫等6名省人大代表出席会议。县人大常委会主任蒋金云列席会议。

3月3日 县人大常委会召开乡镇人大主席座谈会，组织学习了市委组织部《关于认真做好乡镇党委换届工作的意见》。

3月7日 市人大常委会主任周再华、秘书长龚友生深入安化开展人大工作调研。县人大常委会副主任夏国新、主任蒋金云先后汇报了安化县人大常委会主要工作。

3月8～9日 省人大选举任免联络工委副主任符乔荫在市人大常委会副主任袁国军的陪同下到安化调研。

3月28日 县人大常委会主任、副主任听取县城南区管委关于陶澍文化广场建设情况汇报。

4月6日 县人大常委会召开黑茶生产加工秩序整顿工作会议，县农业局、县工商局、县质量技术监督局、县食品药品监管局、县公安局、县茶叶办等单位的负责人参加会议，县人民政府副县长罗必胜出席会议。

4月12～14日 安化县81名市人大代表组团赴益阳出席市四届人大四次会议。

4月17日 市人大常委会党组书记李稳石到冷市镇调研茶叶生产，县人大常委会副主任夏国新陪同调研。

5月19～20日 省人大常委会教科文卫委副主任委员邹麦秋、万伏秀，就学前教育情况和羽毛球学校建设到安化县进行调研。

5月27～29日 省委原副书记、省人大常委会原副主任吴向东带领长沙市益阳商会的100位益阳籍企业领导，在省委宣传部巡视员李湘舟、市人大常委会主任周再华等省、市领导的陪同下到安化考察工作。

6月13～14日 县人大常委会主任蒋金云，党组书记蒋跃登，副主任邓晓君、夏国新、高多庆、彭平移分别赴马路、东坪、龙塘、南金、梅城、田庄等乡镇指挥防汛救灾工作。

6月20日 县人大常委会机关全体干部职工、离退休老干部以共唱红歌的形式共同庆祝中国共产党建党90周年。

7月7日 省人大常委会副主任蒋作斌到安化视察梅山文化生态园建设。市人大常委会主任周再华、县人大常委会主任蒋金云、党组书记蒋跃登陪同视察。

7月12日 益阳市人大代表安化第二小组视察了安化县电信信息化建设情况。

7月26日 县人大常委会主任蒋金云、党组书记蒋跃登召集县人大常委办、县公安局、县发改局等17个单位的主要负责人，视察了马路镇潺溪口村，并在马路镇政府召开了潺溪口村扶贫工作现场办公会。

8月8日 省人大代表安化小组集中视察湖南白沙溪茶厂有限责任公司，对安化黑茶生产提出了建议。

8月11～12日 县人大常委会城建环保工委会同县人武部、县政府办、县人防办对安化县人防工作进行检查。县人大常委会主任蒋金云，县委常委、县人武部部长符美田参加并做指导。

9月1日 县人大常委会主任蒋金云，党组书记蒋跃登带领县人大常委办、县林业局、县卫生局、县信用联社、县文化旅游局、县农村办和江南镇政府等单位主要负责人，到新农村建设示范点洞市社区村现场办公。会议确定了洞市社区村2011~2015年新农村建设发展规划。

10月10日 市人大常委会副主任谭喜华率市安监局、市国土局、市环保局等单位负责人到高明乡调研工业环保和安全生产等工作。

11月5～19日 县人大常委会党组书记蒋跃登参加了县委组织的在新加坡南洋理工大学主办的“提升社会管理与创新培训班”学习。

11月28日 县人大常委会主任会议成员在县残联会议室听取了县残联关于贯彻实施残疾人保障法的情况汇报。

12月29～31日 县第十五届人民代表大会第五次会议在东坪举行。会议根据有关规定，表决通过了蒋金云辞去县第十五届人大常委会主任职务的决定，补选蒋跃登为县第十五届人大常委会主任。

2012年

1月4～8日 安化县81名市人大代表组团赴益阳出席了市四届人大四次会议。

1月12～17日 省十一届人大五次会议在长沙举行，安化县杨光鑫等6名省人大代表出席会议。县人大常委会主任蒋跃登列席会议。

2月8日 市人大常委会党组书记李稳石到安化调研茶叶生产。

2月17日 县人大常委会主任蒋跃登在会议中心主持召开全县乡镇人大工作会议。3月12日，县人大常委会主任蒋跃登深入S308线检查指导创森工作。

3月28日 市人大常委会副主任张群华、秘书长龚友生、副秘书长刘文凯到安化调研规范性文件备案审查工作和全市县（市）区人大办公室工作联席会议有关事宜。县人大常委会主任蒋跃登等参加调研。

3月30日 县人大常委会主任蒋跃登、副主任彭平移，在马路镇政府召集县公安局、县安监局、县电力局、县编制办、县人大常委会农业工委等单位负责人研究潺溪口村建设扶贫工作。

5月16日 蒋跃登主任在机关会议室召集县政府办、县农业局、县茶叶办及部分茶叶企业负责人研究黑茶产业发展问题。

5月17～18日 省人大常委会办公厅副巡视员向志良一行到安化调研人大培训工作。县人大常委会主任蒋跃登，副主任邓晓君参加调研。

5月29～30日 市人大常委会食品安全执法检查组在市人大常委会副主任李渐辉、袁国军，秘书长龚友生的带领下，深入安化跟踪检查食品安全工作。县人大常委会主任蒋跃登、副主任彭平移，县委常委、副县长李晓跃等陪同检查。

6月5日 益阳市人大常委会办公室工作联席会议在安化县召开。市人大常委会副主任、党组副书记张群华，市人大常委副秘书长、办公室相关负责人员，县人大常委会主任蒋跃登，各县市区人大常委会分管领导、办公室主任、副主任等出席会议。

8月9日 全县县乡人大换届选举工作会议在东坪召开，县人大常委会主任蒋跃登部署安排了换届选举工作。

8月9～10日 县人大常委会举办县乡人大换届选举工作培训班。

11月23～30日 县第十六届人民代表大会第一次会议在东坪举行，蒋跃登当选连任县人大常委会主任，杨光鑫当选连任县长。

12月 在益阳市五届人大一次会议上，选举蒋跃登等8人为省第十二届人大代表。

2013年

2月27日 县人大常委会欢送张青娥参加全国人大会议。

5月10～11日 县第十六届人民代表大会第二次会议在县城东坪举行。会议补选熊哲文为县长。

7月31日 县人大常委会主任蒋跃登在县人大常委会机关会议室主持召开会议。会议研究了县委人大工作会议筹备、县人大信息网站建设、“三访三化”活动开展、县人大常委会自身建设等工作。

9月下旬 县人大常委会副主任、茶叶办主任肖伟群在内蒙古二连浩特市参加第二届“万里茶道”与城市发展中蒙俄市长峰会。来自中蒙俄“万里茶道”沿线的31位城市市长和200多名专家、学者和企业代表参会。

10月10日 县人大常委会主任蒋跃登在田庄乡参加湖南华莱万隆黑茶产业园开工典礼。

10月28～29日 省人大常委会委员、民侨外委主任委员石光明、省民委副巡视员褚世林带队对安化边销茶企业发展情况进行了考察调研。

11月22日 益阳市人大财经工作会议在安化召开。市人大常委会主任徐云波、副主任谭喜华出席会议并讲话。县人大常委会主任蒋跃登出席会议并致辞。

2014年

3月28日 县人大常委会专题研究关于创建人大代表小组活动室和人大代表工作室的方案意见，在全市率先推进代表工作室建设。

4月下旬 县人大常委会组织专题调研组，深入S225公路沿线各乡镇（场），对S225线安化段公路改建工程建设的有关情况进行专题调研。

4月 湖南省委督导组常务副组长、省人大常委会委员姜玉泉到安化调研党的群众路线教育实践活动，到东坪镇中砥村县人大代表谌小菊工作室，听取了县人大常委会代表工作室的创建计划和工作室联系选民等情况汇报。

6月25日 市人大常委会副主任程道峰带领调研组，对安化县农产品质量安全工作实施情况进行了调研。

6月27日 安化县人民代表大会成立60周年庆祝大会在县公安局新办公楼四楼会议室隆重举行。县委书记杨光鑫，县委副书记、县长熊哲文，县人大常委会主任蒋跃登，县政协主席李太源等领导出席了会议。

是日 县人大常委会在东坪镇组织召开乡镇人大工作现场会，组织各乡镇人大副主席参观县人大代表谌小菊工作室，规范各乡镇代表活动室布置，代表工作室创建工作在全县推开。

7月2日 湖南省血防办主任彭再之一行5人到安化县向省人大代表、县人大常委会主任蒋跃登面对面答复第1477号《关于洞庭湖生态经济区建设中应突出加强血防工作的建议》。

8月5日 安化县人大常委会召开党的群众路线教育实践活动专题民主生活会。市委督导组常务副组长、市委督办专员陈青名，市委督导组成员谭兵，县委副书记谢君毅等相关领导到会指导。

8月27日 省人大常委会副秘书长祁圣芳、省人大环资委监督处处长刘帅、省人大常委会办公厅执法检查办副主任李尚达带领省人大大气污染防治检查组，深入奎溪镇调研湖南安化渣滓溪矿业有限公司大气污染防治工作。县人大常委会副主任黄志军陪同。

8月29日 益阳市第五届人大代表安化第一小组对县城南区开发建设情况进行视察，促进新型城镇化建设。代表们视察县城南区黑茶大市场、安化大剧院、陶澍文化广场、安化大桥建设情况并提出视察建议意见。

9月4日 益阳市第五届人大代表安化第二小组视察渠江镇、平口镇敬老院。

10月17～21日 2014中国茶业经济年会暨六堡茶博览交易会在广西梧州市举行。安化县人大常委会主任、县茶产业领导小组组长蒋跃登带领县茶业协会及部分企业应邀参加。中国茶叶流通协会对年度中国茶叶行业年度经济人物、茶叶行业百强企业、黑茶（六堡茶）推荐品牌、特色县、重点县进行了表彰，安化县荣获年度中国茶叶行业十大转型升级示范县。

11月7日 县人大常委会组成人员对茅东公路扩改工程建设情况沿线进行了视察，并在冷市镇召开了评议会议。

12月4日 是中华人民共和国首个宪法日。当天，安化县人大常委会组织机关全体干部职工集中学习《中华人民共和国宪法》（以下简称《宪法》）知识，并进行了庄严宣誓："忠于人民，依法履职，坚决维护《宪法》权威，恪尽职守，勇于担当，廉洁奉公，全心全意为人民服务，自觉接受人民监督，为建设法治安化努力奋斗！"

12月 县人大常委会与县环保世纪行组委会共同组织了以"美丽安化·美丽乡村"为主题的环保世纪行活动。这项活动已摄制节目26期，在县电视台播出22期。同时加大对外宣传推介的力度，已传送湖南乡村频道并播出节目2期。《杜鹃花海中的村庄—东山村》等4期节目在亚太卫视播发，安化的自然美景、民俗风情、厚重文化随之传播到64个国家和地区。

2015年

1月15日 县人大常委会主任蒋跃登率县人社局、县电力局、县邮政局、邮政银行等单位负责人赴扶贫工作联系点东坪镇大湖村召开扶贫工作总结座谈会。

2月27日 即将赴北京出席全国人民代表大会会议的张青娥代表专程到安化县人大常委会机关，征求有关部门及社会各界、基层人大代表对国家部委的建议意见和安化贫困县人民的诉求。

3月27日 召开全县县乡人大工作会议，总结交流经验，共同研讨如何做好新常态下的人大工作。

是日 全国人大代表张青娥应邀参加县第十六届人大常委会第16次会议，传达贯彻十二届全国人大三次会议精神。

4月15～16日 省人大常委会副主任蒋作斌到安化考察调研白沙溪茶厂、卧龙源茶业、建玲茶业等知名茶叶企业和九龙池矿泉水、梅山生态园等。市人大常委会主任徐云波，市人大常委会副主任谭喜华，市人大常委会原主任周再华，县委书记杨光鑫，县人大常委会副主任夏华凤、肖伟群等陪同调研。

5月13日 益阳市人大选举任免联络工作会议在东坪镇召开，市人大常委会副主任李志宏出席会议。会议由市人大常委会选举任免联络工作委员会主持召开，各区县（市）人大常委会分管选举任免联络工作的副主任和选举任免联络工委负责人参加会议。

6月26日 市人大常委会调研组到安化开展农村饮水安全情况专题调研，县人大常委会主任蒋跃登、副主任伍亮陪同调研。

7月2～3日 省人大常委会副主任徐明华到安化走访全国和省人大代表，考察安化黑茶生产和梅山文化保护情况，听取人大代表建议意见。省人大常委会委员、选举任免联络工委主任王刚，益阳市委书记胡忠雄，市委副书记、市人民政府市长许显辉，市人大常委会主任徐云波、副主任李志宏，县委书记杨光鑫，县人大常委会主任蒋跃登、副主任黄志军陪同考察。

7月31日 县人大常委会召开会议，传达学习中共中央转发《中共全国人大常委会党组关于加强县乡人大工作和建设的若干意见》，县人大常委会组成人员和机关干部参加会议。

8月4～5日 省人大常委会执法检查组在常委会副主任陈君文的带领下，到安化开展《中华人民共和国水污染防治法》实施情况执法检查工作。检查组观看了关于柘溪库区垃圾漂浮物现状的汇报视频，实地察看了柘溪水库坝前和柘溪码头漂浮物现状，并检查了县城污水处理厂运营情况。

8月18～19日 省人大常委会委员、农业委主任委员李小平、副主任委员殷海清一行在安化召开座谈会，详细了解全县农村金融改革情况，并征求对《湖南省扶贫开发条例（草案）》的意见和建议。市人大常委会副主任程道峰，县人大常委会主任蒋跃登、副主任伍亮等陪同。

9月9日 省人大常委会副主任韩永文视察走访白沙溪茶厂。益阳市委书记胡忠雄，市委常委、秘书长孙达良，安化县委书记杨光鑫，县长熊哲文等陪同视察。

是日 益阳市人大常委会副主任谭喜华、财政经济委员会主任李建勋赴马路镇云台山调研茶旅一体化建设情况。县人大常委会副主任夏华凤陪同调研。

10月31日至11月2日 省人大选举任免联络工委副主任符乔荫，在市人大选举任免联络工委主任陈晓芬陪同下，到安化调研茶旅一体化建设情况，看望全国人大代表张青娥。

12月25日 由中铁十八局集团承建的马安高速龙头湾隧道举行正式进洞仪式。县人大常委会副主任伍 亮出席仪式。马安高速开工典礼已于2014年12月28日在安化县杨林举行。

2016年

3月9日 湖南省人大常委会在长沙市组织召开县乡两级人大换届选举工作调研会，对县乡人大代表构成比例、提名推荐、考察审查、发挥县乡人大作用、选举经费落实等方面进行调查研究。安化县人大常委会副主任黄志军等参加了会议。

3月14～16日 广东省佛山市顺德区人大常委会副主任霍兆忠率队，到安化考察民族宗教、生态环境保护和法院执行等工作。

4月20日 省人大常委会委员、省人大教科文卫委员会主任委员梁尔源一行到安化调研县乡高中负债情况。

5月13日 县人大常委会机关党支部召开“两学一做”学习教育动员会。

5月22日 全国人大内务司法委员会副主任委员白景富、委员李江率调研组到安化县，听取县法院，县检察院专项工作汇报。

5月25～26日 市人大常委会副主任刘时贵率市人大教科文卫（民侨外）委主任委员苏兆虎、市人大农业委主任委员卢大鸣、市人大城环委主任委员刘昭阳等食品安全执法检查组成员到安化实地检查食品安全“一法一条例”实施情况。

6月3日 县人大常委会召开全县乡镇人大工作会议。

6月7日 县人大常委会主任蒋跃登带领县扶贫局、移民局、交通局、电力局、东坪镇等单位深入东坪镇木子村视察扶贫开发工作，并召开扶贫工作现场座谈会。

6月23日 省人大代表安化小组视察了县经开区华莱万隆产业园、长塘镇沂水生态葡提专业合作社等农业产业化建设情况。县人大常委会主任蒋跃登等参加了视察。

6月27日至7月1日 县人大常委会组织主任会议部分成员、机关委室干部及各乡镇人大主席、县直有关单位负责人赴深圳参加全国人大组织的县乡人大换届选举工作培训班。

7月5～8日 县人大常委会“司法公正安化行”活动组委会办公室组织开展了案件质量评查活动。共调取和评查了县人民法院、县人民检察院、县公安局、县司法局、县森林公安局、县公安局交警大队已办结的案件60件。

7月18～20日 省人大常委会委员、农业委副主任委员殷海清一行，在市人大常委会副主任程道峰、县人大常委会主任蒋跃登、副主任伍亮等陪同下，先后到县林科所、六步溪国家级自然保护区、云上茶业等地开展森林资源保护情况调研。

8月17日 市人大常委会主任徐云波、副主任李志宏，到安化调研指导县、乡人大换届选举工作。县人大常委会副主任黄志军在调研会上作了情况汇报。

8月23日 县人大常委会举办了由县直有关单位和各乡镇人大主席、组织委员、人大办主任等100多人参加的县、乡（镇）人大换届选举工作业务辅导培训。

10月17日 县人大常委会召开全县县乡人大换届选举工作座谈会议。会上，县人大常委会主任蒋跃登传达了省、市关于县乡人大换届选举工作座谈会的精神，通报了全县县乡人大换届选举工作的主要任务和进展情况，并就下阶段工作进行了部署。

10月21、22日 全县137个选区组织投票选举产生县第十七届人民代表大会代表299名。

11月28日至12月2日 县第十七届人民代表大会第一次会议在东坪举行，李太源当选为县人大常委会主任，肖义当选为县长。

第一篇　人大代表

第一章　县各界人民代表会议代表

1949年6月28日，在中共安化县工作委员会的领导下，安化人民武装接管了中国国民党政权安化县政府。9月2日，“安化县人民政府”正式成立。1950年5月2日，县人民政府遵照《共同纲领》规定和中共益阳地委通知精神，在县城梅城召开安化县第一届各界人民代表会议第一次会议。

1950～1953年，各界人民代表会议先后共召开3届9次会议。因普选代表的条件不具备，各界人民代表采取推选、邀请及选举等形式产生。

第一节　县第一届各界人民代表会议代表

安化县第一届各界人民代表会议共举行5次会议。各次会议的代表主要是采取推选和邀请的形式产生。其中，出席第一次会议的代表54名，第二次会议的代表139名，第三次会议的代表114名，第四次会议的代表39名，第五次会议的代表69名。因查无资料，均无代表名单。

第二节 县第二届各界人民代表会议代表

一、代表概况

1951年11月11～14日，安化县第二届各界人民代表会议第一次会议，在东坪镇柏杨路大中华制茶厂举行。出席会议的代表274名，其中农民160名、工人18名、妇女界22名、工商界9名、教育界15名、机关代表12名、部队1名、民主人士4名、学生4名、医务界9名、家属9名、合作社2名、宗教界2名、民兵4名、原省代表3名。274名代表中，经过正式选举产生119名、推选148名、特聘7名。第三、四区于1951年8月划归蓝田县（今涟源市）。

二、代表名单（部分）

一区

何子刚　　刘拔群　　李省三　　董绪帆　　李　华　　夏富昌

张吉初	龙喜临	李钰阶	陶永固	蒋鸿文	李又成
肖萼夫	龚洵礼	刘政书	周克成	李协农	刘琢球
周庆堂	郭璞生	王克祥	彭敦华	方祝吾	赵庆宣
任锡南	任太林	陈佑文	谢珍英（女）	肖永康	肖国波
陈绍书	张遂良	刘祖贻	龙治平	胡克从	蒋九高
黄振中	肖质夫	姚德生	廖茶清（女）	周训成	傅　瑗（女）
谢迪娥（女）	杨汉滨	龚有章	龙仕鱼	吴富林	刘蔚南
熊成甫	李萼连（女）	喻国勋			

二区

熊树森	喻介凡	姚高实	姚淑春	王金榜	罗蔗田
彭必秋	陈汉钦	龙友金	唐友林	刘羽生	陈华兮
邓长霖	陈敬初	吴仲斋	吴研兰（女）	肖志远	郭崇周
姚耀生	李早英（女）	彭则民	郭均保	陈雨兴	刘永钦
刘和舒	陶春台	马德茂	李钟才	吴菊花（女）	邹圣钦
刘光昕	周清明	姚雨生	孙笃青	刘远生	田瑞林
宁咏霓	宁日良	谭石宜	宁江田	刘末香（女）	胡月恒
谭英源	肖小琼（女）	龚培达	陈　鹏	姚协初	张松亭
李永根	姚国庚	伍鲁花（女）	龙云集	何天龙	

五区

罗汉仁	王涤非	王率庭	彭万秋	彭华堂	李旺秋
王友良	陈磊保	胡会娥（女）	刘南香（女）	周　钧	李全保
谭忠行	刘昭训	肖瑞祥	谌抚来	刘助春	贺更廷
李剑虹	李言丰	聂积冬	王阳生	陶宽先	贺柳絮（女）
李佑民	廖如保	王远槐	杨廷松	梁重庆	黄朗照
王克华	龚竟成	瞿延瑞	黄　剑	黄沛泉	卢顺道
黄维器	王世初	胡玉珍	夏从光	谌韵芳（女）	雷庆福
杨凤文	曾知先	张练白	李仕雄	夏纯生	瞿冠军

六区

林质彬	王云飞	刘长清	李有庆	吴玉兰（女）	谌鸿福
陆鲁明	张加寿	邓海先	谌自齐	张正钧	谌祖贻
赵玉科	谌超芩	蒋国汉	刘之光	谌竞章	廖智三
吴铁山	禹汉武	林富章	李高泉	曹白云	吴槐开
夏迈成	张菊秋	黄长久	周玉泰	黄荣发	黄均全

王万太	胡财玉	何内出	蒋兴祥	廖树堂	谌宗全
谌洪生	蒋友梅（女）	蒋良田	梁恒青	谌登科	蒋会娥（女）
谌安寿	张迪连	罗心田	廖中元	谌少廷	张殿坤
伍芬田	蒋本枚	谌万林	谌冬保	杨蕃品	张庆堂
刘荣复					

七区

谭元乾	邓首先	邓必来	王汉章	龚伟烈	邓承兴
朱科登	龚欣开	邓以昆	李银山	朱绍庭	谢灵太
邓龙文	谢斌保	刘让林	邓义珍（女）	龚考生	龚书林
李召南	曹周林	龚连娥（女）	陈胜山	邓必光	谌世敬
唐国富	邓德盛	邓畅林			

八区

刘慕之	刘助凤	刘普民	刘华奇	朱雪影（女）	刘国生
胡宜生	伍石山	胡贤树	李立善	伍开祥	夏延晋
夏益扬	夏有生	张茂华	刘圣明	郭仔山	周良山
杨永清	曾锡全	曾秀英（女）	谢扬初	俞毅豪	陶炳南
夏祖芳	夏九鼎	刘普庆	刘宽延	胡可定	刘唐南

县直机关

王俊臣	曾广成	熊邵安	游连生	许秀英（女）	徐尚海
龚晋才	李菊珍（女）				

特邀代表

李仁洪	曾寒林

第三节　县第三届各界人民代表会议代表

一、代表概况

1952年11月26～30日，安化县第三届各界人民代表会议第一次会议在东坪举行,出席会议的代表323名。其中，属于选举308名、推选12名、聘请3名。

二、代表名单（女性代表无法查证）

县直机关

熊邵安	陈化民	乔际华	宋兰臣	刘云桥	孙忠祥
席秉文	林腾屏	许秀英	苏松云		

一区

罗祥保	何子冈	张怡娥	邱堂代	土时英	杨翠兰
谌有定	邱求增	罗正云	刘富寿	伍玉锡	李锡圭
刘荣复	谌忠全	刘之光	赵文瑞	刘鹤皋	龙春交
谌润生	张迪连	罗彦华	王箭中	廖中元	谌世本
李友三	简舟蒲				

二区

邓西生	张加寿	林汉石	刘道国	谌映后	梁建勋
蒋国汉	王竹娥	谌维松	谌锡松	蒋弟雨	蒋生才
蒋戴娣	游国文	谌永生	蒋铁山	谌仲灿	廖浪舟
蒋吉星					

三区

刘集生	刘畅新	陈礼清	汤镜凡	陶桂来	周季秋
黄汉秋	陈立才	廖如保	王绪开	王藕花	贺永祥
陶祖德	丁一春	王旺家	陈娥英	贺通祥	罗建茂
李南山	陶呈祥	胡厚林	王赐庭		

四区

刘莩初	李义书	彭先荣	彭万秋	谢白求	陈立和
李才华	刘兰香	陈双桂	李正阶	刘　仁	李德山
陈南桂	李龙吟	王达生	简回香	李根生	夏运矿
丁满发	刘光益				

五区

李淑清	张奇才	封爱梅	陶银娥	黄岳峻	陶宗保
黄连秋	黄富安	谌菊花	周梅春	王匡化	张少祥
夏逸才	刘道开	谭斟祥	黄迎春		

六区

杨盛和	李淑梅	莫菊香	王戌英	瞿子秋	刘昭玉
夏竹元	黄萼生	夏基城	夏之初	刘昭蕊	杨南云
王德期	陈袭屏	杨庆成	李若松	王嗣益	卢本益
王信吾					

七区

肖岳云	姚高石	姚友才	杨汉周	姚满阶	姚满堂
吴明稳	姚又云	陈太忠	梁中夫	吴志夫	吴妍兰
刘又堂	邓以松	吴翰清	谭次生	谭石明	肖赛英
吴立桃	吴柳村	肖子吾	蒋孝堂	熊荣超	

八区

周钜财	陈绍书	周平畊	胡华保	谢锡刚	陈子英
陈云祥	刘道开	郭开坤	陈先倚	张正榜	肖子男
刘福顺	邓宗爱	李琪树	李品湘	李庚元	罗玉兰
姚桂林	傅玉梅	龙立梅	龙惠南	曹石生	刘澍林
廖智仁					

九区

俞承吉	李耕莘	李聘山	冯义加	易复生	张田姮
蒋金英	彭桂生	陈远庭	胡贤伟	曾雨云	莫克生
胡贤上					

（本区还有6人因油印资料字迹不清楚，无法录入）

十区

严尚清	陈竹生	曾太山	杨多生	杨淑贞	谢乐山
周克成	熊菊成	熊仕安	刘三凡	袁恢图	邓富阶
赵顺升	熊淑连	吴付修	罗瑞生	陈复初	周庆堂
张近真	喻耀初	熊群英			

十一区

伍良义	陈情益	周维东	谭石宜	张介才	张浩生
伍振村	刘末香	段以德	黄普忠	罗晚卿	宁介松
赵良轩	李春元	高德才	肖元书		

十二区

董友生	陈雨兴	陈国贤	温克家	刘昌仲	黄德圭
肖永生	田义仁	黄永生	彭金连	邹俊卿	彭道全
陈荷香	郭时香	谢至冬	刘益勋	刘肇喜	刘和孝
李品南	肖富春				

十三区

闵长清	邓晚珍	龚伟烈	袁代厚	陈洪成	邓义忠
邓　志	程儒述	邓盛石	邓关造	李召南	邓占怀
马吉汉	邓求山	仇太平	韩胜全	王厚昌	罗尚发
邓日娥	曾落英	邓佑安	龚高万	朱科登	

十四区

王森林	刘化五	刘昭新	刘立甲	刘长喜	刘杏隆
夏浩生	夏易成	夏宝山	闵若九	刘秋真	伍玉高
成嘉友	谢阳初	周济人	周作林	邓喜庆	唐喜庆
游祖之	夏裕后				

十五区

潘维周	杨应来	刘本利	龙石山	魏菊桃	刘让春
刘丰美	梁兆华	戴贤坤	梁远本	刘云真	刘运菊
夏裕谦	胡万里	胡贤庚	夏正和	胡贤树	胡象生
刘洪清	夏再主	胡淑娥	封唐才		

特聘代表

刘仲云	谌开云	刘中固

第二章　县人大代表

人大代表是国家权力机关的组成人员，代表人民行使管理国家事务的权力，履行人民当家做主的职责。县人大代表的选举是全县人民政治生活中的一件大事，关系到县级国家机关领导人的产生，关系到全县政权建设、经济建设和各项事业建设的发展。根据《共同纲领》《宪法》《选举法》《地方组织法》，安化县人大代表采取选举的办法产生。一至七届由乡镇人民代表大会间接选举县人大代表，第八届以后由选民直接选举县人大代表。一至十届代表异动情况无资料可查。

第一节　县第一届人大代表

中央人民政府委员会1953年1月13日召开的第二十次会议，决定1953年在全国各地采用普选办法，选举各级人民代表大会代表，并召开各级人民代表大会会议，然后召开全国人民代表大会会议。

一、选举机构

县选举委员会（1953年5月，经省人民政府批准）：

主　任：宋兰臣

委　员：刘云桥　熊邵安　陈化民　乔际华　金满昌　侯醒民　肖祥涛　林腾屏　许秀英　龙狮临　刘荣复　龙春交

二、选举情况

该次选举从1954年3月中旬开始，月底基本结束。普选工作开始后，各乡召开有关会议，成立乡选举委员会，制定工作计划，划分选区，进行选民登记和选民资格审查，填发选民证。再由选举委员会邀集党支部、团支部、农民协会、妇女、民兵等组织的负责人召开联席会议，采用联合提名、等额提名的方式，提出乡人民代表候选人，再交各选区选民酝酿选举。选举结束后，各乡召开第一届乡人民代表大会第一次会议，选举乡长、副乡长和乡政府委员及县第一届人大代表。在乡代表会议上，选出县人大代表420名。

三、代表名单

一区(东坪)

王述先　何德初　梁恒青　谌贵振　谌汉斌　谌羡芳（女）

李简珍（女）	张贻娥（女）	黄维新	张祥发	廖灯洲	谌禄娥（女）
谌国珍	谌贵先	廖栋材	谌介凡	谌中南（女）	吴衡山
杨仲岩	吉谷岩	罗新田	张迪莲（女）	邓右南	廖中元

二区（黄沙坪）

余文珍（女）	邓有保	林雨田	谌茂松	刘树云	谌日新
蒋昌保	陆盛财	刘华山	邓祖保	蒋庆街	王甲魁
张陆蓉（女）	谌永亮	蒋福保	蒋耀光	谌巩寿	谌中兰（女）
蒋中保	谌长顺	谌国镇			

三区（江南）

黄昭娣（女）	周玉东	周集贤	陈岐山	黄汉章	刘国辅
陶祖德	彭鹏万	黄儒宗	王藕花（女）	贺永祥	陶寿德
黄岁南（女）	王　勋	罗建妙	刘玉娥（女）	陈排山	陈换来
谌世泉	吴衡山	丁一春	邓祖保		

四区（小淹）

张满初	陶都喜	彭仲才	刘汉林	熊柏初	周秋来
彭祥生	毛梅开	鲁春太	李华祝	李华萼	陈兰桂
刘昭谦	李显杨	李南州	李怡之	陶云开	李大宏
李才能	丁荣祥	简云高	龚柏林	黄笃诚	刘方德

五区（龙塘）

黄性全	周仲春	谭忠恕	黄万和	黄怡发	黄见成
谌岳松	黄隆盛	黄冬娥（女）	谌菊花（女）	余席英（女）	王平清
黄晛生	黄光庭	胡应均	张主器	张子全	谭秋云
曾其家					

六区（大岩塘）

匡家发	夏谷云	杨云初	夏戌初	王汉轩	王嗣舟
夏小南	王昌和	夏迪华	王守道	郭如秋	夏立新
王柏莲（女）	夏笃连	黄桂林	杨国全	黄顺怡	杨学林
周玉梅（女）	夏基诚	芦德成			

七区（仙溪）

姚迎春（女）	姚南室	黄应材	周天俊	赵胜保	陶永寿
姚华魁	张吉保	姚连科	姚桥阶	姚月秋	蒋星阶
谭欢山	刘清邦	谭述初	刘培元	姚鹤皋	阮和洲
刘新普	周丹梯	吴青娥（女）	阮修春	周同初	

八区（梅城）

刘福顺	龚胜元	肖晋凡	郭艾之	田骥南	罗玉兰（女）
陈克初	胡新田	熊云祥	何发进	王庆民	喻　毅
吴寿生	龙永言	周荣校	龙向梅（女）	肖之生	傅国均
周世田	刘光听	龚聘亲	谌士鳌	李根元（女）	陈有初
谭　琛					

九区（乐安）

李协和	肖旦生	谢美珍（女）	杨书汉	李聘山	张先行
肖甲初	谢元迪	胡贤伟	胡贤尚	文再林	李监廷
李德山	彭桂生	蒋铁海	陈远庭	李甲初	

十区（清塘）

廖钟初	肖腾芳	谭翠林（女）	周克成	刘席珍（女）	吴复兴
谢乐山	曾雪和	袁吉林	熊发安	赵良苏	黄思丰
肖顺生	吴刚良	罗瑞玉	严尚澍	刘述初	

十一区（东坪）

张干才	傅爱斌	王梅萼	宁泽林	张松林	李蔚贞（女）
李小秀（女）	肖晓村	李桂生	刘末香（女）	宁敬勋	喻桂生
王少林	金保文	周吉生	龚德修	李扶保	王富生

十二区（大福坪）

周信夫	陈淑莲（女）	姚聘秋	刘寿山	田庆云	文元保
孟协和	黄望云	田夏生	申长茂	陈双田	刘冠彦
刘胜南	李望易	肖方保	邹俊卿	周荣华	胡淑贞（女）
李碧云	吴胜南				

十三区（马缗市）

周席珍	王远兹	程先清	龚高万	闵长庆	邓晚贞（女）
谭克前	朱科登	魏卷松	程儒述	邓义宗	马吉汉
邓顺风	陆有才	朱书生	张建山	邓必来	龚和清
赵贵安	曾落英（女）	龚余泉	蒋本元	龚芦林	陆洪达
龚仲坤					

十四区（烟溪）

夏玉发	刘富广	贺夫宣	夏裕学	刘定要	夏贵华
陈群蓉（女）	刘寄发	梁强明	姚思梅（女）	吴重美	朱林贞（女）
吴恒山	夏玉前	夏晓宝	刘名望	郭根生	李淑贞（女）
夏兴宗	夏孝忠	刘丰钦	尹换山	肖道理	郭国初

十五区（平口）

肖生财	刘云贞（女）	刘运菊（女）	胡有山	朱雪英（女）	刘丰有
刘化忠	谭顺刚	孟坤仁	夏延贤	刘鼎山	胡万里
夏诏廷	胡木兰（女）	刘琅梨	夏左生	胡德华	

东坪镇

孙忠祥	席秉文	肖兴勃	刘丁山	曾宪荣	谌筹岩
龙春交	彭吉安	赵迪云	林德君	李岳生	张金祥
陈定安	刘荣复	邓咏莲（女）	乔际华	罗桂花（女）	曹信午
谢益民	徐同聚	杨实之	李佐勋	王育才	许子善
苏松荣	王自强	林必荣	李华鸿	刘得人	金满昌
周复初	龚益芳	龙云泉	禹汉武	郭光坤	袁庆昌
贺国华	张汉元	刘福禄	欧阳干	李华洪	

（说明：因资料不全，代表名单少于代表名额）

第二节　县第二届人大代表

一、选举机构

选举委员会（共11人）：

主　任：王自强

副主任：李佐勋　徐同聚　王育才　伍启瑶　苏松荣　邓咏莲　肖祥涛　龙云泉　林德香　张金祥

二、选举情况

根据1954年国家制定的《宪法》规定，基层人民代表大会每届任期两年。由此全国人大常委会决定，1956年在全国进行县、乡的选举工作，选举乡人民代表大会代表和县人民代表大会代表。安化县选举工作分三步进行：第一步是建立县、乡、镇选举委员会，划分选区，办理选民登记，审查选民资格，酝酿代表候选人名单；第二步是确定代表候选人名单，召开选举会议，以举手的方式，选举乡人民代表大会代表；第三步是召开乡人民代表大会，采取等额提名、无记名投票的方式选举乡长、副乡长，乡人民委员会委员，县人大代表、人民陪审员。

1956年，全县共58个乡、镇，总人口534858人。在总人口中，除去未满18周岁的228296人、被剥夺选举权利的6256人和精神病患者637人，实有选民299669人，该次实际参加选举的选民247104人，参选率82%。通过选举，共选出乡、镇人民委员会委员815名，县人大代表340名。

三、代表名单

城关镇	胡才秀（女）	伍玉钖	张建斌（女）	谌高发	丁传度
	张静明	龚永德	张怡发	方云焕	肖恭一
	陈定安	林石渡	王达智	周复初	
双桥乡	王述先	谢文华	卢性银	蒋根梅（女）	吉星皎（女）
唐市乡	廖光汉	张金祥	谌复开	廖银岩	谌秋梅（女）
东坪乡	张怡娥（女）	谌柱先	刘怡顺	陈妹珍（女）	谌世先
马渡乡	谌六娥（女）	张晋先	廖开喜	黄　烈	邓咏莲（女）
百选乡	黄新秋	谌九梅（女）	吴铁生	侯全林	刘之光
唐溪乡	邓祖保	李宽怀	邓为林	陆雪宏（女）	蒋东汉
中砥乡	谌翠英（女）	林何娣（女）	蒋南庭	谌日新	蒋迪长
	苏松云	谌汉尧			
田庄乡	谌富华	谌初先	谌仲君	谌迪后	蒋满香（女）
	熊纪宁（女）				
文溪乡	王润生	蒋玉后	曾任兰（女）	王世思	谌万化
洞市乡	贺绳武	陶希正	陶云德	陶祖德	王藕莲（女）
	胡有成				
江南乡	王载之	王藕花（女）	谌抚来	黄汉章	黄云莲（女）
	封凤祥	王绪开	李清和		
陈王乡	王谷保	王旺家	陶受得	王杨梅（女）	周智广

小淹乡	雷矛洲	陶云开	熊柏初	李时娥（女）	刘春桃（女）
	刘圣先	刘性安	李顺清		
长乐乡	简艾仁	王敬辉	文开元	刘兰香（女）	张华山
敷溪乡	李肯丰	陈双桂（女）	丁佑生	李玉书	周培厚
上马乡	陈桂南（女）	李作才	李寿之	刘英才	
龙圹乡	黄一俊	姚一戎	黄光廷	黄了凤（女）	黄维栋
	黄朗照	丁满发	谌云梅（女）		
大桥乡	黄赞绪	刘兰香	肖国旺	黄合一	方永奎
	周玉太				
三洲乡	许子善	刘孝治	李柳英（女）	刘弟久	黄瑞珍
金鸡乡	夏远均	夏步高	李春彦	崔万云	段正云（女）
	王秀清	夏小南			
羊角乡	王自强	王金婵（女）	王嗣来	王汉贤	王昌恒
	黄云六	夏之初			
仙溪乡	谌筹岩	谭志初	周日初（女）	陶树生	周少安
	姚金花（女）	黄金元			
山口乡	刘云陔	龙云泉	刘培元	邓以松	尹芝兰（女）
九龙乡	李太年	熊益初	陈太忠	阮修春	姚桂秋（女）
杨柳乡	邓兴晃	邓太山	姚中阶	姚敬元（女）	
梅城镇	蒋云祥	雷瑞生	谭申英（女）	熊日中	莫荣廷
	龙德昌	姚养斋	肖晋凡	蒋鸿文	
东华乡	谭子英	周汉生	王鑫娥（女）	熊梅秋	刘华勋
	谭国全				
田心乡	熊宗山	周迪香（女）	唐楚山	蒋惠中	陈顺秋
浉泉乡	郭蔼之	龙方久	肖桂保	曾桂生	龙希和
	孙圣梅（女）				
横市乡	陈玉珍	肖长清	刘儒生	夏津洲	谢美中（女）
	陈同生	陈国华（女）	肖之生		
栗林乡	毛连成	肖凤章	蒋本福	陈佑田（女）	刘福顺
浮青乡	杨书汉	蒋清文	蒋尧廷	曹平伯	龚细英
思游乡	陈代民	李甲初	文燕初	陈小初	彭桂生
	胡金花（女）				
鱼水乡	伍启瑶（女）	刘述初	赵宜加	吴树林	张志钟
	李习娥（女）				
清塘乡	熊吉廷	熊仕安	熊福香（女）	刘春位	龙学海

太平乡	熊彭年	杨信书	罗国吾（女）	周玉夫	喻聘和
	许昭谦				
新桥乡	马咏生	李晓秋	谭荫宇	陈佑南（女）	陈　岳
	睦永化				
木孔乡	王麦春（女）	李咏中	王云保	肖良生	丁顺亲
	陈　勋				
东山乡	宁科胜	黄舜祺	刘霞飞（女）	龚培达	林腾屏
司徒乡	王国斌	龙卧中	彭功德	吴廷英（女）	
驿头乡	傅爱斌	邹桂秋（女）	邹伯中	杨伏元	
大福乡	文其生	唐子香（女）	田广义	田生弟	吴士成
	阮畅安				
大荣乡	龙子振	刘翠娥（女）	刘惠钦	刘宝南	黄迎生
	李佐勋				
长塘乡	何德庆	陈惠英（女）	周信夫	蒋　珍	龚益芳
	何林生	肖金龙			
福市镇	易汉桃	彭道全	吴长清	喻清英（女）	曾巨钦
	刘祖成				
马市乡	邓承兴	罗松林	邓秀清	邓晚珍（女）	李三林
	伍招凤（女）	龚鼎盛			
岳溪乡	段财兴	曾寒林	邓世列	邓七连（女）	
苍塘乡	张仁来	吴了英（女）	周世欢	罗其发	戴汉初
	罗贞学				
马路乡	戴培南	陆岩才	刘　怡	邓再英（女）	邓少山
	曾保堂				
奎溪乡	张良悟	向云珍（女）	龚以成	易光福	张斟德（女）
	李德佳	谭志彬			
烟溪乡	贺夫宣	尹桂良	尹桂兴	谭玉珍（女）	李颜莲（女）
	夏钖恒	林德君			
双龙乡	徐同聚	刘富泰	刘楚邦	刘满莲（女）	刘少勇
古楼乡	苏绍华	张诚心	张金银（女）	夏廷勇	夏兴宗
南金乡	夏益富	周芝益	夏安珍	邓必莲（女）	孙忠祥
平口乡	张先汉	夏可南	刘学文	刘爱梅（女）	龚素娥（女）
	贺天葆	王育才			
连里乡	刘丰南	夏益章	周重材	夏讲英（女）	夏裕权
	刘心桂	胡贤树	夏碧容（女）		

第三节 县第三届人大代表

一、选举机构

选举委员会（共13人）：

主 任：李佐勋

委 员：叶在田等12人（其他名单无资料）。

选举委员会下设办公室。

二、选举情况

该次选举从1958年4月8日开始，至5月12日结束，历时一个月零四天。全县总人口555321人，按照法律有选举权的314577人，实际参加选举的291146人，参选率92%。经过选举，全县共选出乡、镇人大代表2878名，其中工人35名、农民1778名、机关工作人员672名、文教卫生工作者105名、手工业者46名、商业界代表38名。通过乡镇人民代表大会选举产生乡、镇人民委员会组成人员804人，县人大代表403名。县人大代表中，工人占1.9%，农民32.8%，机关工作人员28.3%，文教卫生工作人员8.7%，工商业者2%，无党派劳动群众12.6%，妇女17.7%。

三、代表名单

马渡乡	贺良岩	谌六娥（女）	廖开喜	张晋先	岳长军
百选乡	尹春暮（女）	黄新秋	廖栋才	张瑞保	谌庆石
	陆云开	曹文超	邓九梅（女）		
双桥乡	林德君	李香南	吉星皎（女）	邓仲清	廖仁兴
	侯福禄				
唐市乡	廖光汉	黄维新	苏松荣	谌秋梅（女）	廖银岩
	谌富开				
东坪乡	郭盛吾	张怡娥（女）	谌桂先	傅善云	邓咏莲（女）
城关镇	林世度	刘福寿	张静明	伍玉锡	周复初
	胡万秀（女）	张连娥（女）	龚永德	陈舜卿	丁传度
平口乡	张金汉	贺天保	罗熙玉（女）	李宗本	张继盛
	张华山				
渠江乡	张胜初	李佑湘	刘新桂	胡全树	
连里乡	夏裕才	李邦玉	周静莲（女）	周仲才	夏翠娥（女）
南金乡	陈保全	吴成美	彭雪之（女）	夏玉后	

古楼乡	夏谷山	张金银（女）	夏玉光	夏胡青	夏开正
	蒋长周				
双龙乡	刘有邦	刘楚邦	刘巨中	刘少勇	刘济生
	刘光旦	蒋少宗（女）			
烟溪镇	夏子田	罗运波	谭玉中（女）	夏湘典	王平常
	夏梅桃（女）				
烟溪乡	贺夫宣	夏锡鸿	夏双梅（女）	尹启都	
苍塘乡	邓子气（女）	胡玉贵	邓秀吾	邓一玉	张顺兰
	余谷元	邓永吾	张桂连	周共山	陈吉兰
	夏爱玉（女）				
奎溪镇	林壮魁	龚向坤	张芮奇（女）	龚以成	唐尚君
	曹子道				
马路乡	夏放文	林世保	刘　怡	董凤娥（女）	陈昌保
	杨实之	陆岩才			
马市镇	周保林	邓诗人	彭松青	龚一方	姜永夫
	孙春华				
岳溪乡	李岳生	黄银元	伍苏莲（女）	曾寒林	龙云秋
	伍有祥	张先尚			
江南镇	方书田	夏小岗	陆双全	黄慢林	李家尚
	王竹菊（女）				
江南乡	李佐才	廖石先	封必祥	黄云莲（女）	陶玉福
	王绪开	黄俊秋	谌扶来	王载之	
洞市乡	胡友成	方正宗	李若风	贺梯云	曹白娥（女）
	贺显武	陶真富	胡后钦		
陈王乡	陈顶尚	王杨梅（女）	杨多才	陈关楼	王谷保
	贺向瑜				
中砥乡	林礼蓁	方永圭	蒋如川	谌培全	林著声
	谌日新	谢明珍（女）	谌胡林		
田庄乡	谌加才	谌初先	毛汉泉	文水桃（女）	熊锦岑（女）
	谌明汉				
文溪乡	谌正清	谌友兵	谌灿淑（女）	易桂福	蒋双保
	王润之	蒋玉厚			
唐溪乡	王义信	陆声魁	刘植南（女）	邓远兵	林高生
清塘乡	熊咸星	谭翠林（女）	熊子龙	阙诩顾	叶在田
	刘佑元				

鱼水乡	伍启瑶（女）	吴树林	姚中飞	刘曙初	张志钧
	肖芝香（女）	赵瑞书			
太平乡	刘绍堂	姚正阶	罗国娥（女）	刘祖德	熊谷山
	刘楚兰	谢乐山			
长乐乡	谌筹岩	简艾仁	陶派开	简回香（女）	李桃开
	刘华胄				
敷溪乡	李浩光	王月娥（女）	何业岱	丁国峰	刘德中
	彭梅初				
上马乡	刘殷才	李祠开	黄晚香（女）	李南州	龚吉初
小淹镇	刘书殿	李如意	蒋鸿文	李华新	刘汉林
	熊柏初	汤清香（女）			
小淹乡	雷方洲	刘春桃（女）	李顺亲	戴汉初	刘胜先
	夏纯清	周碧波			
东山乡	龚培达	夏来芝	宁科胜	宁秋廷	周晚书（女）
	黄爵其				
长塘乡	游翰卿	周信夫	刘仲芳	陈培英	龚　铭
	陈笏阶	蒋　珍			
大荣乡	李佐勋	刘惠钦	龙子振	李清枝	肖方保
	姚守元	罗培英（女）			
福市镇	黄淑卿（女）	黄竹梅	尹盛秀（女）	曾巨卿	徐俊熙
	邓祖荫	易汉涛	吴孝初	吴付生	曾爱梅
	陈德生	黄必凡	周保田	田致祥	张佑安
大福乡	黄正南	孟美珍（女）	田生弟	王迎春	戴海涛
	许文发	文其生			
司徒乡	徐炽昌	宁敬勋	谌白玉（女）	彭培先	
驿头乡	张汉成	王为初	赵子云	胡翠英（女）	
木孔乡	丁顺卿	喻赞林	黄金莲	肖良生	陈正祥
新桥乡	李晓秋	谭月华	谭英雨	马运生	谭阳生
	陈敬初	王达智			
龙塘乡	王育才	丁满发	王钟湘	黄芝茂	黄夫敏
	刘运娥（女）	谌云梅（女）	黄福全		
大桥乡	贺赞绪	梁仲秋	周玉太	黄合意	胡念中
	谭呈祥	李红玉（女）			
三州乡	李春成	刘孝慈	许子善	李柳英（女）	黄瑞珍
	刘立久				

金鸡乡	王智强	彭和林	夏迪华	卢志鑫	段俊云（女）
	李凤宾	夏进文	李惠忠		
羊角乡	夏芝初	夏小南	莫菊香（女）	王时来	瞿延基
	夏竹田	瞿国藩	余先桃	王石强	
仙溪乡	周丹梯	姚初英（女）	龙云泉	谭至初	周同初（女）
	周少安				
山口乡	姚高敬	蒋保仁	杨桃苏	姚迎春（女）	谭述秋
	刘培元				
杨柳乡	胡义夫	廖维石（女）	姚德初	姚仁陔	廖安仁
九龙乡	阮修春	谭子刚	李岳山	陈太忠	姚满香（女）
	周华安				
梅城镇	李佑宜	颜庆岩	崔顾轾	刘国平	龙德昌
	谢珍珠（女）	刘沛安	曹巨川	黄一俊	
浮青乡	曹平伯	刘佩华（女）	方保林	刘后生	龚理民
栗林乡	唐良才	李习娥（女）	戴克祥	龙定安	罗迭林
	罗才保				
横市乡	杨国恩	肖晋凡	刘顺福	陈显柏	陈国华（女）
	谢美中（女）	陈玉珍			
洢泉乡	熊云祥	陈历书	肖贵保	周惠泉	唐爱生
	陈同生	周平爱			
东华乡	张云初	张吉美	陈太山	罗顺生	胡就吾
	赵娥英（女）	周顺成			
田心乡	汤能仲	龙希和	龙有田	胡柳清	周理明
	熊瑞阳	谭质彬			
思游乡	陈代民	彭桂生	张三妹（女）	胡贤尚	李甲初
	彭洛生	陈晓初			

第四节　县第四届人大代表

一、选举机构

选举委员会（共13人）：

主　任：李佐勋

委　员：王育才　伍启瑶　叶在田　徐同聚　李太年　谌介国

张树德　陈　勋　徐杨芬　吴可彦　徐俊熙　彭辅国

二、选举情况

1960年6月，中共湖南省委下达关于基层选举工作的指示，后来国务院又下达选举工作在秋后进行的指示，为照顾生产，掀起冬季生产高潮，安化县基层选举工作延至11月展开。

根据中国共产党八届六中全会《关于人民公社若干问题的决议》，人民公社是中国社会主义社会结构的工农兵学商相结合的基层单位，同时又是社会主义政权组织的基层单位。因此，人民公社社员代表大会即公社人民代表大会，社务管理委员会即公社人民委员会。1960年1月底，全县农村人民公社社员代表大会和社务管理委员会都已进行了选举，所以1960年的选举工作在农村人民公社一律不进行。但城镇各级政权组织仍然存在，因此，县属镇及工矿区等城镇的基层选举仍按法律规定进行。

全县21个公社，除城关公社外，其余20个公社及8个属县和公社双重领导的镇，均于11月10日左右，在社员代表大会和镇人民代表大会上，采用无记名投票的方式选举了县第四届人大代表，共403名。其中，男性314名、女性89名，中共党员238名，民主人士13名、无党派劳动群众152名。

城关镇原来没有准备普选，专署选举办公室发现这一问题后，县选举委员会下发紧急通知，进行城关镇的普选。

三、代表名单

江南公社

李佑平	廖名先	王绪开	谌抚来	王载芝	贺梯云
陶伯娥（女）	陶真福	陈元龙	王杨梅（女）	杨多才	王育才
霍明光	王矣凡	肖楚书	陈代新	王莲吾（女）	谭忠初
夏晓岗	刘华保	黄岳保	刘银花	王培望	戴崇光

小淹公社

刘书殿	周碧波	刘春桃（女）	刘英才	李南周	简四香（女）
王思槐	李如意	易复香（女）	陶新昌	周济仁	何业代
李才端	刘慧贞（女）	陈伟秋	彭代付	刘玉娥（女）	李桃开
谌筹岩	徐同聚	氏朝忠			

小淹镇

熊松涛	刘汉林	易清香（女）	李华洪	谭忠恕	皮兴旺
周德化					

羊角公社

卢至鑫	段正云	李凤兵	夏小南	莫菊香（女）	瞿延荃

瞿国藩　杨再金　蔡方州　胡纯国　周连英（女）　夏远祥
夏学诗　夏远翊　杨凤林　谌介国　万家虎　夏远直
瞿乐秋（女）　卢善如　瞿长参　彭和廷　夏棣华

龙塘公社

黄光廷　王镇湘　刘顺娥（女）　黄芝茂　谌芝梅（女）　黄福全
黄赞绪　黄桃花（女）　李春成　李柳英（女）　黄瑞珍　曾松山
刘美香（女）　刘孝慈　王遂坤　黄汉武　黄访梅（女）　吕贵和
徐桢芬（女）　黄坤隆　周洪池　黄支教　曾赞美

清塘公社

罗国娥（女）　刘楚南　谢乐山　熊顾山　姚振阶　刘祖德
叶在田　熊子龙　伍启瑶（女）　刘曙初　黄一俊　熊咸新
喻世昌　袁月林（女）　赵顺桃（女）　刘佑之　王葵花　熊吉石
廖培吉

梅城公社

陈历书　唐爱生　陈同生　周平爱（女）　张吉美　罗顺生
张就吾　周训成　龙希和　周礼明　胡柳青　谭寅生
谭志兵　吴余生　颜庆岩　蒋鸿文　龚金莲（女）　龚冬娥（女）
陈历钟

乐安公社

杨国思　肖晋凡　谢美申（女）　李雪娥（女）　戴克祥　罗才保
龙定安　陈代明　陈晓初　彭桂生　胡贤尚　李甲初
曹平伯　刘佩华（女）　龙世昌　王竹仙　杨新田　龙梅修
陈远顺　肖九皋　龚汝康　邹鹏万　陈国贤　周沛南（女）
胡正英（女）

梅城镇

蒋云祥　周惠泉　熊日中　袁作斌　封靖初　刘国平
李佑宜　曹瑞生　龙灵芝（女）

中砥公社

刘植南（女）	邓远农	林高升	谌胡林	张怡娥（女）	邓幸祖
方永奎	陈兴隆	彭鹏万	李席珍	邓明祥	刘爱桃（女）

杨林公社

黄 烈	廖光汉	廖家田	黄维新	谌桂先	傅善云
杨淑珍（女）	廖日梅（女）	廖建中	李菊芬（女）	刘和中	

田庄公社

谌敦尧	文必桃（女）	谌家才	蒋现洪	陆益明	易贵福
蒋当保	谌友斌	李世峰	李佑国	谌桃梅（女）	曾任兰（女）

城关公社

王义信	王秋石	张金祥	陈元春（女）	周复初	谌青山
龚永德	林世度	任玉锡	张怡安	吴显钦	刘丁山
李正湘（女）	林庆梅（女）	周席珍	谌华兴	王润生	苏加福
郭耀华					

木子公社

周葵吾	张树德	谌协春	谌又娥（女）	贺良岩	张晋先
廖大岁	吴润秋	张爱宜	谌九梅（女）		

柘溪公社

陈林初	吉星皎（女）	李湘南	闵石和	林同喜	刘花枚（女）
吴鲁才	熊纪宁（女）	戴哲桂	谢介山		

马路公社

刘巨秋	魏淑媛（女）	刘 怡	李静方	陆岩才	邓焕龙
林云生	曾寒林	李岳生	邓就娥（女）	鄢森莆	黄邵舟
杨实之	胡连云	邓怡方			

马市镇

刘 西	刘丰华	龚伟烈	韩少阶	何玉生	谢岁丰
林腾屏					

烟溪镇

王平常	夏枚桃（女）	罗运波	谭玉珍（女）	李湘典

烟溪公社

夏双梅（女）	邓友娥（女）	刘江生	刘友捌	蒋素珍（女）	刘光照
刘字生	夏腾方	王银科			

南金公社

夏光行	刘应和	夏加兴	苏凤娥（女）	夏克任	肖生财
夏经顺	夏安镇	彭仙芝（女）	夏裕后	陈代修	张关生
龙云山	陆美娥（女）	程文庆			

奎溪公社

龚以成	张芮奇（女）	龚洵坤	李胜文	谢光超	欧满友
夏裕海	周怡昌	李家胜			

平口镇

贺天保	张继宝	郭芬兰（女）	罗雪玉（女）

平口公社

夏裕芳	李邦玉	夏翠娥（女）	张胜初	刘发桂	张先后
贺梅哉	邓宗福	戴再永	周龙凤（女）	刘爱枚（女）	夏宽秀（女）
刘春桃（女）	张华山	夏江生	周菊桃（女）		

大福公社

雷小兰	李玉英（女）	许广发	李佐勋	徐俊熙	甄必寿

(分配该社代表名额23名，其他17名查无资料)

福市镇

曾巨卿	周信夫	陈德生	黄淑钦（女）	张立阶	黄莲英（女）
黄如勋					

东山公社

李躬秀（女）	李尧初	谭英雨	谭阳生	陈敬初	吴化三
张白玉（女）	彭培生	袁恢楚	张汉成	吴翠英（女）	王爵其
龚培正	夏来云	周晚书（女）	宁科胜	黄福冬	彭悟松
宁敬勋	彭瑞英（女）	吴可彦			

仙溪公社

阮修春	谭子刚	陈太忠	姚满香（女）	胡又夫	姚仁阶
姚高敬	姚迎春（女）	刘培元	谭铚初	姚初英（女）	周同初
周少安	周明星	陈达仪	姚海波	郭寅初	龙　敏（女）
刘云阶	吴祖佑	刘伟香（女）	简沛娥（女）	邓爱莲（女）	戴汉初
龙云泉	周华安	廖安仁			

第五节　县第五届人大代表

一、选举机构

县选举委员会（1963年4月19日，经湖南省人民委员会批复）：

主　任：张华山

委　员：吕贵和　伍启瑶　叶在田　徐同聚　徐俊熙　彭辅国
谌介国　张树德　吴可彦　林金桃　肖晋凡　王载芝

选举委员会下设办公室，牛连庆任办公室主任。办公地点设县人委民政科内。

二、选举情况

根据《宪法》关于各级人民代表大会任期的规定，1963年必须进行从基层到全国的人民代表大会代表的选举。5月30日，湖南省人民委员会批复安化县第五届人大代表名额为450名。安化县即于5月底开始普选工作，按总人口的比例，将县代表名额分到乡镇。分配原则是：人口在3000人以下的，选代表1～3名；3000～7000人的，选代表3～5名；7000人以上的，选代表4～9名。全县总人口568593人，有选举权的330128人；无选举权的238465人，其中被剥夺选举权6963人、停止行使选举权426人、精神病患者732人。实际参选289750人，参选率87.8%，共选出公社社员大会（镇人大会）代表10058名。在公社社员大会（镇人大会）上，选出公社管委组成人员868名、公社监察委员会组成人员466名、县人大代表448名，其中男356名、女92名。

三、代表名单

直属片

张怡沅	王润生	王义信	武玉明	王秋石	谌爱桃（女）
肖守贵	周复初	王耀宗	梁佑宜（女）	胡傅发	张正才
舒同生	胡才秀（女）	林惠富	杨瑞芳	尹光启	冯　涛
徐承秀	谭靖夷	张树德	谌贵先	廖光汉	傅善云
李爱华（女）	毛和富	吉晚枚（女）	李主祥	廖开其	罗家文
肖子梅（女）	林金桃（女）	周宏勋	胡应秋	贺良岩	谌协春
贺隆光	肖步卿	吉星姣（女）	靳　丕	谢国华	谢普祥
谌太阶	易子平	夏光华			

清塘区

熊咸星	曹裕国	周干轩	张萼英（女）	廖九美	刘萼英（女）
吴贤州	邹良秀	刘赐书	吴申和	彭汉初	叶在田
罗惠彩	彭萼松	胡连云	周桂林	刘光谱	谭长清
肖巨文	袁荣生	毛松华	黄一俊	李题柱	伍启瑶（女）
周美和	曾胜夫	熊彭年	袁月林（女）	刘佑芝	

梅城区

陈历钟	蒋云祥	龙再娣（女）	刘光儒	肖晋凡	蒋鸿文
李佑宜	莫鸣岗	龙焕才	王汉武	龙晋梅	张建寒
刘儒书	刘后生	刘和昆	李幼恒	周惠泉	李根沅（女）
吴寿生	龙炳泉	龙立梅（女）	刘光沛	蒋思潮	罗寿生
李桂生	王祖武	王怡望	刘福寿	熊宗山	金志成
龙希和	龙有田	周道林	吴茶花（女）	邓辛秀（女）	李宏斌
欧阳国恩	肖翠莲（女）	李美庭	彭中聘	肖辛酉	李宗友
肖萼庭	彭辅国	胡茂初	李席娥（女）	曹石林	蒋常苏
冯锡生	范　珂	肖楚南	陈代民	刘宗阶	胡贤乐
陈光前	刘晚秀（女）	李月娥（女）	张前训	蒋慕韩	刘后昌
蒋蒲清（女）	莫湘成	肖楚才			

仙溪区

周少安	傅太山	刘伯求（女）	谭星辉	刘普秀（女）	李汉文
黄尚志	周十保	姚鹤皋	简卧初	龚富生	李早英（女）

刘尚钖 姚高救 姚迎春（女） 曾庆寿 彭后光 聂花秀（女）
姚高进 姚正初 李丹春 彭胜保 陈太忠 向凡吾
陈喜来 吴固清 刘如香（女）

大福区

马润生 李枚花（女） 周伟忠 刘泽引 李小秋 夏永初
姚金花（女） 徐俊熙 肖吉林 刘金娥（女） 温芝山 黄少清
刘训和 陈春和 牛连庆 彭美英（女） 黄淑卿（女） 黄莲英（女）
潘自强 吴付初 张华山 危慈保 杨付保 熊正德
刘顺秋 宁淑娥（女） 张子英（女） 杨果成 戴汉初 黄汉忠
周艳兰（女） 黄培祥 肖乐书 陈振祥 田右中 谭忠儒
李佐勋 宁道胜 谌白玉（女） 宁科呻 眭永良 夏湘兰
刘 怡 吴可彦 龚元生 伍冬初 刘玉香（女） 陈长保
龚翰章 龚昌丙 吴显清 甄必寿

冷市区

黄芝茂 黄付全 王访梅（女） 黄坤生 周普春 封宗保
张瑞林 封芙蓉（女） 黄郎昭 谌筹岩 吕贵和 肖子兰
谭英贤 黄贶生 谭平地（女） 梁兴田 黄金莲（女） 刘桂华
黄星灿 周平泮 刘积善 陈双桂（女） 张子全 黄卫初
林腾屏 蒋昌恒 王明娥（女） 徐同聚 熊松涛 夏远益
夏赞思 夏英兰（女） 李萼初 李子汉 夏明轩 杨云初
李并梅（女） 毛文平 王嗣来 王有方 王昌海 莫菊香（女）
瞿玉英（女） 夏赞元 王云英（女） 卢玉兴 夏远锡 夏晓南
谌介国 王晋卿

中砥区

陈兴隆 陆贻顺 谭柳容（女） 谌克开 谌永亮 方永奎
谌扶林 谌怡太 贺桃先 廖仙岩 蒋任松 陈群容（女）
龙云泉 方淑春（女） 谌领先 闵玉章 刘 毅 李元生
谌广南（女） 王第发 谌玉山 谌少华 蒋庆衍 罗引南（女）
陈贵球 仇春旺 陈道德 王太山 李爱梅（女） 张香梅（女）

小淹区

谭承前	彭仲才	李健如	刘凤君（女）	冯满珍（女）	张建时
汤清香（女）	曹文南	张坤维	李华洪	刘能敬	尚玉堂
雷苏洲	彭亦乐	胡纯旺	刘运珍（女）	刘和中	曾广益
周碧波	龚吉初	李寿之	熊子亮	李头秀（女）	李德器
李才端	周殿吾	王艾初	傅玉梅（女）	李才煌	李华主
文开元					

江南区

谌抚来	王绪开	王育才	刘稳固	吉迪南（女）	夏杏媛（女）
王祖武	陈献藻	胡厚钦	王金玉（女）	王载芝	朱炳阳
陈信昌	王田娥（女）	陶冬喜	夏明庆	陶开发	成田中
罗尧钦	陈般发	戴金妹（女）	谌艳魁	杨唐海	王成设
刘畅新	熊纪宁（女）	王物发	刘华保		

云台区

谌日初	邓兴祖	邓付喜	龚淑元（女）	肖安华	任栋梁
邓中业	赵保林	彭书凤（女）	唐正才	刘得人	龚斠全
李静山	魏淑元（女）	伍苏莲（女）	袁雨才	谢岁丰	杨实之
曾印珍（女）	谭正财	邓诗人	黄邵丹	龚永德	蒋东汉
邓修梅（女）	龚以成	许美娥（女）	夏日海	龚玉九	王明顶
林仕魁	戴吉宗	文节香	龚妹连（女）	龙云秋	吴秀娥（女）
邓必首	张先志	韩少阶			

烟溪区

刘宁馨	贺玉才	夏枚桃（女）	刘定要	刘云德	夏圣修
邓必先	邓又娥（女）	刘光旦	李湘典	谭玉珍（女）	陶炳南
李宗绪	张继圣	刘秀章（女）	卢封农	张玉兰（女）	杨应来
周先洛	李佩尧	张祖同	刘克昌	曾祥祯	刘本立
刘曼华（女）	刘江生	康伦华	邹文炳	夏年友	康伦奎
梁云姣（女）	刘范清	陆远光	刘盛井	苏凤娥（女）	龙梅修
李席珍	李帮玉	王本珍	周水江	刘青桃（女）	胡万担
陆左腾	张胜初	刘根生	夏安镇	陈化修	夏益伍
向子庶	彭协芝（女）	陆免娥（女）	刘应如	曾仲望	王平常

第六节 县第六届人大代表

1966年，“文化大革命”开始，人民代表大会制度被迫中断，由革命委员会取而代之。1968年3月3日，将权力机关和执行机关合二为一的安化县革命委员会在东坪召开成立大会，出席县革命委员会会议的代表是从各群众团体“造反派”组织、军队干部及地方干部中推荐产生的。1977年10月，中共中央召开各省、自治区、直辖市组织部部长及统战部部长会议。根据这次会议关于省、自治区、直辖市人民代表大会有关问题的讨论意见，各省、自治区、直辖市于1967年、1968年成立的革命委员会作为一届人民代表大会计算，安化县革命委员会计算为安化县第六届人民代表大会。

（出席会议代表名单无资料查证）

第七节 县第七届人大代表

一、选举情况

安化县第七届人民代表大会代表的选举工作，在中共安化县委的直接领导下，由各级革命委员会负责进行。按照中共中央的战略部署，根据《宪法》第一章第三条的规定和省、地委的安排，1977年11月15日，县革委举行常委扩大会议，对县第七届人民代表大会代表产生的指导思想、代表的条件、代表名额和分配比例、代表产生的办法，进行认真的研究，并发出《关于召开安化县第七届人民代表大会的通知》，开始进行各项筹备工作。县革委的通知下达后，各社、镇革委会分别召开各大队及部门负责人会议，按照民主集中制原则，经充分酝酿，反复协商，提出代表候选人名单。经县原则同意后，进一步对代表候选人作认真的考察了解，广泛征求代表候选人所在单位和所在地区人民群众的意见。在酝酿讨论和考察了解的基础上，各社、镇召开革委扩大会或负责人会议，正式进行选举。全县共选出县第七届人民代表大会代表950名。代表中工人76名，占8%；农民551名，占58%；解放军7名，占0.75%；其他劳动人民38名，占4%；革命干部190名，占20%；知识分子86名，占9.05%；爱国人士2名，占0.2%。代表中有妇女189名，占20%；中、青年874名，占92%；非党员284名，占30%；少数民族代表2名，占0.2%。

二、代表名单

党政军群

郑国才	王育才	曾国华	夏运长	夏远铭	刘宗凡
王棣淇（女）	张绍卿	赖菊文	刘福寿	王新贤	陈善政
丁必寿	瞿长本	李华兴	翟彦博	周奠吾	陈俊清
贺柳庆	王志明	杨腾远	何国生	谌介国	伍而初
黄移盛	陶理生	谢复珍	刘习君（女）	陈 勋	卢善鼎
李赞扬	郭铁明	林金桃（女）	谢月红（女）	韩师林	龚象麟
邱董文	孙步青	张世莲（女）	廖汝舟	何友卿	刘华保

王俊杰	夏建斌	何　安	张学贤	唐齐江	包希友
李开国					

农林水战线

彭岳兴	黄　英	何朗秋	陈历书	廖项周	谌筹岩
郭兴堂	陆升坤	蒋冬兴	谌福州	谢菊红（女）	林容菊（女）
邓　球	韩国良	廖同旺	刘卯生（女）	向国文	姚尉龙
黄子明	王政思	方吉书	胡岳庭	胡惠娟（女）	尹春容（女）
夏石明	刘光回	喻伟连（女）	张步娥（女）	黄宗凡	刘同钧
陈礼明	王子成	王凤英（女）	陈元青（女）	李新如	曾宽益
罗根生	汤必新	程宗伯	陈石牛	肖辉安	瞿振华

财贸战线

戴汉初	杨实之	姚自豪	李华辉	肖祥涛	姚友山
谭星辉	李鸣和	刘昭乐	周如舟	罗运波	汤忠富
杨瑞芳	陈复秋	谭维焕	龚本生	郭新岐	周祖坤
肖登高	谌冬珍（女）	周祖怡	谢菊红	彭翠纯	曹中坚
廖亦文	夏宗来	黄洁纯（女）	谌秋桂（女）	熊茂阶	刘登菊（女）
谌建辉	封元兆	黄新妹（女）	肖农林	方永奎	

工交战线

曾阳生	黄让泉	陈泰敬	陈巨仁	林腾平	王孔章
肖校成	杨淑姣（女）	李惠兰（女）	刘贵东	刘凡候	胡　斌
廖尚庭	夏远祥	袁柏林	谌日兴	周云廷	夏运姣（女）
李白秋	吴应华	夏子田	刘藕莲（女）	贺永盛	唐运湘
陶希望	刘新廷	宋惠周	夏典祥	陈高培	龙焕才
梁淑玉（女）	曾甫仁	董以昌	蒋冬汉	黄雨发	黄可望
彭仲才	王建刚	郭伯生	刘汉求	夏少廷	林仙花（女）
刘丁绍	蒋邵富	曹花莲（女）	廖礼芝（女）	蒋见光	游亮生
瞿国均	李爱华（女）	龚学文	龙钖坤	廖杰林	雷必玉
陈祥生	冯保生	刘岁纯（女）	梁参荣	龙玉初	贺永泽
龙礼仪	罗昌运	喻子云	李腊香（女）	谌铁甲	张建新（女）
张政均	佘桂芝（女）	贺厚生	陈昆飞	林再和	李才英（女）
李题柱	李晓丽（女）	李国勋	刘藕莲（女）	谌加固	谌训华
邱永年	王正家	曾德用	邓喜成	胡云松	崔沛璋（女）

康维然	王本科	陆东军（女）	李国才	张承健	郭松武
蒋书元	吕生根	彭先花（女）			

文卫战线

肖小群（女）	丁和生	夏晓南	周席珍	蒋鸿文	刘迪华
王祝华（女）	王镇湘	罗亮夫	李胜文	周宝林（女）	杨再金
周道标	肖南山	陈松筠	樊海书	胡　玲（女）	贺天葆
孙益清					

烟溪区

康伦华	刘菊莲（女）	卢圣友	夏付山	胡贤旺	胡保祥
胡时芝（女）	刘国容（女）	陈显元	陈代理	夏建柳	熊训政
邓光宇	陈绍宗	陈代军	刘台山	刘金莲（女）	陈松青
刘长友	夏孝开	李小芹（女）	李宗绪	张建时	陆加月
彭金新（女）	夏艮周	张爱梅（女）	夏玉杨	夏建清	谌礼军
张满山	汪吉先	张仁开	刘丰钦	李龙山	程向林
贺新来	贺顶来	刘赞英（女）	陆素珍（女）	邓成全	张修玉（女）
张瑶莲（女）	刘付太	刘洪才	刘宽政	夏延刚	刘洪胜
夏太仲	刘昭德	朱介南	刘继光	刘化儒	梁先进
邓宗尧	戴哲仁	肖绍奎	夏晓春（女）	夏安之	王晚娥（女）
刘丰国	刘福和	杨应来	陆云腾	夏纪昌	夏青山
夏裕康	夏延态	夏为山	夏建丽（女）	刘庆容（女）	吴义初

云台区

韩光鼎	谢梦丰	郭满兰（女）	蔡丽容（女）	邓占枚（女）	赵宝林
游凤仙（女）	肖三秋	刘先政	谢玉才	邓水田	谌建枚（女）
谢长清	彭柳兴	谢万祥	谌兴保	谢二枚（女）	谢以清
刘保科	谌世坤	黄先寿	邓晓兵	蒋晚枚（女）	夏聚才
邓良田	刘楚保	唐政财	仇有洲	邓顺丰	邓光兴
林枚花（女）	邓亮书	邓项周	朱道德	让国庭	王厚昌
曾寒林	魏时莲（女）	闵长庆	易全发	邓以堂	邓菊枚（女）
李岳生	龚高照	方连台	龚道祥	龙怡祥	龚成祥
伍巨卿	龚松连（女）	龚金林	刘望山	唐月英（女）	肖伯鹏
李怡生	杨超启	陈立佳	唐习时	戴吉中	伍其典
张海香（女）	张定义	陈胡英（女）	伍贤才	罗化友	吴名多

李丁普	罗宽怡	陈干尧	谌顺山	邓介生	黄洋初
邓聘珍	仇立华（女）	谌景芳	贺亮秋	孙友凤（女）	

中砥区

蒋书清	蒋国全	谌集付	蒋珍兰（女）	蒋环娣（女）	阳后兴
蒋正兰	蒋国贤	罗小山	谌宏章	吉初科	谌华丰
蒋贡莲（女）	吉才元	谌初先	王佑善	谌万文	谌满花（女）
肖步清	谌党花（女）	曹丽梅（女）	蔡顶云	林益清	谌南先
谌玉书	谌国阳	仇石万	谌跳凡	谌万祥	廖云登
谌方洲	李畅饮	张香梅（女）	王连山	陆声山	周东生
王运波	张小桂	刘应贤	廖月秋	黄爱莲（女）	黄铁祜
黄铁岩	徐来苏	廖友花（女）	廖普山	谌祜林	谌桂先
谌培庆	蒋杏花（女）	廖青岩	王中保	王仲秋	谌玉花（女）
易新桃（女）	黄稳山	刘国良	梁运阶	丁大宜（女）	阳汉良
李桂芳	谢桂芳	禹俊烈	谌敦本	樊书友	谌坤山
王金凤（女）	陈远国	陈成丰	曾应兰（女）	蒋自成	吴善听

城关　木子

李彰国	张高岩	吴志魁	王志成	邓自衡	傅新寿（女）
周莲保（女）	王楚乔	蒋岱宗	邓汉阳	王　勋	李仙桃（女）
贺许生	闵礼花（女）	谌发先	谌贵春	张珍会（女）	陆正财
张在保	张绍光	侯全林	廖瑞安		

小淹区

刘盛余	谌望钦	彭定祥（女）	李开科	贺会怡	雷胜均（女）
彭哲山	李又娥（女）	刘秋保	张冬生	陈长秀（女）	李梅花（女）
彭哲元	李兴旷	李桃庆	谭英昆	许自然	丁领开
刘旺开	陈稳固	李才礼	刘见保	刘早发	刘庚生
李百兴	李显耀	刘仁昌	李月娥（女）	李战士	曹德生
彭科初	郭开前	袁美钟	李才柳	李桂开	李志斌
陈棠章	陶善来	刘新堂	李才东	石谷中	李其花（女）
蒋定山	卢善金	李醒英（女）	李昭德	王云阶	李显良
肖春堂	张全秀（女）	李有香（女）	简松山	赵苏军（女）	周宏勋
郭绪凡	李才美	李吉生	万美娥（女）	李顺夫	

江南区

李盛清	彭兆林（女）	王钖凡	陶新华	黄大科	王尚良
陈远白	陶浩生	贺生才	贺集富	贺龙见	罗建书
胡旺山	陶登富	刘见凡（女）	方云祥	胡建枚（女）	陶正秋
王似珍（女）	罗时桃（女）	姚让之	王利顺	王昌开	刘步高
黄首岩	刘雁秋	熊桂初	封双盛	王佐章	李芝南（女）
殷建菊（女）	李云久	陶伯桃（女）	王同先	刘勇开	王本和
黄均庭	刘绵珍（女）	陈般化	王谷保	陶叔祥	陈菊秋
陈武科	王大登	陈振家	陈如愿	陈安民	王大庆
王红桃（女）	贺成又	王雪莲（女）	贺应书	王芝花（女）	

冷市区

李志贤	吴荣恒	杨兆山	傅腊梅（女）	黄幸英	梁电安
刘积善	彭志云	曾菊花（女）	刘让先	黄乐生	张经文
梁新开	刘社林	夏顶初	张永秋	张先寿	郭海秋
夏纯发	李金芝（女）	张建华（女）	卢仙桃（女）	李基固	黄维中
李佑圃	刘祖殿	张照先	李佑文	李太保	张必初
李帮佑	卢渥恩	简艾仁	刘昭玉	黄桂开	刘梅生
王领玉	杨芳来	王昌栋	黄庆生	夏远赞	杨扩军
杨连昭	周本福	周莲英（女）	夏远驹	汪立华（女）	夏惠娥（女）
杨必初	邓则兰（女）	唐爱华	卢碧珍（女）	罗集云	王芩初
黄银保	胡满兰（女）	黄新盛	黄盛保	黄同庆	黄根生
黄凤元	王宜发	彭贻训	丁如意（女）	黄定如	黄如意
王远善	吴国保	胡应钧	黄协寿	曾省周	黄钖初
周了香（女）	张红英（女）	胡自昌	李建辉（女）	黄方保	梁降生
王达信					

大福区

邓必庭	龚桂秋（女）	肖盛堂	喻含花（女）	易关保	龙子卿（女）
曹正凡	何英功	刘祖德	陈丹桂	黄雪枚（女）	陈来宜
徐海波	王勇中（女）	卢战坤	夏圣修	宁华吉	伍子钦
宁跃明	龙芝材	宁胜保	李石泉	杨果成	周决东
谭忠桥	伍良桃	李松青	龙之庙	徐湘华（女）	陈佑保

李段秀（女）	李习时	李书林	喻卫初	谭圣阶	龚俊能
田培军	林益阳（女）	谭孝弟	刘中固	刘益之	伍东生
周荣吾（女）	符玉春	罗敬宗	李岳保	龚祖佑	申长茂
陈金生	孟清辉	黄金台	田子仪	戴国英	田必和
田守廉	吴卫贤（女）	张静元（女）	康腊英（女）	严芹芬	邹湘中
周桃秀（女）	吴桂英（女）	陈明仲	刘顺兴	刘子伟	杨菊元
刘扬波	龙巨明	肖桂生	陈祥林	刘锦凡	李后光
彭国华	肖瑞夫	何宗宽	姚长娥（女）	蒋圣保	龚克明
伍必生	陈家声	李之兰（女）	陈培英（女）	龚石天	刘仁生

仙溪区

刘国芳	蒋怡保	陈喜来	简立如（女）	殷业翘	彭三浣
姚建群（女）	蒋树春	吴乐平	吴正华	李新南（女）	邓梅春
邓训华	吴美清	杨君权（女）	曾冬初	杨劲丰	李云安
许寿安	李枚初	肖吉临	吴仕升	周立清	姜振清
周来光	刘必秋	周谷山	贺国保	吴敬芝	董群英（女）
李春桃（女）	熊坚农	姚望兴	刘佑堂	陈德庆	杨茂南
姚跃阶	姚青春	刘桂初	曾卫娥（女）	曾拥民（女）	彭胜保
姚安益	姚映元（女）	姚德秋	蒋祥保	蒋常娥（女）	邓克和
邓必振	芦本善				

梅城区

王太阶	晏主佑	蒋正华	张前吾	周光前	胡大成
熊玉白	李小娥（女）	郭培生	熊立珍（女）	刘序文	肖晋凡
肖赛阳（女）	刘耀刚	蒋汉民	熊树成	李中祥	曹熙成
魏惠阶	冯文佳	罗付云	罗迭凡	蒋伟才	刘建华（女）
曹淑坤（女）	肖冠群	曹祝光	李永良	莫相承	蒋胜兴
蒋茶香（女）	莫吉跃	蒋周初	蒋坤中	曹里仁	肖业照
肖再美	李仁水	蒋荷兰（女）	夏应林（女）	唐玉兰（女）	谭定阶
刘光前	肖爱初	刘永安	金志成	孙诗满	罗吉花（女）
周建华	周仕山	廖正玉（女）	王思义	陈思安	陈佑珍
彭敦巍	陈立谱	陈超群	蒋和平	刘培生	李雨阶
陈跃娥（女）	谭云卿	王自强	喻长辉	罗俊卿	潘学文

喻腊梅（女）	瞿长友	肖爱莲（女）	龙阙仪	陶爱华（女）	陈沛吾
龙悟飞	刘少德	周志祥（女）	蒋降祥	杨次山	曹玉保
曹建人	金治仁	陶楚安（女）	周立元	向昭明	熊仕卿（女）
周满生	何天保	龚珍世	李顺娥（女）	蒋　世	

清塘区

凌永寿	刘蒲生	张素珍（女）	熊必昌	李福喜	喻关保
罗小卿	杨南山	刘田生	龙翠华（女）	谢鹤延	李定坤（女）
邹族和（女）	吴应开	吴应绪	汤能星	周跃孚	赵祥贞
刘名声	廖迪求	刘明普（女）	廖资银	邓瑟华	吴仕君
李树华	熊汉秋	赵伟安	蒋道初	高玉民	李岳连
黄正余	胡喜娥（女）	熊苏娥（女）	熊吉廷	唐汝秋	赵良苏
杨细娥（女）	刘鹤丰	袁怡生	谢石桥	王国良	赵良泳（女）
陈芝升	高冬香（女）	邹朴阶	杨慈章	康伏元	罗德瑞
高萼桃	高光前	肖玉莲（女）	张顶峰	刘如初	高学芝

第八节　县第八届人大代表

一、选举机构

为了切实搞好全县选举工作，根据上级指示精神和《湖南省县、社人民代表大会选举实施细则》第四条规定，经县委常委研究，县革委全体会议通过，成立安化县选举委员会。

主　任：曾国华

副主任：王育才　黄让泉

成　员：何友卿　何国生　杨瑞芳　罗　仪　龙梅修　瞿长本

翟彦博　张树德　李赞扬　张人玉　林金桃　莫蒙允

选举委员会下设办公室，由何友卿兼任主任，宁笃哉、李厚宽任副主任。

二、选举情况

根据第五届全国人民代表大会第一次会议通过的《选举法》和《湖南省县、社人民代表大会选举实施细则》的规定，遵照中共中央指示和省、地的部署，安化县1980年县级直接选举工作从9月1日开始，至12月23日结束。该次选举的特点是把直接选举扩大到县一级，选民直接投票选举乡、镇人大代表和县人大代表，实行差额选举。县级以上地方各级人民代表大会设立常务委员会。

这次选举工作分三步进行。

第一步，研究部署选举工作，成立社、镇选举委员会，确定代表名额，划分选区，培训骨干。根据法律规定，确定县人大代表名额为385名。人民公社、镇人大代表的名额，由公社、镇根据上级规定自定、报县选举委员会备案。选举县人大代表的选区划分为80个，即55个公社为55个选区，6个镇为6个选区，6个中央部、省、地属单位为6个选区，县属单位划为13个选区。选举公社、镇人大代表的选区划为1220个。

第二步，宣传发动，登记选民，出榜公布选民名单，发给选民证。全县总人口791942人，其中18周岁以上的427026人，剔除被剥夺政治权利而停止行使权利者、严重精神病人、长期下落不明者及不能表达意志者4356人，共有选民422670人，占全县总人口的53.4%。

第三步，酝酿、推荐、协商、确定代表候选人，正式投票选举。全县共提出第一轮县代表候选人7084人，为代表名额的18.4倍；提出社、镇代表候选人24989人，为代表名额的5.2倍。之后，经过几上几下，反复协商，最后确定县代表正式候选人605人，为代表名额的1.6倍，确定社、镇代表候选人7755人，为代表名额的1.6倍。11月1日定为全县的选举日。各县代表选区与社、镇代表选区采用无记名投票的方式分别进行选举。全县选民参选率达99.3%，选举日直接到会的选民占选民总数的93.4%，经过选举，共选出县人大代表384名，其中国家干部77名、农民210名、工人34名、知识分子47名、军人1名、其他劳动人民6名；代表中妇女84名，占21.3%，非中共党员137名，占35.7%。选出社、镇人大代表4845名，其中国家干部759名、农民3718名、工人157名、知识分子81名、其他劳动人民130名；妇女961名，占19.8%，非中共党员1689名，占34.9%。选举结果，国家干部、妇女、非中共党员的比例基本达到上级规定的要求。

三、代表名单

清塘区

李树华	杨爵修	罗茂春	袁爱梅（女）	袁菊珍（女）	谭孝政
熊咸乐	谢鹤延	方云作	赵太安	赵普珍（女）	廖基喜
邓珏华	李皇祁	王修尚	申青云	胡固林	吴申和
蒋三生（女）	谭显明	肖子洪	张佑保	喻秋香（女）	

梅城区

王仿梅（女）	刘福顺	陈义初	肖岳云	张绍卿	颜雪华（女）
邓宗德	邹万春	何栋梁	金伶清	曾国华	谭质彬
王太阶	龙德吾	张友初	周自然	喻腊梅（女）	傅新球
王祖武	谭周祥	李敬阶	胡嫦娥（女）	廖国云	周望生
李习君（女）	戴荷花（女）	刘汉初	蒋智生	周仕山	陈立普

刘光前	刘牧民	刘迪云（女）	肖冠群	李秀雨	蒋新庄
蒋茶香（女）	蒋惠仁	蒋次庄	龙鼎生	王乔生	冯利中（女）
李坤生	赵小娥（女）	唐再舟			

仙溪区

向中益	周志云	邓党娥（女）	周定中	周腾芳	殷湘云（女）
刘学申	阮小村	李文超	陈亮清	周维扬	彭敦其
方固吾（女）	何国豪	林金桃（女）	姚旺兴	姚新阶	蒋饶庭
彭圣保	姚丙生	卢正兰（女）	姚沛然		

大福区

王中尧	伍进德	李金花（女）	李桂堂	何国生	杨许生
魏淑莲（女）	刘达卿	刘范春	刘爱秋	刘联盟	李世景（女）
姚蒲初	罗培先	刘吉珍（女）	张前迪	胡淑珍（女）	肖礼谦
唐复新	朱德生	田水连（女）	王其轩	林南杰	喻其祥
肖银辉	田卫连（女）	李子乔	陈　勋	陈扶佑	叶月好（女）
林成保	刘国华	谭访清	王普元	宁庆华	刘梅芳
郑开启	肖菊生	孟爱仁			

小淹区

刘运珍（女）	刘和中	刘桂开	刘海清	肖少林	彭梅初
刘聘贤	肖志和	李才主	姚银娥（女）	彭哲山	李星楼
刘梅花（女）	陈苏明	杨冠军	刘昭友	肖平康	陈棠章
邱金莲（女）	蒋国汉	吴壮谦	刘胜春	周凤秋	奚维俊
丁传度					

冷市区

唐爱华	张树德	黄清云	黄玉坤	王解花（女）	黄新盛
黄正友	封友光	杨跃武	曹阳玉（女）	邓则兰（女）	张红英（女）
刘道开	黄松山	罗千秋	周玉中	黄林瑞	喻美珍（女）
黄文丰	张必千	张寿春	张领香（女）	曾庆家	曾文书
黄牛高	杨芳珍（女）	肖选才	王日平	王远隆	王昌林
莫菊香（女）	夏辉元（女）	夏玉忱	夏仁家	夏远相	夏赞思
夏远祥	王晓英（女）	王梅娥（女）	李泽清（女）	杨腾赞	杨腾庆

江南区

王育才	王瑞书	王稳固	刘步高	黄尚林	黄银菊（女）
梁连喜	王安良（女）	王海兵	陈作望	贺华汉	贺顺秋
凌永寿	王娥英（女）	胡鸾保	陈彩玉（女）	刘本和	陶岩久
杨富海	何友卿	丁为保	王训仪（女）	王千秋	易修洪

城关镇

陈清高	伍新安	杨安珍（女）	杨翠兰（女）	吴迪清（女）	闵宪斌
陈希古	翟彦博				

木子公社

王彬珊	刘斌全	闵金环（女）	张同兴	李新如	谌发先
廖朗洲	陈祖跃	廖自觉			

中砥区

梁建勋	蒋银花（女）	廖万山	刘章海	罗岩化	黄刚顺
何西珍（女）	彭平移	廖云霞（女）	阳厚兴	谌志宏	谌方寿
谌长乐	陆贻顺	谌运友	陈成丰	夏秀桃（女）	谌吉才
蒋培植	刘雪娥（女）	闵玉璋	李近旺	王承源	梁士芬
谌训山	谌珍容（女）	蒋太开	蔡鼎云	颜汉山	仇春旺
刘建炳	杨瑞芳	谌翠桃（女）			

云台区

李天然	邓光宙	谭绍松	李白秋	邓国和	朱德林
邓华兴	刘庆华	袁在中	罗显毅	龚嫦娥（女）	黄荣华
伍移华	唐习华	唐习才	刘根生	许美娥（女）	唐上君
龚梅庆	龚则军	王建林	蔡均发	邓晓君（女）	曾寒林
邓桂香（女）	周宏勋	邓民报	蒋怡生	仇继中	张阳红（女）
肖建华	夏光华	夏裕厚	黄厚田	谌民盛	

烟溪区

刘合群	刘时松	刘登春	张爱汝（女）	王成玉	胡端芝（女）

夏乐卿	熊训政	谌荣增	贺玉才	李俊凡	张瑶莲（女）
刘洪亮	邓成全	张中华	刘显章	王世顺	邓光宇
刘丰永	刘朝香（女）	夏裕丰	夏云山	夏文良	郭庚山
梁恒胜	陈善均	谌乐珍	陶南山	龚继玉	孟永芬
刘丰来	张爱梅（女）	刘宋善	刘佑井	周宇娥（女）	

县直（含厂、场）

黄让泉	瞿长本	刘春生	罗　仪	龙梅修	邓寒英（女）
莫蒙允	蒋鸿文	廖维石	王流芳	龙礼仪	李赞扬
冯宝生	陈淑元（女）	王远仁	陈泰敬	李华实	谌益群（女）
蒋胜才	谢秋珍（女）	王定中	康健民	邓郁菊（女）	彭岳兴
汪明达	黎金龙	卢解栋	龚继岳	张喜佑	刘桃花（女）
谌志尧	蒋冬兴	刘睦莲（女）	周海燕	周珠兵	甘舒志
刘翠娥（女）	陈凤莲（女）	黄一俊	谌建辉	戴汉初	王桂新
肖祥涛	龚象麟				

第九节 县第九届人大代表

一、选举机构

1983年12月11日，县第八届人大常务委员会第23次会议决定，成立安化县选举委员会。

主　任：彭国权

副主任：戴汉初　王祖武

委　员：陈泰敬　龙梅修　何友卿　谌荣增　罗迪祥　瞿长本　阙领高

选举委员会下设办公室，由瞿长本兼任主任，张树德、卢善积任副主任。

各区成立选举领导小组，各公社成立了选举委员会。

二、选举情况

全县选举县代表的选区划为78个，选举乡、镇代表的选区划分1281个。县、乡、镇代表名额的确定，按照省选举实施细则的规定，县人民代表大会代表的名额确定为444名，乡、镇代表的名额确定为6368名。选民登记结果，全县总人口82.6万人，其中18周岁以上的471690人，有选举权的464383人，占总人口的56.3%。全县提出县代表候选人3161人，为应选人数的7.2倍，提出乡、镇代表候选人14875人，为应选人数的2.3倍。通过反复酝酿、民主协商、几上几下，最后确定正式县代表候选人678人，为应选人数的1.5倍。1984年1月21日为全县的选举日。全县参加选举的选民457871人，占选民总数的97.8%，全县当选的乡、镇人民代表大会代表共6348名，比原定数少20名，其中工人占4.9%、农民占71.5%、干部占14.5%、知识分子占6.2%、其他方面的代表2.9%。应选县人大代表444名，确认443名代表资格有效，其中农民占42.2%、知识分子占17.3%、干部占26.8%、工人占11.5%、军人占0.2%、其他代表占1.8%；代表中的妇女占20.3%。同上届代表比较，这届代表的平均年龄降低1.2岁，文化程度也有所提高。

三、代表名单

清塘区

王范君（女）	龙锡坤	刘 怡	邹洽华	邹竞宽	吴胜吾（女）
吴主林	赵太安	邹洽岩	赵云庆	赵叶平	赵静怀
袁菊珍（女）	彭军强	傅新全（女）	熊咸乐	邹修普	王伏才
熊作忠	梁秋芳（女）	谭旺初	陈芝嘉	吴显赞	邓楚娥（女）
申青云	肖子洪	陈世雄	吴乐春	周海燕	胡学加

梅城区

王仿梅（女）	刘利君	刘湘才	刘楚贤	陈华初	崔顾轻
蒋 世	谭承前	颜雪华（女）	王凤云（女）	刘习吹	杨次山
何栋梁	李福喜	周作衡	王心国	王楚乔	龙德吾
吴亦多	肖呈祥	喻腊梅（女）	谭范清	王祖武	方胜清
冯世兴	李敬阶	夏荷花（女）	夏高爽	喻赛君（女）	刘吉康
刘牧民	肖国贤	陈仁香（女）	谭周祥	戴恩荣	魏国平
王乔生	刘佳梅（女）	周建华	贺湘凡	唐载舟	袁新桂
龙用才	龙鼎生	蒋惠农	周卒清（女）	王贵斌	龙建华
陈立普	彭丹生	蒋智生	熊必昌	戴荷花（女）	

仙溪区

段自金	姚卓球	刘学申	刘普秀（女）	吴建兰（女）	肖友元
李世恒	喻福生	许武汉	刘鹤田	李文超	吴社夫
张时秀（女）	贺东波	殷俊和	刘凤之	林金桃（女）	姚义元
姚述华（女）	姚旺兴	姚惠佳	简立元	邓益民	卢正兰（女）
姚寒松	姚明初	张喜佑			

大福区

王义和	杨许生	李金花（女）	李桂堂	李淑军	陈正雨
龚昌国	蒋益明	邓玉英（女）	田能生	刘迪强	刘建群
刘锦明	陈广宜	黄树林	王吉军	田水莲（女）	吴信初
罗雨珍（女）	孟清辉	姚仲钦	黄阜南	马星球	王君照
田子良	阳海裳（女）	彭顺秀（女）	彭敦旺	谭英波	王正平
王晓岩	叶月好（女）	易关保	彭 俊	詹长凡	王普元
邓抗军	宁正春	伍子钦	阮玲如（女）	孟爱仁	张前迪
黄雪梅（女）	熊坚农	王金玉（女）	杨连益	李胜云（女）	李国光
姚浩清	周本福				

冷市区

夏国卿	夏玉忱	莫菊香（女）	肖选才	黄德勋	杨岳保
杨芳萍（女）	杨道雄	杨腾庆	李泽清（女）	贺隆秋	夏远祥
瞿长本	瞿放生	刘重九	张太山	黄呈祥	曾庆家
曾剑驰	彭栋国	喻美珍（女）	伍家友	邓建华	刘抗美
李双如（女）	张红英（女）	胡市昌	黄春生	曾省舟	张树德
黄文风	黄恩保	刘美英（女）	王光华	黄岁来	黄玉坤
丁如意（女）	罗集云	刘定约	杨跃武		

小淹区

周云安	刘和中	刘运珍（女）	刘桂开	刘海清	何金科
彭光荣	刘昭友	刘建新	李国珍	陈棠章	陆银娣（女）
杨正华	王新军（女）	刘金花（女）	李云中	周来旺	彭哲山
李星楼	李诗英（女）	杨国军	蔡奏凯	丁传度	刘阁书
刘胜春	张德华	王祝丰	李孟军	曾庆鳌	奚维俊

江南区

王昌开	王舜华（女）	王瑞书	王德魁	陶云秋	黄尚林
黄银菊（女）	王石化	王水桃（女）	王亚魁	王怡主	陈初开
陈栋良	熊梦波	方光明	吴郁郁（女）	何友卿	陈浩然
罗符周	胡鸾保	陶岩久	陶登科	陶嫦娥（女）	王孔章
王训宜（女）	朱安寿	贺召南	凌永寿	廖正湘	谌甫盛

中砥区

黄益茂	黄刚顺	罗杏村（女）	王和清	黄化章	黄益群（女）
王岩保	陈咏才	王彬珊	李晨钟	闵金环（女）	罗晓辉
龚凤阳	谌保华	廖任中	廖云霞（女）	陈尃辉	谌志宏
傅子林	谌运友	谌宏军	蒋戊山	蒋铁文	龙威仪
陈成丰	肖永中	夏秀桃（女）	蒋南庭	张长久	谌苗壮
蒋吉天	仇石万	张晓河	蒋鼎新	卢钖加	闵玉璋
李静望	龙梅修	陈道德	王同美	蒋立容（女）	杨菊钦
陆远桂	蒋近山	孙铁壮	彭粉英（女）		

云台区

王贤茂	梁士芬	王在良	邓玉梅（女）	仇云福	罗迪祥
肖建华	龙知飞	谌富春	邓必应	邓名报	朱水枚（女）
夏永忠	龚寿松	陶加庆	邓本庆	刘志才	吴祖武
胡纯旺	曾菊花（女）	邓卧尝	伍巨清	陈国安	夏春融
许美娥（女）	龚则军	黄庆云	谌建祥	龚稳章	刘晓平
吴叶娥（女）	戴汉初	刘长安	邓树清	邓雨香（女）	刘安平
袁在中	肖翠君（女）	文节香	邓爱兰（女）	张益民	谌家余
朱德林	邓步英（女）				

烟溪区

夏延早	龚继愈	刘昭林	刘满玉（女）	刘质斌	罗冠军
张中华	夏远容（女）	李彰国	李显发	夏镇阶	刘丰永
刘国建	梁恒胜	郭庚山	贺田姣（女）	夏后来	陈代贻
张小妹（女）	彭秋泉	刘合群	张永正	夏国平	龚象麟
廖崇珍（女）	刘灵芝	胡端芝（女）	刘卫生	胡镇衡	谌荣增
刘治平	张人卓	孟石文	夏慈莲（女）	邓寒英（女）	邹其昌
周宇娥（女）	夏宗信	肖适意	肖复陶		

东坪镇（县直）

卢解栋	周碧珍	黄钖坤	王文周	王志成	伍新安
刘丽玲（女）	杨万松	吴仲平	陈君吾（女）	陈清高	谌节珍（女）
谌迪华	王定中	谌久如	谌益群（女）	陈泰敬	李赞扬

杨奎阶	石磊华	王荻洲	吕群峰	陈淑元（女）	王子成
李晓丽（女）	陈巨仁	廖维石（女）	王流芳	甘舒志	熊纪宁（女）
杨建新	李志贤	桂玉华（女）	许广发	谌克球	彭岳兴
黄 英	汪明达	谢旭东	夏辉原（女）	刘梦怀（女）	范梦坤
袁柏林	谌介国	彭国权	阙领高	王绍秋	文巨刚
苏圣农	罗美英（女）	夏问心	蒋鸿文	杨官泉	

第十节　县第十届人大代表

一、选举机构

1986年11月10日，县第九届人大常务委员会第22次会议决定，成立安化县选举委员会。

主　任：王祖武

副主任：何友卿　谌荣增

委　员：罗迪祥　姚让之　陈巨仁　谢复珍　龚象麟　胡纯旺　赵孟菊　王苍劲

选举委员会下设办公室，由姚让之兼任主任，赵孟菊任副主任。

二、选举情况

县第十届人大代表的选举，从1986年11月8日开始至12月27日结束。换届选举时，选民522421人，占全县总人口838740人的61.2%。全县共划选区152个，设投票站1312处，选举日参选人数为501132人，占选民总数的95.9%。其中，直接参选的选民达422014人，占选民总数的84.2%。共选出县第十届人大代表350名，其中妇女代表70名、党外代表84名，分别占代表总数的20%和24%；按代表成分看，工人11名，农民181名，干部125名，分别占代表总数的3.1%、51.7%和35.7%；从代表的知识结构看，大专以上文化的27名，高中、中专文化的95名，初中文化的134名，分别占代表总数的8%、27%和30%。同时，代表的平均年龄比上届降低1.2岁。

三、代表名单（按选区排序）

王中元	龙凤初	梁秋芳（女）	谭望初	郭解放	龙锡坤
刘建林	吴主林	邹竞宽	晏悟林	陈正光	胡凤梅（女）
喻健云	周海燕	喻成春	邹丽清（女）	袁定坤	陶不求
吴龙山	郭淑吾（女）	熊成乐	赵叶平	胡学加	刘中安

夏正求	龙范秋	汤能楚	吴吉林	任益国	刘普林
罗华初（女）	胡国荣（女）	谢铁卿	熊玉柏	龙建华	彭丹生
戴荷花（女）	王贵兵	刘基本	冷位江	李迪民	蒋林全
蒋新庄	吴秋英（女）	肖发佳	李旗扬	蒋惠仁	陈庆丰
肖金花（女）	曹高照	李佑堂	刘佳梅（女）	胡茂初	何正良
胡晚林（女）	金伶清	向昭明	陈正怡	刘楚贤	邹秉刚
王银珍（女）	蒋达生	黄一俊	邹迪康	刘利君（女）	刘迪华
李文超	李新普	张时秀（女）	彭录阶	喻　云	姚萼初
陶石保	姚义元	傅梦琴（女）	龚富生	姚明生	姚善吾（女）
蒋加初	李宽心	刘楚崇	李世恒	李景明	万彩华（女）
刘学申	周腾芳	王义和	杨许生	李晏清	胡保生
李桂堂	李曼依（女）	邓玉英（女）	刘阳波	肖三秋	李汉堂
刘胜凡	肖加丰	王君照	周茶吾（女）	符长阶	肖国平
宁迪民	李华夫	李锡春	叶月好（女）	周军初	谭元保
王晓岩	阮玲如（女）	肖永中	黄石波	宁正均	宁庆华
田子仪	陈佩贤	文和平	黄正其（女）	宁尔送	汪国钦
赵　芬（女）	王达初	王新珍（女）	夏赞思	夏德汉	卢本和
夏纯海	王昌岭	卢吉祥	刘元珍（女）	姚自豪	王嗣兴
杨百辉	李桂先	夏定邦	夏碧英（女）	张萼初	李基玉
李佑生	张介石	殷放军	阙领高	曾冬生	邓小桃（女）
刘唯益	胡祖瑞	黄喜盛	周寒章	梁新田	黄明光
黄莲珍（女）	黄大才	毛岩山	黄本后	黄放明	黄岁来
黄恩保	胡昌海	丁盖兵	李孟军	刘莞生	何引娣（女）
李云中	李菊初	刘金莲（女）	刘旦发	李远芳	肖又娥（女）
李合喜	陈清之（女）	肖建宁	肖和香（女）	龚询望	刘和中
李新况	周来望	谌耀先	王全文	王世万	张德华
凌永寿	黄　烈	贺梅珍	李玲莉（女）	胡涛峰	罗蒲周
罗菊桃（女）	龚大明	王亚魁	王信初	夏建国	王石化
陈蒲香（女）	王舜华(女）	刘镇国	李再周	王谷生	李全跃
丁为林	彭召林（女）	王孔章	朱安寿	廖镇湘	李晨钟
闵金环（女）	林礼周	张同兴	张弟友	谌立梅（女）	王介夫
蒋吉天	蒋凤芳（女）	黄益茂	谌荣增	廖松山	吉桂书
黄成岩	欧纯岩	谌田新	谌玉书	谌似岭	谌先娣（女）
武剑先	罗晓辉	蒋贡化	蒋吉周	谌米先	谌艳凡
谌铁汉	刘绍传	夏秀桃（女）	陈成丰	蒋金云	邓移乔（女）

杨春朴	贺少文	张隆愿	刘建炳	黄洁容（女）	龚益中
陈望卿	邓建华	邓玉梅（女）	夏志安	谌富春	谌汉华
谢孝珍	仇楚善	邓务本	邓淑蓉（女）	韩集政	龚梅庆
龚中华	刘显登	黄秀英（女）	龚敌非	龚洵光	夏永忠
夏满娥（女）	龚嫦娥（女）	王流芳	伍步祥	龚孟友	王祖武
陶加庆	邓友山	邓美南（女）	邓必应	段自金	龚寿松
邓校庭	邓光宙	钟洪达	夏裕厚	彭花珍（女）	朱德林
夏国平	王本钊	邓芝桃（女）	马玉兰（女）	张中民	邓五九
吴红蕾	刘陶义	贺图南	夏益万	胡正科	夏子文
伍芬山	胡曼妮（女）	刘太凡	夏满容（女）	彭乐忠	刘树业
夏运良（女）	夏延早	周宇娥（女）	胡根生	刘庆庭	李彰国
李根荣	夏桂桃（女）	夏延信	喻叔敏	刘化兵	李端花（女）
龚象麟	刘合群	谭顺光	谌迪华	王文周	李官保
张小红（女）	黎金龙	梁兆果（女）	陈干尧	谌满桃（女）	谌小丰
王定中	李晓丽（女）	常保罗	李赞扬	谌上游	谢辉玉（女）
尹冠中	陈巨仁	黄刚强	刘心实	龚志忠	谌介国
王跃安	夏明华	罗华栋	封保平	金仲芝（女）	邓才能
贺健秋	文巨刚	罗美英（女）	陶炎森	张渡期（女）	陈历书
肖固球	阮维雄	肖丽玉（女）	汤忠富	刘子蔚	吴可彦
姚让之	谢复珍				

第十一节 县第十一届人大代表

一、选举机构

1989年11月7日，县第十届人大常务委员会第18次会议决定，成立安化县选举委员会。

主　任：王祖武

副主任：黎金龙　　姚自豪

委　员：姚让之　　谢复珍　　龚象麟　　夏赞思　　夏裕厚　　杨炳生

　　　　陈怡庆　　刘昭曙　　陈巨仁　　陈国安　　赵孟菊　　谌蔚贤

选举委员会下设办公室，由姚让之兼任主任，陈怡庆、刘昭曙、赵孟菊任副主任。

二、选举情况

县第十一届人大代表的选举，从1989年11月初开始，历时近两个月结束。全县有选民573387人，占总人口890780人的64.5%。共划定县代表选区161个，乡（镇）代表选区1485个。516836人选民参加选举，占选民总数的90%。其中，直投人数424852人，占参选人数的82%。省人大常委会核定安化县第十一届人大代表356名，实际选出355名。其中，妇女代表61名，占17.2%；非党代表73名，占20.6%；干部代表152名，占42.8%；工人代表33名，占9.3%；农民代表140名，占39.4%；知识分子29名，占8.2%。县选举委员会核定乡镇的代表总数为3318名，选举产生乡镇代表3270名，空缺48名。选出的乡镇代表中，女代表465名，占14.2%；非党代表1131名，占34.6%；工人代表106名，占3.2%；农民代表2263名，占69.2%。

三、代表名单

（共355名，按姓名笔画排序）

丁友芳	马玉南（女）	王心田	王友志	王友忠	王日荣
王孔章	王世万	王全坤	王刚保	王亚魁	王谷生
王时佑	王定中	王秀英（女）	王和清	王孟辉	王信初
王祖武	王春桃（女）	王振时	王益其	王海滨	王银珍（女）
王富光	王福安	毛运才	方和清	方厚胜	邓小桃（女）
邓才能	邓中秋（女）	邓吉吾	邓谷香（女）	邓青山	邓宗元
邓述文	邓怡乔（女）	邓国利	邓珍珠（女）	邓树清	邓铁山
邓爱兰（女）	龙广悟	龙礼仪	龙新春	卢本和	卢顺良
田江云	田能生	田楚石	冯建军	宁小玲（女）	宁正春
宁爱平（女）	吉用桃（女）	艾胜杜	朱克安	朱尚祯	任益国
刘子贞（女）	刘太凡	刘长安	刘元保	刘化斌	刘旦化
刘光佐	刘成聚	刘吉康	刘孝周	刘利卿	刘赤根
刘绍传	刘显丁	刘树业	刘剑余	刘顺庭	刘峥嵘
刘昭曙	刘陶义	刘春迎	刘素娥（女）	刘唯一	刘雪君（女）
刘超权	刘盛余	刘楚贤	刘满玉（女）	刘端桃（女）	刘镇国
阮小村（女）	杜泮才	杨凤林	杨玉山	杨玉助	杨许生
杨春朴	杨建新（女）	李云中	李玉求	李汉堂	李合喜
李迪宏	李佳生	李国忠	李孟军	李纯章	李范生
李咸英（女）	李厚忠	李厚宽	李桂堂	李晓丽（女）	李晨钟
李景明	李　智	李敬华	李新娇（女）	李瑾瑜	李彰国
李瑞岚	李旗扬	李德生	李赞扬	吴习初	吴古梅（女）
吴伯仲	吴勇方（女）	吴首才	吴彩华（女）	吴彩芹	佘绪锦
何正佳	何爱霞（女）	邹迪康	邹修普	邹竟宽	冷位江

闵云贵	闵盛祖	汪东思	汪国钦	汪修晋	张丁华
张人玉	张电才	张世云	张正华	张石岩	张同兴
张光荣	张乔福	张弟友	张应松	张隆谁	张渡期（女）
张福禧	张德华	张德忠	陆声山	陆银弟（女）	陈干尧
陈广宜	陈历书	陈正怡	陈代明	陈立盘	陈有朋
陈如盛	陈君吾（女）	陈怡庆	陈国安	陈佩贤	陈振兴
陈爱君（女）	陈高超	陈望卿	肖三秋	肖永中	肖固球
肖法家	肖岳南	肖适一	武剑先	范梦坤	林西元
欧阳全新	欧阳纯岩	易迪元	罗元梅（女）	罗玉波	罗华干
罗旺弟（女）	罗符周	金伶清	周宇娥（女）	周定中	周炳修
周海燕	周素吾	周攀蟾	孟付阶	赵　芬（女）	赵叶平
赵孟菊（女）	赵静凡	封武登	胡义才	胡凤梅（女）	胡正科
胡吉主	胡后坤	胡学加	胡昌海	胡保生	胡修发
胡涛峰	胡高登	胡望来	胡曼妮（女）	侯安汉	段自金
饶子安	姜再明	贺普龙	姚友英（女）	姚让之	姚安珍（女）
姚仲钦	姚自豪	姚宽保	姚浩清	姚善吾（女）	姚景星
姚蒲初	姚献忠	姚德山	袁美种	袁新社（女）	夏子文
夏太明	夏云祥	夏四魁	夏后来	夏女小容（女）	夏延早
夏学琪	夏定帮	夏定奎	夏并情（女）	夏荷花（女）	夏基旦
夏裕厚	夏银周	夏福利（女）	夏赞新	鄢世昌	殷正和
殷雪梅（女）	殷慈主	高多庆	郭光荣	郭社强	郭满南（女）
唐习本	黄　辉	黄云开	黄少金	黄后山	黄仲华
黄伯卿	黄杏娥（女）	黄恩保	黄培元	黄雪钦	黄球林
黄清泉	黄望登	龚一中	龚介华	龚芝媛（女）	龚竹清
龚寿松	龚洵光	龚雪芹（女）	龚凯清	常保罗	梁建秋
梁恒胜	谌小峰	谌立山	谌白魁	谌年周	谌似岭
谌连菊（女）	谌步中	谌迪华	谌保华	谌荣增	谌涤尘
谌建华	谌蔚贤	谌满桃（女）	谌耀先	谌耀斌	陶加庆
陶石保	陶世亮	陶和平	眭元保	彭丹生	彭乐忠
彭仲元	彭芝安（女）	彭岳兴	彭细卿	彭建富	彭顺秀（女）
彭哲山	粟长才	蒋凤芳（女）	蒋付岩	蒋立容（女）	蒋石新
蒋省三	蒋佳生	蒋昌泗	蒋校生	蒋益民	蒋望科
董吉庭	韩集政	喻　云	喻子立	舒密珍（女）	傅九畴

傅其祥	曾文书	曾玉生	曾雪花（女）	游晓岚	简武元
阙小菲（女）	廖万开	谭元保	谭顺刚	谭卧龙	谭跃华
黎金龙	潘家雨	戴山东	戴建琼（女）	戴哲湘	瞿长元
瞿放生					

四、代表资格审查委员会

主 任 委 员：陈君吾（女）

副主任委员：刘盛余

委　　员：汪修晋　　张隆淮

五、代表出缺与补选

（一）代表出缺

1.调离本行政区：

谌跃先　栗长才　杜泮才　陶加庆　刘素娥　胡昌海

闵云贵　周炳修

2.死亡：

张福喜　夏基旦　贺普龙　廖万开　欧阳全新　阮小村

胡学加

（二）补选

1990年：王义和　唐　爱　谢登保　游开先

第十二节　县第十二届人大代表

一、选举机构

1992年9月26日，县第十一届人大常务委员会第17次会议决定，成立县选举委员会。

主　任：王祖武

副主任：王定中　陈君吾　黎金龙　姚自豪　游晓岚　刘盛余

朱克安　姚让之

委　员：陈怡庆　刘昭曙　赵孟菊　吴余保　肖三秋　张胜利

伍惠予

选举委员会下设办公室，由姚让之兼任主任，陈怡庆、刘昭曙、赵孟菊、吴余保、伍惠予任副主任。

二、选举情况

县第十二届人大代表的选举，从1992年9月下旬开始，到11月中旬结束。全县有选民600363人，占全县总人口914350人的65.66%。全县共划定县代表选区162个，514403人选民参加了这次选举，占选民总数的85.6%，其中直接参加投票选举的423639人，占参选人数的82.3%。省人大常委会核定安化县第十二届人大代表356名，选出355名。其中，妇女代表57名，占16.06%；党外代表94名，占26.48%，比上届增加21名；干部代表176名，占49.6%；工人代表16名，占4.5%；农民代表163名，占45.9%；代表平均年龄为43.96岁，比上届年轻0.24岁。县选举委员会核定乡镇的代表总数为3381名，选举产生乡镇代表3313名，空缺68名。选出的乡镇代表中，女代表566名，占17.08%；党外代表1402名，占42.3%；干部代表1890名，占56.11%；工人代表55名，占1.6%；农民代表1368名，占41.29%。

三、代表名单

清塘区

龙新春	吴应钦	袁义先	龙凤初	胡清华（女）	龙金莲（女）
彭敦强	袁定坤	黄伯钦	熊作尧	张介人	张新德
鄢世昌	胡建国	毛定山	龙广悟	邹普初（女）	晏悟林
邓珏华	刘盛余	吴习初	吴首才	肖靖忠	邓吉吾
周一定	周了珍	李先章			

梅城区

邓仲交	王佩伦	宁阜茗	陈君吾（女）	李保华	姚芳群
王银珍（女）	简武元	梁仁悟	陈春耕	曹建军（女）	谭佑初
喻芝南（女）	胡永东	陈芝兰	陶和平	刘胜保	姜训清
谢美清（女）	刘广兴	任益国	罗梦兰（女）	刘超群	毛云华
罗校先	李旗扬	唐化祥	李盛华	陈庆丰	王孟辉
吴文楚	李寿阶	刘吉康	胡红辉（女）	王定中	龙建华
陈凤初	刘甫初	李瑾瑜	龚珍英（女）		

仙溪区

蒋湘阶	周腾芳	殷殿华（女）	吴余保	周明清	李永明
谭淑清	袁成章	吴希太	姚让之	周定中	吴凤章
刘顺夫	彭建富	李景明	周方来	姚群中	李白英（女）
姚景新	邓和平	傅其祥	邓新权	邓立桃（女）	

大福区

王义和	周茂才	李石林	姚仲钦	周腊保	陈可勋
刘善和	刘锦明	胡汉柱	刘益志	刘　志	田石娥（女）
李厚宽	赵　芳（女）	汪国钦	肖永中	戴历山	陈高超
严海秋	田仲阳（女）	黄树林	谭英波	熊政权	黄球林
肖固坚	肖聘初	黄雪钦	宁乾贞	罗寿钦	周萼初
宁定书	肖新民	谭咏莲（女）	王农又	龚高科	

冷市区

杨玉山	杨兰魁（女）	王时佑	李　智	卢本和	卢祯祥
李稳石	王伟强	王达华	王亚魁	李帮贤	夏社华（女）
瞿放生	贺德开	胡高登	夏再初	李厚忠	张抗美
杨世怀	夏红玉（女）	王全坤	张正开	肖寿松	郭社祥
黄丽纯（女）	胡世文	周平初	王友义	刘和平	黄化章
彭建英（女）	黄玉光	黄恩保	王仲秋	王顺华（女）	黄仲华

小淹区

李德生	李国珍	蔡小云（女）	瞿忠典	刘干国	刘昭曙
李孟军	彭哲益	王刚保	丁田冬	李爱章	梁鹏祥
张胜利	李告香（女）	李华元	李志兵	姚新美	王世万
李玉堂	刘喜华（女）	李复军	李华社		

江南区

刘应生	刘周易	李秋珍（女）	胡涛峰	王长明	黄胜军
陈伟爱（女）	李松槐	易庆平	周宏勋	王一鹏	贺米良
陈怡庆	朱志业	谌梦姣（女）	陶登科	陈明定	贺　辉（女）
刘玉龙	胡望来	陶玉堂	罗盛林		

中砥区

夏高林	谌保华	谌友容（女）	谌石岩	谌力球（女）	黄先寿
谌绪付	刘卫星	蒋红乔	林西元	黄　辉	谌桂珍（女）
蒋新远	廖忠植	谌少华	谌似岭	姚蒲初	胡吉主

谌元菊（女）	陈伏初	刘永年	夏艳桃（女）	邓建华	陈旺清
谌超全	杨连利	罗正利	欧阳纯岩	蒋桃花（女）	罗可夫
黄根生	王妹花（女）	张乔福	夏运全	杨卫国	张弟友

云台区

吉用桃（女）	林伟才	刘长安	刘少华	谌楚文	汪东思
龚寿松	程世来	刘晓平	刘赛红（女）	刘奎田	段自金
邓务本	程晓萍（女）	邓抚来	唐绍庭	邓云全	龚玉章
吴应葵	王秀英（女）	谌星明	李敬华	张丁华	唐绍球
伍湘安	李点沛	龚洵光	龚常娥（女）	黎金龙	邓汉章
陶喜全	龚芝媛（女）				

烟溪区

夏设奇	彭乐忠	夏妙容（女）	邓丽宏（女）	刘光佐	周宇娥（女）
王来芝（女）	刘光兴	夏玉恒	刘满玉（女）	丁甫田	夏鉴书
邓五九	夏延汉	贺图南	郭庚山	程了珍（女）	夏学祺
廖文忠	刘成聚	夏花云（女）	游晓岚	刘陶义	陈五川
张光岚	陈善昌	张正华			

平口镇

吴其才	胡学农	舒友社	黄洁容（女）	戴哲湘	李宗鼎
梁恒胜	谭顺光	刘化斌			

东坪镇

谌小峰	张渡期（女）	方暖庭（女）	闵稳福	李迪宏	张光荣
严芹芬	谌世新	伍惠予	谌望钦		

柘溪镇

丁为林	谢登保	吴章安	武剑先

县　直

文　斌	李美娥（女）	张石岩	曹一元	刘灿华	胡伟泉
林席儒	龚泽悟	李彰国	肖自成	邓宗前	王爱华（女）

罗崇典	李共和	肖述初	魏国斌	姚宏勤	谌涤尘
邓宏来	蒋志高	吉炳德	谭雪君（女）	肖幼松	伍国开
肖三秋	谌力新	王友忠	朱克安	王小悟	刘　化
王成均	罗晓辉				

四、代表资格审查委员会

主任委员：姚让之

副主任委员：吴余保　　张胜利

委　　员：王来芝　　刘　化　　黄洁容

五、代表出缺与补选

（一）代表出缺

1.调离本行政区：

1993年：王亚魁　　吴其才

1994年：毛定山

1995年：姚蒲初

1996年：邓三龙　　龚常娥　　张正华

1997年：刘灿华　　罗晓辉　　李稳石

2.死　亡：李先章　　龚洵光

（二）补选

1995年：邓三龙　　张雪秋　　陈道交

第十三节　县第十三届人大代表

一、选举机构

1997年9月30日，县第十二届人大常委会第36次会议决定，成立县选举委员会。

主　任：艾胜杜

副主任：陈君吾　　黎金龙　　游晓岚　　姚让之　　朱克安　　刘应生

委　员：刘昭曙　　吴余保　　伍惠予　　陈道交　　蒋国顺　　罗显毅

选举委员会下设办公室，由刘应生兼任主任，刘昭曙、吴余保、伍惠予、蒋国顺、罗显毅任副主任。

二、选举情况

县第十三届人大代表的选举，从1997年10月中旬开始，到11月20日结束。全县共有选民658111人，占全县总人口94.1万的70%。共划分131个选区，参选选民613544人，占登记选民总数的93.2%。省人大常委会核定安化县第十三届人大代表309名（比上届减少47名），分配到各乡镇的代表名额307名，实际依法选举产生代表306名。其中，女性56名，占18.3%，比上届提高2.25%；非党群众73名，占23.85%，比上届下降2.22%。按职业分，干部105名，占34.3%，比上届减少16.2%；知识分子28名，占9.15%，比上届减少1.55%；农民149名，占48.7%，比上届增加2.8%；工人24名，占7.8%，比上届增加3.3%。本届代表的平均年龄为43.9岁，与上届持平。文化素质比上届明显提高，大学本科以上的14名，大专文化59名，中专（高中）121名，初中以下文化的占36.6%，比上届减少34.18%。

三、代表名单

高明乡

刘孙承	邹爱军	袁义先	高九雄	眭素珍（女）

清塘铺镇

邹华初	高多庆	龙恒祥	吴伏秋（女）	吴德林	陈三保
张建国	葛志强	谭桂青（女）	肖了云	胡社如（女）	喻成春
周素武	黄国权（女）	蒋甘林	游立勋	王　彬	张介入
袁定坤					

梅城镇

李祖荫	陈兴祥	陈祖德	龙丽君（女）	周国涛	蒋跃登
吴彩华（女）	龚国书	雷建刚	王　珊（女）	龙新民	宁卓茗
张一鸣	袁益而	龚金连（女）	张世云	陈芝兰	姜训清
熊政权	戴锡昌	龙高明	任益国	周玉书	

乐安乡

刘昭曙	陈次秋	卢本清	夏悟然（女）	彭丹生	刘步云（女）
戴哲成	朱克安	刘佑珍（女）	陈庆丰	莫又来	郭运龙

栗林乡

毛荣华	何爱霞（女）	王慈英（女）	冯建军	戴恩荣

仙溪镇

刘平原	曹中行	向中益	蒋德夫	邓畅和	李彩娥（女）
眭和平	阮国太	姚浩清	李志林	彭军强	姚建中
龚国强	刘浩然（女）				

长塘镇

刘迪强	刘满春	傅世平	王志明	龚启贤	蒋化祥
阳腾跃	李双如（女）	何穆群	刘群松（女）	姚建庭	蒋佑保

大福镇

李义山	孟爱仁	曾国兵	肖三愚	汪国钦	姚龙辉
吴放元	唐先阳	黄辉	伍伯生	戴立山	肖爱珍（女）
黄仕林	王万元	林国良			

羊角塘镇

刘定付	胡淑清（女）	夏纯尨	李善新	杨庆怀	瞿放生
王嗣秋	夏桂华（女）	符定安	王凤华（女）	刘胜利	陈有志
邓秋珍（女）	胡夏初	夏运开			

冷市镇

卢习云	曾再清	蔡克勤	刘　化	张杏英（女）	曾建华
邓翠君（女）	杨世怀	黄元芳	刘屏开	黄　辉	陶凤英（女）

龙塘乡

王　雄（女）	黄万雄	王孟龙	刘和平	欧润均	黄仲华

杨林乡

刘应生	罗正利	黄白达（女）	谌玉岩	曹本元

滔溪乡

刘贻望	姚新美	方笑霓（女）	李开支	李星楼	刘启化
刘革辉（女）					

小淹镇

丁礼文	陶延林	刘旦生	黄胜军	何日开	贺建中
肖满意（女）	彭祖忻	任刚强	李铁正	刘道生	简席珍

江南镇

陈汪泉	罗千秋	王晓菊（女）	胡高登	贺巩固	刘国云
龚魁林	王元枚（女）	姚让之	黄岩中	王建荣	龚智慧（女）

洞市乡

刘玉龙	胡子付	胡胜华	陈名定	陈君吾（女）

田庄乡

肖三秋	贺海云	谌先开	李育才	欧阳铁良	黄冬红（女）
谌仁武	谌茂盛				

木子乡

杨跃涛	张优吾	赵鑫颖（女）	王冬初	谌道安

东坪镇

刘更化	林伟才	邓稳中	朱爱群（女）	陆雄彪	林超凡
谌跃艳	李友连（女）	蒋新远	陈望卿	谌佳时	谌超全
林礼行	谌了菊（女）	蒋友娣（女）	龚一中	张群祥	谌善意
林润姣（女）	谌岩林	余赛君（女）	张启元	刘玉琪	陈象中
蒋大良	邓建平	蒋悟生	李官保	龚悟云	曾文书
黄喜兴	谌先云	王画安	方果果	蒋志高	谭雪君（女）
袁新球	李任全				

柘溪镇

王子成	伍惠予	艾胜杜	蒋汉书	谢中华	杨卫国
谢艳桃（女）	蒋照花（女）	陆养廉			

马路镇

邓克军	吴余保	邓淑珍（女）	刘安平	侯东升	邓亮山
蒋国顺	邓湘雄	邓新庭	陈超刚	伍步祥	张小玲（女）
张景华					

苍场乡

伍湘安	伍贤才	龚真兴

奎溪镇

王晋中	李远发	张书田	陈双娥（女）	龚稳章	罗显毅
姚志群	唐习忠				

渠江镇

夏兰香（女）	夏学阶	胡中华	姚克勤	梁迪英

平口镇

成其文	刘解放	陈立新	向子信	夏玉恒	黄洁容（女）
戴恩民	夏兰春（女）	廖　武			

南金乡

张石岩	龚灿燃	谌乐广	贺图南	夏新民	曹光辉

古楼乡

夏政权	刘成聚	刘时雨	陆佐腾	罗亚平

烟溪镇

刘应群	李作琴（女）	游晓岚	夏求喜	梁永安	王保安
谌七桃（女）	邓立宏（女）	张胜利	周宇娥（女）		

东山乡

王农又	宁成明	陈高超	肖聘初	林礼春	李石中
赵迪群					

四、代表资格审查委员会

主 任 委 员：姚让之

副主任委员：吴余保

委　　员：（按姓名笔画排序）

伍惠予　何爱霞　罗显毅　黄洁容　龚稳章　蒋化祥

蒋国顺

五、代表出缺与补选

（一）代表出缺

1.调离本行政区：

2000年：（4人，查无名单）

2001年：黄　辉　袁新球

2002年：欧润均　蔡克勤　方果果　廖　武　葛志强

2.死亡：刘贻望等3人

（二）补选

1999年：姚尚真　姚奇生

2000年：曹雁翔　夏尔安　陶本德　朱智业　蒋甫阶　彭平移

罗华干　夏光祥　龚高中　廖文忠

2001年：彭建忠　王新台

第十四节　县第十四届人大代表

一、选举机构

选举委员会

主　任：艾胜杜

副主任：陈君吾　姚让之　傅世平　朱克安　刘应生　肖三秋

委　员：何爱霞　吴余保　伍惠予　陶延林　蒋国顺　罗显毅

选举委员会下设办公室，由吴余保兼任主任，伍惠予、熊政权任副主任。

二、选举情况

安化县第十四届人大代表的选举工作，从2002年11月12日开始，至2002年12月11日结束，省人大常委会核定安化县第十四届人大代表309名，分配到各乡镇的代表名额308名。全县共划分选区136个，共有18岁以上公民687707人，登记选民686817人，占18周岁以上公民的99.87%。18周岁以上公民未登记的选民共679人，其中无法行使选举权的564人、停止选举权利的8人、剥夺选举权的66人。实际选举中，参选选民665099人，占登记选民总数的96.84%，直接投票的563685人，直投率为84.75%,委托投票的101414人，占15.25%。全县共依法选举产生人大代表306名。代表构成情况：按性别分，男性256名，占83.7%,比上届提高了2%，女性50名，占16.3%，比上届降低了2.%；按党派团体分，中共党员248名，占81%,比上届提高了4.9%,非党群众58名，比上届下降了4.9%；按职业分，所选代表中，工人26名，比上届增长0.65%；农民139名，比上届降低了3.3%；干部110名，比上届降低了1.6%；知识分子31人，比上届增长0.98%；武警部队1名，占0.3%，上届没有。本届代表的平均年龄为42.68岁，比上届降低了1.22岁。代表的文化素质情况是大学本科以上文化37人，比上届增加7.53%；大专文化的85人，比上届增加8.5%；中专、高中文化的110人，比上届下降3.55%；初中以下文化的74人，比上届下降12.42%。连选连任代表34名，比例为11.11%。

三、代表名单(按选区排序)

夏尔安	刘鹤村	龙维若	高敬军	夏建寒（女）	高多庆
姚长春	伍　亮	柳金莲（女）	王　彬	袁主坤	黄旭东
毛正升	喻安保	谭高峰	晏世龙	熊友才	尹祝夫
周抗美	吴细英（女）	阙浩贤	刘四云	唐新耕	肖世华
李能英（女）	曾文书	熊政权	高社员（女）	陈祖德	李祖荫
吴慎丰	刘中祥	何立华	刘肇端	傅其社	胡秋兰（女）
龙德吾	袁一而	周爱国（女）	贺绵祖	陈芝兰	汤跃军（女）
郭旺生	黄建雄	任益国	吴冰莲（女）	肖衡山	刘金魁
肖又香（女）	罗必胜	夏能勤	肖新民	蒋国保	卢本清
刘友初	刘孝周	姚奇生	夏星辉	魏　刚	王乔生
龚小林	李百槐（女）	曹秋和	万亚民	喻成春	赵毅昂
龙汉凡	姚品中	郭建华	姚喜群	周小密	姚国成
黄树抗	刘建华	吴仕升	董余粮（女）	龚维新	姚晚香(女）
阳腾跃	邓社开	张贻铸	张渡期（女）	邓术高	龚卫军
龚鹏飞	陈定坤	姚赛美（女）	陈运吾（女）	邓明安	肖志财
文和平	贺心武	周景书	汪国钦	龙文钦	黄正其（女）
田谷云	李庆祥	夏珠明	丁　微	肖山愚	刘吉军
殷赛群	田京民	刘迪凡	陈民权	郑伯怡	刘如良
黄必贵	李锡明	易迪元	赵迪群	周芬宾(女）	王新台
李周信	陶本德	刘洪伟	刘　义	李才美	贺小玉(女）
蒋国先	龚魁林	刘启化	李德辉	李钦初	王备华

刘开科	彭红专	肖崇永	刘兴国	丁巩固	李尚梅
陈高超	陈信初	黄朗云	贺米良	王建荣	夏志祥
夏稳开	蔡卫红	王术槐	陶全林	李祝良（女）	蒋毅华（女）
夏新华	李和均	陶幸福	肖吉民	陈稳桃（女）	蒋金云
王新民	谌宏章	蒋甫阶	谌白岩	谌洁珍（女）	彭仲元
杨迪思	李邦社	张先吉	张爱云	夏赞桃	夏剑波
夏远楚	夏小林	黄立成	杨玉秋（女）	王嗣跃	夏赞生
王庆华	瞿万里	罗永强	周抗生	黄胜军	夏新国
彭建忠	谭如二	姚志群	黄元芳	胡湘藩	黄正球
梁湘贵	周九妹（女）	周爱中	黄维放	廖艳平（女）	黄一宽
黄建华	周彩华	夏华凤（女）	蒋放军	廖建武	廖大科
王艳红（女）	王日平	邓为卫	张良田	龚玉萍（女）	谌铁岩
林伟才	李良玉（女）	刘　震	肖建和	谌跃清	谌少春
李　玲	谌长清	谌超全	谌永彪	林世琼	林安群
彭平移	谭毅辉	吴子军	黄瑞锋	谌铁稳	王德武
谌元岩	吴伟文	谌了菊（女）	谌满桃（女）	张介人	伍惠予
佘赛君（女）	郭谷轩	刘玉琪	彭哲鸿	蒋悟生	闵秋红（女）
刘群玲（女）	蒋跃登	李朴云	周丽萍（女）	曾安华	甘小霞（女）
刘　化	陈辉霞（女）	邓放清	刘松茂	吴佘保	邹雄彬
谢中华	吴青云（女）	谢金中	刘和平	杨腾贵	黄梦兰（女）
肖三秋	谌七桃（女）	张书田	周治平	邓喜康	邓放梅（女）
仇祖元	邓卢山	朱超群	陶少求	张景华	龚寿松
刘静熠（女）	谈　固	卢凤喜	刘道远	刘亮枚（女）	夏国新
姚庆轩	张良保	张铁岩	蒋利人	龚去非	张泽跃
龚欢桃(女）	刘仁光	刘华玉(女）	胡更生	欧阳建安	夏姣花(女）
彭岳甫	廖文忠	龚辉林	符中岳	彭文定	文　斌
夏建华	苏宏魁	夏新和	夏跃平	王美兰(女）	夏凡来
张丁华	何爱社	胡日桃(女）	王国保	刘解放	刘石先
胡能华	贺先财	贺图南	夏玉恒	刘陶忠	梁礼花(女）
刘济云	谌上游	陈放山	孟石源	吴南平	胡佐颂

四、代表资格审查委员会

主 任 委 员：王美兰

副主任委员：吴余保

委　　员：刘解放　李周信　伍惠予　夏华凤　谌七桃　谌上游
熊政权

五、代表出缺与补选

（一）代表出缺

1.辞职：

2005年：邓为卫　尹祝夫　袁主坤　肖吉明

2.调离本行政区：

2004年：丁　微　王新台　刘松茂

2006年：谈　固　胡佐颂　蔡卫红　黄瑞峰

3.死亡：

2004年：陶全林

2005年：汪国钦

2006年：谌上游

（二）补选

2004年：周盛民　谢寿保　曹盛阳

2005年：夏赞辉　郭利红　罗舜寰

2006年：邓军华　周新飞　陶月平　卢雄辉　贺培华　高多云
陆筱军　向剑峰　李征祥　刘剑波

第十五节　县第十五届人大代表

一、选举机构

（一）选举委员会

主　任：蒋金云

副主任：肖三秋　夏国新　高多庆　王美兰　张渡期　彭平移

委　员：（按姓名笔画排序）
尹凯甲　伍惠予　刘解放　陈高超　罗舜寰　姚庆轩
陶月平　蒋正宇

选举委员会下设办公室，由罗舜寰兼任主任，卢世刚、夏赞辉、夏新情、廖双初任副主任。

（二）选举领导小组

组　长：郭谷轩　县委副书记

副组长：蒋金云 县人大常委会主任
李晓跃 县委常委、县委组织部部长
王美兰 县人大常委会副主任
成 员：陶月平 县人大常委会办公室主任
张华山 县纪委副书记、县监察局局长
陈高超 县委组织部副部长
尹凯甲 县委宣传部副部长
廖纯力 县委统战部副部长
罗舜寰 县人大常委会选举任免联络工委主任
王运明 县财政局局长
詹望彪 县公安局局长
罗亚平 县人口和计划生育局局长
姚奇生 县总工会党组书记
谌七桃 县妇联主席
王伟俊 团县委书记

领导小组下设办公室，由王美兰兼任主任，陈高超、罗舜寰兼任副主任，办公室设县人大常委会选举任免联络工委。

二、选举情况

全县共划分选区136个，登记选民74万多人，约占全县总人口的77%。省人大常委会核定安化县第十五届人大代表309名，分配到各乡镇的代表名额308名，县人民法院院长和柘溪镇、江南镇、乐安镇的党委书记4人安排名额未组织选举。2007年10月，全县共依法选举产生县人大代表303名。其中妇女代表47人，占15.5%，与上届基本持平；非中共党员代表37人，占12.5%，没有达到上级比例要求；工人代表31人，占10.3%；农民代表138人，占45.5%；知识分子代表36人，占11.9%；干部代表98人，占32.3%；解放军代表1人；连选连任代表68人。本届代表平均年龄41.6岁。

三、代表名单(按选区排序)

刘鹤村	张为钦	高玉雄	王新辉（女）	高多庆	谢智兴
方爱吾(女)	肖 锋	肖建成	金魁武	周永红	赵湘榕
伍 亮	刘党希	邹伟平（女）	阙浩贤	熊付元	吴若安
刘丽华(女)	邹洽华	龙帅洋	贺 荻	简新立	王良才
李祖荫	陈祖德	刘中祥	罗亚平	刘肇端	李 芳(女)
肖庆芳	吴新元	贺绵祖	刘仲冬	夏星辉	喻芝兰(女)
郭旺生	黄旭东	蒋群高	任益国	李建初	李德辉
冯建军	李百槐(女)	陈明朗	刘锻武	龚小林	刘 晖

张攸人	陈曙升	张立新	李志荣	肖又香（女）	李必忠
肖伟群	谭顺平（女）	李靖华	肖新民	黄胜军	李祝辉
李振洲	陈自强	蒋建珍	谭喜群	刘赤耕	李　溧（女）
吴成学	黄超群	殷永红	殷赛群	吴能高	贺尚平
王心溪	张志华	王　毅	尹勇华	周共华	郭月华（女）
刘昭阳	李鹏武	龚桂华（女）	李远胜	蒋庆才	黎仿南（女）
阮青方	易建礼	姚雪飞	刘铁辉	周新飞	雷凤鸣
宁超文	夏方友	黄其立	曾政清	杨建华	唐佩云（女）
黄正美	肖山愚	黄开颜	刘国平	刘宗凡	刘贵钦
李汉明	张渡期（女）	蒋荣耀	肖伏初	陈佰枚（女）	邓毅华（女）
汤中望	宁志强	陈明权	姚国良	黄必贵	李孟均（女）
杨百辉	杨道雄	卢顺良	卢善松	周思纯	王丽红（女）
杨在和	夏元奎	王五爱	王嗣秋	黄顺安	夏松茂
黄立成	杨光鑫	姚仙保	黄红彬	黄放鸣	曾凡瑞
王正义	文　斌	刘昭喜	夏尔安	梁奇才	封善元
夏光义	付冰清（女）	黄培友	彭仲元	邓晓君（女）	李志生
黄跃祖	黄维放	谌国友	刘新安	陶小祥	陶月平
刘开科	贺培华	刘　化	李伟生	陈高超	涂时华
丁降福	廖小甫	符凤文	刘　义	李华时	王刚强
王伟俊（女）	李央生	李险峰	廖小寒	陈翠英（女）	谌　辉
吉爱军（女）	向瑞康	陶有荣	陶幸福	贺米良	陈付秋
夏仁君	黄德中	詹望彪	王志良	李艳云（女）	周铁刚
黄　波	戴醒义	郑伯怡	聂文来	蒋金云	罗伟民
陶志高	谌栋才	高多云	蒋铁民	谌子仪	廖双初
封水红（女）	谢寿保	廖建武	王艳红（女）	李泽妙	罗顺祥
王运明	张汉明	张弟祥	伍惠予	谌连菊（女）	谌国华
李良玉（女）	谌培启	陈立友	谌珍岩	张　勇（女）	谌建文
谌双姣（女）	谌玉书	李太源	吴建祥	阮　强	谌登桥
蒋子秋（女）	周玉莲（女）	谌世伟	谌铁稳	吴子军	谌了菊（女）
谌满桃（女）	陈望卿	谌卫平（女）	李基盛	肖翠君（女）	周景书
张应民	张德忠	魏忠义	李　斌	李跃祥	胡卫宾（女）
刘　艳（女）	蒋利人	黄社开	吴　伟	陈阳玉	王　力
龙星乔	曹盛阳	龚国强	谭华安	周德淑	谢艳桃（女）
蒋白林（女）	李晓跃	谢崔平（女）	邓楚元	王有恒	张建义

朱超群	陈河清	张前进	夏华凤（女）	张景华	仇祖元
刘岳辉	罗显林	罗舜寰	伍务龙	张友化	张良保
龚贵庭	孟又安	符大欣	游光明	向剑锋	周星月（女）
姚庆轩	胡跃容（女）	黄夫成	李 浪	黄志军	刘日升
龚良文	刘海深	夏凡来	刘国建	王美兰（女）	何爱善
李征祥	胡日桃（女）	夏中仁	贺二辉	贺中义	夏国新
夏建胜	夏跃平	刘宝祥	吴新平	张宏伟	段电波
邓石儒	彭平移	戴晓春	刘 时	夏增强	陈放三
陆继儒	夏绪平	贺启明			

四、代表资格审查委员会

主任委员：邓晓君

副主任委员：罗舜寰

委员：张 勇　陈高超　周景书　夏华凤　陶月平　龚国强　廖双初

五、代表出缺与补选

（一）代表出缺

1.辞职：

2008年：张德忠

2009年：王 美　刘 化　李运胜　黄维放　傅冰清

2010年：蒋利人　游光明　王有恒　刘日升　周共华　谢智兴　黄顺安　向剑锋　龚良文　夏增强

2.调离本行政区：

2009年：刘昭阳　陈河清　曾政清　詹望彪

2010年：彭仲元　吴 胜　姚庆轩　贺启明

2011年：符 凤　丁晓明

3.死亡：

2008年：王嗣秋

2009年：刘党希　夏尔安

（二）补选

2008年：杨腾贵　吴 胜　刘陶忠

2009年：陈晚飞　祁 辉　丁晓明　孙富强　李俊夫　蒋跃登　黄万雄　瞿国辉　王备华　李子升　王欢安　陆筱军

黄正普　邓军建

2010年：刘　韬　周欢民　龙吉明　陶学理　龙要平　陈建福

贾博文　瞿军盛　胡　春　蒋殿光　贺建华　谌纯章

符美田

第十六节　县第十六届人大代表

一、选举机构

（一）选举委员会

主　任：蒋跃登

副主任：李太源　胡跃龙　祁　辉　邓晓君

委　员：（按姓名笔画排序）

龙吉明　李国祥　杨在和　陈高超　罗舜寰　谭安民

选举委员会下设办公室，由龙吉明兼任主任，李国祥、夏新情、谭安民、瞿荃芳任副主任。

（二）选举领导小组

组　长：谢寿保　县委书记

副组长：李太源　县委副书记

蒋跃登　县人大常委会党组书记、主任

祁　辉　县委常委、县委组织部部长

邓晓君　县人大常委会党组副书记、副主任

成　员：陶月平　县人大常委会党组成员、办公室主任

陆筱军　县纪委副书记、县监察局局长

陈高超　县委组织部副部长

李国祥　县委宣传部副部长

邓建华　县委政法委副书记、610办主任

刘庭科　县委统战部副部长

龙吉明　县人大常委会选举任免联络工委主任

胡　春　县人大常委会财经工委主任

肖伟群　县人大常委会内司工委主任

瞿军盛　县人大常委会教科文卫工委主任

刘锻武　县人大常委会农工委主任

刘国平　县人大常委会城建环保工委主任

龚国强　县总工会党组书记、副主席

张　勇	县妇联主席
王伟俊	团县委书记
张立新	县人民法院院长
符大欣	县人民检察院检察长
贾博文	县公安局局长
王运明	县财政局局长
李跃祥	县人力资源和社会保障局局长
夏岳来	县环境保护局局长
夏华凤	县人口和计划生育局局长
殷增业	县安全生产监督管理局局长
周景书	县信访局局长
姚建民	县工商行政管理局局长
贺建华	县国税局局长
陈大春	县地税局局长
张卓仁	县质量技术监督局局长
夏小鹤	中国人民银行安化县支行行长

领导小组下设办公室，由邓晓君兼任主任，陈高超、龙吉明任副主任，办公室设县人大常委会选举任免联络工委。

二、选举情况

湖南省人大常委会依法核定安化县第十六届人大代表名额为309名。按照《选举法》的规定，全县各级各部门高度重视，严格依法，尊重民意，139个选区于2012年10月26～28日选举产生县第十六届人大代表300名。其中，工人代表20名，农民代表144名，知识分子代表24名，党政干部代表110名，军人代表1名，其他代表1名。妇女代表37名，非中共党员代表20名，少数民族代表1名，侨眷代表1名，非公经济代表8名，35岁以下代表7名，连任代表111名。经县第十五届人大常委会代表资格审查委员会审查，确认300名代表资格全部有效。

三、代表名单(按选区排序)

张渡期（女）	谢智兴	张赴东	邹爱军	龙小量	高建党
肖　锋	严德元	喻汉超	龙国良	李集全	简新立
伍　亮	邹伟平（女）	陈美娟（女）	谭智勇	廖义南	谭文潮
邹文辉	简文艺	龙帅洋	姚建祥	袁社军	李祖荫
吴新元	陈祖德	周国涛	胡盛云	何丽华	胡导平
贺绵祖	谢　琼	谢寿保	刘锻武	严三玉（女）	龙雪皎
郭望生	肖庆芳	李建初	冯建军	李百槐（女）	陈洁云

龚小林	蒋亮全	肖友球	陈自强	周　勤	肖又香（女）
肖伟群	陈跃进	夏赞辉	龙吉明	陈根云	李靖华
肖　伟	何国强	李祝辉	李振洲	吴文唐	蒋建国
蒋绪勋	尹勇华	陈明礼	吴能高	张青娥（女）	姚雄伟
刘建华	殷赛群	杨革胜	简自强	谭秋莲（女）	李太源
殷立新	刘英悟	黄超群	李昔新	陈爱平	李爱田
蒋国其	熊国强	姚海斌	蒋　芸（女）	王盛春	刘宝祥
姚永良	姚国良	蒋醒明	宁志强	宁根明	彭德希
宁放明	黄志气	刘贤初	刘和平	胡跃龙	李汉明
李桂生	易元秋	王维国	杨福初	汤中望	聂可相
黄仕林	杨建华	唐佩云（女）	李国平	陈　强	黄开颜
危光耀	刘国平	刘宗凡	杨光鑫	李金丰	刘学军
李社新	瞿和平	夏晓鹤	张爱云	胡国庆	夏元奎
夏远联	陶学理	夏远楚	田利民	王乐怀	杨定秋
王定贤	夏松茂	陈社强	黄放鸣	王正义	谭如二
张菊生	黄元方	易建礼	胡党胜	周华山	黄伯敖
石建萍（女）	张西莲（女）	李艳云（女）	陈金良	谌国友	夏凡来
黄正花（女）	刘超群	黄万雄	李付云	王益文	李兑来
周欢民	蒋忠于	袁满姣（女）	陶月平	李又平	涂时华
丁巩固	廖小甫	刘新安	胡汉玉（女）	蒋跃登	王刚强
罗叔娥（女）	廖小寒	李险峰	刘建辉	李　勇	龚育凡
李竞锋	刘仲华	陶壮丽（女）	王　毅	向瑞康	王伟俊（女）
陶幸福	刘跃迎	贺米粮	卢映云	陈尧志	刘世云
祁　辉	王志良	吉爱军（女）	王敏生	周铁刚	谌先开
蒋石祥	陈高超	罗伟民	谌栋才	刘　斌	蒋正军
陈奇才	谌保良	熊栋才	聂再生	谌小菊（女）	谌刚飞
熊园球	黄玉花（女）	谌君花（女）	肖建和	陈立友	王良才
黄又娟（女）	谌关山	张固岩	谌平忠	蒋建斌	李德辉
杨甲泽	廖建武	吴南平	罗顺祥	贺丰虎	周玉莲（女）
谌必凡（女）	谌了菊（女）	钟石来	谌铁稳	谌世伟	凌世龙
龙灿辉	李基盛	张革清	成大春	李子升	曹卫红（女）
李爱晖	陈丹丹（女）	蒋程光	蒋韶波	张跃军	吴立新
宁　伟（女）	林安群	邓向华	黄顺安	李晓跃	谭华安
谭安民	秦　兵	谢金中	林衍长	邓志刚	邓同军
邓中跳	邓胜兵	伍务龙	张　勇（女）	黄茶花（女）	黄苏清

张景华	高多庆	瞿军盛	张有化	刘 勇	曾福生
文光明	张友仁	张良保	龚建生	龚睦中	蒋殿光
杨正华	唐凤祝	易安剑	夏华凤（女）	李志生	尹掌华
夏裕湘	康胜良	刘忠余	胡 春	胡跃容（女）	夏国伟
瞿永红	罗永华	夏新情	高远晖	胡文良	夏慧香（女）
肖新华	段电波	吴再连	夏木兰	夏志才	贺中义
夏建兴	黄志军	刘伟珍（女）	廖双初	刘光荣	李 丰
邓晓君（女）	李云治	夏绪平	陆继儒	邓石儒	符美田

四、代表资格审查委员会

主 任 委 员：黄志军

副主任委员：龙吉明

委　　　员：（按姓名笔画排序）

文光明　张　勇（女）　陈高超　易建礼　姚国良

黄　玉（女）　谭安民

五、代表出缺与补选

（一）代表出缺

1.辞职：

2013年：夏凡来　刘宝祥　吴能高　王刚强　李艳云

2014年：肖　锋　李昔新　刘超群　陈金良　廖小寒　廖小甫

王　毅　吉爱军　贺中义　康胜良

2.调离本行政区：

2013年：李晓跃　胡跃龙

2014年：刘立辉

2015年：谢君毅　喻齐归　秦　兵

3.死亡：

2015年：陈自强

（二）补选

2013年：张斌华　李繁荣　陈四清　夏　昳　廖志鹏　龚汉中

陈学海　谢君毅　邓友良　邓生本　陈湘湘　夏跃平

刘百战　陈善千

2014年：龚红卫　陈名忠　喻齐归

2015年：刘金山　张志华　阳　锋　邓继志　王益辉　陈金辉

邓社书　孟志刚　夏灿华　夏玉中　龚　俊　熊　杰

第十七节　县第十七届人大代表

一、选举机构

（一）选举委员会

主　任：蒋跃登

副主任：王新宇　李太源　黄志军

委　员：胡能新　陈毅荣　谭安民　刘刚贵　龙吉明　刘锻武　刘国平

选举委员会下设办公室，由谭安民兼任主任。

（二）选举领导小组

组　长：杨光鑫　县委书记

副组长：熊哲文　县委副书记、县长

王新宇　县委副书记

蒋跃登　县人大常委会主任

李太源　县政协主席

成　员：邓友良　县委常委、县纪委书记

王益文　县委常委、常务副县长

林　玲　县委常委、县委宣传部部长

祁　辉　县委常委、组织部部长、统战部部长

邹雄彬　县委常委、县委办主任

罗必胜　县委常委、县委政法委书记

熊　杰　县委常委、人武部政委

伍拥军　县委常委、副县长

黄志军　县人大常委会副主任

刘　化　县政协副主席

领导小组负责统筹推进县乡两级班子换届选举工作，负责县党代表、县人大代表和县政协委员名单的审核，负责换届风气的监督、维稳应急处理、社会舆论引导及舆情处置。领导小组下设办公室，办公地点设县委组织部，由祁辉兼任办公室主任，负责换届日常工作的开展。

二、选举情况

湖南省人大常委会依法核定安化县人大代表名额为309名。按照《选举法》的规定，全县137个选区于2016年10月21日、22日组织投票选举；第96选区第一次投票选举因程序违法导致选举无效，于11月8日重新组织投票选举。共产生县第十七届人大代表299名，其中公务员83名、工人18名、农民142

名、专业技术人员19名、企业负责人20名、事业单位负责人16名、解放军1名；妇女70名；非中共党员59名；少数民族1名；侨眷1名；连任代表83名。经安化县第十六届人大常委会代表资格审查委员会审查，确认299名代表资格全部有效。

三、代表名单（按选区排序）

吴丽辉（女）	张赴东	高正雄	刘　勇	夏秀云（女）	高细娥（女）
龙帅洋	曹泗海	熊伟红（女）	龙国良	李文龙	周　鑫（女）
张凤英（女）	罗红兵	瞿永红	杨介凡	张斌华	龙启中
伍文俊	邹文辉	袁挺而	曾学军	阙浩贤	熊哲文
刘国彬	李太坤	陈祖德	周国涛	唐龙飞	谭念忠（女）
方英姿（女）	雷建华	龙润苗（女）	吴正球	何旺秋（女）	龙守书
李良军	龙雪皎	郭望生	罗再飞（女）	胡拥军（女）	冯建军
曹余粮（女）	蒋拥军	龚小林	龙　能	龙新飞	罗习锋
方建国	胡利华（女）	刘凤华（女）	张华山	陈跃进	张　军
陈根云	莫泽东	吴　芳（女）	姚双文（女）	龚立红	赵周欣
蒋建国	陈庆丰	龚　辉	李太源	李　旭	姚球保
尹勇华	夏赞辉	文治国	李德苏（女）	陶孟苏	李灿芬（女）
何飞行	龚红卫	周锡平	蒋向阳	殷立新	肖伟群
姚国良	陈妹群（女）	田浪初	李繁荣	李贤凤	龚护华
文　武	何业苏	姚志洁	姚曼芝（女）	李桂枝（女）	肖美清（女）
陈飞燕	张　勇（女）	彭德希	张稚林（女）	陈畅新	黄志气
陈腊芳（女）	林聚石	谭安民	宁　珏（女）	汤中望	陈　强
田拥军	田效军	李如青	夏雪清（女）	唐小林	王爱生
黄正芳	刘　劲	黄志刚	戴跃辉	危吉红（女）	刘尚夫
姚固强	肖　义	李金丰	瞿荃芳（女）	李社新	陶学理
李邦华	黄政辉	李　磊	张爱云	黄跃明	夏依归
卢顺吾	卢志锋	杨政仁	夏孟娥（女）	杨　斌	瞿万里
陈社强	黄新谷	黄赛君（女）	刘刚贵	谭如二	石建萍（女）
刘征兵	胡化安	张菊生	梁奇才	夏普云	黄社家
刘跃迎	王容莲（女）	陈名忠	史月英（女）	黄南初	廖志鹏
林快平	黄万雄	黄红彬	王益文	吴胜望	刘汉华
陈剑辞	方海燕（女）	李铁正	李昌瑞	黄超群	王　辉
侯　兰（女）	刘新安	郭永祥	蒋跃登	李又平	彭荣辉
文燕青	刘想庭	王和良	黄爱国	李竞锋	廖小寒

陶壮丽（女）	夏智育	文　聪（女）	邓卫辉	罗润良	陶幸福
陶佳红（女）	向志群（女）	龚汉中	陈学海	周夕辉	王朝晖
陶军良	陈秋红（女）	王宝菊（女）	陈安社	胡能新	谌带兵
韩　昂	谌建波	谌翠姣（女）	蒋秋生	王定岩	刘建发
夏　昳（女）	陆继儒	黄乐安（女）	蒋昌军	王良才	谌英州
谌耀斌	仇献固	张智伟（女）	肖建和	李建山	谌东开
谌芳华（女）	谌云崖	谌连菊（女）	蒋韶波	黄志纯（女）	廖刚言
刘超群	罗热爱（女）	廖习知	刘满山	吴秋红（女）	谌必凡（女）
吴燕山	钟石来	谌向云（女）	胡秀女（女）	黄艳琴（女）	马宏华（女）
黄志阳	谌宏成	胡　坤	曹付华	谌灿球	刘艳梅（女）
王新宇	林礼安	谌小菊（女）	吴建强	谌刚飞	唐牧民
邓友良	陈直良	贺学群	周善礼	李银娥（女）	黄先保
黄志军	邓学军（女）	邓志刚	仇建财	伍务龙	贺新中
黄　席	张书田	邓乐安	邓社书	邓高祥	张景华
邓祝兰（女）	李　敏（女）	龚去非	瞿军盛	周荣汉	蒋殿光
马　利	谌纯章	杨振湘	夏吉祥	刘跃庭	胡跃容（女）
刘百战	夏姣花（女）	张　辉	伍　亮	罗永华	高远晖
张英华	高怀望	吴再连	夏慧香（女）	夏木兰	夏玉中
王欢安	刘道蛟	吴盛梨（女）	夏绪田	夏　敏	夏　巍
夏建兴	王志强	周继华	李　丰	周丽贞（女）	胡文良
谢又华	刘小兰（女）	邹学军	肖志超（女）	李志祥	

第三章　全国、省、市人大代表

第一节　全国人大代表

一、第四届全国人大代表

龙岳来　福州军区“红色尖刀连战士”（1970年2月当选）

二、第五届全国人大代表

朱正春　安化县木孔公社党委书记（1977年11月当选）

三、第六届全国人大代表

李静山　安化县苍场公社党委书记（1983年5月当选）

四、第七届全国人大代表

廖崇珍　女，安化县烟溪区供销社副主任（1988年3月当选）

五、第十二届全国人大代表

张青娥　女，安化梅山文化园董事长（2013年1月当选）

第二节　省人大代表

一、省第一届人民代表大会安化代表小组名单

（1954年6月，安化县第一届人民代表大会第一次会议选举产生。时任职务无资料可查。）

李佐勋　陈定安　姜亚勋　夏小南　彭虞阶　薛　瑞（女）

二、省第二届人民代表大会安化代表小组名单

（1958年5月,安化县第三届人民代表大会第一次会议选举产生，按姓名笔画排序。时任职务无资料可查。）

刘洪源　李佐勋　陈定安　姜亚勋　夏小南　黄友岐

三、省第三届人民代表大会安化代表小组名单

（1964年8月,安化县第五届人民代表大会第一次会议选举产生，按姓名笔画排序。时任职务无资料可查。）

丁正伊　王金玉（女）　方永奎　刘洪源　杨世端　张华山
陈诚钜　陈般发

四、第四届省人大代表

1968年4月6日，成立湖南省革命委员会。省革命委员会由160人组成。根据1977年10月，中共中央召开各省、自治区、直辖市组织部长会议意见，各省、自治区、直辖市，于1967年、1968年成立的革命委员会作为一届人民代表大会计算（本届基层代表情况不详）。

五、省第五届人民代表大会安化代表小组名单

湖南省革命委员会湘革发〔1977〕52号《关于召开湖南省第五届人民代表大会的通知》中明确：定于1977年10月下旬或11月初召开省五届人大会；代表名额全省1200名；代表名额分到地、州、市、县，由各地、州、市、县召集有关会议，拟定、并征求所在单位意见后确定代表候选人，选举产生正式代表。

安化县出席省第五届人民代表大会会议代表名单（按姓名笔画排序）：

邓则兰　（女）中共安化县委副书记
邓晓斌　安化县马路口公社易家庄党支部副书记
卢碧珍　（女）安化县龙塘公社教师
冯保生　安化县落水洞钢铁厂党总支委员
朱正春　安化县木孔公社党委书记
陈般化　安化县洞市公社青田大队党支部书记
康维然　安化县渣滓溪锑矿副矿长、党支部副书记
蒋　世　安化县梅城镇西村大队党支部书记

六、省第六届人民代表大会安化代表小组名单

（1983年3月,安化县第八届人民代表大会第三次会议选举产生。按姓名笔画排序）

王太山　安化县渣滓溪锑矿党总支书记
王育才　安化县人民政府县长
刘士才　（女）安化县中医院副院长
刘董谦　安化县林业局副局长、工程师
李　强　省人大常委会秘书长
何晓明　中共益阳地委书记（1986.2补选）
胡吉主　安化县文溪公社廖家大队党支部书记
夏国钦　安化县羊角塘公社农科站站长
黄让泉　安化县人大常委会主任

蒋　世　　安化县梅城镇西村大队党支部书记
蒋鸿文　　安化二中校长、县第八届人大常委会委员
廖崇珍　　（女）安化县平口公社供销社经理

七、省第七届人民代表大会安化代表小组名单

（1988年1月，安化县第十届人民代表大会第二次会议选举产生。按姓名笔画排序）
王守仁　　湖南省农业厅顾问
王祖武　　安化县人大常委会主任
王福安　　安化县梅城办事处主任
邓务本　　安化县岳溪乡党委书记
甘舒志　　安化县农委副主任
成其文　　安化县平口镇安坪村党支部书记
刘云溥　　安化一中历史教师，政、史、地教研组长
单建华　　安化县一机厂厂长兼党支部书记
张明英　　（女）安化县林科所副所长
张渡期　　（女）安化县畜牧防治站副站长、县第十届人大常委会委员

八、省第八届人民代表大会安化代表小组名单

（1992年1月，安化县第十一届人民代表大会第三次会议选举产生）
王定中　　组长　安化县人大常委会主任
（以下按姓名笔画排序）
王新军　　（女）县检察院刑事检察二科副科长
刘学申　　安化八中校长
李厚宽　　安化县人民政府县长
吴奇才　　平口火车站党支部书记、站长兼平口区站站长
周新安　　湖南省农业厅厅长
谌新明　　安化县渣滓溪锑矿矿长
蒋天保　　安化县乐安乡乐兴村党支部书记
廖崇珍　　（女）安化县烟溪区供销社副主任
魏国斌　　安化县东坪工商所所长

九、省第九届人民代表大会安化代表小组名单

（1998年3月，益阳市第一届人民代表大会第五次会议选举产生）
蔡克勤　　组长 安化县人民政府县长
（以下按姓名笔画排序）
朱克安　　安化县人大常委会副主任
刘群松　　（女）安化县长塘镇人大主席

杨人杰　　安化县广播局局长
何国强　　安化县林业局副局长
谌七桃　　（女）安化县妇联主席
蒋志高　　安化二中校长

十、省第十届人民代表大会安化代表小组名单

（2002年12月，益阳市第二届人民代表大会第五次会议选举产生）
蒋金云　　组长　安化县人大常委会主任
（以下按姓名笔画排序）
王　彬　　安化县物资集团总公司副总经理
李能英　　（女）梅城镇人大主席
肖国庆　　安化县水利局局长
何国强　　安化县林业局副局长
夏求喜　　安化县银币茶厂厂长
黄朗云　　安化县富源牧业有限公司董事长

十一、省第十一届人民代表大会安化代表小组名单

（2007年12月，益阳市第三届人民代表大会第五次会议选举产生）
杨光鑫　　组长　县人民政府县长
（以下按姓名笔画排序）
刘新安　　白沙溪茶业有限责任公司总经理
夏星辉　　安化县建设局总工程师
夏绪平　　湖南省优质水果产销合作社理事长
高招辉　　安化县金鑫矿冶有限责任公司总经理
陶志高　　安化县公路建设指挥部副指挥长

十二、省第十二届人民代表大会代表安化小组名单

（2012年12月，益阳市第五届人民代表大会第一次会议选举产生）
蒋跃登　　组长　安化县人大常委会主任
（以下按姓名笔画排序）
龙要平　　安化县国土资源局局长
伍拥军　　安化县委常委、副县长
刘新安　　白沙溪茶厂股份有限公司副董事长兼总经理
李德辉　　安化县六步溪国家级自然保护区管理处主任
陈社强　　湖南华莱茶业有限公司董事长
曾庆彬　　渣滓溪矿业有限公司执行董事、总经理
廖艳平　　（女）安化县科技局局长

第三节　市人大代表

一、第一届市人大代表

1994年6月，安化县第十二届人民代表大会第三次会议选举应由安化县选举产生的益阳市第一届人民代表大会代表71人。先后补选4人，届末时实有代表75名（代表名单按姓名笔画排序）：

丁为林　丁甫田　王义和　王世万　王定中
王　亮(1995年补选)　邓三龙　邓务本　艾胜杜(1997年补选)
卢　健　朱克安　伍芬迪　刘文定　刘见曙(1995年补选)
刘光佐　刘如欣（女）　刘胜保　刘爱辉　刘清华　刘新年
刘铭鼎　刘黎光　阳宝华　杨人杰　李良训　李厚宽
李铁岩　李稳石　李德生　肖三秋　肖寿松　吴习初
吴祖武　张云星（女）　张石岩　张治国　张建国　张祖雄
张渡期（女）　陈君吾（女）　陈建华　陈象中　陈德勋　林济云
欧阳金榜　罗显毅　罗建军　罗崇典　周明清　胡太来
胡旭曦　赵维军(1995年补选)　姚仲钦　姚蒲初　郭质彬
夏玉桃（女）　夏运全　陶玉堂　黄利民（女）　黄学华　黄厚兴
龚洵光　龚爱祥　龚德云　梁恒胜　谌立新　谌星政
谌满桃（女）　谢鹤延　蒋志高　鄢世昌　谭英波　颜雪华（女）
魏兰英（女）　欧润均

二、第二届市人大代表

1999年1月，安化县第十三届人民代表大会第二次会议选举应由安化县选举产生的益阳市第二届人民代表大会代表77人。届期内，罢免1人，先后补选2人，届末时实有代表78名（代表名单按姓名笔画排序）：

王　彬　王子成　仇永香（女）　方笑霓（女）　邓军民　艾胜杜
龙高明　匡爱军（女）　朱　冰　伍建国　刘玉龙　刘孙承
刘时雨　刘洪波　刘晓平　刘解放　孙再华　李国林
李双如（女）　李远发　李和平　李建勋　杨智勇　肖山愚
肖国庆　吴余保　吴新国　汪国钦　张书田　张英华

张雪秋　张新德　陆筱军　陈延武　陈君吾（女）　林济云
林润姣（女）　欧润均　罗赞村　周素武　孟石源　孟爱仁
胡民主　宫学海　祝　改　姚让之　贺建中　夏玉恒
夏芝香（女）　夏求喜　夏启光　郭质彬　涂国初　陶本德
陶国华　黄冬红（女）　黄卧辉　黄燕玲（女）　龚悟云　龚魁林
眭和平　符定安　梁永安　谌铁汉　彭平移　蒋汉书
蒋甫阶　蒋悟生　蒋跃登　葛志强　喻荣贵（2001年罢免）
傅其社　简席珍　蔡克勤　蔡波才　谭超美　戴恩荣
谢超英（2000年 补选）　彭建忠（2001年补选）

三、第三届市人大代表

2003年12月，安化县第十四届人民代表大会第二次会议选举应由安化县选举产生的益阳市第三届人民代表大会代表78人。届期内，调离安化代表团5人，调入安化代表团2人，病故2人，先后补选5人，届末时实有代表78名（代表名单按姓名笔画排序）：

王日平　王术槐　王有恒　王乔生　王画安　王放军
王国保（2007年辞）　王美兰（女）　王新台　王新安　王德元
邓社开　龙冬梅（女）　龙汉凡　宁超文　伍　亮　刘　霞（女）
刘仁光　刘凤华（女）　刘松茂　刘洪伟　刘群松（女）
关　杰（女，满族）　阳腾跃　李　斌　李志明
李希山（2004年辞）　李锡明　李新成（回族）　李德辉
杨光鑫（2007年调入)　杨英明（女）　杨智勇　肖三秋　肖山愚
肖伟群　吴余保　吴常青　邹雄彬　张云星（女）　张书田
张先吉　张铁岩　张雪秋　陆国柱　陆雄彪　欧登云
罗兰英（女）　罗必胜　罗舜寰（2007年11月补选）　周宪新　孟长庚
孟石源（2007年5月病故)　胡佐颂（2006年辞）　胡夏初
胡跃龙（2006年调入）　贺图南　夏凡来　夏剑波　郭红娟（女）
郭谷轩　谈　固（2006年辞）　陶全林（2004年病故)　黄正普
黄燕玲（女）　曹中坚（2005年11月补选)　曹建林　崔　文（2005年补选，2006年辞）
龚仁军　眭和平　符大欣（2006年10月补选）　符定安
阎湘鲁（2005年辞）　谌红雨（女）　彭仲元　彭建忠　蒋利人
蒋国先　蒋金云　傅其社　谢寿保（2004年补选）　谢梦阳
詹望彪（2006年10月补选）　蔡卫红　谭曙升　魏 刚

四、第四届市人大代表

2008年12月，县第十五届人民代表大会第二次会议选举应由安化县选举产生的益阳市第三届人民代表大会代表82名。届期内，调离安化代表团3人，先后补选4人，届末时实有代表83名（代表名单按姓名笔画排序）：

丁一飞　王　毅　王长富　王正义　王术槐　王刚强
王运明　王益文　王煜辉　邓晓君（女）　石建萍（女）　龙星乔
冯静华（女）　宁红山　吉爱军（女）　向剑锋　吴蜀湘　吴长云
伍　亮　伍务龙　刘文凯　刘　燕　刘岳辉　刘宝祥
刘昭阳（2009年辞）　刘锻武　刘鹤村　祁　辉（2009年补选）
杨光鑫　杨　军　杨志勇　李　云　李华山　李志生
李孝辉（2011年补选)　李志荣　李志强　李征祥　李晓跃
李跃祥　肖庆芳　陈建国　陈　斌　张俊山　张　勇（女）
张立新　张饮人　张青娥（女）　张渡期（女）　张新德　罗舜寰
罗秋生(2009年辞)　周新飞　赵泽安　倪福林　姚国良
贺中义　贺启明　贺　新　夏凡来　夏增强　殷增业
袁国军　郭顺德　陶莉莎（女）　高多云　曹中坚　符大欣
黄夫成　黄志军　黄顺安　龚国强　龚育凡　龚悟云
程纪龙　彭书国（2010年补选）　蒋金云　蒋跃登
曾庆彬（2010年补选）　谢寿保　谢建中　詹望彪　廖小甫
谭喜华　谭喜群　瞿东江

五、第五届市人大代表

2012年11月，安化县第十六届人民代表大会第一次会议选举应由安化县选举产生的益阳市第五届人民代表大会代表84人。届期内，调离安化代表团3人，先后补选9人，届末时实有代表90名（代表名单按姓名笔画排序）：

王正义　王刚强　王良才（2015年补选）　王建萍（女）　王新台
王益文　王煜辉　丛培模　邓为卫　石建萍（女）　龙吉明
龙灿辉　龙星乔　宁红山　吉爱军（女）　任菊文
伍探春（2015年辞）　刘文凯　刘　斌　刘岳辉　刘学军
刘宝祥　刘超群　许国柯（2014年补选）　汤中望　祁　辉
李　云　李子升　李丰年　李志生　李艳云（女）

李晓跃（2013年辞）		李跃祥	李建勋	李建伟（2013年补选）	
李爱晖（2014年补选）		杨光鑫	杨道雄	肖　锋	肖又香（女）
肖庆芳	吴能高	何国强	何忠于	张俊山	张　勇（女）
陈明朗	陈洁云	陈建福	陈晚飞	林衍长	周欢民
周国忠（2013年补选）		封晓秋	孟新军（2015年补选）		胡文良
贺启明	贺绵祖	贺新武	秦　兵	贾博文	夏志才
夏李灿	夏绪平	夏赞秋	徐　健（女）	殷增业	高招辉
黄志军	黄作荣	黄顺安	曹平辉	曹起军（2015年补选）	
龚友生	龚江漫	龚魁林	谌纯章	蒋跃登	蒋智勇
蒋殿光	蒋豪刚	傅淼河	曾　波	谢仁和	谢智兴
谢寿保（2013年辞）		谢君毅（2013年补选）		谭喜华	熊哲文
熊凌云（女）	黎石秋（2015年11月补选）		戴新安	瞿永红	

六、第六届市人大代表

2016年12月，安化县第十七届人民代表大会第一次会议选举应由安化县选举产生的益阳市第六届人民代表大会代表82人。（代表名单按姓名笔画排序）：

王文弢	王进军	王建萍（女）	邓为卫	邓电魁	邓伶俐（女）
邓超芝（女）	龙专华	朱长均	伍　亮	任吉松	刘　波
刘　珍（女）	刘文春	刘昭阳	阮重庆	李三妹（女）	李太源
李军康	李建勋	李桂生	李跃祥	李雄辉	杨道雄
肖　义	肖又香（女）	肖可训	肖次华（女）	吴　枚（女）	吴立红（女）
吴菁菁（女）	何国强	邹雄彬	汪玲元（女）	张先枚	张青娥（女）
张国泰	张革清	张亮文	张智群（女）	陈　玲（女）	陈飞燕
陈叶霓（女）	陈社平	陈孟球	陈明礼	陈超云	陈密花（女）
易元秋	易胜文	金申菊（女）	周　玲（女）	周欢民	周晓星
孟旺兵	孟勇兵	胡盛云	贺绵祖	袁辉燕（女）	聂可以（女）
夏向阳（女）	夏真义	夏赞秋	陶月平	陶优瑞	黄叶利（女）
黄作荣	黄建清	曹超军	龚江漫	彭建军（女）	彭建忠
彭继军（女）	蒋飞宇	蒋跃登	谢仁和	谭安民	谭智勇
熊栋才	熊哲文	熊凌云（女）	黎石秋		

第二篇 人民代表大会

第一章 县各界人民代表会议

《共同纲领》规定："中华人民共和国的国家政权属于人民，人民行使国家政权的机关为各级人民代表大会和各级人民政府。""在普选的全国人民代表大会召开前，由中国人民政治协商会议的全体会议执行全国人民代表大会职权"。"在普选的地方人民代表大会召开以前，由地方各界人民代表会议逐步地代行人民代表大会职权"。根据《共同纲领》《县各界人民代表会议组织通则》的规定，以及中华人民共和国成立初期剿匪、救灾工作的需要，1950年5月2日，安化县人民政府召开了县第一届各界人民代表会议第一次会议。至1953年3月，先后召开3届9次会议。

第一节 县第一届各界人民代表会议

县第一届各界人民代表会议，任期自1950年5月至1951年11月，共召开会议5次。

一、第一次会议

1950年5月2～4日，县第一届各界人民代表会议第一次会议在县城梅城召开，会期3天，出席会议的代表54名。会议的中心内容是进一步发动群众协助政府推行各项政令，使人民政府更深入了解各阶层的生活和要求，以便逐步地恢复与发展生产。

二、第二次会议

1950年7月25～27日，县第一届各界人民代表会议第二次会议在梅城召开，会期3天，出席会议的代表139名。会议主要议程：县长曾广成作政府工作报告；县政委王俊臣作形势报告；选举产生出席省各界人民代表会议的代表6名：李省三、龙爱日、刘唐南、谢时若、张炼白、申耀明。另外，由蓝田市区直接选举代表两人：唐元章、廖正松。这次会议收到提案35件。

三、第三次会议

1950年10月11～15日，县第一届各界人民代表会议第三次会议在梅城召开，会期5天，出席会议的代表114名。会议主要议程是研究秋征，结合开展生产。县政委王俊臣在会上作关于国内外形势的报告，县长曾广成作关于秋征工作的报告。报告特别强调征粮对抗美援朝与解放西藏、台湾的重要意义，要把秋征作为中心任务来抓。全体代表分为9个组（8个区、1个蓝田市）对两个报告进行讨论。县长曾广成作会议总结，同时解答了代表提出的一些具体问题。会议共收到提案5件。

四、第四次会议

1951年4月22～24日，县第一届各界人民代表会议第四次会议在梅城召开，会期3天，出席会议的代表39名。会议主要议程：深入开展抗美援朝教育，以实际行动支援前线。大会听取了县长曾广成作的形势报告。

五、第五次会议

1951年7月18日，县第一届各界人民代表会议第五次会议在梅城召开，会期1天，出席会议的代表69名。会议主要议程：进行抗美援朝思想教育，动员广大群众增产、捐献，为巩固国防做贡献。

第二节　县第二届各界人民代表会议

县第二届各界人民代表会议，任期自1951年12月至1952年11月，共召开会议2次。

一、第一次会议

（一）会议概况

1951年11月11～15日，县第二届各界人民代表会议第一次会议在县城东坪镇召开，会期5天，出席会议的代表300名。会议的中心内容是继续开展抗美援朝和爱国主义教育、土改复查、镇压反革命三大运动。副县长熊邵安在会上致开幕词，并代表县人民政府作《关于安化县一年来施政报告》。县副政委曾广成报告国内外形势。县公安局局长刘云桥作镇压反革命的专题报告。会议选举产生了“安化县各界人民代表会议常务委员会”；增选、补选了安化县出席省各界人民代表会议的代表。会议共收到代表提案78件。

（二）选举结果

1.县第二届各界人民代表会议常务委员会：

主　席：　王俊臣

副主席：　曾广成　熊邵安

委　员：　游连生　谌超苓　蒋鸿文　陶永固　姚雨生　胡玉珍　王克华　蒋友梅　刘之光　刘荣复　王云飞　邓以坤　胡宜生　许秀英　徐尚海

2.出席省第一届各界人民代表会议代表（连同县第一届各界人民代表会议第二次会议选出的部分代表共11名）：

乔际华	蒋友梅	蒋鸿文	胡玉珍	张练白	李省三
刘唐南	谢时若	龙爱日	廖正松	申耀明	

二、第二次会议

1952年3月27～31日，县第二届各界人民代表会议第二次会议在东坪召开，会期5天，出席会议的代表207人。会议主要议程：传达贯彻省一届二次各界人民代表会议精神；继续加强抗美援朝运动，开展增产节约与思想改造运动，贯彻婚姻法，切实保障妇女权益。会议由县长熊邵安传达省一届二次各界人民代表会议精神。县政府秘书陈化民作县人民政府施政工作报告。常务委员会秘书乔际华作常务委员会工作报告。会议收到代表提案118件。

第三节 县第三届各界人民代表会议

县第三届各界人民代表会议，任期自1952年12月至1954年6月，共召开会议2次。

一、第一次会议

（一）会议概况

1952年11月26～30日，县第三届各界人民代表会议第一次会议在东坪召开，会期5天，出席会议的代表323人。会议主要议题：开展冬种生产运动和民主建政工作的学习；继续加强抗美援朝工作与执行婚姻法等工作；选举出席省第二届各界人民代表会议代表；改选县常务委员会。会议以主席团为领导，其成员在各界代表中产生。县长熊邵安在会上总结前8个月的施政工作情况。常务委员会秘书乔际华作常务委员会工作报告。会议共收到代表提案177件。

（二）选举结果

1.县第三届各界人民代表会议常务委员会：

主　席：	熊邵安					
副主席：	陈化民					
委　员：	宋兰臣	乔际华	金满昌	肖祥涛	许秀英	李召南
	周梅春	赵良轩	罗顿云	闵长青	王松林	罗瑞生
	林腾屏	邓晚珍	李义书	廖之仁	刘荣复	刘　仁
	龙春交					

2.出席省第二届各界人民代表会议代表：

熊邵安	李召南	赵良轩	周梅春	邓求生	邓晚珍
李聘山	龙春交	刘荣复			

二、第二次会议

1953年3月25～28日，县第三届各界人民代表会议第二次会议在东坪召开，会期4天，出席会议的代表232人。会议主要议题：总结1952年冬季工作；开展1953年春耕生产及贯彻婚姻法、防灾救灾、统一代耕等工作。大会设主席团，作为大会的组织领导，下设秘书处和总务股、招待布置股。县长熊邵安在会上作冬季工作总结及1953年农业生产计划的报告。县政委宋兰臣作关于贯彻婚姻法的报告。最后，县长熊邵安报告了防灾救灾及统一代耕等工作的情况。会议收到代表提案201件，部分提案经各部门讨论作了解答。

第二章 一至七届人民代表大会

人民代表大会制度是中华人民共和国的根本政治制度。根据《宪法》规定，地方各级人民代表大会是地方国家权力机关。安化县于1954年上半年进行普选，是年6月举行县一届人大一次会议。县人民代表大会设立后，一至七届经历了探索和曲折发展的历程。在初创的几年里，活动正常，人民当家做主，促进了全县政治、经济、文化的发展。1958年后受到“左”的影响，会议没有依法按时召开。“文化大革命”期间，人民代表大会制度遭到破坏，活动被中止。中共十一届三中全会，特别是五届全国人大二次会议通过新的《选举法》后，人民代表大会才逐步走上正轨，不断发展完善。至1980年，县一至七届人民代表大会，共举行了11次会议。

第一节 县第一届人民代表大会

县第一届人民代表大会任期自1954年7月至1956年11月。

一、县第一届人民代表大会第一次会议

（一）会议概况

1954年6月27～30日，县第一届人民代表大会第一次会议在东坪举行，会期4天，出席会议的代表370名。会议主要议程：听取和审议县人民政府施政工作报告；学习、讨论宪法草案；选举县长、副县长等和省人大代表；讨论研究下半年的工作。6月27日，县长徐同聚代表县人民政府作《安化县人民政府施政工作报告》。报告着重总结了互助合作运动的成绩，一年多来，互助合作组织由占总农户的17%发展到47.5%。会议共收到代表提案173件。

（二）会议机构

会议设主席团，由会议选举产生。另设秘书处，由张华山任秘书长。秘书处下设总务、招待布置、卫生、警卫四股。代表资格审查委员会由秘书处兼。另设提案审查委员会，谭琛任主任，有关部门负责人任委员。

（三）选举结果

1.安化县人民政府：

县　长：徐同聚

副县长：李佐勋

委　员：王自强　王润生　夏小南　郭光坤　邓咏莲（女）　赵迪吉

刘荣复 戴汉初 谌筹岩 谌士鳌 谌贵先 苏松云
肖晋凡 肖乐耕 龚益芳

2.省第一届人大代表（共6名，按姓名笔画排序）：

李佐勋 夏小南 陈定安 姜亚勋 彭虞阶 薛 瑞（女）

（四）决议决定

会议经过代表充分审议，通过了《关于1954年下半年工作任务的决议》和《关于参加制宪工作的决议》。

二、县第一届人民代表大会第二次会议

（一）会议概况

1954年12月20～22日，县第一届人民代表大会第二次会议在东坪举行，会期3天，出席会议的代表261名。会上，县人民政府县长徐同聚作《施政工作报告》。县委办公室主任乔际华作《关于今冬明春农业生产与互助合作的报告》。大会收到代表提案147件。

（二）会议机构

大会设主席团，由代表选举产生。另设秘书处，由王育才兼任秘书长。秘书处下设总务、招待布置、卫生、警卫四股。代表资格审查委员会，由大会秘书处兼。提案审查委员会，张金祥任主任，有关部门负责人任委员。

（三）决定决议

大会经过代表充分审议，作出了《关于通过政府施政工作报告及开展今冬明春以互助合作为中心的农林生产运动的决议》。

三、县第一届人民代表大会第三次会议

（一）会议概况

1955年4月14～17日，县第一届人民代表大会第三次会议在东坪举行，会期4天，出席会议的代表260名。会议主要议程：传达贯彻省一届人大二次会议精神；总结检查上次会议决议的执行情况；总结农业生产合作社及粮食工作，并布置春耕生产；选举本级人民委员会组成人员。副县长李佐勋致大会开幕词，并传达省一届人大二次会议精神。县委书记王自强作《关于1954年以互助合作为中心的农业生产、粮食工作和大力开展1955年春耕生产运动的报告》。会议共收到代表提案105件。

（二）会议机构

1.会议筹备委员会：

主 任 委 员：王自强
副主任委员：徐同聚 李佐勋
委 员：张本源 王达智 金满昌 郭光坤 戴汉初 苏松云
欧阳干 邓泳莲（女） 谌筹岩

2.筹委会秘书室。筹委会设秘书室，由乔际华任秘书长，王育才、张金祥任副秘书长。秘书室

下设秘书、总务、招待、保卫、卫生5个股室。

（三）选举结果

1.县人民委员会：

县 长：徐同聚

副县长：李佐勋

委 员：王自强 王润生 金满昌 夏小南 郭光坤 邓咏莲（女） 赵迪吉 刘荣复 刘得仁 谌筹岩 谌士鰲 谌桂先 戴汉初 肖乐耕 苏松云 龚益芳

2.县人民法院：

院 长：许子善

（四）决定决议

会议经过代表充分审议，通过了《安化县第一届人民代表大会第三次会议决议》。

四、县第一届人民代表大会第四次会议

（一）会议概况

1955年11月30日，县第一届人民代表大会第四次会议在东坪举行。出席会议的代表248名。会议主要议程：总结检查第一届（两年来）人民代表会议任期的工作；讨论研究关于农业合作化等问题。

（二）决定决议

会议经过代表充分审议，通过了《关于安化县第一届人民代表大会第四次会议关于今冬明春发展农业生产合作社的决议》。

第二节 县第二届人民代表大会

县第二届人民代表大会任期自1956年12月至1958年4月。

一、县第二届人民代表大会第一次会议

（一）会议概况

1956年12月10～12日，县第二届人民代表大会第一次会议在东坪举行，会期3天，出席会议的代表295名。会议主要议程：1.听取副县长李佐勋《关于巩固提高农业生产合作社、发展生产的报告》；2.听取伍启瑶关于代表资格审查报告和提案解答报告；3.通过选举办法；4.根据《地方组织法》的规定，会议以无记名投票的方式，选举产生县人民委员会组成人员。会议共收到代表提案69件。

（二）会议机构

1.大会筹备委员会。大会成立筹备委员会，由李佐勋任主任。筹委会设秘书室，由林德君任秘书长，张金祥任副秘书长。秘书室下设秘书、总务、招待及卫生保卫4个股。

2.大会主席团。会议设主席团，由徐同聚、胡友成、张华山、谌贵先、王育才、王自强、阮泽安、周复初、伍启瑶、苏松云、王载芝、李佐勋、许子善、邓咏莲、林德君组成。

（三）选举结果

县　长：李佐勋

副县长：王育才　伍启瑶（女）

委　员：王自强　王达智　王润生　王载芝　邓咏莲（女）刘自喜

肖晋凡　苏松荣　周复初　胡友成　张华山　蒋鸿文

阮泽安　谌贵先　谌筹岩　龚益芳

（四）决定决议

会议经过代表充分审议，通过了《关于巩固提高农业生产合作社、发展生产的决议》。

二、县第二届人民代表大会第二次会议

（一）会议概况

1957年6月11～13日，县第二届人民代表大会第二次会议在东坪举行。由于当时农业生产紧张和正在进行农业合作社工作的整顿以及感冒流行，致使许多代表不能到会，会议实到代表176名，只占应到会代表数的51.8%。这次会议是在全国各地“大鸣大放”，安化各界也跃跃欲试的形势下召开的，会议空气比较活跃，民主气氛比较浓厚。会上，县委第一书记叶在田就“传达关于正确处理人民内部矛盾问题”与“研究当前农村情况，想尽办法争取农业大丰收”的问题作了讲话；副县长王育才、伍启瑶就“加强中、小学毕业生升学就业问题和复员军人接收安置工作等必须结合作好的几项行政工作”等问题作了发言。会议还遵照毛泽东提出的“百花齐放，百家争鸣”的方针和发扬民主的原则，对政府各项工作开展讨论、批评。会议共收到代表提案154件。

（二）决定决议

会议经过代表充分审议，通过了《关于动员全县人民想尽一切办法争取今年农业大丰收的决议》。

第三节　县第三届人民代表大会

县第三届人民代表大会任期自1958年5月至1960年10月。

（一）会议概况

1958年5月10～12日，县第三届人民代表大会第一次会议在东坪举行，会期3天，出席会议的代表308名。会议主要议程：总结检查已做过的工作和商讨以后的工作任务；选举第三届县人民委员会组成人员、县人民法院院长和出席省第二届人民代表大会的代表；通过1957年财政决算和1958年财政预算；报告上届提案执行情况。会议听取和讨论了县委第二书记、县人民委员王自强《关于抓住生产为中心，组织全面大跃进》的报告和副县长王育才关于县人民委员会政府工作报告。会议以无记名投票的方式进行了选举。会议收到代表提案116件。同时，代表采用大字报的形式向政府工作提意见、建

议，共写出大字报101张，反映各方面的问题133条。

（二）选举结果

1.县人民委员会：

县 长：李佐勋

副县长：王育才 伍启瑶（女）

委 员：叶在田 王自强 张华山 王达智 邓咏莲（女）
徐俊熙 苏松云 王润生 王载芝 肖晋凡
谌桂先 蒋鸿文 胡友成 谌筹岩 龚永德
周复初

2.县人民法院：

院 长：许子善

3.省第二届人大代表（共6名，按姓名笔画排序）：

刘鸿源 夏小南 李佐勋 刘定安 姜亚勋 黄友岐

（三）决议决定

会议经过代表充分审议，通过了《抓住生产为中心，组织全面大跃进的决议》

第四节 县第四届人民代表大会

县第四届人民代表大会任期自1960年11月至1964年8月。

（一）会议概况

1960年11月29日至12月1日，县第四届人民代表大会第一次会议在东坪举行，会期3天，出席会议的代表403名。会议主要议程：1.听取和审议前届县人民委员会的工作报告，讨论全县的工作任务；2.审议1959年财政决算和1960年财政预算；3.选举第四届县人民委员会组成人员和人民法院院长。会议共收到代表提案140件。

（二）选举结果

1.县人民委员会：

县 长：张华山

副县长：王育才 伍启瑶（女）

委 员：王润生 王载芝 叶在田 吴可彦 李佐勋 肖晋凡
陈历钟 周复初 胡连云 徐同聚 徐俊熙 徐杨芬
龚永德 蒋鸿文 谌桂先 谌筹岩

2.县人民法院：

院长：张树德

（三）决定决议

大会经过代表审议，通过了大会有关决议。

第五节　县第五届人民代表大会

县第五届人民代表大会，任期自1964年9月至1968年2月。只举行1次会议，而且还是延期召开的。按照《地方组织法》的规定，县级人民代表大会每届任期两年，本届大会应该在1962年举行，当时县人民委员会也为本届大会的举行做好了准备，并在1962年7月1日发出举行大会的通知。后来因集中全力抗旱而推迟到冬季，冬季又因农村出现“十股黑风”，再予延期。1963年5月7日，县人民委员会再次发出选举工作的指示，后来又因遇上百日大旱而耽误。诸如种种原因，大会一直推迟到1964年8月才举行。

（一）会议概况

1964年8月26～29日，县第五届人民代表大会第一次会议在东坪举行，会期4天，出席会议的代表348名。会议主要议程：1.总结4年来政府工作的成绩和经验，研究今后的工作任务；2.审议1961～1963年财政决算和1964年财政预算安排意见和执行情况；3.选举县第五届人民委员会组成人员、人民法院院长及出席省第三届人民代表大会会议代表。会议共收到代表提案379件。

（二）会议机构

1.大会主席团、秘书长名单：

伍启瑶（女）	吴可彦	王载芝	王润生	张华山	谌贵先
蒋鸿文	胡连云	张树德	李佐勋	冯　涛	张怡元
杨瑞芳	徐同聚	王育才	陈般化	王金玉	徐俊熙
肖晋凡	陈历钟	林金桃（女）	龚永德	谌筹岩	周复初
龙梅修	叶在田				

秘书长：牛连庆

2.代表资格审查委员会：

伍启瑶　　牛连庆

3.代表提案审查委员会：

龙梅修　　范　珂　　张树德　　王育才

（三）选举结果

1.县人民委员会：

县　长：张华山

副县长：王育才　　杨瑞芳　　伍启瑶

委　员：王载芝　　王润生　　叶在田　　龙梅修　　肖晋凡　　陈般发

陈历钟　　吴可彦　　林金桃　　周复初　　蒋鸿文　　徐俊熙

徐同聚　　谌筹岩　　谌桂先

2.县人民法院：

院长：张树德

3.省第三届人大代表（共8名，按姓名笔画排序）：

丁正伊	王金玉	方永奎	刘洪源	陈般发	张华山
陈诚钜	杨世端				

（四）决定决议

大会经过代表审议，通过了会议有关决议。

第六节 县第六届人民代表大会（革命委员会）

1966年，“文化大革命”开始，之后十余年，人民代表大会由革命委员会取而代之。县第六届人民代表大会，即县革命委员会，任期自1968年3月至1978年1月，10年只举行1次会议。

（一）机构说明

1968年3月3日，将权力机关和执行机关合二为一的安化县革命委员会在东坪召开成立大会。当时的文件记载，“第六届人民代表大会即是县革命委员会第一次人民代表大会。”参加会议的人员并非选举产生的人民代表，而是一些基层干部和群众组织头头。经省革命委员会筹备小组批准，安化县革命委员会是一个军干群（革命的军队代表、革命的领导干部、革命的群众组织代表）三结合的班子，共49人组成。

（二）县革命委员会委员名单

主　　任：	赵喜林					
第一副主任：	叶在田					
副 主 任：	徐同聚	贺梅城				
常务委员：	赵喜林	张苏生	叶在田	徐同聚	刘书殿	贺梅城
	罗质彬	陈植凡	谌天佑	谌发先	吉金桃	
委　　员：	赵喜林	张苏生	叶在田	徐同聚	刘书殿	贺梅城
	罗志兵	陈植凡	谌天佑	谌发先	吉金桃	齐发舟
	王义信	彭辅国	牛连庆	徐干成	周先洛	陈历书
	王永涛	黄化民	胡永美	王映山	夏时生	谌强壮
	李天赐	陈般发	龚高照	曹咏华	周良汉	张复熙
	刘赞英	贺息初	谢玉才	刘桃开	周电加	谌华丰
	谌桂先	申长茂	文伦友	肖汉深	李太保	肖志愚
	龙自然	李伏山	邓述文	匡嘉化	夏昌海	贺体康
	伍中兴					

第七节　县第七届人民代表大会（革命委员会）

县第七届人民代表大会（县革命委员会），任期自1978年2月至1980年12月。

（一）会议概况

1978年2月1～3日，县第七届人民代表大会第一次会议在东坪举行，会期3天，出席会议的代表905名。大会的主要任务是“认真贯彻党的十一大路线，遵循毛主席关于无产阶级专政下继续革命的伟大理论，总结安化县第六届人大以来两条路线斗争经验，遵照党中央的重要指示，联系安化实际，讨论今后的任务；按照毛主席提出的接班人五项条件和老、中、青结合的原则，选举产生安化县革命委员会。”县革命委员会副主任曾国华在会上作关于代表资格的审查报告。县革命委员会主任郑国才作《安化县革命委员会工作报告》。会议以无记名投票的方式选举产生新的县革命委员会。

（二）会议机构

1.大会主席团名单：

郑国才	王育才	曾国华	曾阳生	李新如	夏建斌
王俊杰	邓则兰（女）	何国生	何友卿	黄让泉	彭岳兴
王楚乔	方永奎	邓光宇	邓晓斌	卢碧珍（女）	刘华保
刘国芳	刘国良	刘盛余	孙益清	向昭明	何　安
何朗秋	陈泰敬	陈般化	陈祥生	李开国	李志贤
李盛清	李赞扬	杨实之	杨瑞芳	林金桃（女）	夏运长
夏圣修	凌永寿	郭铁明	谌介国	谌发先	黄　英
龚象麟	韩师林	韩光鼎	蒋　世	蒋冬兴	蒋岱宗
翟彦博	戴汉初	瞿长本			

2.主席团主任、副主任和秘书长名单：

主　　任：郑国才

副 主 任：王育才　　曾国华　　曾阳生　　李新如　　夏建斌

秘 书 长：曾国华

副秘书长：夏运长

（三）选举结果

1.县革命委员会组成人员（共49人，委员按姓名笔画排序）：

主　任：郑国才

副主任：王育才　　曾国华　　曾阳生　　李新如　　夏建斌

委　员：王楚乔　　邓　球　　邓晓斌　　龙礼仪　　卢碧珍　　孙益清

刘同钧　　刘国芳　　向国文　　汤忠富　　何　安　　何朗秋

肖祥涛	陈历书	陈松筠	陈泰敬	陈般化	陈祥生
李志贤	李爱华	李赞扬	杨实之	林金桃	林腾屏
张爱梅	罗亮夫	姚自豪	凌永寿	夏圣修	夏运长
郭铁明	谌介国	谌发先	谌贵先	黄　英	黄让泉
龚本生	龚象麟	彭岳兴	彭哲山	蒋　世	蒋冬山
戴汉初					

2.县人民法院：

院长：谢复珍

第三章　八至十七届人民代表大会

1980年12月，县第八届人民代表大会第一次会议设置常务委员会后，各届常委会都坚持为每届代表大会的举行做好会前、会中和会后服务工作。各届代表大会第一次会议的预备会议，由上届人大常委会主持。此后各次大会预备会议，由当届人大常委会主持，并于大会期间，报告常委会的工作。县第八届至第十一届人民代表大会每届任期为3年，此后每届任期为5年。八至十七届，人民代表大会走上了健康发展的道路。至2016年，县第八至第十七届人民代表大会，共举行40次会议。

第一节　县第八届人民代表大会

一、县第八届人民代表大会第一次会议

（一）会议概况

1980年12月17～22日，县第八届人民代表大会第一次会议在东坪举行，会期6天，出席会议的代表384名。会议主要议程：1.听取和审议政府工作报告，财政预算、决算、概算报告，县人民法院和县人民检察院工作报告；2.收集和审议代表提出的提案；3.选举县人大常委会主任、副主任、委员，县人民政府县长、副县长，县人民法院院长，县人民检察院检察长。会议共收到代表提案1076件。

（二）会议机构

1.大会主席团和秘书长名单（共23人，按姓名笔画排序）：

邓光宇	邓则兰	王育才	王祖武	冯宝生	陈义初
吴壮谦	张绍钦	张树德	陆贻顺	杨瑞芳	杨爵修
罗　仪	姚蒲初	凌永寿	夏秀桃	夏裕厚	夏赞思
黄让泉	曾国华	彭敦其	翟彦博	瞿长本	

秘书长：黄让泉（兼）

2.主席团常务主席：曾国华

3.代表资格审查委员会：

主 任 委 员：黄让泉

副主任委员：翟彦博　　瞿长本

委　　员（按姓名笔画排序）：

张绍钦　　张树德　　李赞扬　　林金桃

4.议案审查委员会：

主 任 委 员：王祖武

副主任委员：谌荣增

委　　员（按姓名笔画排序）：

龙梅修　　何友卿　　何国生　　陈泰敬　　陈清高　　肖祥涛

龚象麟　　彭岳兴　　戴汉初

（三）选举结果

1.县人大常委会：

主　任：黄让泉

副主任：罗　仪　　陈泰敬　　龙梅修　　戴汉初

委　员（按姓氏笔画排序）：

邓寒英　　甘舒志　　张树德　　肖祥涛　　陈清高　　李赞扬

林金桃　　贺玉才　　莫蒙允　　龚象麟　　蒋鸿文　　瞿长本

2.县人民政府：

县　长：王育才

副县长：王祖武　　谌荣增　　彭岳兴　　黄一俊

3.县人民法院：

院长：刘和中

4.县人民检察院：

检察长：陈　勋（须报经市人民检察院提请市人大常委会批准）

（四）决议决定

大会经过代表充分审议，通过了《县革命委员会工作报告的决议》《关于1979年财政决算、1980年财政预算和1981年财政概算的决议》《安化县人民法院工作报告的决议》和《安化县人民检察院工作报告的决议》。

二、县第八届人民代表大会第二次会议

（一）会议概况

1982年2月18～21日，县第八届人民代表大会第二次会议在东坪举行，会期4天，出席会议的代表362名。会议主要议程：1.听取和审议县人民政府工作报告；2.听取和审议安化县1981年财政决算和1982年财政预算的报告；3.听取和审议县人大常委会工作报告；4.听取和审议县人民法院工作报告；5.听取和审议县人民检察院工作报告。会议共收到代表提案576件。

（二）会议机构

1.大会主席团和秘书长名单（共35人，按姓名笔画排序）：

邓则兰　　邓光宇　　邓寒英　　龙梅修　　甘舒志　　陈义初

陈泰敬　陈清高　何友卿　吴仕谦　张树德　张绍钦
肖祥涛　肖履谦　李赞扬　罗　仪　杨瑞芳　杨爵修
林金桃　贺玉才　夏裕厚　夏辉原　夏赞思　姚蒲初
凌永寿　袁在中　陆怡顺　黄让泉　龚象麟　曾国华
彭敦其　蒋鸿文　翟彦博　戴汉初　瞿长本

秘书长：戴汉初（兼）

2.主席团常务主席：

邓则兰　龙梅修　陈泰敬　罗　仪　黄让泉　曾国华
戴汉初

3.副秘书长：

肖祥涛　姚自豪　张树德　卢善积

4.预算审查委员会：

主 任 委 员：龙梅修

副主任委员：龚象麟

委　　员（按姓名笔画排序）：

邓寒英　张树德　贺玉才　蒋鸿文　廖维石

5.提案审查委员会：

主 任 委 员：陈泰敬

副主任委员：罗　仪

委　　员（按姓名笔画排序）：

甘舒志　李赞扬　陈清高　张绍钦　林金桃　黎金龙
瞿长本

（三）决议决定

大会经过代表充分审议，通过了《关于政府工作报告的决议》《关于批准1981年财政决算和1982年财政预算的决议》《关于安化县人大常委会工作报告的决议》《关于安化县人民法院工作报告和安化县人民检察院工作报告的决议》《关于严禁占用耕地建房的决议》。

三、县第八届人民代表大会第三次会议

（一）会议概况

1983年3月16～20日，县第八届人民代表大会第三次会议在东坪举行，会期5天，出席会议的代表322名。县委直属机构负责人、县人民政府组成人员、县人大常委会、县人民法院、县人民检察院有关人员共60人列席了会议。会议主要议程：1.听取和审议县人民政府工作报告；2.听取和审议安化县1982年财政决算和1983年财政预算（草案）的报告；3.听取和审议县人大常委会工作报告；4.听取和审议县人民法院工作报告；5.听取和审议县人民检察院工作报告。会议共收到代表提案460件。

（二）会议机构

1.大会主席团和秘书长名单（共37人，按姓名笔画排序）：

邓则兰	邓光宇	邓寒英	龙梅修	甘舒志	陈义初
陈泰敬	陈清高	何友卿	何国生	吴壮谦	张绍卿
张树德	肖祥涛	肖履谦	李赞扬	罗 仪	杨瑞芳
杨爵修	林金桃	贺玉才	夏裕厚	夏辉原	夏赞思
姚蒲初	凌永寿	袁在中	陆怡顺	黄让泉	龚象麟
曾国华	彭敦其	谭周祥	蒋鸿文	翟彦博	戴汉初
瞿长本					

秘书长：戴汉初（兼）

2.主席团常务主席：

黄让泉　戴汉初　陈泰敬　罗　仪　龙梅修

3.副秘书长：

罗迪祥　姚自豪　李华夫　王亚魁　张树德　卢善积

4.预算审查委员会：

主 任 委 员：龙梅修

副主任委员：罗　仪

委　　员（按姓名笔画排序）：

邓寒英　张树德　贺玉才　蒋鸿文　廖维石

5.提案审查委员会：

主 任 委 员：陈泰敬

副主任委员：罗　仪

委　　员（按姓名笔画排序）：

甘舒志　李赞扬　陈清高　林金桃　黎金龙　瞿长本

（三）选举结果

选举产生省第六届人大代表（共11名，按姓名笔画排序）：

王太山　王育才　刘士才　刘董谦　夏国卿　黄让泉

李　强　胡吉主　蒋　世　蒋鸿文　廖崇珍

（四）决议决定

会议经过代表充分审议，通过了《关于政府工作报告的决议》《关于批准安化县1982年财政决算和1983年财政预算的决议》《关于安化县人大常委会工作报告的决议》《关于安化县人民法院工作报告的决议》《关于安化县人民检察院工作报告的决议》《关于保护水产资源发展渔业生产的决议》《关于开展全民义务植树造林的决议》《关于做好“五保”户生活供养的决议》和《关于加强民桥、义渡、乡村道路、茶亭等公益设施的建设和管理的决议》。

第二节　县第九届人民代表大会

一、县第九届人民代表大会第一次会议

（一）会议概况

1984年2月18～23日，县第九届人民代表大会第一次会议在东坪举行，会期6天，出席会议的代表425名。会议主要议程：1.听取和审议县人民政府工作报告；2.听取和审议安化县1983年财政决算和1984年财政预算（草案）的报告；3.听取和审议县人大常委会工作报告；4.听取和审议县人民法院工作报告、县人民检察院工作报告；5.选举县人大常委会主任、副主任和委员，县人民政府县长、副县长，县人民法院院长，县人民检察院检察长。会议共收到代表提案657件。根据《安化县第九届人民代表大会关于代表提案的范围、产生和处理办法》的规定，经提案审查委员会审查，批准立案办理的103件，作为工作意见，建议处理的554件。

（二）会议机构

1.大会主席团和秘书长名单（共34人，按姓名笔画排序）：

王定中	王亚魁	王绍秋	王祝丰	王祖武	王流芳
邓寒英	甘舒志	龙威仪	龙梅修	田能生	伍家友
杨万松	杨官泉	李志贤	李彰国	李赞扬	何友卿
邹洽岩	张树德	陈国安	陈泰敬	陈清高	林金桃
罗迪祥	段自金	凌永寿	龚象麟	谌荣增	彭国权
蒋鸿文	谭承前	戴汉初	瞿长本		

秘书长：何友卿（兼）

2.主席团常务主席：

杨万松	彭国权	王祖武	戴汉初	龙梅修	何友卿
罗迪祥	谌荣增	王流芳			

3.副秘书长：

黄　英　　姚自豪　　陈巨仁

4.预算委员会：

主任委员：谌荣增

委　　员（按姓名笔画排序）：

邓寒英　　陈清高　　龚象麟　　廖维石

5.提案审查委员会：

主任委员：罗迪祥

委　　员（按姓名笔画排序）：

甘舒志　　李赞扬　　林金桃　　黄　英　　蒋鸿文

（三）选举结果

1.县人大常委会：

主 任：戴汉初

副主任：何友卿 罗迪祥 谌荣增 王流芳

委员（按姓名笔画排序）：

邓寒英	龙知飞	陈巨仁	陈清高	苏圣龙	杨官泉
李彰国	李赞扬	林金桃	胡纯旺	黄 英	曾庆鳌
蒋鸿文	熊纪宁				

2.县人民政府：

县 长：王亚魁

副县长：彭岳兴 喻福生 陈君吾

3.县人民法院：

院长：刘和中

4.县人民检察院：

检察长：王义和（须报经市人民检察院提请市人大常务会批准）

（四）决议决定

大会经过代表充分审议，通过了《关于政府工作报告的决议》《关于批准安化县1983年财政决算和1984年财政预算的决议》《关于安化县人大常委会工作报告的决议》《关于安化县人民法院工作报告的决议》《关于安化县人民检察院工作报告的决议》。

二、县第九届人民代表大会第二次会议

（一）会议概况

1985年3月8～11日，县第九届人民代表大会第二次会议在东坪举行，会期4天，出席会议的代表425名。参加首届政协二次会议的政协委员及各部门的主要负责人、在县的省人大代表以及特邀离退休老干部列席了会议。会议主要议程：1.听取和审议县人民政府工作报告；2.听取和审议安化县1984年财政决算和1985年财政预算（草案）的报告；3.听取和审议县人大常委会工作报告；4.听取和审议县人民法院工作报告和县人民检察院工作报告；5.讨论制定三项决议案。会议共收到代表提案350件，经提案审查委员会审查，确定立案办理的65件，作为工作意见、建议处理的285件。

（二）会议机构

1.大会主席团和秘书长名单（共36人，按姓名笔画排序）：

王文周	王定中	王祝丰	王祖武	王流芳	邓寒英
龙知飞	龙威仪	龙梅修	田能生	杨官泉	苏圣龙
李志贤	李彰国	李赞扬	何友卿	邹治岩	陈巨仁
陈国安	陈清高	林金桃	罗迪祥	姚浩清	胡纯旺
段自金	凌永寿	谌介国	谌荣增	谌耀先	黄一俊
黄 英	蒋鸿文	曾庆鳌	谭承前	熊纪宁	戴汉初

秘书长：何友卿（兼）

2.主席团常务主席：

谌耀先　王祖武　戴汉初　龙梅修　黄一俊　何友卿

罗迪祥　谌荣增　王流芳

3.副秘书长：

黄　英　姚自豪　卢善积　姚让之

4.预算委员会：

主任委员：谌荣增

委　　员（按姓名笔画排序）：

邓寒英　陈清高　龚象麟　廖维石

5.提案审查委员会：

主任委员：罗迪祥

委　　员（按姓名笔画排序）：

甘舒志　李赞扬　林金桃　黄　英　蒋鸿文

（三）决议决定

大会经过代表充分审议，通过了《关于政府工作报告的决议》《关于批准安化县1984年财政决算和1985年财政预算的决议》《关于安化县人大常委会工作报告的决议》《关于安化县人民法院工作报告的决议》《关于安化县人民检察院工作报告的决议》《关于力争用三年时间，在全县干部群众中普及法律常识教育的决议》《关于贯彻〈森林法〉几个问题的决议》《安化县人民代表大会代表活动办法》。

三、县第九届人民代表大会第三次会议

（一）会议概况

1986年3月5～10日，县第九届人民代表大会第三次会议在东坪举行，会期6天，出席会议的代表393名。列席会议的有县政府组成人员和县委有关部门负责人，部分省人大代表，县政协全体委员，区、县直代表团的人大工作联络员以及部分区、乡负责人。会议主要议程：1.听取和审议县人民政府工作报告；2.听取和审议安化县1985年财政决算和1986年财政预算（草案）的报告；3.听取和审议县人大常委会工作报告；4.听取和审议县人民法院工作报告和县人民检察院工作报告；5.审议“七五”规划和普及法律常识工作报告；6.补选事项。会议共收到代表提案399件，经提案审查委员会审查，确定立案办理的73件，列为工作意见，建议处理的326件。

（二）会议机构

1.大会主席团和秘书长名单（共35人，按姓名笔画排序）：

王文周　王祝丰　王祖武　王流芳　王定中　邓寒英

龙知非　龙梅修　田能生　苏圣龙　杨官泉　李志贤

李彰国　李赞扬　何友卿　邹洽岩　陈巨仁　陈国安

陈清高　林金桃　罗迪祥　姚浩清　胡纯旺　段自金

凌永寿　谌介国　谌荣增　谌耀先　黄一俊　黄　英

蒋鸿文　曾庆鳌　谭承前　熊纪宁　戴汉初

秘书长：何友卿（兼）

2.主席团常务主席：

王祖武　王流芳　龙梅修　何友卿　罗迪祥　黄一俊

谌荣增　谌耀先　戴汉初

3.副秘书长：

姚让之　姚自豪　邓光宇

4.预算委员会：

主任委员：谌荣增

委　　员（按姓名笔画排序）：

邓寒英　陈清高　龚象麟　廖维石

5.提案审查委员会：

主任委员：罗迪祥

委　　员（按姓名笔画排序）：

甘舒志　李赞扬　林金桃　黄　英　蒋鸿文

（三）选举结果

大会同意戴汉初辞去县第九届人大常委会主任职务，补选王祖武为县第九届人大常委会主任。

（四）决议决定

大会经过代表充分讨论，通过了《关于政府工作报告的决议》《关于批准实施安化县国民经济和社会发展第七个五年计划的决议》《关于安化县1985年财政决算及1986年财政预算的决议》《关于安化县人大常委会工作报告的决议》《关于安化县人民法院工作报告的决议》《关于安化县人民检察院工作报告的决议》《关于修改力争用三年时间，在全县干部群众中普及法律常识教育的决议》《批准司法局普及法律常识工作报告的决议》《关于接受戴汉初同志辞职请求的决议》。

第三节　县第十届人民代表大会

一、县第十届人民代表大会第一次会议

（一）会议概况

1987年2月15～21日，县第十届人民代表大会第一次会议在东坪举行，会期7天，出席会议的代表342名。应邀出席会议的有全国人大代表李静山、全国政协委员朱德林及在安省人大代表。会议主要议程：1.听取和审议县人民政府工作报告；2.听取和审议安化县1986年财政决算和1987年财政预算（草

案）的报告；3.听取和审议关于安化县国民经济和社会发展第七个五计划（修改草案）的说明；4.听取和审议县人大常委会工作报告；5.听取和审议县人民法院工作报告和县人民检察院工作报告；6.选举产生县第十届人大常务委员会主任、副主任、委员，县人民政府县长、副县长，县人民法院院长，县人民检察院检察长。会议共收到代表提案363件。经审查，确定立案办理的70件，列为工作意见、建议的293件。

（二）会议机构

1.大会主席团和秘书长名单（共31人，按姓名笔画排序）：

王定中　王祖武　王耀安　王流芳　邓才能　刘楚崇
李华夫　李彰国　李赞扬　肖三秋　肖丽玉　陈干尧
陈巨仁　陈历书　邹竟宽　邹秉刚　张隆愿　张萼初
胡晚林　姚让之　夏子文　夏裕厚　夏赞思　凌永寿
黄一俊　黄　烈　龚象麟　谌荣增　谌耀先　喻淑敏
谢复珍

秘书长：谌荣增（兼）

2.主席团常务主席：

谌耀先　王祖武　黄一俊　王耀安　李华夫　谌荣增
王流芳

3.预算委员会

主任委员：谌荣增

委　　员：龚象麟　吴可彦　李小丽

4.提案审查委员会

主任委员：王流芳

委　　员：谢复珍　夏赞思

5.副秘书长：姚让之　姚自豪　陈巨仁

（三）选举结果

1.县人大常委会（副主任、委员按姓名笔画排序)：

主　任：王祖武

副主任：王流芳　陈历书　姚自豪　谌荣增　黎金龙

委　员：邓才能　刘利君　李彰国　李赞扬　张渡期　陈巨仁
肖丽玉　胡晚林　姚让之　夏赞思　龚象麟　谢复珍

2.县人民政府(副县长按姓名笔画排序)：

县　长：王亚魁

副县长：王定中　伍湘安　李厚宽　陈君吾　贺建秋

3.县人民法院：

院长：刘和中

4.县人民检察院：

检察长：王义和（须报经市人民检察院提请市人大常委会批准）

（四）决议决定

大会经过代表充分审议，通过了《关于政府工作报告的决议》《关于安化县1986年财政决算和1987年财政预算的决议》《关于安化县国民经济和社会发展第七个五年计划的决议》《关于安化县人大常委会工作报告的决议》《关于安化县人民法院工作报告的决议》《关于安化县人民检察院工作报告的决议》《关于加强乡（镇）财政管理的决议》。

二、县第十届人民代表大会第二次会议

（一）会议概况

1988年1月6～9日，县第十届人民代表大会第二次会议在东坪举行，会期4天，出席会议的代表325名。会议主要议程：1.听取和审议县人民政府工作报告；2.听取和审议安化县1987年财政概算和1988年财政预算（草案）的报告；3.听取和审议县人大常委会工作报告；4.听取和审议县人民法院和县人民检察院工作报告；5.选举由安化县产生的湖南省第七届人民代表大会代表。会议共向县政府系统提意见、建议248件，其中由县政府办直接办理的55件。

（二）会议机构

1.大会主席团和秘书长名单（共36人，按姓名笔画排序）：

王祖武	王耀安	王流芳	邓才能	汤忠富	刘楚崇
刘利君	李彰国	李赞扬	肖三秋	肖丽玉	陈干尧
陈巨仁	陈历书	陈正光	邹秉刚	张隆愿	张萼初
张渡期	胡晚林	姚自豪	姚让之	殷放军	夏子文
夏裕厚	夏赞思	凌永寿	黄一俊	黄　烈	龚象麟
谌荣增	谌耀先	谌介国	喻淑敏	谢复珍	黎金龙

秘书长：谌荣增（兼）

2.主席团常务主席：

谌耀先	王祖武	王耀安	殷放军	黄一俊	谌荣增
黎金龙	陈历书	姚自豪	王流芳		

3.副秘书长：

姚让之	肖辉安	陈巨仁

（三）选举结果

选举产生省第七届人大代表（10名，按姓名笔画排序）：

王祖武	王守仁	成其文	刘云溥	张渡期	甘舒志
张明英	单建华	王福安	邓务本		

（四）决议决定

会议经过代表充分审议，通过了《关于政府工作报告的决议》《关于安化县1987年财政概算和1988年财政预算的决议》《关于安化县人大常委会工作报告的决议》《关于安化县人民法院工作报告的决议》《关于安化县人民检察院工作报告的决议》，还通过了县人大议案试行办法和选举办法。

三、县第十届人民代表大会第三次会议

（一）会议概况

1989年2月23～27日，县第十届人民代表大会第三次会议在东坪举行，会期5天，出席会议的代表315名。会议主要议程：1.听取和审议县人民政府工作报告；2.听取和审议安化县1988年计划执行情况和1989年社会发展计划（草案）的报告；3.听取和审议安化县1988年财政决算和1989年财政预算（草案）的报告；4.听取和审议县人大常委会工作报告；5.听取和审议县人民法院和县人民检察院工作报告；6.选举。会议收到代表建议、批评、意见246件。

（二）会议机构

1.大会主席团和秘书长名单（共36人，按姓名笔画排序）：

王亚魁	王祖武	王流芳	邓才能	汤忠富	刘利君
刘楚崇	李赞扬	李彰国	肖三秋	肖丽玉	陈干尧
陈巨仁	陈历书	陈正光	邹秉刚	张隆愿	张萼初
张渡期	胡晚林	姚让之	姚自豪	殷放军	夏子文
夏裕厚	夏赞思	凌永寿	黄　烈	黄一俊	龚象麟
谌介国	谌荣增	谌耀先	喻淑敏	谢复珍	黎金龙

秘书长：谌荣增（兼）

2.主席团常务主席：

谌耀先	王祖武	王亚魁	殷放军	黄一俊	谌荣增
黎金龙	陈历书	姚自豪	王流芳		

3.副秘书长：

姚让之　　肖辉安　　陈巨仁

（三）选举结果

会议补选粟长才为县人民政府县长，补选夏裕厚为县人大常委会委员。

（四）决议决定

会议经过代表充分审议，通过了《关于政府工作报告的决议》《关于安化县1988年国民经济和社会发展计划的报告的决议》《关于安化县1988年财政决算和1989年财政预算报告的决议》《关于安化县人大常委会工作报告的决议》《关于安化县人民法院工作报告的决议》《关于安化县人民检察院工作报告的决议》《关于批准县人民政府实施“八七”工程计划的决议》。

第四节　县第十一届人民代表大会

一、县第十一届人民代表大会第一次会议

（一）会议概况

1990年2月13～18日，县第十一届人民代表大会第一次会议在东坪举行，会期6天，出席会议的代

表343名。会议邀请全国人大代表廖崇珍、省人大代表、县委常委、县人民政府组成人员和有关部门的主要负责人列席会议。会议主要议程：1.听取和审议县人民政府工作报告；2.听取和审议安化县1989年国民经济和社会发展计划执行情况及1990年国民经济和社会发展计划（草案）的报告；3.听取和审议安化县1989年财政预算执行情况和1990年财政预算（草案）的报告；4.听取和审议县人大常委会工作报告；5.听取和审议县人民法院工作报告；6.听取和审议县人民检察院工作报告；7.选举产生县第十一届人大常委会主任、副主任、委员，县人民政府县长、副县长，县人民法院院长，县人民检察院检察长。会议共收到代表向县政府系统提出的建议、批评、意见359件。

（二）会议机构

1.大会主席团和秘书长名单(共31人，按姓名笔画排序)：

王亚魁　王祖武　王海滨　邓才能　龙礼仪　朱克安
刘盛余　李赞扬　吴彩芹　张渡期　陈干尧　陈历书
陈君吾　肖三秋　肖适一　胡后坤　姚让之　姚自豪
姚浩清　夏子文　夏裕厚　谌荣增　谌涤尘　谌耀先
彭岳兴　彭建富　曾文书　游晓岚　鄢世昌　黎金龙
戴山东

秘书长：黎金龙（兼）

2.主席团常务主席：

王亚魁　王祖武　谌涤尘　彭岳兴　黎金龙　姚自豪

3.大会临时中共党委名单：

书　记：王亚魁

成　员：谌涤尘　王祖武　彭岳兴　黎金龙　姚自豪

4.副秘书长：

姚让之　邓锐宝　刘仲勋　张隆谁

5.提案审查委员会：

主 任 委 员：黎金龙

副主任委员：陈怡庆

委　　员：刘雪君　李赞扬　汪修晋

6.预算委员会：

主 任 委 员：姚自豪

副主任委员：谌蔚贤

委　　员：李小丽　范梦坤　姚安珍

（三）选举结果

1.县人大常委会：

主　任：王祖武

副主任：陈君吾　姚自豪　刘盛余　朱克安　黎金龙　游晓岚

委　员：李赞扬　邓才能　姚让之　刘昭曙　张隆谁　夏裕厚

刘雪君　汪修晋　赵孟菊　张渡期　陈怡庆　戴山东
李德生　姚安珍

2.县人民政府：

县　长：李厚宽

副县长：傅世平　王定中　伍湘安　贺建秋　戴泽耀（挂职）

3.县人民法院：

院长：王义和

4.县人民检察院：

检察长：姚蒲初（须报经市人民检察院提请市人大常委会批准）

（四）决议决定

会议经过代表充分审议，通过了《关于政府工作报告的决议》《关于安化县1989年国民经济和社会发展计划执行情况及1990年计划安排意见的决议》《关于安化县1989年财政决算和1990年财政预算的决议》《关于安化县人大常委会工作报告的决议》《关于安化县人民法院工作报告的决议》《关于安化县人民检察院工作报告的决议》。

二、县第十一届人民代表大会第二次会议

（一）会议概况

1991年2月1～5日，县第十一届人民代表大会第二次会议在东坪举行，会期5天，出席会议的代表327名。列席大会的有全国人大代表廖崇珍、省人大代表、县委常委和县人民政府所属委、办、局负责人。会议主要议程：1.听取和审议县人民政府工作报告；2.听取和审议县人大常委会工作报告；3.听取和审议县人民法院和县人民检察院工作报告；4.听取和审议县计委关于1990年国民经济和社会发展计划执行情况及1991年计划安排意见(草案)的报告；5.听取和审议县财政局关于1990年财政决算和1991年财政预算(草案)的报告；6.听取和审议安化县第八个五年计划（1991～1995）及“八五”计划编制情况的说明；7.补选一名副县长；8.通过有关决议。会议共收到代表建议176件。

（二）会议机构

1.大会主席团和秘书长名单（共39人，按姓名笔画排序）：

王亚魁　王祖武　王海滨　邓才能　龙礼仪　田能生
刘昭曙　刘盛余　刘雪君　朱克安　李彰国　李德生
李赞扬　吴彩芹　张隆谁　张渡期　汪修晋　陈干尧
陈历书　陈君吾　陈怡庆　肖适一　姚让之　姚自豪
姚安珍　姚浩清　赵孟菊　胡后坤　夏子文　夏裕厚
谌荣增　谌涤尘　彭岳兴　彭建富　曾文书　游晓岚
鄢世昌　黎金龙　戴山东

秘书长：陈君吾（兼）

2.主席团常务主席：

王亚魁　王祖武　谌涤尘　陈君吾　黎金龙

姚自豪 游晓岚 刘盛余 朱克安

3.大会临时中共党委名单：

书 记：王亚魁

副书记：王祖武 谌涤尘

委 员：陈君吾 黎金龙 姚自豪 游晓岚 刘盛余

4.副秘书长：

姚让之 肖光球 张隆谁 刘仲勋

（三）选举结果

会议补选李稳石为县人民政府副县长。

（四）决议决定

会议经过代表充分审议，通过了《关于政府工作报告的决议》《关于安化县1990年国民经济和社会发展计划执行情况及1991年计划安排意见的决议》《关于安化县国民经济和社会发展第八个五年计划的决议》《关于安化县1990年财政决算和1991年财政预算的决议》《关于安化县人大常委会工作报告的决议》《关于安化县人民法院工作报告的决议》《关于安化县人民检察院工作报告的决议》《关于增加农业投入，增强农业后劲的决议》和《关于全面开征农村教育事业费附加的决议》。

三、县第十一届人民代表大会第三次会议

（一）会议概况

1992年1月17～20日，县第十一届人民代表大会第三次会议在东坪举行，会期4天，出席会议的代表319名。列席大会的有全国人大代表廖崇珍、省人大代表、县委常委和县人民政府及其委、办、局负责人。会议主要议程：1.听取和审议县人民政府工作报告；2.听取和审议县计委关于1991年国民经济和社会发展计划执行情况及1992年国民经济和社会发展计划(草案)的报告；3.听取和审议县财政局关于1991年财政预算执行情况和1992年财政预算(草案)的报告；4.听取和审议县人大常委会工作报告；5.听取和审议县人民法院工作报告；6.听取和审议县人民检察院工作报告；7.审议批准县人民政府提出的“八·七工程”计划；8.通过有关决议决定。会议共收到代表议案19件、代表建议148件。议案中，除县政府提出的“关于请求批准实施八·七工程”计划的议案一件，已经会议审议并作出相应决议外，其余18件议案转作代表意见、建议。

（二）会议机构

1.大会主席团和秘书长名单（共39人，按姓名笔画排序）：

王亚魁	王祖武	王海滨	邓才能	龙礼仪	田能生
刘昭曙	刘盛余	刘雪君	朱克安	李彰国	李德生
李赞扬	吴彩芹	张隆谁	张渡期	汪修晋	陈干尧
陈历书	陈君吾	陈怡庆	肖适一	姚让之	姚自豪
姚安珍	姚浩清	赵孟菊	胡后坤	夏子文	夏裕厚
谌荣增	谌涤尘	彭岳兴	彭建富	曾文书	游晓岚
鄢世昌	黎金龙	戴山东			

秘书长：陈君吾（兼）

2.主席团常务主席：

王亚魁	王祖武	谌涤尘	陈君吾	黎金龙
姚自豪	游晓岚	刘盛余	朱克安	

3.副秘书长：

姚让之	邓锐宝	刘仲勋

（三）决议决定

会议经过代表充分审议，通过了《关于政府工作报告的决议》《关于安化县1991年国民经济和社会发展计划执行情况及1992年国民经济和社会发展计划的决议》《关于安化县1991年财政预算执行情况和1992年财政预算的决议》《关于安化县人大常委会工作报告的决议》《关于安化县人民法院工作报告的决议》《关于安化县人民检察院工作报告的决议》《关于批准县人民政府实施“八·七工程”计划的决议》。

第五节　县第十二届人民代表大会

一、县第十二届人民代表大会第一次会议

（一）会议概况

1992年12月29日至1993年1月3日，县第十二届人民代表大会第一次会议在东坪举行，会期6天，出席会议的代表351名。县第十一届人大常委会组成人员，主任会议特邀顾问，全国人大代表和省人大代表，县人民政府组成人员和有关部门的主要负责人，出席县四届政协一次会议的全体委员，县人大常委会各委室负责人及部分区、乡的领导列席了会议。会议主要议程：1.听取和审议县人民政府工作报告；2.听取和审议安化县1992年国民经济和社会发展计划执行情况及1993年国民经济和社会发展计划（草案）的报告；3.听取和审议安化县1992年财政决算和1993年财政预算（草案）的报告；4.听取和审议县人大常委会工作报告；5.听取和审议县人民法院工作报告；6.听取和审议县人民检察院工作报告；7.选举产生出席湖南省第八届人民代表大会代表；8.选举产生县第十二届人大常委会主任、副主任、委员；9.选举产生县人民政府县长、副县长，人民法院院长和人民检察院检察长；10通过大会决议。会议共收到代表议案和意见、建议338件，其中议案45件。

（二）会议机构

1.大会主席团和秘书长名单（共27人，按姓名笔画排序）：

丁甫田	王世万	王亚魁	王全坤	王定中	朱克安
刘卫星	刘昭曙	刘盛余	伍湘安	李保华	李敬华
李彰国	张胜利	严芹芬	陈君吾	陈怡庆	周宏勋
胡汉柱	胡学农	姚让之	谌立新	谌涤尘	彭建富
游晓岚	鄢世昌	黎金龙			

秘书长：陈君吾（兼）

2.主席团常务主席：

王亚魁 谌涤尘 王定中 陈君吾 黎金龙 游晓岚

朱克安

3.副秘书长：

姚让之 邓锐宝 张胜利 刘仲勋

4.预算委员会：

主 任 委 员：游晓岚

副主任委员：刘昭曙

委 员：王爱华 罗崇典 姚景星

5.议案委员会：

主 任 委 员：黎金龙

副主任委员：陈怡庆 吴余保

委 员：王来芝 周宏勋 黄洁容

（三）选举结果

1.县人大常委会（副主任、委员按姓名笔画排序）：

主 任：王定中

副主任：朱克安 陈君吾 姚让之 游晓岚 黎金龙

委 员：王世万 王来芝 伍惠予 刘 化 刘应生

刘昭曙 李敬华 吴余保 张胜利 张渡期

陈怡庆 黄洁容 彭建富 谭雪君 魏国斌

2.县人民政府（副县长按姓名笔画排序）：

县 长：李厚宽

副县长：李稳石 肖固球 张新德 傅世平

3.县人民法院：

院长：王义和

4.县人民检察院：

检察长：姚蒲初（须报经市人民检察院提请市人大常委会批准）

5.省第八届人大代表（10名，按姓名笔画排序）：

王定中 王新军（女） 刘学申 李厚宽 周其才 周新安

谌星明 蒋天保 廖崇珍（女） 魏国斌

（四）决议决定

会议经过代表充分审议，通过了《关于政府工作报告的决议》《关于安化县1992年国民经济和社会发展计划执行情况与1993年国民经济和社会发展计划的报告的决议》《关于1992年财政决算和1993年财政预算的决议》《关于安化县第十一届人大常委会工作报告的决议》《关于安化县人民法院工作报告的决议》《关于安化县人民检察院工作报告的决议》。

二、县第十二届人民代表大会第二次会议

（一）会议概况

1994年1月24～28日，县第十二届人民代表大会第二次会议在东坪举行，会期5天，出席会议的代表347名。会议主要议程：1.听取和审议县人民政府工作报告；2.听取和审议安化县1993年国民经济和社会发展计划执行情况及1994年国民经济和社会发展计划（草案）的报告；3.听取和审议安化县1993年财政预算执行情况和1994年财政预算（草案）的报告；4.听取和审议县人大常委会工作报告；5.听取和审议县人民法院工作报告；6.听取和审议县人民检察院工作报告；7.选举；8.通过大会决议。会议共收到代表团和10名以上代表联名提出的议案26件。根据大会通过的《议案试行办法》和安化县实际情况，经审议，拟将上述26件议案作为建议、批评和意见答复代表。

（二）会议机构

1.大会主席团和秘书长名单（共36人，按姓名笔画排序）：

丁甫田　王世万　王全坤　王来芝　王定中　朱克安
伍惠予　伍湘安　刘　化　刘卫星　刘应生　刘昭曙
刘盛余　李厚宽　李保华　李敬华　李彰国　吴余保
张胜利　张渡期　严芹芬　陈君吾　陈怡庆　胡汉柱
胡学农　姚让之　陶玉堂　谌立新　谌涤尘　黄洁容
彭建富　游晓岚　鄢世昌　谭雪君　黎金龙　魏国斌

秘书长：陈君吾（兼）

2.主席团常务主席：

李厚宽　王定中　谌涤尘　陈君吾　黎金龙　游晓岚
姚让之　朱克安

3.副秘书长：

刘应生　卢善勋　刘仲勋　张胜利

（三）选举结果

会议补选邓三龙为县人民政府县长、程世来为县人民政府副县长。

（四）决议决定

会议经过代表充分审议，通过了《关于政府工作报告的决议》《关于安化县1993年国民经济和社会发展计划执行情况与1994年国民经济和社会发展计划的报告的决议》《关于安化县1993年财政决算和1994年财政预算的决议》《关于安化县人大常委会工作报告的决议》《关于安化县人民法院工作报告的决议》《关于安化县人民检察院工作报告的决议》《关于实行普法执法责任制的决议》。

三、县第十二届人民代表大会第三次会议

（一）会议概况

1994年6月4～5日，县第十二届人民代表大会第三次会议在东坪举行，会期2天，出席会议的代表321名。会议主要议程：1.审议通过《安化县第十二届人民代表大会第三次会议选举办法（草案）》；2.选举

出席益阳市第一届人民代表大会代表。

（二）会议机构

1.大会主席团和秘书长名单（共35人，按姓名笔画排序）：

丁甫田	王世万	王全坤	王来芝（女）	王定中	朱克安
伍惠予	伍湘安	刘　化	刘应生	刘昭曙	刘盛余
李厚宽	李保华	李敬华	李彰国	吴余保	张渡期
严芹芬	张石岩	陈君吾	陈怡庆	胡汉柱	胡学农
姚让之	陶玉堂	夏高林	谌涤尘	黄洁容	彭建富
游晓岚	鄢世昌	刘雪君	黎金龙	魏国斌	

秘书长：陈君吾（兼）

2.主席团常务主席：

李厚宽	王定中	谌涤尘	陈君吾	黎金龙
游晓岚	姚让之	朱克安		

3.副秘书长：

刘应生　卢善勋　陈道交　周　勇

（三）选举结果

选举出席益阳市第一届人民代表大会会议代表（共70人，按姓名笔画排序）：

丁为林	丁甫田	王义和	王世万	王定中	邓三龙
邓务本	卢　健	朱克安	伍芬迪	刘文定	刘光佐
刘如欣（女）	刘胜保	刘爱辉（女）	刘清华	刘新年	刘铭鼎
刘黎光	阳宝华	杨人杰	李良训	李厚宽	李铁岩
李稳石	李德生	肖三秋	肖寿松	吴习初	吴祖武
张云星（女）	张石岩	张治国	张建国	张祖雄	张渡期（女）
陈君吾（女）	陈建华	陈象中	陈德勋	林济云	欧阳金榜
罗显毅	罗建军	罗崇典	周明清	胡太来	胡旭曦
姚仲钦	姚蒲初	郭质彬	夏玉桃（女）	夏运全	陶玉堂
黄利民（女）	黄学华	黄厚兴	龚洵光	龚爱祥	龚德云
梁恒胜	谌立新	谌星政	谌满桃（女）	谢鹤延	蒋志高
鄢世昌	谭英波	颜雪华（女）	魏兰英（女）		

四、县第十二届人民代表大会第四次会议

（一）会议概况

1995年1月16～19日，县第十二届人民代表大会第四次会议在东坪举行，会期4天，出席会议的代表319名。会议主要议程：1.听取和审议县人民政府工作报告；2.听取和审议安化县1994年国民经济和社会发展计划执行情况及1995年国民经济和社会发展计划（草案）的报告；3.听取和审议安化县1994年财政预算执行情况和1995年财政预算（草案）的报告；4.听取和审议安化县人大常委会工作报告；5.

听取和审议安化县人民法院工作报告；6.听取和审议安化县人民检察院的工作报告；7.审议通过《安化县第十二届人民代表大会第四次会议选举法（草案）》；8.选举；9.通过大会决议决定。会议共收到代表议案13件。其中，除县人大常委会关于《认真贯彻“湖南省禁止赌博条例”，坚决制止赌博》的议案提请大会作出相应决定外，其余12件改作代表意见、批评和建议。

（二）会议机构

1.大会主席团和秘书长名单（共35人，按姓名笔画排序）：

丁甫田	王小悟	王世万	王全坤	王来芝	王定中
朱克安	伍惠予	伍湘安	刘　化	刘应生	刘昭曙
刘盛余	李厚宽	李敬华	吴余保	张石岩	张雪秋
张渡期	严芹芬	陈君吾	陈怡庆	胡汉柱	胡学农
姚让之	夏高林	陶玉堂	黄洁容	彭建富	游晓岚
鄢世昌	熊政权	谭雪君	黎金龙	魏国斌	

秘书长：陈君吾（兼）

2.主席团常务主席：

李厚宽	王定中	谌涤尘	陈君吾	黎金龙	游晓岚
姚让之	朱克安				

（三）选举结果

会议补选陈道交为县第十二届人大常委会委员，王亮、刘见曙、赵维军为益阳市第一届人大代表。

（四）决议决定

会议经过代表充分审议，通过了《关于政府工作报告的决议》《关于安化县1984年国民经济和社会发展计划执行情况及1995年国民经济和社会发展计划的决议》《关于安化县1994年财政决算和1995财政预算的决议》《关于安化县人大常委会工作报告的决议》《关于安化县人民法院工作报告的决议》《关于安化县人民检察院工作报告的决议》。

五、县第十二届人民代表大会第五次会议

（一）会议概况

1996年1月26～30日，县第十二届人民代表大会第五次会议在东坪举行，会期5天，出席会议的代表321名。会议主要议程：1.听取和审议县人民政府工作报告；2.听取和审议安化县1995年财政预算执行情况和1996年财政预算（草案）的报告；3.听取和审议安化县1995年国民经济和社会发展计划执行情况及1996年国民经济和社会发展计划（草案）的报告；4.听取和审议安化县“八五”计划执行情况和“九・五”计划设想（草案）的报告；5.听取和审议县人大常委会工作报告；6.听取和审议县人民法院工作报告；7.听取和审议县人民检察院工作报告；8.审议通过《安化县第十二届人民代表大会第五次会议选举办法（草案）》；9.选举；10.通过大会决议决定。本次会议共收到县人民政府和代表10人以上联合提出的议案35件。其中，县人民政府提出的“关于进一步加速科教兴县步伐”和“关于进一步扩大对外开放，加大招商引资力度”的两件议案分别作出了相应的决定。县直二团以及代表10人以上

联合分别提出的6件议案，一致要求降低邮电收费，废止安政发〔1992〕30号文件，建议立案，其余27件拟做意见、建议，交有关部门办理。

（二）会议机构

1.大会主席团和秘书长名单（共35人，按姓名笔画排序）：

丁甫田	王小悟	王世万	王全坤	王来芝	王定中
朱克安	伍惠予	伍湘安	刘　化	刘应生	刘昭曙
李厚宽	李敬华	吴余保	张石岩	张雪秋	张渡期
杨连利	严芹芬	陈君吾	陈怡庆	陈道交	胡汉柱
姚让之	夏玉恒	陶玉堂	黄洁容	彭建富	游晓岚
鄢世昌	谭雪君	熊政权	黎金龙	魏国斌	

秘书长：陈君吾（兼）

2.主席团常务主席：

李厚宽　王定中　张雪秋　陈君吾　黎金龙

游晓岚　姚让之　朱克安

3.大会副秘书长：

刘应生　卢善勋　陈道交　李周信

（三）选举结果

会议补选李稳石为县人民政府县长、刘孙承为县人民检察院检察长。

（四）决议决定

会议经过代表充分审议，通过了《关于政府工作报告的决议》《关于安化县1995年国民经济和社会发展计划执行情况及1996年国民经济和社会发展计划的决议》《关于安化县1995年财政预算执行情况和1996财政预算的决议》《关于安化县人大常委会工作报告的决议》《关于安化县人民法院工作报告的决议》《关于安化县人民检察院工作报告的决议》《关于安化县国民经济和社会发展“九五”计划和2010年远景目标的决议》《关于科教兴县的决议》《关于加大招商引资力度的决议》。

六、县第十二届人民代表大会第六次会议

1997年1月25～28日，县第十二届人民代表大会第六次会议在东坪举行，会期4天，出席会议的代表322名。会议主要议程：1.听取和审议县人民政府工作报告；2.听取和审议安化县1996年财政预算执行情况和1997年财政预算（草案）的报告；3.听取和审议安化县1996年国民经济和社会发展计划执行情况及1997年国民经济和社会发展计划（草案）的报告；4.听取和审议县人大常委会工作报告；5.听取和审议县人民法院工作报告；6.听取和审议县人民检察院工作报告；7.审议通过《安化县第十二届人民代表大会第六次会议选举办法（草案）》；8.选举；9.通过大会决议决定。本次会议共收到县人民政府和代表联合提出的议案36件。其中，县人民政府提出的“关于加强乡镇财政管理的议案”，主席团已决定立案，提请大会审议并作出相应的决议。其余35件议案，建议改作代表建议、批评和意见，闭会后由县人大常委会督促政府及有关部门重点办理。

（二）会议机构

1.大会主席团和秘书长名单（共35人，按姓名笔画排序）：

丁甫田	王小悟	王世万	王全坤	王来芝	王定中
朱克安	伍惠予	伍湘安	刘　化	刘应生	刘昭曙
李厚宽	李敬华	吴余保	张石岩	张雪秋	张渡期
杨连利	严芹芬	陈君吾	陈怡庆	陈道交	胡汉柱
姚让之	夏玉恒	陶玉堂	黄洁容	彭建富	游晓岚
鄢世昌	谭雪君	熊政权	黎金龙	魏国斌	

秘书长：陈君吾（兼）

2.主席团常务主席：

李厚宽	王定中	张雪秋	陈君吾	黎金龙	游晓岚
姚让之	朱克安				

（三）选举结果

会议补选符定安为县人民政府县长。

（四）决议决定

会议经过代表充分审议，通过了《关于政府工作报告的决议》《关于安化县1996年国民经济和社会发展执行情况及1997年国民经济和社会发展计划的决议》《关于安化县1996年财政预算执行情况和1997年财政预算的决议》《关于安化县人大常委会工作报告的决议》《关于安化县人民法院工作报告的决议》《关于安化县人民检察院工作报告的决议》《关于进一步加强乡镇财政管理的决议》。

第六节　县第十三届人民代表大会

一、县第十三届人民代表大会第一次会议

（一）会议概况

1997年12月28日至1998年1月2日，县第十三届人民代表大会第一次会议在东坪举行，会期6天，出席会议的代表322人。会议主要议程：1.听取和审议县人民政府工作报告；2.听取和审议安化县1997年国民经济和社会发展计划执行情况及1998年国民经济和社会发展计划（草案）的报告；3.听取和审议安化县1997年财政决算和1998年财政预算（草案）的报告；4.听取和审议县人大常委会工作报告；5.听取和审议县人民法院工作报告；6.听取和审议县人民检察院工作报告；7.审议通过县十三届人大第一次会议选举办法（草案）》；8.选举产生县十三届人大常委会主任、副主任、委员；9.选举产生县人民政府县长、副县长，人民法院院长，人民检察院检察长；10.通过大会决议决定。会议共收到代表联名和有关代表团提出的议案56件。其中，县十二届人大常委会提出的“关于加强民主法制建设，实施依法

治县”的议案，决定立案。其余52件议案，转作意见、建议。

（二）会议机构

1.大会主席团和秘书长名单（共33人，按姓名笔画排序）：

艾胜杜 朱克安 伍惠予 伍湘安 刘 化 刘玉龙
刘应生 刘昭曙 刘群松 刘解放 杨跃涛 李育才
吴余保 张书田 汪国钦 陈兴祥 陈君吾 陆雄彪
罗显毅 孟爱仁 周素武 姚让之 黄洁容 黄辉
符定安 傅世平 游晓岚 蒋国顺 蒋悟生 简席珍
谭雪君 蔡克勤 瞿放生

秘书长：陈君吾（兼）

2.主席团常务主席：

符定安 蔡克勤 杨跃涛 艾胜杜 陈君吾 游晓岚
姚让之 朱克安 傅世平 刘应生

3.副秘书长：

刘应生 李周信 姚尚真 龚稳章

4.财政预算审查委员会：

主任委员：陈君吾

委　　员：刘昭曙 肖三秋 何爱霞 罗显毅 陶延林
黄洁容 黄冬红 姚克勤

5.议案审查委员会：

主 任 委 员：姚让之

副主任委员：吴余保

委　　员：刘贻望 刘解放 刘群松 方笑霓 刘胜利

（三）选举结果

1.县人大常委会：

主　任：艾胜杜

副主任：陈君吾 傅世平 刘应生 肖三秋 朱克安
姚让之

委　员：何爱霞 伍惠予 吴余保 刘解放 黄洁容
罗显毅 方笑霓 龚稳章 刘贻望 陈兴祥
蒋国顺 陆雄彪 蒋化祥 刘胜利 黄冬红

2.县人民政府：

县　长：蔡克勤

副县长：肖寿松 邓晓君 欧润均 肖光球 宁秋良 蒋志高

3.县人民法院：

院长：葛志强

4.县人民检察院：

检察长：刘孙承（须报经市人民检察院提请市人大常委会批准）

（四）决议决定

会议经过代表充分审议，通过了《关于政府工作报告的决议》《关于安化县1997年国民经济和社会发展计划执行情况及1998年国民经济和社会发展计划的决议》《关于安化县1997年财政预算执行情况和1998年财政预算的决议》《关于安化县人大常委会工作报告的决议》《关于安化县人民法院工作报告的决议》《关于安化县人民检察院工作报告的决议》和《关于加强民主法制建设，实施依法治县的决议》。

二、县第十三届人民代表大会第二次会议

1999年1月1～5日，县第十三届人民代表大会第二次会议在东坪举行，会期5天，出席会议的代表293名。会议主要议程：1.听取和审议县人民政府工作报告；2.听取和审议安化县1998年国民经济和社会发展计划执行情况及1999年国民经济和社会发展计划（草案）的报告；3.听取和审议安化县1998年财政预算执行情况和1999年财政预算（草案）的报告；4.听取和审议县人大常委会工作报告；5.听取和审议县人民法院工作报告；6.听取和审议县人民检察院的工作报告；7.审议通过《安化县第十三届人民代表大会第二次会议选举办法（草案）》；8.选举产生出席益阳市第二届人民代表大会代表；9.补选县人大会常委会委员；10.通过大会有关决议决定。会议共收到代表提出的议案45件。这些议案，因为属于局部问题，或超过人大职权范围的问题，建议不予立案，改作代表意见、批评和建议，督促相关部门办理答复。

（二）会议机构

1.大会主席团和秘书长名单（共31人，按姓名笔画排序）：

方笑霓　卢本清　艾胜杜　朱克安　伍惠予　伍湘安
刘玉龙　刘应生　刘启化　刘群松　刘解放　肖三秋
吴余保　张书田　杨跃涛　何爱霞　陈兴祥　陈君吾
陆雄彪　罗显毅　孟爱仁　周素武　胡高登　姚让之
贺图南　黄冬红　黄洁容　符定安　龚稳章　傅世平
蒋国顺

秘书长：陈君吾（兼）

2.主席团常务主席：

符定安　杨跃涛　艾胜杜　陈君吾　姚让之　傅世平
刘应生　肖三秋　朱克安　何爱霞

3.副秘书长：

何爱霞　李周信　丁　微　龚稳章

（三）选举结果

1.选举出席益阳市第二届人民代表大会会议代表（共77人，按姓名笔画排列）：

王　彬　王子成　仇永香（女）　方笑霓（女）　邓军民　艾胜杜

龙高明	朱 冰	伍建国	匡爱军（女）	刘玉龙	刘孙承
刘时雨	刘洪波	刘晓平	刘解放	孙再华	李国林
李双如（女）	李远发	李和平	李建勋	肖山愚	肖国庆
吴新国	吴余保	陈延武	陈君吾（女）	汪国钦	张雪秋
张书田	张英华	张新德	陆筱军	林济云	林润姣（女）
杨智勇	宫学海	欧润均	罗赞村	周素吾	孟石源
孟爱仁	祝 改	胡民主	姚让之	贺建中	夏启光
夏玉恒	夏芝香（女）	夏求喜	郭质彬	涂国初	陶国华
陶本德	谌铁汉	黄冬红（女）	黄卧辉	黄燕玲（女）	龚悟云
龚魁林	眭和平	符定安	梁永安	彭平移	蒋汉书
蒋甫阶	蒋悟生	蒋跃登	葛志强	喻荣贵	傅其社
简席珍	蔡克勤	蔡波才	谭超美	戴恩荣	

2.会议补选姚奇生、姚尚真、陶延林为县人大常委会委员。

（四）决议决定

会议经过代表充分审议，通过了《关于政府工作报告的决议》《关于1998年国民经济和社会发展计划执行情况及1999年国民经济和社会发展计划的决议》《关于安化县1998年财政预算执行情况和1999年财政预算的决议》《关于安化县人大常委会工作报告的决议》《关于安化县人民法院工作报告的决议》《关于安化县人民检察院工作报告的决议》。

三、县第十三届人民代表大会第三次会议

（一）会议概况

2000年1月5～9日，县第十三届人民代表大会第三次会议在东坪举行，会期5天，出席会议的代表297名。会议主要议程：1.听取和审议县人民政府工作报告；2.听取和审议安化县1999年国民经济和社会发展计划执行情况及2000年国民经济和社会发展计划（草案）的报告；3.听取和审议安化县1999年财政预算执行情况和2000年财政预算（草案）的报告；4.听取和审议县人大常委会工作报告；5.听取和审议县人民法院工作报告；6.听取和审议县人民检察院工作报告；7.审议通过《安化县第十三届人民代表大会第三次会议选举办法（草案）》；8.选举；9.通过大会决议、决定。会议共收到代表提出的议案56件。经审查，不予立案，改作代表意见、批评和建议，督促相关部门办理。

（二）会议机构

1.大会主席团和秘书长名单（共35人，按姓名笔画排序）：

方笑霓	卢本清	艾胜杜	朱克安	伍惠予	伍湘安
刘玉龙	刘应生	刘启化	刘群松	刘解放	肖三秋
吴余保	张书田	何爱霞	陈兴祥	陈君吾	陆雄彪
罗显毅	孟爱仁	周素武	胡高登	姚让之	姚奇生
姚尚真	贺图南	欧润均	符定安	黄冬红	黄洁容
陶延林	龚稳章	傅世平	彭平移	蒋国顺	

秘书长：陈君吾（兼）

2.主席团常务主席：

符定安　艾胜杜　欧润均　陈君吾　姚让之　傅世平
朱克安　刘应生　肖三秋　何爱霞

3.副秘书长：

何爱霞　龚稳章　袁新球　刘跃迎

（三）选举结果

会议补选谭雪君为县人大常委会委员，曹雁翔为县人民检察院检察长。

（四）决议决定

会议经过代表充分审议，通过了《关于政府工作报告的决议》《关于1999年国民经济和社会发展计划执行情况及2000年国民经济和社会发展计划的决议》《关于1999年财政预算执行情况和2000年财政预算的决议》《关于安化县人大常委会工作报告的决议》《关于安化县人民法院工作报告的决议》《关于安化县人民检察院工作报告的决议》。

四、县第十三届人民代表大会第四次会议

（一）会议概况

2000年12月28日至2001年1月1日，县第十三届人民代表大会第四次会议在东坪举行，会期6天，出席会议的代表295名。会议主要议程：1.听取和审议县人民政府工作报告；2.听取和审议县人民政府关于“十五”计划的报告及安化县“十五”计划；3.听取和审议安化县2000年国民经济和社会发展计划执行情况及2001年国民经济和社会发展计划（草案）的报告；4.听取和审议安化县2000年财政预算执行情况和2001年财政预算（草案）的报告；5.听取和审议县人大常委会工作报告；6.听取和审议县人民法院工作报告；7.听取和审议县人民检察院工作报告；8.通过会议决议。会议共收到代表提出的议案58件。经审查，均不予立案，改作代表意见、批评和建议，交由县人民政府、县人民法院、县人民检察院（以下简称“一府两院”）及有关部门办理。

（二）会议机构

1.大会主席团和秘书长名单（共36人，按姓名笔画排序）：

方笑霓　卢本清　艾胜杜　朱克安　伍惠予　伍湘安
刘玉龙　刘启化　刘应生　刘解放　肖三秋　张书田
吴余保　陈兴祥　陈君吾　何爱霞　陆雄彪　罗显毅
孟爱仁　周素武　姚让之　姚奇生　姚尚真　贺图南
欧润均　符定安　黄冬红　黄仲华　黄洁容　陶延林
谌道安　龚稳章　傅世平　彭平移　蒋国顺　谭雪君

秘书长：陈君吾（兼）

2.主席团常务主席：

符定安　艾胜杜　欧润均　陈君吾　姚让之　傅世平
朱克安　刘应生　肖三秋　何爱霞

3.副秘书长：

何爱霞　龚稳章　伍国和　龙高明

（三）决议决定

会议经过代表充分审议，通过了《关于政府工作报告的决议》《关于安化县国民经济和社会发展第十个五年计划纲要（草案）》《关于安化县国民经济和社会发展第十个五年计划纲要（草案）的报告的决议》《关于2000年国民经济和社会发展计划执行情况及2001年国民经济和社会发展计划的决议》《关于2000年财政预算执行情况和2001年财政预算的决议》《关于安化县人大常委会工作报告的决议》《关于安化县人民法院工作报告的决议》《关于安化县人民检察院工作报告的决议》。

五、县第十三届人民代表大会第五次会议

（一）会议概况

2002年1月5～8日，县第十三届人民代表大会第五次会议在东坪举行，会期4天，出席会议的代表284名。会议主要议程：1.听取和审议县人民政府工作报告；2.听取和审议安化县2001年国民经济和社会发展计划执行情况及2002年国民经济和社会发展计划（草案）的报告；3.听取和审议安化县2001年财政预算执行情况和2002年财政预算（草案）的报告；4.听取和审议县人大常委会工作报告；5.听取和审议县人民法院工作报告；6.听取和审议县人民检察院工作报告；7.审议通过本次大会《选举办法》，补选县人民政府县长、县人民法院院长；8.通过会议决议决定。会议共收到代表10人以上联名或由代表团提出的议案38件。经审议，均不立案，改作代表批评、意见和建议，交相关部门办理。

（二）会议机构

1.大会主席团和秘书长名单（共36人，按姓名笔画排序）：

方笑霓	王新台	艾胜杜	向中益	朱克安	朱智业
刘启化	刘应生	刘解放	伍惠予	伍湘安	肖三秋
张书田	陈兴祥	陈君吾	吴余保	何爱霞	陆雄彪
罗显毅	孟爱仁	周素武	姚让之	姚奇生	姚尚真
贺图南	黄冬红	黄仲华	黄洁容	陶延林	符定安
龚稳章	傅世平	彭平移	蒋甫阶	蒋国顺	谭雪君

秘书长：陈君吾（兼）

2.主席团常务主席：

符定安　艾胜杜　王新台　陈君吾　姚让之　傅世平

朱克安　刘应生　肖三秋　何爱霞

3.副秘书长：

何爱霞　龚稳章　伍国和　龙高明

（三）选举结果

会议补选彭建忠为县人民政府县长，王国保为县人民法院院长。

（四）决议决定

会议经过代表充分审议，通过了《关于政府工作报告的决议》《关于2001年国民经济和社会发展计划执行情况及2002年国民经济和社会发展计划的决议》《关于安化县2001年财政预算执行情况和

2002年财政预算决议》《关于安化县人大常委会工作报告的决议》《关于安化县人民法院工作报告的决议》《关于安化县人民检察院工作报告的决议》。

第七节　县第十四届人民代表大会

一、县第十四届人民代表大会第一次会议

（一）会议概况

2003年1月5～9日，安化县第十四届人民代表大会第一次会议在东坪举行，会期5天。出席会议代表306名。会议议程：1.听取和审议县人民政府工作报告；2.听取和审议县发展计划物价局关于安化县2002年国民经济和社会发展计划执行情况及2003年国民经济和社会发展计划（草案)的报告；3.听取和审议县财政局关于安化县2002年财政预算执行情况和2003年财政预算（草案)的报告；4.听取和审议县人大常委会工作报告；5.听取和审议县人民法院工作报告；6.听取和审议县人民检察院工作报告；7.审议通过《安化县第十四届人民代表大会第一次会议选举办法（草案）》；8.选举产生安化县第十四届人民代表大会常务委员会主任、副主任、委员；选举产生安化县第十四届人民政府县长、副县长；9.选举产生安化县第十四届人民法院院长；10.选举产生安化县第十四届人民检察院检察长；11.通过大会决议决定。会议收到代表建议277件。

（二）会议机构

1.大会主席团和秘书长名单（共37人，按姓名笔画排序）：

万亚明	王美兰	王新台	文和平	邓为卫	龙汉凡
伍惠予	刘启化	刘解放	李周信	李能英	肖三秋
吴余保	张先吉	张渡期	周治平	柳金莲	姚庆轩
姚奇生	夏尔安	夏玉恒	夏华凤	夏国新	夏剑波
夏星辉	郭谷轩	高多庆	陶全林	符中岳	谌七桃
谌上游	彭平移	彭建忠	蒋甫阶	蒋金云	曾文书
熊政权					

秘书长：肖三秋（兼）

2.大会常务主席名单：

彭建忠	蒋金云	王新台	郭谷轩	肖三秋	曾文书
夏国新	高多庆	王美兰	张渡期		

3.大会临时中共党委名单：

书　记：彭建忠

副书记：蒋金云　郭谷轩

委　员：肖三秋　曾文书　夏国新　高多庆　王美兰

4.议案审查委员会主任委员、委员名单：

主任委员：蒋金云

委员（按姓名笔画排序）：

邓为卫　吴余保　姚奇生　夏华凤　夏星辉

彭平移

5.财政预算审查委员会主任委员、委员名单：

主任委员：肖三秋

委员（按姓名笔画排序）：

邓放清　刘　化　刘解放　姚庆轩　谌七桃

符中岳

（三）选举结果

1.县人大常委会：

主　任：蒋金云

副主任：肖三秋　夏国新　高多庆　王美兰　张渡期　彭平移

委　员：邓为卫　伍惠予　刘解放　李周信　李能英　吴余保

张介人　姚庆轩　姚奇生　夏玉恒　夏华凤　夏星辉

谌七桃　谌上游　熊政权

2.县人民政府：

县　长：王新台

副县长：阳腾跃　邓晓君　刘啸江　邓象庭　邓建平　伍国和

3.安化县人民法院：

院长：王国保

4.安化县人民检察院：

检察长：谈固（须报经市人民检察院提请市人大常委会批准）

（四）决议决定

大会经过代表充分审议，通过了《关于政府工作报告的决议》《关于安化县2002年度国民经济和社会发展计划执行情况及2003年度国民经济和社会发展计划报告的决议》《关于安化县2002年财政预算执行情况及2003年财政预算报告的决议》《关于安化县人大常委会工作报告的决议》《关于安化县人民法院工作报告的决议》《关于安化县人民检察院工作报告的决议》。

二、县第十四届人民代表大会第二次会议

（一）会议概况

2003年12月7～8日，安化县第十四届人民代表大会第二次会议在东坪举行，会期2天。出席会议代表305名。会议议程：1.听取和审议安化县人民代表大会常务委员会选举委员会工作报告；2.审议通过《安化县第十四届人民代表大会第二次会议选举办法（草案）；3.选举应由安化县产生的益阳市第三届人民代表大会代表。

（二）会议机构

1.大会主席团和秘书长名单（共35人，按姓名笔画排序）：

王美兰	文和平	邓为卫	龙汉凡	伍惠予	刘启化
刘解放	李周信	李能英	肖三秋	吴余保	张介人
张先吉	张渡期	周治平	柳金莲	胡夏初	姚庆轩
姚奇生	夏尔安	夏玉恒	夏华凤	夏国新	夏星辉
郭谷轩	高多庆	陶全林	谌七桃	谌上游	彭平移
彭建忠	蒋甫阶	蒋金云	廖文忠	熊政权	

秘书长：肖三秋（兼）

2.大会常务主席名单：

彭建忠	蒋金云	郭谷轩	肖三秋	夏国新	高多庆
王美兰	彭平移	张渡期	谌上游		

3.大会临时中共党委名单：

书　记：彭建忠

副书记：蒋金云　郭谷轩

委　员：肖三秋　夏国新　高多庆　王美兰　彭平移　谌上游

（三）选举结果

选举出席益阳市第三届人民代表大会代表（共78名，按姓名笔画排序）：

王日平	王术槐	王有恒	王乔生	王放军	王画安
王国保	王美兰（女）	王新台	王新安	王德元	邓社开
龙冬梅（女）	龙汉凡	宁超文	伍　亮	刘　霞	刘仁光
刘凤华	刘松茂	刘洪伟	刘群松（女）	关杰（女满族）	阳腾跃
李　斌	李志明	李希山	李新成(回族)	李锡明	李德辉
杨智勇	杨英明（女）	肖三秋	肖山愚	肖伟群	吴余保
吴常青	邹雄彬	张云星（女）	张书田	张先吉	张铁岩
张雪秋	陆雄彪	陆国柱	罗兰英（女）	罗必胜	欧登云
周宪新	孟长庚	孟石源	胡佐颂	胡夏初	贺图南
夏凡来	夏剑波	郭红娟（女）	郭谷轩	谈　固	陶全林
黄正普	黄燕玲（女）	眭和平	曹建林	龚仁军	符定安
谌红雨（女）	彭仲元	彭建忠	蒋利人	蒋国先	蒋金云
阎湘鲁	傅其社	谢梦阳	蔡卫红	谭曙升	魏　刚

三、县第十四届人民代表大会第三次会议

（一）会议概况

2004年2月8～11日，安化县第十四届人民代表大会第三次会议在东坪举行，会期4天。出席会议代表305名。会议议程：1.听取和审议安化县人民政府工作报告；2.听取和审议安化县2003年国民经济和

社会发展计划执行情况及2004年国民经济和社会发展计划（草案）的报告；3.听取和审议安化县2003年财政预算执行情况和2004年财政预算（草案）的报告；4.听取和审议县人大常委会工作报告；5.听取和审议安化县人民法院工作报告；6.听取和审议安化县人民检察院工作报告；7.通过有关决议决定。会议共收到代表议案和建议104件。

（二）会议机构

1.大会主席团和秘书长名单（共36人，按姓名笔画排序）：

王美兰	王新台	文和平	邓为卫	龙汉凡	伍惠予
刘启化	刘解放	李周信	李能英	肖三秋	吴余保
张介人	张先吉	张渡期	周治平	柳金莲	胡夏初
姚庆轩	姚奇生	夏尔安	夏玉恒	夏华凤	夏国新
夏星辉	郭谷轩	高多庆	陶全林	谌七桃	谌上游
彭平移	彭建忠	蒋甫阶	蒋金云	廖文忠	熊政权

秘书长：肖三秋（兼）

2.大会常务主席名单：

彭建忠	蒋金云	王新台	郭谷轩	肖三秋	夏国新
高多庆	王美兰	彭平移	张渡期	谌上游	

3.大会临时中共党委名单：

书　记：彭建忠

副书记：蒋金云　王新台　郭谷轩

委　员：肖三秋　夏国新　高多庆　王美兰　彭平移　谌上游

4.议案审查委员会主任委员、委员名单：

主任委员：王美兰

委　　员（按姓名笔画排序）：

邓为卫　吴余保　姚奇生　夏玉恒　夏华凤　夏星辉

5.财政预算审查委员会主任委员、委员名单：

主任委员：肖三秋

委　　员（按姓名笔画排序）：

邓放清　刘　化　刘解放　姚庆轩　谌七桃　符中岳

（三）决议决定

大会经过代表充分审议，通过了《关于政府工作报告的决议》《关于安化县2003年度国民经济和社会发展计划执行情况及2004年度国民经济和社会发展计划报告的决议》《关于安化县2003年财政预算执行情况及2004年财政预算报告的决议》《关于安化县人大常委会工作报告的决议》《关于安化县人民法院工作报告的决议》《关于安化县人民检察院工作报告的决议》。

四、县第十四届人民代表大会第四次会议

（一）会议概况

2005年1月8～11日，安化县第十四届人民代表大会第四次会议在东坪举行，会期4天。出席会议代表304名。会议议程：1.听取和审议安化县人民政府工作报告；2.听取和审议安化县2004年国民经济和社会发展计划执行情况及2005年国民经济和社会发展计划（草案）的报告；3.听取和审议安化县2004年财政预算执行情况和2005年财政预算（草案）的报告；4.听取和审议县人大常委会工作报告；5.听取和审议安化县人民法院工作报告；6.听取和审议安化县人民检察院工作报告；7.选举安化县人民政府县长；8.通过有关决议决定。会议共收到代表议案和建议156件。

（二）会议机构

1.大会主席团和秘书长名单（共36人，按姓名笔画排序）：

王美兰　文和平　邓为卫　邓社开　伍惠予　刘启化
刘解放　李周信　李能英　肖三秋　吴余保　张介人
张先吉　张渡期　周治平　柳金莲　胡夏初　姚庆轩
姚奇生　夏尔安　夏玉恒　夏华凤　夏国新　夏星辉
郭谷轩　高多庆　谌七桃　谌上游　彭平移　彭建忠
谢寿保　蒋甫阶　蒋金云　蒋毅华　廖文忠　熊政权

秘书长：肖三秋（兼）

2.大会常务主席名单:

彭建忠　蒋金云　谢寿保　郭谷轩　肖三秋　夏国新
高多庆　王美兰　彭平移　张渡期　谌上游

3.大会临时中共党委名单:

书　记：彭建忠

副书记：蒋金云　谢寿保　郭谷轩

委　员：肖三秋　夏国新　高多庆　王美兰　彭平移　谌上游

4.议案审查委员会主任委员、委员名单：

主任委员：王美兰

委　　员（按姓名笔画排序）：

邓为卫　吴余保　姚奇生　夏玉恒　夏华凤　夏星辉

5.财政预算审查委员会主任委员、委员名单：

主任委员：肖三秋

委　　员（按姓名笔画排序）：

邓放清　刘　化　刘解放　姚庆轩　谌七桃　符中岳

（三）选举结果

会议选举谢寿保为安化县人民政府县长。

（四）决议决定

大会经过代表充分审议，通过了《关于政府工作报告的决议》《关于安化县2004年度国民经济和社会发展计划执行情况及2005年度国民经济和社会发展计划报告的决议》《关于安化县2004年财政预算执行情况及2005年财政预算报告的决议》《关于安化县人大常委会工作报告的决议》《关于安化县人民法院工作报告的决议》《关于安化县人民检察院工作报告的决议》《安化县第十四届人民代表大会第四次会议主席团审议意见》。

五、县第十四届人民代表大会第五次会议

（一）会议概况

2006年1月3～7日，安化县第十四届人民代表大会第五次会议在东坪举行，会期5天。出席会议代表299名。会议议程：1.听取和审议安化县人民政府工作报告；2.听取和审议安化县人民政府关于《安化县国民经济和社会发展第十一个五年规划纲要（草案）》的报告；3.听取和审议安化县2005年国民经济和社会发展计划执行情况及2006年国民经济和社会发展计划（草案）的报告；4.听取和审议安化县2005年财政预算执行情况和2006年财政预算（草案）的报告；5.听取和审议安化县人大常委会工作报告；6.听取和审议安化县人民法院工作报告；7.听取和审议安化县人民检察院工作报告；8.选举安化县第十四届人大常委会委员；9.通过有关决议决定。会议共收到代表议案和建议87件。

（二）会议机构

1.大会主席团和秘书长名单（共37人，按姓名笔画排序）：

王美兰	文和平	邓社开	伍惠予	刘　震	刘解放
刘鹤村	李周信	李能英	李德辉	肖三秋	吴余保
张介人	张铁岩	张渡期	罗舜寰	周治平	周景书
姚庆轩	姚奇生	夏尔安	夏玉恒	夏华凤	夏国新
夏星辉	郭利红	郭谷轩	高多庆	谌七桃	谌上游
彭平移	彭建忠	蒋金云	蒋毅华	谢寿保	廖文忠
熊政权					

秘书长：肖三秋（兼）

2.大会常务主席名单：

彭建忠	蒋金云	谢寿保	郭谷轩	肖三秋	夏国新
高多庆	王美兰	彭平移	张渡期	谌上游	

3.大会临时中共党委名单：

书　记：彭建忠

副书记：蒋金云　谢寿保　郭谷轩

委　员：肖三秋　夏国新　高多庆　王美兰　彭平移　谌上游

4.议案审查委员会主任委员、委员名单：

主任委员：王美兰

委　　员（按姓名笔画排序）：

吴余保　罗舜寰　姚奇生　夏玉恒　夏华凤

夏星辉　夏赞辉

5.财政预算审查委员会主任委员、委员名单：

主任委员：肖三秋

委　　员（按姓名笔画排序）：

邓放清　刘　化　刘解放　姚庆轩　谌七桃　符中岳

（三）选举结果

会议补选罗舜寰、郭利红为县人大常委会委员。

（四）决议决定

大会经过代表充分审议，通过了《关于政府工作报告的决议》《关于安化县国民经济和社会发展第十一个五年规划纲要决议（草案）》《关于安化县2005年度国民经济和社会发展计划执行情况及2006年度国民经济和社会发展计划报告的决议》《关于安化县2005年财政预算执行情况及2006年财政预算报告的决议》《关于安化县人大常委会工作报告的决议》《关于安化县人民法院工作报告的决议》《关于安化县人民检察院工作报告的决议》《安化县第十四届人民代表大会第五次会议主席团审议意见》。

六、县第十四届人民代表大会第六次会议

（一）会议概况

2007年1月8～11日，安化县第十四届人民代表大会第六次会议在东坪举行，会期4天。出席会议代表304名。会议议程：1.听取和审议安化县人民政府工作报告；2.听取和审议安化县2006年度国民经济和社会发展计划执行情况及2007年度国民经济和社会发展计划（草案）的报告；3.听取和审议安化县2006年度财政预算执行情况和2007年度财政预算（草案）的报告；4.听取和审议安化县人大常委会工作报告；5.听取和审议安化县人民法院工作报告；6.听取和审议安化县人民检察院工作报告；7.补选安化县人民检察院检察长和安化县第十四届人大常委会委员；8.通过有关决议决定。会议共收到代表议案和建议67件。

（二）会议机构

1.大会主席团和秘书长名单（共37人，按姓名笔画排序）：

王美兰　邓军华　卢雄辉　伍　亮　伍惠予　刘解放

陆筱军　李周信　李能英　肖三秋　吴余保　张介人

张书田　张渡期　罗舜寰　周景书　郑伯怡　姚长春

姚庆轩　姚奇生　贺心武　夏凡来　夏尔安　夏玉恒

夏华凤　夏国新　夏星辉　郭利红　郭谷轩　高多庆

陶月平　谌七桃　彭平移　彭建忠　蒋金云　谢寿保

熊政权

秘书长：肖三秋（兼）

2.大会常务主席名单：

彭建忠　蒋金云　谢寿保　郭谷轩　肖三秋　夏国新
高多庆　王美兰　彭平移　张渡期　陶月平

3.大会临时中共党委名单：

书　记：彭建忠

副书记：蒋金云　谢寿保　郭谷轩

委　员：肖三秋　夏国新　高多庆　王美兰　彭平移　陶月平

4.议案审查委员会主任委员、委员名单：

主任委员：王美兰

委员（按姓名笔画排序）：

吴余保　罗舜寰　姚奇生　夏玉恒　夏华凤　夏星辉
夏赞辉

5.财政预算审查委员会主任委员、委员名单：

主任委员：肖三秋

委员（按姓名笔画排序）：

邓放清　刘　化　刘解放　姚庆轩　谌七桃　符中岳

（三）选举结果

1.会议补选符大欣为安化县人民检察院检察长（须报经市人民检察院提请市人大常委会批准）。

2.会议补选陶月平为县人大常委会委员。

（四）决议决定

大会经过代表充分审议，通过了《关于政府工作报告的决议》《关于安化县2006年度国民经济和社会发展计划执行情况及2007年度国民经济和社会发展计划报告的决议》《关于安化县2006年财政预算执行情况及2007年财政预算报告的决议》《关于安化县人大常务会工作报告的决议》《关于安化县人民法院工作报告的决议》《关于安化县人民检察院工作报告的决议》《安化县第十四届人民代表大会第五次会议主席团关于“一府两院”工作报告的审议意见》。

第八节　县第十五届人民代表大会

一、县第十五届人民代表大会第一次会议

（一）会议概况

2007年12月14～19日，安化县第十五届人民代表大会第一次会议在东坪举行，会期6天。出席会议的代表303名。会议主要议程：1.听取和审议安化县人民政府工作报告；2.审议安化县2007年度国民经济和社会发展计划执行情况及2008年度国民经济和社会发展计划（草案）的报告；3.审议安化县2007

年度财政预算执行情况和2008年度财政预算（草案）的报告；4.听取和审议安化县人大常委会工作报告；5、听取和审议安化县人民法院工作报告；6.听取和审议安化县人民检察院工作报告；7.审议通过《安化县第十五届人民代表大会第一次会议选举办法（草案）》；8.选举产生安化县第十五届人民代表大会常务委员会主任、副主任、委员；9.选举产生安化县第十五届人民政府县长、副县长；10.选举产生安化县第十五届人民法院院长；11.选举产生安化县第十五届人民检察院检察长；12.通过有关决议决定。会议共收到代表议案和建议138件。

（二）会议机构

1.大会主席团和秘书长名单（共42人，按姓名笔画排序）：

王伟俊	宁志强	邓晓君	伍惠予	刘国平	刘昭阳
刘锻武	杨光鑫	肖　锋	肖伟群	李太源	李艳云
李晓跃	吴能高	张　勇	张渡期	陈高超	罗舜寰
周共华	周景书	周德淑	易建礼	姚庆轩	贺启明
贺培华	夏尔安	夏华凤	夏国新	夏星辉	夏增强
高多云	高多庆	陶月平	黄夫成	黄顺安	龚国强
符凤文	彭平移	蒋金云	谢寿保	简新立	廖双初

秘书长：邓晓君（兼）

2.大会常务主席名单：

谢寿保	蒋金云	杨光鑫	刘昭阳	贺启明	李太源
李晓跃	符凤文	邓晓君	夏国新	高多庆	张渡期
彭平移	陶月平				

3.大会临时中共党委名单：

书　记：谢寿保

副书记：蒋金云　杨光鑫　刘昭阳

委　员：贺启明　李太源　李　晓　符凤文　邓晓君　夏国新

高多庆　彭平移　陶月平

4.议案审查委员会主任委员、委员名单：

主任委员：邓晓君

委　　员（按姓名笔画排序）：

肖庆芳　罗舜寰　夏华凤　夏星辉　高多云　龚国强

5.财政预算审查委员会主任委员、委员名单：

主任委员：邓晓君

委　　员（按姓名笔画排序）：王运明　姚庆轩　唐佩云　黄夫成

（三）选举结果

1.安化县人大常委会：

主　任：蒋金云

副主任：邓晓君　夏国新　高多庆　张渡期　彭平移

委　员：王伟俊　伍惠予　刘国平　肖伟群　李艳云　张　勇

陈高超　罗舜寰　周共华　周景书　易建礼　姚庆轩

夏华凤　夏星辉　陶月平　黄夫成　龚国强　简新立

廖双初

2.安化县人民政府：

县　长：杨光鑫

副县长：蒋跃登　魏　刚　邹雄彬　胡跃龙　黄东红　罗必胜

3.安化县人民法院：

院长：张立新

4.安化县人民检察院：

检察长：符大欣（须报经市人民检察院提请市人大常委会批准）

（四）决议决定

大会经过代表充分审议，通过了《关于政府工作报告的决议》《关于安化县2007年度国民经济和社会发展计划执行情况及2008年度国民经济和社会发展计划报告的决议》《关于安化县2007年财政预算执行情况及2008年财政预算报告的决议》《关于安化县人大常委会工作报告的决议》《关于安化县人民法院工作报告的决议》《关于安化县人民检察院工作报告的决议》。

二、县第十五届人民代表大会第二次会议

（一）会议概况

2008年12月17～21日，安化县第十五届人民代表大会第二次会议在东坪举行，会期5天。出席会议的代表304名。会议主要议程：1.听取和审议县人民政府工作报告；2.审议安化县2008年度国民经济和社会发展计划执行情况及2009年度国民经济和社会发展计划（草案）的报告；3.审议安化县2008年度财政预算执行情况及2009年度财政预算（草案）的报告；4.听取和审议县人大常委会工作报告；5.听取和审议县人民法院工作报告；6.听取和审议县人民检察院工作报告；7.审议通过《安化县第十五届人民代表大会第二次会议选举办法（草案）》；8.选举产生应由安化选举产生的益阳市第四届人民代表大会代表；9.通过大会决议决定。会议共收到代表议案和建议120件。

（二）会议机构

1.大会主席团和秘书长名单（共42人，按姓名笔画排序）：

王伟俊　宁志强　邓晓君　伍惠予　刘国平　刘昭阳

刘锻武　杨光鑫　肖　锋　肖伟群　李太源　李艳云

李晓跃　吴能高　张　勇　张渡期　陈高超　罗舜寰

周共华　周景书　周德淑　易建礼　姚庆轩　贺启明

贺培华　夏尔安　夏华凤　夏国新　夏星辉　夏增强

高多云　高多庆　陶月平　黄夫成　黄顺安　龚国强

符凤文　彭平移　蒋金云　谢寿保　简新立　廖双初

秘书长：邓晓君（兼）

2.大会常务主席名单：

谢寿保	蒋金云	杨光鑫	刘昭阳	贺启明	李太源
李晓跃	符凤文	邓晓君	夏国新	高多庆	张渡期
彭平移	陶月平				

3.大会临时中共党委名单：

书　记：谢寿保

副书记：杨光鑫　刘昭阳　蒋金云

委　员：贺启明　李太源　李晓跃　符凤文　邓晓君　夏国新
高多庆　彭平移　陶月平

4.议案审查委员会主任委员、委员名单：

主 任 委 员：邓晓君

副主任委员：罗舜寰

委　　员（按姓名笔画排序）：

肖庆芳　夏华凤（女）　夏星辉　高多云　龚国强

5.财政预算审查委员会主任委员、委员名单：

主任委员：彭平移

委　　员（按姓名笔画排序）：

王运明　姚庆轩　唐佩云（女）　黄夫成

（三）选举结果

选举出席益阳市第四届人民代表大会代表名单（共82名，按姓名笔画排序）：

丁一飞	王　毅	王长富	王正义	王术槐	王刚强
王运明	王益文	王煜辉	邓晓君（女）	石建萍（女）	龙星乔
冯静华（女）	宁红山	吉爱军（女）	向剑锋	吴蜀湘	吴长云
伍　亮	伍务龙	刘文凯	刘　燕	刘岳辉	刘宝祥
刘昭阳	刘锻武	刘鹤村	杨光鑫	杨　军	杨志勇
李　云	李华山	李志生	李志荣	李志强	李征祥
李晓跃	李跃祥	肖庆芳	陈建国	陈　斌	张俊山
张　勇（女）	张立新	张攸人	张青娥（女）	张渡期（女）	张新德
罗舜寰	罗秋生	周新飞	赵泽安	倪福林	姚国良
贺中义	贺启明	贺　新	夏凡来	夏增强	殷增业
袁国军	郭顺德	陶莉莎（女）	高多云	曹中坚	符大欣
黄夫成	黄志军	黄顺安	龚国强	龚育凡	龚悟云
程纪龙	蒋金云	蒋跃登	谢寿保	谢建中	詹望彪
廖小甫	谭喜华	谭喜群	瞿东江		

（四）决议决定

大会经过代表充分审议，通过了《关于政府工作报告的决议》《关于安化县2008年度国民经济和社会发展计划执行情况及2009年度国民经济和社会发展计划报告的决议》《关于安化县2008年财政预算执行情况及2009年财政预算报告的决议》《关于安化县人大常委会工作报告的决议》《关于安化县人民法院工作报告的决议》《关于安化县人民检察院工作报告的决议》。

三、县第十五届人民代表大会第三次会议

（一）会议概况

2010年1月11～14日，安化县第十五届人民代表大会第三次会议在东坪举行，会期4天。出席会议的代表302名。会议主要议程：1.听取和审议县人民政府工作报告；2.审议安化县2009年度国民经济和社会发展计划执行情况及2010年度国民经济和社会发展计划（草案）的报告；3.审议安化县2009年度财政预算执行情况及2010年度财政预算（草案）的报告；4.听取和审议县人大常委会工作报告；5.听取和审议县人民法院工作报告；6.听取和审议县人民检察院工作报告；7.补选安化县人大常委会委员；8.通过大会决议决定。会议共收到代表议案和建议98件。

（二）会议机构

1.大会主席团和秘书长名单（共38人，按姓名笔画排序）：

王伟俊	王良才	邓晓君	宁志强	伍务龙	伍惠予
刘国平	刘锻武	吴能高	张　勇	张渡期	李俊夫
李艳云	杨光鑫	肖　锋	肖伟群	陈高超	周共华
易建礼	罗舜寰	姚庆轩	贺启明	贺培华	夏国新
夏星辉	夏增强	陶月平	高多云	高多庆	黄夫成
黄顺安	龚国强	彭平移	蒋金云	蒋跃登	谢寿保
简新立	廖双初				

秘书长：邓晓君（兼）

2.大会常务主席名单：

谢寿保	蒋金云	杨光鑫	蒋跃登	李俊夫	贺启明
邓晓君	夏国新	高多庆	张渡期	彭平移	陶月平

3.大会临时中共党委名单：

书　记：谢寿保

副书记：杨光鑫　蒋跃登　蒋金云

委　员：李晓跃　李太源　符凤文　祁　辉　邓晓君　夏国新　高多庆　彭平移　陶月平

4.议案审查委员会主任委员、委员名单：

主 任 委 员：邓晓君

副主任委员：罗舜寰

委　　员（按姓名笔画排序）：

肖庆芳　陆筱军　夏华凤　夏星辉　高多云

龚国强　廖双初

5.财政预算审查委员会主任委员、委员名单：

主任委员：彭平移

委　　员（按姓名笔画排序）：

王运明　姚庆轩　唐佩云　黄夫成

（三）选举结果

会议补选为陆筱军、刘锻武为县人大常委会委员。

（四）决议决定

大会经过代表充分审议，通过了《关于政府工作报告的决议》《关于安化县2009年度国民经济和社会发展计划执行情况及2010年度国民经济和社会发展计划报告的决议》《关于安化县2009年财政预算执行情况及2010年财政预算报告的决议》《关于安化县人大常委会工作报告的决议》《关于安化县人民法院工作报告的决议》《关于安化县人民检察院工作报告的决议》。

四、县第十五届人民代表大会第四次会议

（一）会议概况

2011年1月6～9日，安化县第十五届人民代表大会第四次会议在东坪举行，会期4天。出席会议的代表300名。会议主要议程：1.听取和审议县人民政府工作报告；2.听取和审议县人民政府《关于安化县国民经济和社会发展第十二个五年规划纲要（草案）》的报告；3.审议安化县2010年度国民经济和社会发展计划执行情况及2011年度国民经济和社会发展计划（草案）的报告；4.审议安化县2010年度财政预算执行情况及2011年度财政预算（草案）的报告；5.听取和审议县人大常委会工作报告；6.听取和审议县人民法院工作报告；7.听取和审议县人民检察院工作报告；8.补选安化县人大常委会委员；9.通过大会决议决定。会议共收到代表议案和建议69件。

（二）会议机构

1.大会主席团和秘书长名单（共39人，按姓名笔画排序）：

王伟俊　邓晓君　宁志强　龙吉明　伍务龙　伍惠予

刘国平　刘锻武　吴能高　张　勇　张渡期　李俊夫

李振洲　李艳云　李德辉　杨光鑫　肖　锋　肖伟群

陆筱军　陈高超　易建礼　罗舜寰　胡　春　贺中义

贺培华　夏光义　夏国新　夏星辉　陶月平　高多云

高多庆　黄夫成　龚国强　彭平移　蒋金云　蒋跃登

谢寿保　简新立　瞿军盛

秘书长：邓晓君（兼）

2.大会常务主席名单：

谢寿保 蒋金云 杨光鑫 蒋跃登 李俊夫 邓晓君

夏国新 高多庆 张渡期 彭平移 陶月平

3.大会临时中共党委名单：

书 记：谢寿保

副书记：杨光鑫 蒋跃登 蒋金云

委 员：李太源 李晓跃 符凤文 祁 辉 邓晓君

夏国新 高多庆 彭平移 陶月平

4.议案审查委员会主任委员、委员名单：

主任委员：邓晓君

副主任委员：龙吉明

委 员（按姓名笔画排序）：

陆筱军 罗舜寰 夏星辉 高多云 龚国强

5.财政预算审查委员会主任委员、委员名单：

主任委员：彭平移

委 员（按姓名笔画排序）：

王运明 肖庆芳 胡 春 唐佩云 黄夫成

（三）选举结果

会议补选龙吉明、胡春、瞿军盛、吉爱军为县人大常委会委员。

（四）决议决定

大会经过代表充分审议，通过了《关于政府工作报告的决议》《关于安化县国民经济和社会发展第十二个五年规划纲要的决议》《关于安化县2010年度国民经济和社会发展计划执行情况及2011年度国民经济和社会发展计划报告的决议》《关于安化县2010年财政预算执行情况及2011年财政预算报告的决议》《关于安化县人大常委会工作报告的决议》《关于安化县人民法院工作报告的决议》《关于安化县人民检察院工作报告的决议》。

五、县第十五届人民代表大会第五次会议

（一）会议概况

2011年12月27～31日，安化县第十五届人民代表大会第五次会议在东坪举行，会期5天。出席会议的代表298名。会议主要议程：1.听取和审议县人民政府工作报告；2.审议安化县2011年度国民经济和社会发展计划执行情况及2012年度国民经济和社会发展计划（草案）的报告；3.审议安化县2011年度财政预算执行情况及2012年度财政预算（草案）的报告；4.听取和审议县人大常委会工作报告；5.听取和审议县人民法院工作报告；6.听取和审议县人民检察院工作报告；7.补选安化县人大常委会主任；8.通过大会决议决定。会议共收到代表议案和建议68件。

（二）会议机构

1.大会主席团和秘书长名单（共40人，按姓名笔画排序）：

王　毅　王正义　王伟俊　邓晓君　龙吉明　伍　亮
伍惠予　刘国平　刘宝祥　刘锻武　吉爱军　汤中望
张　勇　张良保　张渡期　李太源　李俊夫　李振洲
李艳云　李德辉　杨光鑫　肖伟群　陆继儒　陈高超
易建礼　罗舜寰　胡　春　夏国新　夏星辉　陶月平
高多庆　黄夫成　龚国强　彭平移　蒋金云　蒋跃登
谢寿保　简新立　廖小甫　瞿军盛

秘书长：邓晓君（兼）

2.大会常务主席名单：

谢寿保　蒋金云　杨光鑫　李俊夫　李太源　蒋跃登
邓晓君　夏国新　高多庆　张渡期　彭平移　陶月平

3.大会临时中共党委名单：

书　记：谢寿保

副书记：杨光鑫　李太源　蒋金云

委　员：李晓跃　胡跃龙　祁　辉　蒋跃登　邓晓君
夏国新　高多庆　彭平移　陶月平

4.议案审查委员会主任委员、委员名单：

主任委员：邓晓君

副主任委员：龙吉明

委　员（按姓名笔画排序）：

陆筱军　罗舜寰　夏星辉　高多云　龚国强

5.财政预算审查委员会主任委员、委员名单：

主任委员：彭平移

委　员（按姓名笔画排序）：

王运明　肖庆芳　胡　春　唐佩云　黄夫成

（三）选举结果

会议补选蒋跃登为县第十五届人大常委会主任。会议同意蒋金云辞去县第十五届人大常委会主任职务。

（四）决议决定

大会经过代表充分审议，通过了《关于政府工作报告的决议》《关于安化县2011年度国民经济和社会发展计划执行情况及2012年度国民经济和社会发展计划报告的决议》《关于安化县2011年财政预算执行情况及2012年财政预算报告的决议》《关于安化县人大常委会工作报告的决议》《关于安化县人民法院工作报告的决议》《关于安化县人民检察院工作报告的决议》。

第九节 县第十六届人民代表大会

一、县第十六届人民代表大会第一次会议

（一）会议概况

2012年11月23～30日，安化县第十六届人民代表大会第一次会议在东坪举行，会期7天。出席会议的代表303名。会议主要议程:1.听取和审议安化县人民政府工作报告；2.审议安化县2012年度国民经济和社会发展计划执行情况及2013年度国民经济和社会发展计划（草案）的报告；3.审议安化县2012年度财政预算执行情况和2013年度财政预算（草案）的报告；4.听取和审议县人大常委会工作报告；5.听取和审议县人民法院工作报告；6.听取和审议县人民检察院工作报告；7.审查通过《安化县第十六届人民代表大会第一次会议选举办法（草案）》；8.选举安化县第十六届人民代表大会常务委员会主任、副主任、委员；9.选举安化县人民政府县长、副县长；10.选举安化县人民法院院长；11.选举安化县人民检察院检察长；12.选举应由安化县选举产生的益阳市第五届人民代表大会代表；13.通过有关决议决定。会议共收到代表议案和建议149件。

（二）会议机构

1.大会主席团和秘书长名单（共45人，按姓名笔画排序）：

文光明 王正义 王伟俊 王益文 王　毅 石建萍
龙吉明 伍　亮 刘国平 刘跃迎 刘锻武 汤中望
祁　辉 张　勇 李太源 李晓跃 李艳云 李德辉
杨光鑫 肖伟群 陆继儒 陈明礼 陈洁云 陈高超
易建礼 林衍长 姚国良 胡导平 胡　春 胡跃龙
夏华凤 夏新情 符美田 黄玉花 黄志军 黄顺安
龚育凡 蒋跃登 谢寿保 谢智兴 简新立 廖小寒
谭文潮 谭安民 瞿军盛

秘书长：黄志军（兼）

2.大会常务主席名单：

谢寿保 蒋跃登 杨光鑫 李晓跃 胡跃龙 王益文
祁　辉 符美田 黄志军 刘跃迎 夏华凤 伍　亮
肖伟群 姚国良

3.大会临时中共党委名单：

书　记：谢寿保

副书记：杨光鑫 李晓跃 蒋跃登

委　员：胡跃龙 王益文 祁　辉 符美田 黄志军

刘跃迎　夏华凤　伍　亮　姚国良

4.议案审查委员会主任委员、委员名单：

主 任 委 员：黄志军

副主任委员：龙吉明

委　　员（按姓名笔画排序）：

邓晓君　李爱晖　肖庆芳　张跃军　陈洁云　陈高超

龚育凡　廖双初　谭安民

5.财政预算审查委员会主任委员、委员名单：

主 任 委 员：夏华凤

副主任委员：胡　春

委　　员（按姓名笔画排序）：

王良才　成大春　李志生　唐佩云　蒋亮全

（三）选举结果

1.安化县人大常委会：

主　任：蒋跃登

副主任：黄志军　刘跃迎　伍　亮　夏华凤　肖伟群

委　员：王伟俊　文光明　石建萍　龙吉明　刘国平　刘锻武

李艳云　张　勇　陈高超　易建礼　胡　春　胡导平

姚国良　夏新情　黄玉花　黄顺安　龚育凡　简新立

谭文潮　谭安民　瞿军盛

2.安化县人民政府：

县　长：杨光鑫

副县长：王益文　陶志高　杨慎之　贾博文　胡能华　郭利红

周登高

3.安化县人民法院：

院长：任菊文

4.安化县人民检察院：

检察长：戴新安（须报经市人民检察院提请市人大常委会批准）

5.出席益阳市第五届人民代表大会代表（共84名，按姓名笔画排序）：

王正义	王刚强	王建萍（女）	王益文	王新台	王煜辉
邓为卫	石建萍（女）	龙吉明	龙灿辉	龙星乔	丛培模
宁红山	吉爱军（女）	伍探春	任菊文	刘文凯	刘岳辉
刘学军	刘宝祥	刘超群	刘　斌	汤中望	祁　辉
李子升	李丰年	李　云	李志生	李建勋	李艳云（女）
李晓跃	李跃祥	杨光鑫	杨道雄	肖又香（女）	肖庆芳
肖　锋	吴能高	何国强	何忠于	张俊山	张　勇（女）

陈明朗	陈建福	陈洁云	陈晚飞	林衍长	周欢民
封晓秋	胡文良	贺启明	贺绵祖	贺新武	秦 兵
贾博文	夏志才	夏李灿	夏绪平	夏赞秋	徐 健（女）
殷增业	高招辉	黄志军	黄作荣	黄顺安	曹平辉
龚友生	龚江漫	龚魁林	谌纯章	蒋跃登	蒋智勇
蒋殿光	蒋豪刚	傅森河	曾 波	谢仁和	谢寿保
谢智兴	谭喜华	熊哲文	熊凌云（女）	戴新安	瞿永红

（四）决议决定

大会经过代表充分审议，通过了《关于政府工作报告的决议》《关于安化县2012年度国民经济和社会发展计划执行情况及2013年度国民经济和社会发展计划报告的决议》《关于安化县2012年财政预算执行情况及2013年财政预算报告的决议》《关于安化县人大常委会工作报告的决议》《关于安化县人民法院工作报告的决议》《关于安化县人民检察院工作报告的决议》《关于加快发展旅游业、推进茶旅一体化工作的决议》。

二、县第十六届人民代表大会第二次会议

（一）会议概况

2013年5月10～11日，安化县第十六届人民代表大会第二次会议在东坪举行，会期2天。出席会议的代表301名。会议主要议程:补选安化县人民政府县长。

（二）会议机构

1.大会主席团和秘书长名单（共45人，按姓名笔画排序）：

王正义	王伟俊	王良才	王益文	文光明	石建萍
龙吉明	伍 亮	刘立辉	刘国平	刘学军	刘跃迎
刘锻武	汤中望	祁 辉	张 勇	李太源	李晓跃
李艳云	杨光鑫	肖伟群	陈明礼	陈洁云	陈高超
易建礼	罗伟民	姚国良	胡 春	胡导平	胡跃龙
夏华凤	夏新情	黄玉花	黄志军	黄顺安	黄超群
龚育凡	蒋跃登	谢智兴	简新立	熊哲文	谭文潮
谭安民	瞿永红	瞿军盛			

秘书长：黄志军（兼）

2.大会常务主席名单：

杨光鑫	蒋跃登	熊哲文	李晓跃	李太源	胡跃龙
王益文	祁 辉	刘立辉	黄志军	刘跃迎	夏华凤
伍 亮	肖伟群	姚国良			

（三）选举结果

会议补选熊哲文为安化县人民政府县长。

三、县第十六届人民代表大会第三次会议

（一）会议概况

2013年12月23～26日，安化县第十六届人民代表大会第三次会议在东坪举行，会期4天。出席会议的代表307名。会议主要议程：1.听取和审议安化县人民政府工作报告；2.审议安化县2013年度国民经济和社会发展计划执行情况及2014年度国民经济和社会发展计划（草案）的报告；3.审议安化县2013年度财政预算执行情况和2014年度财政预算（草案）的报告；4.听取和审议安化县人大常委会工作报告；5.听取和审议安化县人民法院工作报告；6.听取和审议安化县人民检察院工作报告；7.审议通过《安化县第十六届人民代表大会第三次会议选举办法（草案）》；8.补选安化县第十六届人民代表大会常务委员会委员；9.通过有关决议决定。会议共收到代表建议103件。

（二）会议机构

1.大会主席团和秘书长名单（共40人，按姓名笔画排序）：

王正义　王良才　王益文　邓友良　文光明　石建萍
龙吉明　伍　亮　刘立辉　刘国平　刘学军　刘跃迎
刘锻武　汤中望　祁　辉　李太源　杨光鑫　肖伟群
陈明礼　陈洁云　易建礼　罗伟民　姚国良　胡导平
夏华凤　夏新情　黄玉花　黄志军　黄顺安　黄超群
龚育凡　蒋跃登　谢君毅　谢智兴　简新立　熊哲文
谭文潮　谭安民　瞿永红　瞿军盛

秘书长：黄志军（兼）

2.大会常务主席名单：

杨光鑫　蒋跃登　熊哲文　李太源　谢君毅　邓友良
王益文　祁　辉　刘立辉　黄志军　刘跃迎　夏华凤
伍　亮　肖伟群　姚国良

3.议案审查委员会主任委员、委员名单：

主 任 委 员：黄志军

副主任委员：龙吉明

委　　　员（按姓名笔画排序）：

文光明　邓生本　邓晓君　李爱晖　陈高超
龚育凡　谭安民

4.财政预算审查委员会主任委员、委员名单：

主 任 委 员：夏华凤

副主任委员：瞿军盛

委　　　员（按姓名笔画排序）：

成大春　李志生　杨正华　肖庆芳　胡　春
蒋亮全　谭智勇

（三）选举结果

会议补选刘百战、邓生本、张斌华、陈学海、夏昳、陈湘湘为县人大常委会委员。

（四）决议决定

大会经过代表充分审议，通过了《关于政府工作报告的决议》《关于安化县2013年度国民经济和社会发展计划执行情况及2014年度国民经济和社会发展计划报告的决议》《关于安化县2013年财政预算执行情况及2014年财政预算报告的决议》《关于安化县人大常委会工作报告的决议》《关于安化县人民法院工作报告的决议》《关于安化县人民检察院工作报告的决议》。

四、县第十六届人民代表大会第四次会议

（一）会议概况

2015年1月6～9日，安化县第十六届人民代表大会第四次会议在东坪举行，会期4天。出席会议的代表299名。会议主要议程：1.听取和审议安化县人民政府工作报告；2.听取和审议安化县人民政府贯彻落实县十六届人大一次会议《关于加快旅游产业发展推进茶旅一体化工作的决议》情况的报告；3.审议安化县2014年度国民经济和社会发展计划执行情况及2015年度国民经济和社会发展计划（草案）的报告（书面报告）；4.审议安化县2014年度财政预算执行情况和2015年度财政预算（草案）的报告（书面报告）；5.听取和审议县人大常委会工作报告；6.听取和审议县人民法院工作报告；7.听取和审议县人民检察院工作报告；8.审议通过《安化县第十六届人民代表大会第四次会议选举办法（草案）》；9.补选安化县人民法院院长；10.通过有关决议决定。会议共收到代表建议103件。

（二）会议机构

1.大会主席团和秘书长名单（共46人，按姓名笔画排序）：

王正义	王良才	王益文	邓友良	邓生本	文光明
石建萍	龙吉明	伍　亮	刘百战	刘国平	刘跃迎
刘锻武	汤中望	祁　辉	李太源	杨光鑫	肖伟群
陈明礼	陈洁云	陈学海	陈湘湘	张斌华	周华山
易建礼	罗伟民	姚国良	胡导平	夏　昳	夏华凤
夏新情	黄玉花	黄志军	黄顺安	黄超群	龚育凡
喻齐归	蒋跃登	谢君毅	谢智兴	简新立	熊哲文
谭文潮	谭安民	瞿永红	瞿军盛		

秘书长：黄志军（兼）

2.大会常务主席名单：

杨光鑫	蒋跃登	熊哲文	李太源	谢君毅	邓友良
王益文	祁　辉	喻齐归	黄志军	刘跃迎	夏华凤
伍　亮	肖伟群	姚国良			

3.议案审查委员会主任委员、委员名单：

主任委员：黄志军

副主任委员：龙吉明

委　　员（按姓名笔画排序）：

文光明	邓生本	邓晓君	李爱晖	陈高超
龚育凡	谭安民			

4.财政预算审查委员会主任委员、委员名单：

主 任 委 员：夏华凤

副主任委员：瞿军盛

委　　员（按姓名笔画排序）：

成大春	李志生	杨正华	肖庆芳	胡　春
蒋亮全	谭智勇			

（三）选举结果

会议补选孟新军为安化县人民法院院长。

（四）决议决定

大会经过代表充分审议，通过了《关于政府工作报告的决议》《关于安化县2014年度国民经济和社会发展计划执行情况及2015年度国民经济和社会发展计划报告的决议》《关于安化县2014年财政预算执行情况及2015年财政预算报告的决议》《关于安化县人大常委会工作报告的决议》《关于安化县人民法院工作报告的决议》《关于安化县人民检察院工作报告的决议》。

五、县第十六届人民代表大会第五次会议

（一）会议概况

2015年12月27～30日，安化县第十六届人民代表大会第五次会议在东坪举行，会期4天。出席会议的代表288名。会议主要议程：1.听取和审议县人民政府工作报告；2.听取和审议县人民政府《关于安化县国民经济和社会发展第十三个五年规划纲要（草案）》的报告；3.审议安化县2015年度国民经济和社会发展计划执行情况及2016年度国民经济和社会发展计划（草案）的报告（书面报告）；4.审议安化县2015年度财政预算执行情况和2016年度财政预算（草案）的报告（书面报告）；5.审议安化县2015年环境状况和环境保护目标完成情况报告（书面报告）；6.听取和审议县人大常委会工作报告；7.听取和审议县人民法院工作报告；8.听取和审议县人民检察院工作报告；9.通过有关决议决定。会议共收到代表建议81件。

（二）会议机构

1.大会主席团和秘书长名单（共45人，按姓名笔画为序）：

王正义	王良才	王益文	邓友良	邓生本	文光明
石建萍	龙吉明	伍　亮	刘百战	刘国平	刘跃迎
刘锻武	汤中望	祁　辉	李太源	杨光鑫	肖伟群
陈明礼	陈洁云	陈学海	陈湘湘	张斌华	周华山
易建礼	罗伟民	姚国良	胡导平	夏　昳	夏志才

夏华凤 夏新情 黄玉花 黄志军 黄顺安 黄超群
龚育凡 蒋跃登 谢智兴 简新立 熊　杰 熊哲文
谭文潮 谭安民 瞿军盛

秘书长：黄志军（兼）

2.大会常务主席名单：

杨光鑫 蒋跃登 熊哲文 李太源 邓友良 王益文
祁　辉 熊　杰 黄志军 刘跃迎 夏华凤 伍　亮
肖伟群 姚国良

3.议案审查委员会主任委员、委员名单：

主 任 委 员：黄志军

副主任委员：龙吉明

委　　　员（按姓名笔画排序）：

文光明 邓生本 邓晓君 李爱晖 陈高超 龚育凡
谭安民

4.计划和财政预算审查委员会主任委员、委员名单：

主 任 委 员：夏华凤

副主任委员：瞿军盛

委　　　员（按姓名笔画排序）：

成大春 李志生 杨正华 肖庆芳 胡　春 胡国庆
胡盛云 谭智勇 熊栋才

（三）决议决定

大会经过代表充分审议，通过了《关于政府工作报告的决议》《关于安化县国民经济和社会发展第十三个五年规划纲要（草案）报告的决议》《关于安化县2015年度国民经济和社会发展计划执行情况及2016年度国民经济和社会发展计划报告的决议》《关于安化县2015年财政预算执行情况及2016年财政预算报告的决议》《关于安化县人大常委会工作报告的决议》《关于安化县人民法院工作报告的决议》《关于安化县人民检察院工作报告的决议》。

第十节　县第十七届人民代表大会

一、县第十七届人民代表大会第一次会议

（一）会议概况

2016年11月28日～12月2日，安化县第十七届人民代表大会第一次会议在东坪举行，会期5天。出席会议的代表295名。会议主要议程：1.听取和审议安化县人民政府工作报告；2.审议安化县2016年度国民经济和社会发展计划执行情况及2017年度国民经济和社会发展计划（草案）的报告；3.审议安化

县2016年度财政预算执行情况和2017年度财政预算（草案）的报告；4.审议安化县2016年度环境状况和环境保护目标完成情况的报告；5.听取和审议安化县人大常委会工作报告；6.听取和审议安化县人民法院工作报告；7.听取和审议安化县人民检察院工作报告；8.审议通过《安化县第十七届人民代表大会第一次会议选举办法（草案）》；9.选举安化县第十七届人民代表大会常务委员会主任、副主任、委员；10.选举安化县人民政府县长、副县长；11.选举安化县人民法院院长；12.选举安化县人民检察院检察长；13.选举应由安化县选举产生的益阳市第六届人民代表大会代表；14.通过《安化县第十七届人民代表大会第一次会议关于设立安化县第十七届人民代表大会专门委员会的决定（草案）》《安化县第十七届人民代表大会专门委员会主任委员、副主任委员和委员名单（草案）》；15.通过有关决议、决定。会议共收到代表建议108件。

（二）会议机构

1.大会主席团和秘书长名单（共49人，按姓名笔画排序）：

王良才	王益文	王新宇	方英姿	方建国	邓卫辉
邓友良	石建萍	龙润苗	田效军	伍　亮	刘凤华
刘百战	刘刚贵	刘　劲	刘超群	李又平	李太源
李　旭	肖　义	肖伟群	吴建强	邹学军	张书田
张赴东	张　勇	张菊生	张斌华	陈飞燕	陈学海
林快平	胡文良	胡拥军	胡能新	姚国良	夏秀云
夏　昳	唐龙飞	唐牧民	龚汉中	龚红卫	谌灿球
蒋跃登	蒋殿光	曾学军	谭安民	熊哲文	瞿军盛
瞿荃芳					

秘书长：伍　亮（兼）

2.大会常务主席名单：

熊哲文	李太源	肖　义	王新宇	邓友良	陈飞燕
伍　亮	肖伟群	姚国良	张　勇	王良才	

3.大会临时中共党委名单：

书　记：熊哲文

副书记：肖　义　王新宇　李太源

委　员：邓友良　陈飞燕　伍　亮　姚国良　张　勇　王良才

4.议案审查委员会主任委员、副主任委员、委员名单：

主任委员：伍　亮

副主任委员：谭安民

委　员（按姓名笔画排序）：

刘　劲　邹学军　夏玉中　夏普云　瞿永红

5.计划和财政预算审查委员会名单：

主任委员：伍　亮

副主任委员：瞿军盛

委　　员（按姓名笔画排序）：

李　丰　　侯　兰　　夏赞辉　　夏　巍　　唐龙飞　　谌灿球

廖小寒

（三）选举结果

1.安化县人大常委会：

主　任：李太源

副主任：伍　亮　　肖伟群　　姚国良　　张　勇　　王良才

委　员：方英姿　　方建国　　邓卫辉　　石建萍　　龙润苗　　田效军

刘　劲　　刘凤华　　刘百战　　刘刚贵　　刘超群　　李　旭

吴建强　　邹学军　　张书田　　张菊生　　张斌华　　陈学海

林快平　　胡文良　　胡拥军　　胡能新　　夏　昳　　夏秀云

唐龙飞　　唐牧民　　谌灿球　　蒋殿光　　曾学军　　谭安民

瞿军盛　　瞿荃芳

2.安化县人民政府：

县　长：肖　义

副县长：邹雄彬　　夏华凤　　胡能华　　彭加军　　李德辉　　谭罗根

曾　华

3.安化县人民法院：

院长：孟新军

4.安化县人民检察院：

检察长：朱长均（须报经市人民检察院提请市人大常委会批准）

5.出席益阳市第六届人民代表大会代表（共82名，按姓名笔画排序）：

王文弢	王进军	王建萍（女）	邓为卫	邓电魁	邓伶俐（女）
邓超芝（女）	龙专华	朱长均	伍　亮	任吉松	刘　波
刘　珍（女）	刘文春	刘昭阳	阮重庆	李三妹（女）	李太源
李军康	李建勋	李桂生	李跃祥	李雄辉	杨道雄
肖　义	肖又香（女）	肖可训	肖次华（女）	吴　枚（女）	吴立红（女）
吴菁菁（女）	何国强	邹雄彬	汪玲元（女）	张先枚	张青娥（女）
张国泰	张革清	张亮文	张智群（女）	陈　玲（女）	陈飞燕
陈叶霓（女）	陈社平	陈孟球	陈明礼	陈超云	陈密花（女）
易元秋	易胜文	金申菊（女）	周　玲（女）	周欢民	周晓星
孟旺兵	孟勇兵	胡盛云	贺绵祖	袁辉燕（女）	聂可以（女）
夏向阳（女）	夏真义	夏赞秋	陶月平	陶优瑞	黄叶利（女）
黄作荣	黄建清	曹超军	龚江漫	彭建军（女）	彭建忠

彭继军（女）　蒋飞宇　蒋跃登　谢仁和　谭安民　谭智勇
熊栋才　熊哲文　熊凌云（女）　黎石秋

（四）表决结果

1.县人民代表大会法制委员会：

主 任 委 员：邓卫辉

副主任委员：李　旭

委　　员：伍文俊　夏智育　黄志阳

2.县人民代表大会财政经济委员会：

主 任 委 员：瞿军盛

副主任委员：唐龙飞

委　　员：侯　兰　夏　巍　谌灿球

（五）决议决定

大会经过代表充分审议，通过了《关于政府工作报告的决议》《关于安化县2016年度国民经济和社会发展计划执行情况及2017年度国民经济和社会发展计划报告的决议》《关于安化县2016年度财政预算执行情况和2017年度财政预算报告的决议》；通过了《关于安化县2016年环境报告的决议》《关于安化县人民代表大会常务委员会工作报告的决议》《关于安化县人民法院工作报告的决议》《关于安化县人民检察院工作报告的决议》《关于设立安化县第十七届人民代表大会法制委员会、财政经济委员会的决定》。

第四章　县人大常委会工作报告

1980年12月，安化县人大常委会设立。根据有关法律规定，县人大常委会应当向县人民代表大会报告工作。为了全面展现安化县人大及其常委会认真履行宪法和法律法规赋予的各项职责，全文选录安化县第九届至第十七届人民代表大会每届第一次会议上的县人大常委会工作报告。

第一节　县第八届人大常委会工作报告

安化县第八届人民代表大会常务委员会工作报告

(1984年2月21日在县第九届人民代表大会第一次会议上)

县人大常委会副主任 戴汉初

各位代表：

我受安化县第八届人民代表大会常务委员会的委托，向安化县第九届人民代表大会第一次会议报告1983年的主要工作。1982年以前的工作已向历次代表大会报告，并经会议审议批准，不再重述。

一年来，常务委员会根据《中华人民共和国地方各级人民代表大会和地方各级人民政府组织法》规定的职权，围绕社会主义四个现代化建设，开创人大常委工作的新局面，主要做了如下工作。

一、听取和审议了县人民政府，县人民法院和县人民检察院的专题汇报，督促推动了工作

去年，县人大常委会召开了9次会议，听取并审议了县人民政府及有关部门关于我县供销社、信用社体制改革情况的汇报，关于文化工作汇报，关于贯彻县八届人大三次会议决议的情况汇报，关于打击刑事犯罪活动的情况汇报，关于办理代表提案情况的汇报，关于实行以林为主方针的情况汇报，关于县人民法院和县人民检察院的工作汇报。批准了县人民政府《关于提请增加财政预备费支出以解决必要增支经费的报告》，通过了《民事案件征收诉讼费用暂行规定》。听取了安化县城总体规划的说明，通过了《安化县城建设规划》。我们通过听取工作汇报，一方面提出问题，实事求是地研究办法，请政府和有关单位办理。比如东坪镇的城建规划，经过三次讨论，提出了许多合理意见，并与技术人员、部门领导研究，参照历史资料，进行了几次修改。因此，最后全会通过的《安化县城建设规划》是比较合理的。另一方面通过听取汇报，掌握情况，督促和推动了工作。

二、督促办理了人大代表提案，处理了来信来访

县八届人大三次会议共收到代表提案460件。经审查立案的有135件，其中由县人民政府办理的133

件，县人民法院和县人民检察办理的2件。为了办理好代表提案，县人民政府明确了一名副县长分管，政府办公室配有专职干部，其他办、委、科局也明确了领导和干部具体办理。对于一些带有全局性的、办理难度较大的提案，县政府还多次召开县长办公会议，研究具体措施。县人大常委会对办理提案提出了新的要求，认为办理提案就是解决代表提出的实际问题，要有实际效果。如果只答复提案，不解决问题，提案就没有办好。为了督促办案落实，我们曾召开全会和主任会议听取了政府关于办理提案的情况汇报，人大常委办公室又在7月份，抽查了县直11个单位办理提案的效果。对个别单位办理提案中存在的拖沓问题提出了意见，加快了办案速度。人大常委还结合视察，抽查了提案的办理落实情况，并征求了代表的意见，对不符合要求的提案，督促有关部门进行了重办，这样提高了办案质量，保证了办案效果。对于关系重大的提案，县人大常委领导亲自出面，深入调查研究，提出解决办法，请有关单位办理。比如大力推广配合饲料，发展畜牧业生产的问题，是代表多次提出的老案。去年粮食部门积极筹备在东坪镇建一个年产3000吨的配合饲料厂，就是厂房基地三番五次定不下来，拖延很久，人大常委会认为这件提案关系重大，决心抓住不放。几位副主任与一位人大常委委员会同镇政府领导经过艰苦细致的工作，一个个的难题解决，迅速地、彻底地攻破了这个难关，使饲料厂很快建成投产。现粮食部门又在兴建云台、梅城两个较大的饲料厂，估计县办的三个厂子，年产配合饲料就可达9000吨。通过前段试喂，效果很好，深受群众欢迎。又如清塘区公所和附近干部群众1000多人长期缺少饮水，旱季特别严重。由于购买自来水设备，需要资金40000多元很难落实，因此，问题一直没有解决。三年来每次代表会上均有提案，人民代表反映意见强烈。去年，我们作为一个难案，人大常委一位副主任抓住不放，到现场视察后，督促区公所及有关单位明确领导，筹集资金，限期建成，现在将要竣工供水。多年来吃水难的问题即将解决。干部群众感到这样办提案，才是落到了实处，得到了实惠。

县八届人大三次会议提案已全部办理完毕。其中问题已经得到解决或基本解决的54件，占提案的40%；已经研究措施，逐步解决的7件，占提案的5.2%；属于工作建议和要求已被各级政府和有关部门采纳的27件，占提案的20%；其他暂时不能解决，已经作出说明解释的47件，占提案的34.8%。此外，对未予立案的325件工作意见和建议，我们转交有关部门后，有的已被采纳，有的已向上级反映，都向代表作了答复。但是，在办理提案中，有的单位认识不高，抱应付态度；有的对提案的办理，还只有规划和打算，停留在书面答复上，没有付诸实施。因此，有关部门必须作好提案处理的扫尾工作。

去年，县人大常委会共收到代表、群众来信258件，并接待了一批来访的代表和群众。对来信来访中反映的问题，有的直接作了调查处理，有的已转交有关部门办理。对于一些比较重大的问题，一般由人大常委领导亲自接待处理或重点督促办理，全年12件重要信访中有9件已经得到解决。

三、贯彻执行全国人大常委会决定，打击了刑事犯罪

为了促进我县社会治安的好转，县人大常委会明确了一名副主任，自始至终抓了打击刑事犯罪的斗争。特别是去年9月全国人大常委会《关于严惩严重危害社会治安的犯罪分子的决定》公布后，我们召开人大常委会进行了认真的学习，并听取了公安部门贯彻决定的部署和安排的汇报。同时，还及时翻印了5500份决定下发到农村大队及基层单位，广泛进行了宣讲。督促公安司法部门从重从快办了一批重大的刑事犯罪案件。一年来，共受理刑事犯罪案件294起，已审结289起，在属有罪判决的286名犯

罪分子中，被判处死刑的16名，被判处死缓的2名，被判处无期徒刑的3名，被判处10年以上有期徒刑的57名。有力地打击了犯罪分子，教育了广大干部群众，使我县社会治安有了明显的好转。

四、狠抓了人民代表大会决议的落实

去年3月，县八届人大三次会议通过了《关于开展全民义务植树运动的决议》、《关于做好“五保户”生活供给的决议》、《关于保护水产资源发展渔业生产的决议》、《关于加强民桥、义渡、乡村道路、茶亭等公益设施建设和管理的决议》。这四项决议，是广大干部和群众的要求，合乎民意，顺乎民心。广大干部群众衷心拥护，各级政府积极实施。县人大常委会为了督促《决议》落实，一年来，把抓《决议》落实作为开创人大常委会工作新局面的一项重要内容，采取了一系列措施，狠抓了《决议》落实的实际效果。7月中旬，县人大常委会组织了以检查落实《决议》为中心内容的视察活动，参加这次视察的人大常委会委员8人，县人大代表24人，政法、民政、林业等有关部门的负责人8人，共计40人分成3个组，由人大常委会4位负责同志带领，视察了烟溪、云台、大福、梅城、小淹、江南、中砥等7个区及所属的26个社、镇。这次视察了54个基层单位，召开了31次座谈会，重点走访五保户39人，视察了一些民间公益设施和义务植树基地等。此外还组织调查组，对十多个社镇落实《决议》情况进行了专题调查。我们还专门召开了1次全会和3次主任会议，听取了政府有关主管部门的汇报。在通过视察、调查，综合各方面情况的基础上，与政府一起商量，既总结成绩，又解决存在的问题。同时，县人大常委还把云台区作为落实《决议》的联系点，几位主要领导经常深入区社，进行检查、督促和指导，及时总结经验，在全县进行推广。由于全县各级政府和广大干部群众的努力，四项《决议》的落实取得了显著的成果。据不完全统计：在义务植树方面，全县完成义务植树近200万株，占全年义务植树任务的133.2%，参加义务植树的公民37万多人，人均5.3株。为全国义务植树先进县。在落实“五保户”生活供给方面，对全县4204个“五保户”进行了普查登记，澄清了底子；很多社镇人民代表大会根据《决议》的原则，制订了“五保户”的具体供给标准；有的社队逐户制订了“五保户”生活供给合同，五保户的衣、食、住、医有了保障，生活不能自理的“五保户”有的有专人招扶。据摸底，“五保户”生活标准较高、实际生活较好的达3531人，占“五保户”总人数的84%。在公益设施建设方面，去年动工兴建民桥121座，已建成115座；维修义渡70艘，新造渡船25艘；恢复茶亭29座，整修茶亭27座；许多地方还组织群众对乡村道路进行了维修。全县为修建公益设施，社镇自筹资金40多万元，其中县级拨款37000元，用工22万多个。在发展渔业生产方面，全县共养鱼2066公顷，比上年增加10%，孵化鱼苗共470多万尾，比上年增长59倍，鲜鱼总产量达75万公斤，比上年增长57%，我县水面长期的荒废半荒废状态开始有了好转。

五、进行了县、乡两级人大代表换届选举工作

根据《选举法》的规定，县、社（乡）镇人民代表大会任期届满，必须进行换届选举工作。根据中央、省、地精神，从去年12月起，进行了县、乡两级人民代表换届选举工作。

搞好换届选举，对进一步发扬社会主义民主、健全社会主义法制，巩固机构改革的成果，开创我县社会主义现代化建设的新局面，都具有重要的意义。因此，在这一时期，县人大常委会把换届选举工作当作一项重大的政治任务来抓。我们召开了县八届人大常委会第23次会议，任命了县选举委员会、各区选举工作领导小组和各社（乡）镇选举委员会的领导人员，建立了各级选举工作机构。12月中旬召开了各选举委员会负责人会议，传达了精神，部署了换届选举工作。整个选举工作分四步进

行。首先是宣传发动，培训骨干。各地针对部分干部群众的“无关论”和无所谓思想，运用会议、广播、幻灯、专栏、墙报、标语等多种宣传形式，广泛深入地宣传了《选举法》和换届选举的重大意义，同时还以公社为单位培训了8200多名骨干，深入到大队、生产队进行了宣讲，使全县大多数选民懂得了选举精神。其次是登记选民，出榜公布。为了登记好选民，各选区均进行了摸底、登记、核对、出榜、复查等五道程序，选民总数467989人，占总人口的56.33%。第三步是提名推荐，确定正式候选人。这一步关键是发扬民主，依法办事。第一轮县代表候选人3161人，为应选代表名额的7倍，通过反复酝酿，民主协商，几个回合，最后确定的正式候选人为678人，为应选代表名额的一倍半。第四步是投票选举。为了提高参选率、直接投票率和得票率，各级共组织了1400多名干部下到各个选区或投票站包干负责，保证了每个大队至少有一个干部抓选举工作。所以，尽管当时天气冰冻严寒，选举工作仍然圆满完成了任务。全县参加选举的选民457871人，占选民总数的97.84%，其中直接投票的408193人，占参选人数的89.15%。选举结束以后，代表资格审查委员会进行了审查：应选县人民代表444名，确认443名代表资格有效。其中农民代表占42.2%，知识分子代表占17.34%，干部代表占26.8%，工人代表占11.5%，其他代表占1.8%；妇女代表占20.3%。县九届人大代表同上届人大代表比较，代表性更加广泛，年龄结构和知识结构都发生了变化，体现了新时期的要求和改革的精神。

在进行县人民代表换届选举的同时，各社（乡）、镇进行了乡、镇人民代表的换届选举。全县当选的乡、镇人民代表共6348名。他们具有广泛的代表性和先进性。新的乡、镇人民代表比上届人民代表的年龄都有所下降，文化水平也有所提高。

六、任免了国家机关工作人员

一年来，人大常委依法任命了县人民政府组成人员3名，免去县政府组成人员2名；任命县人民法院正副庭长3名，审判员2名，免去副庭长、审判员各1名；任命县人民检察院副检察长1名，检察员4名。

以上仅就一年来的主要工作，简要汇报。其他日常工作及临时性的工作，也完成了任务。

各位代表，在这换届之际，人大常委初步回顾了三年来的工作实践，下面谈一点粗浅的体会：

一是坚持在党委的领导下开展人大工作。

在几年的实践中，我们的作法是，根据党委的中心来确定人大常委会的工作任务；按照党委的工作部署，开展自己的工作；对于重大问题的处理，事先向党委请示，事后向党委汇报；遇到困难，请求党委支持，帮助解决。这样，人大常委会就能较好地发挥自己的职能作用。

二是坚持加强人大常委会的自身建设。

要加强人大常委会的自身建设，关键在于加强思想建设。为此，我们经常学习党中央的文件，深刻领会三中全会以来的路线、方针、政策，不断清除“左”的影响，提高拨乱反正的自觉性，从思想上、政治上经常与党中央保持一致。因此，在处理重大问题时，委员中很少有原则分歧。如对完善农业生产责任制，放宽政策，搞活经济，任免国家机关工作人员等，意见都比较一致。

为了加强自身建设，我们坚持民主集中制的原则。几年来，在讨论决定重大问题时，引导委员们畅所欲言，各抒己见。既充分发扬民主，又强调集中统一。对有争议的问题，通过表决，少数服从多数，不搞“一言堂”。

坚持实事求是，调查研究，从群众中来到群众中去的工作方法，是加强自身建设的一个重要方面。我们在几年的工作中，对一些重大问题的决定和处理，都向干部群众作了典型调查和座谈，征求意见，分析研究，然后作出正确的结论。比如《关于加强民桥、义渡、乡村道路、茶亭等公益设施的建设和管理的决议》，就是人大常委会的领导调查总结了云台区的一些社队干部群众兴办公益设施的经验，然后，讨论研究，广泛听取意见才形成切实可行的决议。三年来，我们除开展了五次规模较大的专题视察活动外，委员们还在自己分管的工作范围内，作了一些专题调查研究，掌握了实际情况，为研究和解决问题，打下了较好的基础。

三是发挥人大代表的作用。

为了使人大常委会的工作落到实处，三年来，我们依靠和发挥了人大代表的作用。县八届人大代表384名，共建代表小组69个。几年来，代表小组大都制定了学习、工作等项制度，开展了小组活动，使代表更好地发挥了作用。绝大多数代表与选民经常保持了密切的联系；他们宣传法律、法令和政策；他们积极协助各级政府推行工作；他们及时向县人民代表大会、人大常委会和人民政府反映选民要求，汇报人大决议、决定的贯彻落实情况。并经常地提出工作意见和建议。据统计，代表们仅向人大常委会书面反映的就有2268件（包括代表提案）。这样，代表们较好地起到了监督作用和桥梁作用，履行了组织法赋予的职权。另外，代表们还身体力行，在群众中带头执行人大的决议，这方面的典型是很多的。我们认为，人大常委会只要经常保持与代表的联系，发挥代表的作用，就能使自己的工作经常有新的内容，落到实处。

县八届人大常委会在三年多的实践工作中，虽然取得了一定的成绩，但也存在不少问题。主要是对社、镇人大工作指导不够；缺少全面系统的专题调查研究；行使职权还不够全面等。这些缺点有待于今后进一步克服。

各位代表：安化县第九届人民代表大会第一次会议已经召开，新的九届人大常委即将产生。我们期待着新的县人大常委会进一步贯彻十二大精神，在改革中树立新的思想、新的作风、新的姿态，进一步开创出我县人大常委工作的新局面。

以上报告，请各位代表审议。

第二节　县第九届人大常委会工作报告

安化县第九届人民代表大会常务委员会工作报告

（1987年2月19日在县第十届人民代表大会第一次会议上）

县人大常委会副主任　谌荣增

各位代表：

我受县九届人大常委会的委托，向安化县第十届人民代表大会第一次会议，报告县九届人大三次会议以来常务委员会的工作，请予审议。

县九届人大三次会议以前，本届常务委员会的工作已向九届人大历次会议作了报告，并经会议批准，不再重述。

县九届人大三次会议以来，常务委员会主要做了以下三方面的工作：

一、发展社会主义民主　完善人民代表大会制度高度民主是社会主义的伟大目标和根本任务之一，也是社会主义精神文明在国家和社会生活中的重要体现。在现阶段，社会主义民主主要是通过实行人民代表大会这一根本政治制度实现的。为了不断完善人民代表大会制度，推动国家政治生活民主化，保障人民当家做主的民主权利、常务委员会从四个方面进行了工作。

1.开好人民代表大会。为了开好九届人大三次会议，常务委员会采取了一些有效措施。一是将准备提请大会审议的《政府工作报告（草案）》，提前一个月发至每一个代表，请他们征求选民意见，准备大会提案。二是围绕一府两院的工作，拟定了20多个专题，由人大常委会主任、副主任和委员分头下去，组织座谈会，听取代表及有关部门的意见，把会前征集的部分提案交“一府两院”，要求会期答复代表。会议前，各代表团、代表小组开展活动150多次，召开有关座谈会137个，写出专题调查报告20多篇，征集代表提案157件。三是大会开幕前，召开预备会议，用一天时间组织代表学习《宪法》《地方组织法》。将有关法律条文摘编成册，印发给代表和列席人员。并请县委领导和律师讲了两堂法律辅导课，提高了到会人员依法办事的自觉性。四是运用多种形式，组织审议好大会的各项工作报告。采取大会审议和小组审议相结合，会内审议和会外调查相结合，全面审议和专题审议相结合，分代表团审议和以战线集中代表审议相结合的办法，让代表充分发表意见。五是办好大会简报。为了及时交流各代表团大会期间审议报告的情况，大会简报改由过去的大会秘书处办为分代表团办，大会秘书处只审稿把关，负责印发。共发大会简报四十六期。较好地满足了代表的要求，增加了大会的民主气氛。六是建议政府召开了列席人员会议，帮助他们摆正主仆关系，虚心听取代表意见，认真负责地答复代表提出的问题。

通过上述工作，激发了代表管理全县大事的积极性。会议期间，代表们畅所欲言，各抒己见，对“一府两院”的工作成绩充分肯定，批评一针见血，意见入情入理，质询有理有据，活动严格依法。这次大会，真正开成了由人民当家做主的大会，严格依法办事的大会，团结胜利的大会，促进四化建设的大会。

2.指导了乡镇人大工作。去年3月县九届人大二次会议结束后，常务委员会主任、副主任和部分工作人员，分别到烟溪、云台、中砥、清塘、冷市等地，了解了部分乡、镇人民代表大会召开的情况，发现一些乡、镇人民代表大会的作用发挥得不够好。同时，还出现了些明显违反选举法的行为。针对这一情况，常务委员会由两名副主任带队，深入柘溪乡，指导协助乡政府筹备和召开了该乡的五届三次人民代表大会。同时，向县委写出了《关于柘溪乡召开五届三次人民代表大会的情况报告》。引起了县委的高度重视。县委及时批转了这个报告，并提出了开好乡、镇人民代表大会的具体要求，据反映，去年，各乡、镇 人民代表大会一般都比往年开得好。

去年底，乡镇人民代表换届选举结束后，常务委员会根据撤区设办事处，乡、镇合并，干部调动面大的特点，按照修改后的《地方组织法》和《选举法》的规定，对如何开好六届一次乡、镇人民代表大会进行了认真研究和具体安排。为了取得经验，更好地指导乡、镇人民代表大会的召开，常务委员会组织力量，分别到岳溪乡、梅城镇、东坪镇办点。根据点上情况，召开了各办事处、各战线选举工作领导小组负责人和乡、镇选举委员会成员参加的电话会议。乡、镇人民代表会议召开期间，常务委员会成员都分别到乡、镇，具体指导了乡、镇代表大会的召开。据各地反映，去年年底，乡、镇的六届一次会议不仅会议时间得到了保证，代表大会的作用也得到了较好的发挥。

3.发挥代表在闭会期间的作用。发挥代表在闭会期间的作用，是完善人民代表大会制度的一个重要方面。我们主要注意了这样几点：第一是建立联系制度。常务委员会主任、副主任和专职委员，分办事处和县直各战线联系代表，并参加所在代表团、代表小组活动；各工作委员会和办公室对口联系代表;各办事处联络员分别走访代表，定期汇报联系代表情况。一年来共联系走访代表1370人次。通过联系，收集整理代表意见、建议730多条。这些意见都转送给有关部门，有不少意见得到了采纳。第二是协助代表团、代表小组制订代表活动规划。去年3月代表会之后，常务委员会派人到梅城、清塘和柘溪乡、湖南坡乡，协助梅城、清塘县代表团和柘溪乡、湖南坡乡县代表小组制订代表活动规划，并于4月中旬，通过《人大工作通讯》，转发到了各代表团、代表小组。各地参照上述规划，根据实际情况，制订和修订了自己的代表活动规划。大多数的代表团和代表小组，按照规划开展了经常性的代表活动。第三是组织代表视察。根据常务委员会的安排，去年，各代表团围绕九届人大三次会议所作的的决议、决定内容，分别组织代表视察了本行政区域内的工作。较好地监督和支持了一府两院的工作。第四是总结交流了代表活动经验。去年，常务委员会召开了两次人大工作联络员会议，交流了各地人大工作的情况和经验。同时，总结印发了鱼水、龙塘代表小组和梅城、烟溪代表团开展代表活动的经验材料。去年，县代表在闭会期间活动内容比往年多，范围比往年广，效果也要比往年好。

4.搞好换届选举工作。按照《地方组织法》和《选举法》的规定和省、地安排，在县委的领导下，去年11月初开始到10月底止，用了近两个月的时间，顺利完成了县人大代表的换届选举工作。经过选民登记，全县选民522421人，设选区152个，建立投票站1312处。选举日，参加选举的选民501132人，占选民总数的95.9%。其中直接投票的422014人，占选民总数的84.2%。选举产生县代表350名。经代表资格审查委员会审查，代表资格全部有效。各地普遍反映，这次县人民代表换届选举工作虽然难度较大，但由于各地抓得认真，抓得较紧，选民情绪高，选举搞得好，代表素质也有明显提高。

在换届选举工作中，认真地抓了以下4点：

一是真正把选举工作作为大事来抓。去年9月，常务委员会办公室分别到冷市、江南等地进行了如何搞好换届选举工作的调查，广泛征求了选民和各级领导的意见。11月上旬地区召开换届选举工作会议后，常务委员会于11月10日举行了第23次会议，专门研究了换届选举工作，成立了安化县选举委员会，并组织了选举工作班子。同时还通过了各乡、镇选举委员会组成人员，建立了各级选举工作机构。11月中旬县委召开全县选举工作会议，统一培训了选举工作骨干，部署安排了换届选举工作。以后相继召开了4次电话会议。县委还向全县派出了12个选举工作检查组。各地根据工作需要，组织了1370名干部，基本上保证了每个村和居委会有一名干部具体抓选举工作。

二是统一干部群众对选举工作的认识。各地利用多种宣传工具，运用各种宣传形式，大张旗鼓地宣传选举工作的重要意义和具体做法；组织干部和群众学习《选举法》和《地方组织法》及县选举办印发的《关于换届选举中几个具体问题的说明》；针对选民思想实际，有的放矢地做好思想政治工作。从而统一了对换届选举的思想认识，明确了具体做法和要求，为搞好这一工作打下了良好的思想基础。

三是开展“选什么样的人当代表”的大讨论。在这次选举工作中，把坚持代表条件，提高代表素质放在重要位置。组织选民开展“选什么样的人当代表”的大讨论，并总结推广了梅城镇、龙塘乡等地开展大讨论的经验。广大选民坚持优中选优，选出了即符合选民意愿，又符合代表条件的人当代表。

四是加强检查督促。换届选举期间组织力量，下到各地进行巡回检查，及时帮助解决选举工作中的一些问题，保证了选举工作的顺利进行。与此同时，还帮助部分乡镇人大召开了六届一次会议，使之依法办事，圆满地完成了各自的会议任务。

二、依照法律规定 认真行使职权

1.听取和审议“一府两院”的工作汇报，讨论决定全县大事。常务委员会先后听取和审议了“一府两院”关于1985年教育经费开支情况的汇报、关于全县普及法律常识工作的汇报、关于1986年上半年国民经济计划执行情况汇报、1986年财政收支预算执行情况汇报、制止乱占滥用耕地情况的汇报、关于计量法执行情况汇报和关于打击破坏森林犯罪情况等11个方面的工作情况汇报，并作出了有关决议、决定。常务委员会及其工作委员会为审议上述工作汇报，分别作了大量的调查研究。为了审议县人民政府关于教育经费开支情况的工作汇报，去年3月，我会会同财政局、教育局组成两个调查组，分别到部分县属中学和部分区、乡联校，进行了为期1个月的调查，并写出了调查报告。在4月召开的18次全会上，对解决我县教育经费困难问题提出了具体意见。县政府采纳了全会意见，责成县教育局改革经费管理办法，健全财务管理制度，压缩基本建设项目，保证教育经费的必要开支。同时，县人民政府紧缩其他开支，增拨了教育经费，保证了我县教育事业经费的急需支出。另外，常务委员会还审议批复了县人民政府报批的1986年机动财力安排计划、1987年竹木采伐计划、部分城镇建设整体规划、1986年城市维护费和财政预算支出追补计划。

2.加强法律监督，保证宪法和法律在我县的实施。常务委员会首先从抓普法教育入手，去年4月和6月，组织有关部门的人员，到湖南坡乡、柘溪乡了解了农村普及法律常识工作的进展情况。提出了农村普法要针对实际情况，注意形式多样，生动活泼等具体意见。同时，帮助湖南坡乡制订了《1986年普法教育规划》，并转发到了全县。常务委员会还督促司法局修订了全县普法教育规划，建议他们在继续办好普法试点，组织对全县干部职工的法律常识考试的基础上，对国家干部开展法律知识轮训，较好地推进了我县普及法律常识的工作。

其次是从人民群众的信访案件中了解情况，加强法律监督。一年中，共受理群众对国家机关及其工作人员申诉和意见331件。采取了5种处理办法：对一般性的案件，及时进行转办和定期催办；对反映违法不究，息事宁人的案件，组织调查，查明情况，督促司法部门依法处理;对明显违法，阻力较大的案件，支持司法部门排除阻力，大胆行使职权；对反映执法不严，量刑不准的案件，及时调阅案卷，建议进行重审;对有争议的案件，召开联席会议共同学习法律，统一认识。受理的这些案件，大都得到了较好的落实。如原大福乡禾黄村党支部书记吴某，违反森林法规，擅自批砍林木4100多根。群众向我们检举揭发后，随即责成县检察院立案查处，并3次听取了检察院关于此案侦查情况汇报，支持他们排除干扰，顶住“说情”风，独立行使检察权。常务委员会根据检察院的报告，建议原选区罢免了吴某的第九届县人民代表资格。去年5月县人民法院依法判处了他有期徒刑2年。又如柘溪乡回龙村村民谢某与谢某1984年初因宅基纠纷引起的伤害赔偿案件，由于调处不及时，引起矛盾激化，酿成“大官司”。常务委员会第19次会议听取有关部门的调查情况汇报后，向县人民法院提出了具体意见。县人民法院根据县人大常委会的意见，较好地处理了这一案件。

再次是督促检查执法情况。去年，常务委员会会同有关部门对土地管理法、统计法、计量法等法律的执行情况进行了检查，并根据检查发现的问题，分别提出了进一步贯彻执行意见。常务委员会第23次会议作出了贯彻执行统计法的决议。除此之外，根据省人大常委会的要求，召集有关部门领导和技术人员，对《湖南省乡镇集体矿山和个体采矿管理办法（草案）》进行了讨论，提出了7个方面的修改意见，报告了省人大常委会。

3.认真督办代表提案，促使提案办理落实。九届人大三次会议共收到代表提案、意见和建议399件，其中提案73件。这些提案和建议、意见已全部办结。在督促提案办理中，常务委员会配合承办单位做了如下工作：3月下旬，人大常委办配合政府办制订印发了《关于办理人民代表提案及工作建议的若干规定》，使去年的提案办理工作基本做到了系统化、规范化、科学化。采取普遍催办和总结推广典型经验相结合的办法，对提案承办单位进行了检查，督促。去年5月，我们抓住县水电局领导亲自办案，进度快，质量好的典型，召开了办案工作现场会。常务委员会第22次会议上，还听取和审议了县人民政府办理提案工作的情况汇报。通过上述工作，有力地促进了提案办理工作的落实，结案时间比往年要早，办案质量比往年也有一定提高。

4.严格把关，依法任免国家干部。一年来，常务委员会根据《地方组织法》、《中华人民共和国人民法院组织法》、《中华人民共和国人民检察院组织法》等有关法律规定，根据干部四化要求和工作需要，按照民主集中制原则，对县长、法院院长和检察院检察长提请任命的国家工作人员进行了认真审议，决定了27人的职务任免，撤销了1名干部的任职决定。任命的这些干部基本上能胜任本职工作，在各自的工作岗位上做出了一定的成绩。

三、健全工作制度 加强自身建设

常务委员会认真回顾总结了人民代表大会制度恢复以来几年的工作情况，根据宪法和有关法律的规定，去年5月，制定和通过了《安化县人民代表大会常务委员会工作办法》。这个工作办法对常务委员会会议、主任会议、常务委员会办公室和各工作委员会的工作职责范围、工作程序和工作方法做出了具体的规定，使各方面的工作做到了有章可循。根据常务委员会工作办法，各委室制订了各自工作规划，建立了责任到人的岗位责任制。常务委员会还加强了思想建设、组织建设和作风建设。组织全体人员学习马克思主义基本理论、党的方针政策和国家法律、法令，学习党的全国代表大会文件，六届全国人大四次会议文件，省六届人大四次会议文件和其他重要文件，进一步提高了马列主义水平和坚持四项基本原则的自觉性。通过法律学习和业务知识学习，工作水平和工作效率也相应得到提高，基本能适应工作的需要。

常务委员会在加强自身建设的同时，还加强了同“一府两院”的联系。各委室还加强了同对口部门和对口单位的工作联系，并初步形成了制度。

九届人大常委会任期内，在完善人民代表大会制度，依法行使职权和加强自身建设，完善机关工作制度等方面做了一些工作，取得了一定的成绩，这归结于全国人大常委会、省人大常委会对人大工工作具体指导，归结于县委对人大工作的全力支持，归结于“一府两院”、政协和全体代表、人大工作联络员的密切配合和大力协助。但是，与法律赋予人大常委会的职权和人民群众对我们的期望相比，还有很大距离。特别是大胆有效地进行工作监督和法律监督还不够得力。如制止乱占滥用耕地和东坪钒冶炼厂污染治理的问题，是全县人民十分关注和迫切要求解决的问题。九届三次会议向县人民政府提出质询后，县人民政府和有关单位虽然为此做了不少工作，但至今为止，乱占滥用耕地问题并未完全制止，少数地方还有继续占用的情况，东坪钒矿的污染问题还没有拿出恰当的治理方案。另外，对乡、镇人大工作的指导还不够全面，自身建设方面也还有待进一行加强。

各位代表，县第十届人民代表大会第一次会议已经胜利召开，新的人大常委会即将产生。我们坚信第十届人大常委会一定能够更好地坚持党的四项基本原则，贯彻党的方针政策，全面行使法律赋予的职权，以新的思想、新的作风、新的业绩，继往开来，再创我县人大工作的新局面。

第三节　县第十届人大常委会工作报告

安化县第十届人民代表大会常务委员会工作报告

（1990年2月15日在县第十一届人民代表大会第一次会议上）

县人大常委会主任　王祖武

各位代表：

我受县第十届人民代表大会常务委员会的委托，向安化县第十一届人民代表大会第一次会议，报告县十届人大三次会议以来的工作，请予审议。

一、县十届人大三次会议以来的工作

县十届人大三次会议以来，常务委员会认真贯彻党的十三届四中全会、五中全会精神和县十届人大三次会议作出的各项决议，深入调查研究、广泛联系代表，注重自身思想作风建设，依法行使各项职权，为发展社会主义民主，健全社会主义法制，维护社会的安定团结，加强我县的人大工作，推进治理整顿、改革开放和现代化建设事业做了应做的工作。

（一）贯彻执行代表大会决议，推进廉政建设

去年2月召开的县十届人大三次会议作出了《关于国家机关及其工作人员必须保持廉洁的决议》。代表大会作出的决议，是全县人民意志的集中体现。执行和督促执行代表大会决议是常务委员会义不容辞的职责。为保证决议的贯彻执行，常务委员会做了如下工作：

一是带头执行决议。十届人大三次会议闭幕后，常务委员会组织机关工作人员，就如何执行决议，加强廉政监督和自身廉政建设的问题进行了认真的讨论。同时，向县委写出了《关于贯彻十届人大三次会议决议，加强廉政监督和自身廉政建设的报告》，县委批转了这个报告。7月份，机关又举办了为期3天的反腐保廉学习班。一年来，常务委员会组成人员做到下乡下厂不接受招待和宴请，按标准交足伙食费；到外地出差，不住超标准的房子；机关开支坚持按财经制度审批；干部职工的借款，在年底以前基本还清，机关财会工作连续几年被评为遵守财经纪律的先进。常务委员会组成人员还对过来的受礼情况进行了清理，并按规定进行了退还或上交。同时，对两位副主任私人建房的问题，先后多次召开会议进行了热情严肃的帮助，并安排两位同志配合地、县清房领导小组进行了清理。这两位副主任在领导和同志们的帮助下能正确对待私房清理工作，按照要求进行补差。去年，人大常委机关还主动支持政府职能部门对机关劳动服务公司的清理，公司自觉地执行了县工商部门对经营议价粮问题的处理意见。同时还根据上级的有关文件精神，于去年9月主动撤销了机关劳动服务公司。

二是组织廉政情况调查。去年7月，常委会在听取审计、监察、财政、税务等部门的有关情况汇报后，8月，由县人大常委主任、副主任和委员带队，组织25人，分成7个组，深入到40多个单位，对1988年至1989年8月全县计划物资的分配、请客送礼、乱摊派、乱收费、乱开支以及有关专项资金的使用和清理整顿公司情况进行了为期近一个多月的调查。通过调查，一方面发现和掌握了我县一些执行廉政决议好、清政廉明的单位和个人。另一方面也了解和掌握了一些单位和个人由于经不起改革开放的考验，而出现的贪污受贿、以权谋私等违法乱纪行为。根据调查的情况，常务委员会以党组的名义，向县委作了专门汇报。同时也向县纪检委通报了调查情况。这样，为县委、县政府部署反腐保廉工作提供了重要情况和依据。

三是听取廉政情况汇报。常务委员会在去年4月份听取和审议“一府两院”关于贯彻执行人大决议的意见的汇报后，9月份召开的第17次常委会议上再次听取了“一府两院”执行人大决议，加强廉政建设的情况汇报。这次会议对半年来我县廉政工作进行了充分肯定。同时对“一府两院”提出了具体要求：要进一步端正思想认识，扎扎实实，一步一个脚印，将反腐保廉工作进行到底；要结合我县实际，找准突破口，以反对贪污受贿、投机倒把、以权谋私、乱收费、乱摊派、乱开支、严重官僚主义为重点；要严格规章制度，使我县廉政工作做到有章可循，持之以恒。这些意见和建议，都得到了较好的贯彻。

四是抓不廉洁案件的查处。去年10月，常务委员会第18次会议，就县人民政府办公室严重违反财政金融法规问题，根据5位委员提出的议案，决定成立专门调查委员会，配合县纪委进行了为期两个多月的调查，常务委员会第20次会议听取和审议了调查委员会的情况汇报。会议认为县人民政府办公室主要领导同志为首利用职权，挪用专项资金，与县符竹溪金矿签订合同，从中分取红利；公款私存，牟取利息：向下属单位索要经费；乘接待领导之机，侵吞财政资金；私设“小金库”，并将部分资金化公为私等问题，性质是严重的，委员们对此提出了尖锐批评。全会期间，责任人作出了深刻检讨，认识态度好。经过县委、人大、纪检会、政府领导多次帮助教育，会前政府办公室已将掌管的经费归入了原渠道，全部移交到县财政管理。分给干部的16100元，也基本退清。鉴于上述情况，常务委员会决定接受肖辉安同志辞去县人民政府办公室主任职务的请求。并建议县委作出恰当处理。这件事的妥善解决，将有利于促进县十届人大三次会议廉政决议的落实。

一年来，各级认真落实人大决议，在反腐保廉工作中做了大量工作，取得了好的效果。如县直5个单位对违反国务院有关规定，超范围，超标准着装的问题作出了服装费该由自己负担的由自己负担，违反财经纪律开支的36000多元上交县财政。县公安局由上到下，对收取的各项费用及发放的物资进行了清理。通过清理，退出物资折款和现金12000元，还将超标准收取和应该上交的罚款10万多元全部上缴财政。并建立健全了廉政建设的制度。他们决心进一步树立好人民公安的高大形象，为维护安定团结的政治局面，促进我县两个文明建设再立新功。

（二）听取和审议县人民政府、县人民法院、县人民检察院的工作汇报，讨论决定重大事项

听取和审议县人民政府、县人民法院、县人民检察院的工作汇报，是常务委员会对国家机关进行工作监督的基本形式，也是对他们工作的支持和促进。县十届人大三次会议以来，常务委员会召开了6次会议，就我县建设和改革中的重大问题、民主和法制建设中的突出问题、人民群众反映强烈的问题，听取和审议了“一府两院”的工作汇报。常务委员会第15次会议听取了县人民政府关于全年财政

预算安排和城市维护费安排的汇报。通过查阅历年财政支出，结合当时的具体情况，建议政府对一些具体项目进行了调整。特别是农业投入由1988年的234.3万元，增加到291.1万元，增加48万元，增长19.73%；文教事业费由1988年的1720.1万元，增长到1980.1万元，增加260万元，增长15.2%。其中教育经费1445.5万元（含地追加），较1988年的1246万元，增加199.5万元，增长16%。城建费中，教育投资由原计划的8万元增加到26.1万元。这样缓解了我县农业和教育事业发展资金矛盾，促进了农业和教育事业的发展。

去年，国家进一步压缩基本建设，紧缩银根，因而制约了我县工农业生产的发展。有的企业一度出现滑坡，农业生产资料的供需矛盾也比较突出，财政收入不太景气。为了确保全年国民经济计划和财政预算计划的完成，去年6月，常务委员会组织工作人员，深入到部分处、乡和厂矿、县直单位进行了专题调查。并相继于7月召开了第17次会议，听取和审议了县人民政府关于1989年上半年全县国民经济计划和财政预算执行情况的汇报及农业升温的情况汇报。根据调查情况，要求县人民政府及其职能部门，采取坚决措施，排除一切阻力，扎扎实实地抓经济工作；在农业上要从农业的地位、作用和农业的现状，认识大办农业的紧迫性，坚定不移地走我县发展农业的道路；各级领导要深入基层，深入实际，帮助农村解决生产中的实际困难，维护农民的利益，调动农民种粮的积极性；要尽可能增加农业投入，各行各业要为农业排忧解难，切实搞好生产资料的供应，齐心协力夺取全年农业丰收。这次会议对我县工业企业和财政工作，收回干部职工欠款的问题也提出了一些好的建议。常务委员会还听取了县人民政府关于清理整顿公司、救灾专项资金的使用，林业育林基金、更改资金的使用，行政事业单位雇请临时工等情况汇报，也提出了意见和建议。

近几年来，我县教育工作在贯彻执行义务教育法，调整教育结构，改善办学条件等方面做了大量工作，并取得了显著成绩。但是有的学校不重视对学生的思想政治工作，学生中违规、违纪现象不断发生，因而引起了社会和家长的强烈反映。为改变这种状况，常务委员会在去年召开的第16次会议上，听取和审议了县人民政府关于我县中小学德育工作的情况汇报，并作出了《关于加强中小学德育工作的决议》。县人民政府采取措施，把执行决议与落实中央关于改革和加强中小学德育工作的通知结合起来。发出了执行人大决议，搞好中小学德育工作的通知，进一步明确了德育工作的任务要求，改进了德育工作的形式和方法，加强了学校教育、社会教育、家庭教育的配合，改善了育人环境，在社会上产生了较好的影响。

为了保证全会意见的落实，常务委员会还坚持做到了每次全会都要听取上次全会审议意见的落实情况。去年7月召开的第13次会议对县农业局个别下属单位和个人在组织供应和经营杂交水稻种子中出现的一些弄虚作假，坑农害农的行为，实事求是地提出批评。同时，对今后工作提出了一些意见和要求。会后，县农业局主要负责人不能虚心接受批评，也没有认真改进本部门工作。常务委员会17次会议上，就农业局负责人不接受全会意见的问题提出了质询，并进行了诚恳地帮助。会议后，农业局迅速查处了在种子经营中牟取暴利坑农害农的人和事，健全了种子管理经营工作中的规章制度，认真改进了本局工作，得到了委员和代表的谅解和好评。

（三）进行法律监督，保证法律的实施

1988年，常务委员会在全县范围内组织了执法情况检查，并提出了整改意见。为了保持工作的连续性，常务委员会去年注重抓了执法检查后整改意见的落实，并重点抓了森林法、国土法、矿产资源法、标准法、统计法、药品管理法、食品卫生法、环境保护法等法律、法规的执行，督促解决了一些具体问题。去年5月，县药检所发现某企业医疗单位使用的西药中，有14种药品过期失效或严重变质，并按规定进了处理。该企业负责人拒不接受处理，部分职工还围攻了药检员，有的人还强行抢走了被没收的药品。常务委员会及时支持了职能部门依法行使职权，处理好了这一问题。

认真做好信访工作，受理人大代表和人民群众对国家机关及其工作人员的申诉控告案件，是常务委员会进行法律监督的重要渠道，也是一项经常性的工作。去年，常务委员会接待和处理申诉控告363件次，其中来信241件，来访122人次。241件信访中，自办的29件，留存待查的58件，转有关部门办理154件。已办结的41件，正在办理的17件。要求报告办理结果的4件，已报结果的2件。为了使信访工作规范化，制度化，有关工作委员会组织司法机关负责人进行了专门研究，对搞好信访工作提出了具体意见，并通过座谈会形式，明确了办理常务委员会交办的申诉控告案件的具体要求。对一些重要案件，建立了主任会议交办函、催办函及有关转办案件的报告制度。这样，增强了司法机关办理信访案件的责任感。

常务委员会还抓了干警违法犯罪案件的处理。去年9月，收到烟溪镇杨竹村女青年刘某，反映她在烟溪派出所干警梁某家做保姆期间，被梁强奸的控告信后，有关工作委员会进行了认真的调查了解。主任会议听取情况汇报后，将此案批转检察院。该院经过立案侦查，对梁某进行了依法逮捕。

常务委员会还抓了有阻力和不同意见的申诉控告案件的查处。

开展经打是关系到我县治理经济环境，整顿经济秩序的大事。为了了解我县经打工作开展情况，去年，常务委员会组织工作人员对县检察院1984年以来的经济检察工作情况和1988年以来全县在国家机关及其工作人员中开展以反贪污、受贿为主要内容的打击经济犯罪斗争的情况进行了两次专题调查。常务委员会第15次、17次会议在听取和审议县检察院关于开展经济检察工作情况汇报后，根据调查情况，提出了具体意见。特别是两院一部的通告发布后，常务委员会密切注意动向，召开主任会议，多次听取了情况汇报，及时掌握司法机关执行通告的情况，支持检察部门依法行使职权。对推动打击经济犯罪的斗争起了积极作用。去年经打工作取得了一定的成绩。

除此之外，常务委员会还根据省人大常委的安排，征集、整理和上报了关于《湖南省禁止向农民乱收乱摊派的规定（草案）》、土地管理实施办法等法规的修改意见。

（四）依法任免国家工作人员

任免国家工作人员是《宪法》和《地方组织法》赋予县人大常委会的一项重要职权。一年来，常务委员会按照法律规定，共任免国家机关工作人员42人，其中决定任职的26人、免职的16人。接受辞职的1人，撤销职务的1人。

为了更好地行使这项职权，常务委员会坚持做到：一是提请任免的干部，提请机关要提前与人大常委会党组通气，以便作必要的考察和了解；二是由主任会议对提请任命的人进行讨论，做好任免的准备工作；三是在通过干部时，采取无记名投票表决的方式，从而使组成人员更好地行使民主权利；四是由县委推荐的干部，在人大常委会决定过程中发现有一定根据，足以影响任命的问题，不急于投票表决，而是采取将情况及时反馈给县委。这么做，比较稳妥。常务委员会在任免干部时还注意坚持做到干部的相对稳定，特别是经选举产生的干部，在任期内，一般不予调动。经常务委员会任命的这些干部，大多能胜任本职工作，具有进取和开拓精神，有较强的事业心，在各自的岗位上，作出了比较突出的成绩。

（五）发展社会主义民主，完善人民代表大会制度

建设具有中国特色的社会主义民主，始终是我们坚定不移的目标。人民代表大会制度是我国的根本制度。为了完善人民代表大会制度，保障人民当家做主的民主权利，常务委员会从四个方面做了些工作。

1.认真办理代表大会的议案、建议和意见。县十届人大三次会议期间，代表们共提出意见、批评、建议246件。经主席团决定立案2件。到去年8月底，已全部办理完毕。246件意见、批评、建议中，解决和基本解决问题的122件，占49.6%；已作出规划逐步解决的71件，占28.9%；因条件有限或现行政策不允许，暂不能解决的53件，占21.5%。各承办单位已将办理情况，一一答复了代表。

县人大常委会有关工作委员会承办关于搞好畜牧防治的议案后，召开农委、财政局、多种办等单位的负责人会议，进行了具体研究，制订了办理这一议案的措施，明确了各自的职责。去年7月，又会同有关单位深入处、乡、镇，了解和剖析阻碍我县发展畜牧生产的情况和原因，提出了一些做好这一工作的建议性意见。还督促各级落实县政府提出的关于搞好畜牧防治的各项措施，切实把畜牧防疫和防治工作列入乡镇的目标管理，统一和落实了防疫费的收取标准和办法。强化了畜牧防疫制度。有力促进了我县畜牧事业的发展。

常务委员会还重点抓了本届历次代表大会提出的一些老案、大案和难案的办理。常务委员会第16次全会在听取县人民政府关于人民代表大会意见、批评、建议的办理情况汇报后，对历届和本届历次代表会提出的，而一直没有办好的东柘油路建设、东坪钒矿污染治理、自动电话楼的修建、解决酉州买粮难等6件久拖不决的老大难案件的办理提出了具体要求。会议后，县人民政府不负人民重托，多次进行了研究，表示本届事要本届毕，一定要将人民关注的这几件事办成。东柘油路是通往库区，连接新化、溆浦等县的必经之路，为了修好东柘油路，县人民政府成立了有县政府办、县政法委员会、公安局、法院、交通局等单位负责人参加的指挥部，常务副县长李厚宽亲自担任了指挥长。共集资27.5万元，抽调干警40名，集中大小车辆110多台，组织劳力300多人，采取领导挂帅，分段包干的办法，经过40多个日日夜夜，于11月25日砂石路全线竣工，并交付使用。东坪钒矿地处县城城郊，于1978年建厂，该厂排放的废气、废水严重污染县城，影响县城人民正常的生产和生活。多年来群众怨声载道。从八届至十届的人大代表都提出了提案，要求治理。但由于种种原因，一直拖而不决。县人民政府从绝大多数人民的利益出发。去年9月果断作出了东坪钒矿关闭停产的决定，并较好地处理了其他遗留问题。11月24日，该厂正式关闭停产。东坪地区居民拍手称好。为解决酉州群众买粮难，有关部门决定修建酉州粮店。现已落实了资金，至于地基和其他具体问题有待县人民政府督促当地政府和有关部门协调解决。其他几件老大难案件也已一一办妥。

2.加强代表联系。一年来，共走访县人大代表618人次，收集整理代表意见、建议633条，其中绝大多数都进行了答复和办理。常务委员会为每个人大代表订阅了《湖南人大工作》刊物，寄送了有关的人大工作资料，并通过《人大工作通讯》交流县人大代表活动情况和经验。常务委员会还采取邀请部分县人大代表和处、乡、镇人大工作干部列席常委会会议的办法，帮助代表了解工作动态，不断增强代表的政治素质和提高参政议政水平。我县人大代表在各自岗位上，大多能较好地发挥代表的带头作用、模范作用和桥梁作用，得到了选民的好评。

3.指导乡镇人大工作。乡镇人民代表大会是基层国家权力机关。完善乡镇人大的职能，搞好乡镇

人大的建设，是扩大基层民主的重要途径。乡镇成立人大主席团以来，依法办事，勇于实践，大胆探索，较好地发挥人大主席团的作用。常务委员会及时总结和推广了各地人大工作的经验。其中有不少乡镇人大工作的经验，被省地人大工作刊物采用。常务委员会还经常组织工作人员，到处、乡、镇检查了解乡镇人大工作的情况，及时发现和帮助克服工作中存在的一些问题。去年4月，有一个乡召开六届人大三次会议，在选举副乡长时，由于会议主持人法律意识不强，安排列席人员也参加了投票选举。还有一个乡在去年3月召开人大会时，决定补选1名副乡长。开会时代表提名推荐的候选人与组织内定的候选人不一致，因担心组织推荐的人选不上，结果取消了补选副乡长这一议程。常务委员会立即帮助纠正和处理了上述问题。从而使与会同志受到了一次深刻的民主法制教育。

4.发挥主任会议的作用。在常务委员会闭会期间，主任会议和各工作委员会也听取县人民政府及其有关部门、县人民法院、县人民检察院的工作汇报，分头了解工作情况。这样做收到了较好的效果。特别是主任会议对一些紧急的，来不及提请常务会议审议的问题，在不越权的前提下，听取“一府两院”的工作汇报，进行讨论，并以主任会议纪要的形式，将有关问题转交政府和两院，加强了常务委员会的日常监督，及时督促解决一些带倾向性和人民群众迫切要求解决的问题。

各位代表：一年来，本届常务委员会虽然做了一些工作，取得了一定的成绩，但按照广大人民群众和代表的期望，以及宪法和地方组织法赋予的职权来要求，还存在不少差距。主要表现在：对人大及其常委会的宣传工作做得不够，无论是社会上，还是国家机关工作部门，仍有一些人对人大及其常委会的性质、地位、作用的认识片面，甚至还模糊不清；对行使重大事项的决定权，还不够主动有力，以至于一些本应由常委会讨论决定的重大事项，在未提交常委会讨论决定的情况下，便付诸施行了；在法律监督和工作监督上也还做得不够，该监督的没有大胆进行监督，监督了的，有的还没有监督好，想监督的也还没来得及监督，确实还有很多工作需要我们去做。对代表的建议、批评、意见的办理也有一些不尽人意的地方。代表联系和自身建设也要进一步加强。上述问题，有待今后不断加强研究和探索，努力在会后工作中解决好。

二、县十一届人大代表的选举和本次会议的筹备工作

根据组织法和选举法的规定，常务委员会主持了县第十一届人民代表大会代表的选举，并为本次会议的召开做了筹备工作。

按照《选举法》和《湖南省选举细则》的规定，省人大常委会核定我县第十一届人民代表大会代表356名，比十届增加6名。全县共划分161个选区。为了搞好换届选举工作，常委会在县委的具体领导下，于去年11月初召开了第18次会议，县委选举领导小组认真传达了地委召开的县、乡两级换届选举会议精神，讨论决定了换届选举工作中的有关问题，成立了县选举委员会，并在县直单位抽调了一批骨干组成12个指导小组到各办事处和两个直属镇帮助工作。由于各级党委和政府的重视和支持，工作进展顺利，比我们原来预料的情况要好得多。12月底结束选举工作，共选出县人大代表355名。经县十届人大常委会代表资格审查委员会审查和常委会第19次会议批准，确认全部当选代表资格有效。在安化县第十一届人民代表大会代表中，有妇女代表61名，占17.2%；非党代表73名，占20.6%；干部代表152名，占42.8%；工人代表33名，占9.3%；农民代表140名，占39.4%；知识分子代表29名，占8.2%。

在换届选举工作中，各地选举委员会和选区工作领导小组做了大量的细致的宣传工作和组织工作，层层建立了选举工作岗位责任制。投入这次换届选举工作的干部达1734人，保证每个村、居委会

有一名干部抓选举。各地还较好地解决了选举工作中的具体问题。这样，保证了我县选举工作的顺利进行。

各地在选民登记、提名推荐协商确定代表候选人和投票选举工作中，坚持认真学习选举法和湖南省县级以下选民代表大会直接选举细则，使绝大多数选民明确了选举中的法律程序、法定要求等。同时各地还加强了对选举工作的检查督促，及时纠正和制止了一些不依法办事的苗头，杜绝了违法事件的发生。

与此同时，我们还注意发挥县第十届人大代表在换届选举中的作用，据不完全统计，有70%的代表参加了各级选举班子和工作班子，在换届选举中发挥了骨干作用。

常务委员会在认真搞好县第十一届人大代表选举的同时，注意指导了乡镇人民代表大会的换届选举工作。为开好乡镇人大一次会议，常务委员会于12月下旬，由1名副主任带队，指导开好了文溪乡第七届人民代表大会一次会议，并将点上的作法和经验及时在全县推广。到目前为止，全县57个乡镇，除一个镇有特殊情况外，其余都开完了乡镇人民代表会第一次会议，选举产生了新的人大主席团和乡镇政府领导班子。

各位代表，最近党中央发出的一、二号文件，为本次换届选举工作，进一步明确了指导思想、工作方法和要求。县十一届人大一次会议的任务，就是要进一步贯彻党的十三届四中、五中全会精神和中央一、二号文件的精神，充分发扬民主，严格依法办事，认真总结我县建设和改革的经验，讨论、决定我县1990年的工作任务，搞好本级国家机关工作人员的选举工作。本次会议的召开是全县人民政治生活中的一件大事，这次会议的卓有成效和圆满成功，将对我县今后三年的工作产生重大影响。为了做好本次会议的筹备工作，常务委员会第20次会议拟定了本次会议的议程草案，主席团和秘书长名单草案，已经提请预备会议通过。常务委员会还拟定了《安化县第十一届人民代表大会第一次会议议案提出和审议办法（草案）》、《安化县第十一届人民代表大会第一次会议质询案提出和处理程序（草案）》，已经提请大会预备会议审议通过。为审议好大会提出的议案和财政预算，大会作出了《关于设立本次会议议案审查委员会和预算委员会的决议》，并成立了议案审查委员会和预算委员会。为了保证大会选举工作顺利进行，常务委员会主任会议根据地方组织法和选举法的规定，结合我县实际，拟定了《安化县第十一届人民代表大会第一次会议选举办法（草案）》，经主席团同意，将提请大会审议。

三、常务委员会三年工作的回顾

各位代表，安化县第十届人民代表大会常务委员会的任期已经届满。三年来，常务委员会先后召开了20次会议，听取和审议了县人民政府、县人民法院、县人民检察院41项工作汇报，作出了11个决议、决定，任免和批准任免了223名国家机关工作人员，批准了3位同志辞去职务的请求。根据县人民政府提请，撤销了1位同志的职务。并且依法主持了本级人民代表大会代表的选举工作，指导了乡镇人大主席团的工作和乡镇人民代表大会的选举工作，为发展社会主义民主，健全社会主义法制，促进我县两个文明建设，履行了自己应尽的职责。常务委员会的工作和建设能够一年比一年有新进步，是同党的正确领导和本级其他国家机关的配合协作分不开的，是同全体县人大代表和全县人民的监督、支持分不开的，也是和县人民政协的配合支持分不开的。在这里，我代表常务委员会，向同志们表示衷心的感谢！

回顾本届常务委员会的工作，我们有以下几点粗浅体会：

一、人大工作必须坚持和依靠党的领导。中国共产党是全中国人民的领导核心，这一点任何时候都不能动摇。离开了党的领导，人大工作就会失去方向。三年来，常务委员会讨论决定重大事项坚持事先由党组集体讨论，并报经县委原则同意后，再提交常务委员会审议决定。这样确保了党对人大工作的绝对领导地位。同时也较好地处理了党的领导和依法办事的关系，使党的主张和国家意志有机地统一起来。

二、人大工作必须坚持突出重点。人大常委会要卓有成效地开展工作，必须突出抓好法律监督，保证宪法和法律在本行政区域内的贯彻实施。三年来，我们坚持一年抓住一两件大事，听取“一府两院”的汇报，在全县产生了较好的影响。1987年春，全国人大常委发出“关于加强法制教育维护安定团结”的决定后，常务委员会联系安化的实际，向县委常委提出了在全县范围内开展一个“学人大决定、刹歪风邪气、促安定团结，掀生产高潮”活动的建议，县委常委认真地采纳了这个意见，并组织以县级领导带队的200多人的宣传队在全县开展了为期40多天的宣传活动,使全县农村风气大为改观，各项工作都得到了有力的推动和促进。1988年，常务委员会认真贯彻省人大常委党组报告和省委文件，集中力量抓了全县执法情况大检查，重点检查了森林法、土地管理法、矿产资源法、治安管理处罚条例等法律法规的实施情况。在执法检查中，既充分肯定和总结了全县执法中的成绩和经验，也实事求是地指出了执法中存在的问题，在执法检查的基础上向县委政府提出了在全县开展四整顿建议，这一建议也得到了很好的落实。从而大大提高了全县人民和执法人员的法制观念。去年十届人大三次会议以后，常务委员会认真抓了本级人民代表大会决议的落实，对国家机关及其工作人员中存在的不廉洁的人和事，开展调查了解，两次听取了县人民政府和两院贯彻县十届人大三次会议决议情况的汇报，并督促查处了一些不廉洁的案件。通过以上工作，人民群众对人大性质、地位和作用的认识也不断加深，认为人大不是可有可无，而应当进一步加强县、乡人大的建设，更好地发挥人民代表大会的作用。

三、人大工作必须深入调查研究和联系代表。人大常委会要代表人民正确行使法律赋予的职权，减少工作中的失误，深入调查研究和密切同人大代表的联系是十分重要的。三年来，常务委员会遵循和坚持在制订年初工作要点前，广泛征求代表意见，抓住人民群众反映强烈的问题作为常委审议的议题。议题明确以后，在每次全会前，由常务委员会主任、副主任带队，深入有关单位进行调查走访，围绕议题了解情况。三年来，主任、副主任和机关工作人员下去调查研究2780天，写出专题材料141个，走访联系代表2000多人次。由于我们较好地坚持了这两点，人民群众普遍反映县人大常委会的工作比较的实事求是，也比较的符合人民的意愿。

四、常务委员会必须切实加强自身建设。地方国家权力机关自身建设搞得如何，直接关系到职能作用的发挥。三年来，常务委员会着眼于提高组成人员的整体素质，注意加强思想、组织和制度建设。本届人大常委会成立之初，一部分组成人员对地方人大工作不大熟悉，通过在实践中反复学习党中央和省地领导同志关于发展社会主义民主，健全社会主义法制，加强人民代表大会工作和建设的论述，学习宪法和法律，全体组成人员的民主意识和法律意识有了较大提高，基本上掌握了常委会的工作特点和工作方法。常委会的办事机构近年来也有所加强。常务委员会还制订了同县人民政府、县人民法院、县人民检察院工作联系办法，关于对司法机关执法工作实行监督的办法等制度，为逐步实现常委会内部活动的制度化、规范化打下了初步基础。

但是，常务委员会自身建设的现状，还不能适应党的十三大对人大工作提出的要求。对地方国家权力机关如何适应新的形势，进一步完善各项职能还缺乏全面、系统的研究，我们在联系和办理代表意见、建议工作中还存在一些差距。常务委员会的制度建设还不够完善。个别同志经受不了改革开放的考验，出现了一些不应该出现在人大机关的问题。这些都有待在新的一届常务委员会中切实加以解决。

各位代表，人民代表大会制度是我国根本的政治制度。党的十一届三中全会以来，县级以上的地方各级人民代表大会设立了常务委员会，这对完善我国人民代表大会制度，加强地方政权建设，加速社会主义民主政治建设，是极其重要的。近几年来，人们对人民代表大会及其常委会的地位，性质和作用的认识已经有了很大的提高。随着经济体制改革的不断深化和政治体制改革的逐步展开，地方人大工作必将大大加强，地方各级人大及其常委会的责任将更加重大。在新的形势下，我们一定要认真贯彻落实党的十三届四中、五中全会精神，按照建设社会主义民主政治的要求，把党的主张依照法定程序变成国家意志，严格依照宪法和组织法的规定，选举和任免国家机关工作人员，加强对本级人民政府、人民法院、人民检察院的监督工作。通过全面有效地行使宪法和法律赋予的职权，保障我县社会主义现代化建设的顺利进行，保证宪法、法律、行政法规和上级人大及其常委会决议、决定在我县的遵守和执行。

各位代表，安化县第十一届人民代表大会第一次会议已经胜利召开，新的人大常委会即将选举产生。我们深信新的一届常务委员会一定能够更好地坚持党对人大工作的领导，坚持四项基本原则，反对资产阶级自由化，树立正确的民主观；依照宪法和地方组织法赋予的人大常委会的职权，围绕经济建设这个中心，讨论决定好全县大事；围绕宪法和法令的贯彻实施，进一步搞好对一府两院的法律监督和工作监督；围绕巩固农村社会主义阵地，充分发挥每个人大代表作用和指导好乡镇人大工作。

90年代，是全国人民继续沿着建设有中国特色的社会主义道路前进的伟大年代。在90年代的第一个年头里，我们面临的重要任务是要保持国内政治局势的稳定，保持国民经济持续稳定、协调发展。我们一定要坚定不移地贯彻落实十三届四中、五中全会精神，贯彻执行进一步治理整顿和深化改革的方针，振奋精神，团结战斗，在以江泽民同志为核心的党中央领导下，夺取社会主物质文明和精神文明建设的新胜利！

第四节　县第十一届人大常委会工作报告

安化县第十一届人民代表大会常务委员会工作报告

(1992年12月31日在县第十二届人民代表大会第一次会议上)

县人大常委会副主任　陈君吾

各位代表：

我受安化县第十一届人民代表大会常务委员会的委托，向大会报告工作，请予审议。

一、县十一届人大三次会议以来的工作

县十一届人大三次会议闭幕以来，常务委员会以中共中央二号文件和邓小平视察南方重要讲话精神为指针，认真贯彻执行十一届人大三次会议的各项决议，积极履行宪法和法律赋予的职权，使本届人大常委会最后一年的工作又取得了新的进展，新的成绩。

（一）听取和审议工作汇报，讨论决定重大事项。一年来，常务委员会坚持从我县实际出发，把保障改革开放和推动经济建设作为根本任务，先后召开5次会议，听取和审议了一府两院6项工作汇报，作出决议、决定3个，较好地发挥了地方国家权力机关在经济建设中的决策作用。

近年来，随着财政体制改革的逐步深入和经济建设的不断发展，我县预算外资金的增长速度越来越快。为了切实加强对预算外资金的管理，常务委员会深入有关部门作了大量的调查研究，督促政府起草了《安化县预算外资金管理暂行办法》。常委会第15次会议审议批准了这个办法，并作出了相应的决议，使我县预算外资金的管理特别是林业“两金一费”的管理步入了正常的轨道。

为了搞好上半年国民经济计划和财政预算执行情况的审议，常务委员会于今年6～7月，由主任、副主任带队，分成4个组，深入到全县19个乡镇和7个县属厂矿，进行了为期一个多月的调查。在常务委员会第16次会议上，对我县上半年工业、农业、财贸、教育等方面的情况进行了全面审议。委员们在充分肯定上半年计划和财政工作成绩的基础上，针对我县农业生产遭受严重自然灾害、工业企业经济效益下降、财政面临困境的严峻形势，建议各级政府正确认识和估价当前经济形势，深入贯彻中共中央二号文件和邓小平同志视察南方谈话精神，紧紧围绕经济建设这个中心，进一步加大改革开放的力度，主攻薄弱环节，扭转被动局面，努力完成全年的各项计划指标和财政收支任务。县人民政府根据这些意见，及时调整工作部署，切实加强了对经济工作的领导。

科学技术是第一生产力。发挥农业科技场所的作用，是实现科技兴农、科技兴县的客观需要。常务委员会将这一工作列入重要议事日程，安排有关工作委员会先后深入到7个农业科技场所，对其作用的发挥情况进行了专题调查。常委会第17次会议听取和审议了县人民政府关于发挥农业科技场所作用的情况汇报和工作委员会的调查报告，委员们就科技场所目前存在的场地萎缩，示范作用发挥得不够充分，科技成果推广得不够广泛，科技队伍素质有待提高，内部管理有待加强等突出问题，提出了很多很好的意见和建议。县人民政府及时采纳常委会的意见，采取措施狠抓落实：一是通过宣传引导、典型教育、行政督促等方法，进一步统一了科技兴县的认识；二是在政策上对科技人员实行倾斜，引入科技竞争机制，鼓励科技人员参与公平竞争；三是在具体问题上为科技人员排忧解难，对科技场所的待遇和科技人员的住房、子女就业等实际问题，实行优先照顾，为科技人员从事科研活动提供必要的财力、物力和时间保障。从而，进一步调动了科技人员的工作积极性。

一年来，常务委员会还根据县人民政府的提请，审议通过了《安化县机动车船法定保险办法》，对我县交通和保险事业的发展起了促进作用。全县机动车船投保率达80%，投保金额达175万元，比上年增长70%。

（二）认真执行代表大会决议，推进经济建设。今年初，县十一届人大三次会议作出了《关于批准县人民政府实施“八·七”工程决议》。实施“八·七”工程，是我县经济工作中的一项重大决策，是振兴安化经济、致富安化人民的必然选择和有效途径，完全符合安化的客观实际，充分体现了全县人民的共同愿望。一年来，县人大常委会把这一决议的贯彻落实作为促进我县经济建设的头等大事来抓，突出做了以下四个方面的工作：一是在4月份组织机关工作人员会同政府有关部门，深入到18个单位，对贯彻人大决议、实施“八・七”工程的情况进行了半个多月的调查，听取了有关单位和部门的情况汇报，广泛征求了干部群众对实施“八・七”工程的看法和意见，及时了解了工程实施中存在的一些困难和问题。二是在4月下旬，组织部分代表对“八・七”工程的实施情况进行了为期10天的视察，对“八・七”工程决议的贯彻落实进行了检查督促。三是在常委会第15次会议上，听取和审议了政府关于实施“八・七”工程的情况汇报和视察组的视察情况报告，对“八・七”工程决议的贯彻落实进行了专题审议。在审议中，委员们针对实施中存在的思想认识不够统一、领导力量不够集中、资金物资不够落实、技术服务不够配套、部分地方社会环境不好等问题，向政府提出了9个方面的意见和建议。促使政府切实加强了对“八・七”工程的领导，多次召开会议，进一步统一了各级的思想认识；采取得力措施，逐步解决了资金、种苗、技术等方面存在的困难；对厂村矛盾突出的地方开展了综合治理和专项打击，动员各部门各单位积极主动地为“八，七”工程提供优质服务，推动了“八・七”工程的实施，促进了人大决议的落实。四是主动为实施“八・七”工程排忧解难。比如常委会领导调查发现渣滓溪锑矿新上的1000吨锑白生产线，投资款项长时间没有到位的情况后，多次找有关部门联系，研究解决办法，确保了该项目的按时建成投产。

（三）加强法律监督，保证宪法和法律的贯彻实施。一年来，常务委员会坚持以法制建设为重点，全面有效地行使法律监督职权，着重抓了以下几件事：

一是组织代表评议司法机关的工作。为了使评议工作开展得卓有成效，常委会多次召开主任会议和公检法司主要负责人会议统一了思想认识。首先委托各人大联络组和乡镇人大主席团组织248名县人大代表，分成5　8个小组，分别调查走访了3282名干部群众，召开各类座谈会145个，收集整理各方面的意见、建议492条，了解重点案件132起，为搞好评议掌握了大量的一手材料。尔后，会同有关单位在梅城区举办了代表评议试点，总结摸索了开展代表评议的作法和经验。然后在6月初常委会召开的第15次会议上。邀请了22名县人大代表对司法机关的工作进行了认真的评议. 代表们在评议过程中，对司法机关近几年来的工作给予了充分的肯定，同时也针对司法机关工作中存在的突出问题，尖锐地提出了批评，并就如何加强我县的法制建设和司法队伍的自身建设，提出了许多意见、建议，使到会人员受到了一次深刻的民主与法制教育。会后，公、检、法、司四家分别召集所属干警进行了集中学习和整训，对代表提出的意见建议进行了认真整改。同时，对不适合做司法工作的人员进行了必要的调整。对此，代表和群众普遍感到满意。

二是有重点的开展执法检查。常务委员会认真总结了前几年开展执法检查的经验教训，不断改进执法检查方法，逐步理顺了与各职能部门的关系。在执法检查中，严格坚持属谁主管的法律由谁负责检查的原则，采取以自查为主，重点地区、重点单位进行抽查的方法，较好地发挥了职能部门的作用。今年，我们会同政府有关部门先后检查了矿产资源法、义务教育法、药品管理法、文物保护法、食品卫生法等10多个法律法规的执行情况，推动了普法工作的顺利开展。6月，常委会在检查《矿产资源法》的执行情况时，发现全县无证开采和乱采滥挖的现象比较严重，及时向政府和有关部门提出了三个方面的意见和建议，引起了政府的高度重视。政府领导亲自挂帅，组织20多人的专门队伍，到重点矿区现场办公，开展治理整顿，全县共关闭非法开采矿井364家，封闭小煤窑308座，基本上刹住了乱采滥挖的歪风。在食品卫生和药品管理上，全县共检查经营单位和个体从业人员1814家，查出假劣药品和变质食品393种（次），封存、销毁各类霉变食品和伪劣药品10392公斤，有效地保护了人民的健康，维护了消费者利益。

三是认真受理代表和群众的来信来访和申诉控告案件。一年来，常委会共收到代表和群众来信来访和申诉控告案件763起，已办结720 起，办结率为94.3%。今年2月，马路镇县人大代表邓爱兰来信控告该镇一职工报复行凶，将其殴打致伤，要求依法惩办凶手。常委会对此极为重视，次日就将来信转去公安机关。之后，常委会主要领导多次过问，还派出两名副主任到该镇了解情况，慰问代表。在常委会的督促下，公安机关及时组织力量，在查明案情的基础上，于4月将案犯依法逮捕，此案经县人民法院审理，判处被告有期徒刑1年，赔偿原告损失1500元，维护了代表的合法权益。

（四）完善人民代表大会制度，促进基层民主政治建设。常务委员会坚持从我县实际出发，大胆探索，勇于创新，在实践中不断健全和完善人民代表大会制度。

第一、认真督促办理代表意见、批评和建议。县十一届人大三次会议共收到代表意见、批评、建议173件，在各承办单位的共同努力下，已全部办理完毕并向代表作了答复。其中所提问题已得到解决和部分解决的4 5件，占26.01%，正在解决或采取措施逐步解决的66件，占38.15%，因限于目前条件或按政策规定不能解决的62件，占35.83%。

在办理代表意见，建议的过程中，常委会注意抓住那些代表和群众反映十分强烈的问题，重点进行督办，力争解决问题。如代表要求修好栗林至仙溪圳上断头公路的建议，连续提了3届8年，但由于多方面的原因，一直未得到解决。今年，常委会把这一建议作为督办的重点，先后两次派出专人，深入实地进行调查，广泛听取各方面的意见。常委会第17次会议在听取政府关于办理代表意见建议的情况汇报时，对栗圳公路的问题进行了重点研究，并提出了解决的办法和建议。在常委会的督促下，政府领导亲自出面做有关区乡领导的工作，协调各方面的关系，妥善处理历史遗留问题，终于使几届人大代表和人民群众梦寐以求的愿望即将实现。

第二、切实改进和加强代表工作。为了提高代表的素质，充分发挥代表的参政议政作用，常委会建议县委建立了定期向代表通报工作的制度；统一为代表订阅了《湖南人大工作》杂志，定期编印《人大工作通讯》，及时向代表寄送常委会公报，组织代表参加视察和列席常委会会议，为代表学习法律和党的方针政策，知政知情，了解人大工作信息，更好地参政议政提供了服务。常委会还采取定期走访、分片联系的方法，深入基层，倾听代表呼声，了解群众意愿。一年来，共联系走访县人大代表640多人次，收集意见建议980多条。通过密切同代表的联系，保证了社会主义民主渠道的畅通，推动了常委会工作的顺利开展。

第三、加强对乡镇人大工作的指导。今年主要抓了三件事：一是指导乡镇代表开展评议活动。为了把乡镇人大代表评议政府工作扎扎实实地开展起来，常委会翻印下发了山东省招远县组织代表评议的基本作法，在全县范围内总结推广了我县中砥区组织代表评议国家和集体工作人员的经验，常委会有关工作委员会还办了试点，并请各区人大联络组组长、直属镇人大主席参加了试点的评议工作，常委会领导多次深入乡镇、对评议工作进行指导督促，这样，较好地推动了评议活动的开展。据了解，全县58个乡镇人大主席团有51个组织代表进行了评议，有的评议乡镇政府和有关部门的工作；有的评议国家和集体工作人员或由人大选举的干部；还有的评议乡镇人大主席团的工作。参加评议的乡镇人大代表达4100多人次，提出各方面的评议意见810多条。评议活动的普遍开展，较好地发挥了代表的议政监政作用，有力地推动了政府和各部门的工作。二是指导乡镇抓好《代表法》的学习、宣传。《代表法》颁布后，常委会及时建议县委发出了关于组织各级人大代表学好《代表法》的通知。常委会还将《代表法》翻印4000多份，下发到区乡镇和各代表小组，分8个专题编印了20000多字的学习辅导资料，组织印发了200多　份墙报资料，供各级开展学习宣传，还总结表扬了一批学习宣传《代表法》的先进典型，促使《代表法》学习宣传活动开展得有声有色，扎实而又深入。一年来，代表们通过学习《代表法》，进一步明确了自己的职责，认真履行职责，在参政议政中，发挥了当家做主的作用；在普及法律常识，贯彻党的路线、方针、政策，落实人大及其常委会的决议方面，发挥了宣传作用；在坚持走社会主义道路，反对和平演变，维护社会稳定方面，发挥了促进作用；在坚持党的基本路线，投身改革开放和经济建设、落实完成各项工作任务中，发挥了带头作用；在协助各级政府推行工作，帮助群众办实事，办好事，密切党和人民的血肉联系方面，发挥了桥梁作用；在做好本职工作，争做社会主义四有新人方面，发挥了表率作用，进一步赢得了广大选民的信赖和支持。三是指导乡镇人大工作在实践中不断探索前进，促进了乡镇人大工作的平衡发展。今年，先后又有木子乡党委出席了全省乡镇人大工作座谈会，并在会上做了典型发言；有清塘、浮青、仙溪、木子、马路五个单位参加了地区乡　镇人大工作经验交流会，有刘光佐、陈干尧、吴彩芹、肖岳兰、陈佩贤被评为地区人大工作先进个人，受到了地区人大联工委的表彰和奖励。

（五）主持县乡两级人大的换届选举工作。根据宪法、法律的规定和上级的部署安排，我县县乡两级人大换届选举工作于今年10月初全面铺开，由于各级党委的高度重视和全县人民的共同努力，至12月20日圆满完成了县乡两级人大代表的选举。全县共划分县代表选区162个，乡镇代表选区1468个，选出县第十二届人大代表355名，乡镇新一届人大代表3313名。为了抓好今年的县、乡两级代表的换届选举工作，常委会及早分析了今年换届工作的新情况、新特点，并写出了专题调查报告。换届工作一开始，常委会及时向县委作了汇报，引起了县委的高度重视，真正把做好换届选举工作作为一个时期内的大事来抓，常务委员会则集中全力抓了这项工作。由于指导思想明确，部署比较周密，检查指导及时有力，整个工作比我们预料的情况要好得多。全县60多万选民，有51万多人参加了这次选举，参选率和直接投票率分别达到了85.6%和82.3%。

今年，常务委员会还根据一府两院的提请，依法任免了22名国家机关工作人员，撤销了1名国家机关工作人员的职务。

各位代表！一年来，常务委员会的工作虽然取得了一定的成绩，但对照党的要求，法律赋予的职权和人民群众的期望，还存在着不少差距，主要表现在监督职能还发挥得不够充分，对法律监督和工作监督还抓得不紧，特别是对林政管理，农业受灾和社会治安这样一些影响全局的重大问题，缺乏深入系统的调查研究和强有力的监督；如何适应社会主义市场经济体制的要求，更好地发挥地方国家权力机关在经济建设中的职能作用，也迫切需要在实践中进一步研究和探索；指导乡镇人大工作还不够有力，乡镇人大工作的发展还不平衡，常务委员会的自身建设也有待进一步加强。这些问题，有的需要研究探索，有的必须认真去解决。

二、本届常委会工作的简要回顾和体会

各位代表！安化县十一届人民代表大会常务委员会的任期已经届满。三年来，常务委员会在中共安化县委的领导下，以经济建设为中心，坚持四项基本原则，坚持改革开放，认真行使宪法和法律赋予的各项职权，先后召开18次会议，听取和审议了一府两院26项工作汇报，作出实质性决议决定9个；组织开展专题调查、视察45次，撰写调查视察报告77份；联系走访县人大代表2267人次；依法任免国家机关工作人员151名，接受辞职1名，撤销职务2名；督促办理代表议案和批评、意见、建议741件，受理代表和群众来信来访1701件（次），比较圆满地完成了本届任期内的各项工作任务。本届人大常会思想是非常统一的，工作是非常协调的，常委会组成人员和机关全体工作人员在工作中心情也是非常愉快的。我们深深感到，这些成绩的取得，离不开党的路线、方针、政策的指引，离不开县委的正确领导和上级人大的精心指导，离不开一府两院和县人民政协以及各个部门的大力支持，离不开全体代表和全县人民的共同努力。在此，我代表常务委员会，向大家表示衷心的感谢！

回顾本届常委会的工作，有以下几点粗浅体会。

（一）必须把人大工作置于党的绝对领导之下。无产阶级政党对国家事务实行领导，是社会主义的一条最基本的原则。维护和巩固我们党的执政地位，既是宪法赋予常委会的根本职责，又是党对人大工作的基本要求。三年来，常委会牢固树立党的观念，正确处理人大与党委的关系、始终坚持在县委的领导下开展人大工作。首先，常委会党组坚持认真贯彻执行党的路线、方针、政策，使人大及其常委会在行使职权的各项工作中都能与党中央保持一致，紧紧围绕党的中心，按照党的部署开展工作。其次，主动接受和维护党的领导，争取县委对人大工作的重视和支持。常委会党组坚持向县委汇报工作的制度，凡是常委会的重要会议，重要工作安排，行使职权中遇到的重大问题，将要通过的决议决定等，都事先向县委常委进行了集体请示汇报，常委会的一些重大活动及时请县委的领导参加。再次，要求人大代表中的共产党员，不仅要模范地履行人大代表的职责，发挥代表的作用，而且要模范地履行共产党员的义务，带头遵守党的纪律，执行党的决议，自觉接受党和人民的监督。同时，积极参加县委分配的中心工作任务，如下乡办点、农村社教、抗洪救灾等活动，都主动参加，并做到尽职尽责，善始善终。由于我们坚持和依靠党的领导，县委十分关心常委会的工作和建设，积极支持人大及其常委会依法行使职权。实践证明，只有坚持和依靠党的领导，人民代表大会制度才能不断完善和发展，社会主义民主和法制建设才能健康、稳步地前进，地方人大常委会的法律地位和实际权威才能不断地有机统一，地方人大常委会的工作才能生机盎然，充满活力。

（二）必须切实加强对人民代表大会制度的宣传，增强全社会的人大意识。人民代表大会制度是我国的根本政治制度，它最大的特点是有利于集中人民的意志和要求，实现人民当家做主的民主权利。但由于种种原因，它的这个优势还没有充分发挥出来，在诸多原因中，认识问题没有完全解决好，不能不说是一个十分重要的原因。为此，常委会把加强人民代表大会制度的宣传摆到重要议事日程，多次召开宣传部门和新闻单位的联席会议，研究部署人民代表大会制度的宣传工作，主动争取各有关部门的大力支持和积极配合；坚持办好人大工作简报，及时传播人大工作信息，总结推广人大工作的典型经验和办法。1991年，我们认真抓了十年人大工作总结活动，采取举行报告大会、拍摄专题录像、举办成果展览编印总结专集等多种形式，在全县范围内，广泛深入地宣传了人大及其常委会的地位、性质和作用，较好地提高了全社会对人民代表大会制度的认识，增强了广大干部群众的人大意识和民主法制观念，使人大工作得到越来越多的人的理解和支持。与此同时、常委会注意了自身工作的总结，加强了人大的宣传报道工作。三年来，全县共在地以上报刊发表反映人大工作的稿件267篇，并有4篇在省、地宣传人民代表大会制度好新闻评选中获奖。常委会还结合近几年来的工作实践，开展了对地方人大理论的研究，探讨了地方人大及其常委会工作中遇到的新情况和新问题，撰写发表了一批有价值、有分量的理论研讨文章。这样做，不仅逐步积累了人大工作的经验，而且也增强了从事人大工作同志的事业心和责任感。

（三）必须把推进经济建设作为常委会工作的中心任务。党的十一届三中全会把工作重点转移到经济建设的正确决策，体现了全国人民的根本利益。三年来，常委会坚持以经济建设为中心，注意从安化的实际出发，抓住经济和社会发展中的重大战略问题，改革开放中的深层次问题和 代表、群众反映强烈的热点问题，开展调查，进行审议。先后听取和审议了“加强农业生产增加农业投入”、“减轻农民负担”、“开展林业年活动”、实施“5510”工程、县城总体规划修编等18项工作汇报，作出了6项有关经济建设的重要决议决定。先后组织代表视察了抗洪救灾、廖家坪与红岩两座中型水库的建设和管理、柘溪库区的林业建设和林政管理、“八·七”工程、小柳公路建设等方面的情况，促进了一批重大问题的解决。三年来，常委会围绕经济法律法规的贯彻实施，进行了9次执法大检查，重点对企业法、森林法、经济合同法、土地管理法、统计法、水法、义务教育法等20多个法律法规的实施情况进行了检查，及时发现和查处了 一批严重违法案件，促进经济执法，维护了正常的经济秩序。同时强调代表在各自的工作岗位上，为把安化经济搞上去起模范带头作用。据不完全统计，全县3665名县乡人大代表，三年来被各级评为劳动模范、干部标兵、立功人员和先进工作者的有1151人，有700多名代表率先成了勤劳致富户，有116人被各级邀请担任了经济监督员，代表为群众办各种实事9160多件。

（四）必须坚持严格依法办事的原则。“保证宪法、法律、行政法规和上级人民代表大会及其常务委员会决议的遵守和执行”，是县级人大常委会的首要职责。我们理解，这是推进我国民主政治建设，逐步实现依法治国的重要保证。三年来，常委会坚持以法律监督为主，多次听取和审议了县人民政府和县人民法院、县人民检察院关于“一五”普法、“二五”普法、两反斗争、法纪检察、贯彻实施《监督规定》等方面的工作汇报，并作出有关决议，支持和监督司法机关严格执法从严治警，排除各种阻力，维护法律尊严。较好地处理了以下几个方面的关系：一是坚持党的领导与依法办事的关系。党对国家生活的领导，最本质的内容就是领导和支持人民当家做主。在实际工作中，常委会注意把严格依法办事和坚持党的领导相统一，认真贯彻党委意图，努力把党的主张通过法律形式变成国家意志，同时，又注意把贯彻党委意图与尊重代表和委员的意愿很好地结合起来，做到严格按宪法、法律办事。这样做，不仅没有削弱党的领导，而且更好地保证了党在宪法和法律的范围内活动，更有效地维护了党的权威。二是监督与支持的关系。人大常委会对一府两院工作实行监督，这是国家权力机关与其他国家机关职能上的分工，体现了国家权力机关对其他国家机关的合理制约，监督的目的是为了推动政府、法院、检察院的工作，保证党的方针政策和国家法律、法令的正确执行，监督本身就是一种支持。常务委员会在实际工作中，不断强化监督意识，大胆行使监督职权，在对一府两院工作实行有效监督的同时，又充分体谅执行机关工作的难度，当他们的工作遇到困难和阻力时，不是袖手旁观，而是主动给予支持和帮助，尽力为其排忧解难，基本上做到了该监督的大胆监督，该支持的全力支持。三是既敢于监督又善于监督的关系。江泽民同志指出：“人大既要敢于监督，又要善于监督。只有把两者很好地结合起来，才能达到监督的目的。”我们认为，人大只有敢于监督，积极主动地去开展监督工作，才能履行好宪法、法律赋予的职责，才能说是对人民负责，否则，就是失职。但是，人大及其常委会作为地方国家权力机关，同样必须在法律规定的范围内活动。在行使职权时，应该充分尊重其他国家机关的职权，严格依照法律程序办事，做到不越俎代庖，不超越职权范围，不干涉执行机关的具体事务。这样，才能使整个国家政权机关的工作协调一致，沿着社会主义法制的轨道高效运转。

（五）必须把加强自身建设摆到重要位置。社会主义民主政治建设的不断向前发展，对人大及其常委会的工作和自身建设不断提出新的要求。三年来，为了适应形势发展的需要，常委会切实加强了自身建设。首先，注意抓了思想建设，常务委员会把学习马克思主义、毛泽东思想，学习宪法和法律，学习党中央关于加强人大工作的文件和论述摆在首位，不断提高常委会组成人员和机关工作人员的思想水平和理论水平，坚定正确的政治立场，旗帜鲜明地反对资产阶级自由化，在政治上始终与党中央保持高度一致。当苏联和东欧形势发生变化，西方敌对势力施展和平演变的阴谋，国内一些鼓吹资产阶级自由化的人极力诋毁人民代表大会制度时，常委会组成人员和机关工作人员在国家宪法、法律、党的路线、方针、政策、形势学习方面抓得更紧，因而从理论与实践的结合上进一步认识了人民代表大会制度在我国产生、发展和完善的历史必然性，坚定了组成人员对坚持和完善根本政治制度的信念，增强了做好人大工作的光荣感和使命感。面临换届之际，常委会结合机关社教，及时在组成人员和工作人员中开展了“如何善始善终作好本届工作”的讨论，从而统一了大家的认识，做到了面临换届，思想不松，工作不散，作风不垮。其次，注意抓了组织建设。为了适应新形势发展的需要，常委会健全了工作机构，调整充实了机关工作人员。近年来，选调了一批热爱人大工作，文化程度较高，有一定实际工作经验的中青年干部到常委会机关工作，加强了干部的培养使用和双向交流，理顺了机关内部的关系，较好地提高了机关干部的整体素质．为常委会开展工作奠定了良好的基础。三是注意抓了作风建设。常委会组成人员进一步加强同人大代表和人民群众的联系，自觉接受代表和群众的监督，不断拓宽社会主义民主的渠道。工作中坚持民主集中制的原则，讨论决定重大问题时，注意广泛听取和正确集中常委会组成人员的意见，在表决过程中，坚持按照法律规定和民主程序集体行使职权。常委会还注意加强调查研究，不断改进工作方法，讲求工作实效。对看准了的问题坚持一抓到底，力争抓出成效。四是注意抓了制度建设。三年来，常委会根据地方组织法的规定，结合常委会的工作实践，在巩固和完善已有工作制度的基础上，相继制定了《主任会议制度》《常务委员会议事规则》等，对完善常委会的各项职能，提高常委会的工作质量和办事效率，起了积极的作用。

各位代表！县十二届人大一次会议的召开，标志着十一届人大及其常委会已经完成了它的历史使命，新一届常务委员会即将选举产生。我们深信，新一届常务委员会在贯彻落实党的十四大精神，坚持和维护党对人大工作的领导，坚持四项基本原则，坚持和完善人民代表大会这一根本政治制度等重大原则问题上会更加坚决；在全面有效地行使宪法和法律赋予的职权，坚持以经济建设为中心，坚持改革开放，搞好民主和科学决策，努力把我县经济推向社会主义市场，加快经济发展速度，完成党和人民交给的各项任务方面会更有成效；在加强对一府两院的法律监督，不断提高监督实效，确保宪法和法律的贯彻实施方面会更加有力；在进一步密切同人大代表和人民群众的联系，不断拓宽民主渠道，充分发挥人大代表的作用方面会更有办法；在加强对乡镇人大工作的指导，切实搞好基层政权建设方面会更有新招。

各位代表！我们国家正处在一个崭新的历史发展时期。党的十四大确立了建设有中国特色的社会主义的基本理论，提出了建立社会主义市场经济体制的宏伟目标，为我们规划了蓝图，指明了方向，展望未来，我们更加充满信心。让我们在党的十四大精神的指引下，在县委的正确领下，紧密地团结起来吧！人民代表人民选，人民代表为人民，我们肩负着人民的重托和殷切期望，只要我们尽职尽责，安化县的民主与法制建设就一定会有新的发展；只要我们同心同德，思想解放，精神振奋，敢于带头，安化县的改革开放和社会主义现代化建设大业就一定能跃上一个新的台阶。

第五节　县第十二届人大常委会工作报告

安化县第十二届人民代表大会常务委员会工作报告

(1997年12月30日在县第十三届人民代表大会第一次会议上)

县人大常委会副主任　陈君吾

各位代表：

我受安化县第十二届人民代表大会常务委员会的委托，向大会报告工作，请予审议。

一、县十二届人大六次会议以来的工作

县十二届人大六次会议闭幕以来，常委会坚持以邓小平建设有中国特色社会主义理论和民主法制思想，以及党的十四届六中全会《关于加强社会主义精神文明建设的决议》为指针，围绕县委的重大决策和全县经济中心，认真贯彻执行十二届人大六次会议作出的各项决议，积极履行宪法和法律赋予的各项职权，突出监督、代表工作和换届选举三个重点，进一步加强对乡镇人大工作的指导，为维护全县社会稳定，加强民主法制建设和两个文明建设，做出了新的贡献。

（一）审议决定重大事项，促进经济建设和社会事业发展

一年来，常委会紧紧围绕全县“改革、发展、稳定”这个大局，开展调查研究和视察、检查，审议决定重大事项，及时提出建议意见，较好地促进了全县经济建设和社会事业的发展。

常委会把加强对国民经济与社会发展计划和财政预算执行情况的检查审议摆在重要位置。根据县十二届人大六次会议的授权，常委会第33次会议严格按照《中华人民共和国预算法》（以下简称《预算法》）的要求，审议通过了1996年财政决算和1997年财政预算，并对如何进一步抓好我县今年的财政工作提出了切实可行的意见建议。6月下旬至7月中旬，常委会全体组成人员和部分机关工作人员，分成6个组，深入到全县29个乡镇和部分厂矿、企业、学校，对经济工作和社会事业等方面的情况作了全面的调查研究。常委会第34次会议根据调查的情况对我县今年上半年国民经济和社会发展计划及财政预算执行情况进行了认真的审议，要求全县各级各部门要进一步认清形势，明确重点，加快企业改革步伐，加强重点财源建设，严格控制支出，确保全县经济的正常运转，促进社会全面发展。

常委会在加强对国民经济与社会发展计划和财政预算执行情况的检查审议时，把加强对乡镇财政的监督放在突出的重要位置。年初召开的县十二届人大六次会议作出了《关于进一步加强乡镇财政管理的决议》。为了督促该决议的落实，常委会组织人员对全县29个乡镇上半年的财政情况进行了调

查。在常委会第36次会议上听取和审议了县财政局关于实施决议情况汇报。针对乡镇财政工作存在的问题，向县政府及有关部门提出了意见、建议，督促县政府进一步规范乡镇财政管理，使乡镇财政工作逐步走上正常的轨道。

由于政策的变化和市场因素的影响，常委会第33次会议通过的1997年财政预算指标难以完成。常委会及时召开第36次会议，认真审议了县财政局受县政府委托提出的《关于调整1997年度财政收支预算方案的报告》，批准调整了1997年度财政收支预算。要求各级政府和征管部门进一步坚定信心，明确任务，采取超常规措施，挖掘一切潜力，下大力气组织收入，同时严格控制支出，牢固树立艰苦奋斗，共同过紧日子的思想，确保调整后收支任务的全面完成。

常委会还加强了对预算外资金和专项资金管理的审查监督。常委会第33次会议，对1996年林业“一金两费”预算执行情况进行了认真审议，并批准了1997年林业“一金两费”收支预算。主任会议审查批准了1996年度城市建设维护费执行情况和1997年收支计划。

为了配合县委打好扶贫攻坚战，6～7月份，常委会全体组成人员及工作人员深入到全县各个乡镇和有关部门，对扶贫工作进行了一次大规模的视察，共听取乡镇政府及有关部门关于扶贫工作情况汇报29次，实地察看扶贫点10个，召开各种座谈会39次，调查了解人大代表和干部群众200多人次，共收集有关扶贫意见、建议100多条，并整理出《关于扶贫工作视察情况的汇报》。在常委会第34次会议上，委员们对全县扶贫工作进行了认真的审议，充分肯定了近几年来，特别是今年以来的扶贫工作成绩，同时也向县政府及有关部门和扶贫单位提出了相应的建议及整改办法，从而有力地推动了全县的扶贫工作。

为了促进经济建设和社会事业的发展，今年以来常委会进一步加强了对本届人大作出的决议决定的贯彻落实。为了使十二届人大五次会议作出的《关于科教兴县的决议》进一步落到实处，常委会明确教科文卫工委牵头，配合有关部门开展了一次声势浩大的送科技下乡的活动。这次活动历时20天，行程1157公里，深入13个村，授课92场，印发技术资料6500多份，培训12600多人次。受到了农民群众的好评。

（二）加大监督力度，保障宪法和法律的有效实施

人大及其常委会的主要职能，就是要保证国家宪法、法律在本行政区域内的贯彻实施。一年来，常委会从以下三个方面入手，加大监督力度，确保法律、法规在我县的贯彻实施。

一是切实加强执法检查。今年以来，我们先后对环境保护法、城市规划法、土地管理法、产品质量法、农业技术推广法、食品卫生法、红十字会法、代表法等几部法律法规的执法情况进行了深入扎实的大检查。6月中旬，常委会组织部分省、市、县人大代表和常委会委员，由常务副主任带队，检查了“七镇二库”（东坪、冷市、羊角塘、长塘、仙溪、梅城、清塘、廖家坪、红岩）贯彻执行环境保护法律法规的情况。检查人员深入到12个重点污染源，召开座谈会20多次，走访人大代表和群众100多人（次），收集了大量的意见、批评和建议。在常委会第34次会议上，委员们认真听取了检查情况汇报，严正指出了个别领导环境意识淡薄、局部区域环境污染十分严重、黄金生产环境污染触目惊心、污染大户环境治理缺乏力度、环保部门依法收费难以到位等五大令人忧虑的问题。要求县政府及有关部门和单位做到认识、宣传、管理、投入、执法五到位，把搞好环境保护作为我县一项持续发展战略的大事来抓。在进行农业技术推广法执法检查时，检查组发现县政府办〔1997〕7号文件中的部分内容

与现行法规相抵触，及时组织有关单位共同学习有关法律条文，把思想认识统一到法律上来，县政府办及有关部门和单位自觉地终止了该文件的执行，维护了法律的尊严，提高了政府的威信。

二是及时受理代表和群众的来信来访和申诉控告案件。一年来，常委会机关共收到来信311件，接待来访393人次，转办督办信访案件234件，基本上做到了件件有登记，事事有回音。在及时处理一般信访案件的同时，加强个案跟踪督办，是今年信访工作的一大特色。常委会重点跟踪督办了胡某毒杀耕牛案,蒋某受贿案，赵某流氓强奸案等大要案或疑难案。年初，55名市、县、乡人大代表联名上书，请求各级人大监督司法机关重新查处胡某毒杀耕牛案。该案是1996年8月由县公安局侦破的，检察机关审查复核后认为证据不足对胡作出了不予逮捕的决定，当地干部群众意见纷纷。对此，常委会主任会议高度重视，进行了调卷审查，及时召开了公检法“三长”联席会议，统一了思想认识，责成公安、检察机关立即组成联合专案组补充侦查。在落实证据和消除矛盾后，终于将险些逍遥法外的胡某绳之以法。通过这些案件的督办，不仅促进了司法机关严肃执法，保护了当事人的合法权益，维护了社会的稳定，而且树立了人大的权威。县人大常委会被评为全省人大系统信访工作先进单位，副主任黎金龙被评为全省人大系统信访工作先进个人。

三是扎实抓好普法教育。今年是“三五”普法的第二年，常委会第30次会议作出了《关于继续开展普法教育工作的决议》。为了使决议的实施落到实处，常委会组织力量对县直90个单位的普法情况进行了为期9天的督查。在常委会的支持、督促下，司法机关为普法教育做了大量深入细致的工作。

（三）依照法定程序，任免国家机关工作人员

依法任免国家机关工作人员，是常委会的一项重要职权。今年，常委会依法任免了68名国家机关工作人员，接受了符定安同志辞去县长职务的请求，已提请本次大会预备会议追认，任命了蔡克勤同志为副县长并代理县长职务。常委会在行使干部任免权方面，坚持不图形式，不走过场，根据《地方组织法》，本着党管干部和依法任免的原则，把对党负责与对人民负责有机地统一起来，听到对拟任对象有重大问题嫌疑的反映，任命前通过组织渠道调查了解清楚，同时坚持要拟任对象作从政发言，任命之后，加强对被任命人员经常性的工作监督，督促他们廉洁务实，勤奋工作，正确运用手中权力，当好人民公仆。

（四）完善人民代表大会制度，加强县乡两级人大建设

人大代表是国家权力机关的组成人员，代表工作是各级人大工作的基础。今年，我们把代表工作作为全年工作的三个重点之一，在密切同代表的联系，充分发挥代表的作用方面又有了新的进展。

第一，狠抓了《代表法》的宣传贯彻。今年是《代表法》颁布第五周年，常委会抓住了这一契机，把4月份作为《代表法》宣传活动月，常委会领导发表了电视讲话，全县各地共出动宣传车15台，召开座谈会28次，举办《代表法》知识竞赛一场，有10个乡镇人大主席团组织代表学习、讨论了《代表法》。同时，全县还表彰优秀代表30人，对于其中的突出典型进行了大张旗鼓的宣传。市人大代表龚洵光因公殉职后，我们组织力量采写了他的优秀事迹，《益阳人大》以《大山忠魂》为题，《人民之友》以《旱土》为题进行了宣传报道。

第二，系统地走访县人大代表。6月中旬至7月初，常委会组成人员和机关部分工作人员分为6个组，对本届县人大代表进行了届期内的最后一次系统走访，共走访代表218人，占县人大代表总数的75.7%。先后召开代表座谈会31次，共收集代表建议批评意见600多条。常委会第34次会议认真听取了

走访县代表的情况汇报，并将600多条建议、批评和意见整理归类，筛选出8类48个问题，交“一府两院”及有关部门办理。

第三，认真督办代表建议、批评和意见。县第十二届人大六次会议闭会以来，常委会对代表的建议、批评和意见除采取往年一般的交办、督办措施外，还对17条代表建议和10个热点问题明确责任人，由常委会主任、副主任具体督办。县政府及有关部门对办理代表建议、批评和意见有了新认识，采了硬措施，出了好结果。县政府今年召开的8次政府常务会议，6次县长办公会议和17次专题会议中涉及建议办理的25次，县长、副县长亲自办理的建议达20多件，从而有力地促进和改进了政府工作。

指导乡镇人大开展工作，是完善人民代表大会制度基础性的工作。今年，我们主要通过继续办好《权力与义务》专刊，办好马路镇人大工作联系点，对全县乡镇人大工作进行指导。7月份，常委会派选举任免联络工作委员会和农业工作委员会的领导到马路镇具体指导那里的评议工作，并将他们的经验和作法在《权力与义务》上进行推介，以指导面上的评议工作。全县29个乡镇，今年的评议工作普遍开展得比较好。我们还通过开展评选优秀评议工作经验材料的活动，促进各乡镇人大重视评议工作，总结评议工作，使评议工作善始善终。常委会还加强了对乡镇人大选举工作的指导。苍场乡选举副乡长时，组织推荐的候选人落选，代表联名推荐的候选人达到过半数选票，常委会组织人员进行了周密调查，并作出了公正结论。烟溪镇在选举一名副乡长时，代表联名推荐候选人，常委会及时给予法律上的指导，使其选举顺利成功。

今年，常委会进一步加强了乡镇人大队伍建设和业务培训。全县29个乡镇，有27个乡镇人大主席进入了同级党委班子，兼任党委副书记，有7个乡镇人大主席团增配了一名副主席（已配副主席的乡镇18个，其中1名的11个，2名的7个）。上半年，我们组织18名乡镇人大主席参加了市人大举办的乡镇人大主席培训班，并在平口镇举办了乡镇人大副主席、办公室主任培训班，历时一个星期，进行了民主法制理论和人大业务工作培训，收到了较好的效果。

常委会坚持把自身建设作为了一项基础性的工作来抓。首先，常委会十分重视机关干部的选调、培养、提拔、交流等方面的工作。今年来，选送1名干部到党校学习，选送1名干部参加要求入党积极分子培训班，还交流干部1名，提拔使用干部5名。其次，常委会十分重视法律学习，坚持每月初“学法日”制度。机关干部每月集中学习两天法律，聘请律师和专家讲课，系统地学习宪法、基本法和与监督工作相关的法律法规，以不断地提高常委会机关干部的工作能力和常委会会议的审议水平。再次，我们还十分关心机关离退休干部，并加强了对干部职工子女的教育管理，组织孩子们开展健康向上的文体活动。常委会还注意做好干部职工家属的思想政治工作，要求大家自觉维护人大机关的良好形象，支持自己的亲属做好本职工作。由于常委会全体组成成员和人大机关干部的努力，今年的人大工作得到上级的好评，省人大常委会主任刘夫生、副主任朱东阳及有关委室的负责人先后到我县视察指导工作，总结经验。市人大于5月份在我县召开了教科文卫工作现场会。内务司法工委在支持法院的行政审判上做了大量的工作，摸索了成功的经验，先后在市中院和省高院召开的行政审判工作会议上作了《依法行使监督职权，促进行政审判工作》的经验发言，得到与会同志的好评，其经验在《益阳人大》第二期刊载。

常委会把加强人大宣传工作作为了完善人民代表大会制度，增强全民的民主法制观念和人大意识的大事来抓，建立健全了通讯报道班子，还采取激励措施鼓励人大系统干部积极写稿。今年来，我县在市级以上报刊发表宣传人大制度的新闻稿件62篇，撰写调查报告和理论文章20篇，扩大了我县人大工作的影响。常委会领导撰写的《乡镇人大行使决定权的现状及对策》在全国人大权威刊物《人大工作通讯》上发表，撰写的《减负引发的思考》被《跨世纪中国改革之路》一书收录。办公室撰写的反映我县考评工作的通讯《考评合奏曲》获《人民之友》优稿奖。内务司法工委撰写的《撤诉、在开庭之前》、《安化禁赌记》和选举任免联工委撰写的《他们没有被遗忘》分别获全省宣传人大制度好新闻二等奖和三等奖。同时，常委会还组织我县的电视、广播、报纸等新闻舆论工具，经常宣传人大工作，及时报道人大及其常委会的一些重大活动，增强了人大工作的透明度。

（五）主持全县人大的换届选举工作

根据宪法、法律的规定和上级的部署安排，我县县级人大换届选举工作于今年十月初全面铺开，由于各级党委的高度重视和全县人民的共同努力，至12月10日圆满完成了县人大代表的选举。全县共划分选区131个，选出县十三届人大代表305名。为了抓好今年的县级人大换届选举，常委会及早分析了换届工作的新情况、新特点，并且广泛动员各乡镇人大撰写关于换届选举的调查报告，大量收集各方面对换届选举的意见、建议。换届工作一开始，常委会及时向县委作了汇报，引起了县委的高度重视，真正把换届选举工作作为一个时期内的大事来抓，常委会则成立选举委员会，集中机关全体力量狠抓了这项工作。由于指导思想明确，部署比较周密，指导及时有力，整个工作达到了预期的效果。全县658111个选民，有613544人参加了这次选举，参选率和直接投票率分别达到93.2%和80.1%。

今年，常委会在认真行使宪法和法律赋予的各项职权的同时，还积极参与经济建设，支持帮助政府工作。常委会主任王定中根据县委的决定和县政府的邀请，出任怀桃公路安化段扩改工程指挥长。在指挥部精心组织、指挥，全体施工人员的艰苦努力和公路沿线乡镇的支持配合下，怀桃公路安化段扩改工程于10月1日胜利贯通。常委会其他副主任和有关委室的负责人，根据县委的统一安排，协助政府及有关职能部门进行财税入库、烤烟生产、乡镇企业、扶贫帮困等一系列经济工作督查，有力地促进了经济工作。此外，常委会机关还会同县石油公司，办好了马路镇黄婆村建整扶贫点。

二、本届人大工作的简要回顾

安化县第十二届人大常委会走过了五年历程，任期已经届满。本届五年，是很不寻常的五年，是值得认真回顾总结的五年。可以说，这五年，是务实奋进的五年，是各项工作取得较大进展的五年，是自身建设不断完善的五年，也是人大影响不断扩大、权威不断提高的五年。

本届届期刚开始，常委会就根据宪法和法律赋予的职权，结合安化实际，确定了本届常委会总的工作方针，即贯彻县委指示，履行人大职能，支持一府两院，指导乡镇人大，发挥代表作用，加强自身建设。五年来，常委会的工作就是围绕这六句话三十六个字的工作方针展开的。

五年来，我们坚决贯彻县委指示，积极支持政府（两院）工作，尽力为县委政府分忧解难。我们直接参与了经济建设。主任王定中受县委、政府委托，先后担任湘云制药厂扩建工程和怀桃公路安化县段扩改工程指挥长，为两个工程的顺利进展负病工作、呕心沥血，做出了重大贡献。副主任游晓岚长期分管政府外经外贸，协助政府招商引资，做了大量工作。其他副主任也协助政府分管线上的工作，联系有关乡镇、厂矿，并会同有关委室，协助政府及其职能部门进行财税入库、烤烟生产、乡镇企业、粮食收购等一系列经济工作督查。资江化工厂是一家停产几年的特困企业，从1994年开始，常委会领导和有关委室的同志，热情支持和扶植该厂转产水泥等产品，帮助解决一些实际问题，一度使该厂成了经委系统盈利单位之一。我们帮助维护了社会稳定。去年，我县个别乡镇出现了不稳定因素，有失控倾向，根据县委的统一安排，王定中、陈君吾、游晓岚三位领导带领常委会工作组深入小淹镇，入村串户进行走访调查，向农民群众开展耐心细致的思想疏导工作，使该镇很快出现了社会稳定、人心安定的局面。常委会还帮助政府解决了一些遗留问题和老大难问题，

五年来，我们在履行人大职能上做了大量工作，促进了全县的经济建设和民主法制建设。围绕全县经济建设和社会发展，常委会审议决策重大事项，行使决定权，先后召开38次全会，听取“一府两院”72项工作汇报，作出实质性决议、决定18个，组织开展专题视察、调查近20次，撰写调查视察报告101篇。审议财政预决算，督促政府加强财政管理，是常委会开展得比较经常的一项工作。除了开展例行的程序性工作外，常委会突出抓了《中华人民共和国预算法》和《湖南省预算外资金管理条例》的贯彻实施，对财政预算编制和预算执行情况搞了几次大的跟踪调查和督促。常委会还加强了对预算外资金管理和专项资金管理的审查监督。前年，对林业“一金两费”这项全县数额最大的预算外资金的审议，开始由过去的主任会议进行，上升到由常委会会议进行，自此年年如此。由于抓紧了对“一法一条例”的贯彻实施，保障财政工作的健康发展，使我县财政预算内外资金的管理逐步走上规范化、法制化的轨道。去年，我们又把财政监督的注目点投向了乡镇财政，组织有关人员到有关乡镇进行了专题调查，总结推广了梅城镇实行综合预算和清塘镇加强财源建设的经验。十二届人大六次会议还作出了《关于进一步加强乡镇财政管理的决议》。由于常委会加强了财政监督，政府及有关部门扎实地工作，我县财政收入从前年开始连续突破亿元大关。

为了促进全县经济建设，常委会抓住科教兴县这个战略，把农科教结合工作列入了重要议程。1993年上半年，常委会领导带领县教卫办、农科教结合办、科委、农委等单位的同志，深入到我县12个乡镇，就农科教中心作用发挥情况进行了调查，在常委会第三次会议上，向政府提出了进一步提高认识，加强领导；进一步理顺关系，搞好结合；进一步强化服务，加强基础设施建设；进一步加强管理，提高农科教队伍素质；进一步广辟渠道，切实解决农科教经费等五点意见建议引起了政府的高度重视，加强了全县的农科教结合。1994年，常委会第十次会议又作出了《关于进一步加强农科教结合，充分发挥农科教中心作用的决议》，在十二届人大五次会议上，作出了《关于科教兴县的决议》。常委会采取各种形式，加强了对两个决议贯彻情况的检查督促，科教兴县意识深入人心，科教兴县战略开始顺利实施。常委会还围绕县委提出的“八·七”工程，于1993年组织代表对八大优质农产品发展情况进行了专题视察；围绕县委实施重点建设项目，于1994年组织代表专题视察了东坪镇的“12121”工程和平口、梅城的农贸集市场等几项重点工程建设情况，向政府提出了切实可行意见建议。

围绕法律实施，开展法律监督，是人大监督工作的重点。常委会加强了执法情况的检查监督，先后组织了对企业法、环境保护法、土地管理法、城市规划法、矿产资源法、食品卫生法、药品管理法、产品质量法、统计法、消费者权益保护法、义务教育法、教师法、森林法、水土保持法、科技进步法、农业技术推广法、文物保护法、代表法等20多部法律法规在我县实施情况的检查。为了贯彻实施好《湖南省禁止赔博条例》，县十二届人大四次会议作出了《关于认真贯彻实施〈湖南省禁止赌博条例〉的决定》。前年，常委会三次召开全会审议禁赌工作，去年又组织力量，对全县范围内的禁赌 工作进行了一次大规模的督查，并在常委会会议上进行了审议。常委会还几次督促县监察局和政法部门对参赌领导、干部进行了查处、打击。

加强对司法机关的执法监督，是法律监督的重要方面。常委会先后专题听取了检察院《关于刑事检察工作以及“两反”斗争情况》的汇报，听取了法院关于行政审判工作的情况汇报，对打击不力、“反腐”不力等问题，提出了审议意见，促进了司法机关的工作。认真受理公民申诉控告，是加强对执法机关法律监督的重要途径。常委会完善公民申诉控告受理制度和督办处理制度，加强了个案跟踪监督，形成了一套行之有效的办法，规定由信访室直接交办、主任会议研究交办和常委会会议研究交办三个层次，几乎每年跟踪督办了一至两件有影响的案件。本届常委会共接待和受理来信来访和申诉控告案件5478（次）基本上作到了认真查办并已回复查办结果。

切实抓好普法教育，是常委会义不容辞的责任，也是常委会实行有效法律监督，保证法律法规在本行政区域内贯彻实施的前提和基础。为了督促县十二届人大二次会议作出的《关于实行普法责任制的决议》的落实，圆满完成“二五”普法任务，前年常委会会同政府有关部门，对县直41个单位的普法执行情况进行了督查，督促司法机关举办了三期“二五”普法验收骨干培训班。去年是实施“三五”普法的头一年，常委会第30次会议作出了《关于继续开展法制宣传教育的决议》，并明确提出了“推进依法治县”。

常委会在行使人事任免权上，努力开拓人事任免新领域。前年常委会组织对政府组成单位和“两院”，中由人大常委会任命的国家机关工作人员开展考评，就是这方面的一个新举措。从前年9月底常委会第20次会议作出考评决定，成立考评工作委员会开始，到第二年1月底结束，历时4个月，对21个政府组成局的主要负责人和“两院”中审判员、检察员以上127名干部总共148名对象进行考察评议评比，最后评选出优秀国家公务员4名，优秀人民法官5名，优秀人民检察官3名，对执法违法的两位法庭庭长予以黄牌警告，其规模之大，规格之高，震动之大，确是县人大历史上的首次。原县委书记李厚宽评价常委会组织的这次考评是“多一份监督，多一份清醒；多一份表扬，多一份希望；多一份批评，多一份责任；多一份评议，多一份理解”。本届以来，常委会还严格依法办事，任免了国家机关工作人员440名，接受辞职9名，撤销职务3名。

五年来，我们在指导乡镇人大发挥代表作用上取得新的进展，促进了基层民主政治建设。在指导乡镇人大上，常委会注意加强对各区人大联络组长、乡镇人大主席的岗位责任，加强对他们的业务培训，以提高他们的工作责任心和业务水平。常委会通过办好马路镇人大工作联系点和办好内部刊物《权力与义务》，推介典型经验，以点带面，促进人大工作的平衡发展。常委会尤其注重指导乡镇人大开展评议政府的活动，使这一活动年年搞得比较好。常委会还于1994年专门召开了乡镇人大工作会议，请县委领导亲临会场作重要讲话，通过这次会议，较好地解决了乡镇人大工作中存在的思想不安、位子不正、队伍不稳的问题。前年，常委会认真指导乡镇人大第一次单独进行了换届选举。去年，为了澄清乡镇人大主席团行使决定权的现状，指导他们行使好决定权，常委会组织有关人员，深入到10个乡镇进行了全面扎实的调查，写出了质量较高的调查报告，引起了上级人大的关注。为了开拓乡镇人大主席的视野，增长他们的见识，学习吸取外地开展人大工作的经验，去年常委会组织他们到江浙一带进行了参观考察。在加强同人大代表的联系，发挥代表作用上，常委会一是认真督办代表建议、批评和意见。本届共督办906件。还会同县政府于1993年开展了评选代表好的建议、批评和意见的活动。二是经常走访县代表。本届共走访县代表1205人次。1995年9月，常委会组成人员及机关工作人员分成6个组，对本届代表进行了一次届中的系统走访，共走访257人，走访率达73%，共收集代表对“一府两院”和有关部门、单位及常委会的建议、批评和意见900多条，一一进行了交办。对反映特别强烈的问题，以《人大代表意见摘报》的形式，分送四家领导和“两院”及有关单位，同时召开有政府组成人员、两院负责人参加的会议，进行重点交办，要求限期解决。三是配合全省开展的“人民选我当代表，我当代表为人民”的活动，在县代表中开展认真履行代表职责、争当优秀代表的活动。常委会第一次会议，作出了《关于开展评选优秀县人大代表活动的决定》，并决定在届期内评选“十佳”人大代表。这项活动贯彻届期始终，每年评选了80名左右优秀代表，届中评选出“十佳”。四是从1995年开始，在省、市、县、乡（镇）四级代表中开展了“百户代表带领选民致富示范活动”，一抓三年。通过上述两项活动的开展，大大激励了代表参政议政、争当先进、带头致富的积极性，比较充分地发挥了他们在两个文明建设中的先锋模范作用和桥梁纽带作用。

五年来，我们不断加强自身建设，较好地发挥了常委会机关的整体作用。常委会把学习邓小平理论，学习宪法和法律、学习有关人大工作的文件和论述放在首位，特别是近两三年来，突出抓法律学习，经常邀请熟悉法律的同志讲课。通过学习，常委会组成人员和机关工作人员提高了思想理论水平和业务能力，坚定了政治立场和完善根本政治制度的信念，增强了做好人大工作的光荣感和使命感。常委会注意健全机关工作机构，调整充实了机关工作人员，加强了干部的培训使用和双向交流，较好理顺了机关内部关系，提高了机关的整体素质。常委会组成人员努力克服衙门作风，热情接待来信来访，经常保持同人大代表和人民群众的联系，自觉接受他们的监督，坚持廉洁奉公，同时注意加强调查研究，不断改进工作方法，审议决定大事坚持民主集中制原则，讲求工作实效，在社会上树立了较好的形象。

各位代表！我们深深感到，本届常委会的工作能顺利进行，取得一定的成绩，是与县委的正确领导和上级人大的具体指导分不开的，是与“一府两院”和人民政协的配合协作分不开的，也是与各位代表和全县人民的监督支持分不开的。在此，我代表县人大常委会，向大家表示衷心的感谢！我们也深深地感到，我们的工作还存在很多不足，这主要体现在：我们的监督还不够有力，监督的领域有待开拓，监督的手段和方法有待改进和更新；人大制度的宣传不深入广泛，全社会的人大意识和民主法制观念还有待提高；人大工作的程序化、规范化、制度化还没有完全建立起来；人大的自身建设也还大有文章可作，等等。对这些问题，今后要采取措施认真加以解决。

各位代表！我们正面临着新的形势：党的十五大确立了邓小平理论的伟大旗帜，描绘了今后五年我国改革开放和建设发展的宏伟蓝图。新产生的县委确定了我县今后五年总的工作思路、奋斗目标和发展战略。今后五年，安化的工作将是跨世纪的，光荣而艰巨的。在这样一个伟大的历史进程中，即将产生的新的一届常委会将肩负着光荣而艰巨的任务。我们深信，新的一届常委会一定会高举邓小平理论的伟大旗帜，坚持以党的十五大精神为指针，围绕县委的重大决策和全县工作大局，认真落实本次大会作出的各项决议决定，切实履行宪法和法律赋予人大的各项职能，努力开创人大工作的新局面。我们建议，下届常委会在确立好总的指导思想后，努力加强自身建设，提高整体素质，在如下三个方面开展好人大工作：

1.加强法律监督，推进依法治县。江泽民同志在十五大政治报告中指出，“依法治国，是党领导人民治理国家的基本方略，是发展社会主义市场经济的客观需要，是社会文明进步的重要标志，是国家长治久安的重要保障”。在下一届，人大常委会要认真落实中央、省委、市委提出的“依法治国”“依法治省”“依法治市”的方针，加大法律监督力度，积极推进依法治县，促进我县各项工作逐步走上法制化的轨道。要把督促有关发展经济、维护社会稳定，加强廉政建设、保障人大代表和公民合法权益等方面的法律、法规的实施，作为法律监督的重点。要建立健全对“一府两院”的普法执法责任制，认真开展执法检查，实施对宪法和法律执行情况的监督，维护国家法制统一；加强对党和国家方针政策贯彻的监督，保证政令畅通。要加强对各级干部，特别是由人大及其常委会选举任命的干部的监督，防止他们滥用权力，严惩执法犯法、贪赃枉法、以权谋私。对“一府两院”提请常委会任命的人员，任职前要进行考察考核，任职时要听取他们的从政发言，并对其进行法律资格考试，任期内和任满时要对其进行述职评议。要把执法监督与法制宣传教育结合起来，按照“三五”普法的要求，督促抓好国家行政机关、司法机关及执法单位的领导干部和工作人员以及青少年和全体公民的法制教育，提高国家机关依法行政、依法管理、依法办事的能力，增强公民学法、守法、依法履行义务的自觉性，学会运用法律武器保护自己的合法权益。为了推进依法治县，常委会已向大会主席团提出了“关于加强民主法制建设，实施依法治县的议案”，本次会议大会主席团决定立案，并将决议草案印发各位代表审议。

2.强化中心意识，推进科教兴县。县委提出今后五年我县工作的总体思路是“把握县情，负重奋进；开发开放，加速脱贫；科教为本，集约经营；重农兴工，强县富民”。常委会要按照县委的这个总体工作思路，从科教兴县和强县富民这个大局出发，抓住本行政区域内经济建设和改革开放中一些根本的、长远的重大事项，听取和审议政府及有关部门的工作汇报，作出相关的决议决定。要在切实加强对国民经济和社会发展计划、财政预算执行情况的检查、监督的同时，把加强对财源建设和财政管理、搞活工商企业、发展个体经济、巩固农业基础地位和减轻农民负担、实施重点建设工程等方面的审查，以及维护社会稳定和解决人民群众普遍关心的热点问题，作为监督的重点。要进一步贯彻十二届人大五次会议作出的《关于科教兴县的决议》和《关于加大招商引资力度的决议》，督促政府狠抓落实。

3.加强代表工作，推进基层民主政治建设。要努力提高代表素质，使代表既在本岗位起生产、工作的模范带头作用，又关注国家大事和全县人事，敢于参政议政大胆行使管理国家事务、当家做主的权力。要采取多种形式开展代表小组活动，特别是要继续组织代表开展评议政府的工作，充分发挥代表的监督作用。要继续深入开展“人民选我当代表，我当代表为人民”的活动，组织广大代表多为选民办好事，办实事。要依法维护代表的民主权利，督促落实好各项保障措施，为代表履行职责创造条件，同时，开展代表创先争优活动，大力表彰和宣传代表的优秀事迹，以激励代表的积极性。

要从坚持和完善人民代表大会制度，加强社会主义民主法制建设，大力推进基层民主政治建设的高度来认识乡镇人大工作的重要性，切实加强对乡镇人大的指导，重点是指导乡镇人大工作走上制度化、规范化轨道，并进一步加强对乡镇人大主席、副主席的业务培训，提高他们的工作水平。1998年将进行乡镇换届选举，常委会要精心组织，周密安排，保证换届选举工作的顺利进行。

各位代表！我们已走近了世纪之交，走向了一个新的历史的起点，我们正承担着一种新的、光荣而神圣的使命。让我们在邓小平理论伟大旗帜的指引下，在县委的正确领导下，团结一致，意气风发，迎着新世纪的曙光，将我们的人大工作推向一种全新的境界吧！

第六节 县第十三届人大常委会工作报告

安化县第十三届人民代表大会常务委员会工作报告

(2003年1月6日在县第十四届人民代表大会第一次会议上)

县人大常委会副主任 肖三秋

各位代表：

我受县第十三届人大常委会的委托，向大会作本届常委会工作报告，请予审议。

一、本届工作的简要回顾

（一）加强法律监督，推进依法治县进程

保障宪法和法律在本行政区域内的有效实施，是宪法赋予地方人大及其常委会的重要职权，是推进社会主义民主法治的需要。五年来，常委会始终把加强法律监督、贯彻实施依法治国方略作为一项十分重要的职责，开展了卓有成效的工作。

督促落实依法治县决议。1998年1月，县十三届人大一次会议根据八届全国人大四次会议提出的“依法治国，建设社会主义法治国家”的战略目标，作出了《关于加强民主法制建设，实施依法治县的决议》。同时，常委会督促“一府两院”制定了依法治县实施方案，第3次会议进行了认真审议。常委会坚持对拟任人选进行任前法律考试已形成制度。五年来，共组织法律知识考试29次，对178名任职对象颁发了法律资格证书。为推进依法治县进程，常委会积极向县委提出建议，成立了以县委书记为组长的依法治县领导小组，设立了依法治县办公室，并从县人大、县政府、县纪委、县法院、县检察院和县司法局抽调人员集中办公，领导和组织决议的实施，从而有效地推动了依法治县工作的顺利开展。2001年3月，常委会听取和审议了县人民政府关于“三五”普法实施情况和“四五”普法安排意见的报告。常委会第26次会议根据县人民政府的提请，作出了《关于进一步开展法制宣传教育的决议》，并对决议的实施情况开展了多种形式的督查，促进了全县普法工作的深入开展。

扎实开展执法检查。五年来，常委会先后对农业、财政、教育、科技、建筑、环保、司法、食品卫生等方面的法律法规实施情况，组织了15次大的执法检查，共检查了38部法律法规的实施情况，对执法检查中发现的问题，及时督促“一府两院”及有关部门进行了整改。围绕农业、农村、农民问题，组织对农业法、农业技术推广法、森林法、防洪法、基本农田保护条例等法律法规开展执法检查，促使各级政府认真解决了有关农业法律、法规实施中存在的一些问题。各级政府增加了对农业的投入，先进农业生产技术得到全面推广，农业基础设施建设进一步巩固和发展，农民负担有所减轻，坑农害农的现象得到有力打击，农业生产经营者的合法权益得到保护。针对我县财政收入增长缓慢的问题，常委会两次对《预算法》、《税收征收管理法》及审计法的执行情况进行了专门检查，促使我县财政收支预算更趋合法合理，护税协税力度加大，征管环境得到改善，财源建设逐步加强，从而基本保证了全县各项工作的正常运转。1999年9～11月，常委会组成综合执法检查组，对全县24个执法单位进行了行政处罚法的执行情况检查，全面深入地掌握了我县实施行政处罚法的基本情况，对执法过程中受利益驱动，执法不到位，本位主义严重，执法环境不优等问题，督促政府及有关部门切实加以解决。对群众意见大，反映强烈的问题，实行跟踪监督，收到了较好的效果。为了推进科教兴县战略的实施，常委会就义务教育法、教师法、科技进步法、体育法的贯彻实施情况组织进行了检查，督促政府及有关部门较好地解决了加大教育投入的问题，治理了学校周边环境，增加了科技“三项经费”，普及了农村实用先进技术推广与运用。常委会还开展了村民委员会组织法贯彻实施情况的执法检查，使人民群众实行民主选举、民主决策、民主管理、民主监督的政治权益受到保护；开展了对建筑法、律师法贯彻实施情况的专项检查，治理整顿了建筑市场管理混乱的现象，规范了法律服务市场，保护了人民群众享受建筑安全和司法诉讼公正的权益。同时，配合上级人大开展了环境保护法、食品卫生法、土地管理法、残疾人保障法、《湖南省计划生育条例》等法律法规实施情况的检查，为了加强对司法机关的监督，常委会开展了对我县监所工作的检查，对监所工作中存在的监外执行罪犯底子不清、监督机制不健全等问题，督促政府、司法机关按各自的职责认真进行了整改。

重点加强个案监督。常委会十分重视信访工作，建立健全了信访工作组织机构和信访工作制度。主任会议 坚持每季度听取一次信访工作情况汇报。五年来，常委会共接待各级人大代表和群众来信来访4600余件（次），其中来信1200多件。对执法机关存在明显执法不公和行政、司法机关工作人员违法违纪等问题，以及上级人大机关转办的重点个案，实行重点督办。本届任期内共向法院、检察院、公安机关和其他行政执法部门交办信访个案60件，并对每件交办案件进行了跟踪监督，使一些人民群众反映强烈的，久诉不息、久拖不决、久执不果的老大难问题得到了解决，纠正了司法机关有法不依、执法不严、执法违法的行为，收到了良好的社会效果。柘溪电站职工邱某强奸案最终得到依法判决，杨林乡黄柳村菊兴组与菊明组土地纠纷案最终得到有效解决，依法保护了人民群众的利益。我县人大信访工作连续两次被评为全省先进单位。

（二）积极行使决定职权，促进县域经济持续稳定发展

决定重大事项是人大的重要职权。常委会围绕县委经济发展思路，对新形势下的人大工作监督进行了有益的探索，依法行使了决定权，促进和支持了“一府两院”的工作。

加强计划、预算审查。常委会听取和审议“一府两院”工作报告已经形成制度。坚持每年第二季度听取和审议县本级财政决算情况的报告，批准上年度财政决算。坚持每年第三季度听取和审议县人民政府当年计划和预算执行情况的报告，针对有关的突出问题提出意见和建议，作出相应的决议、决定，支持和监督政府采取措施完成计划和预算。坚持每年适时对林业“一金两费”收支计划、城市建设维护费使用计划的审查，监督有限的专款经费尽可能地发挥作用。1998年10月，常委会审查了我县扶贫资金的安排使用和救灾款物组织与分配的情况，增强了两项专款（物）使用情况透明度，基本上保证了专款（物）专用，产生了较好的经济效益和社会效益。

决定事关全局发展的重大事项。常委会将关系全县改革发展大局和人民群众根本利益的一些重大事项，有计划、有重点、及时地进行审议，并作出相应的决议、决定。1998年7月，鉴于原定申报“普九”验收期限内我县“普九”目标难以达到，县人民政府向常委会提出推迟“普九”验收的议案。为

了确保“普九”质量，常委会第4次会议作出了《关于推迟“普九”验收的决议》。经过全县各级各部门特别是教育部门的艰苦努力，1999年顺利通过了国家“普九”达标验收。常委会第16次会议听取和审议了县人民政府关于东坪镇南区控制性详细规划编制情况的汇报，决定该规划适当修编报上级审批后付诸实施，加快了县城城镇建设的步伐。县十三届人大四次会议根据常委会的初审意见，审议通过了《安化县国民经济和社会发展第十个五年计划纲要》。为了搞好省九运会羽毛球比赛的承办工作，常委会多次听取县人民政府关于体育场馆建设情况的汇报，十分关注羽毛球训练比赛馆的选址问题，并多次进行实地察看，向政府提出了切实可行的建设性意见，促使政府比较合理地确定了羽毛球训练馆的建设场地。同时。督促政府落实了场馆建设经费，迅速启动基建工程，确保了省九运会羽毛球比赛如期在我县举行。经常委会多次督促，历届人大代表非常关注的我县殡葬改革已基本落实。在搞好《律师法》和《湖南省基层法律服务所条例》执法检查的基础上，常委会第29次会议作出了《关于整顿规范法律服务市场的决议》并由常委会领导带队，组织力量深入到有关单位进行督促实施，产生了很好的社会效果，得到了省、市人大及有关部门的充分肯定。

深入调查研究，切实提高审议质量。常委会在审议前进行专项调查已成为一种长期坚持的工作制度。五年来，常委会3次组成专门调查组对我县工业发展情况开展了调查研究，向政府提出发展我县工业的意见、建议，促进了全县国有、民营工业企业和个体私营企业的发展。2000年，常委会对我县劳务经济情况进行了专项调查，向政府提出了加强劳务市场的管理，进一步发挥劳务回归效应的建议意见，促使县人民政府拨专款建成了县劳动力服务市场，为我县劳动力合理流动创造了条件。为了督促我县“十五”计划的实施，常委会对我县农业产业结构调整情况进行了调查，对产业结构调整中反映出来的问题，要求县人民政府及有关部门切实加以解决，加快了农业产业化建设进程。2001年，在《税收征收管理法》实施情况的调查中，发现房地产开发市场和竹木加工业偷漏税收现象严重，常委会第24次会议向县人民政府提出了尽快采取措施，加强对房地产开发市场和竹木加工业进行税收清理整顿、加强税收稽查工作的审议意见。县人民政府迅速落实审议意见，发出通知，成立两个清理整顿小组，对全县范围内的房地产开发市场和竹木加工业进行清理，共查缴税款340多万元。税务部门对1999年以来458户纳税户进行了稽查，国、地两税依法补缴税款、罚款1260多万元。通过对我县财政收支情况的调查，常委会大力支持和督促县人民政府和财政部门对县直部门及二级机构和乡镇“七站八所”338个单位的财务情况进行检查，查缴违规违纪金额507.2万元，整顿和规范了财经秩序。同时还对我县农民增收、经济发展环境等问题开展了调查研究，促进了农业增收，工业增效，财政增长。

（三）依法进行人事任免，增强国家机关工作人员的公仆意识和法制观念

五年来，常委会坚持党管干部和依法任免干部的原则，按照干部队伍“四化”方针和德才兼备的标准，先后任免国家机关工作人员610名。在人事任免工作中，常委会严格按照法定程序，做到了四个坚持：坚持党管干部和人大依法任免干部相统一，既认真贯彻党委意图，又严格行使法定权力；坚持对拟任人选任前法律考试和人大常委会掌握知情权制度，对群众检举有问题的干部在问题没有调查清楚前暂不任命；坚持任前拟任人选到会作供职发言的制度；坚持采用投票表决任命的形式，当场颁发任命证书，增强被任命人员的光荣感、责任感和使命感。

加强对国家机关工作人员的监督，推动国家机关的勤政廉政建设。常委会经常听取和审议县人民法院、县人民检察院关于反贪污贿赂工作情况的汇报，支持和督促司法机关查处国家机关工作人员中

的重大经济犯罪案件。积极开展述职评议工作。2000年9月，常委会第18次会议决定，对县人民政府的7个组成局局长进行述职评议。评议前由部分常委会组成人员、县人大代表组成7个调查组、分别深入到述职人员所在机关、下属单位和部分乡镇的有关对口单位，进行专题调查，广泛听取意见。常委会第19次会议听取了他们的述职报告，并进行了评议和测评，按照评议对象的岗位职责要求，既实事求是地肯定成绩，又客观地指出存在的问题与不足，同时提出了整改建议。被评议的7名局长按评议要求报告了整改结果。述职评议的开展，增强了国家工作人员的公仆意识和法制观念。

（四）健全代表联系制度，充分发挥代表参与管理经济和社会事务的重大作用

积极开展《代表法》的宣传教育活动。常委会把学习、宣传、贯彻《代表法》作为一项经常性的工作来抓。2002年4月，常委会广泛开展了《代表法》颁布10周年的纪念活动，召开了高规格的座谈会，组织了电视讲话，办出了很有特色的宣传专刊，宣传了一批事迹感人的优秀人大代表，部署了乡镇人大的纪念《代表法》颁布10周年的宣传活动，增强了代表认真执行代表职务的责任感和使命感。常委会每年对表现突出的人大代表予以大力表彰，五年共表彰优秀人大代表252人（次）。

切实加强对代表工作的组织和指导。不断健全和完善接待代表来访制度、联系代表制度、代表小组活动制度。1998年6～7月，常委会组织全体组成人员和部分机关工作人员系统地走访了县人大代表，收集各类建议意见700多条。1999年本着就近、便于组织、便于活动的原则重新编分了县代表小组，形成了代表联系的活动网络，开展了选民评议代表工作。2001年12月，认真做好了省人大常委会副主任吴向东带领的省、市人大代表视察组来我县视察的组织服务工作，省人大代表在视察期间，督促省交通厅、省电力总公司等单位从资金和项目安排上支持我县重点工程建设，为争取常吉高速公路我县出口接线工程以及原柘泉Ⅱ线移交我县使用，起到了很好的促进作用。

认真办理代表意见和建议。本届人大5次会议期间，共收到代表们提出的议案、建议、批评和意见738件，常委会向“一府两院”及有关单位及时进行交办，“一府两院”都已分类办理，按期办结，办结率达100%，特别是对一些带全局性、长远性的问题和人民群众关心的热点、难点问题，常委会领导亲自过问，督促办理。对少数急需解决的问题，代表在人大会议期间约见“一府两院”的领导收到了很好的效果。

（五）加强民主政治建设，依法搞好换届选举工作

五年来，常委会先后指导了全县两次乡镇人大换届选举和第四次、第五次村民委员会换届选举。充分发动、广泛宣传、缜密组织了县第十四届人民代表大会代表的选举工作，选举产生县第十四届人大代表306名。1998年，常委会还根据市人大常委会的安排，在全县范围内进行了市人大代表候选人的推荐和考察工作，县十三届人大二次会议选举产生了77名出席市第二届人民代表大会的代表。去年，又认真做好了全国人大代表和省人大代表候选人的推荐工作。在每次换届选举工作中，常委会严格按照《选举法》、《地方组织法》和村民委员会组织法的规定，成立了县选举委员会，任命了各乡镇选举领导小组成员，召开了会议进行具体部署，采取了以会代训的形式培训了骨干，具体组织了选举工作，保证了我县每次选举工作的圆满成功，为巩固和加强地方政权建设做出了贡献。

（六）努力抓好自身建设，不断提高整体素质和工作技能

重视自身理论学习和法律知识学习。常委会认真组织学习邓小平理论、党的十五届五中全会决定和党的十六大报告精神，及时传达贯彻党的各项方针、政策。紧密结合依法治县和人大工作实际，坚持常委会会议期间集中学习宪法和有关法律法规，并请法律专家和党校教师进行辅导。常委会党组

开展了严肃认真的“三讲”教育，组织了“三讲”教育“回头看”，狠抓整改措施落实。研究制订了人大机关“三个代表”重要思想的学习、自查、整改方案，深入开展“三个代表”重要思想的学教活动，切实转变了机关干部的作风。积极开展警示教育，加强了勤政廉政建设。通过这些教育活动，常委会依法监督水平和机关工作人员的综合素质得到了普遍提高。

重视自身工作制度建设。常委会从人大实际工作出发，先后制订了工作规则、人事任免办法、信访工作办法，与“一府两院”联系制度，进一步完善了机关各项管理制度，为常委会的工作逐步走向制度化、规范发、法制化和增强整体效能起到了重要作用。按照“精简、统一、效能”的原则，制订并实施了常委会机关机构改革方案，进一步明确了各工作委室的职责。加大了人大制度的宣传力度，制订了人大制度宣传报道奖励办法。五年来，常委会机关在市级以上报刊、杂志共发表人大理论研讨文章和通讯报道240多篇，获得市以上奖励16次。

重视联系和指导乡镇人大工作。五年来，常委会先后2次集中组织乡镇人大主席和人大办主任、秘书的业务学习，配合市人大搞好乡镇人大主席的培训工作；开展了2次乡镇人大工作的调研选优活动。每年对乡镇人大主席团工作实行了目标管理考核，摸索了新形势下加强乡镇人大工作的新途径。指导乡镇人大主席团开展对乡镇政府及“七站八所”的评议工作。为了进一步争取县委对人大工作的重视，2000年6月，专门召开了全县人大工作会议，县委作出了《关于加强人大工作的决定》。

重视抓好党的的中心工作。根据县委的统一安排，常委会领导在做好人大工作的同时，认真、扎实、富有成效地搞好了联乡联厂联项目工作，指导联系乡镇完成了各项经济发展计划，加强了干部队伍建设，办好了建整扶贫联系点，积极参与了抗洪抢险、“两会一部”清理整顿等工作，出色完成了县委安排的工作任务。

各位代表！五年来，通过全体代表的共同努力，本届人大已圆满地完成了各项任务，并取得了较大成绩。这得益于县委的正确领导和上级人大的正确指导，得益于全县人民的信任和“一府两院”的紧密配合。在这里，我代表县第十三届人大常委会向全体代表和全县人民表示衷心的感谢和崇高的敬意。回顾常委会五年来的工作，我们的体会是：一要紧紧依靠党的领导，努力将党委的意图，通过国家权力机关的卓越工作转变成国家意志，进而转变为人民群众的实际行动；二要自始至终围绕改革、发展、稳定来开展工作，既要积极监督、支持“一府两院”工作，又要主动参与与全县经济建设，推进经济建设的健康有序发展；三要牢牢把握法律赋予国家权力机关的职权，把确保宪法和法律在本行政区域内的贯彻实施作为首要职责，坚持依法履行职权，做到既不越权，又不失职，切实维护人大代表和人民群众的权益，维护国家权力机关行使职权的权威性和严肃性；四要坚持与人大代表和人民群众的密切联系，注重发挥人大代表在管理国家事务和两个文明建设中的表率作用，使其真正成为国家权力机关的主体；五要高度重视常委会的自身建设，多途径、多渠道提高常委会组成人员及机关工作人员的综合素质，自觉接受人大代表和人民群众的监督，增强使命感、责任心，保证各项工作高效运行。

五年来，常委会虽然做了大量的工作，取得了较大的成绩，但与宪法和法律赋予的职责，与党和人民的期望相比，还有一定的差距。主要是：监督工作的力度还需进一步加大；代表工作的水平有待进一步提高；人大制度研究及宣传工作有待进一步加强，这些将在今后的工作中切实加以改进。

二、关于下届工作的建议

各位代表！未来五年，将是我国历史上具有重大意义的五年，也是安化加快发展的关键五年。党的十六大强调依法治国是党领导人民治理国家的基本方略，要坚持和完善人民代表大会制度，加强社会主义法制建设，这给新时期的人大工作提出了更高的要求。在今后的工作中，新一届人大常委会将高举邓小平理论旗帜，全面贯彻“三个代表”重要思想，以党的的十六大精神为指针，认真落实县第九次党代会精神，切实履行宪法和法律赋予的职权，解放思想，实事求是，继往开来，与时俱进，进一步加强民主法制建设，努力开创我县人大工作的新局面。我代表县第十三届人大常委会对下届常委会的工作，提出如下建议：

（一）坚持发展第一，不断促进县域经济增长

全面建设小康社会，是新时期党和国家的工作大局，也是人大的工作大局。常委会要坚决服从和服务于这个大局，牢固树立发展是硬道理的思想。一是要充分发挥人大在发展县域经济中的民主决策作用。围绕农业产业化、小城镇建设、科教兴县和可持续发展战略中的重大问题，依法作出决议或决定，确保经济建设中重大事项决策的民主化、科学化。二是要充分发挥人大在发展县域经济中的保障作用。对改革和发展过程中出现的一些突出问题，常委会要经常组织开展调查、视察和执法检查，致力于优化经济发展环境，特别是政务环境与法制环境，以确保县域经济健康有序发展。三是要充分发挥人大在发展县域经济中的促进作用。常委会要支持和促进政府在更广阔的空间里进行经济结构调整和资源优化的配置，千方百计促使全县经济发展呈现出良好态势。

（二）坚持依法监督，不断加强法制建设

江泽民同志强调：“人大的监督是代表人民进行的监督，它是一种国家体制，而不是个人行为。”常委会要坚持不懈地贯彻“一手抓建设和改革，一手抓法制”的方针，强化对行政机关和司法机关的监督，保障公民的权益不受侵犯，促进我县各项工作依法进行。要进一步健全监督机制，增强监督力度，提高监督实效，要把人民群众普遍关心的热点、难点问题，人民群众权益受到侵犯又申诉无望的问题作为监督的重点，把个案监督作为人大监督的重要突破口和切入点，敢于为民撑腰，力求问题解决。要加大对政府转变职能的监督力度。要依法进行人事任免，并加强对人大及常委会选举任命的干部的监督，特别是对个别滥用权力、贪赃枉法和以权谋私的干部，要依法予以质询、撤职或罢免，并督促司法机关追究其法律责任。同时，要按“四五”普法的要求，进一步推进普法教育，坚决纠正有法不依、执法不严、违法不究等现象，保障经济建设和社会各项事业沿着法制的轨道健康发展。

（三）坚持勤政为民，不断维护人民群众的利益

代表人民意志，维护和实现人民利益，是人大及其常委会的天职，也是做好人大工作的出发点和归宿。常委会要继续贯彻落实《代表法》，不断拓宽代表工作途径，引导代表发挥好联系群众的桥梁和纽带作用，行使好管理国家事务的权力，在全社会营造一种尊重代表、关心代表、支持代表依法行使职责的良好氛围。人大代表也要不断提高自身素质，强化“人民选我当代表，我当代表为人民”的意识，使自己不仅能代表人民，而且能带领人民，充分发挥在物质文明、政治文明和精神文明建设中的重大作用。要切实做好来信来访工作，维护人民群众的合法权利，保护、发挥好人民群众的积极性。常委会组成人员要认真学习与深刻领会党的十六大精神，提高依法办事能力，增强维护人民群众利益的责任感与使命感。要进一步转变工作作风，坚持走群众路线，使各项决议决定牢固建立在民主、科学的基础之上，既符合客观实际，又符合广大人民群众的根本利益。

（四）坚持与时俱进，不断提高人大工作水平

与时俱进，努力开创人大工作新局面。一是坚持和依靠党的领导，使党的领导成为搞好人大工作的坚强后盾和有力保证。二是解放思想，更新观念，开拓进取。只要符合“三个代表”要求，常委会就要大胆探索，敢于创新，在宪法与法律规定的范围内，创造性地开展新时期的人大工作。三是严格依法办事。常委会要按照法定职责行使职权，监督工作要到位但不能越位，依法用权但不越权。四是必须坚持一切从实际出发，把握机遇，着力推进社会主义民主法制建设。五是加强自身建设，努力把人大机关干部队伍建设成一支政治强、思想好、业务精、作风硬的高素质的干部队伍，以不断适应新情况，解决新问题，开创新局面。

各位代表：党的十六大已经吹响了全面建设小康社会、开创中国特色社会主义事业新局面的号角，值此新世纪初的关键时期，让我们高举邓小平理论伟大旗帜，始终不渝地实践“三个代表”重要思想，紧密团结在以胡锦涛同志为总书记的党中央周围，在中共安化县委的领导下，深怀爱民之心，恪守为民之责，多办为民之事，振奋精神，求实创新，同心同德，扎实工作，为加强社会主义民主法制建设，为促进我县政治、经济和社会事业的全面发展，做出新的更大贡献！

第七节 县第十四届人大常委会工作报告

安化县第十四届人民代表大会常务委员会工作报告

(2007年12月16日在县第十五届人民代表大会第一次会议上)

县人大常委会主任 蒋金云

各位代表：

我受县第十四届人民代表大会常务委员会的委托，向大会报告工作，请予审议。

一、本届工作的简要回顾

县第十四届人大常委会任期的五年，是我县经济社会加速发展、民主法制不断完善的五年。常委会在县委的正确领导下，紧紧围绕全县工作大局，认真履行宪法和法律赋予的职责，各方面工作都取得了新的进展，为推进依法治县和建设小康安化做出了积极贡献。人大监督、新闻宣传、代表工作、机关作风建设等多项工作得到了县委和上级人大的好评。

（一）积极开拓创新，努力增强监督实效

常委会把依法监督作为首要任务，不断创新监督方式，审议关系改革发展稳定大局的重大问题和社会普遍关注的热点问题。五年来共召开常委会会议36次、主任会议61次，检查了28件法律法规的实施情况，听取和审议专项工作报告89项，提出要求限期办理的审议意见书22份。

1.计划和预决算审查向实质性转变。坚持合法、合理、可靠、可行的原则，常委会依法审查批准年度县本级财政决算，听取和审议每年上半年计划、预算执行情况及预算编制说明。组织多个调查组开展专题调研，分别就支柱产业建设、经济发展环境、专项资金使用等几个重要方面进行重点审议，建议县政府依法搞好财政预算，降低税征成本，不断规范非税收入，加强税源培植，优化财政支出结构，提高招商引资质量，逐步增加对农业、教育、科技、文化、卫生和社会保障的财政投入比例。督促依法征管，理顺税征主体，加强财政监管，完善财政管理体制，扩大综合预算范围，先后将县建设局、环保局、移民局、交通局公航站等单位纳入财政部门综合预算范畴。根据国家调减农业税率和我县遭受特大山洪灾害的实际，审查批准了县政府《关于提请调整2004年财政收支预算的议案》，维护预算的严肃性和权威性。与此同时，常委会还依法加强对育林基金、城市维护建设费、惠农资金和重大工程建设资金使用管理的审查监督，确保专项资金依法依规运行、提高使用效益。

2.专项审议延伸监督程序。专项审议是常委会的一项经常性的工作。坚持会前调查、相关委室初审、重点发言、与会人员全面审议的程序，广泛反映各方面的意见。突出对“三农”工作、社会事业和网吧、禁赌、禁毒等社会热点问题的审议监督，巩固农业基础地位，维护农民合法权益，维护社会大局稳定，加快新农村建设步伐。2004年3月，常委会首次将会议审议时委员、代表普遍反映的问题，整理成审议意见书，交“一府两院”限期办理。2005年7月，审议意见写入常委会议事规则，成为一项必须遵照执行的工作制度，明确规定“一府两院”对常委会的审议意见应在两个月内书面报告办理情况，人代会主席团审议意见必须在下次代表大会上报告工作时专题汇报办理情况，同年底常委会听取和审议了县人民政府关于该年度审议意见办理落实情况的报告。2006年，常委会提出了“进一步理顺县城路灯管理体制，优化、美化、亮化城市生活、工作环境”的审议意见，县政府高度重视，县长办公会议专题研究，采取切实有效的措施，使县城路灯很快得以正常运行，赢得了市民的广泛好评，《中国人大》杂志作了专题报道。

3.执法检查突出民生重点。常委会把民生问题作为执法检查的重点，务求执法检查实效。针对群众反映公路沿线乱建房、乱搭棚的问题，常委会以公路法执法检查为契机，组织部分县人大代表、常委会组成人员重点视察了省道308线东敷段，督促相关部门加大法律宣传和对违章建筑的处理力度，县政府还发布并组织实施了《关于S308线东坪至敷溪段沿线实行规划建设用地控制的通知》。围绕“三农”问题和新农村建设，常委会把法律监督聚焦农业法、农产品质量安全法等涉农法律法规的实施，深入开展“农产品质量安全行”和“农民健康行”活动，督促加大农业投入，理顺农技服务体系，发展龙头企业，加强农产品质量安全管理，加快产业结构调整，促进农业增产和农民增收。通过对水法、防洪法、水土保持法、河道管理条例的执法检查，督促县政府对资江河道进行专项清理整顿，清除挖沙船47条，并对多家排污企业下发了《责令停止水事违法行为通知书》，责成东坪钒厂实施了整体搬迁。成立环保法联合执法检查组，深入乡镇和工业企业开展对环保法、水污染防治法等法律法规的执法检查，今年又组织对资江流域水污染现状进行了深入调查，督促依法关停纸厂29家，治理企业污染源58处，保护了安化县山清水秀的生态环境。常委会还组织对义务教育法、税收征管法、献血法、劳动法、城市房地产管理法、国家赔偿法、治安管理处罚法等法律法规进行了执法检查，保证了法律法规在我县的贯彻实施。

（二）致力科学发展，审议决定重大事项

1.适时决定重大事项。在广泛调查民意、集中民智的基础上，本届常委会适时决定关系全局的重大事项，五年来共作出决议决定29个。审查通过了《安化县国民经济和社会发展第十一个五年规划纲要（草案）》、《县城新区控制性详细规划调整方案》、《县城南区规划建设管理暂行办法》、《乡镇行政区划调整上报方案》、《关于组织实施法制宣传教育第五个五年规划的决议》、《关于在检察机关实行人民监督员制度的决议》和《关于进一步加强和规范检察建议工作的决议》等，为促进我县经济社会的全面协调可持续发展提供了政策保障。

2.全程督促决议执行。通过专题调查、专项督办、听取情况汇报等方式，进行全程跟踪监督，确保决议落实到位。2003年，组织专题调查组，深入公安、检察、法院、司法等单位，广泛走访基层群众，就《关于规范我县法律服务市场秩序的决议》的实施情况进行调查，督促加大对“土黑律师”的查处打击力度，有效地维护了人民群众的合法权益，《人民日报》、《法制日报》等报刊相继对此进行了重点报道。为贯彻执行县十四届人大五次会议作出的《关于进一步办好我县普通高中教育的决议》，常委会向县政府发出督办函，牵头组织调查组深入开展调查，召开校长座谈会，分析问题，探讨对策，督促加强教育教学管理，优化整合资源，办人民满意的高中教育。2007年，我县高考喜获丰收，决议执行取得了明显成效。

3.努力形成工作合力。按照县委的统一安排，积极参与了重点工程建设、村级换届、移民后扶、建整扶贫、新农村建设、乡镇机构改革、重大突发性事件处理等中心工作，形成左右协调、上下联动的工作合力。2003年，常委会正副主任深入乡镇指导督促“非典”防治，成功地防控了疫情。2004年，面对突如其来的“6·23”特大山洪灾害，及时向全县人大代表和各乡镇人大主席团发出《迅速行动起来投入抗灾救灾工作的动员令》，积极组织赈灾募捐，加速灾后生产自救。届期内发生的几起重大突发性事件，如江南爆炸事件、东坪古钟事件，常委会领导都及时赶往现场做群众思想稳定工作，发挥了积极作用。去冬今春，针对移民后扶工作矛盾多、难度大的实际，常委会正副主任深入库区乡镇，尤其是在移民人数最多、分布最广、难度最大、国家及省市最为关注的马路镇，面对面地做移民思想工作，共同探讨移民后扶的最佳方式，确保了移民后扶政策的顺利实施。省委书记、省人大常委会主任张春贤等省市领导来我县视察后，对马路镇的移民后扶工作给予了高度评价。常委会还坚持不懈地监督优化经济发展环境，督促政府各部门加大行政审批制度改革和职能转变力度，推行政务公开，改进机关作风，为全县改革发展稳定创造了良好的社会环境。

（三）改进任免程序，依法做好人事任免工作

在坚持党管干部的原则下，县十四届人大常委会依法任免国家工作人员211人次，其中决定任命代县长2人，任命法院代理院长和代理检察长各1人，撤销了1名政府工作局局长、1名法庭庭长的职务。

1.细化提请事项。明确规定人事任免提请事项必须包括议案、供职报告、个人简历、政绩表现和任免理由五项内容，便于常委会组成人员全面了解拟任免人选的情况。建立法律考试试题库，严格任前法律考试和供职发言制度，推行任前诫勉谈话，进一步完善了任免程序。

2.强化履职责任。认真开展述职评议活动，切实加强对选举任命干部的任后监督，增强任命人员的民本意识和责任意识。组织调查组对述职人员德、能、勤、绩、廉的情况进行全面调查，通过设置意见箱、走访座谈、民意测评等途径，广泛征求人民群众、所在单位或所分管单位党组成员、中层骨干、“四家”领导及县纪委、组织、监察部门的意见。评议分口头或书面述职、评议发言、民主测评三个步骤进行，邀请新闻媒体全程跟踪报道。评议后发出书面整改意见，要求评议人员及时整改落实，限期报告整改情况。本届共对6名副县长、26名政府工作部门和“两院”负责人进行了述职评议，受到了社会各界的广泛好评。

3.探索工作评议。2007年6月，常委会依法听取和审议了县质量技术监督局和县公路管理局的工作

情况汇报，要求加强队伍建设，提高政策、法律和业务水平，忠实履行职责，服务地方经济建设。对垂直管理单位进行工作评议，有利于发挥全县各级各部门在县域经济建设中的作用。

（四）拓宽联系渠道，注重发挥代表作用

五年来，常委会不断加强和改进代表工作，努力为代表履职创造条件，注重发挥代表的作用。

1.健全代表活动网络。针对代表分布跨行业、跨地域的实情，分别建立了1个省代表小组、3个市代表小组和23个县代表小组活动室，明确各代表小组的领导机构和联络人员，制订代表小组活动制度。以代表小组为基本单位，将代表在闭会期间有机地组织起来。实行常委会领导带领相关委室分片包干联系制度，不定期地、经常性地走访代表和选民，密切与代表和选民的联系。坚持分批邀请县人大代表、乡镇人大主席列席常委会会议，拓宽代表知情参政的渠道。

2.积极开展代表活动。五年来，常委会共组织开展了20余次省、市、县代表集中视察活动，先后视察了镇东新桥、湾竹塘休闲广场等市容市貌工程，东坪电站、株溪口电站、东坪大桥、通畅通达等重点建设工程，旅游、柑橘、茶叶等产业建设情况，湘安钨业等骨干企业和安化一、二中等。代表们深入一线，倾听群众呼声，掌握政情民意，撰写视察报告，提出视察建议和意见，收到了良好的社会效果。2005年年底，承办了部分全国、省人大代表集中视察柘溪库区扶贫开发情况活动，引起了国家及省、市有关部门对库区交通、移民开发等问题的高度重视。常委会积极组织省、市代表向上级政府及有关部门建言献策，提出建议意见200多条，争取上级加大了对安化的投入、支持力度。深入开展“人民选我当代表，我当代表为人民”的代表创优活动，对优秀县人大代表进行了表彰。

3.认真督办代表建议、批评和意见。县十四届人大一次会议以来，共收到代表建议、批评和意见678件。常委会及时分类处理，统一交办，跟踪督办。对关系全局的热点难点问题，主任会议集体研究发出督办函，重点督促落实。对代表多次提出一时难以办结或办理不满意的，督促回头办理、再次办理。对涉及面较广的代表建议意见，要求公开办理，创新办理方式，鼓励面对面办理和现场办理。“一府两院”不断改进办理工作，建立健全一把手负总责、专人承办、目标考核的办理制度，推行副县长按分工“打包”办理的方式，提高了办结率和代表满意率。

4.圆满完成代表换届选举。根据法律法规和上级有关会议精神，今年下半年成功组织了宪法修改后我县第一次县乡人大代表同步换届选举工作。按照坚持党的领导、充分发扬民主、严格依法办事的原则，科学部署、精心组织选区划分、选民登记、候选人推荐、投票选举等工作。广泛调动选民的参选积极性，依法保障民主权利，代表选举工作进展顺利。共选举产生303名县十五届人大代表，妇女、工人、农民、知识分子、非中共党员都占有适当比例，大专以上学历的代表比例大幅提升，选举质量明显提高。

（五）加强制度建设，提高自身工作水平

1.完善常委会议事制度。先后两次组织修订了《安化县人大常委会议事规则》，在会前调查、会议列席人员、会议表决、审议意见办理等多个方面有所创新，完善了常委会的议事程序。具体工作中始终坚持党的领导，积极探索建立和坚持了重大工作及时向县委请示汇报制度，争取县委对人大工作的重视和支持，2006年7月，县委作出了《关于进一步加强人大工作的决定》，为我县新时期的人大工作指明了方向。

2.规范信访案件办理。常委会高度重视人民来信来访，安排专人专职接待处理，按领导分工批阅信访件，定期召开主任会议研究信访工作，制订和规范了《重点信访督促处理办法》。今年，主任会议向有关单位重点交办信访件5件，件件落实到位。责成马路镇政府成立专案组，纠正该镇村民邓某父子1989年因怀疑其盗窃电力线路被强行处罚的错案，达成赔偿协议，平息了这一上访18年的信访悬案；柘溪镇村民王某拦网养鱼因怀桃公路柘溪隧道施工弃土损失赔偿案，拖延十余年后在常委会的有力监督下终于得到公正处理。五年来，县人大机关共登记接待来访群众4995人次，处理群众来信1688件，办理上级人大交办的信访65件次，主任会议交办信访14件，重点督办信访274件次。交办的信访件绝大部分办结，有效地促进了社会稳定，维护了公平正义。

3.不断加强机关建设。把民主、务实、和谐、有序的理念融入机关管理之中，着力打造学习型机关和人民满意的国家权力机关。新成立了县人大城乡建设与环境保护工作委员会，进一步理顺了机关职责职能。先后两次修订机关管理制度，坚持用制度管事管人，强化机关干部服务意识，提高机关工作效率。坚持会前法律学习，先后在机关组织开展了“三个代表”重要思想学习、先进性教育、荣辱观教育等学教活动，分期分批选送干部参加上级举办的业务培训班，培养了一批学习型、务实型、创新型干部。县人大机关被评为2007年度全省人大系统作风建设先进单位。

4.深入开展人大制度宣传。不断加强人大宣传队伍建设，形成县乡联动的宣传机制。在县电视台定期开设“代表之歌”专栏，成功组织举办了人民代表大会成立五十周年报告会、“人民颂歌”文艺会演等一系列较有影响的宣传活动。2007年，安化人大信息网站开通运行，进一步拓宽了人大宣传渠道。五年来，全县共在国家、省、市报刊发表人大调研论文和新闻稿件400多篇，其中在国家级刊物上发表80多篇，广泛推介了我县人大制度的创新成果和人大工作的成功经验。

5.切实指导乡镇人大工作。指导乡镇依法有序地召开人民代表大会，确保了乡镇撤并工作的顺利进行。按照组织法的规定配齐了乡镇人大副主席队伍，举办了两期乡镇人大主席、副主席和办公室干部培训班，提高了乡镇人大干部的法律业务水平。常委会主任、副主任经常性地深入乡镇，指导开展代表活动和评议工作。坚持对乡镇人大主席团实行年度目标管理考核，促进了乡镇人大工作的制度化、规范化。

各位代表，回顾过去的五年，常委会依法履行职责，推进依法治县，促进社会公平正义，取得了不菲的成绩，这得力于县委的正确领导，得力于县人民政府、县政协的有力支持，得力于各级人大代表和乡镇人大主席团的有效配合。县人民法院、县人民检察院、县直各部门单位对县人大常委会给予了全方位的支持和配合，县人大机关的工作人员为常委会服务付出了辛勤的努力。在此，我代表县第十四届人大常委会，一并表示衷心的感谢！

五年的工作使我们深刻地认识到，坚持党的领导是做好人大工作的基本保证，必须使党的主张经过法定程序成为国家意志和人民意愿；依法行使职权是做好人大工作的基本方法，必须充分发挥国家权力机关的作用；密切联系代表与选民是做好人大工作的基本要求，必须强化代表参政议政的责任意识；不断加强自身建设是做好人大工作的重要前提，必须努力提高工作效率和服务水平；开拓创新是人大工作与时俱进的活力源泉，必须大胆探索，积极实践，锐意创新。

同时也必须清醒地看到，我们的工作仍有许多不足，离法律的要求和人民群众不断增长的民主期望还有不小的差距，主要表现在：讨论决定重大事项还不够主动，监督工作还不够深入，代表作用发挥还不够充分，上下级联系还不够密切，这些都需要我们在今后的工作中继续加以改进。

二、下届工作的基本思路

各位代表！未来的五年，是我县致力后发赶超，全面建设小康社会的关键时期。党的十七大提出了扩大人民民主，全面落实依法治国基本方略，坚定不移发展社会主义民主政治的奋斗目标。新一届县人大常委会工作的指导思想是：高举中国特色社会主义伟大旗帜，以邓小平理论、“三个代表”重要思想为指导，深入贯彻落实科学发展观，按照县第十次党代会的部署，切实履行宪法和法律赋予的职责，推动科学发展，促进社会和谐，不断开创我县民主法制建设和人大工作的新局面。

（一）深入贯彻十七大精神，着力促进经济社会科学发展

深入贯彻十七大精神，全面落实科学发展观，必须牢牢抓住经济建设这个中心，一切工作都要服务和服从于科学发展大局，人大的责任将更加重大，任务将更加繁重。首先要加强调查研究，发挥人大的桥梁纽带作用。通过多种途径，采取多种形式，组织代表“真诚倾听群众呼声，真实反映群众愿望，真情关心群众疾苦”，多为群众办实事办好事。其次要不断提高依法决议决定重大事项的科学化、民主化水平，为科学发展、社会和谐创造良好的政策环境。按照以人为本，全面协调可持续和统筹兼顾的要求，重点围绕生态立县、工业强县战略，依法决定经济、政治、文化、社会建设中的重大事项，转变经济发展方式，促进城乡和谐，建设生态文明。再次要大力支持 “一府两院”的工作。人大和“一府两院”虽然分工不同，但工作目标和出发点完全一致，要坚持寓支持于监督之中的原则，支持政府及各部门发挥社会事务管理职能和对经济的宏观调控作用，建设服务型政府，促进依法行政。支持人民法院依法独立审判和人民检察院独立行使检察权，促进司法公正。

（二）不断加大监督力度，着力解决民生民本问题

十七大报告强调：“完善制约和监督机制，保证人民赋予的权力始终用来为人民谋利益。”必须依照监督法的规定，进一步完善监督程序，突出监督重点，加大监督力度。以改善民生为重点，听取和审议“一府两院”专项工作报告，督促政府坚持生产发展、生活富裕、生态良好的文明发展道路，壮大县域经济，推进工业化、城镇化和农业产业化进程，大力发展以教育、卫生、安全生产、社会保障为重点的社会事业，加大环境资源保护力度，加强生态文明建设，努力建设社会主义新农村。以深化预算制度改革为重点，依法审查、批准计划和预决算，扩大部门综合预算范围，强化预算管理和监督，加强对重大工程建设项目的监管，建立健全资源有偿使用制度和生态环境补偿机制。以维护群众利益为重点，每年组织一两次较大的执法检查行动，督促解决群众最直接、最关心、最现实的问题。建立健全规范性文件备案审查制度，保证法律法规在本行政区域内正确贯彻实施。进一步优化经济发展环境，督促政府及有关部门做好十一五规划执行的跟踪分析和中期评估工作，完善规划实施机制，促进经济社会全面发展。

（三）加强与代表和选民的联系，着力发挥代表主体作用

人大工作要更好地代表人民的意志，符合最广大人民群众的根本利益，就必须切实加强和改进人大代表工作。首先要进一步完善代表联系网络。坚持常委会领导分片联系代表、代表联系选民的制度，完善代表小组活动组织机构，为代表在闭会期间履职创造条件。其次要进一步丰富代表活动形式。组织代表广泛开展集中视察、社会调查、走访选民等活动，逐步建立代表向选民述职制度，增强代表履职的责任感和使命感。三是要进一步畅通代表参政议政渠道。建立健全政情通报制度，加强信息服务工作，扩大代表和选民的知情权。健全代表建议、批评和意见办理责任制，加大办理情况反馈和督办力度，提高办结率和满意率。

（四）进一步规范议事程序，着力提高自身履职能力

“社会主义愈发展，民主也愈发展”，必须以改革创新的精神加强常委会及人大机关的自身建设。一是坚持和加强党对人大工作的领导。建立重大工作向县委请示报告制度，提请县委定期研究人大工作制度，在县委的领导下依法集体行使职权。二是进一步完善常委会议事和工作制度。将会前调查经常化，探索建立中心发言审议制度，加大审议意见督办力度，增强审议实效。三是加强与上下级人大的联系。继续实行乡镇人大工作年度目标管理考核，坚持定期走访代表、选民，分期分批邀请乡镇人大主席、人大代表列席常委会会议，加强对乡镇人大干部的政策业务培训。四是加大人大制度和人大工作宣传力度。壮大县乡人大宣传队伍，办好安化人大信息网站，在县内新闻媒体开设民主法制专栏，拓宽人大工作宣传渠道，不断增强人民群众的民主法制意识。

各位代表！十七大胜利召开为我们绘制了全面建设小康社会的新蓝图，站在新的历史起点上，让我们在县委的正确领导下，高举中国特色社会主义伟大旗帜，全面贯彻落实科学发展观，振奋精神，开拓创新，扎实工作，为夺取我县全面建设小康社会新胜利而努力奋斗！

第八节　县第十五届人大常委会工作报告

安化县第十五届人民代表大会常务委员会工作报告

（2012年11月26日在县第十六届人民代表大会第一次会议上）

县人大常委会主任　蒋跃登

各位代表：

我受县第十五届人大常委会的委托，向大会报告五年来的工作，并对下一届的工作提出建议，请予审议。

一、本届工作的简要回顾

五年来，常委会在县委的正确领导下，坚持以经济建设为中心，以科学发展观为指导，团结和组织全县人大代表，认真履行宪法和法律赋予的职责，不断创新和深化人大工作，为推动县域经济社会发展和民主法制建设做出了积极贡献。

（一）着眼科学发展，决定重大事项

本届县人大常委会共召开常委会会议38次、主任会议69次，审议决定全县经济和社会发展中的重大事项，共作出决议决定35个，交办审议意见和主任会议纪要32份。

依法作出决议决定。作为地方权力机关，常委会十分注重调查研究。经常性深入乡镇、生产一线，广泛调查走访，倾听民声，了解民情，集中民智，随时收集和掌握全县经济社会发展动态。五年来，根据“3+2”发展战略的需要，依法作出了县域村镇体系规划、土地利用总体规划修编、第五轮

乡镇财政体制方案、“十二五”规划纲要、“六五”普法等重大决议；同时，根据县人民政府的提请，审查议决了县城污水处理工程建设、医疗卫生机构布局、黄沙坪茶市规划、县城南区商业广场方案。2009年7月，常委会听取了“十一五”规划中期评估报告，对“十一五”规划实施情况作出准确评判。在此基础上，落实县委关于制定“十二五”规划建议的精神，督促县人民政府精心编制“十二五”规划纲要，广泛征求社会各界的意见和建议。主任会议抓住重点，首先审查了重点工程项目和交通发展规划，建议抓住机遇，加强与上级有关部门的衔接，争取更多的项目进入中央、省、市的计划。常委会审议时，着重就如何围绕实施“3+2”发展战略，更加明确调整经济结构和民生改善目标提出了建议意见，有效地增强了规划的科学性、合理性和可操作性。常委会还依法按年度审查批准了全县木材采伐计划、林业育林基金收支计划、城市维护建设项目计划，严格控制木材采伐计划和城市维护建设资金的使用范围。

督促决议决定执行。决议决定的生命力在于执行。常委会采取“回头”审议、专项督查、重点审查等多种方式，督促“一府两院”认真贯彻执行，防止只决议、不执行的现象发生。上届县人大作出《关于办好人民满意高中教育的决议》后，常委会年年进行督查、审议，我县高中教育在加强学校管理、改善办学条件等方面取得了明显成绩。针对当前办学经费短缺、优师优生外流等严重阻碍高中教育健康发展的问题，今年9月，又一次开展了专题调查，借鉴外地办学经验，提出了要加大扶持、合理调整布局、加强教师队伍建设的审议意见，引起了县人民政府及相关部门的高度重视。常委会还先后听取和审议了《关于规范和加强检察建议工作的决议》和“五五”普法决议实施情况的汇报，务求决议决定落到实处。

（二）紧扣民生热点，强化工作监督

监督是常委会的法定职责，也是常委会的经常性工作。五年来，常委会一以贯之地坚持贴近民众、服务民生的监督原则，开展工作监督。

加强对财政预决算的审查。定期听取和审查县本级财政收支审计报告和财政预算编制说明，审查批准年度县本级财政决算，督促财政逐步加大对“三农”、 教育、卫生、科技、社保等民生事业的投入，在确保涉农和政策性资金配套等重点支出的同时，尽可能地向特困群体和困难乡镇倾斜，增强财政公共服务职能；督促细化预算科目，扩大部门预算范围，强化预算监管。审议每年上半年预算执行情况时，督促县人民政府及财税部门客观估价形势，坚定发展信心，主攻财源建设，挖掘征收潜力，确保完成收入任务。针对国际金融危机的影响，2009年调整了县财政收入预算任务，调减预算收入1200万元。县人民政府高度重视常委会的审议意见，实施税收协控联管制度，全面铺开财政管理系统改革，全方位地组织开展了“吃空饷”专项清理行动，堵塞财政漏洞，维护了财政正常运转。

加强对计划执行情况的审查。审查国民经济和社会发展计划执行情况时，既注意把握全局，又力求突出重点，增强审查的针对性和实效性。每年选择几个关系群众切身利益的热点问题，开展专题调查。先后组织了重点工程和工业园区建设、优化经济发展环境、粮食生产、茶叶产业、旅游产业、包装产业、重点工程项目、工业运行、农业发展等多个调查组，在普遍了解计划执行情况的同时，重点剖析重要领域和热点产业，督促健全农业服务体系，加强工业园区建设，加大产业结构调整力度，积极发展茶叶产业、粮食生产、房地产业和旅游产业，努力保增长、促和谐、惠民生，推进计划审查由程序性向实质性转变。

加强对专项工作的审议。专项审议是经常运用的一种监督形式，常委会注重从以下三个方面加强对民生专项的监督：一是议题选择上突出民生主题。民生工作群众关切、社会期盼，是常委会关注监督的焦点。五年来，先后审议了农村合作医疗、医患纠纷、医药卫生体制改革、节能减排、计划生育、移民工作、合格学校建设、农产品质量安全、土地流转、农技与农机推广、扶贫开发、水利建设等多项民生工作。不同时期群众期盼、关注的热点不同，在社会保障工作方面，先后审议了农村合作医疗、城乡社会养老保险、住房公积金、社保资金管理使用、保障性住房建设等多个专项；在林业工作方面，则先后审议了森林资源保护、林业重点工程项目、创建森林城市等。二是专项审议与执法检查相结合。审议社会保障工作时，与劳动合同法执法检查配套进行，审议水利建设时则与水污染防治法执法检查有机结合。多种监督手段并用，加大监督力度。三是加强后续监督。审议之后，将反映相对集中的意见建议形成审议意见书，向“一府两院”交办，要求采取切实有效措施，限期两个月内办理落实。常委会先后系统听取了县人民政府2008年、2009年办理审议意见的情况报告。对于县人代会主席团审议意见，则要求“一府两院”在下次人代会上报告工作时专题答复。对于一些需要长期努力才能办结的工作，则盯住不放，五年中前后三次听取了治理经济发展环境的情况汇报，医药卫生体制改革工作也审议了两次。

加强对重点项目建设的监督与支持。在加强监督的同时，坚持寓支持于监督之中的原则，充分发挥主任会议成员工作经验丰富的优势，积极参与县城南区开发、资江干流水电开发、茶产业建设、创建森林城市等重点工程项目建设及联系乡镇、防汛抗灾等县委中心工作。负责组织白沙溪茶厂扩建征地拆迁，指导茶叶基地和“百里画廊”建设，协调处理县城重点项目麻纱纠纷。常委会关心支持残疾人事业，督促完善助残扶残措施，不断提高残疾人生活保障水平。

（三）围绕依法治县，着力法律监督

督促法律法规在本行政区域贯彻执行，是人大及其常委会的又一项重要工作。常委会以法律监督为手段，推进民主法治。

扎实开展执法检查。法律监督点多面广。根据群众反映，五年来重点组织开展了对中小企业促进法、森林法、森林防火条例、劳动合同法、安全生产法、交通安全法、水利法、审计法、职业教育法、禁毒法、人口与计划生育法、档案法、残疾人保障法、建筑法、动物防疫法等15部法律法规实施情况的检查。针对当前我县建筑市场报建不及时、安全措施不到位、工程质量存在隐患的问题，今年8月，常委会组成联合执法检查组，深入清塘铺、梅城、奎溪、烟溪、平口、东坪和县城南区等多个乡镇，实地察看19个在建项目，广泛了解建筑法实施情况。在责成自查、充分审议的基础上，督促相关部门加强法律宣传，简化报建程序，严格质安监管，加大执法力度，规范市场秩序。根据上级人大的统一部署，还开展了突发事件应对法办法、食品安全法等执法检查和“环保世纪行”、“农民健康行”、“农产品质量安全行”、“民族团结进步行”等专项行动，组织相关工作人员，走进乡镇敬老院，开展饮用水源新闻调查，严格农产品质量安全检查等，全面提升我县依法治理水平。

维护司法公平正义。选择普遍关注的司法问题，着重审议了法院行政审判、监外执行、民行检察等工作。监督县人民法院从清除限制行政案件受理的政策入手，着力解决当前行政诉讼受案不多、当事人诉讼积极性不高的问题，建立行政首长出庭制度，充分发挥行政审判职能。对于民事行政检察工作中存在的抗诉改判率不高、个别案件办案周期过长的问题，提出了提高思想认识、提高队伍素质、提高抗诉案件质量、提高民事行政检察工作规范化程度的审议意见。常委会还坚持对生效法律文书执行、重要信访案件、查办职务犯罪等司法工作进行监督，促进司法公正，维护人民群众的合法权益。

全面启动备案审查。对县人民政府和下级人大制定的对公民具有普遍约束力的规范性文件进行备案审查，是2006年监督法颁布实施后启动的一项全新工作。2008年10月，常委会审议通过了《安化县规范性文件备案审查办法》，明确规定了我县规范性文件备案审查范围、程序、时限、责任等。五年来，先后备案审查规范性文件98件，其中乡镇人大报送3件，向市人大常委会报送11件，努力维护国家法律和政策的统一性与严肃性。

重视群众信访工作。把信访工作作为畅通民众利益诉求、促进依法行政的一条重要途径，坚持专人接待、分工批阅、定期研究、重点交办的信访工作制度，认真落实信访办理工作责任制。同时，在办理过程中注重与承办单位的联系沟通，努力化解矛盾，使群众反映的问题和合理诉求尽可能得到解决。五年来，共登记接待来访群众782批4370人次，处理群众来信870件，交办、督办重要信访件117件，解决了一大批信访问题，促进了社会和谐稳定。

（四）严格人事任免，推进政权建设

把人事任免融入推进国家机关政权建设的大局之中，严把人事任免关，探索加强任后监督的途径和方式，督促国家机关增强服务意识，提高工作效率。

改进任免程序。制定《安化县人大常委会人事任免办法》，规范人事任免范围、程序、审查内容、监督方式等。严格任前法律考试程序，结合学习贯彻监督法，重新修订《任前法律资格考试辅导资料》；细化人事任免提请事项，明确要求人事任免有关材料报送要全面及时，对人事任免审议意见不一致时可以提请、也可以暂时不提请审议表决；推行任前谈话制度，拟任人员必须本人到会作供职发言，增强拟任人员的民本意识和民主意识。

依法任免干部。坚持党管干部原则和人大依法行使选举任免权的统一，实现组织意图与人民意愿的有机结合，做好选举任免工作。五年来，共任免“一府两院”工作人员316人次，其中任免副县长22人。加强代表法纪教育，探索建立代表辞职制度，对因工作异动或其他原因不适宜继续担任代表职务的，在争取县委支持和个人同意的情况下，建议其书面辞职，共接受了17名县人大代表和4名常委会委员的辞职请求，依法暂停了6名代表的职务。

组织工作评议。监督法颁布实施后，常委会启动了对政府部门的工作评议。分组织评议调查、开展民主评议、进行民主测评、现场答复询问、督促整改落实五个步骤，评议后向被评单位发出评议整改意见，要求3个月内整改完毕并写出书面整改报告。先后对县工商局、县民政局、县电力局、县信用联社、县扶贫开发局、县公安局、县国土资源局等单位依法行政、执行人大决议、工作效率、作风建设等方面开展了评议。坚持寓评议人于评议工作之中，邀请县委及组织部门领导参加评议，评议结束后将调查报告、整改意见报送县委组织部门或其上级主管单位，作为选才用人、考察任职情况的重要依据。人民代表报曾以《不回避矛盾不隐藏问题》为题对安化县工作评议进行了报道。

（五）夯实工作基础，发挥代表作用

代表依法、积极履职是人大常委会的工作基础。2008年3月，作出了《关于进一步加强人大代表工作的决议》。常委会充分尊重代表的主体地位，创新和加强代表工作，支持和服务人大代表履行法定职责。

密切与代表的联系。实行按地域分片联系代表制度，经常性地走访代表，应邀参加代表小组活动，保持与代表和选民的密切联系。创造性地把每年6月作为“主任与代表面对面活动月”，常委会主任、副主任带领相关委室工作人员，集中走访县人大代表和在安化县的市、省人大代表。通过主任会议碰头、召开情况通报会、分部门交办代表建议、发出主任会议督办函、向“四家”领导报送呈阅件等途径，反馈和交办代表在闭会期间的建议、批评和意见1200多条，向县直各部门发出代表建议交办函150份，重点督办反映相对集中的社会热点问题32个。县长、常务副县长、县委组织部部长先后在呈阅件上批示办理意见。增加农村电费征收网点、调整农村汽车客运票价等一大批社会热点问题，得到了及时有效的处理。坚持为无固定收入的一线代表购买团体人身意外伤害险、家庭意外伤害险、妇女安康综合保险，开展“人民满意代表”评选活动，激发代表履职的积极性。

拓宽代表知政渠道。建立县、市、省代表小组活动室共27个，为代表履职和交流搭建平台。指导各代表小组分层次开展代表视察活动，先后组织省、市代表集中视察了 “两乡一场”电网改造、县城污水处理工程、高明和平口工业园、株溪口电厂、黄柘公路、县城南区、“二广”高速安化段、乐安和清塘铺镇产业开发项目、库区网箱养鱼、林业科研项目等工作。今年6月，组织常委会组成人员和部分省市人大代表集中视察了我县黑茶产业。代表们深入现场，考察了解政情民情，向“一府两院”提出视察建议。与此同时，坚持分期分批邀请生产一线的县人大代表列席常委会会议；扩宽常委会公报发放范围，将公报发送到每位县人大代表；开辟安化人大信息网，将常委会的决议决定、重要工作动态、审议的专项工作报告、审议意见，及时向全社会公开，多渠道为代表知情知政提供便利。

增强代表建议办理实效。县十五届人大共召开会议5次，累计收到代表建议、批评、意见515件，议案1件。常委会督促相关委室及时分门别类，召开交办会议。对代表建议的办理进行全程跟踪监督，组织人员深入乡镇和县直部门调查走访，应邀参加相关承办单位举办的代表建议办理面对面座谈会；对重点建议发出督办函，实行重点督办。“一府两院”高度重视代表建议办理工作，强化办理责任，推行县长负总责、常务副县长总协调、分管副县长“打包”的办理责任制，制定办理工作制度，规范办理流程，倡导面商办理和现场办理，召开办理工作情况通报会，征求代表对办理工作的意见。各承办单位积极办理，代表建议办理的满意率明显提高。

指导乡镇人大工作。坚持对乡镇人大主席团实行年度目标管理考核，把目标管理和工作指导有机结合起来。针对乡镇机构改革、人员异动带来的变化，多次组织乡镇人大工作专题调查；经常性地下乡指导，督促依法及时召开乡镇人代会，规范会议程序；明确乡镇人大主席、副主席职责，引导正确处理本职与兼职工作的关系。先后举办乡镇人大主席、副主席、人大办主任业务培训班5期，组织系统学习相关法律法规；统一为乡镇人大主席团配备了电脑和打印设备，提高乡镇人大工作的规范化和制度化水平。争取县委和县政府的重视与支持，把乡镇人大工作经费列入县财政预算，提高县乡人大代表活动经费，加大对乡镇人大工作的投入。各乡镇人大主席团围绕地方经济和社会发展大局，较好地发挥了职能作用。

圆满完成县人大代表换届选举。今年县乡两级人大同步换届选举。根据《选举法》修订后在代表名额分配、选区划分、组织工作等方面带来的新变化，及时召开县乡两级人大换届选举工作会议，成立县乡两级换届选举委员会，分级组织开展业务培训，依法划分选区，分配代表名额，广泛开展代表资源摸底，严把代表入口关。深入各乡镇检查指导，开展多种形式的选举宣传，调动选民的参选积极性，保障选民的民主权利。10月26～28日，全县139个选区、86万多选民如期进行了投票选举，共选举产生县第十六届人大代表300名，代表结构更趋合理，代表素质明显提高。

各位代表，五年的实践证明，坚持党的领导，把握正确的政治方向，是做好人大工作的根本保障；坚持人民代表大会制度，依法行使宪法和法律赋予的职责，是做好人大工作的基本方法；坚持保障发展、服务民生、匡扶正义，是人大工作必须始终把握的工作主题；坚持激发代表履职潜力，发挥代表当好表率和参政议政的作用，是做好人大工作的力量源泉。

在肯定成绩的同时，我们也清醒地看到，常委会工作还存在一些问题和不足，主要表现在监督实效还有待增强、代表作用发挥还不够充分、与代表和选民的联系还不够紧密、自身履职能力还有待提升、乡镇人大工作的规范化水平还不高等方面。这些需要在今后的工作中努力加以改进。

二、下届工作的主要建议

刚刚闭幕的党的十八大绘制了未来发展的宏伟蓝图，对人大工作和民主法制建设提出了新的更高的要求。当前人大工作的指导思想是，以党的十八大和我县第11次党代会精神为指导，围绕推进“3+2”发展和绿色崛起战略，切实履行宪法和法律赋予的重大事项决定权、监督权和人事任免权，充分发挥代表作用，狠抓常委会自身建设，努力开创安化县人大工作和民主法制建设的新局面。

具体工作中，建议常委会在切实做好计划和财政预算执行情况的审查、执法检查和人事任免等常规性工作的同时，结合督促落实县委重大战略部署，着力推动以下几项工作：

1.推动绿色崛起成为全民自觉行动。绿色崛起是县第11次党代会审时度势，提出的一项切合我县实际的发展战略，是我县今后必须牢牢把握和始终坚持的战略任务。人大工作坚持党的领导，就是要增强坚持、实践和推动实施县委发展战略的自觉性、坚定性。充分发挥密切联系代表和人民群众的优势，积极开展调查研究，根据绿色崛起的阶段性任务和部署，适时作出禁伐、禁猎、禁渔的决议决定，严格控制木材采伐，督促加强森林资源保护和营林生产，严厉打击乱采滥伐行为，重点保护重要公路沿线、资江两岸、旅游景点森林资源和名贵珍稀树种，让推进绿色崛起成为全县人民的共同意志和自觉行动。针对我县实际，扎实开展对环保法实施情况和节能减排工作的检查，督促重视污染治理，加强生态文明建设，为实现绿色崛起夯实工作基础。

2.推动改革向纵深发展。党的十八大提出：“必须以更大的政治勇气和智慧，不失时机深化重要领域改革”，并对经济、政治、文化和社会管理体制改革作出了明确部署。结合学习贯彻党的十八大会议精神，要督促行政机关和相关部门，根据县情，积极稳妥地推进经济、行政、文化和社会管理体制改革，加快转变经济发展方式，改进政府职能，精简行政审批程序，推动政府职能向创造良好发展环境、提供优质公共服务、维护社会公平正义转变；加快文化体制改革，推动文化发展和繁荣；加快社会管理和服务体系建设，创新社会管理，促进社会和谐。常委会要在充分履行法定职责的同时，积极参与政治体制改革，丰富民主形式，保证人民依法实行民主选举、民主决策、民主管理、民主监督。

3.推动县域经济全面振兴。“实现国内生产总值和城乡居民人均收入比2010年翻一番”，是党的十八大提出的到2020年全面建成小康社会的宏伟目标，这对我县这一经济欠发达地区加快经济发展提出了更高的要求。我们要动员和组织全县人民加快工业化、信息化、城镇化、农业现代化发展步伐，进一步优化产业结构，促进区域协调发展和可持续发展，着力解决制约经济持续健康发展的重大结构性问题。常委会将围绕经济建设中心，在推动转变经济发展方式中发挥职能作用。一方面要把重大工程项目、支柱产业建设、产业结构调整作为国民经济和社会发展计划执行情况审议的重要内容，围绕当前我县经济发展中存在的突出矛盾，有针对性组织开展专题调查，为推进资源整合、产业结构调整、推动企业管理和技术创新、转变经济发展方式充分建言献策；另一方面，要组织乡镇人大主席团对当前反响较大的经济发展环境不优的问题进行监督，督促公安和司法部门加大对干扰、破坏企业正常生产环境行为的打击处理力度，加快东坪、江南、梅城、平口和高明工业园建设步伐，增强和发挥园区的集群效应。

4.推动“茶旅一体化”建设步伐。推动“3+2”发展战略很重要的两环就是发展茶叶和旅游产业。推行“茶旅一体化”的实践证明，更有利于发挥我县茶文化底蕴深厚和旅游资源丰富的比较优势，使二者相得益彰，相互促进。要督促相关部门科学制订“茶旅一体化”发展规划，理清发展思路，制定和推行支持产业发展的政策措施，着重建设一批集观光旅游于一体的标准化茶园基地，加快茶马古道、梅山文化生态园、蚩尤故里、黄沙坪古茶市、中国黑茶博物馆、雪峰湖地质公园、六步溪自然保护区、九龙池景区建设。结合人民满意代表评选活动，充分发挥人大代表在推动富民强县主产业中为民代言、带民创业的模范带头作用，为推进“茶旅一体化”聚集合力。

5.推动交通建设提标升级。山水相隔、交通不畅，长期以来是制约我县经济社会发展的重大瓶颈。近年来，尽管我县交通建设取得了长足进步，但内不通、外不畅的问题一直没有得到根本性的改变。今后，我们要督促相关部门充分利用我县集山区、库区和武陵山片区开发于一体的政策优势，积极招商引资，加大财政配套力度，加快构建以铁路和高速公路为骨架、以干线公路为支撑、以农村公路为脉络的现代交通体系。同时，要通过组织代表视察、专题调查等多种监督形式，加强农村公路养护，提高农村公路建设质量。

6.推动加速城镇化进程。建设生态、宜居的现代城镇体系，既是现代社会发展的必然趋势，也是推进绿色崛起的内在要求。常委会将结合督促落实关于县域村镇体系规划、土地利用总体规划的决议决定，进一步开展规划法、建筑法的执法检查，着力监督解决当前城镇建设中存在的主要问题，增强规划的权威性和严肃性，规范建筑市场，严格城建管理，完善城市功能。依法审查城市维护建设资金使用计划，根据财力督促加大城建投入，严格控制城市维护建设资金的使用范围，加快城镇道路改造、垃圾处理场等基础设施建设；支持相关部门积极开展国家森林城市和文明卫生城市创建工作，绿化、美化、亮化市容市貌，增强城镇对人才、资金和技术的吸纳功能。

7.推动武陵山片区和扶贫攻坚规划实施。2011年年底，我县被纳入国家武陵山片区区域发展和扶贫攻坚试点县。未来几年将是我县必须牢牢把握和大有作为的重要战略机遇期。常委会将始终关注和监督武陵山片区区域发展和扶贫攻坚工作，加强领导，加大投入，全面把握武陵山片区区域发展规划，结合督促落实我县国民经济和社会发展“十二五”规划，制定我县切实可行的项目对接计划，最大限度地争取国家资金和项目投入，着力发展以交通、水利的重点基础设施，以茶叶、水果、旅游业为主的重点产业，以易地扶贫搬迁、贫困村整村推进为主的改善农村生产生活条件项目和公共服务及农村人力资源开发项目。根据工作进度，将适时组织工作评议，通过听取情况汇报、民主测评、现场答复询问的方式，加大对相关部门的工作监督力度。对工作疲沓、甚至造成失误的部门，将尝试运用专题询问、质询、特定问题调查等法定形式，增强人大的监督刚性。

8.推动重大民生工程项目建设。加强对教育、医疗保障、住房保障、劳动保障、社会保障、食品安全等民生工作的监督。综合运用专项审议、专题调查、执法检查等各种监督手段，加大监督力度。同时，要继续坚持寓支持于监督之中的方针，把监督与支持有机结合起来，积极参与县委中心工作，在稳增长、惠民生、保和谐等方面形成全县工作合力。

9.推动人大代表在社会管理中发挥桥梁纽带作用。当前，我国正处于改革攻坚期、发展关键期和矛盾突发期，社会管理的任务十分繁重。常委会要把全县人大代表有机地组织起来，充分发挥人大代表沟通党委、政府与人民群众的桥梁纽带作用。进一步健全代表小组活动室，组织代表通过个人持证走访、集中走访等方式，保持与选民的密切联系，及时倾听群众呼声。指导开展各种不同形式的集中视察、专题调查、工作评议等代表小组活动，丰富代表活动形式，扩宽代表与选民联系的渠道。发挥代表熟悉民情、群众威望较高的优势，指导代表定期开展选民接待活动，争当社会矛盾纠纷协调员，畅通民众诉求渠道。坚持开展“主任与代表面对面活动”，提高代表履职服务保障水平，探索建立代表向选民述职、代表履职登记制度，调动代表参政议政的积极性。进一步做好代表议案和建议、批评、意见督促办理工作，强化办理责任，提高办理质量。加强对乡镇人大工作的指导，把乡镇人大主席团建设成联系代表、推进基层民主法治的前沿阵地，多层面、多途径地发挥人大代表在社会管理中的表达与表率作用。

10.推动人大机关工作迈上新台阶。坚持党的领导、人民当家做主和依法治县的有机结合，总结历届经验，健全常委会工作制度、议事制度和主任会议议事制度，改进民主程序，提高审议质量。坚持审议之前先学法，组织常委会和机关工作人员系统学习党的基本理论、国家方针政策、党的十八大会议精神、相关的法律法规和人大业务知识，积极创建学习型机关，不断提高常委会组成人员的依法履职能力。进一步加强机关管理，严肃工作纪律，融洽工作氛围，严守行为底线，严格纪律约束，弘扬风清气正。广泛宣传人民代表大会制度，增强全社会的民主法治意识，汇聚推进民主法治的强大社会动力。

各位代表，当前我县正处于加快发展的关键时期，我们的目标振奋而明确，我们的责任重大而光荣。让我们在县委的坚强领导下，以“十八”大精神为指针，和衷共济，锐意进取，为加速安化绿色崛起、全面建成小康社会而努力奋斗！

第九节　县第十六届人大常委会工作报告

安化县第十六届人民代表大会常务委员会工作报告

(2016年11月30日在县第十七届人民代表大会第一次会议上)

县人大常委会党组书记　李太源

各位代表:

我受县第十六届人大常委会的委托，向大会报告四年来的工作，并对下一届人大常委会的工作提出建议，请予审议。

本届工作的简要回顾

县第十六届人大常委会任期的四年，是安化经济社会实现跨越发展、各项工作取得辉煌成就的四年，也是坚持和完善人民代表大会制度、不断推进民主法制建设、人大工作取得显著成效的四年。四年来，在中共安化县委的坚强领导下，常委会以邓小平理论、“三个代表”重要思想和科学发展观为指导，深入贯彻落实党的十八大和习近平总书记系列讲话精神，紧紧围绕县委决策部署，充分发挥自身优势，全力促进工作落实和社会和谐稳定，人大地位在作为中提升，人大作用在监督中发挥，人大事业在创新中前进。本届以来，共召开人民代表大会5次、常委会会议32次、主任会议40次，组织开展重大调研、视察和执法检查活动68次，听取和审议“一府两院”专项工作报告137项，作出决议、决定75项，发出常委会审议意见和主任会议纪要38次，依法进行人事任免434人次，有效发挥了地方国家权力机关的职能作用，为促进我县经济社会全面进步做出了积极的贡献。

一、坚持监督与支持并重，服务发展大局有新作为

始终牢固树立寓支持于监督的理念，坚持围绕中心，突出重点，依法开展监督，充分发挥职能作用，不断为县域经济社会发展提供有力支持。

1.科学议决重大事项。四年来，人大及其常委会根据我县发展需要，依法作出了茶旅一体化、推进法治安化建设、旅游发展总体规划、县城总体规划修编、批准第六轮乡镇财政体制方案、“十三五”规划纲要等重大决定、决议。所有决议、决定坚持大局原则、公平原则、科学原则，采取加强会前调查、广泛征求意见、专家咨询、充分审议、无记名投票等措施，切实提高决议决定的民主化和科学化水平。

2.积极投身发展大局。紧紧围绕县委工作大局和全县经济建设中心，精选监督议题，着力加强对招商引资、产业发展、城镇建设和重点项目工程实施、财税征管等重点工作的监督。按县委要求，常委会正副主任每人负责一个重点工程或重点项目建设，联系一个乡镇的全面工作和一个扶贫村，踊跃投身安化发展主战场，领衔服务茶产业、万隆黑茶产业园、百里画廊、中茶二期扩改、南区吉祥山公园、梅黄公路和马安高速等重点工程和重点项目建设，并成功牵头筹办了第三届黑茶文化节。

3.全面突出监督重点。坚持将维护群众根本利益作为各项工作的出发点和落脚点，抓住人民群众反映强烈的热点问题，依法开展监督，先后审议了人防、医疗、扶贫、教育、交通、移民、消防、社会保障等多项民生工作。

发展生态农业，是生态文明建设的重要内容，是转变农业发展方式的有效途径，是突破资源环境制约的内在要求。为进一步加快我县生态农业全面发展步伐，2015年上半年，常委会组成调研组，深入到长塘、柘溪、东坪等乡镇，通过召开座谈会、实地察看、走访群众等形式对我县生态农业建设情况进行调研。同时还组织考察组到外省生态农业示范区进行考察学习，形成了高质量的调研报告，在常委会机关内刊编发题为《生态发力正当时》的《审议与决策》，有力地推动了安化生态农业建设发展的步伐。

常委会还定期听取和审查财政预算编制情况说明，审查批准年度县本级财政决算，督促财政逐步加大对民生事业的投入，在确保涉农和政策性资金配套等重点支出的同时，尽可能地向特困群体和困难乡镇倾斜，增强财政公共服务职能。组织开展“农民健康行”、“环保世纪行”、“农产品质量安全行”和“民族团结进步行”等活动，督促建立健全民生民利保障机制，落实政府与部门责任，推动维护民利，切实改善民生。

4.勇于创新工作方式。一是创新评议方式。改评议部门单位为评议重点项目与重点产业，改评议一个部门为评议一项工程或一个产业相关联的所有部门，使工作评议效果产生乘法效应。常委会就重金属污染防治、茶产业建设、茅东公路建设、S225公路建设、马安高速安化段建设和全县税务工作等开展了专项评议，有效推进了我县重点工程建设和重点工作的开展。环境保护是群众普遍关心的问题，而重金属污染治理又是当前的热点难点，为推动该项工作，2014年6月，常委会组织调查组深入全县14个治理项目现场调查，听取项目有关责任单位和职能部门的书面报告，组织专题审议，进行满意度测评。向县人民政府及相关部门发出关于重金属污染治理项目工程建设情况的评议意见，向有关责任单位发出整改意见，督促项目单位认真整改，使项目顺利通过省级验收，《中国环境报》等多家专业媒体就此举进行了公开报道。

二是创新监督机制。针对本级财政审计年年审，问题年年依旧的痼疾，常委会积极探索，2014年首创审计问题整改监督新机制，第9次常委会审议通过了《安化县人大常委会关于对审计查出问题整改情况进行监督的暂行办法》，对审计查出问题整改监督的范围、时间、内容、程序、责任等做出明确规定。通过会前沟通、主任会议审查、常委会审议、集中公开测评等程序，督促整改单位引起高度重视，针对存在的问题切实加强整改。如滞拨保障性安居工程资金和有无依据收取费用等民生问题全部整改到位，审计报告不再是“纸上谈兵”。

二、坚持民主与法治并进，促进依法治县有新进步

常委会坚持以法治建设为抓手，不断加大法律监督力度，支持和督促“一府两院”依法行政、公正司法，不断优化全县法治环境。

1.保障法律实施。四年来，常委会重点开展了气象法、刑事诉讼法、土地管理法、民事诉讼法、水土保持法、规划法、环境保护法、消防法、野生动植物保护法、食品安全法、《湖南省食品生产加工小作坊和食品摊贩管理条例》等11部法律法规执法检查，促进法律法规的贯彻实施。为确保人民群众身体健康和生命安全，切实保障舌尖上的安全。今年上半年，常委会组成执法检查组，深入农粮、商务、公安、畜牧水产、卫计等部门听取关于食品安全“一法一条例”实施情况的汇报，深入梅城等8个乡镇进行实地检查，全面了解我县食品安全现状。第28次常委会听取了县人民政府贯彻实施食品安全“一法一条例”的情况报告和执法检查组的执法检查报告，在充分审议的基础上，提出了“要提高思想认识，落实监管责任，提升监管能力，推进社会共治”的审议意见。县政府高度重视，要求各职能部门认真自查自纠，积极采取措施，切实加强监管。

2.维护司法公正。常委会支持和督促“一府两院”依法行政、公正司法，切实维护社会公平正义。认真开展规范性文件备案审查工作，对县人民政府下发的95件规范性文件进行备案审查，保证法律法规的统一性和严肃性；继续推行“两院”提请任命法律职务的人员任前资格审查和任前了解及公示制度；落实检察建议备案制度，通过了《关于推进法治安化建设的决议》，有效推进法治安化建设。2015年3月，常委会在全县组织开展“司法公正安化行”活动，并在第20次常委会上，在全市率先审议通过《关于开展“司法公正安化行”活动的决定》，成立相应组织机构，先后牵头组织开展庭审录播、庭审评议、案件质量评查等活动，有效督促公检法司机关依法履职、文明执法，取得了良好的社会效果。

3.深化法制宣传。常委会全力支持和营造全民学法、用法、守法的良好风气，不断优化全县法治环境。审查批准了“七五”普法规划，开展国家宪法日主题宣传教育活动，倡导全社会树立尊重法律、

信仰法律、敬畏法律的观念。组织常委会组成人员、人大代表、机关干部职工重点学习预算法、立法法、环境保护法等法律法规，切实提高人大工作人员的履职能力。组织编纂《安化县人大志》，全面真实地记载安化人大的发展历程，为我县政权建设及民主政治建设提供了一份珍贵的史料。结合中央18号文件精神和县乡人大换届选举工作，常委会广泛开展新修订的《选举法》《代表法》《地方组织法》的宣传，为切实加强县乡人大工作建设和换届选举工作的圆满完成奠定了坚实基础。利用我县人民代表大会成立60周年这一重大契机，组织开展庆祝大会、“辉煌历程”版报宣传展和人大知识抢答赛等系列宣传活动，营造了全县学习宣传人民代表大会制度的良好氛围。

4.依法任免干部。常委会坚持党管干部和人大依法任免有机统一,依法行使选举任免权，严把任前审核、任中审议和任后监督“三关”，不断推进任免工作制度化、规范化和程序化。四年来，常委会共任命国家工作人员308人次，免去国家工作人员126人次；补选市人大代表9人，接受5名市代表、16名县代表辞去代表职务。

5.重视群众信访。常委会坚持把做好信访工作作为了解民意、民盼，解决民忧、民难的主要抓手和重要渠道，建立健全了信访机构和信访工作制度。多年来，常委会正副主任坚持定期接待来访和批阅群众来信，对重大信访件进行重点督办，一大批涉法涉诉问题得到了有效处理。四年来，县人大机关共接待人民群众来信来访681起，其中来信124件，来访545批2070人次，交办、督办重要信访件106件，所有信访均按规定进行了妥善处置，有效化解了矛盾，促进了社会和谐稳定。

三、坚持完善与创新并举，发挥代表作用有新措施

常委会积极探索和不断深化人大代表工作，完善工作机制，搭建代表履职平台，丰富代表活动，督办代表建议，为代表依法履职创造条件、提供服务保障。

1.丰富形式，激发代表履职热情。坚持深入开展“双联”活动，进一步加强常委会同人大代表、人大代表同人民群众的联系，并不断拓展联系范围和深度。开展人大代表为民办实事、“优秀代表”和“先进人大工作者”公开评比活动，激发代表履职热情。邀请人大代表列席常委会会议或参加常委会组织的调研、视察、执法检查、工作评议等活动，及时向代表发放、邮寄人大刊物、文件、公报，拓宽了代表知情知政、履职的渠道。同时，常委会还十分注重优秀代表典型引路作用，在工作中培养和挖掘典型事迹，组织采编了三期《使者与使命》，对外展示了我县近400名各级人大代表为民代言、勇于担当的风采。

2.积极探索，搭建代表履职平台。出台了《安化县人大常委会关于创建人大代表小组活动室和人大代表联系群众工作室的意见》，在全市率先推行代表联系群众工作室建设，成功经验已在全省、全市得到广泛推介。在此基础上，进一步扩大代表工作室的面，统一印制发放代表履职手册和代表工作资料，规范代表小组活动室管理，建立代表定期接待选民制度。听民声，畅民情，解民忧，实现了闭会期间的代表履职活动常态化，真真正正成为地方党委、政府理顺民情、化解矛盾、解决麻纱纠纷的好助手。全县建成代表小组活动室32个、代表工作室138个，各级人大代表接待、走访人民群众、选民11000余人次。

3.督办建议，转化代表履职成果。坚持每年按照全局性、可行性、社会关注度高的原则，共同筛选确定重点代表建议，年初明确常委会领导分工督办、县政府分管领导领衔办理；年中召开重点代表办理建议督办会，开展联合督查，加快进度；年末听取审议县政府关于代表建议办理工作情况的报

告，提出针对性意见，促进代表建议办理工作不断加强和改进。开办“代表建议意见办理”网络专栏，创新代表建议督办方式。四年来，交办代表建议、批评和意见438件，重点交办21件。公租房后续管理、资江流域综合治理、交通建设、茶旅一体化建设等一批代表和群众反映强烈的建议得到很好落实，促进了县域经济社会发展，取得了良好的社会反响。

四、坚持能力与形象并抓，依法履职水平有新提升

常委会以提高履职能力为重点，通过开展主题活动，强化队伍建设，规范履职行为，加强指导基层工作，履职水平不断提升。

1.深入开展主题教育活动。先后开展“民情直达”“三访三化”“党的群众路线教育实践活动”“一进二访”“两学一做”“双联”等专题教育活动，定期开展政治学习、法律讲座、专题讨论，始终聚焦对党忠诚、个人干净、敢于担当三个主攻方向，坚持做到把以上率下贯穿始终、把从严要求贯穿始终、把整改落实贯穿始终，切实抓好整改落实、建章立制，把活动成果转化为做好当前和今后工作的动力。四年来，常委会共组织召开专题民主生活会5次，专题教育党课23次，集中学习研讨30余次，深入基层调查走访选民群众6000余次，广泛听取并梳理意见建议1900多条，结对帮扶贫困户176户，加快了联系服务群众工作常态化、长效化进程，进一步改进了工作作风。

2.不断强化队伍建设。经常性选派人大干部参加上级人大开展的法律培训、业务培训和工作交流，及时组织人大干部学习党和国家的新政策、新法规，定期举办会前针对性学法讲座，有效提升人大干部的理论水平和业务素质。常委会提请县委研究同意，并报编制机构委员会批准，增设人大法制委员会和财政经济委员会。同时，常委会职数申请增加至41人。积极争取县委关心支持，加大人大干部的交流、提拔和任用力度，不断优化人大干部队伍结构。

3.逐步规范履职行为。坚持把制度建设作为基础工作来抓，及时研究制订贯彻实施《监督法》的意见，对监督议题的确定、监督计划的公开、监督形式的运用，依法进行规范和完善。为进一步规范和保障人大依法履职，常委会第22次会议审议通过了《安化县人大常委会议事规则》。规则共十七章九十三条，对常委会决定重大事项、听取专项工作报告等进行了全面规范。修订《安化县人大机关制度》，完善三公经费、财务管理、综合治理、工会、廉政建设、创卫、学习考勤、岗位职责和工作考核等系列规章制度，进一步实现了以制度管人、按规章办事的良好机关工作环境。

4.加强指导基层工作。常委会加强对乡镇人大工作的联系和指导，整体推进全县人大工作。根据发展和不同时期的工作重点，尽快适应人大工作新常态。常委会通过召开座谈会，分别就代表工作、代表小组活动场所建设进行具体指导，推动了乡镇人大工作的开展。坚持常委会领导分片联系乡镇，坚持实行乡镇人大同志列席常委会会议制度，重大决策和重要工作情况及时通报。邀请专家对新任乡镇人大主席和人大干部进行培训，提高乡镇人大干部的履职能力。每年组织召开乡镇人大工作座谈会或经验交流会，探索研讨新形势下加强人大工作的新途径。

各位代表，常委会过去四年来所取得的成绩，是县委坚强领导的结果，是常委会组成人员和全体人大代表认真履职的结果，是“一府两院”积极配合和各乡镇人大共同参与的结果，是全县人民和社会各界有力支持的结果。在此，我谨代表县人大常委会，向全体代表和各位人大工作者，向长期以来关心、支持我县人大工作的各位同志和社会各界人士，表示崇高的敬意和衷心的感谢！

在总结成绩的同时，我们也清醒地看到，常委会的工作同宪法和法律赋予的职责相比，与党和人

民群众的期望相比，还存在着一定的差距和不足：监督方式有待进一步改进；依法履职能力有待进一步提升；自身建设仍需进一步加强。这些问题，我们要在今后的工作中认真研究，着力加以解决。

下届工作的主要建议

各位代表，新的一届人大常委会即将选举产生，县第十二次党代会已经描绘了今后五年发展的宏伟蓝图，为全县人民指明了奋斗方向。新的形势和新的任务，对即将选举产生的县第十七届人大常委会的工作提出了新的更高的要求。今后五年，常委会的工作将以党的十八大，十八届三中、四中、五中、六中全会精神为指针，始终坚持党的领导，全面推进依法治县，把促进社会公平正义、增进人民福祉，作为人大工作的出发点和落脚点，依法行使职权，更加注重改进履职方式，更加注重增强监督实效，更加注重突出工作主体，更加注重自身建设，传承创新，勇于实践，为建设畅通、宜游、秀美、富裕新安化做出新的贡献。

一、增强四种意识，自觉坚持党的领导，始终把握正确方向

第一，增强政治意识，坚决维护县委权威。党的十八大指出，要更加注重改进党的领导方式和执政方式，保证党领导人民有效治理国家。自觉坚持党的领导，把握正确的政治方向，是做好人大工作的根本保障。始终坚持把人大工作自觉置于县委的绝对领导之下，凡是重要人事任免，坚持党管干部原则与严格依法任免相统一；凡是召开重要会议、开展重大活动、出台重要制度、决定重大事项始终坚持事前请示，事后报告，保证人大工作与党委部署同频共振，保证党委始终发挥总揽全局、协调各方的核心领导作用。

第二，增强大局意识，依法履行自身职责。把着力推进经济社会事业科学发展，加快形成符合科学发展观要求的发展方式和发展机制作为人大工作的着力点和制高点。自觉服从县委决议决定和重大决策部署，善于把县委的主张通过人大法定程序变为全县广大人民群众的自觉行为，做到把握分寸不越位、履行职责不缺位、找准位置不错位，使人大的各项工作与党委一个调，与全局工作一盘棋，与“一府两院”一台戏。

第三，增强法治意识，严格依法依规议事。县人大及其常委会主要是法律执行的监督者，在推进履行依法治县的方略中具有不可替代的作用。做好新时期人大工作，必须紧紧抓住依法治县这个根本任务，应该在学法、知法、普法、守法、护法上率先垂范。人大工作的职权、程序都是法定的，无论是开展视察、调查，还是审议决定重大事项，都要以法律为前置，都必须在法律范围内开展活动，要坚持做到视察前学法、任命前考法、讨论问题依法、行使职权据法、作出决议合法，确保人大工作的权威性和指导性。

第四，增强服务意识，努力提升履职水平。紧紧抓住发展这一要务，在工作思路和工作目标的确定上，突出“和谐、奋进”两大主题，自觉服务、服从于大局，力促“四轮驱动”加速提力，“四个安化”加快建设。加强同代表的联系，采取多种形式，开辟多种渠道，加强对代表的培训，为代表履职提供热情服务。定期为代表寄发常委会公报、“一府两院”有关报告、简报等与人大工作密切相关的各种资料。常委会的调查、视察、评议等重要工作及时与基层人大和代表沟通，向社会公开，为代表知情知政，依法执行职务提供保障。加强对基层人大工作的指导,不断增强服务意识,整体提升全县人大工作水平。

二、突出四项重点，着力改进工作方式，始终履行法定职权

（一）突出发展大局，以积极作为的态度保证人大工作务实高效。党的十八大报告指出：“要支持

人大及其常委会充分发挥国家权力机关的作用，依法行使立法、监督、决定、任免等职权，加强对一府两院的监督，加强对政府全口径预算决算的审查和监督”。这就要求人大工作要以科学发展观为统揽，进一步突出经济社会科学发展大局，加强对“一府两院”的监督。一是关注大事。要从人大自身职能出发，集人大之智，聚人大之力，扬人大之长，尽人大之能，做到制定年度工作要点紧扣发展大局，履行工作职责紧贴县委中心，开展各项活动紧跟时代步伐，把人大工作的着眼点集中到推动新常态下经济运行可持续发展的各项措施落实上来，把监督的着力点用力到支持政府解决制约发展的“瓶颈”问题上来。突出交通攻坚、产业转型、城镇升级、生态提质；聚焦“十三五”规划项目实施、产业推进、脱贫攻坚、园区发展；强化对政府全口径预决算、投融资管理、债务风险管控的审查监督以及审计效果的跟踪监督；着力对城市规划管理、政府资源管理等方面的及时有效监督。使人大工作更加贴近经济社会发展的实际，更加贴近人民群众的心扉。二是体现民本。把人民的利益放在至高无上的位置，坚持人大一切监督工作依靠人民，服务人民，促进人民群众最关心、最直接、最现实的利益得到实现，让改革开放的红利得到共享。重点加强对劳动就业、救助保障、教育卫生、居民住房、社会治安、环境治理、食品药品安全等方面工作的监督。三是注重实效。按照《监督法》的规定和要求，要善于把听取专项工作报告、执法检查、询问等常规监督手段与质询、干部任免等刚性监督手段结合起来，把人大监督与纪律监督、民主监督、法律监督、舆论监督统一起来，有效推行工作评议、备案审查、特定问题调查、视察、交办督办等工作监督方式。既要检查执法情况，又要监督人大决议决定贯彻情况；既要督促重点，又要扫除盲点；既要突出监督领域，又要体现监督效果。

（二）突出代表主体，以扎实有效的方式保证人大工作贴近基层。人大工作的主体在代表，潜力在代表。同时，人大工作的开展靠代表，水平看代表。中央、省、市、县委于2015年相继出台的《关于加强县乡人大工作和建设的实施意见》中都明确提出了要保障人大代表依法行使职权的要求，人大常委会必须把发挥主体作用、拓宽代表监督渠道作为下届人大工作着力推行、整体突破的亮点来谋划和推进。一是健全代表知情明政机制。采取有效方式向代表通报政情，拓宽有效渠道了解收集社情民意。二是丰富代表活动载体和活动内容。实时召开代表小组活动现场会，代表座谈交流会，代表年度履职述职会，继续采取常委会组成人员联系代表、代表联系选民，重大履职活动邀请代表参加，常委会邀请代表列席等方式，进一步丰富代表活动，激励代表在贴近民生、服务民生中发挥作用。三是强化代表议案、建议、批评和意见办理。进一步完善督办工作机制，认真落实上门督办、现场督办、重点督办、跟踪督办、延伸督办等代表建议、意见办理形式，进一步提高办理的见面率和满意率，保障代表建议有回音。

（三）突出探索创新，以与时俱进的理念保证人大工作充满活力。解放思想是事业发展的永恒主题，开拓创新是推动工作前进的不竭动力，凡是符合宪法法律精神和法定原则的创新，都具有强大的生命力，都要理直气壮地去探索。要创新思想观念。法定权力用得好不好，不能只看一年行使了多少次，更要看其中哪些具有创意，具有效率，干出了特色，干出了实效。要善于从中总结经验，找到工作创新的着力点和切入点。要以健全民主法制为己任，推进人大工作与法治、政治建设相适应，与人民群众要求相适应。要创新方法手段。要善于将零散做法系统化，有效措施规范化，具体实践理性化，通过梳理整合、深化提升，形成一整套科学、规范、完备的履职机制。如在重大事项决定前的民智收集、讨论求证、决定后的督促实施机制；在监督工作方面的部门票决、书面审议机制；在代表工作方面的履职考核、通报批评、劝辞等约束、管理、惩戒机制。要创新工作举措。下届人大常委会要在精选议题、深度调研、开门高效审议和加强督办上下功夫；要在决议、决定跟踪落实上出措施；要在“代表建议直通车”“代表约见政府、部门负责人”等做法上作探讨；要在人大信访工作方面的接待登记、呈送审批、交办转办、督办回访、处理效果上动真格。通过开辟新途径、创造新亮点，始终使人大工作充满生机与活力。

（四）突出民主建设，以坚强有力的举措保证人大工作健康发展。按照党的十八大对发展社会主义民主法制提出的要求，深入推进基层民主政治建设进程，保证人民依法行使民主权利，实现社会公平正义。一是要把健全和完善执法、司法监督等制度列入重要议事日程，强化监督检查，确保行政权、审判权、检察权得到正确行使，确保公民、法人和其他组织的合法权益得到尊重和维护。二是加强法律宣传，全面深入开展“七五”普法工作，增强全社会特别是领导干部和国家机关工作人员的法律意识和法治观念，提高运用法治思维解决问题的能力，努力推动形成办事依法、遇事找法、解决问题用法、化解矛盾靠法的良好法治环境。三是积极探索实现民主的有效形式，扩大公民有序参与，建立健全更加广泛、更加有效的社情民意征集、反馈和办理制度。建立健全重大事项调研、论证等一系列有助于正确决策的制度和程序，保证人大的每一项决策更加体现民意，贴近民生，顺应民心。四是重视基层政权建设，有效保障县、乡、村选举工作中的《选举法》《地方组织法》和村民委员会组织法的实施，确保人民广泛享有民主选举、民主决策和民主监督的权利和自由，切实提高人民群众的满意度和幸福感。

三、加强四大建设，全面锤炼自身素养，始终追求工作效率

第一，进一步加强思想建设，不断提升人大履职能力。把思想理论建设作为加强人大自身建设的首要任务，努力建设一支对党忠诚、对事业忠诚、对法律忠诚、对人民忠诚的学习型人大干部队伍。进一步完善常委会和人大机关学习制度，丰富学习活动内容，创新学习形式，拓展学习主体，增强学习动力，提高学习能力。要把学习和实干结合起来，在真学、真懂、真用上下功夫，在切实提高学习效果上下功夫。继续保持奋发有为、积极进取、昂扬向上的精神状态，以建设学习型人大机关的新成效推动人大工作的新发展。

第二，进一步加强组织建设，不断强化人大履职保障。要从人大制度的特点和工作实际出发，着眼于优化结构，提高素质，增强活力，推动工作。一是成立人大专门委员会。根据中共中央〔2015〕18号文精神，除人大常委会设置的工作委员会外，县级人大设法制、财政经济两个专门委员会，并将提请本次代表大会决定。二是优化常委会人员结构。根据上级要求，为提高常委会的议事效率，本届常委会组成人员专职组成人员比例将逐步提高到60%。加强干部队伍建设，县人大常委会党组将配合县委加大对人大干部的培养、选拔、任用和交流力度，保障人大工作不僵化、不停滞、不松劲。三是强化工作保障。定期组织新代表轮训；保障代表活动经费；细化乡镇人大主席团和机关委室绩效考核办法；继续开展先进人大主席团、优秀人大代表和优秀人大工作者年度评选活动，尽最大限度把人大工作组织得有声有色。四是重视人大宣传工作。推进人大电子政务系统建设，增进人大机关、人大代表与人民群众的交流互动；出台专门的人大宣传工作方案，建立信息奖励机制，有效提高安化人大的知名度。

第三，进一步加强作风建设，不断增强人大履职实效。要勤于调研。围绕常委会年度工作要点，认真开展前期调查研究，认真做好调研成果的转化运用工作。要勤于廉政。高举团结协作、共同奋斗的旗帜，恪守廉洁自律、克己奉公的准则，弘扬谦虚谨慎、传承创新的美德，把人大系统建设成一支

受得住考验、经得起监督、担得起重任的高素质的干部队伍。要勤于创新。积极转变工作方式，善于把自己的工作放到全局工作中去把握、去考量，敢于谋大事，勇于谋全局，善于谋发展，在更高的层次上推动人大工作创新发展。

第四，进一步加强乡镇人大建设，不断夯实人大履职根基。人大工作的根在基层，重视和做好乡镇人大工作对于坚持和完善人民代表制度，推进民主政治建设，保障人民当家做主，促进经济社会发展具有十分重要的意义。严格按上级文件配备乡镇专职主席、副主席，并要把主要时间和精力放在人大工作上。规范乡镇人大主席团的履职活动，支持乡镇人大主席团和乡镇人大主席、副主席在闭会期间的工作。指导乡镇人大组织代表听取审议乡镇专项工作报告，对法律法规实施情况进行检查，联系和组织代表开展活动，听取和反映代表、群众的意见建议。应当将代表的建议意见和群众对政府工作的意见交由有关方面研究处理，有关方面应当及时反馈研究处理情况。

各位代表，2017年是县十七届人大及其常委会的履职开局之年，也是“十三五”规划实施的深入推进之年。站在依法履职的新起点上，时代赋予我们重任，人民寄予我们厚望，让我们在中共安化县委的坚强领导下，认真履行宪法和法律赋予的职责，同心合力谱写经济发展新篇章，承前启后开创基层民主法制建设新局面，为建设畅通、宜游、秀美、富裕新安化而努力奋斗。

第三篇　人大常委会

1979年7月1日，五届全国人大二次会议通过的《地方组织法》规定：“县级以上地方各级人民代表大会设立常务委员会。”根据这一规定，1980年12月23日，县八届人大一次会议选举产生安化县第八届人民代表大会常务委员会（以前县各届人大均未设置常务委员会）。县人大常委会成立后，于1981年1月设置办事机构——县人大常委会办公室，地点设在县人民政府机关院内。以后，随着社会的发展与机构的健全，县人大常委会内设委室与人员编制逐步完善增加。

第一章　县人大常委会组成人员

第一节　县第八届人大常委会组成人员

主　任：黄让泉（1980.12当选，1983.6调往宁乡）兼职主任，县委副书记

副主任：戴汉初（1980.12当选）专职副主任

罗　仪（1980.12当选，1983.9调出）兼职副主任，县人民武装部部长

陈泰敬（1980.12当选）专职副主任

龙梅修（1980.12当选，1982辞去县委宣传部部长职务，任专职副主任）兼职副主任，县委宣传部部长

委　员：肖祥涛（1980.12当选）县人大常委会办公室主任

张树德（1980.12当选）县人大常委会办公室副主任

瞿长本（1980.12当选）县委组织部副部长

李赞扬（1980.12当选）县总工会主席

林金桃（女，1980.12当选）县妇联主任

龚象麟（1980.12当选）县计委副主任

陈清高（1980.12当选）城关镇党委书记

邓寒英（女，1980.12当选）县剧团演员

甘舒志（1980.12当选）县茶叶公司经理

贺玉才（1980.12当选，1983.9撤销委员职务）烟溪公社党委书记

莫蒙允（1980.12当选，1981.8调益阳卫校）县人民医院副院长

蒋鸿文（1980.12当选）安化二中副校长

第二节　县第九届人大常委会组成人员

主　任：戴汉初（1984.2当选，1986.3辞）
　　　　王祖武（1986.3补选）
副主任：何友卿（1984.2当选）
　　　　罗迪祥（1984.2当选）
　　　　谌荣增（1984.2当选）
　　　　王流芳（兼，1984.2当选）县科协主席
委　员：黄　英（1984.2当选）县人大常委会办公室主任
　　　　胡纯旺（1984.2当选）县人大教科文卫组副组长
　　　　杨官泉（1984.2当选，1986调津市）县人武部副部长
　　　　陈巨仁（1984.2当选）县委组织部副部长
　　　　李赞扬（1984.2当选）县总工会主席
　　　　林金桃（1984.2当选）县妇联主任
　　　　李彰国（1984.2当选）烟溪区区委书记
　　　　邓寒英（女，1984.2当选连任）县剧团演员
　　　　龙知飞（1984.2当选）柘溪乡乡长
　　　　陈清高（1984.2当选连任）专职委员
　　　　苏圣龙（1984.2当选）县人民医院医师
　　　　曾庆鳌（1984.2当选）专职委员
　　　　蒋鸿文（1984.2当选连任）县教育局
　　　　熊纪宁（女，1984.2当选）县百货公司副经理

第三节　县第十届人大常委会组成人员

主　任：王祖武（1987.2当选连任）
副主任：谌荣增（1987.2当选连任）
　　　　黎金龙（1987.2当选）
　　　　陈历书（1987.2当选）
　　　　姚自豪（1987.2当选）
　　　　王流芳（兼，1987.2当选连任）县工商联主任
委　员：邓才能（1987.2当选）安化二中教师
　　　　刘利君（女，1987.2当选）县第二人民医院医师

李彰国（1987.2当选连任）烟溪工委书记
李赞扬（1987.2当选）县总工会主席
张渡期（女，1987.2当选）县畜牧局畜牧站副站长
陈巨仁（1987.2当选）县委组织部副部长
肖丽玉（女，1987.2当选）县资滨酒家主任
胡晚林（女，1987.2当选）县妇联主任
姚让之（1987.2当选）县人大常委会办公室主任
夏赞思（1987.2当选）专职委员
龚象麟（1987.2当选）县人大常委会财经工委主任
谢复珍（1987.2当选）县人大常委会法制工委主任
夏裕厚（1989.2补选）专职委员

第四节 县第十一届人大常委会组成人员

主 任：王祖武（1990.2当选连任）
副主任：陈君吾 （1990.2当选）
黎金龙（1990.2当选连任）
姚自豪（1990.2当选连任）
游晓岚（1990.2当选）
刘盛余（1990.2当选）
朱克安（兼，1990.2当选）县建委副主任
委 员：李赞扬（1990.2当选连任）县总工会主任
邓才能（1990.2当选连任）安化二中教师
姚让之（1990.2当选连任）县人大常委会办公室主任
刘昭曙（1990.2当选）县人大常委会财政经济工委主任
张隆谁（1990.2当选）县委组织部副部长
夏裕厚（1990.2当选）专职委员
刘雪君（女，1990.2当选）县妇联主任
汪修晋（1990.2当选）县人大常委会联络工委主任
赵孟菊（女，1990.2当选）县人大常委会教科文卫工委主任
陈怡庆（1990.2当选）县人大常委会法制工委主任
张渡期（女，1990.2当选连任）县畜牧局畜牧站副站长
戴山东（1990.2当选）县人大梅城联络组组长
李德生（1990.2当选）团县委书记
姚安珍（女，1990.2当选）县外贸公司副经理

第五节　县第十二届人大常委会组成人员

主　任：王定中（1993.1当选）
副主任：陈君吾（女，1993.1当选连任）
　　　　黎金龙（1993.1当选连任）
　　　　游晓岚（1993.1当选连任）
　　　　姚让之（1993.1当选）
　　　　朱克安（兼，1993.1当选连任）县建委总工程师
委　员：刘应生（1993.1当选）县人大常委会办公室主任
　　　　王世万（1993.1当选）县人大小淹联络组组长
　　　　王来芝（女，1993.1当选，1997.3病故）县妇联副主任
　　　　伍惠予（1993.1当选）县人大常委会教科文卫工委主任
　　　　刘　化（1993.1当选）团县委书记
　　　　刘昭曙（1993.1当选连任）县人大常委会财政经济工委主任
　　　　李敬华（1993.1当选）县人大云台联络组组长
　　　　吴余保（1993.1当选）县人大常委会选举任免联络工委主任
　　　　张胜利（1993.1当选，1994.12辞）县委组织部副部长
　　　　张渡期（女，1993.1当选连任）县畜牧站副站长
　　　　陈怡庆（1993.1当选连任）县人大常委会法制工委主任
　　　　黄洁容（女，1993.1当选）县总工会副主席
　　　　彭建富（1993.1当选）县人大仙溪联络组组长
　　　　谭雪君（女，1993.1当选）县人民医院内科护士长
　　　　魏国斌（1993.1当选）东坪工商所所长
　　　　陈道交（1995.1补选）县委组织部副部长

第六节　县第十三届人大常委会组成人员

主　任：艾胜杜（1998.1当选）
副主任：陈君吾（女，1998.1当选连任）
　　　　姚让之（1998.1当选连任）
　　　　傅世平（1998.1当选）
　　　　刘应生（1998.1当选）

肖三秋（1998.1当选）

朱克安（兼，1998.1当选连任）县建设局总工程师

委　员：何爱霞（女，1998.1当选）县人大常委会办公室主任

伍惠予（1998.1当选连任）县人大常委会教科文卫工委主任

吴余保（1998.1当选连任）县人大常委会选举任免联络工委主任

刘解放（1998.1当选）渠江镇党委书记

黄洁容（女，1998.1当选连任）县妇联主席

罗显毅（1998.1当选）县人大常委会农业工委主任

方笑霓（女，1998.1当选）团县委书记

龚稳章（1998.1当选）县委组织部副部长

刘贻望（1998.1当选，1998.2病故）县总工会主席

陈兴祥（1998.1当选）梅城镇人大主席

蒋国顺（1998.1当选）县人大常委会内务司法工委主任

陆雄彪（1998.1当选）东坪镇人大主席

蒋化祥（1998.1当选，1998.7辞）县纪委副书记

刘胜利（1998.1当选，1998.12辞）县供销联社纪检监察股副股长

黄冬红（女 1998.1当选）田庄乡副乡长

姚奇生（1999.1补选）县总工会主席

姚尚真（1999.1补选）县纪委副书记

陶延林（1999.1补选）县人大常委会财政经济工委主任

谭雪君（女，2000.1补选）县人民医院副院长

第七节　县第十四届人大常委会组成人员

主　任：蒋金云（2003.1当选）

副主任：肖三秋（2003.1当选连任）

夏国新（2003.1当选）

高多庆（2003.1当选）

王美兰（女，2003.1当选）

张渡期（兼，女，2003.1当选）县残疾人协会董事长

彭平移（2003.1当选）

委　员：谌上游（2003.1当选，2006.6病故）县人大常委会办公室主任

陶月平（2007.1补选）县人大常委会办公室主任（2006.10任）

熊政权（2003.1当选）县人大常委会内司工委主任

吴余保（2003.1当选连任）县人常委会选举任免联络工委主任（2005.3免）

罗舜寰（2006.1补选）县人常委会选举任免联络工委主任（2005.3任）
姚庆轩（2003.1当选）县人大常委会财政经济工委主任
伍惠予（2003.1当选连任）县人大常委会教科文卫工委主任
刘解放（2003.1当选连任）县人大常委会农工委主任
李周信（2003.1当选）县委组织部副部长
夏华凤（女 2003.1当选）县纪委副书记
邓为卫（2003.1.当选,2005.5辞）团县委书记（2005.5调县外经贸局任局长）
郭利红（女，2006.1补选）团县委书记
谌七桃（女，2003.1当选）县妇联主席
李能英（女，2003.1当选）梅城镇人大主席
张介人（2003.1当选）东坪镇联校校长
姚奇生（2003.1当选连任）县总工会党组书记、副主席
夏玉恒（2003.1当选）县移民局党组成员、纪检组长
夏星辉（2003.1当选）县城建规划办主任

第八节 县第十五届人大常委会组成人员

主　任：蒋金云（2007.12当选连任，2011.12辞职）
蒋跃登（2011.12补选）
副主任：邓晓君（女，2007.12当选）
夏国新（2007.12当选连任）
高多庆（2007.12当选连任）
张渡期（兼，女，2007.12当选连任）县残疾人协会董事长
彭平移（2007.12当选连任）
委　员：陶月平（2007.12当选连任）县人大常委会办公室主任
罗舜寰（2007.12当选连任）县人大常委会选举任免联络工委主任（2010.7免）
龙吉明（2011.1补选）县人大常委会选举任免联络工委主任（2010.7任）
肖伟群（2007.12当选）县人大常委会内务司法工委主任
姚庆轩（2007.12当选连任，2010.7辞）县人大常委会财政经济工委主任（2010.7免，调益阳市移民局）
胡　春（2011.1补选）县人大常委会财政经济工委主任（2010.7任）
伍惠予（2007.12当选连任）县人大常委会教科文卫工委主任（2010.7免）
瞿军盛（2011.1补选）县人大常委会教科文卫工委主任（2010.7任）
周共华（2007.12当选，2010.7辞）县人大常委会农工委主任（2010.7免、调县委农村部）
刘锻武（2011.1补选）县人大常委会农工委主任（2010.7任）

刘国平（2007.12当选）县人大常委会城建环保工委主任
廖双初（2007.12当选，2010.7辞）县人大常委会选举任免联络工委副主任（2010.7免，调县教育局任副局长）
陈高超（2007.12当选）县委组织部副部长
夏华凤（女，2007.12当选，2009.2辞）县纪委副书记（2009.2调县计生局任局长）
陆筱军（2010.1补选）县纪委副书记
龚国强（2007.12当选）县总工会党组书记、副主席
王伟俊（女，2007.12当选）团县委书记
张 勇（女，2007.12当选）县妇联主席
夏星辉（2007.12当选）县建设局总工程师
简新立（2007.12当选）县环保局总工程师
易建礼（2007.12当选）县农业局粮油站站长
李艳云（女，2007.12当选）县工商联副主席
黄夫成（2007.12当选）县审计局办公室主任
周景书（2007.12当选，2009.6辞）东坪镇人大主席（2009.6调县政府办任副主任、县信访局长）
吉爱军（女，2011.1补选）江南镇人大主席

第九节 县第十六届人大常委会组成人员

主 任：蒋跃登（2012.11当选连任）
副主任：黄志军（2012.11当选）
刘跃迎（2012.11当选）
夏华凤（女，2012.11当选）
伍 亮（2012.11当选）
肖伟群（兼，2012.11当选）县茶叶办主任
委 员：姚国良（2012.11当选）县人大常委会办公室主任
龙吉明（2012.11当选连任）县人大常委会选举任免联络工委主任
刘百战（2013.12补选）县人大常委会内务司法工委主任（2013.7任）
瞿军盛（2012.11当选连任）县人大常委会财政经济工委主 任
夏新情（2012.11当选，2016.4辞）县人大常委会教科文卫工委主任（2016.4调县政务中心任主任）
刘锻武（2012.11当选连任）县人大常委会农工委主任
刘国平（2012.11当选连任）县人大常委会城建环保工委主任
谭安民（2012.11当选）县人大常委会选举任免联络工委副主任
陈高超（2012.11当选连任,2013.5辞）县委组织部副部长（2013.5调县人社局任局长）

邓生本（2013.12补选，2016.4辞）县委组织部副部长（2016.4调县人社局任局长）
文光明（2012.11当选，2016.4辞）县纪委副书记（2016.4调县人防办任主任）
陈学海（2013.12补选）县总工会党组书记、副主席
张斌华（2013.12补选）县政法委副书记
王伟俊（女，2012.11当选连任,2013.5辞）团县委书记（2013.5调县政府办公室任副主任）
夏　昳（女，2013.12补选）团县委书记
张　勇（女，2012.11当选连任,2013.5辞）县妇联主席（2013.5调县委组织部任副部长）
陈湘湘（女，2013.12补选）县妇联主席
李艳云（女，2012.11当选连任,2013.5辞）县科协副主席（2013.5调县政协任经促办主任）
石建萍（女，2012.11当选）县教育局干部
易建礼（2012.11当选连任）县农业局粮油站站长
胡　春（2012.11当选连任,2013.5辞，调县体育局任局长）
胡导平（2012.11当选）梅城镇人大主席
黄玉花（女，2012.11当选）东坪镇人大主席
黄顺安（2012.11当选）柘溪镇人大主席
龚育凡（2012.11当选）县人民医院院长
简新立（2012.11当选连任，2016.4辞）县环保局总工程师
谭文潮（2012.11当选）县安监局总工程师

第十节　县第十七届人大常委会组成人员

主　任：李太源（2016.12当选）
副主任：伍　亮（2016.12当选连任）
肖伟群（兼，2016.12当选连任）县茶叶办主任
姚国良（2016.12当选）
张　勇（2016.12当选）
王良才（2016.12当选）
委　员（按姓名笔画排序）：
方英姿（2016.12当选）县人大常委会教科文卫工委主任
方建国（2016.12当选）县人大常委会环城工委主任
邓卫辉（2016.12当选）县人大法制委主任委员
石建萍（2016.12当选连任）县教体局干部
龙润苗（2016.12当选）梅城镇人大主席
田效军（2016.12当选）大福镇人大主席
刘　劲（2016.12当选）县中医院副院长

刘凤华（2016.12当选）乐安镇镇长
刘百战（2016.12当选连任）县人大常委会内务司法工委主任
刘刚贵（2016.12当选）县委宣传部副部长
刘超群（2016.12当选）东坪镇人大主席
李　旭（2016.12当选）县人大法制委副主任委员
吴建强（2016.12当选）县城南区黄沙坪社区主任
邹学军（2016.12当选）县纪委副书记
张书田（2016.12当选）县残联理事长
张菊生（2016.12当选）冷市镇人大主席
张斌华（2016.12当选连任）县委政法委副书记
陈学海（2016.12当选）县总工会党组书记、副主席
林快平（2016.12当选）县旅游办规划股股长
胡文良（2016.12当选）平口镇人大主席
胡拥军（2016.12当选）县妇联主席
胡能新（2016.12当选）县委组织部常务副部长
夏　昳（2016.12当选连任）团县委书记
夏秀云（2016.12当选）县人大常委会机关纪检员
唐龙飞（2016.12当选）县人大财经委副主任委员
唐牧民（2016.12当选）县城南区工委委员
谌灿球（2016.12当选）县农商银行行长
蒋殿光（2016.12当选）奎溪镇人大主席
曾学军（2016.12当选）县六步溪国家级自然保护区管理处副主任
谭安民（2016.12当选连任）县人大常委会选举任免联络工委主任
瞿军盛（2016.12当选连任）县人大财经委主任委员
瞿荃芳（2016.12当选）县人大常委会选举任免联络工委副主任

第二章　县人大常委会会议

《地方组织法》规定："常务委员会会议由主任召集，每两个月至少举行一次"。安化县人民代表大会常务委员会于1980年12月23日设立，至2016年12月，历经10届35年，共举行常委会会议286次。

第一节　县第八届人大常委会会议

第一次会议

1981年1月23～25日，县第八届人大常委会第1次会议在县委机关会议室举行，出席会议的16人，缺席1人。会议由主任黄让泉主持。会议学习中共中央〔1981〕1号、2号文件，学习《地方组织法》；讨论如何发挥县人大常委会的职能作用，如何发挥县、社镇人大代表的作用；讨论建立县人大常委会的工作制度，以开展正常工作；研究县人大常委会上半年工作。会议通过了《安化县人民代表大会常务委员会几项工作制度》。

第二次会议

1981年2月12日，县第八届人大常委会第2次会议举行，出席会议的17人。会议由主任黄让泉主持。会议任命李新如为县农村办主任，杨实之为县财贸办主任，姚自豪为县人民政府办公室主任，周先洛为县农办副主任兼县农业局局长，黄尚志为县农办副主任兼县畜牧局局长，张敬庚为县税务局局长，王传民为县物资局局长，王楚乔为县财贸办副主任。会议免去王楚乔的县税务局局长职务，彭岳兴的农村办主任职务，戴汉初的财贸办主任职务。

第三次会议

1981年4月17～20日，县第八届人大常委会第3次会议举行，出席会议的15人，缺席2人。县人民政府副县长谌荣增、黄一俊及政府财贸办公室、工交办公室、财政局等单位负责人列席会议。会议由主任黄让泉主持。会议听取了副主任陈泰敬关于县人大常委会一季度工作情况的报告，副县长黄一俊关于1981年全县财政预决算安排情况的报告，副县长谌荣增关于全县工交企业调整情况的报告。副主任戴汉初传达了省人大常委会召开的州、市、县人大常委会负责人座谈会议精神。会议讨论后段县人大常委会的工作。会议任命王定中为县政府工交办公室主任，何国生为县公安局局长，谌玉山为县交通局局长，邱迪藩为县工业局局长，罗翰成为县轻工业局局长，宋义海为县邮电局局长，汤忠富为县供销社主任，吴祖忠为县商业局局长，林腾屏为县工商局局长，龚本生为县粮食局局长，许广发为安化县支行行长，邓 球为县林业局局长，周玉东为县农机局局长，刘国芳为县水电局局长，刘国钧为县卫生局局长，夏小南为县广播局局长，龙春交为县档案局局长；任命曹明清为县人民检察院副检察长、检察委员，谌干桢、唐 明、彭先齐、陈嘉知、刘进壬为县人民检察院检察委员，王德辉为县人民法院副院长；免去谢复珍的县文教局局长职务。

第四次会议

1981年7月23～24日，县第八届人大常委会第4次会议在县委机关会议室举行，出席会议的16人，缺席1人。副县长谌荣增、检察长陈 勋及公安局、司法局、卫生局等单位负责人列席了会议。会议由主任黄让泉主持。会议听取了县人民政府关于代表提案办理情况的汇报，县公安局关于整顿社会治安情况的汇报。会议通过《关于进一步整顿社会治安的决议》，并以常委会文件形式行文下发；讨论了县人大常委会的有关工作。会议任命王德辉为县人民法院审判委员会委员，阙国超、周应文、李昌清、姚克忠、王义和、贺弼涛为县人民检察院检察员；免去徐炽昌的县人民检察院检察员职务，谌干桢、彭先齐的县人民检察院检察委员职务。

第五次会议

1981年10月31日，县第八届人大常委会第5次会议举行，出席会议的12人，缺席5人。会议由主任黄让泉主持。会议学习中共中央〔1981〕30号文件。会议任命黄英为县农业委员会主任，李新如为县科学技术委员会主任。

第六次会议

1981年11月20～21日，县第八届人大常委会第6次会议举行，出席会议的14人，缺席3人。会议由主任黄让泉主持。会议审议关于林业问题的《告全县人民书（草案）》；听取县计委关于国民经济调整情况的汇报；听取县财委关于肉食供应情况的汇报；听取办公室代表提案落实检查情况的汇报。

第七次会议

1981年12月29～31日，县第八届人大常委会第7次会议举行，出席会议的16人，缺席1人。副县长王祖武、县人民法院院长刘和中、县人民检察院检察长陈勋列席了会议。会议由主任黄让泉主持。会议总结了县人大常委会1981年工作，研究了1982年的工作任务；听取了县人民政府关于物价工作情况的汇报；省人大代表邓则兰传达省五届人大四次会议精神和全国人大代表朱正春传达全国五届人大四次会议精神。会议任命肖祥涛为县人大常委会办公室主任，张树德、卢善积为县人大常委会办公室副主任，瞿长云为县人民政府副县长，罗迪祥为县计划委员会主任，廖方言为县基本建设委员会主任，谌介国为县公安局局长，谌普开为县农业局局长；任命唐明、陈嘉知、刘进壬、李克振、贺弼涛、严丽芬、宁聘村、邓平安、熊鹤书、曹克明、赵云英为县人民检察院检察员，刘和中为县人民法院审判委员会委员，李豪为县人民法院审判委员会委员、审判员、经济审判庭庭长，李东夫为县人民法院审判委员会委员、审判员、刑事审判庭庭长，龚秉章为县人民法院审判委员会委员、审判员，曾庆鳌为县人民法院民事审判庭副庭长、审判员，肖笔军为县人民法院刑事审判庭副庭长、审判员，刘玉田为县人民法院经济审判庭副庭长、审判员，李阳生为县人民法院审判员、江南法庭庭长，王林为县人民法院审判员、云台法庭庭长，李蒲安为县人民法院审判员、仙溪法庭庭长，曹秋荇为县人民法院审判员、梅城法庭庭长，张中元为县人民法院审判员、冷市法庭庭长，夏延兴为县人民法院审判员、烟溪法庭庭长，梁乐安为县人民法院刑事审判庭副庭长、审判员，彭鹏万为县人民法院审判员、城关法庭副庭长。

第八次会议

1982年2月9日，县第八届人大常委会第8次会议举行，出席会议的15人，缺席2人。会议由主任黄让泉主持。会议研究了县八届人大二次会议有关事项；审议了县人民政府关于1981年财政决算和1982年财政预算的有关情况报告。会议任命王楚乔为县商业局局长（兼）、罗亮夫为县文化局局长、吴荣恒为县供销社主任、周爱卿为县司法局局长，免去吴祖忠的县商业局局长职务。

第九次会议

1982年3月17日，县第八届人大常委会第9次会议举行，出席会议的12人，缺席5人。主任黄让泉主持会议。会议讨论了1982年常委会的工作要点。会议任命汤忠富为县财政局局长（兼）。

第十次会议

1982年5月13～15日，县第八届人大常委会第10次会议在县政府会议室举行，出席会议的15人，缺席2人。会议由副主任陈泰敬主持。会议传达全省人大常委会工作经验交流会会议精神；听取县教育局关于教育工作的汇报，并通过了《安化县人民代表大会常务会关于教育工作中几个问题的决议》；学习宪法修改草案。会议任命潘祖德为县人民法院审判员、城关法庭庭长，龙岳来为县人民法院审判员、大福法庭庭长，廖德宗为县人民法院审判员、中砥法庭庭长，李云开为县人民法院审判员、烟溪法庭庭长。

第十一次会议

1982年8月30日至9月1日，县八届人大常委会第11次会议在县第一招待所举行，出席会议的10人，缺席7人。会议由副主任陈泰敬主持。副县长黄一俊等列席会议。会议传达省、地有关会议精神；听取和审议了县人民政府关于县八届人大二次会议提案办理情况、关于《严禁占用耕地建房的决议》执行情况及《关于教育工作中几个问题的决议》执行情况的报告；听取了办公室关于督办代表提案情况的汇报。

第十二次会议

1982年9月20日，县第八届人大常委会第12次会议举行，出席会议的10人，缺席7人。县委副书记邓则兰及县人民政府文教办公室、县人民法院负责人列席会议。会议由副主任陈泰敬主持。会议听取和审议了县人民法院关于《民事案件征收诉讼费用暂行规定》的报告；听取了县文教办公室关于教育工作中的有关情况汇报；研究常委会第十三次会议的议题。会议免去李新如的县科委主任职务、罗迪祥的县计委主任职务。

第十三次会议

1982年11月17～19日，县第八届人大常委会第13次会议举行，出席会议的11人，缺席6人。县人民政府、县人民法院、县人民检察院及县卫生局负责人列席了会议。会议由主任黄让泉主持。会议听取了县人民法院、县人民检察院、县卫生局的工作汇报；听取了县经济委员会关于体制改革方案的汇报；研究了县人大常委会的工作。会议任命阙领高为县民政局局长，廖克庭为县计划生育办公室主任。

第十四次会议

1982年12月29日，县八届人大常委会第14次会议举行，出席会议的12人，缺席5人。会议由主任黄让泉主持。会议主要学习全国五届人大五次会议的有关文件，听取县人民政府关于城关镇建设中几个问题的情况汇报。

第十五次会议

1983年2月28日，县第八届人大常委会第15次会议举行，出席会议的12人，缺席5人。会议由主任黄让泉主持。会议研究了县八届人大三次会议的筹备工作；学习中共中央及省委领导人的讲话。会议任命邓 球为县绿化委员会主任；任命黄尚志为柘溪库区办事处副主任，免去其县畜牧局局长职务。

第十六次会议

1983年3月15日，县第八届人大常委会第16次会议在县第一招待所举行，出席会议的12人，缺席5人。会议由主任黄让泉主持。会议审议了县人民政府提出的1982年财政决算和1983年财政预算。会议任命肖笔军为县人民法院民庭庭长，李树华为清塘法庭副庭长，吴安全为仙溪法庭副庭长，罗屈伸、罗家才、方展骥为县人民检察院检察员；免去曾庆鳌的县法院民庭副庭长、审判员职务。

第十七次会议

1983年4月25日，县第八届人大常委会第17次会议举行，出席会议的12人，缺席5人。县人民政府有关部门负责人列席了会议。会议由副主任戴汉初主持。会议听取和审议了县财贸办公室关于全县供销社、信用社体制改革情况的汇报；听取和审议了县文化局关于全县文化工作情况的汇报；讨论研究县人大常委会1983年的工作任务。

第十八次会议

1983年6月29～30日，县第八届人大常委会第18次会议举行，出席会议的14人，缺席3人。会议由主任黄让泉主持。会议听取了黄让泉关于省六届人大一次会议精神的报告；听取了县人民政府及有关部门关于贯彻县八届人大三次会议所作的四个决议的情况汇报；审议通过了县人民法院关于收取民事诉讼费用的规定。会议任命王高文为县人民检察院检察员。

第十九次会议

1983年9月2～3日，县第八届人大常委会第19次会议举行，出席会议的11人，缺席6人。县人民政府及有关部门负责人列席了会议。会议由副主任陈泰敬主持。会议听取了县公安局局长谌介国关于社会治安情况的汇报；听取和审议了县人民政府关于要求追加财政预算支出的报告；听取了张树德关于县人大常委会第四次视察情况的汇报。

第二十次会议

1983年9月15日，县第八届人大常委会第20次会议举行，出席会议的13人，缺席4人。会议由副主任戴汉初主持。会议欢送副主任罗仪，会议对罗仪任常委会兼职副主任期间的工作及他本人的品德给予了高度评价，对其在安化工作期间所作的贡献表示充分肯定。会议对委员贺玉才在严惩刑事犯罪的斗争中所犯的错误给予严肃批评，并进行了诚恳的帮助。贺玉才承认了错误，作出了检查。

第二十一次会议

1983年9月30日，县第八届人大常委会第21次会议举行，出席会议的11人，缺席6人。会议由副主任陈泰敬主持。会议听取了办公室关于贺玉才所犯错误的调查情况汇报，对贺玉才的处分问题进行了审议。会议一致同意中共安化县委的建议，撤销贺玉才县人大常委会委员的职务。

第二十二次会议

1983年11月22～23日，县第八届人大常委会第22次会议举行，出席会议的10人，缺席3人（17名委员中已撤销1名，调离3名）。县人民政府及林业局负责人列席了会议。会议由副主任戴汉初主持。会议审议了县城东坪镇的城镇建设规划；听取县人民政府关于提案办理情况的汇报；听取县林业局关于“林粮挂钩”情况的汇报。

第二十三次会议

1983年12月11日，县第八届人大常委会第23次会议举行。会议由副主任戴汉初主持。会议传达益阳地区关于县乡两级换届选举会议精神，研究、安排全县换届选举工作。

第二十四次会议

1983年12月16日，县第八届人大常委会第24次会议举行。中共安化县委主要领导人杨万松、曾国华列席会议。会议由副主任戴汉初主持。会议审议县人民政府代理县长的人选，一致通过王亚魁代理县人民政府县长职务。

第二十五次会议

1984年2月9日，县第八届人大常委会第25次会议举行。会议由副主任戴汉初主持。会议听取了县乡两级换届选举工作的情况和关于县九届人大一次会议筹备工作情况的汇报。

第二节 县第九届人大常委会会议

第一次会议

1984年2月24～25日，县第九届人大常委会第1次会议举行，出席会议的18人，缺席1人。会议由副主任何友卿主持。会议就加强县人大常委会自身建设、开创人大工作新局面的问题进行了审议。会议任命姚自豪为县人民政府办公室主任，李厚宽为县农业委员会主任，王定中为县经济委员会主任，李志贤为县财政贸易委员会主任，谌介国为县公安局局长，周爱卿为县司法局局长，阙领高为县民政局局长，廖方言为县城乡建设环境保护局局长，吴法奇为县劳动人事局局长，范梦坤为县统计局局长，汤忠富为县财政局局长，王楚乔为县工商局局长，龚本生为县粮食局局长，姚逢九为县商业局局长，刘国梁为县卫生局局长，方鼎坤为县教育局局长，夏晓南为县广播局局长，罗亮夫为县文化局局长，邱迪藩为县交通局局长，汪明达为县农业局局长，陶炎森为县林业局局长，肖辉安为县社队企业局局长，周俭平为县计划生育委员会主任。

第二次会议

1984年4月18～19日，县第九届人大常委会第2次会议举行，出席会议的16人，缺席3人。县人民政府及有关部门负责人列席会议。会议由主任戴汉初主持。会议审议通过了《关于支持、保护农村专业户、重点户及联合体发展商品生产几个问题的决议》《安化县人大常委会关于行使职权的具体实施办法》和《安化县人大常委会改进作风的四条规定》。会议任命何友卿为县人大常委会法制组组长（兼），罗迪祥为县人大常委会教科文卫组组长（兼），胡纯旺为县人大常委会教科文卫组副组长，谌荣增为县人大常委会财政经济组组长（兼），龚象麟为县人大常委会财政经济组副组长，杨炳生为县人大常委会财政经济组副组长，黄英为县人大常委会办公室主任，卢善积为县人大常委会办公室副主任，姚让之为县人大常委会办公室副主任，袁序忠为县人民政府副县长，黎金龙为县人民政府副县长，邓球为县审计局长，肖固球为县水利水电局长，杨国璋为县物价局长，韩光鼎为县二轻工业局长，王德辉为县人民法院副院长、审判员、审判委员会委员，梁乐安为县人民法院副院长、审判员、审判委员会委员，刘和中为县人民法院审判员、审判委员会委员，龚炳章为县人民法院审判员、审判委员会委员，李豪为县人民法院审判员、审判委员会委员、经济审判庭庭长，肖笔军为县人民法院审判员、审判委员会委员、刑事审判二庭庭长，曹秋荇为县人民法院审判员、审判委员会委员、民事审判庭庭长，冷全新为县人民法院审判员、审判委员会委员、刑事审判一庭庭长，龚亮初为县人民法院审判员、审判委员会委员，张中元为县人民法院审判员、冷市法庭庭长，李阳生为县人民法院审判员、江南法庭庭长，王林为县人民法院审判员、云台法庭庭长，李云开为县人民法院审判员、中砥法庭庭长，夏玉华为县人民法院审判员、东坪镇法庭庭长，潘祖德为县人民法院审判员、林业审判庭庭长，李树华为县人民法院审判员、清塘法庭庭长，王放平为县人民法院审判员、梅城法庭庭长，龙岳来为县人民法院审判员、大福法庭庭长，吴安全为县人民法院审判员、仙溪法庭庭长，刘玉田为县人民法院审判员、刑事审判二庭副庭长，夏延兴为县人民法院审判员、烟溪法庭庭长，肖建中为县人民法院审判员、梅城法庭副庭长，王东秋为县人民法院审判员、刑事审判一庭副庭长，刘依昌为县人民法院审判员、民事审判庭副庭长，朱继光为县人民法院审判员、经济审判庭副庭长，黄加盛为县人民法院审判员、小淹法庭副庭长，陈刚熹为县人民法院审判员、东坪法庭副庭长，李蒲安、廖德宗、彭鹏万、陶世书、胡保才、李晴川、陈辉霞为县人民法院审判员，赵云英、严丽芬、李宗汉、曹克明、姚克忠、罗屈伸、吕国群、方展骥、罗家才、邓平安、刘国安、邓献交、陈青岩、田星朗、刘问顶、田泰山为县人民检察院检察员，曹明清、刘进壬为县人民检察院副检察长、检察委员会委员，王义和、唐明、李克振、王高文、贺弼涛为县人民检察院检察委员会委员。

第三次会议

1984年6月19～21日，县第九届人大常委会第3次会议举行，出席会议的14人，缺席5人。会议由主任戴汉初主持。会议学习了中共中央〔1984〕8号、9号文件；听取了县教育局关于民办教师报酬统筹工作情况、县公安局关于内部治安情况和县人民政府关于贯彻落实县人大常委会《关于支持保护农村专业户、重点户及联合体发展商品生产几个问题的决议》情况的汇报；审议通过了《关于搞好综合治理，加强内部治安的决议》。会议任命龙正安为县体育运动委员会主任，廖德忠为小淹法庭庭长；安排县人大常委会的工作视察。

第四次会议

1984年8月16日，县第九届人大常委会第4次会议举行，出席会议的14人，缺席5人。会议由主任戴汉初主持。会议任命陈柳彬为县卫生局局长，免去刘国梁的县卫生局局长职务。

第五次会议

1984年8月19～21日，县第九届人大常委会第5次会议在县政府会议室举行，出席会议的14人，缺席5人。会议由主任戴汉初主持。会议听取了县经济委员会关于1984年上半年的工作总结与下半年的工作安排；听取了县供销合作社的经济活动分析；听取了县商业局的计划执行情况和改革的打算；听取了县财政局上半年的工作汇报。会议还对县人大常委会1984年下半年的工作进行了安排。

第六次会议

1984年10月23～25日，县第九届人大常委会第5次会议举行，出席会议的15人，缺席4人。会议由主任戴汉初主持。会议听取了县卫生局关于全县食品卫生工作情况、县工商行政管理局关于宣传与执行经济合同法情况的汇报；学习中共中央关于经济体制改革的决定和其他文件；传达了全省人大工作经验交流会议精神，讨论如何开创人大工作的新局面。会议任命傅准平为县计委主任。

第七次会议

1984年12月24～25日，县第九届人大常委会第7次会议举行，出席会议的14人，缺席5人。会议由主任戴汉初主持。会议听取了主任戴汉初关于常委会委员去东北、青岛等地参观学习的情况报告；听取了县林业局关于森林法的宣传情况和1985年贯彻意见的汇报，并研究了木材经营的问题。会议任命黄加盛为小淹法庭庭长，罗培先为县人民法院审判员、烟溪法庭庭长，胡保才为县人民法院刑一庭副庭长，陈辉霞为县人民法院刑二庭副庭长，夏立勋、王昌珍、王俩副、陈有源为县人民法院审判员，刘丁兴、梁新锋为县人民检察院检察员；免去廖德忠小淹法庭庭长职务，夏延兴的烟溪法庭庭长职务。

第八次会议

1985年3月2日、6日，县第九届人大常委会第8次会议分两天举行。中共安化县委主要领导谌耀先、王祖武、王跃安，县长王亚魁，县人民法院院长刘和中，县人民检察院检察长王义和列席了会议。会议由主任戴汉初主持。会议听取了县九届人大二次会议的筹备工作情况报告，审议大会组织机构人员的建议名单，各代表团团长、副团长的建议名单，修改和原则通过县人大常委会的工作报告（草案）；审议戴汉初关于辞去县人大常委会主任职务的请求，作出了“批准戴汉初同志辞去县人大常委会主任职务的决定”。会议任命陈怡庆为财政经济组副组长、蒋国顺为法制组副组长。

第九次会议

1985年3月9日，县第九届人大常委会第9次会议举行，出席会议的18人，缺席1人。会议由副主任何友卿主持。会议首先由县委副书记王祖武宣读中共安化县委〔1985〕10号文件，根据中共益阳地委意见，建议县人大常委会对1985年3月2日《批准戴汉初辞去人大常委会主任职务的决定》进行复议。会议经过审议，一致同意撤销3月2日所作的决定，戴汉初继续担任县人大常委会主任职务。

第十次会议

1985年4月1日，县第九届人大常委会第10次会议举行，出席会议的13人，缺席6人。县人民法院院长刘和中、县人民检察院检察长王义和列席了会议。副主任何友卿、罗迪祥分别主持会议。会议听取和审议了县人大常委会法制组关于“告状难”的调查报告。会议任命李东夫为县公安局局长，免去谌介国的县公安局局长职务、夏小南的县广播电视局局长职务。

第十一次会议

1985年6月3～4日，县第九届人大常委会第11次会议举行，出席会议的15人，缺席4人。会议由副主任谌荣增主持。会议听取和审议了副县长黎金龙关于《坚持限额采伐，保护森林资源，实行林木采伐“一本账”的情况汇报》和办公室对大桥乡林业情况的调查报告；听取了办公室关于县人大常委会组织赴辽宁、江苏参观学习的情况汇报。会议任命王梦言为县广播电视局局长，李新初为县建设委员会主任，谌普开为县科学技术委员会主任，戴华锋、王达春、谭伏高、王新军为县人民检察院检察员；免去廖方言的县城乡建设环境保护局局长职务。

第十二次会议

1985年8月6～7日，县第九届人大常委会第12次会议举行，出席会议的18人，缺席1人。会议由主任戴汉初主持。会议听取和审议了县人民政府关于1985年上半年国民经济计划执行情况和县财政局关于1985年上半年财政预算执行情况的报告。会议任命王东秋为县人民法院审判委员会委员、刑事审判庭一庭庭长，夏立勋为刑事审判一庭副庭长，黄昌珍为中砥法庭副庭长，吴有光、陈祝军、谌正华、黄吉秋、金日升为县人民法院审判员；免去冷全新的县人民法院审判委员会委员、审判员、刑事审判一庭庭长职务。

第十三次会议

1985年10月16～18日，县第九届人大常委会第13次会议举行，出席会议的16人，缺席3人。会议由副主任何友卿主持。会议听取和审议了县人民政府《关于全县收费情况的调查报告》和占用耕地建房的情况报告。关于乱占耕地建房的问题，会议对县人民政府提出了批评和建议。会议任命游晋才为县人民法院审判员、云台法庭庭长，肖建中为县人民法院民事审判庭副庭长；免去肖建中的梅城法庭副庭长职务，王林的县人民法院审判员、云台法庭庭长职务。

第十四次会议

1985年12月26～28日，县第九届人大常委会第14次会议举行，出席会议的18人，缺席1人。会议由副主任罗迪祥主持。会议听取和审议了县卫生局关于药品管理法实施情况的汇报，县长王亚魁关于制止乱收费工作情况的汇报和关于1985年全县九项重点工程建设进展情况的汇报，县农业局和县建委关于占用耕地建房情况的汇报；听取了常委会视察组关于森林法贯彻执行情况的汇报；讨论了县九届人大三次会议的筹备工作。会议任命刘华保为县物资局局长，简万能为县卫生局局长，刘依昌为县人民法院民事审判庭庭长、审判委员会委员，黄文丰为县人民法院审判员、冷市法庭庭长，蒋树春为县人民法院审判员、仙溪法庭庭长；免去陈柳彬的县卫生局局长，范梦坤的县统计局局长，曹秋荇的县人民法院民事审判庭庭长、审判委员会委员、审判员职务。

第十五次会议

1986年2月3日，县第九届人大常委会第15次会议举行，出席会议的15人，缺席4人。会议由主任戴汉初主持。会议研究安排了全国、省人大代表的视察；补选中共益阳地委书记何晓明为省第六届人大代表。会议任命姚让之为县人大常委会办公室主任，赵孟菊为县人大常委会办公室副主任，傅冠龙为县农业委员会主任，雷训阶为县财政局局长，李昌清、宁聘村为县人民检察院检察员。免去黄英的县人大常委会办公室主任、卢善积的县人大常委会办公室副主任、李厚宽的县农业委员会主任、汤忠富的县财政局局长职务。

第十六次会议

1986年2月27日，县第九届人大常委会第16次会议举行，出席会议的16人，缺席3人。会议由主任戴汉初主持。会议听取了办公室关于县九届人大三次会议筹备情况的报告；审议了县人大常委会工作报告（草案）。会议任命陈怡庆为县人大常委会办公室副主任，免去其县人大常委会原财政经济组副组长职务；任命龚象麟为县人大常委会财政经济工作委员会主任，免去其县人大常委会原财政经济组副组长职务；免去谌荣增兼任的县人大常委会原财政经济组组长职务；任命杨炳生为县人大常委会财政经济工作委员会副主任，免去其县人大常委会原财政经济组副组长职务；任命罗迪祥为县人大常委会教科文卫工作委员会主任（兼），免去其兼任的县人大常委会原教科文卫组组长职务；任命胡纯旺为县人大常委会教科文卫工作委员会副主任，免去其县人大常委会原教科文卫组副组长职务；任命蒋国顺为县人大常委会法制工作委员会副主任，免去其县人大常委会原法制组副组长职务；免去何友卿兼任的县人大常委会原法制组组长职务；任命朱介南为县人民检察院副检察长、检察委员会委员；免去周爱卿的县司法局局长职务。

第十七次会议

1986年4月20日，县第九届人大常委会第17次会议举行，出席会议的15人，缺席3人。会议由主任王祖武主持。会议任命伍湘安为县人民政府副县长、谢复珍为县人大常委会法制工作委员会主任。会议对县人民政府在未经人大常委会通过伍湘安的任职时就对外发表消息提出了批评。县政府主要负责人也承认了错误，并表示吸取教训。

第十八次会议

1986年4月28～29日，县第九届人大常委会第18次会议举行，出席会议的15人，缺席3人。会议由主任王祖武主持。会议听取和审议了县人民政府关于乱占滥用耕地情况、东坪钒冶炼厂污染治理情况和伪劣药品处理情况的汇报；审议全县教育经费短缺的情况；审议县人大常委会的工作办法（草案）。会议任命曾庆鳌为县人大常委会法制工作委员会委员，陈清高为县人大常委会财政经济工作委员会委员，张悟生为县人大常委会财政经济工作委员会委员，陶延林为县人大常委会财政经济工作委员会委员，伍惠予为县人大常委会教科文卫工作委员会委员。

第十九次会议

1986年6月30日至7月1日，县第九届人大常委会第19次会议举行，出席会议的15人，缺席3人。会议由主任王祖武主持。会议听取和审议了县司法局关于普及法律常识工作的情况汇报；听取了省人大代表蒋鸿文关于省六届人大四次会议精神的报告。会议任命杜泮才为县教育局局长，彭玉生为县农业局局长，吴祖武为县计划生育委员会主任，曹育娥为县人民法院副院长、审判委员会委员、审判员，吴安全为梅城法庭庭长。会议免去方鼎坤的县教育局局长，汪明达的县农业局局长，周俭平的县计划生育委员会主任，王放平的梅城法庭庭长，李蒲安、彭鹏万、陶世书的县人民法院审判员职务。

第二十次会议

1986年8月8～9日，县第九届人大常委会第20次会议举行，出席会议的16人，缺席2人。会议由副主任何友卿主持。会议学习了中共中央〔1986〕18号文件；听取和审议了县人民政府关于1986年上半年财政预算执行情况、1986年上半年国民经济执行情况和关于县九届人大三次会议代表提案办理情况的汇报。

第二十一次会议

1986年10月12～14日，县第九届人大常委会第21次会议举行，出席会议的14人，缺席4人。主任王祖武，副主任何友卿、罗迪祥、谌荣增、王流芳分别主持会议。会议听取和审议了县人民政府关于“七五”期间多种经营基地建设安排情况的汇报，关于《中华人民共和国统计法》贯彻执行情况的汇报，关于农业水利设施保护、利用情况的汇报；听取和审议了教科文卫工作委员会对4个乡初等教育情况的调查报告；安排了换届选举的有关工作。会议免去袁序忠的副县长职务。

第二十二次会议

1986年11月10日，县第九届人大常委会第22次会议举行，出席会议的11人，缺席7人。主任王祖武，副主任何友卿、罗迪祥分别主持会议。会议听取了办公室关于中共益阳地委召开的换届选举工作会议精神的报告，审议通过了县、乡（镇）选举委员会组成人员名单和乡、镇人大代表名额分配方案，决定了选举日程。

第二十三次会议

1986年11月19日、12月8日，县第九届人大常委会第23次会议举行，出席会议的14人，缺席4人。会议由副主任何友卿主持。会议听取和审议了县政法部门关于破坏森林案件的打击、处理情况，提出了加强林政管理的意见。会议学习了《地方组织法》和《选举法》，报告了换届选举工作的进展情况，调整了部分乡、镇选举委员会成员。

第二十四次会议

1987年1月9日，县第九届人大常委会第24次会议举行，出席会议的17人，缺席1人。主任王祖武，副主任何友卿、谌荣增、罗迪祥分别主持会议。会议听取和审议了县人民政府关于执行县人大及其常委会决议情况，县标准计量管理所关于《中华人民共和国计量法》执行情况，县选举委员会办公室关于选举工作情况的汇报；会议决定由何友卿、谌荣增、陈巨仁组成代表资格审查委员会；会议撤销简万能的县卫生局局长职务；会议任命廖方言为县环境保护局局长，张石岩为县交通局局长，夏尔安为县粮食局局长，吴许元为县统计局局长，姚宽保为县卫生局局长；免去邱迪凡的县交通局局长、龚本生的县粮食局局长职务。

第二十五次会议

1987年2月13日，县第九届人大常委会第25次会议举行，出席会议的17人，缺席1人。会议由副主任谌荣增主持。会议听取了副主任谌荣增关于县十届人大一次会议筹备情况的报告，提出了大会议程、日程建议，通过了大会主席团和秘书长建议名单，审查了县人大常委会的工作报告（草案）。

第三节　县第十届人大常委会会议

第一次会议

1987年2月22～23日，县第十届人大常委会第1次会议举行，出席会议的15人，缺席3人。会议由主任王祖武主持。会议学习中共中央1984年8号、9号文件，学习《地方组织法》和《宪法》，学习全国人大《关于加强法制教育，维护安定团结的决定》；审议通过1987年县人大常委会工作要点。

第二次会议

1987年4月20～22日，县第十届人大常委会第2次会议举行，出席会议的17人，缺席1人。主任王祖武，副主任谌荣增、黎金龙、陈历书、姚自豪、王流芳分别主持会议。会议听取和审议了县人民政府《关于前段开展增产节约，增收节支运动情况和今后打算的汇报》《关于普法工作情况汇报》；审议通过了《关于乡（镇）人大主席团工作办法（试行）》和《安化县人民代表大会常务委员会关于对将军乡、南金乡、烟溪镇、陈王乡、杨林乡、木子乡等六个乡（镇）人民代表大会在选举正副乡（镇）长时有关问题的决定》。会议任命谢复珍为县人大常委会法制工作委员会主任，蒋国顺为县人大常委会法制工作委员会副主任，龚象麟为县人大常委会财政经济工作委员会主任，杨炳生为县人大常委会财政经济工作委员会副主任，黎金龙为县人大常委会教科文卫工作委员会主任（兼），刘昭曙为县人大常委会科教文卫工作委员会副主任，陈怡庆为县人大常委会联络工作委员会副主任，姚让之为县人大常委会办公室主任，赵孟菊为县人大常委会办公室副主任，肖辉安为县人民政府办公室主任，傅准平为县计划委员会主任，傅冠龙为县农业委员会主任，李志贤为县财贸委员会主任，谌普开为县科学技术委员会主任，李新初为县建设委员会主任，王太山为县经济委员会主任，李东夫为县公安局局长，阙领高为县民政局局长，吴法奇为县劳动人事局局长，吴许元为县统计局局长，杨国璋为县物价局局长，邓球为县审计局局长，张石岩为县交通局局长，彭玉生为县农业局局长，肖固球为县水利水电局局长，雷训阶为县财政局局长，姚逢九为县商业局局长，夏尔安为县粮食局局长，王楚乔为县工商局局长，杜泮才为县教育局局长，姚宽保为县卫生局局长，罗亮夫为县文化局局长，王梦言为县广播电视局局长，龙正安为县体育运动委员会主任，吴祖武为县计划生育委员会主任，吴壮谦为县国土管理局局长。会议免去姚自豪的县人民政府办公室主任职务，王定中的县经济委员会主任职务，陶焱森的县林业局局长职务，肖辉安的县乡镇企业局局长职务。会议任命王德辉、梁乐安、曹育娥为县人民法院副院长、审判委员会委员、审判员，龚炳章、龚亮初为县人民法院审判委员会委员、审判员，王东秋为县人民法院刑一庭庭长、审判委员会委员、审判员，李豪为县人民法院行政审判庭庭长、审判委员会委员、审判员，肖笔军为县人民法院刑二庭庭长、审判委员会委员、审判员，刘依昌为县人民法院民事审判庭庭长、审判委员会委员、审判员，刘玉田为县人民法院审判委员会委员、审判员，朱继光为县人民法院经济审判庭庭长、审判委员会委员、审判员，潘祖德为县人民法院林业审判庭庭长、审判员，胡保才为县人民法院刑一庭副庭长、审判员，夏立勋为县人民法院刑一庭副庭长、审判员，陈辉霞为县人民法院刑二庭副庭长、审判员，陈刚熹为县人民法院审判员、东坪法庭庭长，李阳生为县人民法院审判员、江南法庭庭长，黄文丰为县人民法院审判员、冷市法庭庭长，黄加盛为县人民法院审判员、小淹法庭庭长，龙岳来为县人民法院审判员、大福法庭庭长，蒋树春为县人民法院审判员、仙溪法庭庭长，吴安全为县人民法院审判员、梅城法庭庭长，游晋才为县人民法院审判员、云台法庭庭长，罗培先为县人民法院审判员、烟溪法庭庭长，夏延兴为县人民法院审判员、平口法庭庭长，王昌珍为县人民法院审判员、中砥法庭庭长，唐枝华为县人民法院审判员、清塘法庭庭长，陈有源为县人民法院经济审判庭副庭长、审判员，王俩福、廖德宗、冷全新、李晴川、黄吉秋、王放平、陈祝军、谌正华、夏裕华、吴有光、金日升、田中凡、闵焱焱、刘霞云、谌继辉、陈建新为县人民法院审判员。会议免去李树华的清塘法庭庭长、审判员职务，夏裕华的东坪法庭庭长职务，李豪的县人民法院经济审判庭庭长职务，肖建中的县人民法院民事审判庭副庭长、审判员职务。会议任命曹明清、刘进壬、朱介南为县人民检察院副检察长、检察委员会委员、检察员，贺弼涛、唐明、王高文、刘克振为县人民检察院检察委员会委员、检察员，严丽芬、姚克忠、曹克明、罗屈伸、李宗汉、李昌清、方展骥、罗家才、刘国安、吕国群、田太山、邓献文、田新朗、邓平安、陈青岩、黄茂盛、刘问顶、姜剑毅、贺志平、谭伏高、王新军、刘丁兴、王达春、戴华峰、李雪峰、宁聘村为县人民检察院检察员。

第三次会议

1987年6月26～28日，县第十届人大常委会第3次会议举行，出席会议的16人，缺席2人。会议由主任王祖武，副主任谌荣增、黎金龙、陈历书、姚自豪、王流芳分别主持。会议听取和审议了关于对《乡镇集体采矿和个体采矿管理办法》《湖南省土地管理实施办法》贯彻实施情况的汇报；听取和审议了《关于科技人员使用和科技成果推广情况》的汇报；审议通过了县人大常委会《关于对司法机关执法工作实行监督的办法（试行）》；审议通过了《关于人事任免表决方式的决定》《关于撤销山口乡人民代表大会未按地方组织法规定选举乡长问题的决定》《关于成立城埠坪乡选举委员会的决定》。会议任命陈志明为县人民政府副县长，吴余保为县人大常委会办公室副主任，毛顺佳为县司法局局长，蒋佳生为县乡镇企业局局长，肖建中、周爱卿、贺弼涛为县人大常委会法制工作委员会委员，夏赞思、汪修晋、李佑钧为县人大常委会联络工作委员会委员，伍惠予、龚德云、王伟安、李诗兴为县人大常委会科教文卫工作委员会委员，张悟生、陶延林、封保平、谌蔚贤、向惠卿、李盈庭为县人大常委会财政经济工作委员会委员。

第四次会议

1987年8月7～9日，县第十届人大常委会第4次会议举行，出席会议的17人，缺席1人。主任王祖武，副主任谌荣增、黎金龙、陈历书、姚自豪、王流芳分别主持会议。会议听取了县长王亚魁《关于上半年国民经济计划执行情况和下半年的工作意见》及县财政局《关于上半年财政预算执行情况和下半年工作意见》的汇报，并对县人民政府上半年工作进行了评议。

第五次会议

1987年10月9～10日，县第十届人大常委会第5次会议举行，出席会议的15人，缺席3人。副主任谌荣增、姚自豪、陈历书、黎金龙、王流芳分别主持会议。会议听取和审议了副县长李厚宽《关于县第十届人大常委会第四次会议精神的贯彻落实情况汇报》；听取和审议了县人民政府《关于乡（镇）财政管理、打击破坏森林犯罪专项斗争的情况汇报》和县人民检察院《关于今年开展法纪检察工作的情况汇报》。会议任命卢解栋为县林业局局长，罗屈伸、吕国群为县人民检察院检察委员会委员，刘楚勋为县人民检察院检察员。

第六次会议

1987年12月13～14日，县第十届人大常委会第6次会议举行，出席会议的14人，缺席4人。主任王祖武，副主任谌荣增、黎金龙、陈历书、姚自豪、王流芳分别主持会议。会议听取和审议了县人民政府《关于中等教育布局结构的情况汇报》和教科文卫工委的调查汇报；审议了举行县十届人大二次会议的有关事项。会议任命冷全新为县人民法院审判委员会委员、刑事审判一庭庭长，夏立勋为县人民法院审判委员会委员、林业审判庭庭长，李晴川为县人民法院行政审判庭庭长，陈辉霞为县人民法院刑事审判二庭庭长。会议免去龚炳章、龚亮初的县人民法院审判委员会委员职务，李豪的县人民法院行政审判庭庭长职务，肖笔军的县人民法庭刑事审判二庭庭长职务，刘玉田的县人民法院审判委员会委员职务，王东秋的县人民法院刑事审判一庭庭长职务，潘祖德的县人民法院林业审判庭庭长职务，夏立勋的县人民法院刑事审判一庭副庭长职务。

第七次会议

1987年12月29日，县第十届人大常委会第7次会议举行，出席会议的13人，缺席5人。会议由主任王祖武主持。会议审议了县人大常务委员会工作报告（草案），提出了县十届人大二次会议建议议程和主席团、秘书长建议名单，提出了由安化县选举产生的湖南省第七届人民代表大会代表候选人建议名单。会议决定县第十届人民代表大会第二次会议于1988年1月5日在东坪举行。

第八次会议

1988年1月5日，县第十届人大常委会第8次会议举行，出席会议的17人，缺席1人。会议由主任王祖武主持。中共益阳地委组织部部长马家麟，益阳地区人大联络处谌初龙，县委书记谌耀先、副书记王跃安列席会议。会议审议关于是否接受王亚魁辞去县长职务的问题；审议关于县十届人大二次会议有关日程变更问题。会议表决结果：不予通过王亚魁同志的辞职请求，不改变县第十届人民代表大会第二次会议日程。

第九次会议

1988年3月13～15日，县第十届人大常委会第9次会议举行，出席会议的16人，缺席2人。主任王祖武，副主任谌荣增、黎金龙、陈历书、姚自豪、王流芳先后主持会议。会议审议了1987年财政决算和1988年财政预算；审议通过了县人大常委会1988年工作要点；传达了省七届人大一次会议精神。会议任命粟长才为县人民政府副县长；批准王亚魁辞去县人民政府县长职务，决定由副县长粟长才代理县长职务。会议任命李任全为县监察局局长，陈怡庆为县人大常委会联络工作委员会主任，刘昭曙为县人大常委会教科文卫工作委员会主任，阮国安为县人民检察院副检察长、检察委员会委员、检察员，刘国安为县人民检察院检察委员会委员，谌刚岩、谌守忠、卢善战、刘正湘为县人民检察院检察员。会议免去黎金龙兼任的县人大常委会教科文卫工作委员会主任职务。

第十次会议

1988年5月16～18日，县第十届人大常委会第10次会议举行，出席会议的13人，缺席5人。主任王祖武，副主任谌荣增、黎金龙、陈历书、姚自豪先后主持会议。会议审议批准了县财政局《关于1988年财政预算（草案）的报告》；听取和审议了县人民政府《关于1987年普法工作情况和1988年普法工作安排意见》及《关于实施〈治安管理处罚条例〉的情况》和《关于全县小学五年制改六年制的情况》的汇报。

第十一次会议

1988年7月25～27日，县第十届人大常委会第11次会议举行，出席会议的14人，缺席4人。主任王祖武，副主任谌荣增、黎金龙、陈历书、姚自豪先后主持会议。会议听取和审议了县人民政府《关于全县今年上半年国民经济计划执行情况和下半年工作意见的汇报》；听取和审议了县财政局《关于上半年财政预算执行情况的汇报》。

第十二次会议

1988年10月25～27日，县第十届人大常委会第12次会议举行，出席会议的16人，缺席2人。主任王祖武，副主任谌荣增、黎金龙、陈历书、姚自豪、王流芳先后主持会议。会议听取和审议了县人大常委会执法检查组《关于执法检查情况的汇报》。会议任命王文周、戴泽耀为县人民政府副县长；同意王太山辞去县经济委员会主任职务。会议任命龚胜善为县人民法院审判员、云台法庭庭长，黄运来为县人民法院刑事审判一庭副庭长、审判员，黄一晖为县人民法院民事审判庭副庭长、审判员，吴有光为东坪法庭副庭长，刘祖梦、陆学成为县人民法院审判员。会议免去曹育娥的县人民法院副院长、审判委员会委员、审判员职务，胡保才的县人民法院刑事审判一庭副庭长职务，游晋才的云台法庭庭长职务，王高文、李克振的县人民检察院检察委员会委员职务，田泰山的县人民检察院检察员职务。

第十三次会议

1989年1月4～6日，县第十届人大常委会第13次会议举行，出席会议的14人，缺席4人。主任王祖武，副主任谌荣增、黎金龙、姚自豪先后主持会议。会议听取和审议了“一府两院”关于执法检查整改意见的落实情况汇报；听取了财政经济工委和教科文卫工委关于县人民政府承办的《关于修筑东坪至小淹公路》和《严禁在蔬菜地里施用剧毒农药》议案的情况汇报；听取和审议了县政府办《关于办理人大代表意见、建议的情况汇报》；听取了王祖武主任关于省委召开的全省人大工作会议精神的传达报告；审议了县十届人大三次会议举行的日期和大会议程等，并作出了相应的决定。会议任命龙礼仪为县经济委员会主任，吴法奇为县劳动局局长，夏绍卿为县人事局局长；免去吴法奇的县劳动人事局局长职务。

第十四次会议

1989年2月2日，县第十届人大常委会第14次会议举行，出席会议的13人，缺席5人。会议由主任王祖武主持。会议审议了县人大常委会工作报告（草案）；审议了县人民政府《关于整顿东坪地区交通秩序的报告》。

第十五次会议

1989年4月27～29日，县第十届人大常委会第15次会议举行，出席会议的16人，缺席3人。主任王祖武，副主任谌荣增、黎金龙、陈历书、姚自豪先后主持了会议。会议听取和审议了“一府两院”贯彻执行县人大常委会《关于国家机关及其工作人员必须保持廉洁的决议》的情况报告；听取了县人民政府、县人民检察院关于农业升温、关于经济检察、关于1989年财政预算安排和关于城市维护费的安排等4个方面情况的汇报。会议免去陈志明的县人民政府副县长职务；任命陈建新为中砥法庭庭长，刘祖梦为县人民法院行政审判庭副庭长，夏小鹰为县人民法院审判员、告诉申诉庭副庭长，梁玉洲、黄庆凡、张庭芳、夏新力、谢经济、姚建生、廖大华、吴建旗为县人民法院审判员，金日升为清塘法庭庭长；免去王昌珍的中砥法庭副庭长职务。

第十六次会议

1989年7月14～17日，县第十届人大常委会第16次会议举行，出席会议的16人，缺席3人。主任王祖武，副主任谌荣增、黎金龙、陈历书、姚自豪、王流芳分别主持会议。会议传达学习了党的十三届四中全会精神；听取和审议了县人民政府《关于上半年国民经济计划执行情况》《关于财政预算执行情况》和《关于中、小学德育工作的情况汇报》，并作出了《关于加强中、小学德育工作的决议》。会议任命杨人杰为县广播电视局局长；免去王梦言的县广播电视局局长职务，冷全新的县人民法院刑事审判一庭庭长职务和审判委员会委员、审判员职务。

第十七次会议

1989年9月25～27日，县第十届人大常委会第17次会议举行，出席会议的16人，缺席3人。主任王祖武，副主任谌荣增、黎金龙、姚自豪、王流芳分别主持会议。会议听取和审议了“一府两院”贯彻执行县人大常委会《关于国家机关及其工作人员必须保持廉洁的决议》，加强廉政建设的情况汇报；听取和审议了财政经济工委督办关于畜病防治的议案和县人民政府《关于县十届人大三次会议代表批评、意见、建议的办理情况的汇报》。会议任命吴安全为仙溪法庭庭长，免去其梅城法庭庭长职务；任命蒋树春为梅城法庭庭长，免去其仙溪法庭庭长职务。会议任命龙知非为县人民法院审判员，胡保才为县人民法院刑事审判一庭庭长、审判委员会委员。

第十八次会议

1989年11月7日，县第十届人大常委会第18次会议举行，出席会议的14人，缺席5人。主任王祖武，副主任谌荣增分别主持会议。会议传达了中共益阳地委召开的县乡两级人大换届选举和县级政府换届工作会议精神，决定了今年换届选举工作的有关事项；任命县选举委员会组成人员，并建立了办事机构；任命各乡镇选举委员会组成人员，通过下届县人大代表的分配方案，核定各乡镇下届人大代表名额，并对整个换届选举工作作出了日程安排。根据主任会议提请，审议通过5位委员就县政府办公室动用专项资金，与有关单位签订协议，收取高额补偿费，并向有关单位索要资金，进行集体私分等问题，要求组织调查委员会进行专题调查的议案。通过举手表决，决定组成调查委员会，彻底查清这一问题。

第十九次会议

1990年1月19日，县第十届人大常委会第19次会议举行，出席会议的16人，缺席3人。会议由主任王祖武主持。会议听取和审议了县选举办《关于选举县乡两级人大代表情况的汇报》；根据县人民政府的提请，李新初犯有受贿错误，县人大常委会决定撤销李新初的建设委员会主任职务。会议任命夏赞茂为县人事局局长，贺中友为县审计局局长，刘华保为县体育运动委员会主任，王画安为县计划生育委员会主任，吴祖武为县公安局局长，黄争鸣为县商业局局长，瞿长友为县建设委员会主任，陈国安为县民政局局长；免去夏绍卿的县人事局局长职务，邓球的县审计局局长职务，龙正安的县体育运动委员会主任职务，罗亮夫的县文化局局长职务，吴祖武的县计划生育委员会主任职务，李东夫的县公安局局长职务，姚逢九的县商业局局长职务，阙领高的县民政局局长职务。会议任命朱继光为县人民法院副院长，免去其经济审判庭庭长职务；免去王德辉的县人民法院副院长、审判委员会委员、审判员职务；免去夏立勋的县人民法院林业审判庭庭长、审判委员会委员、审判员职务。

第二十次会议

1990年2月8～9日，县第十届人大常委会第20次会议举行，出席会议的15人，缺席4人。主任王祖武，副主任谌荣增、黎金龙、陈历书分别主持会议。会议听取和审议了县人大常委会调查委员会《关于县人民政府办公室严重违反财政金融法规的调查情况汇报》，并作出了关于接受肖辉安辞去县人民政府办公室主任职务的决定；原则通过了县人大常委会工作报告（草案），并研究了县十一届人大一次会议的有关筹备工作。

第四节　县第十一届人大常委会会议

第一次会议

1990年3月2～3日，县第十一届人大常委会第1次会议举行，出席会议的18人，缺席3人。主任王祖武，副主任陈君吾、姚自豪、刘盛余分别主持会议。会议审议通过了《安化县第十一届人大常委会1990年工作要点》。会议任命姚让之为县人大常委会办公室主任、吴余保为县人大常委会办公室副主任、陈怡庆为县人大常委会法制工作委员会主任、蒋国顺为县人大常委会法制工作委员会副主任、刘昭曙为县人大常委会财政经济工作委员会主任、杨炳生为县人大常委会财政经济工作委员会副主任、赵孟菊为县人大常委会教科文卫工作委员会主任、伍惠予为县人大常委会教科文卫工作委员会副主任、汪修晋为县人大常委会联络工作委员会主任；免去陈怡庆的县人大常委会联络工作委员会主任职务、谢复珍的县人大常委会法制工作委员会主任职务、刘昭曙的县人大常委会教科文卫工作委员主任职务、龚象麟的县人大常委会财政经济工作委员会主任职务、赵孟菊的县人大常委会办公室副主任职务。会议任命邓锐宝为县人民政府办公室主任、李任全为县监察局局长、夏赞茂为县人事局局长、吴法奇为县劳动局局长、蒋佳生为县乡镇企业委员会主任、吴壮谦为县国土局局长、贺中友为县审计局局长、陈国安为县民政局局长、谌普开为县科学技术委员会主任、瞿长友为县建设委员会主任、杜泮才为县教育局局长、姚宽保为县卫生局局长、杨人杰为县广播电视局局长、刘华保为县体育运动委员会主任、吴祖武为县公安局局长、王画安为县计划生育委员会主任、毛顺佳为县司法局局长、傅准平为县计划委员会主任、吴许元为县统计局局长、杨国璋为县物价局局长、龙礼仪为县经济委员会主任、张石岩为县交通局局长、傅冠龙为县农业委员会主任、彭玉生为县农业局局长、卢解栋为县林业局局长、肖固球为县水利水电局局长、李志贤为县财贸委员会主任、雷训阶为县财政局局长，黄争鸣为县商业局局长、夏尔安为县粮食局局长、王楚乔为县工商局局长；龙道忠、袁建华、黄维岳、李云成、刘放明、周光远为县人民检察院检察员，王义和为县人民法院审判员、审判委员会委员，陈有源为县人民法院经济审判庭庭长、审判委员会委员，李晴川、陈辉霞为县人民法院审判委员会委员，刘祖梦为县人民法院经济审判庭副庭长，王放平为县人民法院林业审判庭庭长，龙知非为县人民法院林业审判庭副庭长，罗培先为云台法庭庭长，夏加山为县人民法院审判员、烟溪法庭副庭长，夏新力为平口法庭庭长，陈中良为大福法庭副庭长；免去李豪、肖笔军的县人民法院审判委员会委员职务，刘祖梦的县人民法院行政审判庭副庭长职务，罗培先的烟溪法庭庭长职务，夏延兴的平口法庭庭长职务，龚胜善的云台法庭庭长职务。

第二次会议

1990年4月11～13日，县第十一届人大常委会第2次会议举行，出席会议的19人，缺席2人。主任王祖武，副主任陈君吾、黎金龙、姚自豪、刘盛余、游晓岚、朱克安先后主持会议。会议通过了安化县1990年财政预算；通过了《关于有关专项资金和重点建设项目的审议规定》；学习党的十三届六中全会决定，并传达贯彻了全国七届人大三次会议和益阳地区人大工作会议精神。会议任命陶延林、张悟生、陈并宇为县人大常委会财政经济工作委员会专职委员，李盈庭、戴隆郁、欧华乃、向惠卿、夏攀荣为县人大常委会财政经济工作委员会兼职委员，肖建中为县人大常委会法制工作委员会专职委员，贺弼涛、游晋才、袁新初为县人大常委会法制工作委员会兼职委员，郭建国为县人大常委会教科文卫工作委员会专职委员，吉炳德、龚德云、王伟安、李铁岩、李诗兴为县人大常委会教科文卫工作委员会兼职委员，梁石桅为县人大常委会联络工作委员会专职委员，范梦坤、何爱霞、谭建湘为县人大常委会联络工作委员会兼职委员，王少芬、陈涛云为县人民检察院供销检察室检察员。

第三次会议

1990年5月30～31日，县第十一届人大常委会第3次会议举行，出席会议的14人，缺席7人。副主任陈君吾、姚自豪、游晓岚先后主持会议。会议听取和审议了县人民政府关于宣传贯彻《湖南省计划生育条例》的情况汇报；听取和审议了全县普法工作情况的汇报。会议任命欧阳吉元为县文化局局长。

第四次会议

1990年7月19～21日，县第十一届人大常委会第4次会议举行，出席会议的19人，缺席2人。主任王祖武，副主任陈君吾、黎金龙、姚自豪、刘盛余、游晓岚、朱克安先后主持会议。会议听取和审议了县人民政府《关于上半年国民经济计划执行情况和下半年工作意见的汇报以及财政预算执行情况的汇报》；传达了益阳地区人大联工委关于认真总结十年人大工作会议精神，并通过了《关于认真总结安化县十年来人大工作和建设经验的决定》；会议还对“大小”公路、“小柳”公路的建设问题以及东坪地区的搬运秩序整顿问题提出了意见和建议。

第五次会议

1990年9月26～28日，县第十一届人大常委会第5次会议举行，出席会议的18人，缺席3人。主任王祖武，副主任陈君吾、黎金龙、姚自豪、游晓岚、朱克安先后主持会议。会议听取和审议了县人民政府《关于要求调整今年财政预算的报告》，要求县人民政府及有关部门要尽量做好工作，力争把当年赤字控制在980万元以内；听取了县人民政府《关于严打斗争的情况汇报》，县人民检察院《关于法纪检察工作的汇报》，县人民政府《关于办理人大代表批评、意见、建议的情况汇报》。会议同意汪修晋辞去县人大常委会联络工作委员会主任职务，任命吴余保为县人大常委会联络工作委员会主任，伍惠予为县人大常委会办公室副主任，蒋栋材为县财贸委员会主任，谢雪平、熊治平、陈忠良为县人民法院审判员；免去吴余保的县人大常委会办公室副主任职务，伍惠予的县人大常委会教科文卫工作委员会副主任职务，李志贤的县财贸委员会主任职务。

第六次会议

1990年11月28～29日，县第十一届人大常委会第6次会议举行，出席会议的17人，缺席4人。主任王祖武，副主任陈君吾、姚自豪、游晓岚分别主持会议。会议听取和审议了县人民政府关于《安化县东坪镇第一次修订总体规划纲要》，听取和审议了县人民政府关于全县农村教育事业费附加征收情况的汇报。会议任命罗建军为县经济委员会主任，贺泰初为县乡镇企业委员会主任，刘应生为县人民政府教卫办公室主任，戴祝鹏为县工商行政管理局局长，龚德云为县教育局局长。会议免去龙礼仪的县经济委员会主任职务，蒋佳生的县乡镇企业委员会主任职务，杜泮才的县教育局局长职务，黄文丰的县人民法院审判员、冷市法庭庭长职务。

第七次会议

1991年1月21～22日，县第十一届人大常委会第7次会议举行，出席会议的20人，缺席1人。主任王祖武，副主任陈君吾、黎金龙、姚自豪、游晓岚、刘盛余、朱克安先后主持会议。会议听取和审议了副主任陈君吾《关于安化县第十一届人民代表大会第二次会议筹备情况的汇报》；听取和审议了财政经济工委《关于增加农业投入，增强农业发展后劲的汇报》、教科文卫工委《关于加强乡镇卫生院管理两个议案办理情况的汇报》；听取了副县长贺建秋《关于全面开征农业教育费附加的情况汇报》。会议任命林 键为县人民政府副县长。

第八次会议

1991年3月25～26日，县第十一届人大常委会第8次会议举行，出席会议的20人，缺席1人。主任王祖武，副主任陈君吾、刘盛余分别主持会议。会议听取和审议了副县长王定中关于如何把安化县农业生产搞上去的情况汇报；通过了《县人大常委会1991年度工作要点》；通过了《1991年度人大联络组、直属镇人大工作目标管理办法》和《关于在县人大代表中开展认真履行代表职责，争当优秀代表评选活动的决定》。会议任命李彰国为县林业局局长，陶延林为县人大常委会财政经济工作委员会副主任，姚庆轩为县人大常委会联络工作委员会委员，陈并宇为县人大常委会法制工作委员会委员；免去卢解栋的县林业局局长职务，陈并宇的财政经济工作委员会委员职务；任命王昌珍为冷市法庭庭长，龙岳来为仙溪法庭庭长，谢经济为梅城法庭副庭长，黄运来为县人民法院行政审判庭副庭长，梁玉洲为县人民法院刑事审判一庭副庭长，陈祝军为县人民法院刑事审判一庭副庭长，刘后胜、刘清高、曾 华、黄望龙为县人民法院审判员；免去龙岳来的大福法庭庭长职务，黄运来的县人民法院刑事审判一庭副庭长职务；同意吴安全辞去仙溪法庭庭长职务。

第九次会议

1991年5月27～28日，县第十一届人大常委会第9次会议举行，出席会议的14人，缺席7人。副主任陈君吾、黎金龙、姚自豪、游晓岚分别主持会议。会议听取和审议了县人民政府关于全县实施九年制义务教育规划的汇报，讨论通过了《关于在全县公民中做好第二个五年普及法律常识工作的决议》，听取和审议了县人民政府关于制止“三乱”和减轻农民负担的情况汇报，通过了《安化县人大常委会议事规则》和《安化县人大常委会主任会议制度》。

第十次会议

1991年8月5～7日，县第十一届人大常委会第10次会议举行，出席会议的20人，缺席1人。主任王祖武，副主任陈君吾、黎金龙、姚自豪、游晓岚、刘盛余、朱克安分别主持会议。会议听取和审议了县人民政府《关于上半年国民经济计划执行情况和财政预算执行情况的汇报》，听取了财政经济工委《关于全县农业生产形势的调查报告和关于上半年财政预算执行情况的调查汇报》，听取了县人大常委会视察组《关于廖家坪、红岩水库建设和管理的专题视察报告》，听取和审议了县公安局、县人民法院、县人民检察院、县司法局关于实施《湖南省县级以上人民代表大会常务委员会监督本级人民法院、人民检察院工作的规定》的情况汇报和法制工委关于检查司法机关执行《监督规定》的情况汇报。会议任命卢善勋为县人民法院副院长、审判委员会委员、审判员。

第十一次会议

1991年10月8～10日，县第十一届人大常委会第11次会议举行，出席会议的18人，缺席3人。主任王祖武，副主任陈君吾、黎金龙、游晓岚、刘盛余、朱克安分别主持会议。会议听取和审议了县人民政府关于“林业年”活动的汇报，听取了县人大常委会专题视察组《关于对柘溪库区林业建设和林政管理问题的视察报告》，听取和审议了县人民法院《关于执行工作的情况汇报》，听取了县人民政府《关于办理县十一届人大二次会议代表批评、意见、建议的情况汇报》。会议任命戴祝鹏为县商业局局长、王满敦为县工商局局长；免去戴祝鹏的县工商局局长职务、王争鸣的县商业局局长职务。会议决定，鉴于王东秋犯有执法违法等错误，撤销其县人民法院审判委员会委员、审判员职务。

第十二次会议

1991年12月9～11日，县第十一届人大常委会第12次会议举行，出席会议的16人，缺席5人。主任王祖武，副主任陈君吾、姚自豪、黎金龙、刘盛余、朱克安先后主持会议。会议听取和审议了县人民政府关于“5510工程”(全县种植5万亩地膜玉米，5万担烤烟，生产10万箱鞭炮)计划执行情况的汇报；县人民政府关于廖家坪、红岩两座水库治理整顿和建设情况的汇报；县人民政府《关于1991年全县农村教育事业费附加征收情况的汇报》；审议了《安化县城第一次修编总体规划》；研究了举行县十一届人大三次会议的有关事项。

第十三次会议

1992年1月2～3日，县第十一届人大常委会第13次会议举行，出席会议的17人，缺席4人。主任王祖武，副主任陈君吾、黎金龙、姚自豪、游晓岚、刘盛余、朱克安先后主持会议。会议听取和审议了副县长王定中关于实施“八・七”工程(建设茶叶、烤烟、药材、水果、黄姜、食用菌、网箱养鱼、畜蜂产品八大优质农产品基地，开发食品、矿产、竹木产品、医药化工、烟花鞭炮、电子电器、小水电七大工业系列产品)计划（草案）汇报；听取了财政经济工委关于贯彻落实县十一届人大二次会议《关于增加农业投入，增强农业后劲的决议》的情况汇报；听取和审议了办公室《关于县十一届人大三次会议筹备工作情况的报告》，作出了《关于举行安化县第十一届人民代表大会第三次会议的决定》；会议听取了县人大常委会副主任刘盛余关于1991年在县人大代表中开展“认真履行代表职责，争当优秀代表”的活动和对区人大联络组、直属镇人大工作实行目标管理的评选考核情况的报告。

第十四次会议

1992年3月24～25日，县第十一届人大常委会第14次会议举行，出席会议的18人，缺席3人。主任王祖武，副主任陈君吾、黎金龙、姚自豪、刘盛余、朱克安先后主持会议。会议学习了中共中央重要文件和邓小平关于建设有中国特色社会主义的一系列重要论述；通过了《1992年县人大常委会工作要点》，县人大常委会《关于对各区、乡联络组、乡镇人大主席团实行目标管理的办法》；审议通过了县保险公司提出的《安化县机动车辆法定保险办法》。会议任命甘舒志为县计划委员会主任，免去傅准平的县计划委员会主任职务；任命陈忠良为大福法庭庭长，夏小鹰为县人民法院执行庭庭长，夏加山为云台法庭副庭长，张正宁为县人民法院审判员、烟溪法庭副庭长，梁玉洲为东坪法庭副庭长，闵焱焱为县人民法院刑事审判一庭副庭长，刘霞云为县人民法院告诉申诉庭副庭长，吴建旗为县人民法院执行庭副庭长，姚永生为县人民法院审判员，杨鹏栖为县人民检察院检察员；免去夏小鹰的告诉申诉审判庭副庭长职务，夏加山的烟溪法庭副庭长职务，梁玉洲的县人民法院刑一庭副庭长职务，罗培先的云台法庭庭长职务。

第十五次会议

1992年6月1～4日，县第十一届人大常委会第15次会议举行，出席会议的19人，缺席2人。主任王祖武，副主任陈君吾、黎金龙、姚自豪、游晓岚、刘盛余、朱克安分别主持会议。会议在听取县人民法院、县人民检察院、县公安局、县司法局工作汇报的基础上，对司法机关为经济建设服务的情况进行了认真评议；会议听取了副县长王定中关于前段实施“八・七”工程的情况汇报，副主任陈君吾关于“八大”农产品开发情况的视察报告，顾问谌荣增关于七大工业系列产品开发的视察报告；根据县人民政府的提请，认真审议并通过了《安化县预算外资金管理暂行办法》。会议任命肖三秋为县民政局局长，刘迪凡为县人民检察院检察员；免去陈国安的县民政局局长职务；撤销姜剑毅的县人民检察院检察员职务。

第十六次会议

1992年7月29～30日，县第十一届人大常委会第16次会议举行，出席会议的17人，缺席4人。副主任陈君吾、姚自豪分别主持会议。会议听取和审议了县人民政府《关于上半年国民经济计划和财政预算执行情况的汇报》。会议免去刘依昌的县人民法院审判委员会委员、民事审判庭庭长、审判员的职务，陈有源的县人民法院审判委员会委员、经济审判庭庭长、审判员职务。

第十七次会议

1992年9月25～26日，县第十一届人大常委会第17次会议举行，出席会议的18人，缺席3人。主任王祖武，副主任陈君吾、黎金龙、姚自豪、游晓岚、刘盛余、朱克安分别主持会议。会议听取和审议了县人民政府《关于发挥农业科技场所作用的情况汇报》，听取了教科文卫工委《关于农业科技场所作用发挥情况的调查汇报》，听取和审议了县人民政府办公室《关于办理人大代表批评、意见、建议的情况汇报》。会议还专题研究了换届选举的问题，成立了县选举委员会，确定了县人大代表名额分配和选区划分，任命了各乡镇选举委员会成员，决定11月18～20日为全县选举日。

第十八次会议

1992年12月15～16日，县第十一届人大常委会第18次会议举行，出席会议的19人，缺席2人。主任王祖武，副主任陈君吾、姚自豪、游晓岚、刘盛余、朱克安先后主持会议。会议听取了县选举委员会《关于县、乡两级人大代表换届选举情况报告》，副主任刘盛余《关于代表资格审查情况报告》，办公室《关于县十一届人大一次会议工作筹备等情况的汇报》；会议还审议了县人大常委会工作报告（草案）。会议任命王祥辉、李国群、夏纯齐、封先进、谭小青、刘建勋为县人民检察院检察员。

第五节　县第十二届人大常委会会议

第一次会议

1993年2月25～27日，县第十二届人大常委会第1次会议举行，出席会议的20人，缺席1人。主任王定中，副主任陈君吾、黎金龙、游晓岚、姚让之、朱克安分别主持会议。会议认真学习了《地方组织法》和《代表法》，通过了《县人大常委会1993年工作要点》。会议任命刘应生为县人大常委会办公室主任、杨炳生为县人大常委会办公室副主任、谭周祥为县人大常委会办公室副主任、陈怡庆为县人大常委会法制工作委员会主任、蒋国顺为县人大常委会法制工作委员会副主任、刘昭曙为县人大常委会财政经济工作委员会主任、陶延林为县人大常委会财政经济工作委员会副主任、吴余保为县人大常委会联络工作委员会主任、伍惠予为县人大常委会教科文卫工作委员会主任；卢善勋为县人民政府办公室主任、李任全为县监察局局长、夏赞茂为县人事局局长、周宏勋为县劳动局局长、贺泰初为县乡镇企业委员会主任、吴壮谦为县国土管理局局长、贺中友为县审计局局长、谌普开为县科学技术委员会主任、肖三秋为县民政局局长、王画安为县计划生育委员会主任、瞿长友为县建设委员会主任、廖方言为县环境保护局局长、欧阳吉元为县文化局局长、杨人杰为县广播电视局局长、李电辉为县教卫办公室主任、龚德云为县教育局局长、肖光球为县卫生局局长、刘华保为县体育运动委员会主任，吴祖武为县公安局局长、毛顺佳为县司法局局长、甘舒志为县计划委员会主任、吴许元为县统计局局长、李光明为县物价局局长、李建勋为县物资局局长、罗建军为县经济委员会主任、张石岩为县交通局局长、蒋国先为县工业局局长、梁祖德为县煤冶局局长、傅冠龙为县农业委员会主任、彭玉生为县农业局局长、李彰国为县林业局局长、廖雨林为县水利水电局局长、姚协堂为县农业机械管理局局长、杨爵修为县畜牧水产局局长、蒋栋才为县财贸委员会主任、雷训阶为县财政局局长、戴祝鹏为县商业局局长、夏尔安为县粮食局局长、王满敦为县工商局局长、傅准平为县外经贸委员会主任。会议任命梁乐安为县人民法院副院长、审判委员会委员，朱继光为县人民法院副院长、审判委员会委员，胡保财为县人民法院刑事审判庭庭长、审判委员会委员，刘祖梦为县人民法院经济审判庭庭长、审判委员会委员，黄一辉为县人民法院民事审判庭庭长、审判委员会委员，陈辉霞为县人民法院告诉申诉庭庭长、审判委员会委员，李晴川为县人民法院林业审判庭庭长、审判委员会委员，夏小鹰为县人民法院执行庭庭长、审判委员会委员，龚亮初为县人民法院审判委员会委员，王放平为县人民法院行政审判庭庭长，闵焱焱为县人民法院刑事审判庭副庭长，陈祝军为县人民法院刑事审判庭副庭长，张庭芳为县人民法院民事审判庭副庭长，喻瑾琦为县人民法院经济审判庭副庭长、审判员，龙知非为县人民法院林业审判庭副庭长，吴建旗为县人民法院执行庭副庭长，刘霞云为县人民法院告诉申诉庭副庭长，吴有光为东坪法庭庭长，梁玉洲为东坪法庭副庭长，陈建新为中砥法庭庭长，黄运来为县人民法院行政审判庭副庭长，谢雪平为江南法庭庭长，王昌珍为冷市法庭庭长，黄加盛为小淹法庭庭长，陈忠良为县大福法庭庭长，龙岳来为仙溪法庭庭长，蒋树春为梅城法庭庭长，谢经济为梅城法庭副庭长，金日升为清塘法庭庭长，罗世辉为县人民法院审判员、清塘法庭副庭长，刘克强为县人民法院审判员、云台法庭副庭长，张正宁为烟溪法庭副庭长，夏加山为平口法庭庭长。会议任命朱介南、阮国安、吕国群为县人民检察院副检察长、检察委员会委员，刘国安为县人民检察院检察委员会委员，戴华峰、邓献交、方展骥、王新军为县人民检察院检察委员会委员。会议任命汪修晋为县人大常委会联络工作委员会委员，肖建中为县人大常委会法制工作委员会委员，郭建国为县人大常委会教科文卫工作委员会委员，姚庆轩为县人大常委会联络工作委员会委员，熊毅群为县人大常委会财政经济工作委员会委员，龙明德、刘跃迎、谌少陵、谌友为、向惠卿、杨平开为县人大常委会财政经济工作委员会兼职委员，胡世忠、刘国安、姚永生、夏中央为县人大常委会法制工作委员会兼职委员，吉炳德、王伟安、肖益生、吴彩芹、李锡元为县人大常委会教科文卫工作委员会兼职委员，谭建湘、李美娥、龚泽悟为县人大常委会联络工作委员会兼职委员。

第二次会议

1993年5月4～5日，县第十二届人大常委会第2次会议举行，出席会议的19人，缺席2人。主任王定中，副主任黎金龙、游晓岚、姚让之先后主持会议。会议听取和审议了县政府1993年财政预算安排情况的汇报，县人民检察院关于刑事检察工作的情况汇报。会议任命张悟生为县人大常委会财政经济工作委员会委员，梁石桅为县人大常委会联络工作委员会委员。

第三次会议

1993年6月28～30日，县第十二届人大常委会第3次会议举行，出席会议的20人，缺席1人。主任王定中，副主任陈君吾、黎金龙、姚让之、朱克安先后主持会议。会议听取了县农委《关于上半年八大优质农产品开发情况的汇报》和县人大常委办公室专题视察组《关于对八大优质农产品开发的视察报告》；审议了县农科教中心作用发挥情况；听取了县人民检察院关于羊角塘乡乡长李智包庇罪一案的情况汇报。会议任命赵孟菊为县人民法院副院长、审判委员会委员、审判员，王叶青、刘安、李欣荣、魏创平、李胜刚为县人民检察院检察员。

第四次会议

1993年8月29～30日，县第十二届人大常委会第4次会议在县林业局会议室举行，出席会议的18人，缺席3人。主任王定中，副主任陈君吾、黎金龙、游晓岚、姚让之、朱克安分别主持会议。会议听取和审议了县计委《关于上半年国民经济计划执行情况的汇报》和县财政局《关于上半年预算执行情况的汇报》。

第五次会议

1993年9月10日，县第十二届人大常委会第5次会议举行，出席会议的18人，缺席3人。主任王定中主持会议。会议任命邓三龙为县人民政府副县长。会议接受县长李厚宽的辞职请求，同意李厚宽辞去县人民政府县长职务。会议根据县人大常委会主任会议的提请，决定由副县长邓三龙代理县人民政府县长职务。

第六次会议

1993年10月25～26日，县第十二届人大常委会第6次会议举行，出席会议的20人，缺席1人。会议由副主任陈君吾、黎金龙、姚让之分别主持。会议听取和审议了副县长李稳石《关于制止“三乱”、减轻农民负担的情况汇报》和县人民政府办公室《关于县十二届人大一次会议人大代表批评、意见、建议的办理情况汇报》。会议听取了财政经济工委《关于电力收费情况的调查汇报》，选举任免联络工委《关于督办代表批评、意见、建议的情况汇报》。

第七次会议

1993年12月28～29日，县第十二届人大常委会第7次会议举行，出席会议的19人，缺席2人。主任王定中，副主任陈君吾、黎金龙、游晓岚、姚让之先后主持会议。会议听取了各区人大联络组、直属镇人大主席团关于一年来人大工作的情况汇报；审议通过了《关于举行县第十二届人民代表大会第二次会议的决定》。会议任命游晋才为县人民法院房地产审判庭庭长，黄卫平、蒋正宁、蒋国祥、夏永亮、罗耘为县人民法院审判员。

第八次会议

1994年1月14日，县第十二届人大常委会第8次会议举行，出席会议的19人，缺席2人。副主任陈君吾、黎金龙先后主持会议。会议听取了办公室关于县十二届人大二次会议的筹备情况汇报，审议通过了《关于授予周了珍等71位同志为1993年度优秀县人大代表称号的决定》。

第九次会议

1994年2月17日，县第十二届人大常委会第9次会议举行，出席会议的19人，缺席2人。副主任陈君吾主持会议。主任王定中在会上作了重要讲话。会议接受了张胜利辞去县第十二届人大常委会委员职务。会议任命蒋平安为县计划委员会主任，曾文书为县农业委员会主任，张胜利为县人事局局长，夏国新为县监察局局长，李任全为县司法局局长，刘章青为县文化局局长，贺泰初为县物价局局长，蒋昌泗为县物资局局长，吕群峰为县煤冶局局长，夏远主为县水利水电局局长，谌立新为县林业局局长，谌建余为县商业局局长。会议免去甘舒志的县计划委员会主任职务，傅冠龙的县农业委员会主任职务，夏赞茂的县人事局局长职务，李任全的县监察局局长职务，毛顺佳的县司法局局长职务，欧阳吉元的县文化局局长职务，李光明的县物价局局长职务，李建勋的县物资局局长职务，梁祖德的县煤冶局局长职务，廖雨林的县水利水电局局长职务，李彰国的县林业局局长职务，彭玉生的县农业局局长职务，戴祝鹏的县商业局局长职务。

第十次会议

1994年3月29～31日，县第十二届人大常委会第10次会议举行，出席会议的20人。副主任陈君吾、黎金龙、姚让之先后主持会议。会议通过了《县人大常委会1994年度工作要点》；根据县人民政府的提请，县人大常委会作出了《关于切实做好黄金矿产资源开采管理工作的决定》和《关于进一步加强农科教结合，充分发挥农科教中心作用的决议》。会议任命吉炳德为县人民政府教卫办公室主任，邓务本为县农业局局长；陈祝军为冷市法庭庭长，张正宁为烟溪法庭庭长，谢经济为清塘法庭庭长，邓卫辉为冷市法庭副庭长、审判员，谭道球为梅城法庭副庭长、审判员，刘后胜为平口法庭副庭长，廖大华为大福法庭副庭长，姚建生为仙溪法庭副庭长，谌继辉为县人民法院行政审判庭副庭长，黄卫平为县人民法院林业审判庭副庭长；易华彪为县人民检察院检察员。会议免去李电辉的县人民政府教卫办公室主任职务、黄运来的县人民法院行政审判庭副庭长职务、陈祝军的县人民法院刑事审判一庭副庭长职务、陈忠良的大福法庭庭长职务、金日升的清塘法庭庭长职务、王昌珍的冷市法庭庭长职务、夏加山的平口法庭庭长职务、龙岳来的仙溪法庭庭长职务、谢经济的梅城法庭副庭长职务。

第十一次会议

1994年5月16～17日，县第十二届人大常委会第11次会议举行，出席会议的18人，缺席2人。副主任陈君吾、黎金龙、游晓岚、姚让之、朱克安先后主持会议。会议通过了《安化县普法执法责任制实施方案》；审议批准了县人民政府提出的1994年财政预算；听取了县广播电视局关于全县有线电视建设和管理情况的汇报。

第十二次会议

1994年8月11～12日，县第十二届人大常委会第12次会议举行，出席会议的20人。主任王定中，副主任陈君吾主持了会议。会议听取和审议了县人民政府1994年上半年全县国民经济计划和财政预算执行情况的汇报，听取了县人大常委会调查组关于全县工业、农业、乡镇企业及预算外资金管理情况等四个方面的专题调查汇报。

第十三次会议

1994年10月19～21日，县第十二届人大常委会第13次会议举行，出席会议的15人，缺席5人。主任王定中，副主任陈君吾、黎金龙、游晓岚先后主持会议。会议听取了县人民政府办公室关于办理县十二届人大二次会议代表建议的情况汇报，办公室关于县人大常委会组成人员走访县人大代表的情况汇报，选举任免联络工委关于督办代表建议的情况汇报。会议听取和审议了“一府两院”关于贯彻落实县十二届人大二次会议作出的《关于实行普法执法责任制的决议》的汇报，县建委、县国土局关于城市规划法和土地管理法实施情况的汇报。会议免去罗建军的县经济委员会主任职务、蒋栋才的县财贸委员会主任职务。

第十四次会议

1994年12月26～28日，县第十二届人大常委会第14次会议举行，出席会议的20人。主任王定中，副主任陈君吾、黎金龙先后主持会议。会议听取了县人民法院、县人民检察院、县公安局、县司法局、县法制办关于县人大常委会交办案件办理情况的汇报；会议免去李稳石的副县长职务，任命欧润均为县人民政府副县长。根据机构改革的需要，重新任命了县人民政府组成办、委、局的主任、局长，对县人大常委会任命的原政府组成办、委、局的主任、局长一律免去，不再办理免职手续。会议任命卢善勋为县人民政府办公室主任、李妙清为县经济委员会主任、王小悟为县计划物价局局长、蒋跃登为县建设局局长、胡浩文为县科技局局长、龚德云为县教育局局长、李任全为县司法局局长、肖三秋为县民政局局长、刘时雨为县财政局局长、张胜利为县人事局局长、杨玉荣为县劳动局局长、张石岩为县交通局局长、刘昭阳为县农业局局长、姚浩清为县林业局局长、蒋培元为县水利水电局局长、刘章清为县文化局局长、肖光球为县卫生局局长、夏新民为县计划生育局局长、夏国新为县监察局局长、李建勋为县审计局局长，刘国安为县人民检察院副检察长。会议免去赵孟菊的县人民法院副院长、审判委员会委员、审判员职务，朱介南的县人民检察院副检察长职务。

第十五次会议

1995年1月5～6日，县第十二届人大常委会第15次会议举行，出席会议的17人，缺席3人。副主任陈君吾主持会议。会议听取了副主任陈君吾通报的县十二届人大四次会议筹备工作情况；审议了县人大常委会工作报告（草案）；听取了县人民政府法制办主任刘业可作的国家赔偿法辅导报告。

第十六次会议

1995年2月13日，县第十二届人大常委会第16次会议举行，出席会议的20人，缺席1人。会议由主任王定中主持。会议决定接受县长邓三龙的辞职请求，同意他辞去县长职务，并报县十二届人大五次会议追认。会议任命李稳石为县人民政府副县长，并决定代理县长职务。

第十七次会议

1995年3月29日，县第十二届人大常委会第17次会议举行，出席会议的19人，缺席2人。主任王祖武，副主任黎金龙先后主持会议。会议讨论确定县十二届人大四次会议至五次会议期间县人大常委会的工作要点。会议还根据主任会议的提请，作出了《关于修改人事任免表决方式的决定》。会议任命夏小鹰为县人民法院刑事审判一庭庭长，胡宝财为县人民法院告诉申诉审判庭庭长，游晋才为县人民法院行政审判庭庭长，王放平为县人民法院房地产审判庭庭长，陈刚熹为县人民法院执行庭庭长，张正宁为县人民法院经济审判庭副庭长，陈祝军为县人民法院刑事审判庭副庭长，吴有光为县人民法院民事审判庭副庭长，李瑞岚为县人民法院审判员、烟溪法庭庭长，夏定军为县人民法院审判员、江南法庭庭长，张梅忠为县人民法院审判员、大福法庭庭长，谢雪平为东坪法庭庭长，刘后胜为平口法庭庭长，廖大华为中砥法庭庭长，谌继辉为冷市法庭庭长，姚建生为仙溪法庭庭长，谢经济为梅城法庭庭长，罗世辉为清塘法庭庭长，谌水清、夏建高、李佑启、周花红、姚小纯、吴牧工、张怡安、蒋党辉、刘斌、罗放坚、熊国良、刘永和、王赛黎、刘新民、廖正均为县人民法院审判员。会议免去夏小鹰的县人民法院执行庭庭长职务，胡宝财的县人民法院刑事审判一庭庭长职务，游晋才的县人民法院房地产审判庭庭长职务，王放平的县人民法院行政审判庭庭长职务，张正宁的烟溪法庭庭长职务，陈祝军的冷市法庭庭长职务，吴有光的东坪法庭庭长职务，谢雪平的江南法庭庭长职务，廖大华的大福法庭副庭长职务，谌继辉的县人民法院行政审判庭副庭长职务，谢经济的清塘法庭庭长职务，陈辉霞的县人民法院告诉申诉审判庭庭长职务，蒋树春的梅城法庭庭长职务，吴建旗的县人民法院执行庭副庭长职务，陈建新的中砥法庭庭长职务。

第十八次会议

1995年5月30日至6月1日，县第十二届人大常委会第18次会议举行，出席会议的19人，缺席2人。主任王祖武，副主任陈君吾、黎金龙、姚让之先后主持会议。会议听取和审议了副县长肖固球关于实施省道怀桃线安化段扩改工程有关问题的情况汇报，并作出了《关于实施省道怀桃线安化段扩改工程的决议》；听取了县人民政府《关于禁赌工作的情况汇报》和法制工委《关于禁赌情况的调查汇报》；会议学习了《预算法》和《湖南省预算外资金管理条例》，审议了县人民政府提出的1995年财政预算方案和林业“一金两费”收支预算方案，并听取了县人大常委会财政经济工委关于这两个方案的审查汇报。会议任命黄移盛为县公安局局长，林志刚、肖光辉、贺新华、夏亮、刘宙波、李 勇为县人民检察院检察员。

第十九次会议

1995年7月31日至8月1日，县第十二届人大常委会第19次会议举行，出席会议的17人，缺席4人。主任王定中，副主任陈君吾、黎金龙分别主持会议。会议听取和审议了县人民政府《关于上半年全县国民经济计划和财政预算执行情况的汇报》；听取了县人民政府办公室和县公安局关于落实县人大常委会第十八次会议审议意见的汇报。会议任命刘克强为云台法庭庭长，王剑平、肖超武、邱尽晖、肖正兵、陈善规、李军、陶灿华、李小明、瞿美云、曾来生为县人民法院审判员；免去罗培先、吴建旗、陆学成的县人民法院审判员职务。

第二十次会议

1995年9月27～28日，县第十二届人大常委会第20次会议举行，出席会议的17人，缺席4人。主任王定中，副主任陈君吾、黎金龙、游晓岚、姚让之、朱克安先后主持会议。会议听取了县人民政府办公室《关于办理县十二届人大四次会议代表建议的情况汇报》；听取了县审计局《关于1995年1～8月县财政预算执行和其他财政收支的审计情况汇报》；听取了县财政局关于《预算法》和《湖南省预算外资金管理条例》的贯彻执行情况汇报。会议通过了县人大常委会《关于对“一府两院”中由县人大常委会任命的国家机关工作人员进行考评的决定》。

第二十一次会议

1995年12月2～4日，县第十二届人大常委会第21次会议举行，出席会议21人。主任王定中，副主任陈君吾、黎金龙、姚让之分别主持会议。会议对县人大常委会任命的“一府两院”中的国家机关工作人员进行公开评议。主任王定中代表干部考评工作委员会作了关于考评情况的综合报告。会议通过无记名投票表决，决定授予卢善勋、肖光球、李任全、姚浩清等4人为优秀国家公务员称号，授予梁乐安、夏小鹰、刘祖梦、吴安全、黄加盛等5人为优秀人民法官称号，授予阮国安、邓献交、姚克忠等3人为优秀人民检察官称号。会议决定，对云台法庭庭长刘克强、仙溪法庭庭长姚建生予以黄牌警告。会议听取了县粮食局关于当前粮食工作的情况汇报，听取了县司法局关于“二五”普法工作执行情况的汇报，并评选了县人大代表中的“十佳”。会议任命罗显毅为县人大常委会选举任免联络工作委员会副主任，陈辉霞为县人民法院副院长。

第二十二次会议

1995年12月8日，县第十二届人大常委会第22次会议举行，出席会议15人，缺席6人。主任王定中，副主任陈君吾、黎金龙、姚让之分别主持会议。会议研究部署了乡镇换届选举工作。副主任姚让之汇报了换届选举的筹备工作情况。会议还通过了关于表彰县人大代表“十佳”的决定。决定授予王银珍、刘志、刘晓平、刘化斌、吴习初、闵稳福、周腾方、胡望来、谌似岭、谭英波“十佳人大代表”荣誉称号。

第二十三次会议

1996年1月15～16日，县第十二届人大常委会第23次会议举行，出席会议20人，缺席1人。主任王定中，副主任陈君吾、黎金龙分别主持会议。会议听取了副主任陈君吾关于县十二届人大五次会议的筹备工作情况汇报，并作出了《关于举行安化县第十二届人民代表大会第五次会议的决定》；听取了县财政局关于财政决算锁口情况的汇报。会议作出了《关于授予丁田冬等82位同志为1995年度优秀县人大代表的决定》。会议同意姚蒲初辞去县人民检察院检察长职务；任命刘孙承为县人民检察院副检察长，并决定代理检察长；免去阮国安的县人民检察院副检察长职务，黄移盛的县公安局局长职务。

第二十四次会议

1996年3月26～27日，县第十二届人大常委会第24次会议举行，出席会议20人，缺席1人。主任王定中，副主任陈君吾、黎金龙、姚让之分别主持会议。会议审议了县人大常委会1996年工作要点；听取和审议了县邮电局关于“八五”邮电建设的情况汇报及县审计局、计划物价局关于邮电集资、收费的审计检查情况汇报；审议并原则通过县人民政府关于调整《安化县实施九年制义务教育规划》的意见。会议任命陈　潇为县人民政府副县长，吕群峰为县经济委员会主任，蒋国顺为县人大常委会法制工作委员会主任，肖建中为县人大常委会法制工作委员会副主任，龙高明为县人大常委会办公室副主任，姚永生、黄运来、游晋才为县人民法院审判委员会委员，谌水清为县人民法院民事审判庭副庭长，熊治平为县人民法院刑事审判一庭副庭长，张怡安为县人民法院房地产审判庭副庭长，吴建旗为县人民法院执行庭副庭长、审判员，张庭芳为县人民法院行政审判庭副庭长，刘后胜为县人民法院执行庭副庭长，陈祝军为县人民法院刑事审判一庭副庭长，谢雪平为县人民法院经济审判庭副庭长，刘清高为大福法庭庭长，喻瑾琦为东坪法庭副庭长，肖超武为清塘法庭副庭长，罗耘为平口法庭副庭长。会议免去李妙清的县经济委员会主任职务，陈怡庆的县人大常委会法制工作委员会主任职务，蒋国顺的县人大常委会法制工作委员会副主任职务，杨炳生的县人大常委会办公室副主任职务，闵焱焱的县人民法院刑事审判一庭副庭长职务，张庭芳的县人民法院民事审判庭副庭长职务，喻瑾琦的县人民法院经济审判庭副庭长职务，陈祝军的县人民法院行政审判庭副庭长职务，谢雪平的东坪法庭庭长职务，罗世辉的清塘法庭庭长职务，张梅忠的大福法庭庭长职务，刘后胜的平口法庭庭长职务。

第二十五次会议

1996年5月29～31日，县第十二届人大常委会第25次会议举行，出席会议的19人，缺席2人。副主任陈君吾、黎金龙、姚让之分别主持会议。会议听取了县财政局《关于1995年财政决算和1996年财政预算的报告》，县审计局《关于安化县1995年度财政预算执行和其他财政收支的审计工作报告》，财政经济工委《关于1995年财政决算和1996年财政预算的审查情况汇报》；听取和批准了1996年林业“一金两费”收支预算方案；听取了县公安局关于禁赌工作的情况汇报和法制工委关于禁赌督查情况汇报；会议根据云台法庭庭长刘克强、仙溪法庭庭长姚建生的现实表现和县人民法院的提请，作出了解除刘克强、姚建生黄牌警告的决定。会议任命蒋平安、宁秋良为县人民政府副县长；同意张新德、肖固球辞去县人民政府副县长职务；任命吴有江、周益军、谭月兰、周劲阳、刘再立、何快多为县人民法院审判员，陈青岩、谭伏高为县人民检察院检察委员会委员，唐涵之、李村仁、陈晓梅为县人民检察院检察员；免去朱介南的县人民检察院检察委员会委员、检察员职务。

第二十六次会议

1996年7月29～30日，县第十二届人大常委会第26次会议举行，出席会议19人，缺席2人。副主任陈君吾、游晓岚、姚让之分别主持会议。会议听取了县计划物价局《关于上半年国民经济与社会发展计划执行情况的汇报》，县财政局《关于1998年财政预算执行情况和预算外资金清理检查情况的汇报》；县人大常委会财政经济工委《关于乡镇财政管理情况的调查汇报》；听取了县农业局、县供销社有关情况的汇报和清塘镇加强财政建设的汇报，梅城镇实行财政综合预算的情况汇报；审议了县人民政府《关于赈灾救灾、生产自救重建家园的议案》，并作出了《关于动员全县人民生产自救，艰苦奋斗，努力完成今年国民经济计划的决议》。会议任命黄光忠为县人民政府副县长，戴华峰为县人民检察院副检察长，喻瑾琦为东坪法庭庭长，肖超武为清塘法庭庭长，罗耘为平口法庭庭长。会议免去喻瑾琦的东坪法庭副庭长职务，肖超武的清塘法庭副庭长职务，罗耘的平口法庭副庭长职务。

第二十七次会议

1996年9月26～27日，县第十二届人大常委会第27次会议举行，出席会议的17人，缺席4人。主任王定中，副主任陈君吾、黎金龙、姚让之分别主持会议。会议听取和审议了县科技局、教育局《关于实施科教兴县的决议》的情况汇报，听取了教科文卫工委《关于科教兴县的决议》贯彻实施情况的视察报告，听取和审议了县人民政府《关于办理人大代表建议、批评和意见的情况汇报》。会议任命徐务生为县人民检察院检察员。

第二十八次会议

1996年10月24日，县第十二届人大常委会第28次会议举行，出席会议的19人，缺席2人。主任王定中，副主任黎金龙分别主持会议。会议听取和审议了县计划物价局《关于调整1996年全县国民经济和社会发展计划有关指标的说明》，听取了县财政局关于1～9月全县财政形势的分析，听取了财政经济工委关于1996年全县国民经济和社会发展计划有关指标调整的审查情况汇报，听取了县监察局和公安局关于查处干职工参赌情况的汇报。

第二十九次会议

1996年11月27～28日，县第十二届人大常委会第29次会议举行，出席会议的19人，缺席2人。副主任陈君吾、黎金龙、姚让之分别主持会议。会议听取了县外经贸局汇报的全县贯彻实施县十二届人大五次会议《关于加大招商引资力度的决议》的情况；听取了选举任免联络工委关于“百户代表带领选民致富示范”活动开展情况的汇报；听取了县人民法院关于1996年行政审判工作情况汇报。

第三十次会议

1997年1月17～18日，县第十二届人大常委会第30次会议举行，出席会议的19人，缺席2人。主任王定中，副主任陈君吾、黎金龙、姚让之分别主持会议。会议传达了省人大工作会议精神，学习了《湖南省县级以上人民代表大会常务委员会监督条例》（以下简称《监督条例》），通过了关于“三·五”普法的决议，通过了《关于举行县第十二届人民代表大会第六次会议的决定》。会议任命符定安为县人民政府副县长，并决定代理县长；同意李稳石辞去县人民政府县长职务。会议任命罗显毅为县人大常委会农业工作委员会主任，罗舜寰为县人大常委会办公室副主任，李凤翔为县文化局局长，谭曙升为县科技局局长，冷全新为县人民检察院检察员、检察委员会委员、副检察长，吴有江为县人民法院刑事审判一庭副庭长，张正宁为县人民法院民事审判庭副庭长，张庭芳为县人民法院经济审判庭副庭长，曾华为县人民法院经济审判庭副庭长，刘后胜为县人民法院行政审判庭副庭长，张怡安为县人民法院林业审判庭副庭长，谌继辉为县人民法院房地产审判庭副庭长，刘克强、王剑平为县人民法院执行庭副庭长，肖正兵为清塘法庭副庭长，蒋国祥为梅城法庭副庭长，梁集群为大福法庭副庭长、审判员，邓卫辉为冷市法庭庭长，刘永和为小淹法庭副庭长，刘新民为中砥法庭庭长，夏定军为云台法庭庭长，夏永亮为江南法庭副庭长。会议免去罗显毅的县人大常委会选举任免联络工作委员会副主任职务，龙高明的县人大常委会办公室副主任职务，刘章清的县文化局局长职务，胡浩文的县科技局局长职务，刘国安的县人民检察院检察员、检察委员会委员、副检察长职务，邓献交的县人民检察院检察员、检察委员会委员职务，姚克忠、刘迪凡、王叶青、刘正湘、杨鹏栖、李云成的县人民检察院检察员职务，张正宁的县人民法院经济审判庭副庭长职务，张庭芳的县人民法院行政审判庭副庭长职务，刘后胜的县人民法院执行庭副庭长职务，张怡安的县人民法院房地产审判庭副庭长职务，龙知非的县人民法院林业审判庭副庭长职务，谌继辉的冷市法庭庭长职务，刘克强的云台法庭庭长职务，黄加盛的小淹法庭庭长职务，廖大华的中砥法庭庭长职务，夏定军的江南法庭庭长职务。

第三十一次会议

1997年3月21日，县第十二届人大常委会第36次会议举行，出席会议的19人，缺席1人。主任王定中，副主任陈君吾分别主持会议。会议听取和审议了《县人大常委会1997年工作要点》，听取和审议了县人民政府《关于请予审议1997年度木竹采伐计划的函》，会议批准了县人民政府关于1997年度木竹采伐计划。会议任命梁石桅为县人大常委会选举任免联络工作委员会副主任，姚庆轩为县人大常委会教科文卫工作委员会副主任，熊毅群为县人大常委会农业工作委员会副主任。会议通过暂时停止夏设奇执行代表职务的决定。

第三十二次会议

1997年4月2日，县第十二届人大常委会第32次会议举行，出席会议的15人，缺席5人。主任王定中主持会议。会议专门听取了县人民检察院关于县人大代表邓务本涉嫌受贿的情况汇报。会议通过了县人民检察院关于许可逮捕县人大代表邓务本的提请，决定暂时停止邓务本执行代表职务。

第三十三次会议

1997年5月29～30日，县第十二届人大常委会第33次会议举行，出席会议的18人，缺席2人。副主任陈君吾主持会议。会议听取和审议了县财政局《关于1996年财政收支决算的报告》，县审计局关于《1996年度财政预算执行和其他财政收支的审计工作报告》，县人民政府关于林业“一金两费”1996年预算执行情况和1997年预算安排。会议任命黄茂盛为县人民检察院检察委员会委员，张友庭、吴晓玲、周云贵、魏姣梅、郭海鹰为县人民检察院检察员。

第三十四次会议

1997年7月28～29日，县第十二届人大常委会第34次会议举行，出席会议的18人，缺席2人。主任王定中，副主任陈君吾、姚让之分别主持会议。会议听取了县长符定安《关于1997年上半年国民经济和社会发展计划及财政预算执行情况的汇报》，财政经济工委《关于农村经济工作调查情况汇报》，农业工委《关于扶贫工作视察情况的汇报》，财政经济工委《关于环保执法工作情况的汇报》，选举任免联络工委《关于走访县人大代表的情况汇报》。会议任命刘永和为小淹法庭庭长，夏永亮为江南法庭庭长，曹波、郭绍刚、龙永固为县人民法院审判员。

第三十五次会议

1997年8月27日，县第十二届人大常委会第35次会议举行，出席会议的19人，缺席1人。主任王定中主持会议。会议接受了符定安辞去县人民政府县长职务的请求，任命蔡克勤为县人民政府副县长，并决定由其代理县长职务；免去卢善勋的县人民政府办公室主任职务。

第三十六次会议

1997年9月29～30日，县第十二届人大常委会第36次会议举行，出席会议的18人，缺席2人。副主任陈君吾、姚让之先后主持会议。会议听取和审议了县人民政府实施《关于加强乡镇财政管理的决议》的情况汇报；审议和通过了县人民政府关于调整1997年度财政收支预算的方案；听取和审议了县人民政府办公室关于办理代表建议、批评和意见的情况汇报；听取了县公安局治安警察大队关于李智涉嫌经济犯罪一案的侦查情况汇报，决定暂停他的县人大代表职务；听取了副主任姚让之传达益阳市人大关于县级人大换届选举工作会议精神。会议同意程世来辞去县人民政府副县长职务，任命何佐才为县人民政府副县长；任命葛志强为县人民法院副院长（排一）、审判委员会委员、审判员。会议免去梁乐安的县人民法院副院长、审判委员会委员、审判员职务。

第三十七次会议

1997年10月21日，县第十二届人大常委会第37次会议举行，出席会议的16人，缺席4人。副主任陈君吾、姚让之先后主持会议。会议任命肖寿松、邓晓君为县人民政府副县长。副主任陈君吾通报了益阳市清理非农业用地等国土执法检查的情况。

第三十八次会议

1997年12月17日，县第十二届人大常委会第38次会议举行，出席会议的19人，缺席1人。主任王定中主持会议。会议听取了县选举办关于选举县第十三届人大代表的情况汇报；会议通过了举行县第十三届人民代表大会第一次会议的决定；会议补选艾胜杜为益阳市第一届人大代表。

第六节　县第十三届人大常委会会议

第一次会议

1998年1月15日，县第十三届人大常委会第1次会议举行，出席会议的17人，缺席5人。主任艾胜杜、副主任姚让之分别主持会议。县委副书记杨跃涛通报了县委关于调整领导班子的方案。会议任命何爱霞为县人大常委会办公室主任、蒋国顺为县人大常委会内务司法工作委员会主任、陶延林为县人大常委会财政经济工作委员会主任、吴余保为县人大常委会选举任免联络工作委员会主任、罗显毅为县人大常委会农业工作委员会主任、伍惠予为县人大常委会教科文卫工作委员会主任；刘昭阳为县人民政府办公室主任、吕群峰为县经济委员会主任、蒋跃登为县计划物价局局长、张一鸣为县建设局局长、谭曙升为县科技局局长、吉炳德为县教育局局长、李任全为县司法局局长、高多庆为县民政局局长、刘时雨为县财政局局长、张胜利为县人事局局长、杨玉荣为县劳动局局长、伍伯生为县交通局局长、周荣华为县农业局局长、姚浩清为县林业局局长、肖国庆为县水利水电局局长、李凤翔为县文化局局长、王伟安为县卫生局局长、夏新民为县计划生育成委员会主任、夏国新为县监察局局长、李建勋为县审计局局长、杨琪君为县公安局局长；陈辉霞为县人民法院副院长，夏小鹰为县人民法院副院长，姚懿安为县人民法院副院长、审判委员会委员、审判员；吕国群、戴华峰、谭伏高为县人民检察院副检察长，黄跃丰为县人民检察院检察员。会议免去刘应生的县人大常委办公室主任职务、谭周祥的县人大常委会办公室副主任职务、刘昭曙的县人大常委会财政经济工作委员会主任职务、梁石桅的县人大常委会选举任免联络工作委员会副主任职务、刘昭阳的县农业局局长职务、蒋跃登的县建设局局长职务、肖光球的县卫生局局长职务、王小悟的县计划物价局局长职务、龚德云的县教育局局长职务、肖三秋的县民政局局长职务、张石岩的县交通局局长职务；免去朱继光的县人民法院副院长、审判委员会委员、审判员职务，冷全新的县人民检察院副检察长、检察委员会委员、检察员职务。

第二次会议

1998年3月30日至4月1日，县第十三届人大常委会第2次会议举行，出席会议的18人，缺席3人。副主任陈君吾、傅世平、姚让之、刘应生、肖三秋分别主持会议。会议组织学习了《地方组织法》、《监督条例》；传达贯彻了益阳市人大常委会〔1998〕第2号文件；听取和审议了对拟任和已任国家机关工作人员进行法律知识考试的情况汇报；审议和原则通过了1998年县人大常委会工作要点；审议和批准了县人民政府《关于1997年财政收支决算的报告》。会议任命皮庆侯为县人民政府副县长，李巍为县人民政府副县长；朱继光为县人民检察院副检察长、检察委员会委员、检察员；吴有江为县人民法院审判委员会委员、刑事审判庭庭长，陈祝军、罗耘为县人民法院审判委员会委员，黄一晖为县人民法院民事审判庭庭长，吴有光、张正宁、谌水清为县人民法院民事审判庭副庭长，刘祖梦为县人民法院经济审判庭庭长，张庭芳、谢雪平、曾华为县人民法院经济审判庭副庭长，黄运来为县人民法院行政审判庭庭长，刘后胜、谌继辉为县人民法院行政审判庭副庭长，李晴川为县人民法院林业审判庭庭长，张怡安为县人民法院林业审判庭副庭长，王放平为县人民法院立案庭庭长，陈建新为县人民法院立案庭副庭长，胡宝财为县人民法院审判监督庭庭长，黄加盛、刘霞云为县人民法院审判监督庭副庭长，陈刚熹为县人民法院执行庭庭长，罗世辉、王剑平为县人民法院执行庭副庭长，肖超武为清塘法庭庭长，肖正兵为清塘法庭副庭长，谢经济为梅城法庭庭长，谭道球、蒋国祥为梅城法庭副庭长，姚建生为仙溪法庭庭长，刘清高为大福法庭庭长，梁集群为大福法庭副庭长，邓卫辉为冷市法庭庭长，刘永和为小淹法庭庭长，夏永亮为江南法庭庭长，刘新民为中砥法庭庭长，喻瑾琦为东坪法庭庭长，梁玉洲、刘克强为东坪法庭副庭长，李瑞岚为烟溪法庭庭长，李军为平口法庭副庭长。会议免去夏小鹰的县人民法院刑事审判庭庭长职务，罗耘的平口法庭庭长职务，游晋才的县人民法院行政审判庭庭长职务，谌继辉的县人民法院房地产审判庭副庭长职务，王放平的县人民法院房地产审判庭庭长职务，胡宝财的县人民法院告诉申诉审判庭庭长职务，刘霞云的县人民法院告诉申诉审判庭副庭长职务，刘克强的县人民法院执行庭副庭长职务。会议同意何佐才辞去县人民政府副县长职务。会议聘任李丰、肖建国为选举任免联络工作委员会委员，彭平移、张利民、杨人杰为选举任免联络工作委员会兼职委员，曾武秋为内务司法工作委员会委员，游晋才、陈清岩、王正平、廖妙琼、陆伟龙为内务司法工作委员会兼职委员，刘仁光、李庆宏、张云星、吉高、魏刚为财政经济工作委员会兼职委员，方建宏为教科文卫工作委员会委员，肖益生、罗红娣、李锡元、龙吉明、罗欣荣为教科文卫工作委员会兼职委员，孙主辉、罗新民、王培秋、胡楚颜、梁石桅、彭和平为农业工作委员会兼职委员。根据县人民检察院的侦查报告，县第十三届人大代表姚浩清涉嫌挪用公款及受贿犯罪，会议依照《地方组织法》《代表法》的有关规定，许可对姚浩清执行逮捕。

第三次会议

1998年5月28～29日，县第十三届人大常委会第3次会议举行，出席会议的19人，缺席2人。副主任陈君吾、姚让之、傅世平、肖三秋分别主持会议。会议审议并原则通过了县人民政府关于1997年林业“一金两费”决算和1998年收支预算方案情况的汇报，审议批准了县人民政府1998年木竹采伐计划，审议通过了《县人大常委会工作规则》；听取和审议了“一府两院”依法治县的实施方案，听取了内务司法工委关于法律知识考试情况的汇报，听取和审议了县人民政府关于争取洛湛铁路常冷方案情况的汇报。会议任命蔡波才为县公安局局长，夏国新为县林业局局长，罗舜寰、姚庆轩为县人大常委会办公室副主任，肖建中为县人大常委会内务司法工作委员会副主任，熊毅群为县人大常委会财政经济工作委员会副主任，罗子富为县人大常委会农业工作委员会副主任，刘汪洋为县人民检察院检察员。会议免去杨琪君的县公安局局长职务，姚浩清的县林业局局长职务，姚庆轩的县人大常委会教科文卫工作委员会副主任职务，熊毅群的县人大常委会农业工作委员会副主任职务。

第四次会议

1998年7月29～31日，县第十三届人大常委会第4次会议举行，出席会议的18人，缺席3人。副主任陈君吾、姚让之、傅世平、刘应生、肖三秋、朱克安分别主持会议。会议听取和审议了县人民政府《关于上半年国民经济和社会发展计划及财政预算执行情况的汇报》，县人民检察院《关于1997年以来反贪污贿赂工作的情况汇报》。会议听取了县教育局关于推迟“普九”验收的情况说明，并作出了《关于推迟“普九”验收的决议》。会议任命阳腾跃为县人民政府副县长，蒋化祥为县监察局局长，夏定军为云台法庭庭长，黄卫平为县人民法院林业审判庭副庭长。会议同意蒋化祥辞去县第十三届人大常委会委员职务。

第五次会议

1998年9月28～29日，县第十三届人大常委会第5次会议举行，出席会议的19人，缺席1人。副主任陈君吾、姚让之先后主持会议。会议听取和审议了县人民政府《关于1997年扶贫资金使用情况和1998年扶贫工作情况的汇报》；听取和审议了县人民政府《关于县十三届人大一次会议以来代表议案、建议、批评、意见办理情况的汇报》；听取和审议了县人民政府《关于1998年救灾款物分配发放情况的汇报》。

第六次会议

1998年11月3日，县第十三届人大常委会第6次会议举行，出席会议的16人，缺席4人。副主任陈君吾主持会议。会议组织学习了中共中央十届三中全会《关于农业和农村工作若干重大问题的决定》；传达了省、市换届选举工作会议精神；通过乡镇选举委员会名单，核定代表名额，并作出了举行县第十三届人民代表大会第二次会议的决定。

第七次会议

1998年12月21日，县第十三届人大常委会第7次会议举行，出席会议的17人，缺席3人。副主任陈君吾主持会议。会议审议了县第十三届人大常委会1998年工作报告（草案）；通报了县十三届人大二次会议的筹备情况；听取和审议了市代表候选人推荐情况；通过了《关于授予邹爱军等35位同志“1998年度优秀县人大代表”称号的决议》。会议同意刘胜利辞去县人大常委会委员职务。

第八次会议

1999年3月12～13日，县第十三届人大常委会第8次会议举行，出席会议的22人。主任艾胜杜，副主任陈君吾、姚让之分别主持会议。会议组织学习了《地方组织法》《监督条例》和市人大常委会主任蒯冰清的讲话；审议通过了县人大常委会1999年工作要点。会议任命文斌为县经济委员会主任，丁微为县教育局局长，刘祖梦为县人民法院民事审判庭庭长，黄一晖为县人民法院审判监督庭庭长，陈刚熹为县人民法院经济审判庭庭长，李小明为县人民法院经济审判庭副庭长，瞿美云为县人民法院民事审判庭副庭长，刘克强为县人民法院行政审判庭副庭长，谢雪平为县人民法院执行庭副庭长，刘新民为东坪法庭庭长，姚建生为大福法庭庭长，李瑞岚为平口法庭庭长，梁集群为清塘法庭副庭长，肖正兵为大福法庭副庭长，陶灿华为烟溪法庭副庭长。会议免去吕群峰的县经济委员会主任职务，吉炳德的县教育局局长职务，刘祖梦的县人民法院经济审判庭庭长职务，黄一晖的县人民法院民事审判庭庭长职务，陈刚熹的县人民法院执行庭庭长职务，李小明的县人民法院刑事审判庭副庭长职务，谢雪平的县人民法院经济审判庭副庭长职务，胡宝财的县人民法院审判监督庭庭长职务，吴有光的县人民法院民事审判庭副庭长职务，谌水清的县人民法院民事审判庭副庭长职务，刘后胜的县人民法院行政审判庭副庭长职务，蒋正宇的县人民法院审判员职务，刘新民的中砥法庭庭长职务，姚建生的仙溪法庭庭长职务，李瑞岚的烟溪法庭庭长职务，刘克强的东坪法庭副庭长职务，梁集群的大福法庭副庭长职务，肖正兵的清塘法庭副庭长职务，喻瑾琦的东坪法庭庭长、审判员职务，刘清高的大福法庭庭长职务。

第九次会议

1999年5月11～12日，县第十三届人大常委会第9次会议举行，出席会议的21人，缺席1人。主任艾胜杜，副主任肖三秋、陈君吾、傅世平、姚让之先后主持会议。会议听取和审议了县财政局《关于1998年财政收支决算（草案）的报告》，听取了县审计局《1998年度同级财政预算执行和其他财政收支的审计工作报告》，决定批准1998年县本级财政决算。会议听取和审议了县人民政府关于村民委员会换届选举情况的汇报，全县1126个村已有1046个村依法进行了换届选举，产生了新一届村委班子。会议任命刘啸江为县人民政府副县长；曹雁翔为县人民检察院检察员、检察委员会委员、副检察长，并决定代理检察长；谌刚岩、刘放明为县人民检察院检察委员会委员；李卫、杨朝晖为县人民检察院检察员；同意宁秋良、李巍辞去县人民政府副县长职务，刘孙承辞去县人民检察院检察长职务；免去方展骥的县人民检察院检察委员会委员职务。

第十次会议

1999年7月21～23日，县第十三届人大常委会第10次会议举行，出席会议的22人。主任艾胜杜，副主任陈君吾、朱克安、肖三秋、刘应生、姚让之先后主持会议。会议听取和审议了县人民政府关于今年上半年国民经济计划执行情况和财政预算执行情况的汇报，听取和审议了县人民政府关于教育“两基”迎接验收工作进展情况的汇报。会议任命李周信为县人事局局长，喻荣贵为县交通局局长；免去伍伯生的县交通局局长职务，张胜利的县人事局局长职务，戴华峰的县人民检察院检察员、检察委员会委员、副检察长职务。

第十一次会议

1999年9月21～22日，县第十三届人大常委会第11次会议举行，出席会议的18人，缺席4人。主任艾胜杜，副主任陈君吾、肖三秋先后主持会议。会议听取和审议了县人民政府《关于三年扶贫攻坚和1999年1～9月扶贫开发工作情况汇报》；听取和审议了县人民政府《关于县十三届人大二次会议以来代表批评、意见、建议办理情况的汇报》；审议并通过了《安化县人民代表大会常务委员会人事任免办法》。会议任命陈一雷为县人民政府副县长。

第十二次会议

1999年11月9日，县第十三届人大常委会第12次会议举行，出席会议的19人，缺席3人。副主任姚让之主持会议。会议任命夏尔安为县人民政府副县长；同意欧润均辞去县人民政府副县长职务。

第十三次会议

1999年11月23～24日，县第十三届人大常委会第13次会议举行，出席会议的18人，缺席4人。主任艾胜杜，副主任傅世平、肖三秋分别主持会议。会议听取和审议了县人民政府贯彻实施《行政处罚法》的情况汇报；听取了县计划物价局《关于项目工作情况的汇报》，县建设局关于《东坪镇南区控制性详细规划简述》。会议要求县人民政府及有关部门就行政处罚收据、东山国土医药市场整顿、安化二中校门口治安秩序等问题依法作出处理。

第十四次会议

1999年12月27日，县第十三届人大常委会第14次会议举行，出席会议的19人，缺席3人。主任艾胜杜主持会议。会议通过了2000年1月5～9日举行县第十三届人民代表大会第三次会议的决定。会议听取了县人大常委会有关委室关于县十三届人大三次会议筹备工作情况汇报。会议决定授予高九雄等40人“1999年优秀县人大代表”的称号。

第十五次会议

2000年3月12日，县第十三届人大常委会第15次会议举行，出席会议的23人。副主任陈君吾、姚让之先后主持会议。会议审议通过了《县人大常委会2000年工作要点》。会议任命庄大力为县人民政府副县长，免去皮庆候的县人民政府副县长职务。会议任命伍国和为县人民政府办公室主任，吕群峰为县审计局局长，李子升为县文化局局长；张友庭、唐涵之为县人民检察院检察委员会委员、副检察长，郭海鹰、夏亮、黄维岳为县人民检察院检察委员会委员，瞿文儒、邹学军、蒋艳红、王芝华、李小妹、夏赞功、李勇为县人民检察院检察员；李胜刚为县人民法院审判员、审判委员会委员，黄运来为县人民法院刑事审判庭庭长，刘斌为县人民法院刑事审判庭副庭长，邓卫辉为县人民法院民事审判庭庭长，谢经济、陈善规为县人民法院民事审判庭副庭长，曾华为县人民法院经济审判庭庭长，谢雪平、曾来生为县人民法院经济审判庭副庭长，刘后胜为县人民法院林业审判庭庭长，廖正均为县人民法院林业审判庭副庭长，吴有江为县人民法院行政审判庭庭长，张梅忠、周益军为县人民法院行政审判庭副庭长，王放平为县人民法院审判监督庭庭长，刘永和、刘克强为县人民法院审判监督庭副庭长，谌继辉为县人民法院立案庭庭长，周花红为县人民法院立案庭副庭长，王剑平为县人民法院执行庭庭长，黄望龙为县人民法院执行庭副庭长，廖祥云为县人民法院执行庭副庭长、审判员，李小明为平口法庭庭长，肖伟群为平口法庭副庭长，陶灿华为烟溪法庭庭长，谌桂息为县人民法院审判员、烟溪法庭副庭长，王文华为县人民法院审判员、云台法庭副庭长，夏永亮为东坪法庭庭长，封国夫为东坪法庭副庭长，刘新民为江南法庭庭长，阮碧强为县人民法院审判员、江南法庭副庭长，梁集群为冷市法庭庭长，周劲阳为冷市法庭副庭长，肖正兵为大福法庭庭长，张仁义为县人民法院审判员、大福法庭副庭长，肖超武为梅城法庭庭长，姚建生为梅城法庭副庭长，龙永固为梅城法庭副庭长，谭道球为清塘法庭庭长，蒋国祥为清塘法庭副庭长，瞿兵、李文斌、杨建英、姚旭文为县人民法院审判员。会议免去刘昭阳的县人民政府办公室主任职务，李建勋的县审计局局长职务，李凤翔的县文化局局长职务，罗子富的县人大常委会农业工作委员会副主任职务，吕国群、谭伏高的县人民检察院检察委员会委员、副检察长职务，陈青岩、黄茂盛的县人民检察院检察委员会委员职务，李胜刚的县人民检察院检察员职务，陈辉霞的县人民法院副院长、审判委员会委员、审判员职务，黄运来的县人民法院行政审判庭庭长职务，邓卫辉的冷市法庭庭长职务，谢经济的梅城法庭庭长职务，曾华的县人民法院经济审判庭副庭长职务，谢雪平的县人民法院执行庭副庭长职务，吴有江的县人民法院刑事审判庭庭长职务，王放平的县人民法院立案庭庭长职务，刘永和的小淹法庭庭长职务，刘克强、谌继辉的县人民法院行政审判庭副庭长职务，王剑平的县人民法院执行庭副庭长职务，李小明的县人民法院经济审判庭副庭长职务，陶灿华的烟溪法庭副庭长职务，夏永亮的江南法庭庭长职务，刘新民的东坪法庭庭长职务，梁集群的清塘法庭副庭长职务，肖正兵的大福法庭副庭长职务，肖超武的清塘法庭庭长职务，姚建生的大福法庭庭长职务，谭道球的梅城法庭副庭长职务，蒋国祥的梅城法庭副庭长职务，刘祖梦的县人民法院民事审判庭庭长职务，张正宁、瞿美云的县人民法院民事审判庭副庭长职务，陈刚熹的县人民法院经济审判庭庭长职务，张庭芳的县人民法院经济审判庭副庭长职务，李晴川的县人民法院林业审判庭庭长职务，张怡安、黄卫平的县人民法院林业审判庭副庭长职务，黄一晖的县人民法院审判监督庭庭长职务，陈建新的县人民法院立案庭副庭长职务，罗世辉的县人民法院执行庭副庭长职务，梁玉洲的东坪法庭副庭长职务，李瑞岚的平口法庭庭长职务，李军的平口法庭副庭长职务。

第十六次会议

2000年6月8～9日，县第十三届人大常委会第16次会议举行，出席会议的22人，缺席1人。主任艾胜杜，副主任陈君吾、姚让之、肖三秋先后主持会议。会议审议通过了县人民政府《关于1999年财政收支决算（草案）的报告》，并批准了1999年度县级财政决算；审议通过了《东坪镇整体规划局部调整方案即南区规划方案》。会议同意夏新民辞去县计划生育委员会主任的职务；任命夏新华为县计划生育委员会主任，吴共华为县人民检察院副检察长、检察委员会委员、检察员。

第十七次会议

2000年8月9～10日，县第十三届人大常委会第17次会议举行，出席会议的21人，缺席2人。副主任陈君吾、姚让之、肖三秋先后主持会议。会议听取和审议了县人民政府《关于上半年国民经济和社会发展计划及财政预算执行情况的汇报》；听取和审议了县人民政府《关于全县学校布局调整情况的汇报》；审议通过了《安化县人大常委会信访工作办法》。会议任命游晋才为县人民法院副院长。

第十八次会议

2000年9月26～27日，县第十三届人大常委会第18次会议举行，出席会议的22人，缺席1人。主任艾胜杜，副主任姚让之、傅世平、肖三秋先后主持会议。会议听取和审议了县人民政府《关于县十三届人大三次会议代表建议、批评、意见办理情况的汇报》和《关于全县劳务经济情况的汇报》；听取和审议了全县《建筑法》实施情况的汇报；审议通过了县人大常委会主任会议提出的《关于撤销喻荣贵县交通局局长职务的议案》和《关于暂停李官保执行代表职务的议案》，并通过了相应的决定。会议任命魏刚为县交通局局长。

第十九次会议

2000年11月29～30日，县第十三届人大常委会第19次会议举行，出席会议的22人，缺席1人。主任艾胜杜，副主任陈君吾、姚让之、傅世平、刘应生先后主持会议。会议对县林业局局长夏国新、县水利水电局局长肖国庆、县民政局局长高多庆、县劳动局局长杨玉荣、县科技局局长谭曙升、县卫生局局长王伟安、县计划物价局局长蒋跃登等7个县人民政府组成局局长进行述职评议。会议补选市委组织部长谢超英为市第二届人大代表，任命龙星乔为县人大常委会农业工作委员会副主任。

第二十次会议

2000年12月20日，县第十三届人大常委会第20次会议举行，出席会议的22人，缺席1人。主任艾胜杜主持会议。会议听取了县人民政府关于“十五”计划编制情况的汇报，听取了办公室关于县十三届人大四次会议筹备情况的汇报。会议任命邓象庭为县人民政府副县长，王景明为县人民法院审判员。会议审议通过了县人大常委会主任会议关于恢复姚浩清执行代表职务的议案。

第二十一次会议

2001年3月6～7日，县第十三届人大常委会第21次会议举行，出席会议的18人，缺席5人。主任艾胜杜，副主任陈吾君、姚让之、傅世平先后主持会议。会议审议通过了《县人大常委会2001年工作要点》，听取县人民政府关于“三五”普法决议实施情况和“四五”普法安排意见的报告，听取县人民法院和县人民检察院关于干警教育培训工作情况的汇报。会议任命李丰为县人大常委会选举任免联络工作委员会副主任，陈辉霞为县司法局局长，李军为云台法庭副庭长，刘霞云为县人民检察院检察员；免去李任全的县司法局局长职务，刘霞云的县人民法院监察庭副庭长、审判员职务。

第二十二次会议

2001年5月16～17日，县第十三届人大常委会第22次会议举行，出席会议的19人，缺席4人。县委副书记王新台，县委常委、组织部部长周逢春参加会议。主任艾胜杜，副主任陈君吾、姚让之、刘应生先后主持会议。会议听取了《预算法》)讲座；听取和审议了县人民政府《关于2000年度财政收支决算（草案）的报告》；听取了县审计局《关于2000年度同级财政预算执行和其他财政收支的审计工作报告》；听取和审议了县人民政府关于体育场馆建设情况的汇报。会议任命蔡卫红为县公安局局长；瞿兵为县人民法院执行工作局副局长，陶灿华为东坪法庭副庭长，肖伟群为烟溪法庭副庭长，封国夫为烟溪法庭副庭长，谌桂息为平口法庭副庭长，蒋国祥为梅城法庭副庭长，邓卫辉、曾华、刘后胜、王放平、谌继辉、王剑平为县人民法院审判委员会委员；免去蔡波才的县公安局局长职务；廖祥云的县人民法院执行工作局副局长职务，陶灿华的烟溪法庭庭长职务，肖伟群的平口法庭副庭长职务，封国夫的东坪法庭副庭长职务，谌桂息的烟溪法庭副庭长职务，蒋国祥的清塘法庭副庭长职务，夏定军的云台法庭庭长职务；李晴川、刘祖梦、姚永生、胡宝财、黄一晖的县人民法院审判委员会委员职务。会议通过了《关于暂时停止陈立新县人大代表职务的决定》。

第二十三次会议

2001年7月30日至8月1日，县第十三届人大常委会第23次会议举行，出席会议的22人，缺席1人。列席会议的有县人民政府县长蔡克勤等。县委书记符定安、县委副书记王新台、程世来参加会议。主任艾胜杜，副主任陈君吾、姚让之、刘应生先后主持会议。会议听取了《中华人民共和国税收征收管理法》(以下简称《税收征管法》)讲座，听取和审议县人民政府关于2001年上半年国民经济计划执行情况及农村产业结构调整情况和财政预算执行情况的报告，听取了县国税局、地税局关于贯彻实施《税收征管法》的情况汇报。县委书记符定安在会上作了重要讲话。

第二十四次会议

2001年8月29日，县第十三届人大常委会第24次会议举行，出席会议的19人，缺席4人。县委书记符定安参加会议。主任艾胜杜主持会议。会议审议通过关于接受蔡克勤辞去县人民政府县长职务的决定；会议任命彭建忠为县人民政府副县长，并决定其为县人民政府代理县长。

第二十五次会议

2001年9月29日，县第十三届人大常委会第25次会议举行，出席会议的20人，缺席3人。代县长彭建忠等列席会议，县委副书记王新台应邀参加了会议。主任艾胜杜、副主任陈君吾先后主持会议。会议听取了《地方组织法》讲座，听取和审议了县人民政府《关于县十三届人大四次会议人大代表建议、批评和意见办理情况的汇报》，听取选举任免联络工委关于乡镇换届选举工作情况的汇报。会议任命喻成春为县林业局局长，熊丽霞、胡新宇、吕敏为县人民法院审判员，汪学红为县人民检察院检察员。会议免去夏国新的县林业局局长职务。会议决定暂时停止龙新民的县人大代表职务。

第二十六次会议

2001年11月28～29日，县第十三届人大常委会第26次会议举行，出席会议的21人，缺席2人。县委副书记王新台、蒋金云参加会议。主任艾胜杜，副主任傅世平、陈君吾、姚让之先后主持会议。会议学习了全国人大常委会《关于进一步开展法制宣传教育的决议》；听取和审议了县人民检察院关于监所检察工作情况的报告；审议和通过了县人大常委会《关于进一步开展法制宣传教育的决议》；听取乡镇换届选举工作情况的总结汇报。会议任命蒋正宇为县人大常委会内务司法工作委员会副主任，吴章安为县农业局局长，文斌为县经济贸易局局长，彭仲元为县国土资源局局长，李子升为县文化旅游局局长，刘维晏为县统计局局长，李胜刚为县人民法院副院长，李征明为县人民检察院检察员、检察委员会委员、副检察长，谭伏高为县人民检察院检察员。会议免去肖建中的县人大常委会内务司法工作委员会副主任职务，周荣华的县农业局局长职务，李子升的县文化局局长职务，游晋才的县人民法院副院长、审判委员会委员、审判员职务，吴共华的县人民检察院副检察长、检察委员会委员、检察员职务，夏亮的县人民检察院检察委员会委员、检察员职务，王新军的县人民检察院检察委员会委员职务。

第二十七次会议

2001年12月24日，县第十三届人大常委会第27次会议举行，出席会议的17人，缺席6人。县委副书记王新台参加会议。主任艾胜杜、副主任姚让之先后主持会议。会议听取和审议了办公室关于县十三届人大五次会议筹备工作情况的汇报，决定了会议举行的日期，审议了县人大常委会工作报告（草案）。会议同意葛志强辞去县人民法院院长、审判委员会委员、审判员职务。根据市人大常委会选举任免联络工委的通知，会议决定罢免喻荣贵益阳市第二届人大代表职务；补选彭建忠为益阳市第二届人大代表。会议听取了县人民检察院关于县第十三届人大常委会第26次会议对监所检察工作的审议意见落实情况的汇报，并要求县人民政府及有关部门尽快解决监所中存在的有关问题，维护社会治安稳定。

第二十八次会议

2002年3月14～15日，县第十三届人大常委会第28次会议举行，出席会议的22人，缺席1人。县委副书记王新台参加会议。主任艾胜杜，副主任陈君吾、姚让之分别主持会议。会议听取中国加入世界贸易组织基本知识讲座，审议通过了《县人大常委会2002年工作要点》。会议任命肖伟群为烟溪法庭庭长、王文华为云台法庭庭长。

第二十九次会议

2002年5月29～30日，县第十三届人大常委会第29次会议举行，出席会议的19人，缺席4人。主任艾胜杜，副主任傅世平、刘应生先后主持会议。会议听取和审议了县人民政府关于《中华人民共和国律师法》和《湖南省基层法律服务所条例》执行情况的报告，内务司法工委关于安化县法律服务市场执法情况的调查报告，听取和审议了县人民政府《关于2001年财政收支决算（草案）的报告》，听取了县人民政府《关于省“九运会”羽毛球比赛筹备工作情况汇报》。

第三十次会议

2002年7月30～31日，县第十三届人大常委会第30次会议举行，出席会议的21人，缺席2人。县长彭建忠等列席会议，县委副书记王新台参加会议。主任艾胜杜，副主任陈君吾、肖三秋、傅世平、姚让之先后主持会议。会议听取和审议了县人民政府《关于2002年上半年国民经济和社会发展计划执行情况的报告》《关于2002年上半年财政收支预算执行情况的报告》，财政经济工委关于上半年财政预算执行情况的调查报告，办公室关于安化县民营工业企业发展情况的调查报告和内务司法工委关于安化县经济发展环境的调查报告；审议了县人民政府提请的《关于规范法律服务市场秩序的决议（草案）》的议案和《关于2002年度木材生产计划的议案》，通过了《县人大常委会关于规范法律服务市场秩序的决议》，通过了2002年度木材生产计划。会议任命夏赞辉为县人大常委会办公室副主任；免去肖伟群的县人民法院审判员、烟溪人民法庭庭长职务，谭伏高的县人民检察院检察员职务。

第三十一次会议

2002年9月13日，县第十三届人大常委会第31次会议举行，出席会议的19人，缺席4人。党组书记将金云、县长彭建忠等列席会议。县委副书记郭谷轩，县委常委、组织部部长周逢春参加会议。副主任姚让之、陈君吾先后主持会议。会议审议了县长彭建忠《关于提请审议王新台等同志职务任免的议案》，听取王新台、邓建平、伍国和的供职发言。会议任命王新台、邓建平、伍国和为县人民政府副县长；免去夏尔安、陈一雷、肖寿松、肖光球、庄大力的副县长职务。会议通过了《关于同意彭建忠辞去县人民政府县长职务，由王新台副县长代理县长的决定》；听取了县人民政府办公室《关于县十三届人大五次会议人大代表建议、批评和意见办理情况的报告》和选举任免联络工委《关于对“一府两院”2002年度人大代表建议、批评和意见办理工作的初审报告》。

第三十二次会议

2002年10月10日，县第十三届人大常委会第32次会议举行，出席会议的19人，缺席4人。主任艾胜杜，副主任姚让之先后主持会议。会议任命蒋跃登为县人民政府办公室主任，魏刚为县发展计划物价局局长，蒋国先为县交通局局长，罗耘为县人民法院副院长，瞿美云、李文斌为县人民法院审判委员会委员，谈固为县人民检察院检察员、检察委员会委员、副检察长。会议免去伍国和的县人民政府办公室主任职务，魏刚的县交通局局长职务，夏小鹰的县人民法院副院长、审判委员会委员、审判员职务，周花红的县人民法院立案庭副庭长、审判员职务。

第三十三次会议

2002年11月11日，县第十三届人大常委会第33次会议举行，出席会议的18人，缺席5人。党组书记蒋金云列席会议，县委常委、县委组织部部长周逢春参加会议。主任艾胜杜、副主任姚让之先后主持会议。会议听取副主任姚让之关于切实搞好全县人大换届选举工作的报告，并作出了《关于成立安化县选举委员会的决定》。会议任命邹志和为县人事局局长，王剑平为县人民法院副院长，涂细忠、刘和平、谭建军为县人民检察院检察员；免去李周信的县人事局局长职务，邹学军、汪学红、谌守忠、李卫的县人民检察院检察员职务。

第三十四次会议

2002年12月16日，县第十三届人大常委会第34次会议举行，出席会议的19人，缺席4人。党组书记蒋金云、主任会议特邀顾问游晓岚等列席会议，县委副书记郭谷轩参加会议。主任艾胜杜、副主任陈君吾先后主持会议。会议听取和审议了办公室关于县十四届人大一次会议筹备工作情况的汇报，决定县第十四届人民代表大会第一次会议于2003年1月5～9日在东坪举行；听取选举任免联络工委关于安化县第十四届人大代表选举情况的汇报；审议并原则通过县第十三届人大常委会工作报告（草案）。

第七节 县第十四届人大常委会会议

第一次会议

2003年2月13日，县第十四届人大常委会第1次会议举行，县委书记彭建忠应邀参加会议，县长王新台列席会议。主任蒋金云、副主任肖三秋先后主持会议。会议任命谌上游为县人大常委会办公室主任、吴余保为县人大常委会选举任免联络工作委员会主任、伍惠予为县人大常委会教育科学文化卫生工作委员会主任、熊政权为县人大常委会内务司法工作委员会主任、刘解放为县人大常委会农业工作委员会主任、姚庆轩为县人大常委会财政经济工作委员会主任、罗舜寰为县人大常委会办公室副主任、夏赞辉为县人大常委会办公室副主任、李丰为县人大常委会选举任免联络工作委员会副主任、蒋正宇为县人大常委会内务司法工作委员会副主任、夏新建为县人大常委会农业工作委员会副主任。会议任命蒋跃登为县人民政府办公室主任、魏刚为县发展计划物价局局长、文斌为县经贸局局长、丁微为县教育局局长、谭曙升为县科学技术局局长、蔡卫红为县公安局局长、蒋化祥为县监察局局长、刘化为县民政局局长、陈辉霞为县司法局局长、张云星为县财政局局长、邹志和为县人事局局长、李斌为县劳动和社会保障局局长、彭仲元为县国土资源局局长、王画安为县建设局局长、蒋国先为县交通局局长、肖国庆为县水利局局长、吴章安为县农业局局长、陆雄彪为县林业局局长、李子升为县文化旅游局局长、王伟安为县卫生局局长、夏新华为县计划生育委员会主任、吕群锋为县审计局局长、刘维晏为县统计局局长。会议任命姚懿安、李胜刚、罗耘、王剑平为县人民法院副院长，朱继光、张友庭、唐涵之、李征明为县人民检察院副检察长。会议决定聘任艾胜杜、陈君吾、傅世平、刘应生为县第十四届人大常委会主任特邀顾问。彭建忠、蒋金云、王新台分别作了重要讲话，对任职人员提出了全面的、严格的要求，希望各位切实珍惜党和人民的信任，履行好自己的职责，真正与时俱进，树立好自身的形象，做到率先垂范，努力创先争优，共同建设更加美好的新安化。

第二次会议

2003年3月20日，县第十四届人大常委会第2次会议举行，主任蒋金云，副主任肖三秋先后主持会议。会议通过了《县人大常委会2003年工作要点(草案)》，听取和审议县人民政府关于退耕还林和生态公益林项目实施情况的汇报。会议任命陈燕群、陈祥东为县人民政府副县长。会议任命姚懿安、李胜刚、罗耘、王剑平、瞿美云、李文斌为县人民法院审判委员会委员，李小明为县人民法院刑事审判庭庭长、审判委员会委员，刘克强为县人民法院刑事审判庭副庭长，谢经济为县人民法院民事审判第一庭庭长、审判委员会委员，陈善规为县人民法院民事审判第一庭副庭长，曾来生为县人民法院民事审判第二庭庭长、审判委员会委员，曹波为县人民法院民事审判第二庭副庭长，吴有江为县人民法院行政审判庭庭长、审判委员会委员，谌继辉为县人民法院林业审判庭庭长、审判委员会委员，黄卫平为县人民法院林业审判庭副庭长，刘永和为县人民法院立案庭庭长、审判委员会委员，周益军为县人民法院审判立案庭副庭长，张正宁为县人民法院审判监督庭庭长、审判委员会委员，张梅忠为县人民法院执行工作局局长、审判委员会委员，李军为县人民法院执行工作局副局长，陶灿华为县人民法院执行工作局副局长，瞿兵为清塘法庭庭长，肖超武为梅城法庭庭长，蒋国祥为梅城法庭副庭长，张仁义为大福法庭庭长，周劲阳为冷市法庭庭长，廖祥云为冷市法庭副庭长，阮碧强为江南法庭庭长，谌桂息为江南法庭副庭长，邓卫辉为东坪法庭庭长，杨建英为东坪法庭副庭长，王文华为云台法庭庭长，龚小燕为云台法庭副庭长、审判员，封国夫为烟溪法庭庭长，刘斌为平口法庭庭长，张惠群为县人民法院审判员，吴海勇为县人民法院审判员。（县人民法院上述单位原任职人员职务自即日起自行消失）。会议聘任肖建国为县人大常委会选举任免联络工作委员会专职委员，刘仁光、罗红娣、何国强、龚悟云、廖妙琼、胡夏初、张书田为县人大常委会选举任免联络工作委员会兼职委员，谌正峰、程建刚、蒋悟生、曾臻、张友庭、瞿美云、刘百战为县人大常委会内务司法工作委员会兼职委员，刘国平为县人大常委会财政经济工作委员会专职委员，吴安华、陆伟龙、周爱中、周成安、吴湘如、邓放清为安化县人大常委会财政经济工作委员会兼职委员，曾武秋为县人大常委会教育科学文化卫生工作委员会专职委员，周庆斗、龚建刚、蒋竟成、蒋鹤鸣、龙吉明为县人大常委会教育科学文化卫生工作委员会兼职委员，吴章安、陆雄彪、肖国庆、肖庆芳为县人大常委会农业工作委员会兼职委员。

第三次会议

2003年5月20日，县第十四届人大常委会第3次会议举行，主任蒋金云、副主任肖三秋先后主持会议。会议听取和审议县人民政府关于贯彻实施传染病防治法和非典型肺炎防治工作情况的汇报，会议审议和通过了县第十四届人大常委会《关于对县人大及其常委会选举、任命的国家行政机关和审判机关、检察机关工作人员进行述职评议的决定》。会议审议批准了县人民政府2002年县本级财政决算，听取和审议了县人民政府关于2003年财政预算方案的情况汇报。会议审议和通过了县第十四届人大代表资格审查委员会名单，任命王美兰为主任委员,吴余保为副主任委员，刘解放、李周信、伍惠予、夏华凤、谌七桃、谌上游、熊政权为委员。会议任命刘国平为县人大常委会财政经济工作委员会副主任。

第四次会议

2003年7月24日，县第十四届人大常委会第4次会议举行，主任蒋金云、副主任肖三秋先后主持会议。会议听取了副县长邓晓君《关于全县上半年经济形势与下半年工作设想的报告》，听取了县政府办主任蒋跃登《关于全县上半年经济发展软环境工作情况的报告》，县发展计划物价局局长魏刚《关于2003年上半年国民经济和社会发展计划执行情况的报告》，县财政局局长张云星《关于安化县上半年财政收支预算执行情况的报告》。

第五次会议

2003年9月29日，县第十四届人大常委会第5次会议举行，主任蒋金云、副主任肖三秋先后主持会议。县人大常委会组成人员首先学习了《预算法》和《湖南省县级以上人民代表大会常务委员会预算审查监督条例》，然后审议了县财政局局长张云星所作的《关于实施〈监督条例〉的情况汇报》。会议肯定了近年来安化县贯彻实施《预算法》《监督条例》取得的成绩，对当前存在的带水分编制预决算方案和预算执行随意性等问题提出了批评，强调今后县乡人大要加强对预决算的监督，不断增强依法理财的意识。会议审议了县政府办主任蒋跃登所作的《关于县十四届人大一次会议代表建议、批评和意见办理工作的情况汇报》，对“一府两院”克服“非典”的影响，如期如质地办理代表意见和建议表示满意。会议审议了县人民政府提出的《关于请予审议〈安化县东坪镇新区控制性详细规划调整方案〉的议案》。会议认为随着东坪大桥建设、新区面积扩大和开发的深入，对2000年通过的原规划进行调整是合情合理又迫切需要的，停车场、青少年活动中心、市民广场、茶香小学等市政设施进行调整，比原规划更科学、更合理。会议还对新区缺乏产业支撑、体育活动中心调整、滨江路车行道加宽等问题提出了一些建议和意见，原则通过了调整方案。

会议审议了王新台县长提交的《安化县人民政府关于请予审议县城新区开发公司向国家开发银行贷款的议案》，会议原则通过该议案，并对贷款的管理和使用提出如下意见和建议：一、鉴于县城新区开发资金缺乏的实际情况，会议决定批准县人民政府《关于请予审议县城新区开发公司向国家开发银行贷款的议案》，同意由财政担保向国家开发银行贷款1亿元(含原已批准申请贷款5000万元)。二、为防范财政担保风险，及时偿还贷款，县人民政府及有关单位和部门必须采取以下有关措施：1.贷款到位后，必须全部用于新区开发；2.贷款使用实行封闭运行，专户储存，专账管理。县人民政府对贷款使用要建立严格的审批程序，确保资金正确使用、发挥效益；3.建立还贷基金，由开发公司和建设单位向县财政提供担保；4.审计、财政部门要加强监督，每年向县人大常委会和县人民代表大会汇报贷款管理使用情况，并接受相关监督；5.贷款应在10年内偿还本息。

第六次会议

2003年11月12日，县第十四届人大常委会第6次会议举行，主任蒋金云、副主任肖三秋先后主持会议。会议听取和审议了县人民法院、县人民检察院和县公安局关于国家赔偿法实施情况的汇报，讨论研究县十四届人大二次会议的有关事项，审议和通过了县人大常委会《关于对县人大及其常委会选举、任命的国家行政机关和审判机关、检察机关工作人员进行述职评议的方案》。会议任命谭辉雄为县人民政府副县长。

第七次会议

2003年11月27日，县第十四届人大常委会第7次会议举行，主任蒋金云主持会议。会议决定县第十四届人民代表大会第二次会议于2003年12月2～3日在东坪举行，主要议程为选举应由安化县产生的益阳市第三届人民代表大会代表。会议根据县人民检察院和县人民法院的报告和请求，县第十四届人大代表尹祝夫因经济犯罪，决定暂时停止其县人大代表职务。

第八次会议

2004年1月16日，县第十四届人大常委会第8次会议举行，主任蒋金云、副主任王美兰先后主持会议。会议决定县第十四届人民代表大会第三次会议于2004年2月8～11日在东坪举行。会议审议了县人大常委会工作报告（草案），原则同意提请县第十四届人民代表大会第三次会议审议。会议审议通过县人大常委会《关于对县人大及其常委会选举、任命的国家行政机关和审判机关、检察机关工作人员进行述职评议的实施意见》，决定对县人民政府办公室主任蒋跃登，县发展计划物价局局长魏刚，县经贸局局长文斌，县教育局局长丁微，县公安局局长蔡卫红，县民政局局长刘化，县司法局局长陈辉霞，县财政局局长张云星，县人事局局长邹志和,县人民法院院长王国保，县人民法院副院长姚懿安、李胜刚、罗耘、王剑平，县人民检察院检察长谈固，县人民检察院副检察长朱继光、张友庭、唐涵之、李征明进行述职评议。选举任免联络工委报告了2003年度乡镇人大工作目标管理考核结果。会议任命李勇为县人民检察院检察委员会委员，免去王文华的云台法庭庭长职务。

第九次会议

2004年3月22日，县第十四届人大常委会第9次会议举行，主任蒋金云、副主任王美兰先后主持会议。会议通过了《县人大常委会2004年工作要点（草案）》，听取和审议了县人民政府关于旅游资源开发情况的汇报，通过了县人大常委会关于旅游工作的审议意见。会议同意王新台辞去县人民政府县长职务，并报县第十四届人民代表大会第四次会议备案。会议任命谢寿保为县人民政府副县长，并决定谢寿保代理县人民政府县长职务；免去邓建平的县人民政府副县长职务。会议任命肖超武为县人民法院民事审判第一庭庭长、审判委员会委员,谢经济为县人民法院民事审判第二庭庭长,蒋国祥为清塘法庭庭长,曾来生为梅城法庭庭长,陈善规为云台法庭庭长,熊丽霞为县人民法院刑事审判庭副庭长,廖红辉为县人民法院民事审判第一庭副庭长、审判员,邱尽晖为县人民法院行政审判庭副庭长。会议免去肖超武的梅城法庭庭长职务,谢经济的县人民法院民事审判第一庭庭长职务,蒋国祥的梅城法庭副庭长职务,曾来生的县人民法院民事审判第二庭庭长、审判委员会委员职务,陈善规的县人民法院民事审判第一庭副庭长职务,瞿兵的清塘法庭庭长职务。会议任命肖光辉、李村仁、魏创平为县人民检察院检察委员会委员，免去黄维岳、刘放男、谌刚岩、李勇的县人民检察院检察委员会委员职务。会议聘任陈永超、肖昆为县人大常委会财政经济工作委员会兼职委员。

第十次会议

2004年5月25日，县第十四届人大常委会第10次会议举行，主任蒋金云、副主任肖三秋先后主持会议。会议审查了县人民政府2003年县本级财政决算，决定通过张云星局长所作的报告，批准安化县2003年县本级财政决算，听取2004年财政预算安排的情况汇报,听取和审议县人民政府关于安化县劳动和工作社会保障情况的汇报。

第十一次会议

2004年6月11日，县第十四届人大常委会第11次会议举行，主任蒋金云、副主任肖三秋先后主持会议。会议听取和审议县人民政府关于农村电网改造情况的汇报。会议任命蒋跃登为县人民政府副县长。

第十二次会议

2004年7月29日，县第十四届人大常委会第12次会议举行，主任蒋金云、副主任肖三秋先后主持会议。会议听取和审议了县人民政府《关于2004年上半年国民经济和社会发展计划以及财政预算执行情况的报告》。会议审议通过了《县第十四届人大常委会2004年述职评议的安排意见》,因县政府办、县教育局领导职位人事变动本年度暂不评议,其他被评议的对象不变，新增加被评议对象为县国土资源局局长彭仲元、县卫生局局长王伟安、县水利局局长肖国庆,并就有关述职评议内容、组织领导、评议调查组人员、评议时间等作出具体安排。会议任命李俊夫为县人民政府办公室主任、陈晚飞为县教育局局长。会议免去蒋跃登的县人民政府办公室主任职务,丁微的县教育局局长职务，罗耘的县人民法院副院长、审判委员会委员、审判员职务，李勇的县人民检察院检察委员会委员、检察员职务。

第十三次会议

2004年9月22～23日，县第十四届人大常委会第13次会议举行，主任蒋金云，副主任肖三秋、王美兰、彭平移先后主持会议。会议审议通过了《关于修改〈县人大常委会2004年度对本级国家行政机关和审判机关、检察机关工作人员进行述职评议实施意见〉的决定(草案)》（以下简称《实施意见》），主要修改内容：一、《实施意见》第一项明确的述职人员中，县司法局局长陈辉霞因县纪委已立案审查，根据《湖南省县级以上人民代表大会常务委员会述职评议工作条例》第十三条第四款的规定，参加述职评议不进行无记名投票。二、《实施意见》第四项第3条“参会人员进行背靠背评议”，改为参会人员对述职人员面对面评议。三、《实施意见》第四项第4条修改为：对述职人员以计分方式进行无记名投票，按参加投票人员的平均分数（小数点以后的数字按四舍五入处理），确定“称职”、“基本称职”和“不称职”。具体划分是：80分及其以上为“称职”；60至79分为“基本称职”；59分及其以下为“不称职”。四、《实施意见》中第四项第6条修改为：述职人员被投票确定为不称职的，由主任会议提请全体会议决定，依法责令辞职或依法启动罢免程序。根据投票后的得分和调查的情况，由主任会议确定诫勉谈话人员，并进行诫勉谈话，责令限期整改。会议根据有关法律规定和县人大常委会的决定对县公安局局长蔡卫红，县发展计划物价局局长魏刚，县经贸局局长文斌，县民政局局长刘化，县司法局局长陈辉霞，县财政局局长张云星，县人事局局长邹志和，县国土资源局局长彭仲元，县卫生局局长王伟安，县水利局局长肖国庆,县人民法院院长王国保，副院长姚懿安、李胜刚、罗耘、王剑平，县人民检察院检察长谈固，副检察长朱继光、张友庭、唐涵之、李征明进行述职评议。会议听取和审议了县人民政府《关于办理代表议案及建议、批评和意见的情况报告》。会议审议了县人民政府《关于提请调整2004年财政收支预算的议案》，同意将县第十四届人民代表大会第三次会议通过的预算收入9783万元调减为9026万元，调减收入757万元，预算支出不作调整。会议听取和审议了县人民政府关于实施农业法及相关法规的情况汇报。会议审议了县人民民检察院《关于提请审议〈关于在检察机关实行人民监督员制度的决议(草案)〉的议案》，通过了《安化县人大常委会关于在检察机关实行人民监督员制度的决议》。

第十四次会议

2004年11月25日，县第十四届人大常委会第14次会议举行，主任蒋金云、副主任肖三秋先后主持会议。会议听取和审议了县人民政府关于县城南区开发的情况汇报和关于柘溪库区生态环境保护的情况汇报。会议补选谢寿保、崔文为益阳市第三届人大代表。会议免去谭辉雄的县人民政府副县长职务。

第十五次会议

2004年12月28日，县第十四届人大常委会第15次会议举行，主任蒋金云、副主任肖三秋先后主持会议。会议听取了办公室关于县第十四届人民代表大会第四次会议筹备情况的汇报，审议通过了《安化县人大常委会关于召开安化县第十四届人民代表大会第四次会议的决定（草案）》，决定安化县第十四届人民代表大会第四次会议于2005年1月8～11日在东坪举行。会议通过了县人大常委会《关于表彰2004年度乡镇人大工作先进单位的决定》、县人大常委会《关于表彰2004年度优秀县人大代表的决定》。

第十六次会议

2005年3月4日、30日，县第十四届人大常委会第16次会议举行，主任蒋金云、副主任肖三秋先后主持会议。会议审议通过了《县人大常委会2005年工作要点（草案）》。会议听取和审议县人民政府关于S308马奎段建设资金预算的情况汇报，原则同意S308马路至奎溪段公路改造项目建设，该项目施工图设计预算总投资为9860.2万元，其中县内自筹部分为3120.2万元，由县财政纳入本级财政综合预算，分三年编制专项支出预算，2005年安排1200万元，2006年1500万元，2007年420.2万元。会议任命刘昭阳为县人民政府副县长，免去阳腾跃的县人民政府副县长职务。会议任命罗舜寰为县人大常委会选举任免联络工作委员会主任，免去吴余保的县人大常委会选举任免联络工作委员会主任职务，罗舜寰的县人大常委会办公室副主任职务。会议任命陈阳玉为县司法局局长、廖艳平为县科学技术局局长、黄胜军为县建设局局长、罗亚平为县人口和计划生育局局长、谢宜达为县审计局局长、黄丰盛为县统计局局长、夏新华为县水利局局长、李华山为县安全生产监督管理局局长，免去陈辉霞的县司法局局长职务、谭曙升的县科学技术局局长职务、王画安的县建设局局长职务、夏新华的县计划生育委员会主任职务、吕群锋的县审计局局长职务、刘维晏的县统计局局长职务、肖国庆的县水利局局长职务。会议任命周云贵为县人民检察院检察委员会委员、王芝华为县人民检察院检察委员会委员，夏岳生、龚育凡、杨俊、刘朝阳、肖晓燕、林奇志、罗艳群、谌红雨为县人民法院人民陪审员。会议免去李村仁的县人民检察院检察委员会委员职务。

第十七次会议

2005年5月31日～6月1日，县第十四届人大常委会第17次会议举行，主任蒋金云，副主任肖三秋、彭平移先后主持会议。会议学习省委《关于进一步加强人大工作的意见》，听取2006年财政预算编制情况的说明,审查批准了县人民政府2005年县本级财政决算。会议听取和审议县人民政府关于县城道路建设和环境卫生治理情况的汇报、关于县城网吧清理整顿情况的汇报、关于禁毒工作情况的汇报。会议任命邹雄彬为县人民政府副县长、张华山为县监察局局长，免去伍国和、陈祥东的县人民政府副县长职务，蒋化祥的县监察局局长职务。会议任命夏赞辉为县人大常委会选举任免联络工作委员会副主任、夏新情为县人大常委会办公室副主任，免去夏赞辉的县人大常委会办公室副主任职务、李丰的县人大常委会选举任免联络工作委员会副主任职务。会议任命瞿美云、李文斌为县人民法院副院长，刘后胜为县人民法院行政审判庭庭长、审判委员会委员，肖正兵为县人民法院民事审判第一庭庭长，梁集群为县人民法院执行局副局长。会议免去张友庭、唐涵之的县人民检察院检察员、检察委员会委员、副检察长职务，吴有江的县人民法院行政审判庭庭长、审判委员会委员、审判员职务，廖红辉的县人民法院民事审判第一庭副庭长职务，陶灿华的县人民法院执行局副局长职务。会议聘任周共华、张铁岩、李丰为县人大常委会选举任免联络工作委员会兼职委员，肖光辉为县人大常委会内务司法工作委员会兼职委员，吕满群、胡能兴、刘永才为县人大常委会教科文卫工作委员会兼职委员，陈河清、谭青松、杨道雄为县人大常委会农业工作委员会兼职委员。

第十八次会议

2005年7月28～29日，县第十四届人大常委会第18次会议举行，主任蒋金云、副主任肖三秋先后主持会议。会议学习《监督条例》，听取和审议了县人民政府《关于2005年上半年国民经济和社会发展计划以及财政预算执行情况的报告》，听取和审议了县人民政府关于农产品质量安全工作情况的汇报，审议通过《安化县人大常委会关于2005年述职评议的工作方案（草案）》，审议通过《安化县人大常委会议事规则（草案）》，审议通过《安化县人大常委会个案监督办法（草案）》。会议任命魏刚为县人民政府办公室主任、肖庆芳为县发展和改革局局长、郭海鹰为县人民检察院副检察长；免去李俊夫的县人民政府办公室主任职务、魏刚的县发展和改革局局长职务。

第十九次会议

2005年9月22～23日，县第十四届人大常委会第19次会议举行，主任蒋金云、副主任王美兰先后主持会议。会议学习《湖南省县级以上人民代表大会常务委员会述职评议工作条例》。会议对县人民政府副县长邓晓君、刘啸江、邓象庭，县劳动和社会保障局局长李斌、县林业局局长陆雄彪、县农业局局长吴章安、县文化旅游局局长李子升进行了述职评议。会议听取和审议县人民政府《关于办理代表建议、批评和意见情况的报告》。会议任命汪惠平为县人民政府副县长、陶志高为县交通局局长。会议决定撤销蒋国先的县交通局局长职务。

第二十次会议

2005年11月22日，县第十四届人大常委会第20次会议举行，主任蒋金云、副主任彭平移先后主持会议。会议学习中发〔2005〕9号文件中共中央转发《中共全国人大常委会党组关于进一步发挥全国人大代表作用，加强全国人大常委会制度建设的若干意见》精神，听取和审议县人民政府关于医药市场清理整顿情况的汇报，学习城市房地产管理法，听取和审议县人民政府关于城市房地产管理法实施情况的汇报，听取和审议县人民政府关于“十一五”计划编制情况的汇报。

第二十一次会议

2005年12月19日，县第十四届人大常委会第21次会议举行，主任蒋金云，副主任彭平移先后主持会议。会议通过《安化县乡镇行政区划调整方案》，听取和审议《安化县国民经济和社会发展“十一五”计划和2020年远景目标的基本思路（草案）》，听取办公室关于县第十四届人民代表大会第五次会议筹备情况的汇报，审议通过了《安化县人大常委会关于召开安化县第十四届人民代表大会第五次会议的决定（草案）》，决定县第十四届人民代表大会第四次会议于2006年1月3～7日在东坪举行。会议听取了选举任免联络工委2005年度乡镇人大工作目标管理考核结果报告，审议了县人大常委会工作报告（草案）。

第二十二次会议

2006年2月27日，县第十四届人大常委会第22次会议举行，主任蒋金云、副主任肖三秋先后主持会议。会议传达贯彻益阳市委人大工作会议精神和县委常委会研究的几点贯彻意见：1.同意在5月份召开县委人大工作会议，贯彻落实中央9号文件和省、市人大工作会议精神。2.原则同意在县人大常委会机关增设城乡建设与环境保护工作委员会，设主任和副主任各1名。3.同意适当增加县人大代表活动经费和县人大常委会委员活动经费。4.乡镇人大主席按市委人大工作会议精神安排到位，每个乡镇明确一名专职人员具体负责人大日常工作。会议审议通过了《县人大常委会2006年工作要点(草案)》。

第二十三次会议

2006年3月30～31日，县第十四届人大常委会第23次会议举行，主任蒋金云，副主任肖三秋、彭平移先后主持会议。会议听取和审议2005年度述职人员副县长邓晓君、刘啸江、邓象庭，县劳动和社会保障局局长李斌、县林业局局长陆雄彪、县农业局局长吴章安、县文化旅游局局长李子升关于述职评议整改情况的汇报。会议听取和审议了县人民政府《关于安化县非税收入管理暂行办法》的情况和水利工作情况的汇报，关于实施国务院《排污费征收使用管理条例》的情况汇报,决定批准县人民政府提请审议的《安化县非税收入管理暂行办法》。会议听取选举任免联络工委关于补选县人大代表情况的报告，根据选举法的有关规定，邓军华、周新飞、贺培华、高多云、陆筱军、向剑峰、李征详、刘剑波分别在第23、32、65、78、80、117、125、130选区选举为县第十四届人民代表大会代表。经县第十四届人大常委会代表资格审查委员会审查，选举程序合法，邓军华、周新飞、贺培华、高多云、陆筱军、向剑峰、李征详、刘剑波当选为县第十四届人民代表大会代表。

第二十四次会议

2006年5月30日，县第十四届人大常委会第24次会议举行，主任蒋金云、副主任肖三秋先后主持会议。会议听取2006年财政预算编制情况的说明,审查批准了县人民政府2005年县本级财政决算。审议通过县人民政府《关于第四轮乡镇财政体制方案的议案》。会议听取县人民政府关于“四五”普法决议实施情况的报告和“五五”普法决议的说明，审议通过县人大常委会《关于组织实施法制宣传教育第五个五年规划的决议（草案）》。

第二十五次会议

2006年7月10日，县第十四届人大常委会第25次会议举行，主任蒋金云、副主任肖三秋先后主持会议。会议任命魏刚为县人民政府副县长，免去刘啸江的县人民政府副县长职务。会议任命唐涵之为县人民检察院检察员、检察委员会委员、副检察长，肖光辉为县人民检察院副检察长，邱尽晖为县人民法院行政审判庭庭长，周益军为县人民法院立案庭庭长，刘克强为县人民法院审判监督庭庭长。会议免去李征明、郭海鹰的县人民检察院副检察长职务，刘后胜的县人民法院行政审判庭庭长、审判委员会委员、审判员职务，张正宁的县人民法院审判监督庭庭长、审判委员会委员、审判员职务，刘立和的县人民法院立案庭庭长职务，邱尽晖的县人民法院行政审判庭副庭长职务，周益军的县人民法院立案庭副庭长职务，刘克强的县人民法院刑事审判庭副庭长职务，王文华的县人民法院审判员职务。

第二十六次会议

2006年7月27～28日，县第十四届人大常委会第26次会议举行，主任蒋金云，副主任肖三秋、彭平移先后主持会议。会议听取和审议县人民政府《关于2006年上半年国民经济和社会发展计划及财政预算执行情况的报告》，听取和审议县人民政府关于禁毒工作情况的汇报。会议审议通过本年度述职评议方案，决定对副县长刘昭阳、蒋跃登、邹雄彬，县教育局局长陈晚飞、县建设局局长黄胜军、县人口和计生局局长罗亚平进行述职评议。

第二十七次会议

2006年9月28日，县第十四届人大常委会第27次会议在东坪举行，主任蒋金云、副主任肖三秋先后主持会议。会议对副县长刘昭阳、蒋跃登、邹雄彬，县教育局局长陈晚飞、县建设局局长黄胜军、县人口和计生局局长罗亚平进行了述职评议。会议听取和审议了县人民政府《关于办理代表建议、批评和意见情况的报告》。会议审议了县人民政府《关于安化县城南区规划建设管理办法（草案）》，建议县人民政府对文本内容作如下修改和完善：一、提请审议通过的规范性文件应为《安化县人民政府关于县城南区规划建设管理暂行办法》（以下简称为《暂行办法》）。二、在有关国家法律法规和本级人大通过的相关决议决定的规定范围内，进一步明确制定《暂行办法》的法律依据。三、要进一步明确制定《暂行办法》的指导思想及原则。四、《暂行办法》规定的具体内容需要进一步明确。五、《暂行办法》的结构在现有基础上要作相应的调整，行文要严谨、规范。六、《暂行办法》的有关内容要做到条理清晰、表述准确。

第二十八次会议

2006年10月31日，县第十四届人大常委会第28次会议举行，主任蒋金云、副主任肖三秋先后主持会议。会议学习《监督法》，审议通过《安化县人民政府关于县城南区规划建设管理暂行办法（草案）》，听取和审议县人民政府落实《关于进一步办好安化县普通高中教育的决议》情况的汇报。会议审议通过《关于增设安化县人大常委会城乡建设与环境保护工作委员会的决定（草案）》，决定增设城乡建设与环境保护工作委员会。会议决定批准《安化县人民政府关于县城南区规划建设管理暂行办法》，由县人民政府公布施行。会议决定接受谈固辞去县人民检察院检察长、检察委员会委员、检察员职务，报县第十四届人民代表大会第六次会议备案。会议决定符大欣为县人民检察院代理检察长，并报益阳市人民检察院备案。会议任命陶月平为县人大常委会办公室主任，詹望彪为县公安局局长，符大欣为县检察院检察员、检察委员会委员、副检察长；免去蔡卫红的县公安局局长职务。

第二十九次会议

2006年12月15日，县第十四届人大常委会第29次会议举行，主任蒋金云、副主任肖三秋先后主持会议。会议听取县人民政府《关于2006年度财政收支情况的报告》，听取办公室关于县第十四届人大第六次会议筹备情况的汇报，审议通过召开县十四届人大六次会议的决定，审议县人大常委会工作报告（草案），审议通过《安化县人民代表大会常务委员会重点信访督促处理办法（草案）》和《安化县人民代表大会常务委员会议事规则修正案（草案）》。会议听取选举任免联络工委关于补选县人大代表情况的报告，根据《选举法》的有关规定，陶月平、卢雄辉，分别在第58、63选区选举为县第十四届人民代表大会代表。经县第十四届人大常委会代表资格审查委员会审查，选举程序合法，陶月平、卢雄辉当选为县第十四届人民代表大会代表。

第三十次会议

2007年3月31日，县第十四届人大常委会第30次会议举行，主任蒋金云、副主任肖三秋先后主持会议。会议审议通过了《安化县人大常委会2007年工作要点（草案）》。会议任命李斌为县人民政府办公室主任、李跃祥为县劳动和社会保障局局长、刘跃迎为县人事局局长、王运明为县财政局局长、封晓秋为县卫生局局长、黄志军为县林业局局长；免去魏刚的县人民政府办公室主任职务、李斌的县劳动和社会保障局局长职务、邹志和的县人事局局长职务、张云星的县财政局局长职务、王伟安的县卫生局局长职务、陆雄彪的县林业局局长职务。会议任命刘国平为县人大常委会城乡建设与环境保护工作委员会主任、卢世刚为县人大常委会办公室副主任、廖双初为县人大常委会教育科学文化卫生工作委员会副主任；免去刘国平的县人大常委会财政经济工作委员会副主任职务、夏新建的县人大常委会农业工作委员会副主任职务。会议任命肖超武为县人民法院刑事审判庭庭长，李小明为县人民法院民事审判一庭庭长，邓卫辉为县人民法院执行局局长、审判委员会委员，张梅忠为县人民法院林业审判庭庭长，谌桂息为大福法庭庭长，刘斌为冷市法庭庭长，周劲阳为东坪法庭庭长，张仁义为云台法庭庭长，廖祥云为平口法庭庭长，李军为烟溪法庭庭长，陈善规为县人民法院民事审判二庭副庭长，蒋党辉为县人民法院民事审判二庭副庭长，曹波为县人民法院执行局副局长，黄卫平为县人民法院执行局副局长，夏永亮为县人民法院审判监督庭副庭长，陶灿华为县人民法院民事审判一庭副庭长，胡新宇为县人民法院林业审判庭副庭长，廖红辉为县人民法院审判委员会委员，颜志军为县人民法院审判员，黄炜为县人民法院审判员。会议免去肖超武的县人民法院民事审判一庭庭长职务，李小明的县人民法院刑事审判庭庭长职务，邓卫辉的东坪法庭庭长职务，张梅忠的县人民法院执行局局长职务，谌桂息的江南法庭副庭长职务，刘斌的平口法庭庭长职务，周劲阳的冷市法庭庭长职务，张仁义的大福法庭庭长职务，廖祥云的冷市法庭副庭长职务，李军的县人民法院执行局副局长职务，陈善规的云台法庭庭长职务，曹波的县人民法院民事审判二庭副庭长职务，黄卫平的县人民法院林业审判庭副庭长职务，谌继辉的县人民法院林业审判庭庭长、审判委员会委员职务，封国夫的烟溪法庭庭长职务，龚小燕的云台法庭副庭长职务，罗世辉的县人民法院审判员职务。

第三十一次会议

2007年5月30日，县第十四届人大常委会第31次会议举行，主任蒋金云、副主任肖三秋先后主持会议。会议听取和审议县人民政府关于林业资源保护工作情况的汇报，审查批准县人民政府2006年县本级财政决算，听取2007年财政预算编制情况说明。会议任命张建良为县人民政府副县长，免去陈燕群的县人民政府副县长职务。会议任命游晋才为县人民法院审判员，免去吕敏的县人民法院审判员职务。

第三十二次会议

2007年6月26日，县第十四届人大常委会第32次会议举行，主任蒋金云、副主任肖三秋先后主持会议。会议听取和审议县质量技术监督局的工作情况汇报，听取和审议县公路管理局的工作情况汇报，听取和审议县人民检察院关于检察建议工作的情况汇报。

第三十三次会议

2007年7月26日，县第十四届人大常委会第33次会议举行，主任蒋金云、副主任肖三秋先后主持会议。会议听取和审议县人民政府《关于2007年上半年国民经济和社会发展计划以及财政预算执行情况的报告》，听取和审议县人民政府关于建设项目环境影响评价工作情况的汇报，听取和审议县人民政府关于移民工作情况的汇报，审议通过了《关于加强检察建议工作的决议（草案）》。会议决定成立县选举委员会，负责选举产生县第十五届人民代表大会代表，并负责代表资格的审查。选举委员会由蒋金云任主任，肖三秋、夏国新、高多庆、王美兰、张渡期、彭平移任副主任，尹凯甲、伍惠予、刘解放、陈高超、罗舜寰、姚庆轩、陶月平、熊政权为委员。选举委员会下设办公室，由罗舜寰兼任办公室主任，蒋正宇、卢世刚、夏赞辉、夏新情、廖双初任办公室副主任。根据《宪法》《选举法》《地方组织法》的规定，会议决定安化县本次县乡两级人民代表大会代表选举日为2007年10月15、16日。会议根据县人民检察院报告和请求，决定许可县人民检察院对毛正升、姚长春采取法律规定的限制人身自由的措施，并暂时停止毛正升、姚长春的县人大代表职务。

第三十四次会议

2007年10月19日，县第十四届人大常委会第34次会议举行，主任蒋金云、副主任肖三秋先后主持会议。会议听取县选举办公室主任罗舜寰关于县第十五届人民代表大会代表选举情况的汇报，2007年是宪法修正案将乡镇人大任期改为5年后的首次县乡人大同步换届选举。按照县第十四届人大常委会和县选举委员会的统一部署安排，县第十五届人大代表和各乡镇人大代表已于10月15、16日同步进行了换届选举。会议听取和审议县政府办公室主任李斌《关于办理代表建议、批评和意见情况的汇报》，听取和审议县公安局局长詹望彪关于治安管理处罚法实施情况的汇报，听取和审议县国土资源局局长彭仲元关于矿产资源管理情况的汇报，听取和审议县民政局局长刘化关于城镇低保资金使用管理情况的汇报，听取和审议县林业局局长黄志军关于山林纠纷调处工作情况的汇报。

第三十五次会议

2007年11月30日，县第十四届人大常委会第35次会议举行，主任蒋金云、副主任肖三秋先后主持会议。会议审议县人民政府《关于提请审议乐安镇更名为蚩尤镇的议案》，同意乐安镇更名为蚩尤镇，并按照有关法律法规的规定报上级政府及民政部门审批。会议听取城环工委《关于资江流域安化段水污染源现状调查报告》。会议同意王国保辞去县人民法院院长、审判委员会委员、审判员职务；免去王剑平的县人民法院副院长、审判委员会委员、审判员职务。会议任命张立新为县人民法院副院长、审判委员会委员、审判员，并决定由张立新代理县人民法院院长职务。会议补选罗舜寰为益阳市第三届人大代表。会议听取县十五届人大一次会议筹备工作情况汇报，审议通过《关于召开县十五届人大一次会议的决定（草案）》，决定县第十五届人民代表大会第一次会议于2007年12月13～19日在东坪举行。

第三十六次会议

2007年12月13日，县第十四届人大常委会第36次会议举行，主任蒋金云、副主任肖三秋先后主持会议。会议听取县十五届人大一次会议筹备情况汇报，审议通过县第十五届人民代表大会第一次会议有关建议名单，并原则通过县人大常委会工作报告（草案）。会议决定同意谢寿保辞去县人民政府县长职务。会议任命杨光鑫为县人民政府副县长，并决定杨光鑫代理县人民政府县长职务。会议免去夏赞辉的县人大常委会选举任免联络工作委员会副主任职务。

第八节　县第十五届人大常委会会议

第一次会议

2007年12月8日，县第十五届人大常委会第1次会议举行，主任蒋金云、副主任邓晓君先后主持会议。会议审议通过了《安化县人大常委会2013年工作要点（草案）》。会议任命汪惠平、张建良、叶梦为县人民政府副县长；任命陶月平为县人大常委会办公室主任、罗舜寰为县人大常委会选举任免联络工作委员会主任、肖伟群为县人大常委会内务司法工作委员会主任、姚庆轩为县人大常委会财政经济工作委员会主任、伍惠予为县人大常委会教育科学文化卫生工作委员会主任、周共华为县人大常委会农业工作委员会主任、刘国平为县人大常委会城乡建设与环境保护工作委员会主任、卢世刚为县人大常委会办公室副主任、夏新情为县人大常委会办公室副主任、廖双初为县人大常委会选举任免联络工作委员会副主任；任命李斌为县人民政府办公室主任、肖庆芳为县发展和改革局局长、文斌为县经贸局局长、陈晚飞为县教育局局长、廖艳平为县科学技术局局长、詹望彪为县公安局局长、张华山为县监察局局长、王煜辉为县民政局局长、陈阳玉为县司法局局长、王运明为县财政局局长、刘跃迎为县人事局局长、李跃祥为县劳动和社会保障局局长、彭仲元为县国土资源局局长、黄胜军为县建设局局长、陶志高为县交通局局长、李华山为县水利局局长、吴章安为县农业局局长、黄志军为县林业局局长、熊栋才为县文化旅游局局长、封晓秋为县卫生局局长、罗亚平为县人口和计划生育局局长、夏新华为县审计局局长、蒋毅华为县统计局局长、谌操黎为县安全生产监督管理局局长；任命姚懿安、李胜刚、瞿美云、李文斌为县人民法院副院长；任命朱继光、唐涵之、肖光辉为县人民检察院副检察长；任命蒋正宇为县人民检察院检察员、检察委员会委员，易华彪为县人民检察院检察委员会委员，任丽华、昌建华、田源为县人民检察院检察员。

第二次会议

2008年3月31日，县第十五届人大常委会第2次会议举行，主任蒋金云、副主任邓晓君先后主持会议。会议听取和审议了县人民政府关于新型农村合作医疗运行情况和农村水利建设工作情况的汇报，审议通过《关于进一步加强人大代表工作的决议》。会议任命林志刚为县人民检察院检察委员会委员，免去魏创平的县人民检察院检察员、检察委员会委员职务。会议决定聘任周德淑、龚悟云、邓普光、李丰、夏赞辉、蒋华礼、阮强、李建文为县人大常委会选举任免联络工作委员会兼职委员，曾臻、谌嘉球、瞿美云、肖光辉、刘百战、谌正峰、李跃祥、黄作荣、陈学海为县人大常委会内务司法工作委员会兼职委员，陶用来、张利民、梁逸群、夏富强、匡爱军、刘步潮、谌灿球、肖昆、丁一飞、曾政清为县人大常委会财政经济工作委员会兼职委员，周庆斗、夏赞希、李国祥、谭雪君、刘永才、蒋鹤鸣、龙吉明、胡能兴为县人大常委会教育科学文化卫生工作委员会兼职委员，唐林可、殷增业、何国强、刘宗华、戴礼荣、陈河清、姚品中、谭青松、胡民侯、王传武为县人大常委会农业工作委员会兼职委员，黄胜军、李刚、黄光忠、李建秋、蒋益明、杨俊、龚睦中、吴子尧为县人大常委会城乡建设和环境保护工作委员会兼职委员。

第三次会议

2008年5月21日，县第十五届人大常委会第3次会议举行，主任蒋金云，副主任邓晓君、彭平移先后主持会议。会议审议和批准了县人民政府《关于提请审议农村公路建设项目贷款的议案》，听取县人民政府关于2007年度预算执行和其他财政收支的审计工作报告，审查批准了县人民政府2007年县本级财政决算，听取2008年财政预算编制情况的汇报，审议通过了《安化县人大常委会人事任免办法》，审查通过了县第十五届人大常委会代表资格审查委员会名单，邓晓君为主任委员，罗舜寰为副主任委员，张勇、陈高超、周景书、夏华凤、陶月平、龚国强、廖双初为委员。会议任命肖力争为县人民政府副县长、夏琼玲为县人大常委会教育科学文化卫生工作委员会副主任、邓卫辉为县人民法院副院长。

第四次会议

2008年7月29～30日，县第十五届人大常委会第4次会议举行，主任蒋金云、副主任彭平移先后主持会议。会议听取了县发改局、县财政局关于2008年上半年国民经济和社会发展计划以及财政预算执行情况的报告，听取了县规划局关于《安化县域村镇体系规划（草案）》和《安化县城总体规划修编（草案）》编制情况的说明，就有关问题进行认真审议，通过了《安化县域村镇体系规划（草案）》和《安化县城总体规划（修编）》。

第五次会议

2008年10月14～15日，县第十五届人大常委会第5次会议举行。主任蒋金云、副主任邓晓君先后主持会议。会议听取和审议了县人民政府《关于办理代表建议、批评、意见》《关于农产品质量安全工作情况的汇报》。会议审议通过了《安化县规范性文件备案审查办法》。会议免去李小明的县人民法院民一庭庭长、审判委员会委员、审判员职务，谌桂息的大福法庭庭长、审判员职务。会议对县民政局、县工商局的工作进行了评议。

第六次会议

2008年11月11日，县第十五届人大常委会第6次会议举行，主任蒋金云、副主任邓晓君先后主持会议。会议听取和审议了县人民政府《关于劳动合同法贯彻实施和社会保障资金管理使用情况的汇报》。

会议听取了县十五届人大二次会议筹备情况的汇报。会议审议并原则通过了县人大常委会工作报告（草案）。会议决定任命谭安民为县人大常委会办公室副主任。会议决定免去汪惠平的县人民政府副县长职务，卢世刚的县人大常委会办公室副主任职务。

第七次会议

2008年12月15日，县第十五届人大常委会第7次会议举行，主任蒋金云、副主任彭平移先后主持会议。会议审议了县人民政府《关于提请调整2008年财政总收入任务的议案》，同意将县十五届人大一次会议通过的预算36000万元调整为34500万元，调减预算1500万元。

第八次会议

2009年2月17日，县第十五届人大常委会第8次会议举行，主任蒋金云、副主任邓晓君先后主持会议。会议审议通过了《安化县人大常委会2009年工作要点（草案）》。会议同意夏华凤辞去县第十五届人大常委会委员职务。会议免去黄东红的县人民政府副县长职务、罗亚平的县人口和计划生育局局长职务；任命夏华凤为县人口和计划生育局局长、谌纯章为县人大常委会农业工作委员会副主任；任命曾华为县人民法院审判委员会委员，谌继辉为安化县人民法院立案庭庭长，夏永亮为县人民法院审判监督庭庭长，刘克强为县人民法院民事审判一庭庭长，邱尽晖为县人民法院民事审判二庭庭长、审判委员会委员，陶灿华为县人民法院行政审判庭庭长，曾来生为县人民法院执行局局长、审判委员会委员，张仁义为梅城法庭庭长，蒋国祥为大福法庭庭长，李军为江南法庭庭长，周劲阳为县人民法院刑事审判庭副庭长，刘莉辉为县人民法院刑事审判庭副庭长、审判员，熊丽霞为县人民法院民事审判一庭副庭长，刘再立为县人民法院民事审判一庭副庭长，龚小燕为东坪法庭副庭长，王景明为县人民法院民事审判二庭副庭长，阮碧强为县人民法院执行局副局长，颜志军为清塘法庭副庭长、张惠群为云台法庭副庭长，黄炜为烟溪法庭副庭长，柳小敏为县人民法院审判员。会议免去邓卫辉的县人民法院执行局局长职务、周益军的县人民法院立案庭庭长职务、谢经济的县人民法院民事审判二庭庭长职务、肖正兵的县人民法院民事审判一庭副庭长职务、陈善规的县人民法院民事审判二庭副庭长职务、曹波的县人民法院执行局副局长职务、夏永亮的县人民法院审判监督庭副庭长职务、刘克强的县人民法院审判监督庭庭长职务、邱尽晖的县人民法院行政审判庭庭长职务、陶灿华的县人民法院民事审判一庭副庭长职务、曾来生的梅城法庭庭长职务、张仁义的云台法庭庭长职务、蒋国祥的清塘法庭庭长职务、李军的烟溪法庭庭长职务、周劲阳的东坪法庭庭长职务、熊丽霞的县人民法院刑事审判庭副庭长职务、阮碧强的江南法庭庭长职务。

第九次会议

2009年3月27日，县第十五届人大常委会第9次会议举行，主任蒋金云，副主任邓晓君、彭平移先后主持会议。会议学习《中华人民共和国渔业法》，听取和审议县人民政府《关于畜牧水产工作的情况汇报》。会议审议了县人民政府提出的《关于向中国建设银行益阳市分行申请贷款的议案》，鉴于加快安化县“十一五”期末重大交通建设的必要性与紧迫性以及项目建设资金筹措的特殊困难，会议原则通过该议案，同意由县非税收入征收管理局向中国建设银行益阳市分行申请贷款6000万元。审议县人民政府《关于2008年度县人大常委会审议意见落实情况的报告》。会议同意刘义辞去县第十五届人大代表职务。会议任命蒋利人为县经贸局局长、贺心武为县农业局局长；免去文斌的县经贸局局长职务、吴章安的县农业局局长职务。会议任命夏亮为县人民检察院副检察长、检察委员会委员、检察员，谌桂息为县人民检察院检察员。会议免去唐涵之的县人民检察院副检察长、检察委员会委员、检察员职务。

第十次会议

2009年5月25日，县第十五届人大常委会第10次会议举行，主任蒋金云、副主任彭平移先后主持会议。会议学习《中华人民共和国水污染防治法》，听取和审议县人民政府《关于水污染防治法实施情况汇报》，听取和审议县人民政府《关于2008年县本级财政决算（草案）的报告》《2008年预算执行和其他财政收支的审计工作报告》，审查批准了《县人民政府2008年县本级财政决算》，听取县人民政府《关于2009年财政预算编制情况的汇报》。会议免去封国夫的县人民法院审判员职务。

第十一次会议

2009年6月30日，县第十五届人大常委会第11次会议举行，主任蒋金云，副主任邓晓君、彭平移先后主持会议。会议听取和审议了县人民政府《关于2009年上半年财政预算执行情况的报告》和《关于全县国民经济和社会发展“十一五”规划实施情况的中期评估报告》。会议听取和审议了县人民政府提出的《关于将县城污水处理工程一期工程建设投资和运营费用纳入县财政综合预算的议案》,同意将污水处理建设项目在双方合同约定的时间应支付给投资商的BOT（建设—运营—移交），BT（建设—移交）款项列入当年县财政预算。由县人民政府授权县建设局负责污水处理费的征收工作，并签订责任状，确保污水处理费及时足额征收到位。县人民政府要加强对污水处理费征收、使用的监管，存入专用账户，保证专款专用，专项用于支付投资商的污水处理服务费。当专用账户存款余额不足以支付投资商的污水处理服务费额度时，由县财政统筹调剂解决。会议任命李晓跃、陶志高、杨茜为县人民政府副县长，免去蒋跃登、邹雄彬的县人民政府副县长职务。会议任命王煜辉为县教育局局长、陈晚飞为县民政局局长、瞿东江为县交通局局长；免去王煜辉的县民政局局长职务、陈晚飞的县教育局局长职务、陶志高的县交通局局长职务、夏新情的县人大常委会办公室副主任职务。会议任命周益军为东坪法庭庭长，曹波为云台法庭庭长，李光荣、廖芬、谌世伟、杨柳、谌卫红、陈俊清、周友华、刘继开、黄红彬、刘肇端为县人民法院人民陪审员。会议同意周景书辞去县第十五届人大常委会委员职务。

第十二次会议

2009年7月28日，县第十五届人大常委会第12次会议举行，主任蒋金云、副主任彭平移先后主持会议。会议听取和审议了县人民政府关于2009年上半年国民经济和社会发展计划执行情况的报告,审议了县人民政府《关于全县国民经济和社会发展“十一五”规划实施情况的中期评估报告》，对县人民政府“十一五”规划纲要中期评估报告提出3点审议意见。会议听取和审议了县人民政府《关于2009年上半年财政预算执行情况的报告》。

第十三次会议

2009年9月24～25日，县第十五届人大常委会第13次会议举行，主任蒋金云、副主任邓晓君先后主持会议。会议学习了《中华人民共和国安全生产法》，听取和审议县人民政府关于贯彻实施《中华人民共和国安全生产法》的情况汇报。会议听取和审议县人民政府《关于办理代表建议、批评和意见情况的汇报》。会议开展对县扶贫开发局、县信用联社、县电力局的工作评议，对3个单位的工作进行了满意度测评，共发出测评票29张，收回29张（其中有效票28张，废票1张），对县扶贫开发局工作满意的19票，基本满意的8票，不满意的1票；对县信用联社工作满意的15票，基本满意的13票；对县电力局工作满意的14票，基本满意的14票。会议任命李子升为县建设局局长，免去黄胜军的县建设局局长职务。会议决定暂时停止黄胜军的县第十五届人大代表职务。

第十四次会议

2009年11月20日，县第十五届人大常委会第14次会议举行，主任蒋金云、副主任彭平移先后主持会议。会议学习《中华人民共和国文物保护法》，听取和审议县人民政府《关于安化县文物保护工作的情况汇报》。会议听取和审议了县人民政府《关于提请审议调整2009年财政总收入任务的议案》，同意调整预算，将县第十五届人民代表大会第二次会议通过的财政总收入38000万元调减为36800万元，预算支出不作调整。会议听取和审议县人民政府《关于本年度县人大常委会审议意见办理落实情况的汇报》。会议同意王美兰、刘化、李远胜、黄维放、傅冰清辞去县第十五届人民代表大会代表职务。会议决定暂时停止蒋利人、游光明的县第十五届人大代表职务。会议免去蒋利人的县经贸局局长职务。

第十五次会议

2009年12月21日，县第十五届人大常委会第15次会议举行，主任蒋金云、副主任邓晓君先后主持会议。会议听取和审议县人民政府《关于安化县土地利用总体规划修编（草案）的情况报告》。会议听取县人大常委会办公室关于县第十五届人民代表大会第三次会议筹备情况的汇报，决定县第十五届人民代表大会第三次会议于2010年1月10～15日在东坪举行。会议审议县人大常委会工作报告（草案）。选举任免联络工委报告了县第十五届人大代表补选情况，根据《选举法》的有关规定，安化县第20选区、第33选区、第34选区、第38选区、第56选区、第60选区、第64选区、第81选区、第107选区、第110选区分别补选陈晚飞、祁辉、丁晓明、孙富强、李俊夫、黄万雄、瞿国辉、王备华、李子升、王欢安、陆筱军、黄正普、邓军建为县第十五届人民代表大会代表。经县第十五届人大常委会代表资格审查委员会审查，选举程序合法，陈晚飞、祁辉、丁晓明、孙富强、李俊夫、黄万雄、瞿国辉、王备华、李子升、王欢安、陆筱军、黄正普、邓军建的代表资格有效。

第十六次会议

2009年12月30日，县第十五届人大常委会第16次会议举行，主任蒋金云、副主任邓晓君先后主持会议。会议任命郑伯怡为县人民政府副县长；免去胡跃龙的县人民政府副县长职务、詹望彪的县公安局局长职务。会议同意刘昭阳、罗秋生辞去益阳市第四届人大代表职务，补选祁辉为益阳市第四届人大代表。

第十七次会议

2010年3月6日，县第十五届人大常委会第17次会议举行，主任蒋金云，副主任邓晓君、彭平移先后主持会议。会议听取了县人民政府《关于全县第二次全国土地调查情况的报告》，审议通过了《县人大常委会2010年工作要点》。会议任命祝浩为县人民政府副县长，吉项军为县人大常委会城乡建设与环境保护工作委员会副主任，龚悟云为县人民政府办公室主任，黄作荣为县经贸局局长，殷增业为县安全生产监督管理局局长。会议免去李斌的县人民政府办公室主任职务，谌操黎的县安全生产监督管理局局长职务。会议任命蒋正宇、易华彪为县人民检察院副检察长、检察委员会委员、检察员，杨朝晖、刘宙波为县人民检察院检察委员会委员，彭元章、肖宏、黎浩、刘俏、龚卫彬、尹志平、曹海波为县人民检察院检察员。

第十八次会议

2010年5月31日，县第十五届人大常委会第18次会议举行，主任蒋金云，副主任邓晓君、彭平移先后主持会议。会议听取和审议了县人民政府《关于2009年预算执行及其他财政收支的审计工作报告》，审查批准了2009年县财政收支决算，听取了“省直管县”财政体制改革精神情况的汇报，作出了《关于批准第五轮乡镇财政体制方案的决定》，任命苗圣英为县人民政府副县长。

第十九次会议

2010年7月28日，县第十五届人大常委会第19次会议举行，主任蒋金云，副主任邓晓君、彭平移先后主持会议。会议听取和审议了县人民政府关于2010年上半年国民经济和社会发展计划、财政预算执行情况及农村土地承包经营权流转工作的情况报告。会议任命龙吉明为县人大常委会选举任免联络工作委员会主任、胡春为县人大常委会财政经济工作委员会主任、瞿军盛为县人大常委会教育科学文化卫生工作委员会主任、刘锻武为县人大常委会农业与农村工作委员会主任、胡健为县人大常委会办公室副主任。会议免去罗舜寰的县人大常委会选举任免联络工作委员会主任职务、伍惠予的县人大常委会教育科学文化卫生工作委员会主任职务、周共华的县人大常委会农业与农村工作委员会主任职务、廖双初的县人大常委会选举任免联络工作委员会副主任职务。会议任命刘莉辉为梅城法庭庭长、颜志军为清塘法庭庭长、黄炜为烟溪法庭庭长；免去刘莉辉的县人民法院刑事审判庭副庭长职务，颜志军的清塘法庭副庭长职务，黄炜的烟溪法庭副庭长职务。

第二十次会议

2010年9月27日，县第十五届人大常委会第20次会议举行，主任蒋金云，副主任邓晓君、彭平移先后主持会议。会议学习了《中华人民共和国道路交通安全法》，听取和审议了县人民政府关于贯彻实施《中华人民共和国道路交通安全法》，住房保障建设和办理代表建议、批评、意见等情况汇报。会议任命贾博文为县公安局局长，并通过了《关于同意接受王有恒、刘日升辞去安化县第十五届人大代表职务的决定》。

第二十一次会议

2010年11月30日，县第十五届人大常委会第21次会议举行。主任蒋金云、副主任邓晓君先后主持会议。会议听取和审议了县人民政府《关于义务教育合格学校建设和“十二五”规划编制的情况报告》，通过了《关于暂时停止邓军建、谌登桥、张应民的县第十五届人大代表职务的决定》和《关于同意接受谢智兴、黄顺安、向剑锋、龚良文、夏增强同志辞去县第十五届人大代表职务的决定》，同意谢智兴、黄顺安、向剑锋、龚良文、夏增强辞去县第十五届人大代表职务。主任蒋金云向会议作了述职报告。

第二十二次会议

2010年12月15日，县第十五届人大常委会第22次会议举行。主任蒋金云、副主任邓晓君先后主持会议。会议分别听取了县人大常委会办公室、选举任免联络工委关于县十五届人大四次会议筹备和县第十五届人大代表补选工作情况汇报，审议了县人大常委会工作报告（草案）。会议补选曾庆彬、彭书国为益阳市第四届人大代表，其代表资格报经市人大常委会代表资格审查委员会审查确认后生效。

第二十三次会议

2011年1月17日，县第十五届人大常委会第23次会议举行，主任蒋金云、副主任邓晓君先后主持会议。会议任命李跃祥为县人力资源和社会保障局局长、李子升为县住房和城乡建设局局长、瞿东江为县交通运输局局长、夏岳来为县环境保护局局长、傅武陵为县粮食局局长、胡能兴为县食品药品监督管理局局长、黄作荣为县工业和信息化局局长；谭安民为县人大常委会选举任免联络工作委员会副主任。

第二十四次会议

2011年3月22日，县第十五届人大常委会第24次会议举行。主任蒋金云、副主任邓晓君先后主持会议。会议首先组织全体参会人员学习了《中共中央国务院关于加快水利改革发展的决定》，县委党校教研室主任蒋吉军作了辅导发言。会议通过了《县人大常委会2011年工作要点（草案）》。会议任命刘斌为县人民法院刑事审判庭庭长，刘永和为县人民法院民事审判第二庭庭长，阮碧强为县人民法院行政审判庭庭长，张仁义为县人民法院林业审判庭庭长，邱尽晖为县人民法院立案庭庭长，蒋国祥为清塘法庭庭长，黄炜为江南法庭庭长，颜志军为平口法庭庭长，李军为县人民法院刑事审判庭副庭长，廖祥云为县人民法院民事审判第二庭副庭长，龚小燕为县人民法院民事审判第二庭副庭长，柳小敏为梅城法庭副庭长，杨莉为县人民法院审判员、冷市法庭副庭长，黄皓为县人民法院审判员、平口法庭副庭长；免去肖超武的县人民法院刑事审判庭庭长职务，谌继辉的县人民法院行政审判庭庭长职务，张梅忠的县人民法院林业审判庭庭长职务，刘斌的冷市法庭庭长职务，刘永和的县人民法院立案庭庭长职务，阮碧强的县人民法院执行局副局长职务，张仁义的县人民法院民事审判第二庭副庭长职务，邱尽晖的县人民法院民事审判第二庭庭长职务，蒋国祥的大福法庭庭长职务，黄炜的烟溪法庭庭长职务，颜志军的清塘法庭庭长职务，李军的江南法庭庭长职务，廖祥云的平口法庭庭长职务，龚小燕的东坪法庭副庭长职务，蒋党辉的县人民法院民事审判第二庭副庭长职务，王景明的县人民法院立案庭副庭长职务，杨建英的东坪法庭副庭长职务。会议任命刘杰、刘怡来、冷术、周妤、刘菊辉、黄小红为县人民检察院检察员。

第二十五次会议

2011年5月13日，县第十五届人大常委会第25次会议举行。主任蒋金云、副主任夏国新先后主持会议。会议听取和审议了县人民政府《关于2011年县财政预算编制的情况说明》，通过了《全县2011年财政预算编制方案》。会议听取了县水利局关于水利基础设施建设和节能减排工作情况汇报，要求县人民政府要以贯彻实施中央《关于加快水利改革发展的决定》的政策机遇，突出重点，科学规划，努力在水利开发、防汛减灾、病险水库除险加固、城乡饮水等方面取得更大成绩和长足发展。任命周志和、宋新建为县人民政府副县长；免去苗圣英县人民政府副县长职务。会议聘任夏凡来、黄顺安、廖建和、廖双初为县人大常委会选举任免联络工作委员会兼职委员，殷增业为县人大常委会内务司法工作委员会兼职委员，李新华、孙富强为县人大常委会财政经济工作委员会兼职委员，杨方华、陈可立、谌三支为县人大常委会教育科学文化卫生工作委员会兼职委员，姚志群、龙星乔、彭和群、肖新华、梁石桅为县人大常委会农业工作委员会兼职委员，谌操黎、李子升、吴立新、蒋豪刚为县人大常委会城乡建设和环境保护工作委员会兼职委员。会议解聘李建文的县人大常委会选举任免联络工作委员会兼职委员职务，曾臻的县人大常委会内务司法工作委员会兼职委员职务，肖昆、曾政清的县人大常委会财政经济工作委员会兼职委员职务，周庆斗、李国祥、龙吉明的县人大常委会教育科学文化卫生工作委员会兼职委员职务，殷增业、何国强、陈河清、王传武的县人大常委会农业工作委员会兼职委员职务，黄胜军、蒋益明、龚睦中的县人大常委会城乡建设和环境保护工作委员会兼职委员职务。

第二十六次会议

2011年6月20日，县第十五届人大常委会第26次会议举行,主任蒋金云、副主任邓晓君先后主持会议。会议任命邹雄彬、龚悟云为县人民政府副县长；免去魏刚、罗必胜的县人民政府副县长职务。会议还听取了县人大常委会党组成员、办公室主任陶月平关于参加全国人大北戴河培训班学习情况的汇报。

第二十七次会议

2011年7月29日，县第十五届人大常委会第27次会议举行。主任蒋金云、副主任彭平移先后主持会议。会议听取和审议了县人民政府《关于贯彻实施森林防火条例情况的汇报》《关于2010年预算执行和其他财政收支的审计工作报告》《2011上半年国民经济和社会发展规划以及财政预算执行情况的报告》，表决通过了《关于批准2010年县本级财政决算的决定（草案）》。会议通过了县人大常委会主任会议提出的《安化县“人民满意公仆”评选方案》。会议免去张华山的县监察局局长职务；任命陆筱军为县监察局局长。

第二十八次会议

2011年9月26日，县第十五届人大常委会第28次会议举行。主任蒋金云、副主任邓晓君先后主持会议。会议认真听取和审议了安化县人民政府关于贯彻实施《中华人民共和国人口与计划生育法》和《湖南省人口与计划生育条例》的情况汇报，听取和审议了县人民政府《关于2011年代表议案及建议办理工作的情况汇报》，审议通过了县人民政府《关于县树、县花评选结果的议案》。会议决定茶树为安化县县树，紫薇花为安化县县花。会议对县公安局、县国土局进行了工作评议，并对县公安局、县国土资源局的工作进行了满意度测评，共发出测评票22张，收回22张，对县公安局工作满意的16票，基本满意的5票，不满意的1票；对县国土局工作满意的18票，基本满意的4票。会议充分肯定了“一府两院”办理代表意见建议的务实作风和工作成效，同时，也提出还存在一些需要加强与改进的地方，必须进一步在办理实效上下功夫，特别是对于交办的重点建议，要进一步加强部门协调，及时有效办理。

第二十九次会议

2011年11月29日，县第十五届人大常委会第29次会议举行。主任蒋金云、副主任高多庆先后主持会议。会议听取和审议了县人民政府关于贯彻实施《中华人民共和国残疾人保障法》的实施情况汇报。会议任命姚华辉为县人民法院审判员、大福法庭副庭长，刘欣为县人民法院审判员、云台法庭副庭长，陈凌为安化县人民法院审判员、执行局副局长。补选李孝辉为益阳市第四届人民代表大会代表，其代表资格报经市人大常委会代表资格审查委员会审查确认后生效。

第三十次会议

2011年12月8日，县第十五届人大常委会第30次会议举行，主任蒋金云、副主任邓晓君先后主持会议。会议听取和审议了县十五届人大五次会议筹备情况的汇报和代表资格审查报告，原则通过了县人大常委会工作报告（草案），作出了《关于召开县第十五届人民代表大会第五次会议的决定》。会议决定安化县第十五届人民代表大会第五次会议于2011年12月27～31日在东坪召开。会上，蒋金云作了讲话：“根据党的现行干部政策，我将在县十五届人大五次会议上辞去县人大常委会主任职务，感谢多年来县委对人大工作的重视和支持，并向全体同仁致以深情感谢，感谢大家在任期内对我工作的帮助与支持。我作为安化培养的干部，对家乡怀有深厚感情，退休后，仍愿意为全县的文化、教育和慈善事业等做些力所能及的工作。希望大家坚持党的领导，维护党的核心，履行好法律赋予的各项职权，为安化县经济社会发展做出新贡献。”县委副书记李太源作了重要讲话，充分肯定县第十五届人大常委会的工作，并代表县委对蒋金云任职期间所做出的贡献表示感谢，希望他在卸任后继续支持县人大、县委工作，一如既往地为全县工作献计出力。他还强调，县十五届人大五次会议即将召开，各有关方面要周密部署，尽职尽责，密切协作，确保会议完成预定议程。

第三十一次会议

2012年2月16日，县第十五届人大常委会第31次会议举行，主任蒋跃登、副主任邓晓君先后主持会议。会议审议通过了《县人大常委会2012年工作要点（草案）》。会议任命瞿文儒、任丽华为县人民检察院检察委员会委员,谢礼、谢丽佳、黄贵春、汤涤、王剑锋、钟诚、蒋远军、熊帅为县人民检察院检察员；免去周云贵的县人民检察院检察委员会委员职务。

第三十二次会议

2012年3月29日，县第十五届人大常委会第32次会议举行，主任将跃登、副主任夏国新先后主持会议。会议听取和审议了县人民政府关于创建森林城市工作情况汇报及“五五”普法情况与“六五”普法决议（草案）说明。表决通过了《安化县“六五”普法决议》。会议任命张志远、杨敬茂为县人民政府副县长；刘斌、阮碧强为县人民法院审判委员会委员，龚小燕为县人民法院民一庭副庭长，邓馥晖为县人民法院审判员、民二庭副庭长，刘姝群为县人民法院审判员、江南法庭副庭长，林令、刘鑫、张璐、陈佳、卢艳、刘杰为县人民法院审判员；免去龚小燕的县人民法院民二庭副庭长职务，肖超武、张梅忠的县人民法院审判委员会委员职务，颜志军的县人民法院审判员、平口法庭庭长职务，熊丽霞的县人民法院民一庭副庭长、审判员职务。

第三十三次会议

2012年5月25日，县第十五届人大常委会第33次会议举行，主任蒋跃登、副主任夏国新先后主持会议。会议学习了《中华人民共和国动物防疫法》，听取和审议了县人民政府关于动物防疫工作、2012年全县财政预算编制情况汇报。会议批准了《2012年全县财政预算编制方案（草案）》。会议任命熊栋才为县文化旅游广电新闻出版局局长，免去其县文化旅游局（新闻出版局、版权局）局长职务。会议任命张惠群为冷市法庭庭长、黄皓为平口法庭庭长；免去张惠群的冷市法庭副庭长职务、黄皓的烟溪法庭副庭长职务。

第三十四次会议

2012年7月26日，县第十五届人大常委会第34次会议举行，主任蒋跃登、副主任彭平移先后主持会议。会议听取和审议了县人民政府《关于2011年预算执行和其他财政收支的审计工作报告，2012年上半年国民经济和社会发展计划以及预算执行情况的报告》，表决通过了《关于批准2011年县本级财政决算的决定（草案）》。会议听取了财政经济工委《关于2012上半年全县财政预算执行情况的调查报告》《关于全县2012上半年重点工程项目建设情况的调查报告》，农业工委《关于上半年全县农业农村农民情况的调查报告》《关于工业运行情况的调查报告》，选举任免联络工委《关于县乡人大换届选举有关情况的汇报》。根据中央、省委和市委已作出的统一部署和要求，安化县县乡两级人大于2012年7月1日至10月30日进行换届选举。

第三十五次会议

2012年9月20日，县第十五届人大常委会第35次会议举行，主任蒋跃登、副主任邓晓君先后主持会议。会议认真审议了县人大常委会主任会议《关于提请任命安化县选举委员会的议案》，县人大常委会主任会议《关于提请任命安化县各乡镇选举委员会的议案》，通过了《安化县人民代表大会常务委员会关于任命安化县选举委员会的决定（草案）》《安化县人民代表大会常务委员会关于任命安化县各乡镇选举委员会的决定（草案）》。根据《选举法》和《湖南省县级以下人民代表大会代表直接选举细则》的规定，分别成立县、乡选举委员会，主持换届选举工作。会议任命蒋跃登为县选举委员会主任，李太源、胡跃龙、祁辉、邓晓君为副主任，陈高超、李国祥、杨在和、龙吉明、罗舜寰、谭安民为委员。县选举委员会下设办公室，由龙吉明兼任办公室主任，李国祥、夏新情、谭安民、瞿荃芳任办公室副主任。

第三十六次会议

2012年9月27日，县第十五届人大常委会第36次会议举行，主任蒋跃登、副主任夏国新先后主持会议。会议首先组织学习了《中华人民共和国建筑法》，听取和审议了县人民政府《关于贯彻实施〈中华人民共和国建筑法〉情况报告》《关于全县高中教育情况的报告》《关于办理县人大代表建议、批评和意见情况的报告》。会议认为，近几年来，县人民政府及住房建设主管部门牢固树立科学发展观，深入贯彻实施建筑法及相关法律法规，切实加强对建筑活动的监督管理，保障和促进了全县建筑业健康有序发展，促进了城镇扩容提质，拉动了县域经济快速发展。县人民政府坚持教育优先发展战略，把加强普通高中教育作为全县教育升级提质的重点来抓，加强学校管理，促进普高教育健康有序发展，教学质量稳步提升。

第三十七次会议

2012年11月5日，县第十五届人大常委会第37次会议举行，主任蒋跃登、副主任高多庆先后主持会议。会议免去龚悟云的县人民政府办公室主任职务、陈阳玉的县司法局局长职务、李华山的县水利局局长职务。会议任命任菊文为县人民法院副院长、审判委员会委员、审判员，戴新安为县人民检察院副检察长、检察委员会委员、检察员。会议接受张立新辞去县人民法院院长、审判委员会委员、审判员职务，报县人民代表大会备案,并决定由任菊文为县人民法院代理院长。会议接受符大欣辞去县人民检察院检察长、检察委员会委员、检察员职务，报县人民代表大会备案，由县人民检察院提请市人民检察院报经益阳市人民代表大会常务委员会批准，并决定由戴新安为县人民检察院代理检察长。

第三十八次会议

2012年11月16日，县第十五届人大常委会第38次会议举行，主任蒋跃登、副主任邓晓君先后主持会议。会议听取和审议了县十六届人大一次会议有关事项,审议了县人大常委会工作报告（草案）。

第九节　县第十六届人大常委会会议

第一次会议

2013年1月18日，县第十六届人大常委会第1次会议举行，主任蒋跃登、副主任黄志军先后主持会议。会议审议通过了《县人大常委会2013年工作要点（草案）》；任命姚国良为县人大常委会办公室主任，免去陶月平的县人大常委会办公室主任职务。

第二次会议

2013年4月18日，县第十六届人大常委会第2次会议举行，主任蒋跃登、副主任黄志军先后主持会议。会议同意杨光鑫辞去县人民政府县长职务，任命熊哲文为县人民政府副县长，任命万成、罗健、李中放为县人民政副县长（挂职），决定熊哲文为县人民政府代理县长，免去周志和、张志远、杨敬茂同志县人民政府副县长（挂职）职务。会议任命李兴才为县人民法院陪审员，夏辉平、王文圣为县人民检察院检察员；免去黄亮的县人民法院陪审员职务，黄贵春、曹海波、龚卫彬的县人民检察院检察员职务。会议通过了县第十六届人民代表大会常务委员会代表资格审查委员会名单，黄志军为主任委员，龙吉明为副主任委员，文光明、张勇（女）、陈高超、易建礼、姚国良、黄玉花（女）、谭安民为委员。全国人大代表张青娥传达了十二届全国人大一次会议精神。会议听取和审议了县人民政府《关于县城人防工程规划（草案）编制的情况报告》；通过了《关于举行安化县第十六届人民代表大会第二次会议的决定》。

第三次会议

2013年4月26日，县第十六届人大常委会第3次会议举行，主任蒋跃登、副主任黄志军先后主持会议。会议听取了县人大常委会代表资格审查委员会《关于县第十六届人民代表大会第二次会议代表资格审查情况的报告》，办公室《关于县十六届人大二次会议筹备情况的报告》。

第四次会议

2013年5月27日，县第十六届人大常委会第4次会议举行，主任蒋跃登、副主任黄志军先后主持会议。会议听取和审议了2013年全县财政预算编制情况汇报，听取和审议了县第六轮乡镇财政体制方案（草案），通过了《安化县第六轮乡镇财政体制方案的决定》。会议通过了《关于同意陈高超、胡春、张勇、王伟俊、李艳云辞去县第十六届人民代表大会常务委员会委员职务的决定》。会议任命陈晚飞为县人民政府办公室主任、邓为卫为县发展和改革局局长、李跃祥为县教育局局长、王直前为县科学技术局局长、黄作荣为县工业和信息化局局长、贾博文为县公安局局长、殷增业为县监察局局长、杨道雄为县民政局局长、龚魁林为县司法局局长、肖庆芳为县财政局局长、陈高超为县人力资源和社会保障局局长、龙要平为县国土资源局局长、陆炯为县环境保护局局长、王煜辉为县住房和城乡建设局局长、李爱晖为县交通运输局局长、姚志群为县水利局局长、贺新武为县农业局局长、陶月平为县林业局局长、周德淑为县文化广电新闻出版局局长、李子升为县卫生局局长、刘亚新为县人口和计划生育局局长、陆筱军为县审计局局长、刘庭科为县安全生产监督管理局局长、李晓明为县统计局局长、贺刚林为县粮食局局长、方忠良为县食品药品监督管理局局长。会议免去陈晚飞的县民政局局长职务、李跃祥的县人力资源和社会保障局局长职务、廖艳平的县科学技术局局长职务、殷增业的县安全生产监督管理局局长职务、肖庆芳的县发展和改革局局长职务、王运明的县财政局局长职务、夏岳来的县环境保护局局长职务、王煜辉的县教育局局长职务、瞿东江的县交通运输局局长职务、黄志军的县林业局局长职务、熊栋才的县文化广电新闻出版局局长职务、李子升的县住房和城乡建设局局长职务、封晓秋的县卫生局局长职务、陆筱军的县监察局局长职务、夏新华的县审计局局长职务、蒋毅华的县统计局局长职务、傅武陵的县粮食局局长职务、胡能兴的县食品药品监督管理局局长职务、夏华凤的县人口和计划生育局局长职务。

第五次会议

2013年7月26日，县第十六届人大常委会第5次会议举行，主任蒋跃登，副主任黄志军、夏华凤先后主持会议。会议听取和审议了县人民政府《关于2012年预算执行和其他财政收支的审计工作报告》《2013年上半年国民经济和社会发展计划以及预算执行情况的报告》，表决通过了《关于批准2012年县本级财政决算的决定（草案）》。会议作出了《关于推进法治安化建设的决议》，审议通过了《县人大代表履职登记与考核办法》，听取了关于贯彻实施《中华人民共和国气象法》情况的报告。会议任命瞿军盛为县人大常委会财政经济工作委员会主任、刘百战为县人大常委会内务司法工作委员会主任、夏新情为县人大常委会教科文卫工作委员会主任、夏岳生为县农业局局长、曾华为县人民法院副院长、曾来生为县人民法院副院长、黄炜为县人民法院审判委员会委员。会议免去肖伟群的县人大常委会内务司法工作委员会主任职务、胡春的县人大常委会财政经济工作委员会主任职务、瞿军盛的县人大常委会教科文卫工作委员会主任职务、贺新武的县农业局局长职务、姚懿安的县人民法院副院长和审判委员会委员职务、黄炜的江南法庭庭长职务。

第六次会议

2013年9月27日，县第十六届人大常委会第6次会议举行，主任蒋跃登、副主任刘跃迎先后主持会议。会议听取了县政府办、县公路局、县国土资源局、县林业局、县公安局、东坪镇政府、冷市镇政府、羊角塘镇政府、龙塘乡政府、安化供电公司、县移动分公司、县电信分公司、联通安化分公司等单位关于茅东公路建设有关情况的报告，并对县重点工程茅东公路建设进行了评议。听取和审议了县人民政府《关于办理县人大代表建议、批评和意见情况的报告》《关于贯彻实施〈中华人民共和国刑事诉讼法〉情况的报告》。

第七次会议

2013年11月27日，县第十六届人大常委会第7次会议举行，主任蒋跃登，副主任黄志军、伍亮先后主持会议。会议对茶产业进行评议，听取和审议了县人民政府《关于贯彻实施〈中华人民共和国土地管理法〉情况的报告》《关于提请调整2013年财政预算收入任务的议案》《关于县羽城建设投资有限公司向建设银行安化支行申请贷款的议案》，听取了办公室关于县十六届人大三次会议筹备情况的汇报。会议通过了《关于县人民法院人民陪审员名额的决定》，确定县人民法院人民陪审员名额为97名，并任命肖可训、蒋韶波、梁余财、钟石来、谌白军、刘基文、刘龙军、刘翼张、张华松、田勇强、王闪阳、林玲、闵晓美、龙守书、龙斌、田喜萍、姚仲平、黄军球、杨曙、梁志胜、潘富强、周铁刚、李大方、李想连、陶小祥、陈勇刚、曾福生、张建义、伍列生、夏永石、谢斌、夏玉石为县人民法院人民陪审员。会议同意谢寿保、李晓跃辞去益阳市第五届人大代表职务。会议同意夏凡来、刘宝祥、王刚强、吴能高辞去县第十六届人大代表职务。会议补选周国忠、谢君毅、李伟建为益阳市第五届人大代表。

第八次会议

2013年12月12日，县第十六届人大常委会第8次会议举行，主任蒋跃登、副主任黄志军先后主持会议。会议同意李艳云辞去安化县第十六届人大代表职务，审议了县人大常委会工作报告（草案），客观全面的对乡镇和县直各部门进行了测评。

第九次会议

2014年3月12日，县第十六届人大常委会第9次会议举行，主任蒋跃登、副主任黄志军先后主持会议。会议审议通过了《县人大常委会2014年工作要点（草案）》《县人大常委会关于审计查出问题整改情况实行监督的暂行办法(草案)》。

第十次会议

2014年5月12日，县第十六届人大常委会第10次会议举行，主任蒋跃登，副主任夏华凤、刘跃迎先后主持会议。会议听取了平烟公路建设开发有限公司、县国土局、县林业局、县公安局、县交通局、烟溪镇、平口镇、渠江镇、柘溪林场、县供电公司、县移动公司、县电信公司、县联通公司、县电视台分别报告S225线安化段公路改建工程建设情况，评议了S225线安化段公路改建工程建设情况。会议审查了县人民政府《关于2014年度建设项目与融资计划(草案)》，审议通过《关于许可对县人大代表唐凤祝执行行政拘留决定》。会议任命王文召为县人民政府副县长（挂职），免去罗健的县人民政府副县长（挂职）职务。会议任命刘克强为县人民法院行政庭庭长、刘永和为县人民法院林业庭庭长、肖正兵为县人民法院审监庭庭长、刘斌为县人民法院民一庭庭长、阮碧强为县人民法院刑庭庭长、周劲阳为东坪法庭庭长、廖祥云为县人民法院民二庭庭长、曹波为县人民法院道路交通法庭庭长、刘妹群为县人民法院民二庭副庭长、刘杰为县人民法院执行局副局长、陈佳为县人民法院执行局副局长；免去刘克强的县人民法院民一庭庭长职务、刘永和的县人民法院民二庭庭长职务、刘斌的县人民法院刑庭庭长职务、阮碧强的县人民法院行政庭庭长职务、周劲阳的县人民法院刑庭副庭长职务、廖祥云的县人民法院民二庭副庭长职务、曹波的云台法庭庭长职务、刘妹群的江南法庭副庭长职务、刘莉辉的梅城法庭庭长职务、周益军的东坪法庭庭长职务、蒋国祥的清塘法庭庭长职务、张仁义的县人民法院林业庭庭长职务、夏永亮的县人民法院审监庭庭长职务、邓馥晖的县人民法院民二庭副庭长职务。会议决定聘任陈晚飞、陈高超、张良保、宁伟、李丰、廖双初为县人大常委会选举任免联络工作委员会兼职委员，瞿美云、肖光辉、谌嘉球、肖刚强、王传武、蒋昌开、贺献军为县人大常委会内务司法工作委员会兼职委员，黄作荣、吴安华、魏晓东、杨佳荣、梁逸群、廖建国为县人大常委会财政经济工作委员会兼职委员，陈可立、吴尚龙、吴能高、李钦初、郭明才、夏庆之为县人大常委会教育科学文化卫生工作委员会兼职委员，彭和群、胡智慧、贺刚林、刘双爱、龚睦中、张革清、龙星乔、邓荫华为县人大常委会农业工作委员会兼职委员，谌操黎、谭洪波、肖汉民、李建秋、黄光忠、林柑蕾、刘卫方、蒋豪刚为县人大常委会城乡建设和环境保护工作委员会兼职委员。

第十一次会议

2014年5月29日，县第十六届人大常委会第11次会议举行，主任蒋跃登、副主任伍亮先后主持会议。会议听取了县人民政府《关于2014年全县财政预算编制情况的报告》。会议建议要有坚定完成税收任务的信心，依法搞好征税工作，加大财务监督，加大预算和“三公”经费的公开力度。会议听取了县旅游办关于安化县旅游发展总体规划（2014-2030）的情况说明，会议通过了《关于〈安化县旅游发展总体规划〉的决议（草案）》。会议听取了县人民法院院长《关于贯彻实施〈中华人民共和国民事诉讼法〉情况的报告》。会议建议要加强队伍建设，不断加大执行力度，增加投入，努力改善司法环境，切实保障诉讼权利。

第十二次会议

2014年8月8日，县第十六届人大常委会第12次会议举行，主任蒋跃登、副主任夏华凤先后主持会议。会议听取和审议了县人民政府《关于2013年预算执行和其他财政收支的审计工作报告》，审查批准《县人民政府2013年县本级财政决算》，听取和审议了县人民政府《关于2014年上半年国民经济和社会发展计划以及财政预算执行情况的报告》，审议了县人民政府《关于创圆公司贷款议案》，评议重金属污染治理项目工程建设情况。会议原则通过《关于创圆建设投资有限公司向中国建设银行安化县支行申请中国黑茶产业园基础设施建设项目贷款的议案》（安政函〔2014〕75号），同意由安化县创圆建设投资有限公司向中国建设银行安化支行申请贷款20000万元。县人大常委会将依据《监督法》的有关规定，对贷款资金的使用情况进行监督。会议任命龙菲为县人民政府副县长（挂职），邢持军、曾文亮为县人民检察院检察员。会议免去郭美霞、熊帅、汤涤、王剑锋、谢礼、谢丽佳、蒋远军、钟诚的县人民检察院检察员职务。

第十三次会议

2014年9月26日，县第十六届人大常委会第13次会议举行，主任蒋跃登、副主任夏华凤先后主持会议。会议听取和审议了县人民政府《关于办理县人大代表建议、批评和意见情况的报告》《关于贯彻实施〈中华人民共和国水土保持法〉的情况报告》《关于全县医药卫生体制改革工作的情况报告》。会议同意肖锋、李昔新、刘超群、陈金良、廖小寒、廖小甫、王毅、吉爱军、贺中义、康胜良辞去县第十六届人大代表职务。会议决定许可县人民法院对县第十六届人大代表熊国强依法采取强制措施及刑事审判。会议任命朱彤、熊红主、潘彩凤、谢晏安、陈智芬、邓建文、谢燕妮、谌建妹、袁泉、黄顺和、谢彬、姚三妹、蒋智群、刘攀、刘宗凡、吴彦卿、雷建刚、黄新谷、付吉平、黄叶群、刘青富、邓志刚、夏军、夏兴平、李建华为县人民法院人民陪审员。

第十四次会议

2014年11月27日，县第十六届人大常委会第14次会议举行，主任蒋跃登、副主任伍亮先后主持会议。会议听取和审议了县畜牧局、县公安局、县人民法院有关审计查出问题整改情况的报告，审议和批准县城投公司有关投资计划，审议县人民政府《关于以县非税收入收费权为质押贷款的议案》《关于交通投贷款的议案》，听取和审议县十六届人大四次会议筹备方案报告。会议原则同意县人民政府以非税收入收费权为质押，以县非税收入征收管理局为借贷主体，向长沙银行贷款15000万元。县人大常委会将依据《监督法》的有关规定，对贷款资金的使用情况进行监督。会议原则通过《安化县人民政府关于县交通建设投资开发有限公司向华融湘江银行安化支行贷款的议案》，同意由县交通建设投资开发有限公司向华融湘江银行安化支行申请贷款19800万元，用于实施冷市镇、龙塘乡城镇化土地整理项目，该项贷款纳入县年度财政预算，由县财政兜底。县人大常委会将依法对贷款资金的使用情况进行监督。

第十五次会议

2014年12月17日，县第十六届人大常委会第15次会议举行，主任蒋跃登、副主任黄志军先后主持会议。会议接受任菊文辞去县人民法院院长职务的请求，报安化县第十六届人民代表大会第四次会议备案。会议同意任菊文辞去益阳市第五届人大代表职务，终止其益阳市人大代表资格。会议补选李爱晖、许国柯为益阳市第五届人大代表。会议审议县第十六届人大四次会议有关事项及县人大常委会工作报告（草案）。会议任命欧阳柳柳、李珍、刘婷、高艳龙、林云、余但丁、陈旻为县人民检察院检察员。

第十六次会议

2015年3月27日，县第十六届人大常委会第16次会议举行，主任蒋跃登、副主任黄志军先后主持会议。会议听取了全国人大代表张青娥关于十二届全国人大三次会议精神的报告。会议审议通过了《县人大常委会2015年工作要点（草案）》。会议任命周明峨为县人民政府副县长（挂职）；免去万成、李中放的县人民政府副县长职务。会议任命王硕、曹绍华、汤灵新、袁园园、刘静、张珺、吴娟、谌兴、李婕、熊文佳、李胜平、段海胜、张波、黄伟、叶琳、谌俏、陈献花、陈慧、胡萍、陈云平为县人民法院审判员；免去刘朝阳的县人民法院审判员职务。

第十七次会议

2015年4月27日，县第十六届人大常委会第17次会议举行，主任蒋跃登、副主任刘跃迎先后主持会议。会议听取和审议了县人民政府《关于六步溪国家级自然保护区建设情况的报告》。会议建议县人民政府站在可持续发展的战略高度，把安化县自然保护区管理工作纳入重要议事日程，将自然保护区建设纳入国民经济和社会发展计划之中，切实做好自然保护区管理保护工作，对自然保护区的建设资金和日常管理经费给予保障。有关部门要加强基础设施建设，积极争取国家对自然保护区的基础设施建设二期项目，使项目尽快实施。拓宽林农收入渠道，积极争取上级调整政策，适当提高对保护区内的公益林补偿标准，平衡保护区林农权益，发展生态旅游增加林农收入。要完善管理服务职能，由公安机关派人员驻守保护区，处理有关涉法事宜，并确保管理处运转和工作经费。会议听取了新修订的《立法法》知识讲座。

第十八次会议

2015年5月6日，县第十六届人大常委会第18次会议举行，主任蒋跃登、副主任黄志军先后主持会议。会议听取了县人民检察院关于请求对县人大代表陈自强采取限制人身自由强制措施的报告，审议通过了《县人大常委会关于许可县人民检察院对县人大代表陈自强采取限制人身自由强制措施的决议》。

第十九次会议

2015年5月28日，县第十六届人大常委会第19次会议举行，主任蒋跃登、副主任夏华凤先后主持会议。会议听取了县人民政府《关于2015年全县财政预算编制情况的报告》。会议经过审议，决定批准县人民政府《2015年全县财政预算编制情况报告》，同意县人民政府及其财政部门在2015年具体预算执行中按照该预算草案予以实施。会议听取了县人民政府《关于全县公共文化服务体系建设情况的报告》。

第二十次会议

2015年7月10日，县第十六届人大常委会第20次会议举行，主任蒋跃登、副主任伍亮先后主持会议。会议听取了县国税局、县地税局关于安化县2015年上半年税收计划完成情况的报告，并对税务工作情况进行认真评议，提出了进一步加强税务工作的意见和建议。会议审议通过了《安化县人大常委会关于开展“司法公正安化行”活动的决定（草案）》。会议听取了新修订的《中华人民共和国环保法》知识讲座。

第二十一次会议

2015年7月31日，县第十六届人大常委会第21次会议举行，主任蒋跃登、副主任黄志军先后主持会议。会议听取和审议了县人民政府《关于2014年预算执行和其他财政收支的审计工作报告》，同意财政经济工委提出的《关于2014年县本级财政决算（草案）与关于财政“同级审”情况的审查报告》，决定批准《2014年县本级财政决算》。会议听取和审议了县人民政府《关于2015年上半年国民经济和社会发展计划以及财政预算执行情况的报告》，建议县人民政府及有关部门要切实加强经济运行监控，准确把握经济发展趋势和国家宏观政策对全县经济发展的影响，采取有效应对措施，促进全县经济稳定增长，确保完成或超额完成全年目标。要积极关注民生，认真落实省市下达的为民办实事任务，提升群众幸福指数。县人民政府和财税部门要下定决心，通过挖潜堵漏抓收入、综合治税抓收入、强化稽查抓收入、严格考核抓收入等多措并举，千方百计组织收入，确保今年全县计划118654万元财政总收入任务的顺利完成。会议学习中共中央转发《中共全国人大常委会党组关于加强县乡人大工作和建设的若干意见》的通知（中发〔2015〕18号）精神。

第二十二次会议

2015年9月29日，县第十六届人大常委会第22次会议举行，主任蒋跃登、副主任刘跃迎先后主持会议。会议听取和审议了县人民政府《关于办理县人大代表建议、批评和意见情况的报告》《关于资江水污染情况的调查报告》。会议对县人民政府2015年度办理103件代表建议的情况表示肯定。4月10日，县人大常委会发函向县人民政府重点交办5件人大代表建议，由县人大常委会主任、副主任分别牵头督办，有关工作机构具体督办，督促承办单位加强与代表的沟通联系，县人民政府及有关部门加强调查研究，切实办理代表建议，取得工作实效，代表表示满意。会议要求县人民政府及有关部门进一步深化对代表建议意见办理工作的认识，认真严肃地办理好代表提出的建议、批评和意见。进一步提高代表建议意见办理工作质量，各承办单位之间的协调衔接工作需要进一步加强，以提高办理速度和质量。进一步加大代表建议意见办理的落实力度，各承办单位要进行一次回头看，答复承诺近期解决的，要抓紧时间开展工作，使代表早日看到办理成效。按照新修改的《代表法》第四十二条规定："代表建议、批评和意见办理情况的报告，应当予以公开"，安化人大信息网站将政府及各部门办理代表建议意见的情况进行公开。会议任命陈杨开、龙水清、陈申跳、姚先锋、彭卫红、谢小奇、肖建中、肖正喜、龚物丰、张文、谭辉、肖钰、付兵云、李坤、蒋建国、姚国成、严均之、陶智理、夏勇、王根槐、龚俐俐、颜艳云、龚长丁、张宏、谌伟崖为县人民法院人民陪审员。

第二十三次会议

2015年11月2日，县第十六届人大常委会第23次会议举行，主任蒋跃登、副主任夏华凤先后主持会议。会议听取和审议了县人民政府《关于2015年新增政府债券预算调整方案（草案）的议案》。会议听取了县审计局《关于2014年县本级预算执行和其他财政收支审计整改落实情况的报告》，县财政局、县教育局、县人力资源和社会保障局、县民政局、县卫生局、县人口和计划生育局等单位关于财务收支审计整改情况的报告。会议听取和审议了县人民政府及有关部门和乡镇关于马安高速公路安化段建设情况报告。听取了办公室关于县十六届人大五次会议筹备情况报告。会议任命伍拥军为县人民政府副县长、杨惠兴为县人民政府副县长（挂职），免去陶志高的县人民政府副县长职务、王文召的县人民政府副县长职务（挂职）、龙菲的县人民政府副县长职务（挂职）。会议任命张仁义为县人民法院审判委员会委员，曹波为县人民法院民一庭庭长、审判委员会委员，刘再立为清塘法庭庭长，陈凌为梅城法庭庭长，姚华辉为大福法庭庭长，龚小燕为江南法庭庭长，胡新宇云台法庭庭长，黄卫平为烟溪法庭庭长，刘克强为县人民法院刑庭庭长，阮碧强为县人民法院执行局局长，刘永和为县人民法院行政庭庭长，刘斌为县人民法院道路交通法庭庭长，刘莉辉为县人民法院林业庭庭长，刘欣为平口法庭副庭长，刘妹群为县人民法院刑庭副庭长，刘杰为烟溪法庭副庭长，张璐为县人民法院林业庭副庭长，刘鑫为县人民法院民一庭副庭长，邓阳为县人民法院审判员、立案庭副庭长，谌俏为云台法庭副庭长，陈云平为江南法庭副庭长，陈慧为县人民法院民二庭副庭长，陈献花为县人民法院行政庭副庭长，曹绍华为县人民法院刑庭副庭长，张波为江南法庭副庭长，黄伟为东坪法庭副庭长，袁园园为县人民法院道路交通法庭副庭长，段海胜为县人民法院执行局副局长，谌兴为县人民法院执行局副局长，熊文佳为冷市法庭副庭长，叶琳为县人民法院林业庭副庭长，齐绍杰为县人民法院审判员、大福法庭副庭长，罗新超为县人民法院审判员、清塘法庭副庭长。会议免去曾来生的县人民法院执行局局长职务，曹波的县人民法院道路交通法庭庭长职务，刘再立的县人民法院民一庭副庭长职务，陈凌的县人民法院执行局副局长职务，姚华辉的大福法庭副庭长职务，龚小燕的县人民法院民一庭副庭长职务，胡新宇的县人民法院林业庭副庭长、执行局副局长职务，黄卫平的县人民法院执行局副局长职务，刘克强的县人民法院行政庭庭长职务，阮碧强的安人民法院刑庭庭长职务，刘永和的县人民法院林业庭庭长职务，刘斌的县人民法院民一庭庭长职务，刘欣的云台法庭副庭长职务，刘妹群的县人民法院民二庭副庭长职务，刘杰的县人民法院执行局副局长职务。会议同意伍探春辞去益阳市第五届人大代表职务，补选黎石秋、曹超军、孟新军、王良才为益阳市第五届人大代表。

第二十四次会议

2015年12月14日，县第十六届人大常委会第24次会议举行，主任蒋跃登、副主任伍亮先后主持会议。会议听取和审议了县人民政府《关于“十三五”规划编制工作情况的报告》，要求县人民政府要认真研判上级政策、破解发展难题，综合考虑各类因素、做好四个结合，科学谋划统筹兼顾、注重库区发展，强化申报对接工作、确保项目落地。会议审议了县人大常委会工作报告(草案)。会议任命杨慎之为县卫生和计划生育局局长，肖湘、陈健、李小菊、刘彩霞、刘白群为县人民检察院检察员。

第二十五次会议

2015年12月30日，县第十六届人大常委会第25次会议举行，主任蒋跃登主持会议。会议决定接受李爱晖辞去益阳市第五届人大代表和县第十六届人大代表职务的请求，同意李爱晖辞去益阳市第五届人大代表和县第十六届人大代表职务。

第二十六次会议

2016年4月12～13日，县第十六届人大常委会第26次会议举行，主任蒋跃登、副主任黄志军先后主持会议。会议听取了全国人大代表张青娥关于十二届全国人大四次会议精神的报告。会议审议了县人民政府关于2015年企业债发行方案（草案）的议案，通过了县人民政府《关于提请审议2015年企业债发行方案（草案）的议案》的决定，会议同意由湖南梅山资源开发有限责任公司负责申请发债，申请发债的主体项目为安化县黑茶综合批发交易市场，发行规模为8亿元，发行期限7年。会议审议了县人民政府《关于将安化县第一批整村推进基础设施建设项目政府购买服务资金列入财政预算的议案》，通过了县人民政府《关于将安化县第一批整村推进基础设施建设项目政府购买服务资金列入财政预算的议案》的决定，为实施整村推进的扶贫开发对改善全县农村基础设施条件，推动精准扶贫工作开展，同意该项目由安化县羽城建设投资有限责任公司负责建设，实行政府购买服务，县人民政府购买服务资金约1.4亿元，将该项目的政府购买服务资金列入县财政预算。会议审议了县人民政府《关于将安化县村级综合服务平台建设项目政府购买服务资金列入财政预算的议案》，通过了县人民政府《关于将安化县村级综合服务平台建设项目政府购买服务资金列入财政预算的议案》的决定，为推进村级综合服务平台建设，提升政务服务、公共服务和社会服务功能，促进全县村镇建设，同意该项目由安化县羽城建设投资有限责任公司负责建设，实行政府购买服务，县人民政府购买服务资金约4.8亿元，将该项目的政府购买服务资金列入县财政预算。会议审议通过了《县人大常委会2016年度工作要点(草案)》。会议根据《地方组织法》的规定和夏新情、文光明、邓生本、简新立本人的请求，决定同意接受夏新情、文光明、邓生本、简新立辞去县第十六届人民代表大会常务委员会委员职务。会议任命何瑞琦为县人民政府副县长（挂职），李跃祥为县教育和体育局局长，李艳云为县科学技术和工业信息化局局长，陆筱军为县财政局局长，邓生本为县人力资源和社会保障局局长，贺刚林为县环境保护局局长，张革清为县住房和城乡建设局局长，夏岳生为县城市管理行政执法局局长，陈明礼为县交通运输局局长，王直前为县农业和粮食局局长，何国强为县水务局局长，刘畅术为县商务局局长，周德淑为县文化旅游广电新闻出版局局长，熊栋才为县卫生和计划生育局局长，李子升为县审计局局长，龙星乔为县市场和质量监督管理局局长，邓军华为县统计局局长，文光明为县人民防空办公室主任；谭安民为县人大常委会选举任免联络工作委员会主任，方英姿为县人大常委会教育科学文化卫生工作委员会主任，罗伟民为县人大常委会农业工作委员会主任，方建国为县人大常委会城乡建设和环境保护工作委员会主任，瞿荃芳为县人大常委会选举任免联络工作委员会副主任，彭霞为县人大常委会农业工作委员会副主任；吴有江为县人民法院审判员、审判委员会委员。会议免去李跃祥的县教育局局长职务，黄作荣的县工业和信息化局局长职务，陆筱军的县审计局局长职务，肖庆芳的县财政局局长职务，陈高超的县人力资源和社会保障局局长职务，贺刚林的县粮食局局长职务，陆炯的县环境保护局局长职务，王煜辉的县住房和城乡建设局局长职务，夏岳生的县农业局局长职务，李爱晖的县交通运输局局长职务，王直前的县科学技术局局长职务，姚志群的县水利局局长职务，周德淑的县文化广电新闻出版局局长职务，杨慎之的县卫生和计划生育局局长职务，刘亚新的县人口和计划生育局局长职务，李子升的县卫生局局长职务，李晓明的县统计局局长职务，方忠良的县食品药品监督管理局局长职务；龙吉明的县人大常委会选举任免联络工作委员会主任职务，夏新情的县人大常委会教育科学文化卫生工作委员会主任职务，刘锻武的县人大常委会农业工作委员会主任职务，刘国平的县人大常委会城乡建设和环境保护工作委员会主任职务，胡健的县人大常委会办公室副主任职务，谭安民的县人大常委会选举任免联络工作委员会副主任职务，吉项军的县人大常委会城乡建设和环境保护工作委员会副主任职务；瞿美云的县人民法院副院长、审判委员会委员、审判员职务，李文斌的县人民法院副院长、审判委员会委员、审判员职务，蒋党辉、谌水清、何快多、姚小纯、姚旭文的县人民法院审判员职务。

第二十七次会议

2016年6月3日，县第十六届人大常委会第27次会议举行，主任蒋跃登、副主任刘跃迎先后主持会议。会议听取和审议了县财政局《关于2016年财政预算编制情况的报告》，同意县人民政府及其财政部门2016年地方财政总收入为12.33亿元的具体预算，执行中按照该预算草案予以实施。同时建议县人民政府及其财政部门等单位，要进一步强化财源建设，增强财政增收能力；深化财政改革，完善现代财政制度；优化支出结构，提高财政保障能力；细化财政管理，提高资金支出绩效。县财政部门应在认真调研，科学分析的基础上，逐步提高各单位公用经费的保障水平。会议任命甘正气为县人民政府副县长（挂职），唐龙飞为县人大常委会财政经济工作委员会副主任。

第二十八次会议

2016年8月3～4日，县第十六届人大常委会第28次会议举行。主任蒋跃登、副主任夏华凤先后主持会议。会议听取和审议了县人民政府《关于贯彻实施〈中华人民共和国食品安全法〉和〈湖南省食品生产加工小作坊和食品摊贩管理条例〉的情况报告》《关于将有关项目政府购买服务资金列入财政预算的议案》《关于2015年预算执行和其他财政收支的审计工作报告》《关于2016年上半年国民经济和社会发展计划以及财政预算执行情况的报告》，审查批准了《县人民政府2015年财政决算》；审议并通过《县人大常委会关于许可对县人大代表张固岩采取监视居住强制措施的决定》。会议任命李聪勇为县人大常委会办公室副主任，周勤为县人大常委会环境资源保护与城乡建设工作委员会副主任。

第二十九次会议

2016年8月30日，县第十六届人大常委会第29次会议举行。主任蒋跃登主持会议。会议任命肖义、邹雄彬、彭加军为县人民政府副县长；免去王益文、周登高的县人民政府副县长职务。会议通过了《关于接受熊哲文同志辞去安化县人民政府县长职务的决定》，决定接受熊哲文辞去县人民政府县长职务的请求，报县人民代表大会备案。会议决定由副县长肖义代理县长职务。会议任命曾华为县公安局局长，免去贾博文的县公安局局长职务。会议决定接受戴新安辞去县人民检察院检察长、检察委员会委员、检察员职务，报县人民代表大会备案，并由县人民检察院提请益阳市人民检察院报经市人民代表大会常务委员会批准。会议任命朱长均为县人民检察院副检察长、检察委员会委员、检察员，并决定由其代理县人民检察院检察长职务。会议审议通过了《安化县人民代表大会常务委员会关于设立县、乡（镇）选举委员会的决定》，会议决定设立县选举委员会和各乡（镇）选举委员会，受县人大常委会领导，分别主持县第十七届人民代表大会代表的选举和各乡（镇）新一届人民代表大会代表的选举。安化县选举委员会主任蒋跃登，副主任王新宇、李太源、黄志军，委员胡能新、陈毅荣、谭安民、刘刚贵、龙吉明、刘锻武、刘国平，办公室主任谭安民（兼）。高明乡选举委员会主任梁勇军，副主任吴林葵、邓小梅，委员黄跃群、郭演、高孟初、高水平、杨曙光、宁峰，办公室主任高水平（兼）；清塘铺镇选举委员会主任李文龙，副主任蒋群高、廖淑娟，委员李管林、廖超刚、李剑峰、彭卫华、李朴、胡金台，办公室主任廖淑娟（兼）；梅城镇选举委员会主任胡盛云，副主任吴文骞，委员李得高、周跃军、丁翔、李武、向术华，办公室主任向术华（兼）；乐安镇选举委员会主任阙聘雄，副主任谌强、汤德，委员舒新吾、陶武阳、向保云、郭又生、刘辉、刘辉辉，办公室主任刘辉（兼）；仙溪镇选举委员会主任杨景宪，副主任陈清光、刘和青，委员罗胜兵、刘永新、高丽红、周佳、陈爱平、曹凯仁，办公室主任曹凯仁（兼）；长塘镇选举委员会主任向志龙，副主任刘强、刘辉，委员黄最安、彭红日、陈尚彪、文欣，办公室主任文欣（兼）；大福镇选举委员会主任唐福桥，副主任符方、谭慧，委员何云松、张建强、朱利民、佘建新、贺日升、唐婷，办公室主任唐婷（兼）；羊角塘镇选举委员会主任夏光辉，副主任王兢兢、邓双艳，委员贺花平、王介新、夏静芬、赵凤霞、刘扬、王娟，办公室主任刘扬（兼）；冷市镇选举委员会主任张介华，副主任谌凤雏，委员吴昊、张宏、吴良兵、曾湘玲、付卫国，办公室主任吴昊（兼）；龙塘乡选举委员会主任陈名忠，副主任：张晶、胡志强，委员周志钢、梁志胜、汤婧婷、刘永红、王远荣、王毅，办公室主任刘永红（兼）；小淹镇选举委员会主任李如新，副主任黄必清，委员许果、李觉、谌文武、唐友拾、蒋祎，办公室主任许果（兼）；江南镇选举委员会主任李朝晖，副主任梁巨平、邹卫华，委员王艳辉、彭科、宁金芳、王志军，办公室主任宁金芳（兼）；滔溪镇选举委员会主任李强，副主任瞿志勇、陈次秋，委员邹夏迎、胡立正、李昌武、李景荣、刘德强、张晗瑛，办公室主任李昌武（兼）；田庄乡选举委员会主任陈梦姣，副主任王俊青、蒋丰，委员高荣、李智军、谌和平、覃文俊，办公室主任覃文俊（兼）；东坪镇选举委员会主任郭宣传，副主任彭富安、谌巧琴，委员高多云、贺海云、胡卫华、曾乐安、符海兵、邓瑶，办公室主任邓瑶（兼）；柘溪镇选举委员会主任蒋仕仁，副主任张伟、卢亮球，委员蒋科、刘冬艳、杨著忠、宁毅、卢玉涛、黄婧，办公室主任黄婧（兼）；马路镇选举委员会主任夏亲华，副主任李尼曼、陈明，委员曾秘、刘继开、夏武、刘健，办公室主任曾秘（兼）；奎溪镇选举委员会主任杨正华，副主任邓赞扬、李智勇，委员刘永开、姜凛、魏访、杨兰林，办公室主任魏访（兼）；烟溪镇选举委员会主任夏强，副主任李康进，委员夏正鹏、胡宝成、伍朝友，办公室主任伍朝友（兼）；渠江镇选举委员会主任苏志中，副主任夏延魁，胡辉军；委员廉克东、胡发恒、伍如意、刘稳峰 、 夏英吉、夏石珊，办公室主任廉克东（兼）；南金乡选举委员会主任陈志光，副主任夏赞文、尹付明，委员苏清泉、李剑、夏飞、夏炎，办公室主任苏清泉（兼）；古楼乡选举委员会主任陈锦，副主任夏剑勇；委员王朋祥、李晔、李贤文、谭湘林、李彪，办公室主任谭湘林（兼）；平口镇选举委员会主任夏绪朋，副主任张志卫，委员龚水平、段海胜、黄勇平、李建康、李征祥，办公室主任王瑞云。

第三十次会议

2016年9月13日，县第十六届人大常委会第30次会议举行。主任蒋跃登、副主任黄志军先后主持会议。会议任命李德辉、谭罗垠为县人民政府副县长。会议任命廖祥云为县人民法院行政庭庭长，周劲阳为县人民法院民二庭庭长，王硕为东坪法庭庭长，杨莉为冷市法庭庭长，刘妹群为烟溪法庭庭长，刘欣为平口法庭庭长；免去廖祥云的县人民法院民二庭庭长职务，周劲阳的东坪法庭庭长职务，杨莉的冷市法庭副庭长职务，刘妹群的县人民法院刑庭副庭长职务，刘欣的平口法庭副庭长职务，刘永和的县人民法院行政庭庭长职务，邱尽晖的县人民法院立案庭庭长职务，张惠群的冷市法庭庭长职务，黄皓的平口法庭庭长职务，黄卫平的烟溪法庭庭长职务，段海胜的县人民法院执行局副局长、审判员职务，曹绍华的县人民法院刑庭副庭长、审判员职务，熊文佳的县人民法院审判员、冷市法庭副庭长职务。会议任命唐涵之、黄玉芬、吴海、熊琛、陈胜男、周智星、魏琳娟为安化县人民检察院检察员。

第三十一次会议

2016年10月20日，县第十六届人大常委会第31次会议举行。主任蒋跃登、副主任刘跃迎先后主持会议。会议听取和审议了县人民政府办公室《关于办理县人大代表建议、批评和意见情况的报告》，县十六届人大五次会议，县政府系统共收到县人大代表提出的建议80件，截至8月底，所有建议均已按要求办理完毕，代表们对办理工作表示满意或基本满意。会议听取和审议了县人民政府《关于将安化黑茶产业园标准化厂房一期建设项目政府购买服务资金列入财政预算的议案》。安化黑茶产业园标准化厂房一期建设项目总投资2.69亿元，其中申请银行贷款2亿元，由安化县创圆建设投资有限公司负责建设，该项目实行政府购买服务，政府购买服务资金约4.0282亿元。会议同意将该项目的政府购买服务资金列入县财政预算。会议听取和审议了县人民政府《关于将安化县公共文化服务基础设施建设项目政府购买服务资金列入财政预算的议案》。安化县公共文化服务基础设施建设项目总投资约7.2亿元，其中申请银行贷款5亿元。项目由安化县羽城建设投资有限责任公司负责建设，实行政府购买服务，政府购买服务资金约11亿元。会议同意将该项目的政府购买服务资金列入县财政预算。会议听取和审议了县人民政府《关于将安化县经济开发区安化黑茶产业园基础设施建设项目政府购买服务资金列入财政预算的议案》。安化县经济开发区安化黑茶产业园基础设施建设项目总投资6.14亿元，其中申请银行贷款4.9亿元，由湖南梅山资源开发有限责任公司负责建设，该项目实行政府购买服务，政府购买服务资金约8.62亿元。会议同意将该项目的政府购买服务资金列入县财政预算。会议听取和审议了县人民政府《关于将安化黑茶创新创业产业园基础设施建设项目政府购买服务资金列入财政预算的议案》。安化黑茶产业园标准化厂房一期建设项目总投资6.8亿元，其中申请银行贷款4亿元，由安化县创圆建设投资有限公司负责建设，该项目实行政府购买服务，政府购买服务资金约8.97亿元。会议同意将该项目的政府购买服务资金列入县财政预算。会议听取县审计局《关于2015年安化县本级财政预算执行和其他财政收支审计整改落实情况的报告》，并听取和审议了县财政局、县交通运输局、县水务局、县教育和体育局关于审计中发现问题整改情况的报告。会议听取和审议了县林业局《关于全县生态林业产业发展情况的报告》，建议确立发展目标，及时编订安化林业产业发展和生态保护规划，努力把安化打造成为全国绿色产业大县、森林康养长寿之乡。全面推进“健康森林、美丽湿地、绿色通道、秀美村庄”建设，努力提高林业资源总量、质量和均量。完善管理职能，针对依林而建的六步溪国家级自然保护区、县林业局、县森林公安局、柘溪森林公园和雪峰湖湿地公园5部门机构，成立安化县林业经济发展委员会，并由其综合协调管理。县财政要逐年增加对林业产业建设的投入，在部门预算中安排好林业运转经费和工作经费。促进林农增收，尽力解决林农出行、安居、饮水、通信等问题，适时增加生态公益林补偿标准，特别是对六步溪等国家重要生态功能区提高到30～50元/亩的标准。

第三十二次会议

2016年11月15日，县第十六届人大常委会第32次会议举行。主任蒋跃登、副主任伍亮先后主持会议。会议听取和审议了县人民政府《关于将S217（新S224）梅城至黄柏界公路改建工程贷款资金列入财政预算的议案》。S217（新S224）梅城至黄柏界公路改建工程总投资15553.44万元，其中由县交通建设投资开发有限公司向建设银行安化县支行贷款5000万元，会议同意将该项目的贷款资金列入县财政预算。会议听取和审议了县人民政府《关于将安化县第二人民医院医疗养老建设项目政府购买服务资金列入财政预算的议案》。县第二人民医院医疗养老建设项目总投资约5.05亿元。项目由县扶贫开发投资有限责任公司负责建设，实行政府购买服务，政府购买服务资金约10亿元，会议同意将该项目的政府购买服务资金列入县财政预算。会议听取和审议了县人民政府《关于将安化县人民医院医疗养老建设项目政府购买服务资金列入财政预算的议案》。县人民医院医疗养老建设项目总投资约4.9亿元，项目由县扶贫开发投资有限责任公司负责建设，实行政府购买服务，政府购买服务资金约10亿元，会议同意将该项目的政府购买服务资金列入县财政预算。会议听取和审议了县人民政府《关于将安化县萸江批发零售市场建设项目政府购买服务资金列入财政预算的议案》。县萸江批发零售市场建设项目总投资约4亿元，项目由县旅游开发投资有限责任公司负责建设，实行政府购买服务，政府购买服务资金约5亿元，会议同意将该项目的政府购买服务资金列入县财政预算。会议听取和审议了县人民政府《关于将S324牛田至大福公路、S324东坪至梅城公路、S224梅城至黄柏界公路改建工程项目政府购买服务资金列入财政预算的议案》。S324牛田至大福公路、S324东坪至梅城公路、S224梅城至黄柏界公路改建工程项目总投资约11.32亿元。项目实行政府购买服务，政府购买服务资金约19.8744亿元。会议同意将该项目的政府购买服务资金列入县财政预算。会议听取和审议了县人民政府《关于将安化县医疗养老建设项目政府购买服务资金列入财政预算的议案》。县医疗养老建设项目总投资约4.9亿元，项目由县水务建设投资有限责任公司负责建设，实行政府购买服务，政府购买服务资金约6亿元。会议认为，该项目的实施将提高广大人民群众的医疗卫生服务质量，优化医疗资源布局，促进安化县医疗卫生事业的发展。会议同意将该项目的政府购买服务资金列入县财政预算。会议听取和审议了县人民政府《关于安化县中医医院整体搬迁建设项目政府购买服务资金列入财政预算的议案》。县中医院整体搬迁建设项目总投资约5.8亿元，项目由县扶贫开发投资有限责任公司负责建设，实行政府购买服务，政府购买服务资金约11亿元，会议同意将该项目的政府购买服务资金列入县财政预算。会议听取和审议了县人民政府《关于将资水干流安化段防洪工程建设项目政府购买服务资金列入财政预算的议案》。资水干流安化段防洪工程建设项目总投资约4.2亿元，项目由县水务建设投资有限责任公司负责建设，实行政府购买服务，政府购买服务资金约6亿元，会议同意将该项目的政府购买服务资金列入县财政预算。会议听取和审议了县人民政府《关于将县羽城建设投资有限责任公司租金保理融资业务列入县财政支出预算的议案》。县羽城建设投资有限责任公司租金保理融资业务由湖南交通建设投资担保有限公司提供担保，融资金融1亿元，期限5年，会议同意将该项贷款还款资金列入县同期年度财政支出预算。会议审议通过了《安化县“七五”普法决议》。会议听取关于县第十七届人大代表资格的审查报告。会议听取了办公室关于县十七届人大一次会议筹备情况报告,通过《关于召开县第十七届人民代表大会第一次会议的决定》。会议审议了县人大常委会工作报告（草案）。会议任命李明为县人大常委会内务司法工作委员会副主任。

第三章 县人大常委会主任会议

《地方组织法》规定："县、自治县、不设区的市、市辖区的人民代表大会常务委员会主任、副主任组成主任会议。主任会议处理常务委员会重要日常工作。"主任会议任期与本级人大常委会任期相同。主任会议由主任召集并主持，受主任委托，副主任可以召集并主持会议。安化县人大常委会于1980年12月23日由县八届人大一次会议选举产生，至2016年12月止，历经10届35年，主任会议有资料记载的439次。

第一节 县第八届人大常委会主任会议

1981年

2月9日，县第八届人大常委会召开第1次主任会议。会议由主任黄让泉主持，副主任戴汉初、陈泰敬、罗仪、龙梅修出席了会议。会议研究了召开代表小组会议，建立代表小组的问题。明确县人大常委会主任、副主任分工参加各区的代表活动，要求会议于3月份开完，并建立起代表小组，选举出组长、副组长。

2月20日，县第八届人大常委会召开第2次主任会议。会议由主任黄让泉主持，副主任戴汉初、陈泰敬出席会议。会议研究了办公室工作与县人大常委会上半年工作安排。会议明确，办公室下设秘书行政、提案信访、政策法制3个组。秘书行政组由游晓南、李级崇负责；提案信访组由卢善积、陈怡庆负责；政策法制组由陈怡庆暂管；肖祥涛负责办公室全面工作。办公室要成立党支部，选出支部书记。县人大常委会上半年的工作：2月底前召开提案交办会，并督促政府及有关部门抓紧落实；3月份建立起县代表小组；听取县人民政府关于全县国民经济、财政预算方面的汇报；任命政府组成人员；组织有关方面的调查；监督推动贯彻国务院三号文件，省政府的布告以及法制方面的宣传教育。

3月19日，县第八届人大常委会召开第3次主任会议。会议由主任黄让泉主持，副主任戴汉初、陈泰敬、龙梅修出席会议。会议研究决定：关于县人大常委会办公用房问题，修建4间办公室，改建一个会议室，待报批计划后再动工。

4月14日，县第八届人大常委会召开第4次主任会议。会议由主任黄让泉主持，副主任戴汉初、陈泰敬、罗仪、龙梅修出席了会议。会议传达了省人大常委会召开的"州市县人大常委会负责人座谈会"及"省人大常委会五届八次全会"精神。同时，研究了县八届人大三次会议的安排。

4月26日，县第八届人大常委会召开第5次主任会议。会议由主任黄让泉主持，副主任戴汉初、陈泰敬、罗仪、龙梅修出席会议。会议研究决定了几个具体问题：提案办理工作要抓紧做好，其中19个大案由县人大常委会主任、副主任分工督办；代表小组长会定于7月上旬召开，内容是传达中央16号文件和省人大座谈会议精神；关于乡规民约问题，先到洳泉公社搞几个大队试点；关于机关工作，主任会议只处理较大的问题，办公室要在职权范围内大胆处理一般问题；对县政府工作的薄弱环节，要随时注意调查了解。

5月2日，县第八届人大常委会召开第6次主任会议。会议由主任黄让泉主持，副主任戴汉初、陈泰敬出席会议。会议听取了社会治安情况的汇报。会议要求城关公社在5月份抓好治安工作和调解组织的建设。全县的社会治安工作，建议县人民政府和相关部门采取如下措施：认真贯彻中央二号文件，坚持四项基本原则教育，清理“左”的思想影响；采取广播、讲座等形式和打击犯罪分子的办法，加强法制教育等活动。

5月14日，县第八届人大常委会召开第7次主任会议。会议由主任黄让泉主持，副主任戴汉初、陈泰敬出席会议。会议对有关文件精神的贯彻和下半年的人大工作提出了如下意见：认真学习中央16号文件，省人大的座谈会议纪要以及省委常委的讲话。在认真学习的基础上，对照上级精神调整县人大工作重心，专职副主任要用主要精力抓人大工作，委员们要分工活动，搞好专题调查和检查。建议县委出面召开三家主要负责人会议，召开部、办、委、局负责人会议，学习上述文件，统一对人大的性质、职权、任务的认识。建议县委在区社书记会议上，在县直机关干部会议上传达上述文件精神。关于人大工作，下半年主要督促抓6件事，即国民经济调整、企业关停并转，市场保障供应与物价稳定，社会治安、安全生产，保护环境特别是饮水问题，平反冤假错案，综合治理县城。

8月22日，县第八届人大常委会召开第8次主任会议。会议由主任黄让泉主持，副主任戴汉初、陈泰敬、龙梅修、罗仪出席会议。会议研究决定了召开县代表小组长会议的问题：8月27日报到，时间两天；参加会议人员除县代表小组长外，县人大常委会委员全部参加；会议议程是先由县人大常委会作工作报告，县人民政府作办理提案情况的报告，同时传达学习中央16号和省里的文件，然后讨论代表小组如何开展活动的问题。

9月16日，县第八届人大常委会召开第9次主任会议。会议由主任黄让泉主持，副主任戴汉初、陈泰敬、龙梅修出席会议。会议传达了地区人大常委会办公室工作经验交流会议精神。会议研究确定，关于办公室工作，一是县人大常委会办公室的人员要尽快配齐；二是各区要明确一人作为联络员。

10月13日，县第八届人大常委会召开第10次主任会议。会议由主任戴汉初主持，副主任陈泰敬、龙梅修、罗仪出席了会议。会议决定，代表重点视察梅城、大福、城关（包括县直战线）、木子、云台5地，时间5天（具体时间另定）。黄让泉、张树德、陈清高负责视察城关，龙梅修、瞿长本、伍惠予负责木子，陈泰敬、甘舒志、李赞扬负责云台，罗仪、肖祥涛、龚象麟负责大福，戴汉初、蒋鸿文、李级崇负责梅城。

11月16日，县第八届人大常委会召开第11次主任会议。会议由主任黄让泉主持，副主任戴汉初、陈泰敬、罗仪、龙梅修出席会议。会议讨论研究了两个问题：一是提案的落实。上次对部分代表提案的办理情况进行了检查，对尚未落实的提案，要登门督促有关单位的领导进行研究，抓紧解决问题。二是省、地、县林业会议和文件精神的贯彻，要号召人大代表和人民群众响应县委号召，为落实以林为主的方针而努力。

1982年

5月3日，县第八届人大常委会召开第12次主任会议。会议由主任黄让泉主持，副主任戴汉初、陈泰敬、罗仪出席会议。会议对二季度工作进行讨论研究，其主要工作：搞好宪法修改草案的学习和讨论，检查县八届人大二次会议决议的贯彻落实，检查一季度国民经济计划执行中的主要成绩、主要问题，督促解决群众生活中的肉食蔬菜供应等问题，督促政府及有关部门办好代表提案等。

6月21日，县第八届人大常委会召开第13次主任会议。会议由主任黄让泉主持，副主任戴汉初、陈泰敬、罗仪出席会议。会议传达了地区县、市人大常委会办公室主任会议精神，听取了县人大常委会委员贺玉才列席沅江县人大常委会第十四次会议情况的汇报。会议决定，县代表小组长会议在7月上旬召开，视察工作在6月下旬进行。

7月30日，县第八届人大常委会召开第14次主任会议，会议由副主任戴汉初主持，副主任陈泰敬、罗仪、龙梅修出席会议。会议听取了县人大常委会检查组视察情况的汇报，研究最近一个时期的几项工作。

8月22日，县第八届人大常委会召开第15次主任会议。会议由主任黄让泉主持，副主任戴汉初、陈泰敬、罗仪、龙梅修出席了会议。会议研究了代表小组会议的召开问题，时间为8月26～28日，会议内容是听取和讨论县人民政府关于代表提案、人大决议的落实情况与县人大常委会工作的报告。

9月20日，县第八届人大常委会召开第16次主任会议。会议由副主任戴汉初主持，副主任龙梅修、罗仪出席会议，会议听取和审议了县教育局关于当前教育工作情况的汇报。会议针对教育“社会上生源多，学校办班少，学生升学难”的问题，要求学校努力，社会齐上，共同解决。另外，会议明确，关于收取民事诉讼费的问题，地区已在沅江试点，要求各地参照执行。

11月20日，县第八届人大常委会召开第17次主任会议。会议由副主任戴汉初主持，副主任陈泰敬、龙梅修出席会议。会议传达了地区关于选举省第六届人大代表的会议精神。会议意见：先向县委汇报，请组织与人事部门具体开展工作，益阳地区会议精神可召集各战线负责人会议传达，然后由各战线摸底、提名。

12月21日，县第八届人大常委会召开第18次主任会议。会议由主任黄让泉主持，副主任戴汉初、陈泰敬、龙梅修出席会议。会议决定：县人大上次视察的情况由专人综合整理后再汇报，老干部的住房要把结余的钱拿出来做好准备，关于五保户的问题可由人大作个决议，视察中交办的问题由办公室督办。

1983年

4月22日，县第八届人大常委会召开第19次主任会议。会议由副主任戴汉初主持，副主任陈泰敬、罗仪、龙梅修出席会议。会议听取和审议了县卫生局关于卫生改革的汇报。会议肯定卫生部门的改革很有必要，服务态度和医疗质量都有了改进。有人反映多开药与一病多方的问题，要深入进行调查，完善改革办法，目的是既要提高医疗质量，又不能增加病人的经济负担。关于中小学校多收学生费用的问题，先把县十四中的调查情况和做法转发下去，暂不发文。会议听取和审议了肉食蔬菜部门改革的情况汇报。会议肯定肉食部门按部位作价买肉的办法是可取的，既有利于克服肉食供应的不正之风，又不影响领导和群众的关系。蔬菜供应改革也是可行的，就是进行得太快，交接方面出了点漏洞，要求蔬菜公司还要维持一段时间，东坪镇政府积极创造条件建店子，以解决衔接问题。

5月26日，县第八届人大常委会召开第20次主任会议。会议由副主任戴汉初主持，副主任陈泰敬、龙梅修、罗仪出席了会议。会议决定：关于代表选举试点问题，要将云台区的作法发一个材料。红岩水库的管理必须改“大锅饭”为承包制。大桥河曲溪几十人没饭吃的问题，要找粮食部门在政策允许的范围内解决。

8月15日，县第八届人大常委会召开第21次主任会议。会议由副主任戴汉初主持，副主任陈泰敬、龙梅修出席会议。会议要求，对县八届人大三次会议的“四项决议”的贯彻落实情况，县人大常委会办公室和县人民政府有关部门要进行调查了解，写出调查报告。如何进一步贯彻落实的问题，5天后组织民政、交通、水产、林业4个部门进行研究。

11月20日，县第八届人大常委会召开第22次主任会议。会议由副主任戴汉初主持，副主任陈泰敬、龙梅修出席会议。会议传达了地区关于选举省六届人大代表的会议精神。会议决定首先向县委汇报，建议以县组织部门为主，与人事部门组织几个人进行具体工作，可召集各战线开一个会，传达精神，各单位先摸底提名。

12月28日，县第八届人大常委会召开第23次主任会议。会议由主任黄让泉主持，副主任戴汉初、陈泰敬、龙梅修出席会议。会议决定：关于视察情况汇报的问题卢善积、游晓岚负责。关于财政决算预算问题由张悟生、李级崇负责，财政要解决一点实际问题。

1984年

1月29日，县第八届人大常委会召开第24次主任会议。会议由副主任戴汉初主持，副主任何友卿、罗迪祥、谌荣增、龙梅修出席会议。会议听取了县人大常委会组织去怀化市参观人大工作的情况汇报，研究确定了县九届人大一次会议的会议机构和程序。

第二节　县第九届人大常委会主任会议

1984年

5月11日，县第九届人大常委会召开第1次主任会议。会议由主任戴汉初主持，副主任谌荣增、何友卿出席会议。会议研究了森林法的贯彻问题。会议意见：今后，县人大对全县如何贯彻森林法的问题，要多作一些调查，总结一些经验，找出存在的问题。森林法的贯彻在安化林区县是一个相当重要的问题，不少地方乡规民约定得好，有很好的效果，办公室要立即组织人员下去进行调查，认真总结。

7月15日，县第九届人大常委会召开第2次主任会议。会议由主任戴汉初主持，副主任罗迪祥、谌荣增、何友卿、王流芳出席会议。会议研究了县人大机关进人的问题，听取了办公室督促“一府两院”办理提案情况的汇报。

9月12日，县第九届人大常委会召开第3次主任会议。会议由主任戴汉初主持，副主任谌荣增、何友卿、王流芳出席会议。会议研究了益阳地区召开的各县市人大党组书记会议精神的贯彻问题。主要是围绕中共中央八、九号文件精神，提高对人大工作的认识，提高对依法办事的认识，并进一步提高人大工作水平。今后一段时间，县人大工作将围绕经济建设加强对全县国民经济的执行情况、工业财贸的体制改革、乡镇企业的发展、县人大“两户一体”决议的落实执行及促进农村商品生产发展等方面的监督。

10月29日，县第九届人大常委会召开第4次主任会议。会议由副主任何友卿主持，主任戴汉初，副主任罗迪祥、谌荣增、王流芳出席会议。会议传达了省人大工作会议精神，宣布了县人大常委会机关干部的评比条件：比思想，查安心热爱本职工作，看工作积极性、主动性；比学习，查心得笔记和阅读文件多少，看思想业务水平的提高；比工作，查任务完成，看工作效率和效果；比作风，查出勤率，看遵守机关制度和团队协作。

12月4日，县第九届人大常委会召开第5次主任会议。会议由主任戴汉初主持，副主任罗迪祥、谌荣增、何友卿、王流芳出席会议。会议由主任戴汉初介绍了考察11个外地单位的经验。会议决定订立机关学习考勤制度，集中精力抓“两户一体”决议的落实，加强对“一府两院”的法律监督，积极组织开展县代表小组活动，建立区、乡的联络员制度。

12月15日，县第九届人大常委会召开第6次主任会议。会议由主任戴汉初主持，副主任何友卿、谌荣增出席会议。会议传达了地区人大办公室主任会议精神，主要精神是围绕“发展民主，健全法制”八个字做文章，开创人大工作的新局面。会议研究了县九届人大二次会议的准备工作及县第九届人大常委会第7次会议有关事项。会议还研究了县林业局关于木材采伐与造林更新实行挂钩的问题，会议意见要坚持一本账、坚持返利于民、坚持采育挂钩的原则，建议县人民政府适时决定。

1985年

7月27日，县第九届人大常委会召开第7次主任会议。会议由主任戴汉初主持，副主任何友卿、罗迪祥、谌荣增、王流芳出席会议。会议听取和审议了1985年上半年财政预算执行情况，1985年上半年国民经济计划执行情况。会议强调，在经济工作中要重点抓工业，抓支农产业，抓税收。会议研究了县第九届人大常委会第12次会议的有关事项。

8月8日，县第九届人大常委会召开第8次主任会议。会议由主任戴汉初主持，副主任何友卿、谌荣增、罗迪祥出席会议。会议将县第九届人大常委会第12次会议要求县人民政府落实的几件事，具体分工到县人大常委会机关的各组室进行督办。

8月26日，县第九届人大常委会召开第9次主任会议。会议由主任戴汉初主持，副主任何友卿、谌荣增、罗迪祥、王流芳出席会议。会议研究了木材收购价格问题。会议要求县人民政府及林业部门要坚持原定的对林农的保护价，税收只能在销售差价中解决，如上级无新的规定，暂按此办法试行。

12月25日，县第九届人大常委会召开第10次主任会议。会议由主任戴汉初主持，副主任何友卿、罗迪祥、谌荣增、王流芳出席会议。会议研究了举行县九届人大三次会议的有关事项。

1986年

2月14日，县第九届人大常委会召开第11次主任会议。会议由副主任何友卿主持，副主任罗迪祥、谌荣增出席会议。会议研究了1986年县人大常委会的工作，主要是抓普法教育，抓政府工作报告的落实，抓典型案例的查处，抓机关自身建设。关于县人大常委会机关3个委员会建立的问题，法制组、文教组分别定5人组成委员会，经济组定7人组成委员会。

2月24日，县第九届人大常委会召开第12次主任会议。会议由副主任何友卿主持，副主任谌荣增、王流芳出席会议。会议通报了如下情况：县委原则同意县九届人大三次会议的筹备方案，县人大常委会机关3个组改成3个工作委员会。

4月27日，县第九届人大常委会召开第13次主任会议。会议由主任王祖武主持，副主任何友卿、罗迪祥、谌荣增、王流芳出席会议。会议主要研究了全县乱占滥用耕地的问题，建议县人民政府建立健全土地管理机构，广泛宣传有关法律法规，进一步搞好村镇建设规划，同时切实加强对土地管理的领导。

5月5日，县第九届人大常委会召开第14次主任会议。会议由主任王祖武主持，副主任何友卿、谌荣增、罗迪祥出席会议。会议同意县检察院依法惩处大福乡吴信初破坏森林一案，原则同意暂停吴信初县人大代表的职务，提请县人大常委会决定。关于高明乡部分县人大代表要求撤销1985年9月20日县长王亚魁《关于禁止莲花石白钨乱挖乱采的布告》问题，要先做好有关调查研究，再提请县人大常委会审议决定。会议还对县机动财力的安排提出了具体意见。

6月26日，县第九届人大常委会召开第15次主任会议。会议由主任王祖武主持，副主任何友卿、罗迪祥、谌荣增出席会议。会议研究了关于普法工作的问题。

8月9日，县第九届人大常委会召开第16次主任会议。会议由主任王祖武主持，副主任何友卿、罗迪祥、谌荣增、王流芳出席会议。会议主要是为县第九届人大常委会第20次会议的举行进行调查情况碰头。

10月22日，县第九届人大常委会召开第17次主任会议。会议由主任王祖武主持，副主任何友卿、谌荣增、罗迪祥出席会议。会议研究了如下几项工作：1.换届选举的准备工作，作好生活物资和文字材料准备。2.检查1986年以来人大各项决议、建议、意见的落实。3.视察工作在1987年1月进行。

10月31日，县第九届人大常委会召开第18次主任会议。会议由主任王祖武主持，副主任何友卿、谌荣增出席会议。会议学习了中共中央加强政治工作的决议等。

1987年

1月16日，县第九届人大常委会召开第19次主任会议。会议由主任王祖武主持，副主任何友卿、罗迪祥、谌荣增、王流芳出席会议。会议决定，县三级干部会议后，县级干部分到各区，以代表团为单位召开县代表会。会议内容：①成立代表团、代表组。②学习新的《地方组织法》，上好“怎样当代表”的辅导课。③审议工作报告，准备议案。17日由副主任何友卿带队，到桃江县学习开代表会的经验，然后在县人大工作会议上发言。

1月24日，县第九届人大常委会召开第20次主任会议。会议由主任王祖武主持，副主任何友卿、罗迪祥、谌荣增、王流芳出席会议，会议学习了中共中央2、3号文件，中心内容是反对资产阶级自由化倾向。会议认为：①中央提得及时，抓得准，坚决拥护。②目前生产发展，生活提高，但党风没有根本好转，社会风气不好，如凭关系农转非，乱发资金物资，赌博、闹事…… 中央发现、揭露问题，公之于众，说明中央英明正确，希望采取措施能解决上述问题。③要求联系实际，将反对资产阶级自由化倾向进行到底，真正创造一个良好的社会环境，达到安定团结的目的。

1月26日，县第九届人大常委会召开第21次主任会议。会议由主任王祖武主持，副主任何友卿、谌荣增、王流芳出席会议，会议讨论了县人大常委会工作报告（草案），县十届人大一次会议的筹备工作等。

第三节 县第十届人大常委会主任会议

1987年

2月24日，县第十届人大常委会召开第1次主任会议。会议由主任王祖武主持，副主任谌荣增、陈历书、黎金龙、姚自豪出席会议。会议明确了主任、副主任分工：王祖武主管人大全面工作，谌荣增分管办公室，黎金龙分管教科文卫工委，陈历书分管法制工委，姚自豪分管财经工委。会议强调要搞好县人大常委会各委室组织建设，按法制工委4人、财经工委6人、教科文卫工委3人、办公室11人的人数配齐。

4月3日，县第十届人大常委会召开第2次主任会议。会议由主任王祖武主持，副主任谌荣增、黎龙龙、姚自豪出席会议。会议讨论研究了普法工作与“双增双节”工作。会议建议县人民政府及有关部门继续抓好普法工作，在“双抢”前训练完干部，“双抢”后以办事处为单位，每个村训练3～5个村干部。“双增双节”渣滓溪锑矿与县百货公司潜力大，要重视这两个单位。

4月23日，县第十届人大常委会召开第3次主任会议。会议由主任王祖武主持，副主任谌荣增、陈历书、姚自豪、黎金龙出席会议。会议认真学习了中共中央关于人大工作的8、9号文件，并在此基础上研究部署了1987年的人大工作。会议决定：机关学习每月4天，统一学习2天，分开学习2天，由办公室具体安排。陈怡庆负责收党费。姚让之兼任纪检员。

4月30日，县第十届人大常委会召开第4次主任会议。会议由主任王祖武主持，副主任谌荣增、黎金龙、姚自豪出席会议。会议通过了主任、副主任工作岗位责任制。会议通过了关于廖家坪乡选举委员会成员的决议，核定该乡人大代表名额46名，提请县第十届人大常委会第三次会议追认。5月2～3日，召开全县人大联络员会议。

5月20日，县第十届人大常委会召开第5次主任会议。会议由主任王祖武主持，副主任谌荣增、陈历书、王流芳出席会议。会议安排省人大代表会议精神将分别在县委召集的几家领导人会议上汇报和全县普法学习干部会议上传达。关于财经工委到外地学习经验的问题，要求时间缩短、内容集中、地点选准。今后的工作，要把主要精力集中到人大工作上来，要突出依法监督。

5月26日，县第十届人大常委会召开第6次主任会议。会议由主任王祖武主持，副主任谌荣增、陈历书、姚自豪、王流芳出席会议。会议研究了县第十届人大常委会第3次会议的有关事项，听取了县财政局关于1987年财政收支的具体计划。

6月15日，县第十届人大常委会召开第7次主任会议。会议由主任王祖武主持，副主任谌荣增、黎金龙、姚自豪出席了会议。副县长李宽厚等列席会议。会议传达了益阳地区人大工作会议精神，其重点是解决配齐乡镇人大班子的问题。会议还讨论修改了县人大常委会对司法机关执法工作实行监督的办法和县人大常委会、县人民政府、县人民法院、县人民检察院关于加强工作联系的有关制度。

6月23日，县第十届人大常委会召开第8次主任会议。会议由副主任谌荣增主持，副主任黎金龙、陈历书、姚自豪出席会议。会议建议城埠坪乡选举委员会由谭周祥、邓建华、姚志纯3人组成，代表名额45名，提请县人大常委会会议决定。会议原则通过了干部任免表决方式，通过了县人大常委会、县委、“一府两院”关于任命干部的联系会议制度，通过了人大代表团视察工作文件及人员分工。

8月30日，县第十届人大常委会召开第9次主任会。会议由主任王祖武主持，副主任谌荣增、黎金龙、姚自豪、陈历书出席会议。会议决定乡镇人大主席团经验交流会于11月召开，现在做好材料准备。会议还传达了全国、省、州市换届选举准备工作的电话会议精神。

10月5日，县第十届人大常委会召开第10次主任会议。会议由副主任谌荣增主持，副主任陈历书、姚自豪出席会议。会议听取了法院、检察、林业、财政等单位为县第十届人大常委会第3次会议准备的情况汇报。

10月19日，县第十届人大常委会召开第11次主任会议。会议由副主任谌荣增主持，副主任陈历书、姚自豪出席会议。会议传达了益阳地区人大联络处关于法制工作座谈会议精神，通报了安化上报的9个省人大代表名单。

12月19日，县第十届人大常委会召开第12次主任会议。会议由主任王祖武主持，副主任谌荣增、姚自豪、陈历书、黎金龙出席会议。会议传达了益阳地区人大主任会议精神，中心内容是为召开县十届人大二次会议做好各项准备工作。会议要求，从19日起要集中力量作准备，办公室要将材料准备齐全，定于21～22日向县委常委汇报。21日召开准备工作电话会议，办事处团长、办事处主任、乡镇专职主席或联络员参加会议。会议研究了关于在县十届人大二次会议上组织代表开展评议县人大常委会工作的问题。人大常委会的人员对这一问题要提高认识，要有思想准备，要依法开展评议，依法解释评议中提出的问题。

1988年

2月22日，县第十届人大常委会召开第13次主任会议。会议由主任王祖武主持，副主任谌荣增、黎金龙、陈历书、姚自豪出席会议。会议讨论了县长王亚魁的辞职问题。会议决议：原则同意王亚魁辞去县长职务，提请县第十届人大常委会第九次会议决定。

3月16日，县第十届人大常委会召开第14次主任会议。会议由主任王祖武主持，副主任谌荣增、黎金龙、姚自豪出席会议。会议研究了联系代表的分工问题：王祖武、谢复珍联系云台、烟溪；姚自豪、龚象麟联系冷市、大福、平口镇、一团；黎金龙、王流芳联系江南、小淹、东坪镇；谌荣增、夏赞思联系中砥、清塘；陈历书、姚让之联系仙溪、梅城、二团。

4月18日，县第十届人大常委会召开第15次主任会议。会议由主任王祖武主持，副主任陈历书、黎金龙、姚自豪出席了会议。会议听取了县建委关于城建维护费使用情况的汇报。会议同意县人民政府提出的城建维护费使用计划，具体安排到项目，由政府安排，人大不干预。城建维护费的使用由县人民政府及城建科、建委共同研究安排，总的要求是长计划，短安排，突出重点，集中使用。

5月9日，县第十届人大常委会召开第16次主任会议。会议由主任王祖武主持，副主任谌荣增、黎金龙、姚自豪、陈历书出席会议。会议听取了法工委关于普法情况和治安管理处罚条例执行情况的汇报。会议要求要提高普法工作认识，调整充实领导小组，确定和落实今年的普法任务。会议建议要大张旗鼓宣传治安管理处罚条例，进一步提高公安人员的素质，在适当时间组织对赌博等歪风进行一次专项整治。

5月12日，县第十届人大常委会召开第17次主任会议。会议由主任王祖武主持，副主任谌荣增、姚自豪、王流芳出席会议。会议研究了县第十届人大常委会第10次会议的有关事项。

5月31日，县第十届人大常委会召开第18次主任会议。会议由主任王祖武主持，副主任谌荣增、姚自豪出席会议。会议研究了县人大机关一名干部做木材生意的问题和劳动服务公司的问题。关于第一个问题，先叫这名干部如实写一个检查，然后由机关党支部派人，配合县纪检会尽快把问题调查清楚，作出处理，挽回影响。关于第二个问题，会议决议，劳动服务公司的宗旨是服务流通、服务生产、服务安化，场地定安瓶厂，车子买一台双排座加长工具车，人员进机关3名待业青年，还安排一名临时工。

6月28日，县第十届人大常委会召开第19次主任会议。会议由主任王祖武主持，副主任谌荣增、黎金龙、姚自豪出席会议。会议主要研究贯彻中央5号文件及其他有关工作。会议安排，从6月29日上午开始，机关全体党员开会，时间一天半，学习中央5号文件，解决机关风气不正的问题，要求机关劳动服务公司及早开业。

7月29日，县第十届人大常委会召开第20次主任会议。会议由主任王祖武主持，副主任谌荣增、黎金龙、姚自豪出席会议。会议研究了下一段的工作。会议要求在县第十届人大常委会第12次会议前要做好执法检查和人事任免的有关准备，可同"一府两院"召开一个座谈会统一思想。召开全县人大代表致富座谈会，并与县多种办配合，发一个倡议；会议文字材料，由办公室、联工委、多种办作准备；会议筹备工作由联工委负责，会议经费由多种办发奖品，人大负责其他开支。

10月28日，县第十届人大常委会召开第21次主任会议。会议由主任王祖武主持，副主任谌荣增、黎金龙、陈历书、姚自豪出席会议。会议讨论落实县第十届人大常委会第12次会议的审议意见问题，会议要求县人民政府及有关部门要主动努力搞好整改，县人大要督促整改方案的实施。

1989年

3月7日，县第十届人大常委会召开第22次主任会议。会议由主任王祖武主持，副主任姚自豪、陈历书、黎金龙、谌荣增出席会议。会议就县人大常委会机关的组织建设、政治思想、发展党员的工作及主任的分工进行了认真讨论，同意县人大常委会有关委室的进人和部分乡镇联络组长的初选方案。1989年，县人大常委会的工作要围绕经济建设中心，突出为政清廉重点。

3月14日，县第十届人大常委会召开第23次主任会议。会议由主任王祖武主持，副主任谌荣增、黎金龙、姚自豪出席会议。会议听取了县计委关于县人民政府决定财务分灶吃饭后面临的实际问题的汇报。会议意见是等向县委汇报县人大常委会的意见和态度后，通过组织妥善解决问题。

3月24日，县第十届人大常委会召开第24次主任会议。会议由主任王祖武主持，副主任谌荣增、黎金龙、姚自豪出席会议。会议听取了县计量局对标准化法贯彻实施意见的汇报。会议意见是要广泛宣传贯彻标准化法，切实提高干部、群众的法律意识，1989年要重点抓好化肥、农药、食品、医药等重要商品的标准化检查。县计量局在宣传贯彻标准化法中的一些实际问题，建议县人民政府在可能的情况下给予支持解决。县人大常委会将在适当的时候听取和审议县人民政府关于贯彻实施情况的汇报。

3月27日，县第十届人大常委会召开第25次主任会议。会议由主任王祖武主持，副主任姚自豪、黎金龙出席会议。会议听取了县人民政府关于1989年城建维护费的安排计划汇报。会议原则同意由县建委制定和经县人民政府常务会议审定的城建维护费安排计划，县建委一定要坚持每年突出一个重点，加强检查督促，把有限的资金使用好。

5月2日，县第十届人大常委会召开第26次主任会议，会议由主任王祖武主持，副主任姚自豪、黎金龙、陈历书、谌荣增出席会议。会议传达了县委常委会议精神。会议要求各委室为县委5月下旬召开的全县人大工作会议做好工作报告和发言材料的准备。关于公费医疗办法的问题，要查一查办法的产生是否有政策依据，是否有问题，可先试行一段时间。

5月29日，县第十届人大常委会召开第27次主任会议。会议由主任王祖武主持，副主任谌荣增、陈历书、姚自豪出席会议。会议听取了法制工作委员会关于林业公安分局对平口水泥厂超指标采伐木材的调查情况汇报。会议提出两点建议，一是平口镇借修平口水泥厂为名乱砍滥伐林木，无证购销木材，偷漏税费，县人民政府应作重大毁林案件，责成林业公安分局查明情况，依法惩处；二是平口乱砍滥伐林木的问题，平口镇党委、政府主要负责人负有不可推卸的责任，建议县委就此作一次专题研究。

6月1日，县第十届人大常委会召开第28次主任会议。会议由主任王祖武主持，副主任谌荣增、黎金龙、陈历书、姚自豪出席会议。会议安排，从6月2日开始，用一个星期时间把评议党员、评选优秀党员的事搞好，结合开一次高标准的生活会。6月10日以后开展视察，视察的内容主要是农业。

8月4日，县第十届人大常委会召开第29次主任会议。会议由主任王祖武主持，副主任谌荣增、黎金龙、姚自豪出席会议。会议专题研究了执法检查问题。会议意见，执法检查的内容加《统计法》，其他按省文件规定不变，检查时间为8月20日～9月5日自查，9月20日前抽查，9月8日开一个执法检查的联席会，县人民政府4个副县长、“两院”院长、政法委书记（邀请）及有关局的负责人参加会议。

10月25日，县第十届人大常委会召开第30次主任会议。会议由主任王祖武主持，副主任谌荣增、黎金龙、姚自豪出席会议。会议听取了县财政局关于1989年1～10月财政收支情况和县税务局税收情况的汇报，同时还听取了财务、税收、物价“三大查”的情况。会议根据全县财政的现状，建议县人民政府对今后的财政工作要注重以下几点：1.要立足发展生产，开辟财源，既保证当前，又考虑来年；2.增强法律、政策、纪律观念；3.加强企业管理，完善各项承包责任制；4.坚持从严理财，以身作则的原则；5.切实加强对财政、税收等部门的领导。

11月6日，县第十届人大常委会召开第31次主任会议。会议由主任王祖武主持，副主任谌荣增、黎金龙、陈历书、姚自豪出席会议。会议统一了对县政府办挪用专项资金放高利贷用来集体私分的处理问题的看法。会议决定，要坚决查，但要按法律程序进行，可由委员先搞一个议案，组织专门调查委员会调查后，再酌情处理。同意提交县第十届人大常委会第18次会议决定。

12月13日，县第十届人大常委会召开第32次主任会议。会议由副主任谌荣增主持，副主任黎金龙、陈历书、姚自豪出席会议。会议听取了县财政局关于1989年财政收支情况的汇报。会议要求预算收入要坚决按计划完成；年终需追补经费的单位，原则是解决1988年年底以前的历年基建超支挂账；法庭建设经费应逐年安排，3年建完。

第四节 县第十一届人大常委会主任会议

1990年

2月20日，县第十一届人大常委会召开第1次主任会议。会议由主任王祖武主持，副主任陈君吾、黎金龙、刘盛余、游晓岚、姚自豪、朱克安出席会议。主任会议特邀顾问（以下简称顾问）陈历书、谌荣增列席会议。会议重点讨论了县人大常委会工作的指导思想，人大工作遵循的五大原则，人大如何处理好同“一府两院”的关系等。会议建议县委迅速解决干部定位到职的问题，并明确顾问陈历书协助县人民政府抓多种经营工作。

3月13日，县第十一届人大常委会召开第2次主任会议。会议由主任王祖武主持，副主任陈君吾、黎金龙、姚自豪、游晓岚出席会议，顾问陈历书、谌荣增列席会议。会议传达了益阳地区人大办公室主任会议精神。会议要求尽快做好省人大会议召开前的有关准备工作。1990年4～5月，要围绕安化经济建设问题进行一次全面的调查研究，拿出一个切实可行的方案。

3月29日，县第十一届人大常委会召开第3次主任会议。会议由主任王祖武主持，副主任陈君吾、黎金龙、刘盛余、姚自豪出席会议，顾问谌荣增列席会议。会议研究了贯彻落实地区人大工作会议精神的问题。会议决定向县委常委扩大会议汇报，着重解决两个问题：一是进一步统一对人大工作的认识；二是进一步完善同“一府两院”的联系办法。进一步修改县人大常委会工作要点（草案），制定规章制度和目标管理办法。研究了县第十一届人大常委会第2次会议有关事项。

4月14日，县第十一届人大常委会召开第4次主任会议。会议由副主任陈君吾主持，副主任黎金龙、姚自豪、游晓岚、朱克安出席会议。会议研究了湖南省关于对司法机关的监督规定的贯彻实施问题。会议决定于17日召开县人民法院院长、县人民检察院检察长、县公安局局长、县司法局局长及其副职和县林业公安分局局长会议。会议同意对县人民法院劳动服务公司和一名干部的问题进行调查。

5月3日，县第十一届人大常委会召开第5次主任会议。会议由主任王祖武主持，副主任陈君吾、黎金龙、姚自豪、朱克安、游晓岚出席会议，顾问陈历书列席会议。会议听取了县人民政府关于1990年城建维护费的安排计划。会议原则同意1990年城建维护费的安排计划，建议个别调整的经费，由县人民政府审定。会议讨论了县人大代表建议的落实办法，将联络工委已选出的16件建议，分工落实到主任、副主任负责督办。会议还讨论了1990年县人大常委会工作要点和考核办法，通过了县人大常委会主任、副主任岗位责任制。

5月21日，县第十一届人大常委会召开第6次主任会议。会议由主任王祖武主持，副主任陈君吾、姚自豪、刘盛余、游晓岚出席会议，顾问谌荣增列席会议。会议研究了举行县第十一届人大常委会第3次会议的有关事项，建议会议议题是审议县人民政府关于计划生育条例的实施意见。

6月4日，县第十一届人大常委会召开第7次主任会议。会议由主任王祖武主持，副主任陈君吾、黎金龙、姚自豪、刘盛余、游晓岚出席会议，顾问谌荣增列席会议。会议传达了益阳地区人大主席团主席培训班的精神。会议意见，以县人大常委会党组的名义向县委汇报地区人大主席培训班的精神，要求每个乡镇人大主席团配一位秘书。

6月26日，县第十一届人大常委会召开第8次主任会议。会议由主任王祖武主持，副主任陈君吾、姚自豪、刘盛余、游晓岚、黎金龙出席会议。会议研究了县第十一届人大常委会第4次会议的有关事项。会议意见，面对经济滑坡、灾情严重、财政缺口大、政府工作难度大的客观实际，该次会议不能按过去那种全面审议的作法，要打破常规。一是这次会议的指导思想应该是支持鼓劲，政策协调，求真务实，督促落实。二是这次会议审议的方法是全面听取汇报，重点组织调查，提出有分量的建议。三是调查组由县人大常委会组成人员为主体，组织有关部门人员参加，7月1日前出发，有针对性地对有关问题进行调查，10日前结束调查。

8月8日，县第十一届人大常委会召开第9次主任会议。会议由主任王祖武主持，副主任陈君吾、黎金龙、姚自豪出席会议，顾问谌荣增、陈历书列席会议。会议主要研究了纪念人大常委会成立十周年的活动，要求一定要作为一件大事来抓，做好有关工作。会议明确赵孟菊负责人大常委会成立十周年总结材料，姚让之负责如何有效地行使人大的职权，联络工委负责展览材料的收集、录像和报告会。

8月16日，县第十一届人大常委会召开第10次主任会议。会议由主任王祖武主持，副主任陈君吾、黎金龙、姚自豪出席会议。会议学习了省减轻农民负担办公室的文件和领导讲话，听取了县经管站对安化贯彻情况的汇报。会议意见，安化农民的税费负担和间接负担比较重，要搞清一两个乡镇，还要调查一两百户农户。县经管站要向县人民政府汇报一次，研究出具体减负措施，县人大常委会将在11月听取汇报。

9月22日，县第十一届人大常委会召开第11次主任会议。会议由主任王祖武主持，副主任陈君吾、黎金龙出席会议，顾问谌荣增、陈历书列席会议。会议传达了县委常委会议精神，中心内容是人事任免。会中，县委书记王亚魁、副书记谌涤尘、组织部部长谌铁汉到会，就县林业局长卢解栋借调益阳地区林业局工作一事作说明。会议意见：地区林业部门借调安化一个局长不妥，因安化是林业大县，应该加强领导；从组织原则讲，第一次县委同意借，但征求县人大常委会只同意调不同意借的意见后，第二次县委常委会研究不同意借调，而人却走了，违反了组织原则；不同意“借调干部人大不管”的观点，看借什么样的干部，借调县林业局局长，县人大常委会应该干预；人先走了，现在再提出免职，不符合法律程序。

10月8日、13日，县第十一届人大常委会召开第12次主任会议。会议由主任王祖武主持，副主任陈君吾、黎金龙、姚自豪出席会议，顾问谌荣增、陈历书列席会议。会议听取了办公室关于益阳地区人大十年工作总结录像片及典型材料汇报，听取了省人大召开的部分县市人大财经工作会议精神。会议意见，十年人大工作总结后段工作要突出抓三件事，即十年成果展览、理论探讨经验交流会、报告会。关于监督落实财政预算调整问题，要将赤字压缩在980万元以下。关于纠正行业不正之风，先由财经工委进行调查。会议听取了县国土资源局关于国土管理情况的汇报。会议意见：关于国土局人员编制、法律法规不完善等问题,要积极向上级反映。关于城镇基建占地面积和郊区的划定问题及违法占地的查处问题，县国土资源局要拿出具体方案，报县人民政府常务会审定。13日，会议研究了柘溪镇代表选举问题。会议同意柘溪镇选举委员会由王友成、唐爱华、吴章安、张满初、夏志安等5人组成，王友成任主任，唐爱华、吴章安任副主任。根据有关规定，核定柘溪镇人民代表大会代表名额为51名。

10月29日，县第十一届人大常委会召开第13次主任会议。会议由主任王祖武主持，副主任黎金龙、刘盛余、游晓岚出席会议。会议研究了人大十年工作总结流动现场会的问题，决定会议于11月1～4日召开，各处联络组长，平口、东坪镇人大主席，县人大常委会主任、副主任和委室主任参加。会议听取大福镇、梅城办事处关于开展人大十年总结活动的经验介绍，听取各办事处联络组和东坪、平口主席团前段工作情况的汇报。

11月20日，县第十一届人大常委会召开第14次主任会议。会议由主任王祖武主持，副主任陈君吾、黎金龙、姚自豪、刘盛余、朱克安出席会议，顾问谌荣增、陈历书列席会议。会议讨论了东坪镇整体规划的修编。会议建议沿江大道还是按原来的设计规划不再向饲料厂延伸，柳溪农贸市场的沿江路路宽要保持7米，监理所起向西再建一段。

11月22日，县第十一届人大常委会召开第15次主任会议。会议由主任王祖武主持，副主任姚自豪、朱克安、黎金龙、刘盛余出席会议。会议讨论研究了《安化县东坪镇第一次修订总体规划（纲要）》。会议原则同意《安化县东坪镇第一次修订总体规划（纲要）》，县人民政府及建设部门再听取各方面的意见修改后，提请县人大常委会审议。会议听取了财经工委关于督促办理“增加农业投入，增强农业后劲”议案情况的汇报。会议意见，关于办理议案的问题，现在的提法不够妥当，与财经工委的职权也不相适应，应由财经工委提请县人大常委会审议决定。

11月30日，县第十一届人大常委会召开第16次主任会议。会议由主任王祖武主持，副主任姚自豪、朱克安、黎金龙、刘盛余出席会议。会议研究了县人大常委会当前的工作。会议要求，12月20日前举行人大十年报告会，12月底前拿出人大十年人大工作专辑、文化走廊的十年成果展览、经验材料和专题录像片，12月底前完成县人大代表的走访、视察，12月上旬至中旬组织一次省人大代表的视察工作。

12月3日，县第十一届人大常委会召开第17次主任会议。会议由主任王祖武主持，副主任陈君吾、黎金龙、刘盛余出席会议。会议听取了县人民法院关于一名干部非法拘禁他人一案的情况。会议意见：安化侵权案多，人大收到信件不少，都要依照法律查处。此案可实可缓，根据当时社会治安背景差，不是挟私报复，认罪较好，又道歉退了罚款的情况，根据大多数人员意见，原则同意判缓刑，请县人民法院依法判处。关于这类侵权案，要以教育为主，可将几个侵权案件印成材料，组织全县干部学习，达到既严格依法办事，保护公民合法权益，又提高干部法律意识，保护干部工作积极性的目的。

12月6日，县第十一届人大常委会召开第18次主任会议，会议由主任王祖武主持，副主任陈君吾、姚自豪、黎金龙、刘盛余出席会议，顾问谌荣增列席会议。会议主要研究走访代表的问题。会议决定，走访的主要内容是看望代表，了解代表的意见要求、活动情况和下次代表大会召开的准备及补选乡镇人大主席之前补选为乡镇人大代表的情况。

1991年

1月3日，县第十一届人大常委会召开第19次主任会议。会议由主任王祖武主持，副主任陈君吾、姚自豪、刘盛余出席会议，顾问陈历书、谌荣增列席会议。会议传达了益阳地区召开的各县市人大主任会议精神，研究了举行县十一届人大二次会议的有关事项。会议要求：先进代表名额由县人大常委会分到联络组和两个直属镇，由各组、镇组织评选。10个联络组评3～4个先进单位。

1月12日，县第十一届人大常委会召开第20次主任会议。会议由主任王祖武主持，副主任陈君吾、姚自豪、黎金龙、刘盛余出席会议，顾问谌荣增、陈历书列席会议。会议听取了财经工委关于“增加农业投入，增强农业后劲”的议案办理情况和教科文卫工委关于“加强乡镇卫生院管理”的议案办理情况。

1月24日，县第十一届人大常委会召开第21次主任会议。会议由主任王祖武主持，副主任陈君吾、姚自豪、黎金龙、刘盛余、游晓岚出席会议，顾问谌荣增列席会议。会议听取了各处、镇代表提出的提请县十一届人大二次会议审议的内容。

3月1日、4日，县第十一届人大常委会召开第22次主任会议。会议由主任王祖武主持，副主任陈君吾、姚自豪、黎金龙、刘盛余、朱克安出席了会议，顾问陈历书、谌荣增列席会议。会议讨论研究了1991年县人大常委会的工作。会议意见：人大要搞活一点，思想要解放一点，开放一点。要加强横向联系，以扩大眼界。至于联系的单位，不局限于邻近县，可以广一点，加强广泛的交流。4日，会议研究了县人大代表重要批评、意见、建议的办理，1991年度人大联络组、直属镇人大主席团目标管理方案和在县人大代表中开展创先争优活动的决定（草案）。会议同意办公室关于机关活动安排意见，要求将县人大代表提出的议案、批评、意见、建议作为一项重要工作认真督促办理和落实；原则同意1991年人大联络组、直属镇人大主席团目标管理方案和在县人大代表中开展创先争优活动的决定（草案），待进一步研究后提请县第十一届人大常委会第8次会议审议通过。

3月9日，县第十一届人大常委会召开第23次主任会议。会议由主任王祖武主持，副主任陈君吾、姚自豪、黎金龙、刘盛余出席会议。会议研究了1991年主任会议听取汇报的有关事项。会议意见：关于主任会议听取“一府两院”汇报问题，要参考桃江县的经验及人大杂志上的文章起草一个议事规则（草案），提交下次主任会议通过，以主任会议纪要的形式发送有关单位和个人。

3月21日，县第十一届人大常委会召开第24次主任会议。会议由主任王祖武主持，副主任姚自豪、朱克安、黎金龙、游晓岚出席会议，顾问陈历书列席会议。会议听取了县人民法院及有关单位联合调查组对县人民法院一名干部有关问题调查情况的汇报。会议意见：联合调查组把调查核实的情况向县政法委和县人民法院党组汇报一次，迅速将材料与这名干部本人见面，停职交代问题，收缴枪支按法律程序和组织原则办理，要抓紧结案。这名干部如对调查材料有不同意见，可在进一步核准事实的基础上，对这名干部的问题作出处理。

3月29～30日，县第十一届人大常委会召开第25次主任会议。会议由主任王祖武主持，副主任陈君吾、姚自豪、游晓岚、朱克安、黎金龙、刘盛余出席会议，顾问谌荣增、陈历书列席会议。会议讨论了1991年县人大常委会工作要点和关于在县人大代表中开展创先争优活动的决定（草案）。会议经过讨论，通过了1991年人大工作要点，原则同意关于在县人大代表中开展创先争优活动的决定（草案），提请县人大常委会决定。会议讨论研究了县第十一届人大常委会第8次会议授权主任会议进一步修改的关于工作要点、目标管理、创先争优三个文字材料问题，再次提请县人大常委会会议审议。

4月5日，县第十一届人大常委会召开第26次主任会议。会议由主任王祖武主持，副主任陈君吾、姚自豪、朱克安、游晓岚出席会议，顾问谌荣增、陈历书列席会议。会议就安化县建设液化石油气站过程中发生的一些矛盾和问题，根据政府领导要求，听取了县建委和县农委能源办双方的情况汇报。会议意见：根据干部群众的要求，在东坪筹建1～2个液化石油气站很有必要，具体方案由县人民政府常务会议决定。液化石油气站建设都须纳入城镇整体规划，严格控制规模，确保安全优质服务。

4月15～16日，县第十一届人大常委会召开第27次主任会议。会议由主任王祖武主持，副主任陈君吾、姚自豪、游晓岚、朱克安、黎金龙、刘盛余出席会议，顾问谌荣增列席会议。会议听取和讨论了县监察局对县退伍办在复退军人“农转非”和就业安置中存在的弄虚作假行为情况的调查汇报。会议意见：根据县监察局初步调查情况表明，安化县复退军人“农转非”和就业安置中存在明显弄虚作假、违反政策原则和纪律的行为，问题的性质是比较严重的。从维护稳定、纠正行业不正之风和维护国家机关的形象出发，建议县人民政府责成县监察局组织力量对有关责任人立案审查，并报告其结果。会议听取了县建委关于城建维护费安排、使用情况的汇报。会议同意县建委报县人民政府常委会议讨论后的城建维护费安排意见，并建议县人民政府及建委考虑，制定一个切实可行的“八五”规划，做到有计划使用。以后城建维护费提请审议时，要把决算情况纳入。

5月4日，县第十一届人大常委会召开第28次主任会议。会议由主任王祖武主持，副主任陈君吾、姚自豪、刘盛余、游晓岚、朱克安出席会议，副县长伍湘安、顾问谌荣增列席会议。会议听取和审议了县林业“两金一费”计划和使用情况的汇报。会议要求该收的要坚决收，该支的保证支出。1991年预算安排与1990年决算，要按会议要求重新修改一次，再报县人大常委会批复后执行。

5月6日，县第十一届人大常委会召开第29次主任会议。会议由主任王祖武主持，副主任陈君吾、游晓岚、刘盛余、朱克安出席会议，顾问谌荣增列席会议。会议听取了县人民政府关于普及九年制义务教育规划（草案）的情况汇报。会议认为，5月6日县政府提请审议的九年制义务教育方案，比上次提交代表讨论的有很大进步，说明代表会议在条件尚未成熟的情况下，未通过方案是正确的。九年制义务教育规划，总的安排是2000年达标，此规划（草案）先由县教卫办研究并报县人民政府常务会议讨论一次，再提交县人大常委会会议审议通过。

5月7日，县第十一届人大常委会召开第30次主任会议。会议由主任王祖武主持，副主任陈君吾、姚自豪、游晓岚、刘盛余、朱克安出席会议。会议听取了县司法局关于“二五”普法规划的汇报。会议意见：县人大常委会审议“二五”普法的议题取消，下次会议不列入议程，因县委、县政府已签发文件，审议无意义。

5月8～9日，县第十一届人大常委会召开第31次主任会议。会议由主任王祖武主持，副主任陈君吾、姚自豪、游晓岚、刘盛余、朱克安出席会议，顾问谌荣增、陈历书列席会议。会议讨论了县人大常委会议事规则和主任会议制度，研究了其他有关工作。会议意见：常委会议事规则和主任会议制度两个文件草案基本可行，拟提请县第十一届人大常委会第9次会议审议。关于十年人大工作专题材料编辑，分细项责任到人，要求在6月完成。同意法工委组织对司法机关部分人员进行知识测试。关于向县委建议的有关人大工作目标管理内容，原则同意办公室的意见。

8月12日，县第十一届人大常委会召开第32次主任会议。会议由主任王祖武主持，副主任陈君吾、黎金龙、姚自豪、刘盛余出席会议，顾问谌荣增列席会议。会议学习了中共中央2号文件要点，即关于地方党委向地方国家权力机关提名干部人选的有关规定。会议意见：人大常委会决定任命干部，是严肃的政治任务，要维护法律的严肃性和人大常委会的权威性。县委常委决定人事任免前征求人大意见，对工作有利，也维护了党的权威。现在有一个倾向，就是不尊重人大意见，在县人大常委会未任命的情况下，就发文对外公布，这是违反有关法律规定的，今后要杜绝这类情况发生。此外，领导干部无特殊原因不要频繁变动，要有届期观念。

8月23～24日，县第十一届人大常委会召开第33次主任会议。会议由主任王祖武主持，副主任陈君吾、黎金龙、姚自豪出席会议，顾问陈历书列席会议。会议听取了法制工委关于全县城镇治安联防队有关调查情况汇报。会议建议县人民政府及业务主管部门对全县城镇治安联防队进行一次全面整顿，妥善解决治安联防队的经费，不得搞以罚养队，尚未建立治安队的建制镇原则上不再组建治安联防队伍，确实需要建立的，要按审批程序办事。会议听取了教科文卫工委关于安化卫校、小淹镇学校教师被殴打情况的汇报，要求及时严肃查处侮辱殴打教师、破坏学校正常教学秩序的事件，维护学校产权，妥善处理好遗留问题，切实加强学校的内部管理。会议听取了教科文卫工委关于安化县农村广播事业建设情况的调查汇报，要求切实加强领导，把发展农村广播事业作为一件大事来抓，妥善解决好广播事业经费。建议县人民政府常务会议就退休广播人员的工资和试办零线广播的问题进行一次专题研究。

8月30日，县十一届人大常委会召开第34次主任会议。会议由主任王祖武主持，副主任陈君吾、黎金龙、姚自豪、游晓岚、刘盛余出席会议。会议重点讨论了柘溪库区林业视察问题。会议意见：这次视察是在开展“林业年”活动的时候，在库区林建和林管问题多的情况下开展的。县人大常委会的视察，建立在实事求是的基础上，有一定权威性，不是找麻烦，而是寻求解决办法，政府、农委、林业部门、处、乡镇都要正确认识。这次视察有全国、省、县三级代表，由农委、林业局共同拿出一个视察方案，9月5日前提交主任会议讨论决定。

8月31日，县第十一届人大常委会召开第35次主任会议。会议由主任王祖武主持，副主任陈君吾、黎金龙、姚自豪、刘盛余出席会议，顾问陈历书列席会议。会议听取了县监察局等单位关于复退军人安置情况的调查汇报。会议意见：在安置复退军人的工作上，根据复退军人反映，还存在很多问题。这些问题不解决，其带来的后果不可设想。为了维护大局的稳定，维护法律政策的严肃性，加强干部队伍的廉政建设，加强党同人民群众的血肉联系，县人大常委会安排监察部门进行调查是十分必要的。10月底前，重点调查三年来“农转非”中的274人，其中不符合政策安排工作的，要分清性质和责任，由县监察局局务会议审理结论，按政策作出处分，并将情况向县委常委与县人民政府常务会议汇报。

9月5日，县第十一届人大常委会召开第36次主任会议。会议由主任王祖武主持，副主任陈君吾、黎金龙、姚自豪、游晓岚出席会议，顾问谌荣增列席会议。会议再次听取了县人民法院等有关单位联合调查组关于对县人民法院办公室一名干部所犯错误处理情况的汇报。会议要求县人民法院在内部通报案件情况，以作反面教材，教育全体干警，进一步提高干警整体素质。

9月29日，县第十一届人大常委会召开第37次主任会议。会议由副主任陈君吾主持，副主任黎金龙、姚自豪、游晓岚、刘盛余出席会议，副县长李稳石，顾问陈历书列席会议。会议听取了县人民政府关于1991年9月底前财政预算计划执行情况的报告。会议要求各级各部门要高度统一思想认识，重视全县财政的严峻形势，采取得力措施，保证收支计划完成，努力实现财政收支平衡。会议听取了财经工委关于林业年活动的调查汇报。会议意见，林业年活动是县委、县政府做了决定的，但林业年活动发展不平衡，9月份突击月末突击，流于形式，抓林业的县长，突击月没有在家，到四川去了，任务没有落实，苗木也没有落实好，县人民政府对这些问题要高度重视，采取切实可行措施予以解决。会议研究了县人大常委会当前的工作。省人大执法检查组到安化，联络工委要做好乡镇人大座谈会和代表工作座谈会的两个材料准备。

10月7日，县第十一届人大常委会召开第38次主任会议。会议由主任王祖武主持，副主任陈君吾、黎金龙、姚自豪、游晓岚、刘盛余出席会议，顾问陈历书、谌荣增列席会议。会议总结了人大代表搞好视察的经验。会议研究了评选优秀代表的问题，名额为县人大代表的20%，其中干部占25%，由联络工委控制，时间要求在11月上旬评选出来，通知以办公室名义下发。

10月21日，县第十一届人大常委会召开第39次主任会议。会议由主任王祖武主持，副主任陈君吾、黎金龙、游晓岚、刘盛余出席会议，顾问陈历书列席会议。会议首先对全县已经发掘的文物进行参观，然后听取教科文卫工委关于全县文物现状及保护情况的调查和县文物管理所的汇报。会议要求，文物管理工作应当列入各级政府的重要议事日程，广泛开展宣传教育。建议县人民政府将《中华人民共和国文物保护法》列入“二五”普法规划，每年拿出一定的经费，做好文物的征收工作，将散集在民间的文物征集起来，严格加强管理，对全县34处县级重点文物保护单位，力争在1992年年底前做好文物保护标志碑。同时，建议县人民政府认真执行《湖南省基础建设和生产建设工程中文物调查、勘探、考古发掘收费办法》，并结合本县实际作出具体规定。

11月22～23日，县第十一届人大常委会召开第40次主任会议。会议由主任王祖武主持，副主任陈君吾、黎金龙、姚自豪、刘盛余、朱克安出席会议。会议听取了县人民检察院关于“两反”斗争和渎职案件查处情况的汇报。会议建议，县人民检察院要认真总结，深入分析，拿出切实可行的意见和措施及专案向县委、县政府、人大、政法委汇报一次，把已立未结的案件，尽可能办结。关于经费不足的问题，县财政在年终锁口时尽可能解决部分。会议听取了县人民法院关于行政诉讼法执行情况的汇报。会议认为，随着干群法律意识的增强，普法的深入，行政审判的案子会越来越多，要求越来越高，矛盾也会越来越突出，县人民法院要进一步加强这方面的工作。

11月26日，县第十一届人大常委会召开第41次主任会议。会议由主任王祖武主持，副主任陈君吾、黎金龙、姚自豪、朱克安出席会议，副县长李稳石、顾问陈历书列席会议。会议听取了县财经工委、县财政局联合调查组关于对全县预算外资金情况的调查汇报。会议要求，县人民政府要切实加强对预算外资金的管理，并尽快起草一个预算外资金管理办法，由政府常务会议讨论后报县人大常委会审议通过后执行。同时，要加强对预算外资金的监督检查，县财政局要配备1～2名强有力的干部具体抓好管理工作，审计、银行、税务等部门要紧密配合，通过努力，尽快使预算外资金管理走上正轨。会议听取了县农委关于农委工作的汇报。会议意见：县农委有责任组织经管站等有关部门实事求是的把今年的产值产量查清楚，主动把实情向县委、县政府主要领导汇报，并争取上级对安化有所了解。会议听取了教科文卫工委关于乡、镇卫生院管理情况的调查汇报。会议意见：按国务院今年下发的文件，一般不要变动，确实不行的，收归卫生局管理。有关经费问题，县财政年终锁口时予以考虑。

12月2日，县第十一届人大常委会召开第42次主任会议。会议由主任王祖武主持，副主任陈君吾、黎金龙、姚自豪出席会议，顾问谌荣增、陈历书列席会议。会议听取了县建委关于东坪镇第一次修订总体规划说明书。会议意见：规划要突出重点，比如建低水头电站、防洪大堤等重点项目工程。规划要有权威性，一经制定通过，就要坚决实施。会议听取了县建委关于城建维护费的安排计划。会议意见：同意县人民政府提请审议的追补计划，城建维护费的安排计划要符合政策原则。城建维护费的收支，已经走上正轨，县建委、县财政局要把这笔钱收好、用好、管好，充分发挥其作用。

12月16日，县第十一届人大常委会召开第43届主任会议。会议由主任王祖武主持，副主任陈君吾、姚自豪、黎金龙、刘盛余、游晓岚出席会议。县长李厚宽、副县长李稳石，顾问谌荣增、陈历书列席会议。会议研究了1991年财政决算问题。会议意见：1991年基本上按月发工资，赤字压缩到200多万元，能办成这个决算，政府和财政部门是作出了艰苦努力的。1992年力争消灭赤字，增收600万元，实现财政收支平衡。会议研究了人大系统目标管理考核有关事项。会议要求考核要注意总结经验教训、考核效果、促进工作，要开座谈会、听取意见、查看记录等。

1992年

3月18～19日，县第十一届人大常委会召开第44次主任会议。会议由副主任陈君吾主持，副主任游晓岚、刘盛余出席会议，顾问陈历书、副县长王定中列席会议。会议听取了网箱养鱼项目办的情况汇报。会议意见，县人民政府及有关部门和单位要抓紧解决鱼草严重不足、鱼病防治及产前、产中、产后的服务问题。会议听取了优烟开发办对烤烟生产情况的汇报，1992年烤烟生产落实1733公顷，超计划30%，生产有希望。会议建议要切实解决资金、技术、缺肥等问题。会议听取了食用菌开发情况的汇报，建议通过继续向省里争取、发动群众自筹、争取银行贷款等途径解决资金问题。会议听取了黄姜办关于黄姜开发的汇报。

4月22日，县第十一届人大常委会召开第45次主任会议。会议由副主任陈君吾主持，副主任游晓岚、刘盛余出席会议。会议听取了对全县实施“八·七工程”视察情况的汇报。会议建议：县人民政府及有关部门要坚持实事求是搞好项目规划，改善对“八·七工程”的领导，加强部门配合，实行科技开发，积极培训和引进技术人才，搞好种苗基地建设，力争早出成果，致富于民。

5月19日，县第十一届人大常委会召开第46次主任会议。会议由主任王祖武主持，副主任陈君吾、黎金龙、姚自豪、游晓岚、刘盛余出席会议，顾问谌荣增列席会议。会议听取了县人民法院关于梁某等4被告故意毁坏公私财物一案的情况汇报。县人民法院根据中院对此案撤销原判，发回重审的裁定，审判委员会经认真研究认为：1.梁某等4被告，故意拆毁蒋某房屋，且造成了严重损失，应追究刑事和经济赔偿责任；2.考虑到该案的一些其他因素，对4被告的量刑，在原判的基础上予以适当改判。会议同意县人民法院审判委员会重新研究的意见，建议抓紧审结此案。

9月17日，县第十一届人大常委会召开第47次主任会议。会议由主任王祖武主持，副主任陈君吾、姚自豪、刘盛余、黎金龙出席会议。会议传达了地区人大换届选举工作会议精神，对全县换届选举工作作出了初步安排，提请县人大常委会审议决定。

10月22日，县第十一届人大常委会召开第48次主任会议。会议由主任王祖武主持，副主任游晓岚、姚自豪、刘盛余、黎金龙出席会议，顾问陈历书列席会议。会议通报了县党代会有关情况。会议主要研究了换届选举的问题。会议意见，要搞好换届选举工作，其中特别要注意搞好选民登记、推荐的候选人的素质和乡镇人大主席的提名。

12月1日，县第十一届人大常委会召开第49次主任会议。会议由主任王祖武主持，副主任陈君吾、游晓岚、刘盛余、朱克安出席会议，顾问谌荣增等列席会议。会议研究了县十二届人大一次会议筹备工作。会议听取了办公室关于县人大常委会工作报告起草情况的汇报，要求按照今天的会议意见进一步修改，提请县人大常委会会议审议。

第五节 县第十二届人大常委会主任会议

1993年

1月5日，县第十二届人大常委会召开第1次主任会议。会议由主任王定中主持，副主任陈君吾、游晓岚、姚让之、朱克安出席会议，顾问刘盛余、姚自豪、谌荣增列席会议。会议传达了县委常委会议精神，研究了县人大常委会机关有关工作。会议研究了县人大常委会主任、副主任的分工。王定中：主持常委会全面工作；陈君吾：协助主任工作，主持常委会机关日常工作，分管办公室、教科文卫工委；黎金龙：协助主任工作，分管法制工委、机关实体；姚让之：协助主任工作，分管联络工委，暂负责办公室；游晓岚：协助主任工作，分管教科文卫工委；朱克安（兼）：协助主任工作；刘盛余：分管财经工委；姚自豪：协管财经工委。会议讨论了1993年县人大常委会工作要点（草案），研究了1992年度常委会机关先进个人和优秀党员的人选。会议意见：最近，由分管办公室的常委会领导组织一次“一府两院”领导参加的座谈会，征求意见后，再确定1993年人大工作要点。

1月30日，县第十二届人大常委会召开第2次主任会议。会议由主任王定中主持，副主任陈君吾、黎金龙、姚让之、朱克安出席会议，顾问姚自豪列席会议。会议传达了省人大会议精神和县委常委会议精神，再次研究了人大常委会工作要点。会议原则同意1993年县人大常委会工作要点（草案），由办公室适当修改后提请常委会会议审议。

2月17日，县第十二届人大常委会召开第3次主任会议。会议由主任王定中主持，副主任陈君吾、黎金龙、姚让之、游晓岚出席会议，王祖武、姚自豪列席会议。会议传达了地区召开的各区、县（市）四家领导会议精神，听取了县十二届人大一次会议的准备情况，研究了机关办经济实体的问题。会议决定，县人民政府的40个组成单位，凡由常委会任命人员都要交3000字左右的从政书面发言，其中14个委、办主任和新任局长必须口头发言。会议同意成立食用菌研究所，对外牌子是山区经济开发服务公司，安排和调用谭周祥、方建宏，以承包的形式创办经济实体。

3月5日、8日，县第十二次人大常委会召开第4次主任会议。会议由主任王定中主持，副主任黎金龙、姚让之出席会议，顾问姚自豪、刘盛余、谌荣增列席会议。会议通报了马路镇计划生育、林业、农业等方面情况，研究了机关节流问题。会议意见：为了紧缩公用经费，机关电话机只留2部，出差提倡搭班车，用车要按级别，建立节支的奖励政策，控制进人。会议传达了益阳地区召开的各区县（市）人大常委会主任、副主任、办公室主任会议精神，研究了合署办公与办经济实体的问题。

4月23～24日，县第十二届人大常委会召开第5次主任会议。会议由主任王定中主持，副主任姚让之、游晓岚、黎金龙、朱克安出席会议，顾问刘盛余、谌荣增、姚自豪列席会议。会议听取了省人大财经委工作会议与省人大教科文卫委工作会议精神。省人大会议精神强调，要树立人大意识，搞好本职工作，不要“种了别人地，荒了自己田”；工作委员会不能撤，已撤的要尽快恢复。会议认为省人大会议精神是及时雨，人大工作只能加强，不能削弱，要认真贯彻会议精神，并向县委常委汇报。会议还听取了财经工委关于财政预算落实情况、联络工委关于县十二届人大一次会议代表建议的督办情况和法制工委关于刑事检察工作调查情况等的汇报。会议着重研究了缓解财政困难的问题，强调要从加强预算外资金管理、抓好企业的扭亏增盈、搞好各级财政包干、严格控制非生产性开支等多方面着手。

4月29日，县第十二届人大常委会召开第6次主任会议。会议由副主任陈君吾主持，主任王定中，副主任黎金龙、游晓岚、姚让之出席会议。副县长李稳石，顾问姚自豪、刘盛余、谌荣增等列席会议。会议听取了县财政局1993年财政预算情况的汇报。会议意见：原则同意这个方案，建议修改后提请县人大常委会会议审议通过。县直机关经费包干，原则同意县人民政府提出的方案，再次协调后由政府常务会议决定。预算外资金负担国家借款问题，同意和支持县人民政府出台的举措，上交数额应在140万元左右。区乡财政包干的问题，已出台的方案要实施，同时强调包干后不能增加农民和企业的负担。

5月6日、8日，县第十二届人大常委会召开第7次主任会议。会议由主任王定中主持，副主任黎金龙、姚让之出席会议，顾问刘盛余、谌荣增等列席会议。会议听取了县物价局关于当前收费情况的汇报。会议意见：要明确收费标准，凡是上级有规定，政府开了口的收费项目均列出，要像省物价局一样予以公布。建立健全收费管理制度，收入应该上交的，一定要上交，如果自行截流要予以查处。物价部门要加强监督管理的职能，政府要切实加强对执法监督工作的领导。会议传达了地区召开的各区、县（市）人大常委会分管副主任、办公室主任碰头会议精神，安排58个乡镇人大主席、10个区联络组长、机关姚让之、吴余保、刘应生、姚庆轩共72人参加益阳地区乡镇人大主席培训班。会议还听取了县商业局关于商业工作的汇报。

5月20日，县第十二届人大常委会召开第8次主任会议。会议由副主任姚让之主持，主任王定中，副主任黎金龙、游晓岚、朱克安出席会议。副县长李稳石，顾问姚自豪、刘盛余等列席会议。会议听取了县建委关于1993年城市建设维护费的安排情况。会议认为，1993年城市建设维护费的安排基本符合上级政策，符合安化实际，照顾了全面，保证了急需，安排具体恰当，同意作适当调整再报县人大常委会批复后实施。今后的经费开支要专款专用，保证计划的严肃性，充分发挥资金的使用效益。

5月28日，县第十二届人大常委会召开第9次主任会议。会议由主任王定中主持，副主任陈君吾、黎金龙、姚让之出席会议，顾问姚自豪、刘盛余列席会议。会议研究走访县人大代表和对“八·七工程”进行全面视察的问题。会议决定：视察与走访代表结合起来，视察的重点区是梅城、清塘、烟溪、云台、中砥、冷市，重点项目是烤烟、茶叶、食用菌，形式是集体走访、座谈、个别走访相结合，参加人员以县人大常委会组成人员为主，时间6月5～15日。会议听取了县林业局关于1992年林业“两金一费”计划的执行及1993年的安排情况。会议原则同意县人民政府提出的1993年林业“两金一费”计划，建议县林业局会同县财政局对下属二级单位实行经费包干，超支自负，建房经费要继续压缩，每年重点上1～2个项目，变动项目要按规定报批。

6月22日，县第十二届人大常委会召开第10次主任会议。会议由主任王定中主持，副主任陈君吾、黎金龙、姚让之出席会议。县长李宽厚，县委副书记谌涤尘和顾问谌荣增、姚自豪、刘盛余列席会议。会议听取了教科文卫工委关于农科教中心作用发挥情况调查汇报。会议意见：近几年，农科教中心发展了一批如岳溪、乐安、廖家坪、陈王等好典型，各级都要关心支持。关于进一步做好农科教中心工作的决议暂缓发，待条件成熟后，再根据县人民政府的议案提请县人大常委会决定。会议听取了县人民检察院汇报羊角塘乡乡长李某包庇犯罪一案，支持县人民检察院依法办案。

7月15日，县第十二届人大常委会召开第11次主任会议。会议由主任王定中主持，副主任陈君吾、黎金龙、游晓岚、姚让之、朱克安出席会议，顾问姚自豪、刘盛余、谌荣增列席会议。会议研究了县人大常委会会议有关事项。会议还研究了关于县林业公安分局办案赃款赃物不随案移交县检察院的问题等。

8月20～21日，县第十二届人大常委会召开第12次主任会议。会议由主任王定中主持，副主任陈君吾、姚让之、朱克安出席会议，顾问姚自豪、刘盛余列席会议。会议研究了举行县第十二届人大常委会第4次会议的有关事项。

8月26日，县第十二届人大常委会召开第13次主任会议。会议由主任王定中主持，副主任陈君吾、黎金龙、游晓岚、姚让之出席会议，顾问姚自豪、刘盛余列席会议。会议组织学习了江泽民总书记的重要讲话，对照精神讨论了机关办经济实体的有关问题。会议意见：坚决拥护中共中央决定，按照省、地、县具体意见进行落实，不再上新办企业，已办实体逐步收缩，谨慎处理，以防止资金散失，确保承包兑现。会议研究了关于地区组织科技法律知识竞赛的问题。

9月1～2日，县第十二届人大常委会召开第14次主任会议。会议由主任王定中主持，副主任陈君吾、黎金龙、姚让之出席会议，顾问刘盛余、姚自豪等列席会议。会议讨论了向县委常委汇报等准备工作。其中，汇报内容主要涉及对县人民政府21个组成局开展评议，评议的指导思想、对象、内容、作法和步骤，要分区乡、县直、政府几条渠道测评，并对重点测评情况进行统计与调查核实。

9月20日，县第十二届人大常委会召开第15次主任会议。会议由主任王定中主持，副主任游晓岚、姚让之出席会议，顾问姚自豪列席会议。会议通报了县委常委会议关于人大工作有关问题的意见。关于人大评议问题，外地有经验，本地有典型，工作有需要，但1993年年底前暂不启动，1994年开始进行。关于乡镇人大主席出缺问题，由县委组织部负责考察，尽快配齐。乡镇人大主席列席同级党委会的规定一定要落实。人大经费不足的问题，各级政府要依法予以安排。会议还听取了广播工作的汇报。

9月30日，县第十二届人大常委会召开第16次主任会议。会议由主任王定中主持，副主任陈君吾、黎金龙、姚让之出席会议，顾问姚自豪、刘盛余列席会议。会议听取了财经工委会同县财政局到涟源、邵东、衡阳等地考察学习的情况。衡阳的规费管理、涟源的预算外资金管理和邵东的财源建设有许多经验可汲取。会议要求县财政局根据外地经验、安化的现状，准备好一个汇报材料，分别向县委、县政府汇报。

10月18～19日，县第十二届人大常委会召开第17次主任会议。会议由主任王定中主持，副主任陈君吾、姚让之出席会议，顾问谌荣增、姚自豪、刘盛余等列席会议。会议听取了联络工委对1993年代表建议的办理情况的意见。会议意见，在县人代会上，把几个办理不积极的单位点一下名，好的单位表扬一下，以促进工作。会议听取了财经工委关于电费问题调查情况的汇报。目前用户意见较大的问题：提价次数多，增长幅度大，生产经营用电与生活用电划分的比例不合理，擅自加费。会议意见：将电费问题和建议修改后交县人民政府及有关部门办理。益阳电厂集资问题，事关重大，要向省、地人大专题报告。县电力局不符合政策收取费用，已收的要督促上缴财政，今后不能再收。企业生活用电与经营性用电，分开装表，交电力局负责落实。会议听取了县财政局关于益阳地区财政工作会议精神的汇报。

11月8日，县第十二届人大常委会召开第18次主任会议。会议由主任王定中主持，副主任黎金龙、姚让之出席会议，顾问姚自豪列席会议。会议听取了王定中主任赴益阳地区人大联工委汇报工作的情况。一是关于电力收费问题，地区人大建议暂不向省人大汇报，1994年在省人代会上代表提建议。二是12月初地区人大到安化召开会议，要求安化全面介绍情况，汇报材料题目定为“围绕县域经济的发展，努力做好人大工作”。

12月10～11日，县第十二届人大常委会召开第19次主任会议。会议由主任王定中主持，副主任陈君吾、黎金龙、游晓岚、姚让之出席会议。会议研究了乡镇人大主席会议以及县十二届人大二次会议的有关事项。会议要求，县十二届人大二次会议期间办好宣传牌，共30块，其中县直7块、乡镇23块。会议听取了县物价局关于清理县邮电局资费情况的汇报。会议意见：物价局对邮电资费的检查，是根据群众的反映和上级规定进行的，邮电部门积极配合，态度恳切，对清理出来的问题，由物价、邮电部门协商在本月20日前拿出整改方案，报县人大常委会财经工委审定，以便统一宣传解释，提高邮电形象，促进安定团结，加快邮电发展。

12月13日、15日，县第十二届人大常委会召开第20次主任会议。会议由主任王定中主持，副主任黎金龙、游晓岚出席会议，顾问刘盛余列席会议。会议听取了县人民检察院关于反贪污、反贿赂情况和县人民法院关于行政审判情况的汇报。关于“两反”问题，要加大宣传力度，在各级各部门及社会上形成反贪污、反贿赂的共识，努力提高办案水平，摸底排查，抓住重点单位的重点问题，选准突破口，攻克大要案件。关于行政审判工作，要求进一步加强宣传教育，增强法律意识，依法秉公办事，精选3～5个案例，进行宣传教育，以扩大行政审判效益。会议听取了县司法局关于司法行政工作情况的汇报。会议意见：关于普法责任制，由副主任黎金龙带队，到桃江学习一次。县司法局要进一步加强律师服务市场的整顿，加强司法行政队伍的建设，加强领导班子的团结，加强依法治县的准备工作。

12月17日，县第十二届人大常委会召开第21次主任会议。会议由主任王定中主持，副主任黎金龙、姚让之出席会议。会议听取了县教育局关于教育工作与经费开支情况的汇报。会议意见：1993年教育经费困难，要求追补经费，建议县人民政府予以重点考虑。关于规范收费标准的问题，可依法规范，形成制度。《中华人民共和国教师法》的宣传要加大力度，造成强大的社会舆论。会议听取了县卫生局关于"卫生年"活动开展情况的汇报。

12月21日，县第十二届人大常委会召开第22次主任会议。会议由主任王定中主持，副主任陈君吾、黎金龙、游晓岚、姚让之出席会议。副县长李稳石，顾问姚自豪、刘盛余等列席会议。会议听取了财经工委关于财政决算锁口前的调查汇报，县财政局关于1993年财政收支情况的汇报。会议对县人民政府1993年的财税工作予以充分肯定，对年度财政收支平衡的安排和几个具体问题的解决，表示原则同意，要求县人民政府及县财政局要做到1993年收支基本平衡，保证1994年1～2月工资的发放，同时要考虑解决一些单位的实际问题。

1994年

1月13日，县第十二届人大常委会召开第23次主任会议。会议由副主任陈君吾主持，副主任黎金龙、游晓岚、姚让之、朱克安出席会议，顾问刘盛余列席会议。会议听取了县人民政府关于1994年财政预算方案汇报。会议原则同意县人民政府1994年的财政预算方案，提请县人大常委会审议通过。同时，要求进一步加强预算外资金管理，采取坚决措施压缩支出。

2月16日，县第十二届人大常委会召开第24次主任会议。会议由主任王定中主持，副主任陈君吾、黎金龙、游晓岚、姚让之、朱克安出席会议，顾问刘盛余列席会议。会议听取了县委组织部关于人事任免的情况通报，提出了一些不同的看法，经与县委、县政府领导通气后统一思想。会议研究了机关经济实体问题，要求已签订的合同坚决兑现，借的资金要偿还，至于是否继续办，按县委的意见实行。

3月15日，县第十二届人大常委会召开第25次主任会议。会议由副主任黎金龙主持，副主任陈君吾、游晓岚、姚让之出席会议。会议听取了县人民法院关于人事安排的汇报，认为调整后法院行政庭和大福庭的力量减弱了，下次调整时注意加强。会议研究了1993年度县人大机关考核问题，决议由机关党支部先拿出意见，再交主任会议讨论。会议研究了关于代表意见建议的办理问题。

5月5日，县第十二届人大常委会召开第26次主任会议。会议由副主任陈君吾主持，主任王定中，副主任黎金龙、姚让之、朱克安出席会议，顾问刘盛余等列席会议。会议听取了市人大代表（安化）第一轮候选人情况，确定了第二轮候选人名单。共推荐114人。其中：女性28人，占24.5%；非党47人，占41%。

5月15日，县第十二届人大常委会召开第27次主任会议。会议由副主任陈君吾主持，主任王定中，副主任黎金龙、游晓岚、姚让之出席会议，副县长李稳石、顾问刘盛余列席会议。会议听取县财政局关于1994年财政预算（草案）的情况汇报。会议要求县人民政府要狠抓财源建设，注重关键点，确保时间过半，任务过半。预算外资金承担中央借款不仅要坚持，而且要增加额度。会议听取了普法执法责任制实施方案。会议意见：赞成签订年度责任书，分年度提出要求。1994年要求“一府两院”达到以下目标：①建立领导小组，有人分管，有人负责；②举办培训班，培训骨干；③制定实施方案；④年内对普法执法情况进行1～2次检查督促；⑤建立考评监督制度；⑥年内不出大的违法行为，保证法律法规的有效贯彻执行。

5月18日，县第十二届人大常委会召开第28次主任会议。会议由副主任陈君吾主持会议，主任王定中，副主任姚让之、游晓岚、黎金龙出席会议，顾问刘盛余列席会议。会议再一次研究市人大代表候选人问题，同意换2人、增1人，总数为75人。会议研究和决定了召开县十二届人大三次会议的有关事项。会议传达了市环保工作会议精神。会议意见：环保工作归口财经工委联系，主任会议听取一次环保工作的汇报，由财经工委组织环保执法大检查。会议研究了机关经济实体问题，要求在5月底前处理好遗留问题，经办人于6月1日起正式回机关上班。会议听取了财经工委关于畜牧防疫的议案督办情况的汇报。会议意见：畜牧部门由于农商关系不协调，影响了畜牧业的发展，政府必须引起重视；畜牧防疫、检疫工作非常重要，从财经工委调查的情况来看，问题又确实十分严重，决定将此列入普法执法责任制的重要内容来抓。

6月9日，县第十二届人大常委会召开第29次主任会议。会议由副主任陈君吾主持会议，副主任黎金龙、游晓岚出席会议，顾问刘盛余列席会议。会议听取了县文化局关于文化市场情况的汇报。会议意见：文化部门要严格实施各项文化法律法规，理顺好与工商、公安、乡镇的关系，管理好音像市场，堵住电游、赌博。

7月8日，县第十二届人大常委会召开第30次主任会议。会议由副主任陈君吾主持，副主任姚让之出席会议，顾问刘盛余列席会议。会议研究了县第十二届人大常委会第12次会议有关事项，为搞好对县人民政府及有关部门上半年工作的审议，县人大常委会组织3个调查组，人大干部每组2人，再从外单位抽2～3人，调查在20日前结束，25日主任会议听取调查情况汇报。

7月25～26日，县第十二届人大常委会召开第31次主任会议。会议由副主任陈君吾主持，主任王定中、副主任黎金龙、姚让之、朱克安出席会议，顾问刘盛余等列席会议。会议听取了各调查组调查情况的汇报。关于县委机关整体搬迁的问题，要作为一个内容在常委会会议上通报。

8月4日，县第十二届人大常委会召开第32次主任会议。会议由主任王定中主持，副主任陈君吾、黎金龙、游晓岚、姚让之出席会议。会议通报了县委常委会议的有关意见，县委书记李厚宽说：人大抓好预算外资金管理、清理，是对全县的突出贡献；管理要抓好三个环节，即收、管、用，人大对此看得准，提得高，抓得紧，1993年抓了收，1994年抓管和用。这项工作建议由人大牵头，先由政府拿出具体办法，人大一起来督促推行。

8月30日，县第十二届人大常委会召开第33次主任会议。会议由副主任陈君吾主持，副主任黎金龙、游晓岚、姚让之出席会议，顾问刘盛余列席会议。会议听取了县林业局关于1994年“一金两费”收支计划的情况汇报。会议意见：1993年林业“一金两费”收入、支出完成均较理想，为财政分了忧，为上级主管部门、为稳定林业队伍做了贡献。问题是预算计划脱离实际，支出不符合政策规定，执行人大决议不严肃。会议原则同意1994年林业“一金两费”收支计划预算，林业部门要加强管理，严格实行“收支两条线”的管理办法。

9月2日，县第十二届人大常委会召开第34次主任会议。会议由副主任陈君吾主持，主任王定中，副主任黎金龙、姚让之、朱克安出席会议。主任王定中在会上传达了上级有关精神。会议通过了副主任陈君吾对走访县代表的工作提出的方案，这次走访从9月6日开始，18日结束，20日碰头，走访面达90%以上；全县共派出6个走访调查小组，参加人员是县人大常委会全体组成人员，形式以上门走访为主，结合集中走访。

9月20～23日，县第十二届人大常委会召开第35次主任会议。会议由副主任陈君吾主持，主任王定中，副主任黎金龙、姚让之、朱克安出席会议，顾问刘盛余等列席会议。会议内容是走访县人大代表情况碰头。会议意见，要将这次走访代表的情况，向“县四大头”汇报，在县人大常委会会议上通报，综合汇报材料应包括基本情况，人大代表在两个文明建设中的作用，代表反映强烈的问题、意见和建议等。

11月18日，县第十二届人大常委会召开第36次主任会议。会议由副主任陈君吾主持，主任王定中，副主任游晓岚、姚让之、朱克安出席会议，顾问刘盛余列席会议。会议听取了县环保局关于环境保护执法检查情况的汇报。会议要求进一步增强环保国策意识、环保法制意识，加大检查监督力度，加大综合治理力度，加大环保执法工作的领导力度，将环保执法列入普法执法责任制，同时强化职能部门的权力和职责。

11月28～29日，县第十二届人大常委会召开第37次主任会议。会议由主任王定中主持，副主任陈君吾、姚让之、朱克安出席会议，顾问刘盛余列席会议。会议通报了县委领导班子的变动情况，研究了几个会议的准备问题。会议意见：对县委班子的调动表示拥护。补选代表问题，现有缺额5人，按《选举法》规定，由原选区补选3人。关于评选优秀县人大代表问题，在召开的乡镇人大负责人会上进行布置。会议通报了县委常委会议意见。县委常委同意县十二届人大四次会议在1月15日召开；同意补选3名代表，即154选区补选张雪秋，162选区补选陈道交，149选区补选邓三龙。

12月10日，县第十二届人大常委会召开第38次主任会议。会议由主任王定中主持，副主任陈君吾、黎金龙、姚让之出席会议。会议研究了省、市人大代表视察问题。会议意见：省、市代表共分成5个小组进行视察，时间于12月11日开始，15日结束；代表主要视察林业“两金一费”上交比例过高的问题、怀桃公路的建设问题、东坪至敷溪公路的立项问题。

12月22日，县第十二届人大常委会召开第39次主任会议。会议由副主任陈君吾主持，副主任黎金龙、姚让之出席会议。会议听取和审议了县工商局关于打击假冒伪劣商品情况的汇报。会议建议县人民政府建立健全各职能部门的执法机构。1995年3月15日前成立县消费者协会，组织开好全县打击假冒伪劣商品法制宣传大会，以电视、报刊、墙报等形式，在全县范围内开展法制宣传，维护消费者的合法权益。

1995年

2月6日，县第十二届人大常委会召开第40次主任会议。会议由主任王定中主持，副主任陈君吾、黎金龙、游晓岚、姚让之、朱克安出席会议。会议研究了领导分工和机关人员调配问题。会议决定主任、副主任、顾问分工维持现状不变，委室人员从联络工委调一人到教科文卫工委。委室工作安排上，除履行常规工作外，侧重抓1～2项主要工作。法制工委：普法执法责任制，禁赌。教科文卫工委：农科教中心，并抓好陈王乡这个点。联络工委：十佳代表评选，100户示范户的确定和发展。财经工委：办好资江化工厂的联系点，附带了解一下酒厂的情况。办公室：县人大及其常委会选举及任免的干部的考核、评选工作，下乡调查。

2月7日，县第十二届人大常委会召开第41次主任会议。会议由副主任黎金龙主持，主任王定中，副主任陈君吾、姚让之出席会议。会议听取了县公安局关于1月19日县电力局局长被职工殴打情况的汇报。会议认为“1・19事件”的处理，县委、人大、政府非常重视，公安部门做了大量工作，收到了一定的社会效果。县电力局3名职工欧打主要领导的违纪违法行为不构成犯罪，但在内部要从严处理，由其承担该负的经济责任及党纪政纪处分，并教育单位干部职工，遵纪守法，维护社会的稳定，谨防类似事件的发生。

3月21日，县第十二届人大常委会召开第42次主任会议。会议由主任王定中主持，副主任黎金龙、姚让之出席会议，顾问刘盛余列席会议。会议研究了县第十二届人大常委会第17次会议的有关事项等。1995年人大常委会的工作要点（草案），由办公室负责修改。1995年财政预算方案，由财经工委督促落实。法院干部的任免，今后凡对副庭长以上干部任免，采取投票方式进行。这次对人事任免中3个有分歧的人员，法制工委派人把情况调查清楚后提请常委会会议审议决定。

3月28日，县第十二届人大常委会召开第43次主任会议。会议由主任王定中主持，副主任黎金龙、游晓岚、姚让之出席会议，副县长程世来列席会议。会议听取了县财政局关于1995年财政预算情况的汇报。会议意见：县财政局对财政预算初步方案做了大量工作，但鉴于上级补助、区乡微调、三定方案、上解资金尚未落实，同意推迟到3月的常委会会议上进行审议，对今年的预算方案指导思想及支出安排，原则上表示同意。

3月30日，县第十二届人大常委会召开第44次主任会议。会议由副主任姚让之主持，主任王定中、副主任黎金龙出席会议。会议原则通过了1995年县人大常委会工作要点（草案）及县人大常委会关于修改表决方式的决定（草案）。会议着重研究了100户致富典型户的确定问题。会议意见，100户致富典型户的条件：必须是省、市、县、乡四级人大代表，必须是以种植业、养殖业、加工业为主的典型，有一定的致富基础，能够起到示范推动作用。示范户的目标：1995年纯收入达3000元，1996年3500元，1997年4000元；养猪要达100头，养牛20头，养羊50头，经济林人平5亩以上，加工户年交税额30000元以上。示范户的确定：基层推荐，实地察看、建卡存档。示范户的管理：领导联户，分年考核，支持扶植，总结表彰。

5月28日，县第十二届人大常委会召开第45次主任会议。会议由主任王定中主持，副主任陈君吾、姚让之出席会议。会议讨论了怀桃公路建设是否作决议的问题。会议意见：同意听取县人民政府关于怀桃公路建设的汇报，县人大常委会作一个原则性决议，不涉及具体内容。

5月29日，县第十二届人大常委会召开第46次主任会议。会议由主任王定中主持，副主任陈君吾、游晓岚、姚让之、朱克安出席会议，顾问刘盛余列席会议。会议传达了在南县召开的全省各级人大代表履行职责经验交流会议精神。会议还研究了示范户的问题，全县共确定示范户101户，其中98人是各级人大代表。会议听取了县建设局关于城建维护费的情况汇报。会议原则同意县人民政府关于1995年城建维护费收支计划，今后在城建维护费的计划安排上，要量力而行，量财办事，既要确保重点，又要照顾全面。县人民政府要负责督促电力费附加的到位，如果有难度，人大可以加大监督力度。

6月4日，县第十二届人大常委会召开第47次主任会议。会议由副主任陈君吾主持，主任王定中，副主任黎金龙、游晓岚、姚让之出席会议。会议研究了机关思想作风整顿问题，安排6月5～12日为整顿时间。第一步是学习动员、统一思想、领会精神。第二步是联系实际，自查自纠。第三步是整章建制，总结教育。

6月22日、28日，县第十二届人大常委会召开第48次主任会议。会议由副主任陈君吾主持，副主任黎金龙、姚让之出席会议。会议讨论了东坪镇闵家村3人滋事一案。会议要求县公安局尽快了结此案，认真做好双方的工作，防止矛盾激化。会议听取了县财政局关于1995年上半年财政收入过半情况和行政事业费支出安排情况。

8月25日，县第十二届人大常委会召开第49次主任会议。会议由副主任陈君吾主持，主任王定中，副主任黎金龙、游晓岚、姚让之出席会议。会议听取了县人民政府关于1995年木材采伐计划的汇报。会议同意县人民政府关于1995年木材采伐计划，无特殊情况不要再追加。要求一支笔审批，不能多头审批。要建立台账，以便有据可查。

9月1日、10日，县第十二届人大常委会召开第50次主任会议，会议由主任王定中主持，副主任陈君吾、黎金龙、姚让之出席会议。会议传达了市人大常委会会议精神，要求乡、镇换届选举工作必须在12月20日前结束，换届选举前必须撤区并乡。要做好乡镇撤并设置、人大主席的力量安排、换届准备工作等。会议研究了关于乡镇人大主席的问题。会议研究了东坪自来水污染问题，安排主任、副主任及东坪镇政府、人大主席团领导先到实地察看，然后听取卫生防疫部门的情况汇报，再向县人民政府提出意见建议，督促东坪镇政府尽快解决。

9月26日、10月6日，县第十二届人大常委会召开第51次主任会议。会议由副主任陈君吾主持，主任王定中，副主任黎金龙、游晓岚、姚让之、朱克安出席会议。会议研究了县第十二届人大常委会20次会议有关事项，决定按年初计划搞好县人民政府组成局的评议，以维护计划的严肃性。考评方案包括指导思想、对象与内容、方法与步骤、评议注意事项。考评委员会由县人大常委会主任、副主任及陈道交、刘应生、伍惠予、刘昭曙、吴余保组成。考评方案和考评委员会均提请县人大常委会决定。

10月13日，县第十二届人大常委会召开第52次主任会议。会议由副主任陈君吾主持，副主任黎金龙、姚让之、朱克安出席会议，顾问刘盛余列席会议。会议研究了对“一府两院”中由县人大常委会任命的国家机关工作人员进行考评的问题，10月10日已召开了考评动员大会，组织考评成员33人，共分5组进入有关考评单位开展考评工作。

11月6日，县第十二届人大常委会召开第53次主任会议。会议由副主任陈君吾主持，主任王定中，副主任黎金龙、游晓岚、姚让之、朱克安出席会议，顾问刘盛余列席会议。会议进行了县直考评碰头，总结了前段考评情况，要求各考评调查组要把握好进度，征求政府与主管部门的意见，到乡镇听取县人大代表意见，有3个局还要再一次调查了解，把情况搞清楚，为常委会搞好评议做准备。

11月15～18日，县第十二届人大常委会召开第54次主任会议。会议先后由主任王定中、副主任陈君吾主持，副主任黎金龙、游晓岚、姚让之出席会议。会议再次进行考评情况碰头，在综合全面情况的基础上，进行了认真讨论和研究，推荐出了优秀公务员、优秀法官和优秀检察官，以及黄牌警告的建议人员。

11月20日，县第十二届人大常委会召开第55次主任会议。会议由主任王定中主持，副主任陈君吾、姚让之、游晓岚出席会议，顾问刘盛余列席会议。会议通报了评选“十佳代表”的情况，同时对人大工作作了简要回顾。自1983年在各区代表团中设立联络员，到1987年县人大常委会成立联络工委，区设立人大联络组，再到县第十二届人大前后，形成“三大头”概念，确立“三大头”地位，区、乡、镇人大在全县经济和民主法制建设中，发挥了重要的作用。具体说，主要有5个方面：一是加强同代表的联系，代表走访工作形成了制度；二是总结推广代表中的典型，树立了人大代表在群众中的良好形象；三是积极开展调查研究，为人大常委会行使职权提供了可靠依据，当好了参谋；四是为开创乡镇人大工作的新局面做出了贡献；五是在协调人大代表与政府的关系中，为党委分了忧出了力。

12月16日，县第十二人大常委会召开第56次主任会议。会议由主任王定中主持，副主任陈君吾、黎金龙、姚让之、朱克安出席会议。会议传达了市人大工作会议精神，要求进一步把人大权威搞高，进一步把乡镇人大搞牢，进一步把代表工作搞活。会议研究了关于省、市人大代表视察的问题。会议决定，12月17～20日，省、市人大代表在县城进行视察，听取财政、税收情况，视察米袋子、菜篮子工程。

12月25日，县第十二届人大常委会召开第57次主任会议。会议由主任王定中主持，副主任陈君吾、黎金龙、姚让之出席会议。会议听取了县财政局关于1995年财政决算锁口情况。会议认为，财政收入完成理想，超历史、超计划、超上年，没有赤字，略有结余，是各级各部门共同努力的结果。会议原则同意1995年县财政决算盘子，要求1996年县财政预算方案要尽早拿出来。

1996年

3月5日，县第十二届人大常委会召开第58次主任会议。会议由主任王定中主持，副主任陈君吾、姚让之出席会议。会议研究了春节后有关工作问题。会议安排伍惠予等3人参与省人大组织的百户大调查，由副主任陈君吾负责机关总结评比，由联络工委拿出乡镇人大主席培训班方案和代表评优、代表联组活动及县委、县政府、县人大领导联系代表方案，办公室等做好与市人大教科文卫委碰头的有关工作。

3月13日，县第十二届人大常委会召开第59次主任会议。会议由副主任陈君吾主持，副主任黎金龙、游晓岚、姚让之出席会议。会议讨论了1996年县人大常委会工作要点（草案）。

3月19日，县第十二届人大常委会召开第60次主任会议。会议由主任王定中主持，副主任陈君吾、黎金龙、姚让之出席会议。会议讨论了邮电集资问题。会议建议：要进一步加大宣传力度，采取多种形式，宣传邮电“八五”成就及“九五”规划，形成共识。建议县人民政府修改相关文件，应调高的项目支持调高，长途直拨等该降低的项目应该降低。审计、物价部门要加强对邮电收费的检查和审计，增强透明度。邮电部门应保证专款专用，实行亮牌收费，实行内审监督机制，加强内部管理，提高服务质量。

3月21日，县第十二届人大常委会召开第61次主任会议。会议由主任王定中主持，副主任陈君吾、姚让之出席会议。会议听取了县人民检察院和县人民法院的工作汇报。会议意见：县人大积极支持县人民检察院新任检察长刘孙承及检察院的工作。县人民法院对上级精神，必须认真领会，结合安化实际，坚决贯彻，1996年要加强基层队伍建设，案件要及时依法处理。

4月17日，县第十二届人大常委会召开第62次主任会议。会议由副主任黎金龙主持，副主任姚让之出席会议。会议听取了县公安局的工作汇报。会议意见：5月份，县人大常委会会议将审议禁赌问题，突出东坪、平口、梅城3个重点地区，国家工作人员特别是副局级以上人员。对乡镇治安队要加强管理，既要严格执法，又要自觉接受人民群众的监督。

5月2日，县第十二届人大常委会召开第63次主任会议。会议由主任王定中主持，副主任陈君吾、黎金龙、姚让之出席会议。会议听取了副主任黎金龙关于禁赌督查情况的汇报。会议意见：县人民政府要引起高度重视，要加大禁赌力度；各单位领导要看到本单位的问题，抓典型处理，人大任命的干部参赌一律撤职；要解决依法禁赌的问题，不能以钱代法。

7月1日、3日，县第十二届人大常委会召开第64次主任会议。会议由主任王定中主持，副主任陈君吾、黎金龙、姚让之出席会议。会议听取了平口镇有关工作汇报。会议研究了组织代表视察科教兴县决议的实施情况。会议决定：7月15～19日，县人大常委会组成人员、部分市县人大代表，由王定中、黎金龙、姚让之各带1个组，分别视察科教兴县决议落实、人大代表带领选民致富、经费投入及部门配合情况。

7月15日，县第十二届人大常委会召开第65次主任会议。会议由主任王定中主持，副主任陈君吾、黎金龙、姚让之、游晓岚、朱克安出席会议，副县长陈潇列席会议。会议听取了县建设局关于1996年城建维护费的安排情况。会议意见：1996年城建维护费的安排指导思想明确，突出了重点，原则同意；运行中需要调整的，须办报批手续，以维护预算的严肃性。县人大将对小城镇建设年活动进行视察。

7月22日，县第十二届人大常委会召开第66次主任会议。会议由主任王定中主持，副主任陈君吾、黎金龙、游晓岚、姚让之、朱克安出席会议。会议研究了抗灾救灾的有关工作。会议意见：以县人大常委会的名义发一个致全县各级人大代表的慰问信，作一个关于抗灾救灾的决议，动员机关干部献爱心。

8月13日，县第十二届人大常委会召开第67次主任会议。会议由副主任黎金龙主持，主任王定中，副主任姚让之、游晓岚出席会议。会议听取了县人民检察院关于反贪局违纪问题的汇报。会议意见：反贪局部分人员出现的问题，必须深刻检讨，认真退赔，振奋精神，积极工作；这次问题出在执法单位，教训是深刻的，影响是很坏的，县人民检察院要深刻反省；本次会议意见要以县人大常委会党组名义向县委汇报。

8月19日，县第十二届人大常委会召开第68次主任会议。会议由主任王定中主持，副主任陈君吾、黎金龙、游晓岚、姚让之出席会议。会议通报了县委常委会议精神，主要内容是全县受灾救灾情况。会议对8月9日委室主任在碰头会议上提出的意见作出了答复：①主任会议克服随意性，进一步完善主任会议制度，每月由办公室收集议题，按制度召开；②加强法律学习，每月至少学习两天，在每月上旬进行；③提高审议质量，坚持继续印发常委会会议公报；④每年主任、副主任督办1～2件信访案件，由信访办负责安排；⑤常委会第27次会议只审议代表意见建议办理情况和科教兴县决议落实情况，“两反”情况的审议推迟到1997年；⑥县直机关对口单位信访联席会，由副主任陈君吾主持召开；⑦反贪局自身的案件，待县纪委作出结论后，主任会议将进行专题研究。

8月26日、30日，县第十二届人大常委会召开第69次主任会议。会议由副主任黎金龙主持，副主任陈君吾、黎金龙、游晓岚出席会议。会议听取了内务司法工委关于上级人大信访工作指示精神汇报，要求进一步提高对人大信访工作的认识，建立健全规章制度，使人大信访工作逐步规范化、程序化，把人大信访工作作为信息工程、桥梁工程和爱民工程来抓。会议听取了县卫生局关于初级卫生保健工作情况的汇报，要求进一步增加卫生投入，保证初保经费到位；重点抓好农村改水改厕、合作医疗、甲级村卫生院、健康教育、资料整理等基础工作；县人民政府和卫生行政主管部门要组织力量，深入基层，加强初保工作的检查督促。

10月15日，县第十二届人大常委会召开第70次主任会议。会议由主任王定中主持，副主任陈君吾、黎金龙、游晓岚、姚让之出席会议。会议听取了县经管站关于减轻农民负担的汇报。会议决定：鉴于目前全县“三收”工作形势，按照县四家领导会议安排，由主任王定中、副主任陈吾君带队，抽调机关干部蒋国顺、龙高明、刘跃进组成工作队负责到小淹做工作。

11月22日，县第十二届人大常委会召开第71次主任会议。会议由主任王定中主持，副主任陈君吾、黎金龙、姚让之、朱克安出席会议。会议听取了县林业公安分局有关情况的汇报。会议意见：关于伪造、倒卖、重复使用废票偷漏木材税费案件，要一抓到底，县人大全力支持；县林业公安分局的经费、编制问题，建议由县政法委书记蒋佳生牵头，由有关单位组队到外地取经，回来再向县委常委汇报，研究解决办法；关于柘溪一县人大代表在责任山乱伐林木的问题，可先由选举任免联络工委找其谈话做工作，争取主动交代，如需逮捕，由县人民检察院提请县人大常委会审议。

11月29日，县第十二届人大常委会召开第72次主任会议。会议由副主任陈君吾主持，主任王定中，副主任黎金龙、姚让之、朱克安出席会议，县委副书记张雪秋列席会议。会议研究了召开县十二届人大六次会议的有关事项。会议意见：一是思想认识要从高。这是本届人大最后一次会议，能否圆满，非常重要。二是筹备工作要从紧。主要是考虑时间太紧，工作太多，前段有些职能部门的工作在往后推；三是工作标准要从严。会议要开得严密，要体现客观、激奋、务实六个字的要求。

12月23日，县第十二届人大常委会召开第73次主任会议。会议由主任王定中主持，副主任陈君吾、姚让之、朱克安出席会议。会议听取了省人大工作会议精神，学习了几位领导的讲话。会议传达了县委常委会议精神，关于县人大的问题：一是增设农业委员会;二是编制已报34人；三是干部交流，人大至少交流1～2人；四是乡镇人大主席进同级党委班子；五是县人大常委会可增选一名副主任，年龄在40岁左右；六是县人大、政协经费要着重考虑，力争有所增长。

12月24日，县第十二届人大常委会召开第74次主任会议。会议由副主任姚让之主持，主任王定中、姚让之、朱克安出席会议。会议听取了苍场乡南溪村，马路镇黄婆村的调查情况，研究了县人大联系扶贫点的问题。会议意见：要扶贫先扶志，治贫先治愚，认准脱贫致富的目标后，在科教上下功夫；要拿出具体规划，制定远景目标，解决群众吃饭、饮水、走路、就医、就学等实际生活困难和当务之急。

12月30日，县第十二届人大常委会召开第75次主任会议。会议由副主任陈君吾主持，主任王定中，副主任游晓岚、朱克安出席会议。会议讨论了1997年县人大常委会工作要点（草案），主要是四个方面：一是县人大常委会五年工作的回顾总结；二是抓好百户代表带领选民致富示范活动；三是突出抓好对扶贫工作的视察，打一场扶贫攻坚战；四是抓好换届选举。至于工作监督和法律监督，视情况再定。走访人大代表，同视察活动一同进行。

1997年

1月8日，县第十二届人大常委会召开第76次主任会议。会议由主任王定中主持，副主任陈君吾、黎金龙、游晓岚、姚让之出席会议。会议听取了县人大老干部对当前工作意见。会议认为老干部意见非常中肯，提出的问题确实带全局性。1997年仍面临四大问题，要请老干部有思想准备与关心关注：一是四家换届将带来干部思想的一时混乱；二是不安定因素有增无减；三是东山闹乡址问题至今未解决；四是经济困难越来越大。会议讨论了县人大常委会工作报告（草案）。

2月12日，县第十二届人大常委会召开第77次主任会议。会议由主任王定中主持，副主任陈君吾、黎金龙、游晓岚、姚让之、朱克安出席会议。会议研究了县人大常委会的几项具体工作。关于主任、副主任分工：王定中负责全面工作；陈君吾主持机关日常工作，分管办公室、财经工委；黎金龙分管内务司法工委；姚让之分管选举任免联络工委、农业工委；游晓岚分管教科文卫工委。关于办公室的安排，选举任免联络工委、农业工委及副主任姚让之搬到老院办公室，其他委室不变。

3月12日，县第十二届人大常委会召开第78次主任会议。会议由主任王定中主持，副主任陈君吾、黎金龙、游晓岚、姚让之、朱克安出席会议。会议听取了县人民检察院关于县移民局一副局长夏某涉嫌贪污犯罪问题的汇报。会议意见：原则同意县人民检察院对夏某（县人大代表）刑事拘留、逮捕，需提请县人大常委会审议决定。

4月5日，县第十二届人大常委会召开第79次主任会议。会议由主任王定中主持，副主任陈君吾、黎金龙、游晓岚、姚让之、朱克安出席会议。会议研究了人大工作：①举办乡镇人大副主席及办公室主任培训班。时间4月22～24日，地点平口镇，学习内容《地方组织法》《代表法》《选举法》通讯报道及办公室工作。②梅城的人大督查验收后，开1天乡镇人大主席会，为5月初的市人大培训班作准备。③需重点督办的17条代表建议，分别由主任、副主任和委室负责督办。④9月份，常委会领导和委室主任分6个组走访代表。会议研究了人大对个案督查的问题。县人民法院对一起民事纠纷案拖了7年未结，当事人多次来人大上访。会议决定：第一、以县人大常委会主任会议纪要或下达通知到县人民法院；第二、找县人民法院一、二把手谈一次话；第三、限4月份办结；第四、县人民法院4月底将办理情况作一次专题汇报。会议听取了农业工委关于马路镇黄婆村建整扶贫点的情况汇报。会议意见：黄婆村是县人大的扶贫点，下决心使这个村脱贫致富，达到或超过市、县定的标准；组织交通、扶贫、水利、移民等有关职能部门到该村开一次现场办公会，解决几个突出问题。

4月15日，县第十二届人大常委会召开第80次主任会议。会议由副主任陈君吾主持，副主任黎金龙、姚让之、朱克安出席会议。会议听取县环保局关于环保工作的汇报。会议意见：县人大常委会将组织一次代表视察；环保部门必须加大环保法规、政策的宣传力度，加大环保监测的力度，加大环保执法的力度，必须严格依法收取排污费。

5月4日，县第十二届人大常委会召开第81次主任会议。会议由副主任陈君吾主持，副主任黎金龙、游晓岚、姚让之、朱克安出席会议。会议听取县水利局关于小柘溪水电站引资情况的汇报。会议意见：小柘溪水电站开发的合同书，已六易其稿，原则同意；建议县人民政府高度重视，找好合作伙伴，处理好与电力部门、柘溪电站等的关系，争取早日上马。

5月15日，县第十二届人大常委会召开第82次主任会议。会议由副主任陈君吾主持，副主任黎金龙、游晓岚、姚让之、朱克安出席会议。会议通报了一起信访案子，即5月8日，东山乡黄跃良将上访得到的省人大批示转交给县人大，涉及的问题是计划生育中一老人喝农药身亡。会议意见：东山计划生育上访案关系到全县的稳定，关系到全县计划生育工作的开展，县人大决定副主任游晓岚负责督办。建议县人民政府召开有关会议，通报信访案件情况，成立联合调查组，查明情况，研究处理意见。案件办理后，由内务司法工委向省人大书面汇报。会议传达了市人大常委会主任会议精神。会议意见：市委十分重视人大工作，创刊《益阳人大》，要求组织有关部门和单位召开一次联席会，做好有关组稿工作。宣传工作，1996年取得了好成绩，1997年要更上一层楼。建立县人大常委会通讯队伍，共8人组成，由罗舜寰任组长。

6月3日，县第十二届人大常委会召开第83次主任会议。会议由副主任陈君吾主持，副主任黎金龙、游晓岚、姚让之、朱克安出席会议。会议研究了常委会会议的有关事项。会议意见：常委会审议调查与代表走访结合起来，调查走访于7月上旬开始，每组除调查有关乡镇、企业、工程项目外，还看2～3个扶贫点。走访后碰头，要总结出走访、扶贫、计划和财政预算执行情况3个综合材料。

9月17日、22日，县第十二届人大常委会召开第84次主任会议。会议由主任王定中主持，副主任陈君吾、黎金龙、游晓岚、姚让之、朱克安出席会议。会议传达了市人大换届选举会议精神。会议对照市人大会议精神，酝酿了县选举委员会、选举办组成人员名单，拟定了代表名额分配方案，并初定了选举准备及宣传发动的日程表。会议讨论了中共安化县委八届会议报告（草稿）。

12月12日，县第十二届人大常委会召开第85次主任会议。会议由主任王定中主持，副主任陈君吾、游晓岚、朱克安出席会议。会议讨论了举行县十三届人大一次会议的有关事项和县人大常委会工作报告（草稿）。会议意见：常委会工作报告（草稿）框架基本可以，第二部分需要调整和加强。会议研究了常委会第38次会议与乡镇人大主席会议等问题。

第六节　县第十三届人大常委会主任会议

1998年

1月18日，县第十三届人大常委会召开第1次主任会议。会议由主任艾胜杜主持，副主任陈君吾、姚让之、傅世平、刘应生、肖三秋出席会议。会议研究了主任、副主任的分工问题。会议决定：艾胜杜负责全面工作；陈君吾分管办公室；姚让之分管选举任免联络工委、农业工委；傅世平分管内务司法工委；刘应生分管教科文卫工委；肖三秋分管财经工委。

2月16日，县第十三届人大常委会召开第2次主任会议。会议由主任艾胜杜主持，副主任陈君吾、姚让之、傅世平、肖三秋出席会议。会议研究了机关人事安排，讨论了1998年县人大常委会的工作。1998年将突出抓好几方面的工作：①抓好依法治县、乡镇人大换届选举和市人大代表选举；②抓好人民代表大会制度建设和人大机关队伍建设；③抓好“三五普法”、走访县代表、推介典型、加强监督和开展对“一府两院”领导的评议活动等；④加强机关管理，树立机关形象；⑤继续办好扶贫点。

3月13日，县第十三届人大常委会召开第3次主任会议。会议由副主任陈君吾主持，副主任姚让之、傅世平、刘应生、肖三秋、朱克安出席会议。会议听取县审计局审计财政的情况汇报。

3月23～24日，县第十三届人大常委会召开第4次主任会议。会议由副主任陈君吾主持，副主任傅世平、刘应生、肖三秋、朱克安出席会议。会议讨论了常委会会议的有关事项和县人大常委会工作规则（草案）。会议意见：县人大常委会工作规则要按法律条文表述，实质性问题要在常委会上提出来统一，文字要精简。会议同意聘请游晓岚为主任会议特邀顾问（在市委未作新的安排以前，由县人大常委会主任会议决定）。24日，县委书记符定安、县长蔡克勤、县委副书记杨跃涛特邀列席主任会议，就胡佐才明确当选为县人民政府副县长，又随即接受他的辞呈问题作了解释说明。会议意见：根据其本人意见，考虑县人民政府工作的难处，原则同意这一作法，并做好委员们的工作，争取在县人大常委会会议上通过。

4月13日，县第十三届人大常委会召开第5次主任会议。会议由副主任陈君吾主持，副主任姚让之、傅世平、刘应生出席会议。会议研究了机关工作安排问题，主要是对照已制定的机关工作月安排表，进行补充、衔接和落实。会议对机关个别干部要求留职停薪的问题进行了研究。会议意见：没有规定，不能留职停薪，只能安心工作。

4月17日，县第十三届人大常委会召开第6次主任会议。会议由副主任姚让之主持，副主任刘应生、肖三秋出席会议。会议研究了几项具体工作。会议意见：关于省人大市、县常委会主任培训班，安排副主任姚让之参加；关于督查县经济工作会议落实情况，由副主任刘应生带队，从农委、财政局各抽调1人，组队督查木子、杨林、田庄等乡镇；关于市人大常委会会议，由副主任傅世平参加；关于法律学习辅导人员，《地方组织法》由吴余保主讲，《代表法》由李丰主讲，《监督条例》由蒋国顺主讲。

5月5日，县第十三届人大常委会召开第7次主任会议。会议由副主任陈君吾主持，副主任姚让之、傅世平、肖三秋、朱克安出席会议，顾问游晓岚列席会议。会议听取副主任姚让之关于省人大学习情况的汇报。会议讨论了有关争取洛湛铁路经过县境的问题，认为市里压制不同意见是不民主的，不利于科学决策。会议建议县人大与县政协开个会，拿出一分扎实材料来，向上级有关单位汇报；这次常委会会议将听取县长蔡克勤在县十三届一次会议上承诺的争取洛湛铁路落实情况的汇报。

5月22日，县第十三届人大常委会召开第8次主任会议。会议由副主任肖三秋主持，副主任陈君吾、姚让之、傅世平、朱克安出席会议。会议听取县建设局关于1998年城建费收支计划的汇报。会议原则同意1998年城建维护费收支计划，财政和建设部门要坚决按审批计划执行，依法收好管好用好资金，保持计划的严肃性。几年来，在城建费的安排使用过程中没有执行计划，要重点清理，重点审议；计划安排要向重点区域，重点项目倾斜；东坪镇的建设资金，也要实行重点项目配套资金的办法，发挥两个积极性。

6月6日、8日、9日，县第十三届人大常委会召开第9次主任会议。会议由副主任陈君吾主持，副主任姚让之、傅世平、肖三秋出席会议。会议听取有关洛湛铁路情况的汇报。会议意见：关于洛湛线的情况汇报，要印发常委会审议意见，登公报。会议决定6月11日召开乡镇人大主席会议，听取乡镇人大1998年上半年工作情况，传达贯彻省人大联络工作会议、市人大办公室会议精神，研究目标管理考核办法、优秀代表评选工作，部署下半年工作。会议安排6月份走访县人大代表，主要了解上半年国民经济计划执行情况，农民反映的热点难点问题；走访中发现有代表参与“6·4彩票风波事件”的，一律依法罢免。6月8日，县委书记符定安、副书记杨跃涛列席会议。会议听取了“6·4”体育彩票风波有关情况汇报。会议意见：要统一思想，总结经验教训；要查清彩票发行真相，加快办案，从重从快惩处；机关损坏的财物要尽快恢复；召开乡镇人大主席会，讲明事实真相，取得理解和支持。

7月22日，县第十三届人大常委会召开第10次主任会议。会议由副主任陈君吾主持，副主任姚让之、刘应生、肖三秋、朱克安出席会议，县委书记符定安、副书记杨跃涛、纪委书记曹建林列席会议。会议听取了县委任命干部情况的通报。关于阳某任县人民政府副县长的问题，会议意见：对阳某有些反映，应客观地看待，如果组织调查清楚，应给人大通报一次情况；凡是需要县人大常委会任命的干部，应经县人大常委会审议通过后再任命党内职务；阳某本身清廉，有实干精神，有办事能力，是年轻人中的优秀分子，赞同其任职。会议听取县审计局审计县人民检察院情况的汇报，内务司法工委对检察院工作的调查报告。

8月18日，县第十三届人大常委会召开第11次主任会议。会议由副主任陈君吾主持，副主任姚让之、刘应生、肖三秋出席会议，顾问游晓岚列席会议。会议研究了修建机关干部住房的问题。会议意见：根据有关房改、房产开发信息，决定在梅山花园小区统一购进一栋家属住房；机关成立购建住房工作班子，由副主任肖三秋负责牵头，姚庆轩、谭周祥、陶延林具体负责；用于公共设施建设的补助部分，由县人大党组、各委室想方设法从上级争取；尽快开一次机关干部职工和离退休人员会议，讲清政策，准备资金，力争进入第一批建设规划。

8月28日，县第十三届人大常委会召开第12次主任会议。会议由副主任陈君吾主持，副主任姚让之、傅世平、肖三秋出席会议。会议听取了办公室关于做好关心下一代协会工作的情况汇报，认为做好关心下一代协会工作意义重大，必须纳入机关党支部工作的议事日程。会议决定调整县人大机关“关心下一代协会”机构成员，由何爱霞任主席，刘盛余任副主席，谭周祥等7人为委员；建立奖励制度，本机关子女考取大、中专学校等，分别给予不同数额的资金奖励。

9月2～3日，县第十三届人大常委会召开第13次主任会议。会议由副主任陈君吾主持，副主任姚让之、傅世平、刘应生、肖三秋出席会议。会议听取了各委室前8个月的工作情况汇报。会议意见：下次县人大常委会会议，建议审议扶贫资金和救灾款物的发放，内务司法工委、农业工委拿出调查方案；邮电与广播矛盾等有关涉及大局稳定的案子，要认真对待，做好工作，尽快处理。

9月8日，县第十三届人大常委会召开第14次主任会议。会议由副主任陈君吾主持，副主任姚让之、傅世平、刘应生出席会议。会议听取了县人民检察院的工作汇报。会议认为：县人民检察院对县人大及其常委会的审议意见很重视，办了不少大案要案；要进一步树立人民检察院光辉形象，为安化县人民检察院进入全国先进行列创造条件。

9月14日，县第十三届人大常委会召开第15次主任会议。会议由副主任肖三秋主持，副主任陈君吾、姚让之、傅世平、朱克安出席会议，顾问游晓岚列席会议。会议听取了县计划物价局的工作汇报。会议意见：要进一步强化计划物价工作和宏观调控机制，加大向上争项目的力度，有关争项目、争资金的奖励问题由县人民政府研究决定。

9月29日，县第十三届人大常委会召开第16次主任会议。会议由副主任陈君吾主持，副主任姚让之、傅世平、刘应生、肖三秋、朱克安出席会议。会议研究了东山乡村民黄月英因计划生育上访问题。会议意见：人民群众用法律保护自己的合法权益，人大不能干涉，也不能阻止。这一上访案子县第十二届人大常委会已表明态度。

10月16日，县第十三届人大常委会召开第17次主任会议。会议由主任艾胜杜主持，副主任陈君吾、姚让之、刘应生、朱克安出席会议。县委组织部部长王新台向会议通报了乡镇人大班子安排情况，会议认为个别调整后可以依法定程序选举。会议研究了换届选举工作，决定11月5日召开乡镇换届选举会，进行部署。会议听取了办公室对机关作风整顿第三阶段工作安排，要求将机关作风中存在的问题要进一步整改。

10月24日，县第十三届人大常委会召开第18次主任会议。会议由主任艾胜杜主持，副主任陈君吾、姚让之、傅世平、刘应生出席会议。会议研究了机关作风整顿整改措施等问题。关于原机关实体问题，召集委室主任及熟悉情况的人员讨论一次，然后再研究。关于两人未还清农村合作基金会欠款的问题，按县委、县人民政府先留薪停职、再停薪停职的规定执行。

10月30日，县第十三届人大常委会召开第19次主任会议。会议由主任艾胜杜主持，副主任姚让之、傅世平、刘应生出席会议。会议研究了1998年年底前的几项工作，乡镇人大换届选举由姚让之、选举任免联络工委负责；市代表的推荐选举由姚让之、伍惠予、罗子富负责；县代表大会筹备由陈君吾、傅世平、刘应生和办公室、财政经济工委、内务司法工委负责。

11月27日，县第十三届人大常委会召开第20次主任会议。会议由副主任姚让之主持，副主任陈君吾、刘应生、朱克安出席会议，顾问游晓岚列席会议。会议传达了市人大会议精神，通报了市人大代表推荐情况。市人大会议主要精神是如何搞好换届选举工作。安化共分配市代表名额77人，其中15人属市下放，由县内选举产生的62人。

11月30日，县第十三届人大常委会召开第21次主任会议。会议由副主任陈君吾主持，副主任傅世平、刘应生出席会议，顾问游晓岚列席会议。会议研究了关于向县委汇报举行县十三届人大二次会议等事项。

1999年

1月26日、29日，县第十三届人大常委会召开第22次主任会议。会议由副主任陈君吾主持，副主任姚让之、傅世平、肖三秋出席会议，顾问游晓岚列席会议。会议听取了县人民法院关于机构设置、人事安排及工作情况的汇报。会议意见：原则同意县人民法院关于机构设置的方案，要建好梅城中心法庭；新任庭长、副庭长，一定要过法律知识考试关，拟任人员只能宣布为负责人，要经过一段考察后，才能正式任命；县人民法院计划在3年内创建为全国先进法院，县人大常委会将全力支持。会议研究了1998农历年前有关工作。会议意见：①关于稳定问题各位主任、副主任要对口负责，包括对口联系的部门和分管委室；②关于机关干部评比问题要办好有关手续，党支部要做好有关人员的思想工作；③关于1999年工作要点，要召开一次委室主任会议，由办公室将意见汇总；④2月5日召开老干部座谈会。

2月9日，县第十三届人大常委会召开第23次主任会议。会议由主任艾胜杜主持，副主任陈君吾、姚让之、傅世平、刘应生、肖三秋出席会议。会议听取了县体育事业局关于体育执法情况的汇报。会议意见：全县各级领导要进一步增强体育意识，千方百计加速安化体育事业的发展，并充分利用和发挥安化体育名人效应，促进安化两个文明建设；安化的体育事业除了保住羽毛球这个拳头项目外，还要上新项目，特别是目前有希望走出全省、全国的项目；县体育事业局提出的发展体育事业的目标是正确的，是符合“一法一条例”的，建议县人民政府常务会议认真研究一次体育工作。县人大常委会将把体育执法工作作为1999年执法检查的重要内容；县体育事业局要抓住全省学安化，全省“九运会”在益阳召开并在安化设羽毛球赛场的契机，再创体育事业新辉煌。

3月5日，县第十三届人大常委会召开第24次主任会议。会议由主任艾胜杜主持，副主任陈君吾、姚让之、傅世平、刘应生、肖三秋、朱克安出席会议，县委副书记杨跃涛、组织部副部长龚稳章、顾问游晓岚列席会议。会议听取了县委组织部经办人关于教育局长任免问题的说明。会议意见：党管干部，人大依法任免干部，县教育局属政府组成局，任免局长理应先与县人大通气，这是人大意识问题，更是法律意识问题，经办人做了说明，表示不对，人大表示理解；1999年，县人大常委会要根据市人大常委会的人事任免办法和安化实际，制定出台一个人事任免办法；主任、副主任要做好委员的工作，在常委会会议上，体现县委意图，通过县人民政府这一人事任免议案。

3月16日，县第十三届人大常委会召开第25次主任会议。会议由主任艾胜杜主持，副主任陈君吾、姚让之、傅世平、刘应生出席了会议，顾问游晓岚列席会议。会议听取了县人民法院关于县乡镇企业委乱收费情况的汇报。会议意见：近两年，县人民法院开创了新的局面，工作应予充分肯定；对乡镇企业委乱收费的查处，县人民法院片面追求办案数量，审理中法律适用不当，今天认识了这点，是来之不易的；维护人民的合法权益，维护法律的尊严，维护人大的监督，也就是维护法院自身的形象，维护安化的稳定；今后一定要努力提高办案质量和办案水平。

4月2日，县第十三届人大常委会召开第26次主任会议。会议由副主任肖三秋主持，主任艾胜杜，副主任陈君吾、姚让之、刘应生、朱克安出席会议，顾问游晓岚列席会议。会议听取了县林业局关于1999年木材采伐指标安排情况。会议意见：原则同意这个计划，总的要求是不能突破市林业局下达的计划；坚持生态效益、经济效益和社会效益相统一的指导思想，并把坚持生态效益放在首位；在计划的分解上，搞好三挂钩，即要与各地资源挂钩、与手续挂钩、与企业挂钩；在计划执行过程中，要实行当地政府与林业部门双重监管。

4月20日，县第十三届人大常委会召开第27次主任会议。会议由主任艾胜杜主持，副主任陈君吾、姚让之、傅世平、刘应生出席会议。会议听取了县国土资源局关于贯彻实施新土地管理法情况的汇报。会议意见：国土部门为全县的国土管理、使用做了大量工作，取得了较好的成绩；新的土地管理法对土地管理利用实行重大改革，是基本国策，必须加大宣传力度。同意召开有关部门联席会议，加大实施力度；国土部门必须加强自身建设，严格依法办事，为实施土地管理法做出新贡献。会议传达了市人大宣传工作会议精神，研究了召开全县人大宣传工作会议，下发乡镇人大工作目标考核方案，做好机关两人牵涉“两会”资金清理的工作等问题。会议决定：5月底前召开全县人大宣传工作会议，会期两天，参会人员是乡镇人大主席、人大办公室主任，县直副局以上单位办公室主任和县新闻单位的有关人员；乡镇人大目标考核，在原提交主任会议讨论的方案基础上，增加3项考核内容，即信息工作、通讯报道、人大报刊发行工作；“两会”资金清理牵涉到县人大机关的两位同志，继续对他们停薪停职，促使他们想方设法早日还清借款。

5月4日，县第十三届人大常委会召开第28次主任会议。会议由主任艾胜杜主持，副主任姚让之、傅世平、刘应生、肖三秋出席会议，顾问游晓岚等列席会议。会议听取了内务司法工委关于村民委员会换届选举情况的汇报。会议意见：要进一步提高各级领导对实施《中华人民共和国村民委员会组织法》的重视；各乡镇人民政府要切实加强对村委会工作的指导，着力搞好村级财务清理工作；6月底前，县民政局负责督促搞好村委会换届选举的扫尾工作。

6月24日，县第十三届人大常委会召开第29次主任会议。会议由主任艾胜杜主持，副主任陈君吾、姚让之、刘应生、肖三秋、朱克安出席会议，顾问游晓岚列席会议。会议听取了财政经济工委关于《税收征管法》执法检查情况汇报。会议意见：要增强财税部门干部依法征税的思想意识，积极支持财税部门用铁的手腕加强税收征管；建议县人民政府将人大执法检查反映的问题认真研究一次，切实解决柘溪口走漏木材税收等问题。会议听取人民县政府关于1999年城建维护费安排计划。会议意见：原则同意1999年城建维护费安排计划方案；县建设局的债务问题，要引起高度关注，负债建设的问题可以提交县人大常委会审议；县电力局上缴电费附加的问题一定要督查到位。会议听取县人民政府关于1999年林业“一金两费”预算方案。会议意见：1999年林业“一金两费”的预算方案符合实际，原则同意这一方案；苍场安源公路的建设经费，1998年在“一金两费”中安排的5万元要尽快到位。

7月2日，县第十三届人大常委会召开第30次主任会议。会议由副主任陈君吾主持，主任艾胜杜，副主任姚让之、刘应生、肖三秋、朱克安出席会议，顾问游晓岚列席会议。会议传达了县委常委会议精神。主任会议根据会议精神，研究决定了几个具体问题：①第10次常委会会议于7月20日报到，时间3天，地点在县检察院；②法律知识考试，由内务司法工委负责组织；③新桥问题，按县委常委作建镇试验区的意见执行；④县人大常委会会议，一般不邀请县政协主席参加；⑤县委办组织的“百企千村万户”调查，由各委室抽人参加。全县抽调468人，分成31个组，其中人大抽调12人。会议听取了县人民检察院、县人民法院关于南金乡一教师贪污案的情况汇报。会议意见：对这个案子认识要高一点，因这笔3万元经费是教育经费，南金又是贫困乡；财政所与联校财务管理不严，要汲取教训；这个案子已有所突破，教育、财政等部门积极配合，县人民检察院要将案子一查到底。

8月23日，县第十三届人大常委会召开第31次主任会议。会议由主任艾胜杜主持，副主任陈君吾、姚让之、傅世平、刘应生、肖三秋出席会议，顾问游晓岚列席会议。会议研究了扶贫视察问题。会议决定：组织2个代表视察组，由艾胜杜、肖三秋各负责一个组，时间一个星期，重点视察全县98个扶贫村中的10个村。会议研究了水法、防洪法、水土保持法、森林法（以下简称“四法”）的执法检查。会议意见：“四法”执法检查是省人大常委会决定的，必须慎重对待，由副主任肖三秋负责这项工作；安化主要是森林法和水土保持法的实施，要看到问题的严重性和实施法律的迫切性，切实加强执法督促检查。

9月14日，县第十三届人大常委会召开第32次主任会议。会议由主任艾胜杜主持，副主任姚让之、傅世平、刘应生、肖三秋出席会议。会议听取了县审计局、县财政局关于全县乡镇消赤减债情况的汇报。会议意见：各级政府及有关部门认真落实安发〔1999〕02号《关于切实做好乡镇财政保平消赤减债工作的决定》和《安化县乡镇财政保平消赤减债目标管理责任制》的精神，做了大量工作，取得了一定成效。要求各级政府要加强财源建设，加强财税征管，全面实现消赤减债目标；审计部门要加大审计力度，对重点工程建设严格把关，坚决克服短期行为；建议县人民政府对个别乡镇存在的问题及有关责任人作出严肃处理。对田庄乡教育经费的使用情况进行一次专项审计，并将情况报告县人大常委会。

12月21日，县第十三届人大常委会召开第33次主任会议。会议由主任艾胜杜主持，副主任陈君吾、姚让之、傅世平、刘应生、肖三秋出席会议。会议听取了各考核组关于乡镇目标管理考核情况的汇报。会议决定：全县优秀代表评选38名、先进单位评选6个，由办公室、选举任免联络工委打分核定后交主任会议审定。会议讨论了县人大常委会工作报告（草案）。会议意见，报告要提出对县人民政府副县长、组成局局长进行一次述职评议。

12月22日，县第十三届人大常委会召开第34次主任会议。会议由主任艾胜杜主持，副主任陈君吾、姚让之、傅世平、肖三秋出席会议，县长蔡克勤列席会议。会议讨论了《政府工作报告（草案）》。会议意见：1999年的工作，要增加一点内容，不能太简单；关于产业化建设的思路要明确，财源建设、劳务经济、流通问题、小城镇建设要加强；依法治县要写深入一点，能否加一段乡镇政权建设。

12月27日，县第十三届人大常委会召开第35次主任会议。会议先后由副主任傅世平、主任艾胜杜主持，副主任陈君吾、姚让之、刘应生、肖三秋出席会议。会议听取了县公安局的工作汇报。会议意见：要进一步加强公安队伍素质的提高，严格依法办事，规范行为准则；进一步理顺和处理好公安与各部门的关系；加大对黄赌毒的打击力度。会议听取了县人民政府关于1999年财政决算关账情况的汇报。会议意见：县财政部门要积极争取上级补助，能收回的往来要有个了结，周转金至少要收回利息；年初财政定的目标管理考核要坚决兑现；2000年预算，收入要实在一点，不打赤字。

2000年

2月15日，县第十三届人大常委会召开第36次主任会议。会议由主任艾胜杜主持，副主任陈君吾、姚让之、傅世平、刘应生、肖三秋、朱克安出席会议，顾问游晓岚列席会议。会议讨论了县人大常委会2000年工作要点（草案），要求重点突出教育布局调查、劳务市场调查、农业产业结构调整、对县人民政府组成局主要负责人的述职评议；执法检查要抓农业法、森林法、劳动法及城市建设法实施情况的检查与监督。

4月3日，县第十三届人大常委会召开第37次主任会议。会议由主任艾胜杜主持 ，副主任陈君吾、姚让之、傅世平、刘应生、肖三秋出席会议。会议听取了县体育事业局关于体育法实施情况和羽毛球后备人才基地及体育场馆建设情况的汇报。会议意见：省九运会羽毛球比赛将于2002年在安化举行，它必将促进全县体育事业登上一个新台阶。对此，全县各级各部门都要引起高度重视，在全县造成一个“迎九运，促发展”的良好氛围。县人民政府根据县人大常委会1999年2月9日主任会议的意见，就体育法实施中的有关问题进行专题研究，对体育基地建设，硬件武装、事业经费、人才培训等方面的问题作出了决议，为安化体育事业的全面发展创造了有利条件。关于体育场馆与后备人才基地建设问题，原则上要求按照高起点，高标准、高要求的指导思想进行规划设计与施工，整个工程要求在2001

年9月前竣工并通过验收。

4月6日，县第十三届人大常委会召开第38次主任会议。会议由主任艾胜杜主持，副主任陈君吾、姚让之、刘应生、肖三秋、朱克安出席会议，顾问游晓岚列席会议。会议研究了马路镇同意村建整扶贫工作。会议意见：3月上旬以来，县人大常委会和县地税局工作组，按时入村，深入调查，科学规划，积极工作，取得了一定成绩；同意村生存条件差，群众生活苦，县直有关单位要进行重点扶持，尽快解决好村民的春夏荒问题、交通问题、人畜饮水问题、通信问题、学校维修问题、科普问题。由县计物、扶贫、林业、水利、交通等局筹资31万元，解决三门桥的部分修建资金问题。

4月15日，县第十三届人大常委会召开第39次主任会议。会议由主任艾胜杜主持，副主任陈君吾、姚让之、傅世平、刘应生、肖三秋、朱克安出席会议，副县长刘啸江、顾问游晓岚列席会议。会议听取了县林业局关于2000年木竹采伐计划的汇报。会议意见：原则同意县林业局关于2000年木竹采伐计划；安化在木竹采伐上，总的要注意蓄积量的增加和生态环境的改善；对偷砍倒卖木材的问题，要加大打击力度；要增强人大意识、计划意识，需要追加指标必须通过县人大常委会审议批准。

4月29日，县第十三届人大常委会召开第40次主任会议。会议由主任艾胜杜主持，副主任陈君吾、姚让之、傅世平、朱克安、刘应生、肖三秋出席会议，顾问游晓岚、副县长肖寿松列席会议。会议听取了全县防汛工作和春耕生产情况的汇报。会议意见：防汛工作按照保证安全，兼顾一般，确保安全度汛的指导思想，为防大汛、抗大灾做好有关准备；目前农村有3个问题要引起高度重视，即①“两会一部”的清收清欠要尽快完成任务，切实保障农民的合法权益。②牲畜五号病在少数乡镇、村组已发生疫情，要积极防治，尽快处置。③想办法解决好贫困人口的春夏荒问题。会议听取了内务司法工委关于人大信访工作情况的汇报。会议意见：近几年来，由于各级领导重视，有关单位密切配合，信访工作人员扎实工作，全县人大信访工作取得了较大成绩，多次被评为省、市人大系统先进单位；人大信访工作是人大工作的窗口，是宪法和法律赋予地方人大的权力，是维护社会稳定的需要。全县各级人大要把人大信访工作列入重要议事日程，作为责任目标考核的重要内容，解决好人员和经费，促进这项工作的顺利开展；同意成立县人大常委会信访工作领导小组，由傅世平任组长，何爱霞任副组长，蒋国顺、吴余保、伍惠予、罗显毅、陶延林为成员。领导小组下设办公室，由肖建中任主任，曾武秋为工作人员，暂由内司委管理。

5月19日，县第十三届人大常委会召开第41次主任会议。会议由主任艾胜杜主持，副主任陈君吾、姚让之、肖三秋出席会议，顾问游晓岚列席会议。会议听取了县交通局关于交通工作的汇报。会议意见：交通事业建设要注意抓好3个问题，即规划要抓住要点，依法依规施工不留麻烦，切实保证工程质量；交通事业建设要抓住机遇，深化改革，既要积极向上级争取资金、项目，也要充分调动人民群众的积极性；县人大支持交通局的工作，特别是交通执法方面；督促县人民政府召开一个有关单位负责人参加的办公会议，以解决融资渠道、交通建设环境和柘溪码头建设规划等问题。

5月22日，县第十三届人大常委会召开第42次主任会议。会议由主任艾胜杜主持，副主任陈君吾、姚让之、傅世平、刘应生、肖三秋出席会议，副县长夏尔安列席会议。会议听取了县财政局关于财政综合预算情况的汇报。会议意见：原则同意县公安局、检察院、法院、司法局、教育局、国土局6个单位的综合预算，并督促实施；综合预算势在必行，财政要搞好综合预算的跟踪管理；各种税费的减免必须严格把关，必须经县人民政府常务会议决定。

6月7日，县第十三届人大常委会召开第43次主任会议。会议由主任艾胜杜主持，副主任陈君吾、姚让之、傅世平、肖三秋、朱克安出席会议，副县长夏尔安、顾问游晓岚列席会议。会议听取了县人民政府关于2000年城市建设维护费使用计划的汇报。会议意见：计划的编制，县建设局与财政局做了大量工作，原则同意，个别地方按人大财政经济工委的意见进行微调；县建设局在城镇建设管理上做了大量工作，特别是对维护费的管理从严从紧，合理合法，建议县级领导不能开口子；依法拓宽收入渠道，以收定支，量力而行，在此前提下加大小城镇建设的步伐；加强建设项目全过程的监督和管理，注重重点项目效益的发挥。会议听取了县林业局关于2000年林业“一金两费”预算方案的汇报。会议意见:2000年的预算基本上符合安化的实际，原则同意；预算执行要保证严肃性，向县财政上缴的100万元不能打折扣；县林业局在收缴上要严格依法办事，抓好内部的财务管理与思想教育；2000年预算个别数据的修改，由财政经济工委与林业局商定。

7月4日，县第十三届人大常委会召开第44次主任会议。会议由主任艾胜杜主持，副主任陈君吾、姚让之、傅世平、刘应生、肖三秋出席会议。会议听取了县财委关于上半年财贸经济情况的汇报。会议意见：建议县人民政府召集企业、银行开一次凝聚关系的协调会。政府要出台措施，企业没按期还清新借贷款的，撤销厂长、经理职务；安化要搞活农产品流通，必须加强配套硬件建设，规划在东北、北京、中原等地修建3座冷库，要尽快解决修建冷库的资金和建立一支流通队伍。会议听取了县经委关于上半年全县工业企业情况的汇报。会议意见：认清工业企业在全县财政收入中所占的重要比重，切实加强对工业企业的领导；企业本身不要在所有制问题上想主意，关键要抓好思想政治工作；在税收政策上，要以安化的资源为依托，定一个合理的基数，适当调控；完善社会保障体制，解决职工的后顾之忧。

7月18日，县第十三届人大常委会召开第45次主任会议。会议由主任艾胜杜主持，副主任陈君吾、姚让之、刘应生、肖三秋、朱克安出席会议。会议听取了县人民法院关于大福镇木孔管区“7·15”严重暴力抗法事件的汇报。会议意见：县人民法院为经济建设服务做了大量工作，这次非诉行政案，是法院应财政局和大福镇的申诉，执行农业税征收和乡镇统筹费收取，执行是合法的、正当的；“7·15事件”是暴力抗法政治事件，对伤害干警的当事者必须迅速缉拿归案，严肃处理；对受伤住院的干警表示慰问，对伤员要不惜一切代价救治，事迹要宣扬；要做好法院干警工作，传达上级领导的指示精神，以安定人心；大福镇要做好干群的思想工作，继续搞好税费征收工作。

10月9日，县第十三届人大常委会召开第46次主任会议。会议由主任艾胜杜主持，副主任姚让之、傅世平、刘应生、朱克安出席会议，顾问游晓岚列席会议。会议讨论了县人大常委会对县人民政府组成局局长的评议方案。会议意见：人大履行职责，加强对政府组成局的监督是很有必要的，评议是监督的一种有效形式；依法评议，客观公平，注重实效；在县人大常委会党组和主任会议的领导下，由县人大常委组成成员、部分省市县人大代表组成调查测评小组，10月13日进入有关单位走访调查，开展单位测评；评议的对象是县林业局、县水利局、县民政局、县劳动局、县科技局、县卫生局、县计物局局长；月底或下月初召开参加评议人员会。评议采取个人述职、民主测评、单位测评的办法。测评的内容是德能勤绩。评议等级分合格、基本合格、不合格，当场宣布测评结果；是县人大代表的乡镇人大主席参加集中评议和评议投票。评议方案提请县人大常委会会议审议。会议听取了内务司法工委关于有关单位办理县人大交办的8件个案情况的汇报。会议意见：县人大交办的个案，内务司法工委做了大量工作，但结果不太理想，说明有的部门对交办案件不是高度重视的；11日，召集公安、检察、法院的负责人，并邀请县委副书记蒋金云参加，开联席会，把交办的案子进一步落实。

11月20日，县第十三届人大常委会召开第47次主任会议。会议由主任艾胜杜主持，副主任陈君吾、傅世平、刘应生、肖三秋出席会议。部分县人大常委会委员、部分县市人大代表列席会议。会议听取了7个评议调查组关于评议调查情况的汇报。会议意见：各评议调查组前段工作扎实，材料实在。各评议调查组要根据这次会议讨论的意见认真修改评议调查报告，认真组织好常委会会议，参会人员要积极发表意见和建议，以达到评议预期目的。评议调查报告不要印发，但评议后要写一个评议意见，发给被评议单位及有关领导人。

12月15日，县第十三届人大常委会召开第48次主任会议。会议由主任艾胜杜主持，副主任陈君吾、傅世平、刘应生、肖三秋出席会议，顾问游晓岚列席会议。会议听取了县公安局、县人民法院对交办个案办理情况的汇报。会议意见：县公安局对交办的3件案子，做了大量的工作，但均不太理想。其中，有一个时效已过，只能吸取教训；有一个尚待做好调解工作；还有一个要调集警力，抓获嫌疑人。县人民法院关于县塑料一厂破产案，开始办案不得力，这次做了细致的工作，可以结案。

会议讨论了对县人民政府7个组成局局长的评议整改意见。会议意见：评议整改意见要写简单一点，只写合格、基本合格、不合格，主要写建议和意见；提法、标题由办公室统一；评议整改意见发放的范围是：县委书记、党务副书记、县长、分管副县长、组织部、主管单位、本人。

12月25日，县第十三届人大常委会召开第49次主任会议。会议由主任艾胜杜主持，副主任陈君吾、姚让之、傅世平、刘应生、肖三秋、朱克安出席会议，顾问游晓岚列席会议。会议听取了县人民法院的工作汇报。会议意见：县人民法院最近评为“全国人民满意法院”，对此必须充分肯定；在荣誉面前，法院的工作应更上一层楼，不断加强依法办事，加强自身建设；法院要进一步增强人大意识，自觉接受人大监督。今后，人大每年至少听1～2次“两院”工作汇报；法院在宣传报道上，必须吸取经验教训，要认真审稿，严格把关。

2001年

3月27日，县第十三届人大常委会召开第50次主任会议。会议由主任艾胜杜主持，副主任陈君吾、姚让之、朱克安、刘应生、肖三秋出席会议，顾问游晓岚列席会议。会议听取了县人民政府关于实施矿产资源法的情况汇报。会议意见：要加大执法力度，加快矿产资源的勘查、开发与利用，重振安化矿产企业雄风；要进一步协调各矿业管理部门之间的关系，理顺管理体制，形成共识，统一规划，统一管理；严禁乱采乱挖，坚决打击违法犯罪行为，保护矿产资源；切实搞好地质勘查工作，积极向上级争取有关资金，防治地质灾害的发生。会议听取了内务司法工委关于信访工作和个案监督工作的汇报，同意内务司法工委的处理意见。

5月8日，县第十三届人大常委会召开第51次主任会议。会议由主任艾胜杜主持，副主任陈君吾、姚让之、肖三秋出席会议。会议听取了财政经济工委关于上半年财政和经济发展计划执行情况的调查方案。会议意见：原则同意财政经济工委提出的调查方案，调查时间从6月20日开始。县人大常委会委员及乡镇人大主席参加调查，组成3个小组，产业结构调查组由姚让之负责，个体私营组由刘应生负责，税收检查组由肖三秋负责。

5月22日，县第十三届人大常委会召开第52次主任会议。会议由主任艾胜杜主持，副主任姚让之、朱克安、刘应生、肖三秋出席会议，副县长陈一雷列席会议。会议听取了县人民政府关于2001年城建维护费使用计划和2001年林业“一金两费”预算方案的汇报。会议同意县人民政府提出的2001年城建维护费使用计划和2001年林业“一金两费”预算方案。

6月7日，县第十三届人大常委会召开第53次主任会议。会议由主任艾胜杜主持，副主任陈君吾、姚让之、刘应生、肖三秋、朱克安、傅世平出席会议。会议听取了县人民政府关于种子法实施情况的汇报。会议意见：县人民政府及有关部门要进一步宣传贯彻实施种子法，县人大常委会将在适当时候搞一次执法检查；必须加强农业执法队伍建设，加强农资市场管理；建议县人民政府听取一次汇报，研究种子公司的有关问题，并协助奎溪镇妥善处理好制种质量问题。会议听取了县民政局关于筹建公墓与殡仪馆工作情况的汇报。会议意见：殡葬改革势在必行，必须引起县人民政府的高度重视，特别要宣传土葬改火葬的意义；建议公墓与殡仪馆建在一条线上，县人民政府要作一次研究予以确定；要求东坪镇政府对十八拐公园周围乱葬坟的问题，作一个禁止在此葬坟的决定。

6月22日，县第十三届人大常委会召开第54次主任会议。会议由主任艾胜杜主持，副主任陈君吾、姚让之、傅世平、刘应生、肖三秋、朱克安出席会议，副县长夏尔安、顾问游晓岚列席会议。会议听取了县财政局关于2001年财政预算的编制和说明。会议意见：根据安化的实际情况和年初代表大会通过的2001年财政预算方案，其他支出要求具体编制到项目。

7月23日，县第十三届人大常委会召开第55次主任会议。会议由主任艾胜杜主持，副主任姚让之、傅世平、刘应生、肖三秋出席会议。会议听取了县公安局关于严打整治工作和有关案件侦查情况的汇报，要求县公安局继续深入开展严打整治斗争，保证办案质量，突出办几件有震慑作用的案件。会议听取了县国土资源局关于国土工作的情况汇报。会议建议县人民政府就调处机构设置问题研究一次；土地调处经费该收的可以收取，但要报批；处理权属纠纷问题一定要坚持依法依规办理，分级负责解决，先调处后裁决，尊重历史事实和秉公办理的原则；关于汇报的3件权属案件，要按本次会议的意见尽快结案。

7月24日，县第十三届人大常委会召开第56次主任会议。主任艾胜杜主持会议，副主任陈君吾、姚让之、朱克安、傅世平、刘应生、肖三秋出席会议，顾问游晓岚列席会议。会议听取了县房产局关于房产工作情况的汇报。会议建议开展一次全县房地产市场的清理整顿，对房地产开发案件的查处，既要依法办事，又要保持房地产开发产业的持续发展。会议听取了县人民检察院关于上半年检察工作的情况汇报。会议意见：检察院上半年工作取得了较好成绩，特别是反腐工作有特色，可说是上了一个台阶；关于廖某偷税案，各家领导都非常重视，有关单位要加强力量，紧密配合，尽快依法结案，结果要向县人大常委会报告，同时还要追究有关行政执法单位的渎职行为。

8月9日，县第十三届人大常委会召开第57次主任会议。会议由主任艾胜杜主持，副主任陈君吾、姚让之、刘应生、肖三秋出席会议，顾问游晓岚列席会议。会议听取了县计生委关于贯彻实施《湖南省计划生育条例》及上半年人口与计划生育情况的汇报。会议意见：要继续抓好《湖南省计划生育条例》的学习、教育和宣传工作，并将其纳入“四五普法”内容；各级各部门要始终坚持把计划生育放在第一位，把这项工作做得更扎实，防止出漏洞；要把计生队伍建设和基层基础工作作为计划生育的重点来抓；要着眼长远，实干当前，坚定年初确定“在全省保类进位，在全市超标争先”目标不动摇，争取新的突破。

8月15日，县第十三届人大常委会召开第58次主任会议。会议由主任艾胜杜主持，副主任陈君吾、姚让之、傅世平、肖三秋出席会议。会议听取了常委会机关各委室上半年工作总结。会议意见：关于主任会议的意见建议，要加强监督落实，如殡仪馆问题等；要抓好“三个代表”重要思想学习教育，按照县委学教办的要求搞好回头看，对存在的问题搞好整改。

9月3日，县第十三届人大常委会召开第59次主任会议。会议由主任艾胜杜主持，副主任陈君吾、姚让之、朱克安、傅世平出席会议。会议传达了市机构改革和乡镇换届选举工作会议精神。会议意见：关于机构改革问题，由办公室对干部任职时间摸一下底，为机构改革作准备；关于乡镇换届选举问题，由选举任免联络工委拿一个县选举领导小组拟任名单方案，并作好选举的有关材料准备。

9月10日，县第十三届人大常委会召开第60次主任会议。会议由主任艾胜杜主持，副主任陈君吾、姚让之、刘应生、肖三秋出席会议，顾问游晓岚列席会议。会议听取了县质量技术监督局关于贯彻实施产品质量法和打击假冒伪劣产品情况的汇报。会议意见：县人民政府及有关部门要高度重视打假工作，进一步加大宣传力度，严格依法办事，对危害人民生命财产和身心健康的产品予以坚决打击；要加强内部管理，提高队伍素质，强化服务意识，为企业排忧解难，服务经济建设；建议县人民政府就成立安化县质量协会及实施市场准入制度等问题听一次汇报，并在今年适当时候组织一次联合打假；产品质量法的执法情况作为县人大常委会的监督重点。

11月2日，县第十三届人大常委会召开第61次主任会议。会议由主任艾胜杜主持，副主任陈君吾、姚让之、傅世平、刘应生、肖三秋出席会议，顾问游晓岚列席会议。会议听取了县建设局关于资江二桥建设筹备情况的汇报。会议意见：建议名称要改，“英江”不妥；桥址可选在柏杨路口；桥的设计规模要扩大，宽度要12米，载重要扩大到20吨或20吨以上。会议研究了县人大常委会的有关工作。会议意见：①取消乡镇人大目标管理考核；②乡镇人大主席座谈会下周召开；③乡镇人大换届选举工作不开总结会，只上交总结材料；④常委会会议增加“四五普法”工作审议并作决议；⑤安排2名以上乡镇人大主席列席常委会会议。

11月26日，县第十三届人大常委会召开第62次主任会议。会议由主任艾胜杜主持，副主任陈君吾、姚让之、傅世平、朱克安、刘应生出席会议，顾问游晓岚列席会议。会议研究了省市人大代表视察工作问题。会议意见：12月4～7日，省、市人大代表视察重点工程建设、旅游、小城镇建设、农网改造、教育收费等。会议研究了关于举行县十三届人大五次会议的筹备工作等。会议意见：县十三届人大五次会议拟于2002年1月6日召开；县人大常委会委员在政府或政府部门任职的，法律没有明确规定的，可暂不要求辞出委员职务；县公安局李征明到县人民检察院任副检察长职务的问题，要查看是否有检察官任职资格；补选县委副书记王新台为县人大代表，由杨林选区补选；优秀代表的评比继续进行，按上年评比的比例确定名额。

12月13日，县第十三届人大常委会召开第63次主任会议。会议由主任艾胜杜主持，副主任陈君吾、姚让之、傅世平、刘应生、肖三秋、朱克安出席会议。会议听取了县人民政府关于财政收支情况的汇报。会议意见：今年财政形势十分严峻，县人大坚决支持县人民政府和财税部门的工作，加大征管力度，加快入库进度，把该收的都收上来，把不该或不急开支的坚决压缩下去。

12月21日，县第十三届人大常委会召开第64次主任会议。会议由主任艾胜杜主持，副主任陈君吾、姚让之、刘应生、朱克安、肖三秋出席会议。会议讨论了县人大常委会工作报告（草案）。

2002年

1月1日，县第十三届人大常委会召开第65次主任会议。会议由主任艾胜杜主持，副主任陈君吾、姚让之、朱克安、刘应生、肖三秋出席会议，副县长夏尔安、顾问游晓岚列席会议。会议听取了县财政局关于2001年财政收支关帐情况的汇报。会议意见：2001年收支关账出乎意料的好，这很不容易；财政收入水分问题，争取一次性挤掉，建议县人民政府和有关部门研究确定后再通气；县财政局在县十三届人大五次会议主席团会议上，对挤水分的问题作出说明。

1月25日，县第十三届人大常委会召开第66次主任会议。会议由主任艾胜杜主持，副主任姚让之、刘应生、肖三秋出席会议。会议传达了市三届人大四次会议精神，并研究了其他几项工作。会议意见：总结评优工作，分组开会，分组推荐，集体投票表决；2002年县人大常委会工作要点，由各委室考虑意见，办公室收集，春节前拿出初步意见；县人大常委会机关建立一个工会；老干部座谈会按计划召开。

3月19日，县第十三届人大常委会召开第67次主任会议。会议由主任艾胜杜主持，副主任陈君吾、姚让之、傅世平、刘应生、肖三秋、朱克安出席会议，顾问游晓岚列席会议。会议听取了选举任免联络工委关于纪念《代表法》颁布10周年纪念活动和乡镇人大主席团目标管理考核办法的汇报。会议意见：纪念《代表法》颁布10周年开展5项活动，即4月2日晚电视讲话，4月3日召开东坪地区县人大代表会议，3月下旬召开乡镇人大主席会议，协助市人大搞好两个典型宣传，搞好《安化报》专版和镇东桥文化走廊的版面宣传。会议研究了2002年度乡镇人大工作目标管理考核记分办法：①县代表小组活动30分；②乡镇人大主席团工作40分；③办公室工作30分；④新闻报道加分，县级每篇1分，市级2分，省级3分，国家级5分。

3月26日，县第十三届人大常委会召开第68次主任会议。会议由主任艾胜杜主持，副主任陈君吾、姚让之、傅世平出席会议。会议听取了县公安局、县人民法院、县人民检察院对交办个案办理情况的汇报。会议意见：县公安局、县人民法院、县人民检察院都是全国的先进、模范，所以人大监督必须严格，这是爱护和支持；人大要为人民说话，人民有冤要为他们伸，这是交办个案的主要原因。同时，交办个案是把信访问题解决在萌芽阶段，是保护人民权益的必要措施；对交办的个案，有关司法单位做了大量工作，取得了成效，但尚有差距。要求对人大交办的案子及时反馈信息，对县人大交办的重大案件要一查到底，平时发生的大案要及时向县人大报告。

4月16日，县第十三届人大常委会召开第69次主任会议。会议由主任艾胜杜主持，副主任陈君吾、姚让之、傅世平、刘应生、肖三秋出席会议，副县长肖光球、顾问游晓岚列席会议。会议听取了县体育事业局关于羽毛球场馆建设情况的汇报。会议意见：目前，体育场馆建设进展顺利，但困难仍然突出，要保质保进度完成任务，必须引起高度重视。建议县人民政府解决好经费问题，凡属政府表了态的一定要到位；5月份，县人大对体育场馆建设组织一次督查。会议听取了县卫生局关于献血法实施情况的汇报。会议要求进一步加大献血法的宣传力度，把无偿献血作为思想道德建设的重要内容。宣传新闻单位要无偿报道无偿献血的典型，要制几条大型的、永久性的标语；县人民政府要把献血法的实施和无偿献血工作列入目标管理考核；建议县委、县政府、县人大、县政协等4家联合组织一次无偿献血活动；县人大常委会对献血法的实施组织一次督查。

5月9日，县第十三届人大常委会召开第70次主任会议。会议由主任艾胜杜主持，副主任陈君吾、姚让之、刘应生、肖三秋出席会议，副县长刘啸江、顾问游晓岚列席会议。会议听取了县人民政府关于2002年林业“一金两费”收支计划的汇报。会议同意并批准县人民政府提出的2002年林业“一金两费”收支预算方案；建议进一步加强征收力度，确保预算计划的完成，进一步加强内部和二级机构的管理，不断提高队伍素质；同意县人民政府意见，将林业公、检、法经费纳入县财政预算管理。会议听取了县人民政府关于2002年城市建设维护费使用计划的汇报。会议原则同意批准县人民政府提请的2002年城市建设维护费使用计划议案；严格按《预算法》办事，严格报批手续；今后追加资金，县建设局一定要报人大审批；建议县人民政府对城市建设维护费的一些具体问题作专题研究，城建费中解决县羽毛球训练馆的建设资金要尽快到位。会议听取了内务司法工委关于法律服务市场调查情况的汇报。会议意见：对法律服务市场要继续深入调查；审议“一法一条例”的执行情况后，要作出决议，惩治司法腐败；成立执法检查综合办公室，由副主任肖三秋任主任，成员由蒋正宇、曾武秋、办公室1人、财政经济工委1人组成。

5月29日，县第十三届人大常委会召开第71次主任会议。会议由主任艾胜杜主持，副主任陈君吾、姚让之、傅世平出席会议，顾问游晓岚列席会议。会议讨论了《关于规范法律服务市场秩序的决议（草案）》。会议意见：决议要把针对性的问题突出，并进行结构性上的修改，然后提交县人大常委会审议；审议中先听县人民政府的情况汇报和调查报告，要求在县人民政府的汇报中提出请求县人大作出决议；决议在县人大常委会第29次会议审议后，视情况进行修改，安排到下次常委会会议审议通过。

6月25日，县第十三届人大常委会召开第72次主任会议。会议由主任艾胜杜主持，副主任陈君吾、姚让之、傅世平、刘应生、肖三秋、朱克安出席会议。会议研究了县第十三届人大常委会第30次会议有关事项。会议意见：由副主任肖三秋负责，带领财政经济工委的工作人员，对财政预算执行情况进行调查；由副主任傅世平负责，带领内务司法工委、教科文卫工委的工作人员，对治理经济环境的情况进行调查；由办公室牵头，龙星乔参加，对民营个私经济发展情况进行调查；要求各组将调查的情况在7月中旬写出专题报告。

7月26日，县第十三届人大常委会召开第73次主任会议。会议由主任艾胜杜主持，副主任姚让之、傅世平、刘应生、肖三秋、朱克安出席会议，顾问游晓岚列席会议。会议听取和审议了3个调查组的调查情况汇报。会议意见：赞成在税费改革的机遇中，把县财政的水分全部挤干净；民营企业中存在的突出的、有典型性的问题，要提出来责成县人民政府认真解决；《关于规范法律服务市场秩序的决议》，同意提交人大常委会第30次会议审议通过。

9月11日，县第十三届人大常委会召开第74次主任会议。会议由副主任陈君吾主持，副主任姚让之、傅世平、刘应生、肖三秋、朱克安出席会议，顾问游晓岚列席会议。会议研究了县人大常委会第30次会议有关事项。

9月26日、28日，县第十三届人大常委会召开第75次主任会议。会议由主任艾胜杜主持，副主任陈君吾、姚让之、傅世平、刘应生、肖三秋、朱克安出席会议，县人大常委会党组书记（以下简称党组书记）蒋金云列席会议。会议传达了市人大换届选举工作会议精神，研究了国代表、省代表的候选人推荐人选。会议意见：安化推荐全国人大代表人选3人、省代表推荐人选14人，于10月10日报市人大；县人大常委会委员的人选要在县委常委会上确定；选举经费先由选举任免联络工委拿出方案，再经主任会议研究后以办公室名义报县人民政府。会议传达了县委常委研究的关于人大换届选举工作的意见：全县选举日定为12月14～15日；县选举领导小组成员，同意主任会议研究的意见。

11月13日，县第十三届人大常委会召开第76次主任会议。会议由主任艾胜杜主持，副主任陈君吾、姚让之、傅世平、刘应生、肖三秋出席会议，党组书记蒋金云、顾问游晓岚列席会议。会议听取了县公安局关于公安工作情况的汇报。会议意见：目前，有关单位要支持县公安局搞好迎接省公安厅对全省213个公安局的测评；县公安局及各派出所要配合各个乡镇搞好换届选举有关工作，在人大会议期间搞好保障、稳定工作；县人大常委会交办的几件个案，要在年底前结案，并要有书面答复。

12月3日，县第十三届人大常委会召开第77次主任会议。会议由主任艾胜杜主持，副主任陈君吾、姚让之、肖三秋出席会议，党组书记蒋金云、顾问游晓岚列席会议。会议研究了县人大常委会工作报告。会议意见：框架基本可以，但文字要精炼，报告控制在10000字以内；前面部分，关于个案监督要有典型案例，发挥代表作用还要充分一点，劳务输出、工业企业调查、财政监督等方面要加重笔墨；在其他工作上要有扶贫工作。

12月12日，县第十三届人大常委会召开第78次主任会议。会议由主任艾胜杜主持，副主任陈君吾、姚让之、傅世平、肖三秋出席会议。会议研究了县十四届人大一次会议的筹备工作。会议对参会人员、领导机构、工作人员、会议程序均作出了具体的安排。会议讨论了政府工作报告。会议意见：上届政府的成绩与下届政府的思路要相应照；财政工作可提“包袱沉重，运转艰难”，财政递增数字虚了一点，要借换届机会进一步挤掉财政收入的水分；在加强社会治安综合治理中，必须明确提出县、乡镇和各部门要切实加强信访工作，各乡镇要进一步加强司法调解工作。

第七节　县第十四届人大常委会主任会议

2003年

1月27日，县第十四届人大常委会召开第1次主任会议。会议由主任蒋金云主持，副主任肖三秋、夏国新、高多庆、王美兰、张渡期、彭平移出席会议。会议专题研究新一届县人大常委会工作,确定了本届工作指导思想、主要工作目标、切实履行职责、提高监督实效和工作要求,并就新一届县人大常委会领导班子进行分工。蒋金云：主持县人大常委会全面工作，联系东坪、木子、杨林、柘溪、田庄等乡镇人大主席团和县人大代表，完成县委交办的其他工作；肖三秋：协助主任工作，分管办公室、财政经济工委和机关工作，联系马路、奎溪、苍场、冷市、羊角塘、龙塘等乡镇人大主席团和县人大代表；夏国新：协助主任工作，分管农业工委和建整扶贫工作，联系南金、古楼、平口、烟溪、渠江等乡镇人大主席团和县人大代表；高多庆：协助主任工作，分管教科文卫工委，兼任县总工会主席，联系高明、清塘铺、梅城、乐安、栗林等乡镇人大主席团和县人大代表；王美兰：协助主任工作，分管选举任免联络工委，联系滔溪、小淹、江南、洞市等乡镇人大主席团和县人大代表；张渡期：在县监察局工作，参加县人大常委会主任会议、常委会会议及县人大常委会相关活动，联系县直机关人大代表；彭平移：协助主任工作，分管内务司法工委，协助县委、县政府做社会政治稳定方面的工作，联系仙溪、大福、长塘、东山、新桥等乡镇人大主席团(筹委会)和县人大代表。

2月17日，县第十四届人大常委会召开第2次主任会议。会议由主任蒋金云主持，副主任肖三秋、夏国新、高多庆、王美兰、张渡期、彭平移出席会议。会议主要研究了机关制度的修订问题、机关人事问题、机关老办公楼的维修问题、机关党支部的改选问题、乡镇人大主席团目标管理考核等，办公室根据集体的意见先拿出一个完整的方案，提交下次会议或请分管机关工作的副主任决定。

3月12日，县第十四届人大常委会召开第3次主任会议。会议由主任蒋金云主持，副主任肖三秋、夏国新、高多庆、王美兰、张渡期、彭平移出席会议，艾胜杜、陈君吾、傅世平列席会议。会议听取选举任免联络工委关于2002年度乡镇人大工作考核情况的汇报，根据考核情况，确定了表彰的优胜单位。会议听取了县人民检察院关于县人大代表尹祝夫涉嫌受贿情况的报告，并请求允许对尹祝夫采取限制人身自由的措施，会议原则同意县人民检察院对尹祝夫采取限制人身自由的措施，提交县人大常委会会议决定。会议研究了召开县人大常委会会议的有关事项。

4月17日，县第十四届人大常委会召开第4次主任会议。会议由主任蒋金云主持，副主任肖三秋、夏国新、高多庆、王美兰、张渡期、彭平移出席会议。会议听取了县教育局关于安化二中整体搬迁情况的汇报，对前段建设情况表示满意。会议对搬迁工程提出如下要求：一是尽最大努力，争取在下学期开学前完成整体搬迁任务；二是要确保工程质量，要向人民负责，向子孙后代负责；三是要千方百计解决建设资金问题，县人民政府计划的300万元要尽快安排到位，人防费能免则免，不能免要尽可能地减少一点，要想方设法向上级争取资金。

4月25日，县第十四届人大常委会召开第5次主任会议。会议由主任蒋金云主持，副主任肖三秋、夏国新、高多庆、王美兰、张渡期、彭平移出席会议。会议听取县人民政府关于林业“一金一费”和城市建设维护费的计划情况汇报，原则同意县人民政府提出的这两个计划方案，要求县人民政府及有关部门对凡经县人大常委会作出的决定或通过的计划都必须遵照执行，不能随意改变，2003年四季度对执行情况进行一次检查。

5月9日，县第十四届人大常委会召开第6次主任会议。会议先后由主任蒋金云、副主任肖三秋主持，副主任夏国新、高多庆、王美兰、张渡期、彭平移出席会议。会议认真听取了县人民政府《关于请予审议县城新区开发公司申请国家开行贷款的议案》的情况汇报，鉴于县城新区开发资金缺乏的实际，会议原则同意县人民政府《关于请予审议县城新区开发公司申请国家开行贷款的议案》，同意由县财政担保向开行贷款5000万元，提请县人大常委会批准。为防范财政担保风险，县财政局要严格加强对贷款使用的监管，建立专户专账，实行封闭式管理。县人民政府要建立和落实好还贷准备基金，东坪镇政府、县国土资源局、县建设局要向县财政局签订担保证书，明确各自的经济责任。县城新区开发公司要加大招商引资等渠道筹集资金的力度，加速资金周转，三年期满后要开始还贷，力争在2010年全部还清贷款本息。

5月30日，县第十四届人大常委会召开第7次主任会议。会议由主任蒋金云主持，副主任肖三秋、夏国新、高多庆、王美兰、张渡期、彭平移出席会议。会议认真听取了县人民政府关于全县殡葬改革及殡仪馆建设管理情况的汇报，要求县人民政府及有关部门要继续抓紧工程建设，争取9月开始东坪地区实行定点办丧事，并逐步推进火化；县人民政府要加强全县殡葬改革工作，要依据有关法规出台相应的政策和规定，适当安排人员编制；殡仪馆和公墓的建设资金主要从以下四个方面解决，民政部门积极努力争取上级支持，县财政每年酌情安排一点，县人民政府可考虑出台政策集资一点，积极发行福利彩票筹集一点。

6月17日，县第十四届人大常委会召开第8次主任会议。会议由主任蒋金云主持，副主任肖三秋、高多庆、张渡期、彭平移出席会议。会议认真听取了县人民政府及县劳动与社会保障局关于全县社保资金收缴不到位，收支矛盾突出情况的汇报。会议要求，各级领导和社会各界都要认识社保工作的重要性，将社保工作真正纳入法制化的轨道，加大收缴力度，对有条件缴纳而不缴纳的，要申请法院强制执行；下半年，建议县人民政府组织一次社保费收缴专项行动，确保征缴到位；工作经费不足问题，县里定的超收部分奖3%要兑现到位，2004年可考虑按一定比例支付工作经费。会议还听取了内务司法工委关于信访工作、个案监督等情况的汇报。关于信访工作，要求要认真履行职责，处理要认真，办理有实效，为民排忧解难。关于个案监督工作，最近召开一个交办会，县公安局、县人民检察院、县人民法院的主要领导参加会议，规定具体的办结时间，逾期未办结的，必要时由县人大常委会提出质询案。

7月30日，县第十四届人大常委会召开第9次主任会议。会议由副主任肖三秋主持，主任蒋金云，副主任夏国新、高多庆、王美兰、张渡期、彭平移出席会议。会议认真听取了县人民政府关于土地管理法、矿产资源法实施情况的汇报，要求国土资源部门端正指导思想，树立从严执法、执法为民的思想，促进县域经济有序发展；关于国土部门的经费问题，建议县人民政府将其纳入综合预算。会议还听取了县优办关于“一站式” 收费的情况汇报，听取了县林业局关于2003年度木材采伐计划的汇报，原则同意县林业局关于2003年度木材采伐计划，在下达木材生产计划的同时，一定要加强林政管理，保护好安化的生态环境。

8月29日，县第十四届人大常委会召开第10次主任会议。会议由主任蒋金云主持，副主任肖三秋、高多庆、张渡期、彭平移出席会议。会议认真听取了县人民政府关于安化羽校三十周年庆典筹备工作和体育工作的情况报告，当前筹备工作存在时间紧、人手少、经费缺口大等问题，县人民政府及有关部门要引起高度重视，组织专门班子抓紧工作，保证不出任何疏漏，力争办得圆满；校庆宣传要突出“安化是世界羽毛球冠军的摇篮”的主题，展示安化特色，促进安化经济发展；庆典经费可采取商业化的运作模式，建议以县人民政府的名义下文，采用“以票代捐”的形式,加大筹资力度；体育工作经费要在下半年预算中适当增加；县体育活动中心必须纳入县城新区整体规划，统筹安排，科学定位。会议还听取了县人民政府关于整顿法律服务市场、关于扶贫工作、关于移民工作等情况的汇报。

10月13日，县第十四届人大常委会召开第11次主任会议。会议由主任蒋金云主持，副主任肖三秋、高多庆、张渡期、彭平移出席会议。会议听取了县人民政府关于实施教师法及教育经费情况的报告。会议要求要进一步加大教育法规的宣传力度，在全县形成兴教重教的氛围，建议县人民政府每年专题议教1～2次，出台一些优惠政策，真正为全县教育事业的发展解决一些实际问题；县乡人大要加大对教育有关法律法规的执法检查力度，政法部门要依法从严打击影响教育教学工作正常秩序的违法违规行为；当前，全县教育经费存在缺口大、负债多、包袱重等问题，县人民政府要引起足够的重视，在治理教育乱收费、规范教育经费的同时，适当调整县教育局的财务上交额度；要积极向上争取资金，加大财政转移支付力度，弥补教育经费的不足。

10月29日，县第十四届人大常委会召开第12次主任会议。会议由主任蒋金云主持，副主任肖三秋、高多庆、张渡期、彭平移出席会议。会议听取了选举任免联络工委关于市第三届人大代表换届选举有关情况的汇报，并就有关市第三届人大代表候选人的推荐，县第十四届人民代表大会第二次会议的召开进行了具体研究。

11月7日，县第十四届人大常委会召开第13次主任会议。会议由主任蒋金云主持，副主任肖三秋、高多庆、王美兰、张渡期、彭平移出席会议。蒋金云在会上传达了省代表小组组长培训班的精神，学习了省委书记、省人大常委会主任杨正午和省人大常委会副主任吴向东在培训班上的讲话精神。会议学习了《代表法》，听取了县交通局、县民政局、县电力局、县教育局、县水利局、县劳动和社会保障局等有关单位，需要向省、市人代会提出议案和建议的有关情况。

12月26日，县第十四届人大常委会召开第14次主任会议。会议由主任蒋金云主持，副主任肖三秋、高多庆、王美兰、张渡期、彭平移出席会议。会议听取了选举任免联络工委关于对乡镇人大工作考核等有关情况的汇报，各考核组报告了对所考核乡镇人大工作的情况，确定了被表彰的乡镇人大先进单位和优秀县人大代表。会议还讨论了县人大常委会工作报告（征求意见稿），听取了内务司法工委关于个案监督情况的汇报等。

2004年

1月7日，县第十四届人大常委会召开第15次主任会议。会议由主任蒋金云主持，副主任肖三秋、高多庆、王美兰、张渡期、彭平移出席会议。会议讨论了县人大常委会2004年工作要点（草案），提出了修改意见，将促进农业产业化、科教兴县,加强财政监督、述职评议、乡镇人大换届等工作列入全年工作重点。关于述职评议工作，先由选举任免联络工委拿出一个方案，在9月召开的常委会会议上进行评议，第一批评议11个单位、17人，其中3位副县长，其他为由县人大常委会任命的“一府两院”国家工作人员。同时还研究了春节前的有关工作。

2月27日，县第十四届人大常委会召开第16次主任会议。会议由主任蒋金云主持，副主任肖三秋、高多庆、王美兰、张渡期、彭平移出席会议。会议讨论了县人大常委会《关于对县人大及其常委会选举、任命的国家行政机关和审判机关、检察机关工作人员进行述职评议的实施意见(草案)》,还研究了开展纪念人民代表大会成立五十周年活动及机关工作等事项。

4月28～29日，县第十四届人大常委会召开第17次主任会议。会议由主任蒋金云主持，副主任肖三秋、高多庆、王美兰、张渡期、彭平移出席会议。会议听取了县公路局关于公路法贯彻实施情况的报告，认为公路法的实施情况不令人满意，特别是公路两旁乱建房、乱堆物的问题十分严重。会议要求县人民政府及有关部门要加大公路法的宣传力度，从今年开始，要组织专题教育活动，提高广大公路沿线群众爱路护路意识，要着力加强公路沿线的停车场、集贸市场等基础设施建设，严格公路两侧依法建房，严厉打击违法违规运输破坏公路行为。公路部门要认真履行职责养护好公路。县人大常委会及乡镇人大主席团要不定期地对公路法的实施情况进行检查，确保有关法律的有效实施。会议听取了县建设局关于2004年城市维护建设资金计划情况的报告，原则同意这个计划，由财政经济工委以县人大常委会的名义草拟一个批复，经审定后印发县人民政府及有关部门。会议还听取了农业工委关于2004年马路镇云台山村扶贫规划等情况的汇报，原则同意这个规划，争取多方努力，落实好这个规划，完成好县委、县人民政府明确的扶贫工作任务。

6月4日，县第十四届人大常委会召开第18次主任会议。会议由主任蒋金云主持，副主任肖三秋、高多庆、王美兰、张渡期、彭平移出席会议。会议听取县经贸局关于国有企业改革等有关情况的汇报，讨论了县经贸局代县人民政府起草的《关于规范国有企业改革的决定(草案)》。会议要求各级政府和各有关单位要高度统一思想，充分认识到国有企业改革的重要性和必要性，积极参与到国有企业的改革工作中来。国有企业的改革要严格按照有关法律和政策进行，既要有利于企业的发展和壮大，又要考虑广大职工的利益。县人民政府就国有企业改革问题出台一个与决定配套的实施细则，以便各有关单位和企业在改革中能有序地开展工作。会议听取了农业工委《关于开展农业执法检查方案(草案)》的汇报，原则同意这个方案，由常委会分管副主任及农业工委负责实施。会议决定在6月中旬增开一次常委会会议，进行有关人事任免，听取县电力局关于电网改造情况汇报。

7月21日，县第十四届人大常委会召开第19次主任会议。会议由主任蒋金云主持，副主任肖三秋、高多庆、王美兰、张渡期、彭平移出席会议。会议听取县林业局代县人民政府提请审议《关于2004年度木材采伐计划的议案》，原则同意这个计划，全县总指标不变，柘溪库区的几个乡镇的商品材指标要调减一点，以保护好库区的生态环境。要重点保护好“三库两线” 的森林植被。关于宏达公司的有关问题待专题调研后再决定。会议就述职评议调查组的组成、调查对象的分工、评议调查内容等进行了明确。

7月26日，县第十四届人大常委会召开第20次主任会议。会议由主任蒋金云主持，副主任肖三秋、高多庆、王美兰、张渡期、彭平移出席会议，县长谢寿保等列席会议。会议听取县人民政府关于东坪大桥(资江二桥)建设方案的汇报,桥宽14.5米,其中车行道8米，桥全长523米。会议原则同意这个方案，该桥是一座城市大桥，具有观赏功能，是一项政德工程，对城区的发展具有十分重要的作用。会议要求县人民政府及有关部门要找好开发商，加强监管，确保工程质量，既不能搞成烂尾工程，也不能搞成“豆腐渣” 工程。要维护好良好的施工环境，确保工程如期完工。

8月30日，县第十四届人大常委会召开第21次主任会议。会议由主任蒋金云主持，副主任肖三秋、高多庆、王美兰、张渡期、彭平移出席会议,部分县人大常委会委员列席会议。会议听取了各述职评议调查组对17位被评议对象的调查情况汇报，对评议调查报告的整理、批评意见的提出、常委会会议述职评议的程序等进行了明确。会议听取县人民法院关于执行情况的报告，内务司法工委关于信访工作、个案监督工作等情况的汇报。会议要求县人民法院执行工作要坚持依法办事的原则，从维护法律的尊严，维护人民群众的根本利益出发，尽最大努力不留积案，争取新办案子不留尾巴。县人民法院要集中一段时间和力量将可执行的、影响比较大的搞一次突击行动清理积案。县人民法院执行经费问题县人民政府在下年度要予以适当增加，以解决执行难的问题。

9月7日，县第十四届人大常委会召开第22次主任会议。会议由主任蒋金云主持，副主任肖三秋、高多庆、王美兰、张渡期、彭平移出席会议。会议听取了办公室关于纪念人民代表大会制度成立50周年有关筹备工作的汇报，决定召开一次纪念人民代表大会制度成立50周年的大会，邀请县委、县人民政府领导参加会议并作重要讲话。办公室、选举任免联络工委、电视台组织一次宣传人民代表大会制度和人大代表认真履职“代表之歌”的专题与系列报道，时间一个月左右。彭平移传达省基层“两院”工作会议精神，基层法院要实行人民监督员制度，建议县人大常委会通过一个《关于实行人民监督员制度决定》。

9月21日，县第十四届人大常委会召开第23次主任会议。会议由主任蒋金云主持，副主任肖三秋、高多庆、王美兰、张渡期、彭平移出席会议。会议听取了县林业局关于2004年度育林基金收支计划方案的汇报，原则同意该方案，调整10000元用于县政府老院的古树保护。县林业局要加大保护安化生态环境的力度，努力实现生态立县目标。要加大育林基金收缴力度，尽量做到应收尽收，力争完成收入1600万元。要加强育林基金使用管理，对审计部门审计发现的问题要认真进行整改。会议听取选举任免联络工委关于《关于修改〈县人大常委会2004年度对本级国家行政机关和审判机关、检察机关工作人员进行述职评议实施意见〉的决定（草案）》，决定提请常委会会议进行审议。会议听取了县人民检察院关于实行人民监督员制度的情况汇报，决定提请常委会会议任命县人民检察院第一批人民监督员。

10月29日，县第十四届人大常委会召开第24次主任会议。会议由主任蒋金云主持，副主任肖三秋、高多庆、王美兰、张渡期、彭平移出席会议。会议听取了县经管局关于全县减轻农民负担情况的汇报，要求县人民政府及有关部门要在今冬明春抓好以下3方面的工作：一是报刊订阅不准搞硬性规定，摊派任务；二是学校收费情况防止违规行为；三是防止有关部门的乱收费，重点是国土、建设、移民等单位。2005年，县审计局对有关部门的乱收费情况进行一次审计，对不接受监管的部门，建议县人民政府进行严肃处理，情况比较严重的由县人大常委会进行监督。会议听取了县广播电视局关于广播电视工作情况的汇报，建议县人民政府对广播电视工作进行一次专题研究，重点解决人员编制、经费预算问题，辰山公路维护建设经费在以工代赈中适当安排；年底前，县人大常委会组织人大代表对辰山电视设施进行一次视察；县广播电视局要抓紧各方面的工作，在安化县的三个文明建设中发挥重要作用。会议听取了农业工委关于仁慧公司的调查情况汇报。

12月27日，县第十四届人大常委会召开第25次主任会议。会议由主任蒋金云主持，副主任肖三秋、高多庆、张渡期出席会议。蒋金云传达了省人大、政协工作会议精神，学习了杨正午书记关于加强人大工作的重要讲话，研究了贯彻落实会议精神的几点具体措施，拟定在2005年一季度召开全县人大工作会议，审议专题工作报告实行表决票决制，加大述职评议工作力度，从2005年开始每年评议2～3名副县长，乡镇人大增设副主席等。会议听取了选举任免联络工委关于对乡镇人大工作考核情况的汇报，确定了被表彰的先进单位和优秀县人大代表。会议听取了县地税局关于2004年地税征收情况的汇报。会议讨论了县人大常委会工作报告(草案)，原则同意提请县人大常委会审议。

2005年

2月24日，县第十四届人大常委会召开第26次主任会议。会议由主任蒋金云主持，副主任肖三秋、高多庆、王美兰、张渡期、彭平移出席会议。会议听取了县公安局关于县人大代表肖吉明有关“买码做庄”赌博犯罪情况，原则同意县公安局对肖吉明采取限制人身自由的措施,提请县人大常委会决定。

会议听取了办公室关于县人大常委会2005年度工作要点（草案）情况的汇报，原则同意可提请县人大常委会决定。

4月21日，县第十四届人大常委会召开第27次主任会议。会议由主任蒋金云主持，副主任肖三秋、高多庆、王美兰、张渡期、彭平移出席会议。会议听取了县文化旅游局关于全县文化工作情况的汇报，要求县人民政府及文化旅游等社会各界要高度认识文化工作的重要性，增加文化工作经费预算，重点扶持博物馆的建设。关于文化部门的人员编制问题，县人民政府要重点研究解决。文化、公安等部门对东坪城区的网吧进行一次重点整顿，严格依法规范管理，保护好中小学生。今年召开一次文代会，搞一次文化方面的展示，推进安化文化事业的发展，办公室和教科文卫工委要支持县人民政府及文化部门做好这一工作。会议听取县林业局关于2005年度木材采伐计划的汇报，原则同意这个计划，要求县林业局严格执行。会议听取了选举任免联络工委关于《安化县人民代表大会代表工作试行办法（草案）》起草情况的汇报，认为“试行办法”要制定，现在做好相关准备工作，推迟到县第十五届人民代表大会第一次会议再审议。会议还研究了举办乡镇人大干部培训班等事项。

5月19日，县第十四届人大常委会召开第28次主任会议。会议由主任蒋金云主持，副主任肖三秋、高多庆、王美兰、张渡期、彭平移出席会议。会议听取了2004年度被述职评议人员蔡卫红、魏刚、刘化、文斌、张云星、邹志和、彭仲元、王伟安、姚懿安、李胜刚、王剑云、朱继光、张友庭、唐涵之、李征明的有关整改情况汇报，对被评对象的整改情况表示满意。2006年将进一步加大对由县人大及其常委会选举任命的国家行政机关、审判机关、检察机关工作人员的述职评议力度，以达到人民群众满意的效果。会议听取了县人民政府关于2005年度育林基金和城市建设维护费的使用计划的汇报，原则同意县人民政府提出的这两个方案，林业育林基金要做到应收尽收，支出要严格按计划执行，城建维护费一定要按人大审批的计划使用，乡镇建设站的经费要适当增加。6月份，县人大常委会就东坪城区建设问题组织一次代表视察，市民反映突出的问题要重点解决。

6月29日，县第十四届人大常委会召开第29次主任会议。会议由主任蒋金云主持，副主任肖三秋、高多庆、王美兰、张渡期、彭平移出席会议。会议听取了县人民检察院关于县人大代表袁主坤涉嫌经济犯罪的情况汇报，会议原则同意对袁主坤采取限制人身自由的措施，提请县人大常委会批准。

7月5日，县第十四届人大常委会召开第30次主任会议。会议由主任蒋金云主持，副主任肖三秋、高多庆、王美兰、张渡期、彭平移出席会议。会议听取了选举任免联络工委关于2005年度述职评议方案(草案)有关情况的汇报，对评议对象、评议内容、评议程序等进一步作了明确和细化。会议讨论了《关于建立县人大常委会主任、副主任及机关委室联系县人大代表的制度（草案）》《安化县人大常委会个案监督办法（草案）》《安化县人大常委会议事规则（草案）》、劳动法执法检查方案等，原则同意以上草案，提请县人大常委会审议决定。会议决定成立3个调查组对2005年度上半年国民经济计划及财政税收计划完成情况进行调查，各调查组要在7月25日前完成调查任务。

8月9日，县第十四届人大常委会召开第31次主任会议。会议由主任蒋金云主持，副主任肖三秋、高多庆、王美兰、张渡期、彭平移出席会议。夏国新传达了市农业与农村工作会议精神。会议听取了选举任免联络工委关于县人大代表建议督办情况的汇报，还有几件多年涉及民生的代表建议办理效果不好，代表不满意，群众意见很大，提请主任会议进行重点督办。主要是谌铁稳代表提出的“关于加快维修和改造东西公路的建议”、张良田代表提出的“关于对柳溪河进行治理的建议”、夏能勋代表提出的“关于提高五保户生活标准的建议”、吴子军代表提出的“关于解决安化二中至吴含完小公路硬化工程欠款的建议”。会议决定以县人大常委会的名义向县人民政府发一个督办函，对代表提出的“关于加快维修和改造东西公路的建议”“关于提高五保户生活标准的建议”“关于解决安化二中至吴含完小公路硬化工程欠款的建议” 进行重点督办，在县人代会召开前落实到位，“关于对柳溪河进行治理的建议”作为明年督办的重点内容 。

8月29日，县第十四届人大常委会召开第32次主任会议。会议由主任蒋金云主持，副主任肖三秋、高多庆、王美兰、张渡期、彭平移出席会议。会议听取了各述职评议调查组关于评议对象调查情况的汇报，并对有关问题进一步统一了思想，明确了各组审议发言的重点，特别是要指出在调查中干部、群众、基层反映突出的问题，要克服那种只唱赞歌的现象。会议听取了内务司法工委关于信访工作和个案监督情况的汇报。会议听取了县林业局关于2005年木材采伐计划执行情况的汇报。

9月13日，县第十四届人大常委会召开第33次主任会议。会议由主任蒋金云主持，副主任肖三秋、高多庆、王美兰、张渡期、彭平移出席会议。蒋金云传达了全省人大常委会主任（北戴河）学习培训班的情况。会议研究了述职评议等有关工作。

10月28日，县第十四届人大常委会召开第34次主任会议。会议由主任蒋金云主持，副主任肖三秋、高多庆、王美兰、张渡期、彭平移出席会议。会议听取了县人民政府关于全县小水电开发建设、柘溪库区“两乡一场”用电问题等情况的汇报。会议要求进一步加大开发和建设力度，东坪电站、珠溪口电站及其他小水电站要尽快建成投产，发挥好经济效益和社会效益，增加地方财政收入。柘溪库区“两乡一场”用电问题要引起高度重视，加大将军电站改制工作，坚决兑现在县人民代表大会会议给代表的承诺，既要解决好“两乡一场”人民群众的用电问题，也要解决好将军电站职工的切身利益问题。会议听取了县畜牧局关于渔业生产和管理的情况汇报，县人民政府及有关部门要加大对柘溪库区人民群众发展渔业生产的支持，同时要加大渔业管理的执法力度，渔政管理经费要向柘溪电站和上级有关部门争取一点，县移民局安排一点，建议县人民政府在安排预算时解决10万元。会议学习了中共中央9号文件精神，听取了选举任免联络工委关于全省贯彻落实中共中央9号文件精神培训班的情况汇报，并研究了贯彻落实的具体措施：①11月中旬召开全县乡镇人大主席、办公室主任会议；②以县人大常委会党组名义向县委专题汇报一次；③以办公室的名义向县人民政府汇报一次，建议增加县人大代表和县人大常委会委员活动经费，代表活动经费由每人每年100元增加到300元，县人大常委会委员活动经费每年由10000元增加到46000元；④各市、县代表小组在11月份组织一次学习中共中央9号文件和省委20号文件；⑤建议县人大常委会机关解决一名信访人员编制；⑥建议县委在2006年召开一次全县人大工作专题会议，以落实中共中央9号文件精神。

11月18日，县第十四届人大常委会召开第35次主任会议。会议由主任蒋金云主持，副主任肖三秋、高多庆、王美兰、张渡期、彭平移出席会议。蒋金云传达了县委常委会议精神，农村税费改革配套乡镇区划在12月25日前须报省民政厅，乡镇精简方案已上报，要求2006年1月底前到位，领导线数大乡镇9线，小乡镇7线，干部以2001年底基数减少10%。县委要求全县各级各部门要高度统一思想，确保税费改革任务的顺利完成，确保全年各项经济指标任务的圆满完成。

11月23日，县第十四届人大常委会召开第36次主任会议。会议由主任蒋金云主持，副主任肖三秋、王美兰、张渡期、彭平移出席会议。会议听取了县人民法院《关于安化县工商管理局与安化县建筑安装总公司建筑工程结算合同纠纷一案审执情况的汇报》，支持县人民法院依法执行，维护法律的尊严，维护当事方的合法权益。会议听取了选举任免联络工委关于对乡镇人大工作目标管理进行年终考核的方案，就考核人员分组、考核时间安排、考核纪律等进行了明确。

11月28日，县第十四届人大常委会召开第37次主任会议。会议由主任蒋金云主持，副主任夏国新、高多庆、王美兰、张渡期、彭平移出席会议。会议听取了县发改局关于安化县“十一五”发展规划编制情况的汇报，并就安化的发展方向、产业结构、交通网络、生态建设以及计划的前瞻性、全面性、可行性等提出了许多建议和意见。会议就全县乡镇机构改革等问题进行了讨论。

12月16日，县第十四届人大常委会召开第38次主任会议。会议由主任蒋金云主持，副主任夏国新、高多庆、王美兰、张渡期、彭平移出席会议。会议听取了县科技局关于科技工作情况的汇报，建议县人民政府今后逐年增加对科技工作的投入，县人大常委会每年听取1～2次科技工作情况汇报，还适时组织有关科技成果方面的代表视察活动。会议听取了各考核组对各乡镇人大工作考核情况的汇报，听取了选举任免联络工委关于各选区关于补选县人大代表情况的汇报。会议研究了县第十四届人民代表大会第五次会议的筹备等事宜。

2006年

1月23日，县第十四届人大常委会召开第39次主任会议。会议由主任蒋金云主持，副主任肖三秋、高多庆、王美兰、张渡期、彭平移出席会议。会议听取了县公安局关于县人大代表、清塘铺镇鱼水信用社晏世龙涉嫌挪用公款案，原则同意许可县公安局对晏世龙采取限制人身自由的措施，提请县人大常委会决定。根据市委人大工作会议精神，会议同意县人大常委会机关增设城乡建设与环境保护工作委员会，建议县编委尽快向市里申报审批。会议研究了春节前的机关工作等。

2月17日，县第十四届人大常委会召开第40次主任会议。会议由主任蒋金云主持，副主任肖三秋、夏国新、高多庆、王美兰、张渡期、彭平移出席会议。会议听取了办公室关于如何贯彻落实市委人大工作会议精神的情况汇报，讨论了县人大常委会2006年工作要点（草案）。

3月17日，县第十四届人大常委会在县人口和计划生育局召开第41次主任会议。会议先后由主任蒋金云、副主任肖三秋、高多庆主持，夏国新、王美兰、张渡期、彭平移出席会议。会议听取了县人口和计划生育局的工作汇报，各级政府和有关部门都要充分认识到计划生育工作是“天下第一难事”，特别是要找出去年计划生育工作退位的真实原因，制定切实可行的工作措施，严格依法依规依政策把计划生育工作搞上去，县人大常委会及各乡镇人大要加大对计划生育工作的支持力度，促进县委和县人民政府的工作目标的实现。

4月27日，县第十四届人大常委会召开第42次主任会议。会议由主任蒋金云主持，副主任肖三秋、夏国新、高多庆、王美兰、张渡期、彭平移出席会议。会议听取了县移民局关于柘溪库区移民开发情况的汇报，要求各级政府和有关部门要充分认识库区移民工作的重要性，明确移民开发的指导思想，努力争取国家的扶持，切实用好国家现行移民政策，把党和政府的移民政策落实到每一个移民身上，尽快让移民脱贫致富，确保库区社会稳定。要把库区特色产业做大做强，要加强库区基础设施建设，特别是环库等公路路网建设。要加强移民部门工作必要保障，县人民政府及财政部门要按移民编制全部进入预算。会议研究了农民健康行活动方案、人大制度宣传活动方案、县委人大工作会议筹备方案和环保执法检查方案。会议听取了选举任免联络工委关于株洲等地人大工作考察情况的汇报。

5月22日，县第十四届人大常委会召开第43次主任会议。会议由主任蒋金云主持，副主任肖三秋、夏国新、高多庆、张渡期、彭平移出席会议。会议听取了县人民政府关于“四五”普法决定实施情况和“五五”普法规划(草案)的汇报，原则同意提请常委会会议进行审议。会议听取了县人民政府关于乡镇卫生院国债建设项目实施情况的汇报，要求县人民政府及卫生部门要继续抓好乡镇卫生院国债建设项目的建设，确保工程质量，加快工程进度，尽快投入使用，各乡镇政府要为项目实施创造良好环境。要认真整合乡镇卫生资源，努力办出各医院的特色，加大医疗辐射区域，提高医疗效益。县人民政府及卫生部门要将精神病防治工作列入公共卫生管理体系，列入财政预算，列入民政救助工作范围，解决流散到社会上的精神病人问题。会议听取了县人民政府关于2005年度县人大常委会审议意见办理落实情况的汇报。

6月26日，县第十四届人大常委会召开第44次主任会议。会议由主任蒋金云主持，副主任肖三秋、夏国新、高多庆、张渡期、彭平移出席会议。会议听取了选举任免联络工委关于确定县人民政府重点办理的建议的情况汇报。会议听取了县人民政府关于2006年度木材采伐计划情况的汇报，原则同意这个计划，要严格按计划进行采伐，不能突破。要加强林政管理，特别要加强对生态公益林的管理，以实现生态立县的目标。要抓住国家林业总局即将到安化扶贫的机遇，争取国家保护林业资源的项目和资金，促进安化的资源优势向经济优势转化。会议听取了内务司法工委关于信访工作情况的汇报，要求筛选一批信访案件交县人民政府及有关部门重点办理。

8月14日，县第十四届人大常委会召开第45次主任会议。会议由主任蒋金云主持，副主任肖三秋、夏国新、高多庆、王美兰、张渡期、彭平移出席会议。会议听取了县司法局关于人民调解工作情况的汇报。近几年来，人民调解工作对促进社会稳定发挥了重要作用，制止了大量民转刑的案件。各级人大、政府要重视和支持人民调解工作，各个乡镇要明确人民调解牵头负责人，组织搞好培训，在乡镇财政预算中安排部分经费。会议研究了述职评议有关事项。

9月8～12日，县第十四届人大常委会召开第46次主任会议。会议由主任蒋金云主持，副主任肖三秋、夏国新、高多庆、王美兰、张渡期、彭平移出席会议。会议听取了县交通局关于省道S308黄柘段（黄沙坪至柘溪）线路走向有关情况的汇报，参加会议人员发表许多意见，多数人员的意见倾向走资江北岸，主要考虑北线居住人口多、企业多、公路效益好。会议听取了县人民政府关于2006年度城建维护费使用计划的汇报，会议决定原则批准这个计划，在执行本计划和编制以后各年度使用计划时必须坚持的几条原则：①2003年以前的领导批条，除县人民政府常务会议、县长办公会议的决定及县委书记、县长、分管副县长的批条外，其余全部取消，今后再视情考虑；②要严格按计划执行实施，坚决杜绝非计划外开支，县主要领导或县委、县人民政府的集体决定可纳入下年度的计划，以保证法律的严肃性、职权的严肃性、计划的严肃性；③建设部门的人头经费从今年开始剥离，争取2～3年全部纳入县财政预算；④2006年的重点项目要安排103万元集中使用，关于东坪休闲广场的建设问题,是近几年群众反映最大的问题之一，在安排计划时要重点考虑；⑤东坪镇的城镇管理体制不顺，管理不规范，可以到兄弟县、市学习考察，把城管、环卫的管理体制理顺好。会议听取了县人民法院关于刑事审判工作的情况汇报，要求县人民法院要发挥刑事审判职能，严厉打击刑事犯罪，坚持公正司法，严防以情代法、以罚代法、循私枉法，以维护法律的严肃性。会议听取了县人民政府关于县城南区建设规划情况的汇报，县城南区的规划要有前瞻性、长远性、可行性，从可容纳30万人的县城来规划建设。同时,要考虑功能齐全、设施配套、可宜居。县人民政府可提出一个南区规划建设的管理办法(草案)，提请县人大常委会审议通过。

12月7日，县第十四届人大常委会召开第47次主任会议。会议由主任蒋金云主持，副主任肖三秋、夏国新、高多庆、王美兰、张渡期、彭平移出席会议。会议听取了县人民政府关于养殖业产业化建设情况的汇报，要求全县特别是柘溪库区要根据当地的特点发展好养殖业、水产业，加大对养殖业、水产业的扶持力度，使库区人民尽快脱贫致富，在经济发展和资源开发中一定要重视生态环境的保护。会议听取了县人民政府关于2006年育林基金收支计划的汇报，原则同意这个计划，要严格执行。今后每年必须在6月份前提请县人大常委会审批。会议听取了各考核组对全县各乡镇人大主席团人大工作目标管理考核情况的汇报，讨论了常委会的工作报告(草案)。

12月28日，县第十四届人大常委会召开第48次主任会议。会议由主任蒋金云主持，副主任肖三秋、夏国新、高多庆、王美兰、张渡期、彭平移出席会议。会议听取了县人民政府关于起草《政府工作报告》情况的汇报，参会人员对政府工作报告的修改发表了意见和建议。会议还研究了其他事项。

2007年

1月25日，县第十四届人大常委会召开第49次主任会议。会议由主任蒋金云主持，副主任肖三秋、夏国新、高多庆、王美兰、张渡期、彭平移出席会议。会议讨论了办公室关于县第十四届人民代表大会第六次会议审议意见(草案)，根据与会人的意见，修改后印发“一府两院”，相关单位在9月份的县人大常委会会议上报告落实情况。市代表活动经费要集中使用，根据上级人大的规定，由选举任免联络工委拿出方案，经常委会分管领导审查把关。

2月10日，县第十四届人大常委会召开第50次主任会议。会议由主任蒋金云主持，副主任肖三秋、夏国新、高多庆、王美兰、张渡期、彭平移出席会议。县委组织部通报县委有关人事安排，会议建议县委尽快明确县人大常委会城乡建设和环境保护工委主任人选。

3月29日，县第十四届人大常委会召开第51次主任会议。会议由主任蒋金云主持，副主任肖三秋、夏国新、高多庆、王美兰、张渡期、彭平移出席会议。会议讨论了县人大常委会2007年度工作要点（草案），今年下半年要进行县、乡换届，工作要点中要侧重安排。会议讨论通过了建立《安化人大信息网》的方案，以进一步加强人民代表大会制度建设，宣传人大的性质、地位和作用。会议讨论通过了《安化县人大常委会机关制度(修改稿)》。

4月17日，县第十四届人大常委会召开第52次主任会议。会议由主任蒋金云主持，副主任肖三秋、夏国新、高多庆、王美兰、张渡期、彭平移出席会议。会议听取了选举任免联络工委关于确定县第十五届人大常委会组成人员和县第十五届人大代表名额分配的建议方案及省、市人大代表视察农村公路建设方案的汇报。会议明确了城乡建设和环境保护工委的工作职责和归口联系单位及城乡建设和环境保护工委成立时间。会议研究了全市人大财经工委联席会议和全市人大农业工委联席会议在安化召开等有关事项。

5月16日，县第十四届人大常委会召开第53次主任会议。会议由主任蒋金云主持，副主任肖三秋、夏国新、高多庆、王美兰、张渡期、彭平移出席会议。彭平移报告了市人大调查组关于资江沿岸益阳段水污染调查情况。根据资江流域安化段水污染现状，会议决定成立“安化县资江流域水污染调查组”，由肖三秋任组长，夏国新、邹雄彬（邀请）任副组长，县人大常委会办公室、城乡建设和环境保护工委、农业工委、县政府办公室、县发改局、县环保局、县经贸局、县林业局、县工商局、县卫生局、县交通局、县国土资源局各明确一名负责人为成员。调查组下设办公室，刘国平任主任，县环保局一名副局长任副主任。调查组先拿出一个调查方案，适时召开动员会。关于省人大批转过来的传真，要迅速调查处理平口镇一纸厂污染问题，该处罚的要处罚，该关停的要关停，并及时向省人大报告调查处理情况。同时，要对过去50多家纸厂进行一次回头调查，还在生产的要在6月15日前坚决关闭。否则，对有关单位和个人启动人大监督程序。会议听取了办公室关于《安化县第十四届人大常委会资料汇编》编辑方案，时间要求9月拿出初稿，11月定稿。内容要真实客观、有历史价值。办公室报告了《安化县人大信息网》的运行情况，并对网站的维护、消息的发布、稿件的审批等都作具体的明确。

6月25～29日，县第十四届人大常委会召开第54次主任会议。会议由主任蒋金云主持，副主任肖三秋、夏国新、高多庆、王美兰、张渡期、彭平移出席会议。会议听取了县人民政府关于2007年育林基金预算方案的汇报，与会人员提出了许多意见和建议，县林业局在实施该方案时在要认真考虑。会议同意该方案，将以县人大常委会的名义行文批复。会议听取了县人民检察院关于民行检察工作情况的汇报，要求各相关单位要高度重视民行检察工作，维护公平正义，维护老百姓的正当权益，解决投诉无门问题。县人民法院和县人民检察院在执法过程中要加强协调，进一步完善相关办案程序，提高办案效率。县人民检察院就检察队伍建设问题和办案经费问题分别向县委、县政府汇报一次，争取相关问题得到解决。会议听取了县人民检察院关于请求县人大常委会作出《关于加强检察建议工作的决议》的情况汇报，同意县人民检察院以县人大常委会的名义起草《关于加强检察建议工作的决议(草案)》，提请县人大常委会会议审议。会议听取了选举任免联络工委关于省、市人大换届精神的汇报，要求办公室和选举任免联络工委起草一个向县委汇报的县、乡人大同步换届的材料，适时向县委汇报，县人大常委会机关各委室要明确任务、协调配合、扎实工作，圆满完成县、乡人大换届各项工作。会议讨论了县人大常委会机关扶贫工作等。会议听取了县公安局关于县人大代表毛正升涉嫌经济犯罪情况的汇报，原则同意县公安局对毛正升采取限制人身自由的措施，提请县人大常委会会议决定。

8月3日，县第十四届人大常委会召开第55次主任会议。会议由主任蒋金云主持，副主任肖三秋、夏国新、高多庆、王美兰、张渡期、彭平移出席会议。会议听取了县人民政府关于2007年度木材生产计划的情况汇报。会议批准这个计划，林业部门及各乡镇要严格执行采伐计划，柘溪库区主航道周围、国省道两侧、资江两岸要从严控制采伐，要加强林政管理，控制原木出境，促使木材加工升值。会议研究了县乡人大换届选举培训班等事宜。会议听取了办公室关于县人大常委会机关扶贫工作等情况的汇报。

8月28日，县第十四届人大常委会召开第56次主任会议。会议由主任蒋金云主持，副主任肖三秋、夏国新、高多庆、王美兰、张渡期、彭平移出席会议。会议听取了县人民政府关于2007年度城市建设维护费使用计划的情况汇报。县人民政府在2007年度城市建设维护费使用计划的安排上增加的幅度比较大，对全县的城镇建设维护起到比较大的作用，县建设部门一定要严格管理、科学使用，发挥好资金效益，切实解决好群众普遍反映的民生问题。县人大常委会要加强对城市建设维护项目的监督，环卫设备要逐年改善，逐步提高使用效率，减轻环卫工人的劳动强度。会议听取了县人民政府关于2007年度电力附加费使用计划的情况汇报，要求安化电力局依法依规加大电力附加费的征收力度，尽量减少使用缺口，关于2006年电力附加费118万元欠款，争取上级支持解决，或者逐年消化。会议讨论了县第十五届人大代表名额分配方案。会议听取了县人大常委会机关信访工作情况汇报，为加强信访工作，同意内务司法工委选调一名信访干部，由办公室做好相关工作。会议研究了方建宏请求恢复公职问题。

9月20日，县第十四届人大常委会召开第57次主任会议，会议由主任蒋金云主持，副主任肖三秋、夏国新、高多庆、王美兰、彭平移出席会议。会议听取了选举任免联络工委关于代表资源调查、选区划分、代表名额分配、乡镇选举、选举日程安排等情况的汇报，要求严格依照有关法律完成县、乡换届选举工作任务。

10月18日，县第十四届人大常委会召开第58次主任会议。会议由主任蒋金云主持，副主任肖三秋、夏国新、高多庆、王美兰、彭平移出席会议。会议听取了选举任免联络工委关于县、乡人大代表换届选举情况的汇报，全县136个县人大代表选区选出代表303名，选举情况正常，县人大代表选举符合法律规定。据选民反映，个别乡镇在镇人大代表选举选区划分时对有关法律把握不准，有的选区划得过小，选民不享受平等的选举权和被选举权，请求县人大常委会依法纠正。会议决定：①由县人大常委会领导立即向县委报告情况。②由县选举办向反映人答复，县选举委员会已引起高度重视，会尽快进行处理。③下周一召开县选举领导小组会议，通报情况，研究处理措施，建议由夏国新带队，县纪委、县委组织部、县委办公室、县人大选举任免联络工委派员组成联合调查组，在一周时间内深入有关乡镇依法处理好。

11月26日，县第十四届人大常委会召开第59次主任会议。会议由主任蒋金云主持，副主任肖三秋、夏国新、高多庆、王美兰、张渡期、彭平移出席会议。会议听取了县经贸局关于安化县渣滓溪锑矿进行体制改革的情况汇报，要求县人民政府及有关部门要从有利于安化经济持续发展、有利于矿山持续开发、有利于国家税收稳定增长、有利于职工利益保障、有利于社会长治久安出发，依法搞好县属企业的体制改革。会议原则同意县经贸局提出的关于安化县渣滓溪锑矿体制改革方案，具体事宜由县人民政府决定。

第八节　县第十五届人大常委会主任会议

2007年

12月24日，县第十五届人大常委会召开第1次主任会议。会议由主任蒋金云主持，副主任邓晓君、夏国新、高多庆、彭平移出席会议。会议专题研究新一届县人大常委会工作。确定了本届工作指导思想、主要工作目标、重点关注和着力监督的主要方面、基本工作方法和工作要求,并进行领导分工。蒋金云：主持县人大常委会全面工作，联系田庄、江南、小淹、滔溪等乡镇人大主席团和县人大代表，完成县委交办的其他工作。邓晓君：协助主任工作，分管县人大常委会办公室、选举任免联络工作委员会，主任不在家时主持日常工作，联系冷市、羊角塘、龙塘、大福、长塘等乡镇人大主席团和县人大代表。夏国新：协助主任工作，分管县人大常委会农业工作委员会、城乡建设和环境保护工作委员会，负责扶贫工作，联系南金、古楼、平口、烟溪、渠江等乡镇人大主席团和县人大代表。高多庆：协助主任工作，分管县人大常委会内务司法工作委员会，兼任县总工会主席，联系高明、清塘铺、梅城、乐安、仙溪等乡镇人大主席团和县人大代表。彭平移：协助主任工作，分管县人大常委会财政经济工作委员会、教科文卫工作委员会，联系柘溪、马路、奎溪、东坪等乡镇人大主席团和县人大代表，协助主任联系马路镇。张渡期(兼职)：按照县委分工做好相关工作，除出席人大常委会会议、主任会议外，人大常委会不另分管其他工作。肖三秋(特邀顾问)：协助指导县人大常委会财政经济工作委员会工作。

2008年

1月16日，县第十五届人大常委会召开第2次主任会议。会议由主任蒋金云主持，副主任邓晓君、夏国新、高多庆、彭平移出席会议。会议听取了农业工委关于发展茶叶产业调查情况的汇报，听取了教科文卫工委关于发展旅游产业调查情况的汇报，对春节前的有关工作进行安排。

2月18日，县第十五届人大常委会召开第3次主任会议。会议由主任蒋金云主持，副主任邓晓君、夏国新、高多庆、彭平移出席会议。会议听取了县财政局关于2007年度财政决算情况的汇报，讨论研究县人大常委会2008年度工作要点（草案）。

3月21日，县第十五届人大常委会召开第4次主任会议。会议由主任蒋金云主持，副主任邓晓君、夏国新、高多庆、彭平移出席会议。会议讨论通过了2008年度乡镇人大主席团目标考核办法，讨论了县第十五届人大常委会代表资格审查委员会名单、县第十五届人大常委会各工作委员会兼职委员名单、《关于进一步加强人大代表工作的决议（草案）》、县十五届人大常委会第2次会议建议议程。

4月23日，县第十五届人大常委会召开第5次主任会议。会议由主任蒋金云主持，副主任邓晓君、夏国新、高多庆、彭平移出席会议。会议通报了县委常委人事调整情况，讨论通过了2008年木材生产计划的议案。

4月30日，县第十五届人大常委会召开第6次主任会议。会议由主任蒋金云主持，副主任邓晓君、夏国新、高多庆、彭平移出席会议。会议听取了县人民政府关于招商引资工作情况汇报和市住房公积金中心安化管理部关于住房公积金归集管理使用情况汇报，充分肯定了近年来安化县招商引资和住房公积金归集管理使用工作的成绩，深入分析和讨论当前工作中面临的困难和问题，对进一步加强招商引资和住房公积归集管理工作提出了建议意见。县人民政府及各部门、各乡镇要立足县情、乡情，发挥资源优势、生态优势，大力引进战略投资者、资金技术力量雄厚的国际国内知名大企业，努力完成上级政府下达的招商引资任务，取得更大的招商引资成绩。县人民政府要专题研究《住房公积金管理条例》贯彻落实工作。根据安化县经济发展状况，比照周边县市成功经验，逐步提高财政供养人员的住房公积金缴存标准。支持住房公积金管理部门建设办公场地和改善办公条件。各部门单位要研究制订住房公积金缴存办法，创造条件依法为干部职工缴存住房公积金，切实保障干部职工的合法权益。会议还听取教科文卫工委关于《庆祝建国六十周年“祖国颂”书法、美术、摄影大奖赛实施方案》的汇报。

5月30日，县第十五届人大常委会召开第7次主任会议。会议由主任蒋金云主持，副主任邓晓君、夏国新、高多庆、彭平移出席会议。会议讨论通过了半年国民经济和社会发展计划以及财政预算执行情况调查分组方案和人大代表视察方案，通报了中小企业促进法执法检查方案，传达了市人大常委会“环保世纪行”活动安排意见，讨论安化县“环保世纪行”活动。

6月30日，县第十五届人大常委会召开第8次主任会议。会议由主任蒋金云主持，副主任邓晓君、夏国新、高多庆、彭平移出席会议。会议听取了县人民检察院关于检察建议落实情况的汇报，听取了县人民政府关于县域村镇体系规划和县城总体规划修编方案的情况汇报，对走访县人大代表情况进行碰头。

7月11日，县第十五届人大常委会召开第9次主任会议。会议由主任蒋金云主持，副主任邓晓君、夏国新、高多庆、彭平移出席会议。会议通报县委7月10日扩大会议精神，并做了相关工作部署。

7月17日，县第十五届人大常委会召开第10次主任会议。会议由主任蒋金云主持，副主任邓晓君、夏国新、高多庆、彭平移出席会议。会议传达了全省《监督法》培训班上的领导讲话精神，审查批准了本年度全县城镇维护建设项目资金计划，听取代表走访情况汇报。

8月22日，县第十五届人大常委会召开第11次主任会议。会议由主任蒋金云主持，副主任邓晓君、夏国新、高多庆、彭平移出席会议。会议听取内务司法工委关于信访工作情况的汇报，讨论评议县民政局、县工商局工作方案，讨论《安化县规范性文件备案审查暂行办法（草案）》。

8月28日，县第十五届人大常委会在县电力局会议室召开第12次主任会议。会议由主任蒋金云主持，副主任邓晓君、夏国新、高多庆、彭平移出席会议。会议听取了电力局工作情况汇报。

9月8日，县第十五届人大常委会召开第13次主任会议。会议由主任蒋金云主持，副主任邓晓君、夏国新、高多庆、彭平移出席会议。会议研究讨论了县乡人大干部培训方案、本年度交办的重要信访件，通报了茶陵县人大工作考察情况，并传达了市人大代表换届选举工作会议精神。经县委常委会议研究同意，由县人大常委会组织举办一期县乡人大干部培训班，决定培训班9月22日报到，培训时间6天，其中学习两天，外去考察外地人大工作3～4天，参加人员为乡镇人大主席、副主席、办公室主任，县人大常委会全体组成人员和县人大机关全体干部，主要学习《地方组织法》《代表法》《选举法》、预算审查、规范性文件备案审查和人大新闻写作等业务知识。本年度由主任会议交办的辰山药场重大责任事故案等4件重要信访件，均采取口头形式交办。财政经济工委主任姚庆轩通报了9月3～4日在蒋金云主任、彭平移副主任的带领下，赴株洲市茶陵县考察人大财政预算监督工作的情况。茶陵县人大工作的规范化水平、工作创新实践、加强财经监督的经验、注重代表工作和加强内外协调的方式方法等值得我们很好地学习和借鉴。选举任免联络工委主任罗舜寰传达市人大换届选举工作会议精神。市第四届人大代表结构的总体要求是，非中共党员代表所占比例不低于35%、妇女代表比例不低于22%，工人、农民和知识分子代表比例不低于65%。市人大分配给安化推荐和选举的代表名额为62名，不包括市直分配到安化选举的代表。市委要求，10月底以前，推荐的代表候选人名单报市人大常委会。11月中旬，市人大常委会对各区县推荐的代表候选人进行了解。11月20日左右，市人大常委会对推荐的代表候选人进行审查，市委将确定的市直代表候选人推荐到各区县，名额与上届相同（安化县15名）。12月5日以前，各区县召开人民代表大会，选举产生新一届市人大代表，并报市人大常委会。同时要严格执行中央、省、市换届纪律，确保换届顺利进行。

9月11日，县第十五届人大常委会召开第14次主任会议。会议由主任蒋金云主持，副主任邓晓君、夏国新、高多庆、彭平移出席会议。县长杨光鑫列席会议。会议听取了财政经济工委提出的《关于当前我县经济发展环境中的几个问题及建议的报告》，会议对优化经济发展软环境工作提出了意见和建议：一是根据县委、县人民政府《关于进一步优化经济发展软环境的决定》，建立健全优化经济发展软环境工作的体制与机制。充实县优化办的力量，加快县政务中心建设,调整重点项目指挥部的设置，健全优化经济发展软环境工作的考核奖惩机制，明确乡镇政府及各相关部门的责任，把优化环境工作纳入目标管理考核的范围，在全县形成优化经济发展软环境工作的合力。二是建议县人民政府牵头组织一次专项整治行动。政法部门要对部分地方强装强卸、强行参工阻工、强行索要赞助的人和事进行一次集中打击行动,人事、监察部门要对干部入股娱乐场所的行为进行一次全面清理，物价、劳动部门要制订全县装卸指导价格，文化、广播部门要发挥舆论监督的作用，各部门都要积极参与到软环境的整治行动中来，加强干部作风建设，增强部门服务意识。三是县人民政府要对全县行政性收费进行一次全面清理，大力优化政策环境。四是县人大常委会要专题研究加强县直各部门服务经济建设的监督措施，在不违背监督法规定的前提下加大监督力度，增强监督实效，促进安化经济发展环境的全面优化。

11月6日，县第十五届人大常委会召开第15次主任会议。会议由主任蒋金云主持，副主任邓晓君、夏国新、高多庆、彭平移出席了会议。会议讨论通过县十五届人大二次会议建议议程，讨论通过县人大常委会工作报告提纲，讨论通过本年度乡镇人大工作目标管理考核方案。

11月19日，县第十五届人大常委会在江南谢家园召开第16次主任会议。会议由主任蒋金云主持，副主任邓晓君、夏国新、高多庆、彭平移出席会议。会议听取县人民政府关于审计法贯彻实施情况的汇报和职业教育法贯彻实施情况的汇报，乡镇人大考核情况碰头，讨论县人大常委会工作报告，讨论县十五届人大二次会议有关筹备情况。

12月26日，县第十五届人大常委会召开第17次主任会议。会议由主任蒋金云主持，副主任邓晓君、夏国新、高多庆、彭平移出席会议。会议专题听取《安化县土地利用总体规划修编》和国土工作的情况汇报。会议要求县人民政府及有关部门对土地规划修编工作要引起足够重视，摆在重要的议事日程，制订计划，部署力量，明确责任，尤其是要强化乡镇人民政府的责任，建议将土地规划修编所需经费纳入财政预算。国土部门要在广泛深入调查的基础上，重点参考《安化县“十一五”规划》《县域村镇体系规划》《县城总体规划》，积极与县直各部门和各乡镇搞好衔接，充分考虑2006～2020年全县基础设施、工业建设、城乡建设的用地需要，确保基本农田不被占用，增强规划修编的前瞻性、科学性、合理性和可行性。土地规划修编方案通过后，要严格按规划执行，加强对实施情况的监督，维护规划的严肃性。关于国土工作要一如既往地贯彻执行县委决策、人大决议和政府决定，保证政令畅通。严格依法行政，加强耕地管理和矿山资源开发整合工作。进一步加大向上争资立项的力度，为安化县土地开发整理、改善农业生产条件注入活力。

2009年

3月17日，县第十五届人大常委会召开第18次主任会议。会议由主任蒋金云主持，副主任邓晓君、夏国新、高多庆、彭平移出席会议。会议听取了县交通局关于安化县交通工作情况的汇报、县人民政府关于2008年度县人大常委会审议意见落实情况的汇报、县财政局关于2008年财政决算锁口与预算执行结果的汇报。

4月30日，县第十五届人大常委会在县人口和计划生育局召开第19次主任会议。会议由副主任邓晓君主持，副主任夏国新、高多庆、张渡期、彭平移出席会议。会议听取了县人口和计划生育局局长夏华凤关于县人口和计划生育工作情况汇报。会议要求全县上下要始终保持做好人口和计划生育工作的责任感和紧迫感，充分认识完成2009年省、市下达的各项目标任务的艰巨性和紧迫性，切实加大工作力度，确保全县计划生育工作“脱险进位”；加强部门之间的配合协作，充分运用综合治理手段，切实做好流动人口的计划生育管理工作和社会抚养费的征收工作；严格依法办事，依法行政。

5月22日，县第十五届人大常委会召开第20次主任会议。会议由主任蒋金云主持，副主任邓晓君、夏国新、高多庆、张渡期、彭平移出席会议。会议听取了县残联副理事长刘俊容关于安化县贯彻实施《中华人民共和国残疾人保障法》的情况汇报。会议要求进一步加强残疾人保障法、湖南省残疾人扶助办法等相关法律法规和残疾人自立自强先进典型的宣传，把残疾人保障法纳入“五・五”普法的重要内容，尽快出台《安化县残疾人扶助办法》；有关部门要加大残疾人保障法等法律法规的贯彻执行力度，积极落实残疾人在交通、就业、公益事业建设等方面的优惠措施，并做好残保金征收等问题协调工作，适当增加其人员编制，解决办公场地问题，充分发挥县残联的“代表、服务、管理”职能。

6月9日，县第十五届人大常委会召开第21次主任会议。会议由主任蒋金云主持，副主任邓晓君、夏国新、高多庆、张渡期、彭平移出席会议。会议听取了选举任免联络工委关于参加全市代表履职经验交流会的筹备情况、县规划局撤并议案办理情况的汇报。听取了财政经济工委关于半年审议调研安排和分组情况的汇报，并确定了具体调研方案。

7月14日，县第十五届人大常委会召开第22次主任会议。会议由主任蒋金云主持，副主任邓晓君、夏国新、高多庆、张渡期、彭平移出席会议。会议听取了内务司法工委关于上半年信访工作情况的汇报和办公室关于“主任与代表面对面活动”的情况汇报。6月，在“主任与代表面对面活动”中，对县第十五届人大代表特别是生产一线代表进行了全面走访。会议要求“一府两院”及有关部门对走访时收集到的代表意见建议，严格按照代表法的规定，逐条分析，落实到位。县人大常委会还将就一些反映相对集中的代表建议发出督办函，进行重点督办，“一府两院”在下次县人代会上向代表报告办理情况。

8月12日，县第十五届人大常委会召开第23次主任会议。会议由主任蒋金云主持，副主任邓晓君、夏国新、高多庆、张渡期、彭平移出席会议。会议审查批准了县人民政府关于2009年林业育林基金收支预算计划，听取了庆祝中华人民共和国六十周年“锦绣安化”文艺创作大奖赛筹备情况的汇报，研究了对县信用联社、县电力局、县扶贫开发局开展工作评议的实施方案。会议原则同意2009年林业育林基金预算收入1500万元，预算支出1500万元，其中上交上级支出300万元，本级预算支出1200万元。为隆重庆祝中华人民共和国成立六十周年，县人大常委会组织举办以“锦绣安化”为主题的“金太阳杯”文学创作大奖赛、“金鑫杯”书法创作大奖赛、“云天杯”美术创作大奖赛和“白沙溪杯”摄影创作大奖赛。根据本年度县人大常委会工作要点的安排，会议决定组成3个评议调查组，分别由一位常委会副主任带队，对县扶贫开发局、县电力局、县信用联社开展工作评议调查。

9月3日，县第十五届人大常委会召开第24次主任会议。会议由主任蒋金云主持，副主任邓晓君、夏国新、高多庆、张渡期、彭平移出席会议。会议审查批准了县人民政府关于2009年城建维护建设项目资金计划，听取了县人民检察院有关案件情况的汇报，并就国庆维稳工作进行了部署安排。会议听取县人民检察院关于犯罪嫌疑人黄胜军有关犯罪事实情况的汇报后，原则同意许可县人民检察院对县人大代表黄胜军依法采取强制措施，并提请县人大常委会决定。

10月16日，县第十五届人大常委会在株溪口电站会议室召开第25次主任会议。会议由主任蒋金云主持，副主任邓晓君、夏国新、高多庆、张渡期、彭平移出席会议。会议听取了株溪口电站工程建设及运行情况汇报，听取了县移民开发局局长龙星乔、县卫生局局长封晓秋关于全县移民工作情况汇报和全县医疗纠纷调处工作的情况汇报，听取了城建环保工委提出的《关于安化县2009年“环保世纪行”活动安排意见（草案）》。会议对株溪口电站的工程建设和运行状况、县人民政府及有关职能部门的移民后扶政策实施情况及医疗纠纷化解工作情况表示肯定，同意2009年“环保世纪行”活动实施方案。关于移民机构升格为副处级的问题，建议县人民政府根据上级有关文件精神与编制部门衔接，尽快向上申报，力争早日解决县移民局的升级问题。县人民政府着力解决重点区域饮用水源的水质问题，对县城饮水源要争取从红岩水库取水立项并及早实施。建议县人民政府组织有关部门对已经处理了的医疗纠纷进行一次清理，对那些在处理过程中幕后策划、煽动纠集群众闹事、胡搅蛮缠、造成了社会不良影响的为首闹事者，依法依纪追究责任，加大打击力度，形成良好的社会舆论导向。卫生、公安、司法、保险等部门尽快成立医疗纠纷调解机构，建立医疗纠纷调处机制和医疗责任事故保险理赔制度，同时对流浪乞讨和需要救助人员等特殊群体建立医疗费扶持基金，构建化解医疗纠纷的长效机制。

11月9日，县第十五届人大常委会在县财政局会议室召开第26次主任会议。会议由主任蒋金云主持，副主任邓晓君、夏国新、高多庆、张渡期、彭平移出席了会议。会议听取了县人民政府关于2009年财政运行情况的汇报，讨论了县第十五届人大代表补选方案，研究了县十五届人大三次会议筹备工作。会议根据当前的实际情况，同意将县人民政府《关于提请审议调整2009年财政收支预算的议案》列入下次常委会会议建议议程。

11月30日，县第十五届人大常委会召开第27次主任会议。会议由主任蒋金云主持，副主任邓晓君、夏国新、高多庆、张渡期、彭平移出席会议。会议听取了县人民政府关于义务教育阶段教师绩效工资实施方案的情况汇报，确定了乡镇人大工作目标管理考核方案，研究了县十五届人大三次会议筹备工作。会议决定派出3个考核小组，分别由常委会副主任邓晓君、夏国新、高多庆带队，对2009年乡镇人大工作进行目标管理考核。办公室主任陶月平就县十五届人大三次会议的筹备方案向会议进行了汇报，会议原则同意筹备方案，并报请县人大常委会会议通过后实施。

12月16日，县第十五届人大常委会召开第28次主任会议。会议由主任蒋金云主持，副主任邓晓君、夏国新、高多庆、张渡期、彭平移出席会议。会议听取了县人民政府《关于安化县土地利用总体规划修编（草案）》情况汇报和常委会各考核组关于乡镇人大主席团目标管理考核情况的汇报，讨论了县人大常委会工作报告（草案）。

2010年

2月3日，县第十五届人大常委会召开第29次主任会议。会议由主任蒋金云主持，副主任邓晓君、夏国新、高多庆、张渡期出席会议。会议讨论了县人大常委会2010年工作要点（草案），部署安排了春节前后工作。2010年，县人大常委会将深入贯彻中共十七大和十七届三中、四中全会精神，全面落实科学发展观，坚持依法履职与服务大局相统一，坚持开拓创新与注重实效相统一，认真履行宪法和法律赋予的各项职责，积极推进民主法治建设，促进经济社会平稳较快发展，努力把安化县人大工作提高到一个新水平。会议还就组织县城建设与管理情况、民意测评和2010年工作评议对象进行了研究。

3月1日，县第十五届人大常委会召开第30次主任会议。会议由主任蒋金云主持，副主任邓晓君、夏国新、高多庆、张渡期、彭平移出席会议。会议听取了县卫生局关于县城城区医疗卫生机构布局与规划情况汇报，充分肯定了近年来县人民政府、县卫生局所做的工作，对卫生事业持续、健康发展表示满意。会议深入分析和研究了县城医疗卫生机构现状与规划问题，对全县文化、卫生等公益事业发展提出了建议意见。

4月6日，县第十五届人大常委会召开第31次主任会议。会议由主任蒋金云主持，副主任邓晓君、夏国新、高多庆、张渡期、彭平移出席会议。会议听取了县人民政府关于云天广场建设情况汇报，讨论了县城建设与管理民意调查方案。

4月29日，县第十五届人大常委会召开第32次主任会议。会议由蒋金云主任主持，副主任邓晓君、夏国新、高多庆、张渡期、彭平移出席会议。会议听取了县人民政府关于2009年财政决算锁口与预算执行结果、2010年财政预算编制、贯彻落实“省直管县”财政体制改革精神、第五轮乡镇财政体制包干方案等情况的报告。会议要求县人民政府及相关部门要抓住“省直管县”财政体制改革的契机，做好相关衔接工作，不断改善安化县财政状况。第五轮乡镇财政体制包干方案，待下次县人大常委会会议审议通过后，尽快出台。会议还听取了办公室关于安化县首届“宣传人民代表大会制度好新闻”评选活动情况的汇报。

5月19日，县第十五届人大常委会召开第33次主任会议。会议由主任蒋金云主持，副主任邓晓君、夏国新、高多庆、张渡期、彭平移出席会议。会议审查批准了县人民政府提出的关于2010年度木材生产计划，讨论通过了2010年上半年国民经济发展计划和财政预算执行情况调查方案，讨论决定下次常委会会议的时间等，机关纪检员通报“廉政舆情在线”有关情况。

7月20日，县第十五届人大常委会召开第34次主任会议。会议由主任蒋金云主持，副主任邓晓君、夏国新、高多庆、张渡期、彭平移出席会议。会议听取了县文化旅游局关于全县电影事业发展情况的汇报。会议建议县人民政府在充分调查了解情况的前提下，对电影管理和服务部门的有关问题进行研究。首先应理顺管理体制，参照省、市和其他县市的经验与做法，可以考虑在机构改革时，将电影管理和服务部门划归广播电视局管理。对反映较为强烈的编制定性问题，应从尊重历史、实事求是、有利发展、体现人文关怀的角度妥善解决。在努力争取上级财政转移支付的同时，建议将数字电影院建设纳入“十二五”规划。

8月25日，县第十五届人大常委会召开第35次主任会议。会议由主任蒋金云主持，副主任邓晓君、夏国新、高多庆、张渡期、彭平移出席会议。会议听取了县农机局关于全县农业机械化推广与应用工作情况汇报。会议建议各级要充分认识农业机械化的地位和作用，高度重视农机推广与应用工作。探索多种形式的农机推广应用模式，延伸推广服务网络。注重山区适用农机具研发，把适应安化县农村路况、耕地特点的农机具研发、推广、应用工作纳入“十二五”规划。建议县人民政府在适当时间专题听取一次职能部门的工作汇报，认真探讨增加农机系统人头经费和农机推广经费的解决办法，逐步改善农机部门工作条件，加快安化县农业机械化发展步伐。

9月15日，县第十五届人大常委会召开第36次主任会议。会议由主任蒋金云主持，副主任邓晓君、夏国新、高多庆、张渡期、彭平移出席会议。会议听取了县体育局、县交通局、县建设局关于县体育中心建设、大码头大桥建设、2010年城市维护建设项目资金计划情况汇报。会议建议成立县体育中心建设工作班子，加快工作推进步伐，要在春节前实现工程开工。关于大码头大桥建设方案，会议建议进一步广泛征求专业部门和社会各界意见，审慎确定。会议原则同意2010年城建维护建设项目资金计划，城市维护费的使用进一步突出重点，充分发挥资金使用效益。

10月19日，县第十五届人大常委会召开第37次主任会议。会议由主任蒋金云主持，副主任邓晓君、夏国新、高多庆、张渡期、彭平移出席会议。会议听取了县农业局关于全县基层农技推广体系建设情况汇报。会议建议县人民政府在确定人员编制的基础上，逐步把乡镇农技站纳入财政全额拨款单位，逐步改善农技人员工作条件。

11月18日，县第十五届人大常委会召开第38次主任会议。会议由主任蒋金云主持，副主任邓晓君、夏国新、高多庆、张渡期、彭平移出席会议。会议听取县十五届人大四次会议筹备情况汇报，研究代表补选工作。

12月14日，县第十五届人大常委会召开第39次主任会议。会议由主任蒋金云主持，副主任邓晓君、夏国新、高多庆、张渡期、彭平移出席会议。会议听取了本年度财政预算执行和乡镇人大目标管理考核情况汇报，讨论研究了县十五届人大四次会议筹备工作。

2011年

2月22日，县第十五届人大常委会召开第40次主任会议。会议由主任蒋金云主持，副主任邓晓君、夏国新、高多庆、张渡期、彭平移出席会议。会议讨论研究安化县人大常委会2011年工作要点（草案）。

3月30日，县第十五届人大常委会召开第41次主任会议。会议由主任蒋金云主持，副主任邓晓君、夏国新、高多庆、张渡期、彭平移出席会议。会议听取县人民政府关于学前教育发展情况汇报。

5月4日，县第十五届人大常委会召开第42次主任会议。会议由主任蒋金云主持，副主任邓晓君、夏国新、高多庆、张渡期、彭平移出席会议。会议听取县人民政府关于2011年木材采伐计划情况及县财政局关于2010年财政决算锁口与预算执行结果情况汇报。会议决定批准县人民政府提出的关于2011年木材采伐计划。

5月26日，县第十五届人大常委会召开第43次主任会议。会议由主任蒋金云主持，副主任邓晓君、夏国新、高多庆、张渡期、彭平移出席会议。会议审查批准县人民政府关于2011年林业育林基金收支预算计划，讨论通过2011年上半年国民经济发展计划和财政预算执行情况调查方案，讨论确定“主任与代表面对面活动”行动方案。

6月10日，县第十五届人大常委会召开第44次主任会议。会议由主任蒋金云主持，副主任邓晓君、夏国新、高多庆、张渡期、彭平移出席会议。会议传达全县党务公开和全县农村清洁工程工作会议精神等。

7月19日，县第十五届人大常委会召开第45次主任会议。会议由主任蒋金云主持，副主任邓晓君、夏国新、高多庆、张渡期、彭平移出席会议，党组书记蒋跃登等列席会议。会议先后听取了县林业局关于2010～2011年林业重点工程项目实施和县科技局关于知识产权工作的情况汇报。会议建议县人民政府及林业部门要切实加强项目管理，强化资金监管，确保资金足额、及时发放，严格按标准，把好工程质量验收关，认真探索解决生态公益林建设与林农经济利益的矛盾，争取逐步提高公益林的补偿标准，维护林农的既得利益。县人民政府及科技部门要加大宣传力度，完善科技工作考核办法，在全社会营造爱科技、学科技、用科技的浓厚氛围，保持安化县专利工作不断发展的良好态势。县人民政府要把科技成果转化作为当前的一项重要工作来抓，为实施绿色崛起战略提供第一生产。公安、工商、质监、卫生、教育等部门要协调配合，严厉打击专利侵权行为，维护专利权人的合法权益。县人民政府及财政部门要认真研究科技三项经费、科技事业费、专利申请资助资金和县地震台运行经费严重不足的问题，按照国家法律法规和有关政策的规定，并根据县财政实际增长幅度，在财政预算中逐步增加科技经费投入，确保科技工作的实际需要。

8月9日，县第十五届人大常委会召开第46次主任会议。会议由主任蒋金云主持，副主任邓晓君、夏国新、高多庆、张渡期、彭平移出席会议，党组书记蒋跃登列席会议。会议研究了对县公安局、县国土资源局开展工作评议的实施方案，听取了内务司法工委关于上半年信访工作情况的汇报。会议决定组成两个评议调查组，分别由常委会副主任带队，对县公安局、县国土资源局开展工作评议调查。

9月13日，县第十五届人大常委会召开第47次主任会议。会议由主任蒋金云主持，副主任邓晓君、夏国新、高多庆、张渡期、彭平移出席会议，党组书记蒋跃登列席会议。会议审查批准安化县2011年城市维护建设费使用计划，听取县人民政府关于医药卫生体制改革的情况汇报。

10月27日，县第十五届人大常委会召开第48次主任会议。会议由主任蒋金云主持，副主任邓晓君、夏国新、高多庆、张渡期、彭平移出席会议，党组书记蒋跃登列席会议。会议听取县住房和城乡建设局关于住房和城乡建设工作情况汇报。会议建议县人民政府及有关部门加强规划管理，确保全县城镇建设特别是东坪城区建设科学适度发展，规划要适度控制容积率，对违规建筑坚决予以查处，努力规范建筑市场秩序。妥善理顺管理体制，将南区环卫管理工作纳入县城统一管理范围，整合资源，提高工作效率，逐步增加城市建设维护投入，为城市建设管理提供必要保障，县人大常委会将城乡规划法及相关法律法规检查列入2012年工作要点，推动安化县城镇化建设快速发展。

11月15日，县第十五届人大常委会召开第49次主任会议。会议由主任蒋金云主持，副主任邓晓君、夏国新、高多庆、张渡期、彭平移出席会议，党组书记蒋跃登列席会议。会议听取了本年度乡镇人大目标管理考核方案，讨论研究了县十五届人大五次会议筹备工作。会议决定组成4个考核小组于月底开始对各乡镇人大主席团进行本年度目标管理考核。会议听取了办公室关于县十五届人大五次会议的筹备方案的汇报，会议原则同意筹备方案；筹备工作由邓晓君牵头，各委室紧密配合，有序开展。

12月6日，县第十五届人大常委会召开第50次主任会议。会议由主任蒋金云主持，副主任邓晓君、夏国新、高多庆、张渡期、彭平移出席会议，党组书记蒋跃登列席会议。会议听取县财政局关于2011年财政预算执行情况的汇报，常委会4个考核小组关于乡镇人大目标管理考核情况的汇报。

2012年

2月3日，县第十五届人大常委会召开第51次主任会议。会议由主任蒋跃登主持，副主任邓晓君、夏国新、高多庆、张渡期、彭平移出席会议。会议学习了省委《关于做好全省县乡两级人民代表大会换届选举工作的意见》，讨论了县人大常委会2012年工作要点（草案），部署安排了当前工作。2012年，县人大常委会将围绕全县工作大局，切实行使法定职权，密切关注民生问题、经济发展环境、茶产业发展及重点项目建设情况，着重检查建筑法、动物防疫法等法律法规的实施情况，按照《选举法》的规定和中央、省委、市委的要求，依法有序地抓好县乡人大换届选举工作，充分发挥人大代表作用，积极参与创建森林城市、建设扶贫、联系乡镇和新农村建设，促进县域经济科学发展。

3月16日，县第十五届人大常委会召开第52次主任会议。会议由主任蒋跃登主持，副主任邓晓君、夏国新、高多庆、张渡期、彭平移出席会议。会议听取了县财政局关于2011年财政决算锁口与预算执行结果汇报,并研究了其他有关事项。

4月27日，县第十五届人大常委会召开第53次主任会议。会议由主任蒋跃登主持，副主任邓晓君、夏国新、高多庆、张渡期、彭平移出席会议。会议审查批准了全县2012年度木材采伐计划。

5月17日，县第十五届人大常委会召开第54次主任会议。会议由主任蒋跃登主持，副主任邓晓君、夏国新、高多庆、张渡期、彭平移出席会议。会议审查批准了县人民政府关于2012年林业育林基金收支预算计划，同意2012年预算收入1000万元、预算支出1000万元、其中上交上级支出200万元、本级预算支出800万元。会议听取了县人民政府关于交通建设情况的汇报。

6月14日，县第十五届人大常委会召开第55次主任会议。会议由主任蒋跃登主持，副主任邓晓君、夏国新、高多庆、张渡期、彭平移出席会议。会议分别听取了县人力资源和社会保障局关于安化县城乡社会养老保险试点工作和县房地产管理局关于住房保障工作的情况汇报。会议还讨论通过了2012年上半年国民经济发展计划和财政预算执行情况调查方案。

7月9日，县第十五届人大常委会召开第56次主任会议。会议由主任蒋跃登主持，副主任邓晓君、夏国新、高多庆、张渡期、彭平移出席会议。会议传达了市换届选举工作会议精神、学习了省委《关于做好全省县乡两级人民代表大会换届选举工作的意见》及有关换届纪律文件。会议要求换届选举必须坚持三大原则：一要坚持党的领导,保证换届选举的正确方向；二要坚持发扬民主，最广泛地动员人民群众参加选举；三要坚持依法办事，确保换届选举严格依法进行。

8月17日，县第十五届人大常委会召开第57次主任会议。会议由主任蒋跃登主持，副主任邓晓君、夏国新、高多庆、张渡期、彭平移出席会议。会议审查批准了全县2012年城市维护建设费使用计划，听取了内务司法工委关于上半年信访工作情况和选举任免联络工委关于县乡换届选举工作有关情况的汇报。会议原则同意2012年城建维护建设项目资金计划，建议城市维护费的规模逐年有所增加，使用安排突出城市维护，进一步加强资金使用管理，充分发挥资金使用效益。

9月19日，县第十五届人大常委会召开第58次主任会议。会议由主任蒋跃登主持，副主任邓晓君、夏国新、高多庆、张渡期、彭平移出席会议。会议听取了县扶贫开发局关于武陵山片区区域发展和全县扶贫开发工作情况汇报。会议要求县人民政府及相关部门要进一步整合力量，突出基础建设，使其成为推动全县发展的强大动力。会议还要求严格按照法律规定和上级精神，扎实稳妥推进，确保换届选举如期圆满完成。

10月24日，县第十五届人大常委会召开第59次主任会议。会议由主任蒋跃登主持，副主任邓晓君、夏国新、高多庆、张渡期、彭平移出席会议。会议听取县人民政府关于经济发展环境治理工作情况和关于农村医药卫生体制改革工作情况的汇报，听取选举任免联络工委有关换届选举工作情况和办公室关于县十六届人大一次会议筹备情况汇报。

第九节　县第十六届人大常委会主任会议

2012年

12月19日，县第十六届人大常委会在县人社局会议室召开第1次主任会议。会议由主任蒋跃登主持，副主任黄志军、刘跃迎、夏华凤、伍亮、肖伟群出席会议。会议讨论了《县人大常委会2013年工作要点（草案）》，决定提请县人大常委会审议。

2013年

1月11日，县第十六届人大常委会在县计生局会议室召开第2次主任会议。会议由主任蒋跃登主持，副主任黄志军、刘跃迎、夏华凤、伍亮、肖伟群出席会议。会议先后讨论通过了县人大常委会机关管理制度、乡镇人大主席团目标管理考核办法。

3月20日，县第十六届人大常委会在县财政局会议室召开第3次主任会议。会议由主任蒋跃登主持，副主任黄志军、刘跃迎、夏华凤、伍亮、肖伟群出席会议。会议听取了县财政局关于2012年财政决算锁口与预算执行结果情况汇报。会议要求，新一轮财政体制包干方案要力求科学合理，有利于充分调动乡镇发展经济的积极性和提升县乡两级财政调控能力。会议还讨论研究县人大信息网站建设管理工作，讨论通过了《关于改进工作作风的意见》。

4月25日，县第十六届人大常委会召开第4次主任会议。会议由主任蒋跃登主持，副主任黄志军、刘跃迎、夏华凤、伍亮、肖伟群出席了会议。会议审查批准2013年度木材采伐计划及2013年林业育林基金收支预算计划，听取办公室关于县十六届人大二次会议筹备情况汇，确定县第十六届人大常委会第3次会议召开时间及建议议程。

5月20日，县第十六届人大常委会在县国土资源局会议室召开第5次主任会议。会议由蒋跃登主任主持，副主任黄志军、刘跃迎、伍亮、肖伟群出席会议。会议听取了县国土资源局关于全县国土资源工作的情况汇报。会议提出以下建议和意见：一是各级政府和国土部门要严格落实动态巡查、责任到人、分片包干等制度，提早检查、提前介入、主动整改，使问题得到及早处理，从源头上遏制违法用地的发生；二是建议县人民政府按照国务院《关于加强地质灾害防治工作的决定》（国发〔2011〕20号）的精神,设立地质灾害防治专项资金，资金来源主要从矿权价款与矿产资源补偿费县级收入中提取适当比例解决，地质灾害防治专项资金用于工程治理、搬迁避让、应急处理及群防群治工作；三是建议县人民政府出台关于引进社会化资金进行耕地开发的奖补办法，进一步加大土地开发整理力度，确保耕地占补平衡。要制定全县土地整治规划，科学划分土地整治类别，将国土整治与新农村建设规划、茶产业发展规划等有机结合起来，有效促进经济社会发展。

6月28日，县第十六届人大常委会召开第6次主任会议。会议由主任蒋跃登主持，副主任黄志军、刘跃迎、夏华凤、伍亮、肖伟群出席会议。会议听取了县卫生局、县农村办关于医药卫生体制改革、加快统筹城乡发展工作情况的汇报。会议要求教科文卫工委会同县卫生部门就医药卫生体制改革问题组织深入调研，形成深度调研报告，通过人大代表建议的渠道向上反映，以引起上级重视支持解决改革过程中的困难和问题。关于城乡统筹工作，建议县人民政府从宏观考虑，从微观入手，明确相应的长短相结合的规划，整合政策资源，融合社会与部门力量，合力推进城乡统筹工作。

7月24日，县第十六届人大常委会在县交通建设指挥部会议室召开第7次主任会议。会议由主任蒋跃登主持，副主任黄志军、刘跃迎、夏华凤、伍亮、肖伟群出席会议。会议听取了东茅公路建设指挥部关于东茅公路建设情况的汇报，会议要求东茅公路建设要按照县人民政府的工作标准和要求，确保工程建设质量和进度。会议审议批准了2013年度城建维护基金计划,要求城建维护基金计划的实施要搞好督促检查，保证资金安全和项目效益的发挥。

7月31日，县第十六届人大常委会召开第8次主任会议。会议由主任蒋跃登主持，副主任黄志军、刘跃迎、夏华凤、伍亮、肖伟群出席会议。会议研究了县委人大工作会议筹备、县人大信息网站建设、“三访三化”活动开展、县人大常委会自身建设等工作

8月27日，县第十六届人大常委会在县交通建设指挥部会议室召开第9次主任会议。会议由主任蒋跃登主持，副主任黄志军、刘跃迎、夏华凤、伍亮、肖伟群出席会议。会议听取了县交通局关于2013年交通建设工作情况的汇报。会议要求县交通局要继续坚持发展大交通理念，突出科学规划，用好国家政策，围绕内通外畅，全力抓项目争取，在项目的安排上，要综合考虑，以发挥资金的最大经济效益和社会效益为衡量标准，在项目实施过程中，要加强监管，尤其要杜绝非法转包，确保工程质量。会议还讨论研究了进一步加强财政预算执行监督、“代表风采”编写等问题。

9月23日，县第十六届人大常委会在县移民局会议室召开第10次主任会议。会议由主任蒋跃登主持，副主任黄志军、刘跃迎、夏华凤、伍亮、肖伟群出席会议，县委常委、副县长李中放列席会议。会议听取了县移民局关于柘溪库区移民避险安置工作情况汇报。会议要求移民主管部门要进一步科学规划，拓宽思路，将避险安置融入库区整体开发之中，同时，加大协调力度，简化搬迁户“两证”办理程序，加强配套建设，抓好后续扶持，使搬迁户真正“搬得出、稳得住、逐步能致富”，有效推动库区开发与建设。会议还讨论研究了绩效考核中人大考评部分考评细则等问题。

10月18日，县第十六届人大常委会召开第11次主任会议。会议由主任蒋跃登主持，副主任黄志军、刘跃迎、夏华凤、伍亮、肖伟群出席会议，县委常委、宣传部部长林玲应邀列席会议。会议听取了县教育局关于安化县普通高中教育发展情况的报告。会议要求，要高度重视发展普高教育，建议县人民政府召开一次议教工作会议，从发展规划、教育布局、激励机制、保障供给、加强普高教师队伍建设、化解普高学校债务等方面采取切实措施，提高教育教学整体水平和普高生源质量。

11月19日，县第十六届人大常委会召开第12次主任会议。会议由主任蒋跃登主持，副主任黄志军、刘跃迎、夏华凤、伍亮、肖伟群出席会议。会议听取了县财政局关于2013年县财政收支情况报告、县人民法院有关陪审员任免事项、县人防办关于人防规划审议意见落实情况汇报。会议原则同意县人防办所编制的人防规划。会议还讨论研究补选县人大代表、县人大常委会委员有关事宜，部署安排乡镇人大主席团目标管理考核，研究安排县十六届人大三次会议筹备工作等。

12月12日，县第十六届人大常委会召开第13次主任会议。会议由主任蒋跃登主持，副主任黄志军、刘跃迎、夏华凤、伍亮、肖伟群出席会议。会议听取了常委会各考核组关于乡镇人大主席团目标管理考核情况汇报，确定县人大常委会表彰的先进单位和优秀县人大代表及县委人大工作会议表彰对象。

2014年

1月15日，县第十六届人大常委会召开第14次主任会议。会议由主任蒋跃登主持，副主任黄志军、刘跃迎、夏华凤、伍亮、肖伟群出席会议。会议讨论县人大常委会2014年工作要点（草案），办公室通报2013年机关财务情况，讨论机关管理制度修改原则。

3月31日，县第十六届人大常委会召开第15次主任会议。会议由主任蒋跃登主持，副主任黄志军、刘跃迎、夏华凤、伍亮、肖伟群出席会议。会议先后听取县信用联社、县财政局、县司法局关于组建农村商业银行、2013年度财政收支决算和社区矫正工作情况汇报。会议要求，财政部门要认真总结经验，按照“全口径、全面公开”的要求，科学做好2014年财政预算，全力服务全县经济社会协调发展。会议建议县人民政府对社区矫正工作在机构设置、人员配备和经费保障等方面按上级文件精神适当解决。司法主管部门严格按照上级要求，认真履行职能，落实监管纪律、责任和措施，做到对矫正人员的监管万无一失。会议讨论了县人民政府提出的认购县农村信用联社不良资产的议案，同意提请人大常委会审议。

4月22日，县第十六届人大常委会召开第16次主任会议。会议由主任蒋跃登主持，副主任黄志军、刘跃迎、夏华凤、伍亮、肖伟群出席会议。会议认真听取了全县公租房建设情况的汇报。会议建议县人民政府及有关部门要科学规划，合理配置资源，在整体布局上可考虑向县城倾斜，走集中开发之路。要创新开发模式，鼓励企事业单位加大公租房建设力度，采取与商业开发相结合的方式，引导社会资本投入保障性住房建设，着力解决资金短缺问题。要加强监管，认真研究保障房后续管理办法，出台有关规范性文件。根据保障房建设的实际情况，要妥善处理好权属问题。加强直管公房管理调查研究，探求解决有关历史遗留问题的办法。

5月19日，县第十六届人大常委会召开第17次主任会议。会议由主任蒋跃登主持，副主任黄志军、刘跃迎、夏华凤、伍亮、肖伟群出席会议。会议审查批准2014年度木材采伐计划及2014年林业育林基金收支预算计划，听取县财政局关于2014年财政预算情况汇报，研究确定重金属污染治理项目评议方案。

6月20日，县第十六届人大常委会召开第18次主任会议。会议由主任蒋跃登主持，副主任黄志军、刘跃迎、夏华凤、伍亮、肖伟群出席会议。会议听取城市规划法实施情况汇报,讨论确定2014年上半年国民经济发展计划和财政预算执行情况调查方案及全县税源和税收征收情况调研方案。

7月20日，县第十六届人大常委会召开第19次主任会议。会议由主任蒋跃登主持，副主任黄志军、刘跃迎、夏华凤、伍亮、肖伟群出席会议。会议听取关于文物保护管理工作情况的汇报,审查批准全县2014年城市维护建设费使用计划,听取财政经济工委关于审计查出问题相关工作、全县税收调查方案汇报等。

9月18日，县第十六届人大常委会召开第20次主任会议。会议由主任蒋跃登主持，副主任黄志军、刘跃迎、夏华凤、伍亮、肖伟群出席会议。会议听取县人民政府关于消防工作情况和内务司法工委关于县人大常委会机关信访工作的情况汇报，审查确定向“一府两院”交办的重点信访件等。

10月24日，县第十六届人大常委会召开第21次主任会议。会议由主任蒋跃登主持，副主任黄志军、刘跃迎、夏华凤、伍亮、肖伟群出席会议。会议听取县人民政府关于2014年财政收支情况的汇报，研究县十六届人大四次会议筹备工作。

11月11日，县第十六届人大常委会召开第22次主任会议。会议由主任蒋跃登主持，副主任黄志军、刘跃迎、夏华凤、伍亮、肖伟群出席会，县委常委、副县长陶志高列席会议。会议听取了县人民政府关于创卫工作情况的汇报，要求县人民政府及各有关部门要做好创卫宣传工作，做到网格化管理，强力推进各项整治工作，强力推进基础设施建设；要坚持南区与北区协调的原则，坚持城乡统筹的原则，综合考虑好天然气管道、通信线路设计、垃圾集中收集等问题；下一阶段的工作，要推进县城绿化，向“花园式”城市进军，完善创卫的长效机制，保障经费支出，争取在2016年达标。会议还听取了全县“三项”整治工作和县城投公司调整全年投融资计划情况的报告。

11月21日，县第十六届人大常委会召开第23次主任会议。会议由主任蒋跃登主持，副主任黄志军、刘跃迎、夏华凤、伍亮、肖伟群出席会议。会议听取有关审计查出问题整改情况汇报，研究有关乡镇人大主席团考核、评先评优、县绩效考核代表评议部分等工作。

12月24日，县第十六届人大常委会召开第24次主任会议。会议由主任蒋跃登主持，副主任黄志军、刘跃迎、夏华凤、伍亮、肖伟群出席会议。会议听取乡镇人大主席团工作考核及机关绩效考核情况汇报，讨论县人大常委会工作报告（草案）。

2015年

3月19日，县第十六届人大常委会召开第25次主任会议。会议由主任蒋跃登主持，副主任黄志军、刘跃迎、夏华凤、伍亮、肖伟群出席会议，县委常委、副县长陶志高列常会议。会议听取了县财政局关于2014年财政决算锁口与预算执行结果情况汇报，要求2015年要按新《预算法》要求，做好预算编制工作，实行全口径预算，切实抓好预决算和“三公经费”信息公开工作，保质保量完成全年财政收入目标。会议听取了县人民政府关于县城城区整治、县城城区市容和环境卫生秩序、烟花鞭炮燃放、停车场管理等方面的情况汇报，要求今年的创卫工作要继续坚持制度创卫，实现重心下移，以东坪镇和南区为重点，实现网格化管理，开展交通秩序、占道经营等专项整治，全面完成改造任务。会议还研究了绩效考核和机关制度等有关工作。

4月27日，县第十六届人大常委会召开第26次主任会议。会议由主任蒋跃登主持，副主任黄志军、刘跃迎、伍亮、肖伟群出席会议。会议听取了县林业局关于全县野生动植物保护工作情况汇报。会议针对破坏野生动植物的行为难以监管到位、疫源疫病监测不够和专业技术人才缺乏等问题，建议县人民政府及其相关部门要加大宣传力度，进一步强化保护意识，健全规章制度，完善监督体系，加强队伍建设，进一步提升执法水平。会议还讨论了《关于对税务工作进行评议的实施方案(草案)》。

5月26日，县第十六届人大常委会召开第27次主任会议。会议由主任蒋跃登主持，副主任黄志军、刘跃迎、夏华凤、肖伟群出席会议。会议讨论并确定了《安化县人大常委会关于组织开展全县生态农业建设情况调研方案》《安化县人大常委会“司法公正安化行”活动方案》。会议讨论研究了《安化县人大志》编纂有关工作等。

7月7日，县第十六届人大常委会召开第28次主任会议。会议由主任蒋跃登主持，副主任黄志军、刘跃迎、夏华凤、伍亮、肖伟群出席会议。会议审查批准了《安化县2014年城市维护建设费使用计划的执行与2015年城市维护建设费使用计划》，讨论确定了《2015年上半年国民经济发展计划和财政预算执行情况调查方案》和《安化县人大常委会关于开展“司法公正安化行”活动的决定（草案）》。

7月28～29日，县第十六届人大常委会召开第29次主任会议。会议由主任蒋跃登主持，副主任黄志军、刘跃迎、夏华凤、伍亮、肖伟群出席会议。会议先后听取了县民政局关于安化县城乡低保工作情况报告、县水利局关于全县小型水库防汛抢险公路建设情况汇报、县审计局关于2014年同级审情况的汇报和县交通运输局关于全县交通运输工作汇报，并对相关工作提出了意见和建议。

8月20日，县第十六届人大常委会召开第30次主任会议。会议由主任蒋跃登主持，副主任黄志军、刘跃迎、伍亮、肖伟群出席会议。会议听取了县人防办关于全县人防工作的情况汇报，建议县人民政府及其人防部门要重视人防规划和城镇规划的融合，树立现代理念，将传统人防和现代人防有机结合，坚持三条底线（规划底线、安全第一的底线、法律面前人人平等的底线），注重平战结合，充分发挥资金的效益，把全县人防工作推上一个新台阶。会议还听取了县发改局关于安化县武陵山片区区域发展与扶贫攻坚工作情况汇报，建议片区扶贫开发要与“十三五”规划高度融合，认真搞好上下衔接工作，积极争取项目和资金投入，切实抓好重点工程、关键性项目和长期性项目的建设，确保项目发挥实效、受益于民。

9月18日，县第十六届人大常委会召开第31次主任会议。会议由主任蒋跃登主持，副主任黄志军、刘跃迎、夏华凤、伍亮、肖伟群出席会议。会议听取了内务司法工委关于县人大常委会机关信访工作的情况汇报，讨论《安化县人大常委会议事规则（草案）》和《安化县人大常委会讨论决定重大事项办法（草案）》。

11月3日，县第十六届人大常委会召开第32次主任会议。会议由主任蒋跃登主持，副主任黄志军、刘跃迎、夏华凤、伍亮、肖伟群出席会议。会议听取了县人民政府关于2015年财政收支情况的汇报，并研究了其他问题。

11月23日，县第十六届人大常委会召开第33次主任会议。会议由主任蒋跃登主持，副主任黄志军、刘跃迎、夏华凤、伍亮、肖伟群出席会议。会议听取了县人民政府关于广播电视工作情况汇报及县审计局关于审计查出问题整改情况汇报，同时还听取办公室关于县十六届人大五次会议筹备方案情况汇报和选举任免联络工委关于代表补选、人事任免及乡镇人大主席团绩效考核方案等情况汇报。会议讨论了县人大常委会工作报告提纲，讨论确定了县人大常委会机关各委室绩效考核方案。

2016年

3月29日，县第十六届人大常委会召开第34次主任会议。会议由主任蒋跃登主持，副主任黄志军、刘跃迎、夏华凤、伍亮出席会议。会议听取了县财政局关于2015年财政决算情况的报告，要求县人民政府及财政部门要提高财政预算执行的严肃性，完善第七轮乡镇财政体制，发挥好项目资金效益。同时，财政部门要加强内部管理，严格执行有关法律法规。会议讨论了县人大常委会2016年工作要点（草案）及其他有关事项。

5月24日，县第十六届人大常委会召开第35次主任会议。会议由主任蒋跃登主持，副主任黄志军、刘跃迎、夏华凤、伍亮出席会议。会议听取了选举任免联络工委关于上级换届选举会议精神的汇报，要求办公室和选举任免联络工委做好向县委常委会议汇报省、市换届会议精神的材料准备，主要内容包括上级主要精神、政策变化、工作量调整及县人大内设2个专门委员会等。同时，还研究了换届选举业务培训和召集全县乡镇人大主席工作会议等事项。会议讨论了《安化县人大常委会讨论决定重大事项办法（草案）》。会议研究了常委会机关绩效考核、扶贫工作、财务纪律、工会活动等有关事项。

6月22日，县第十六届人大常委会召开第36次主任会议。会议由主任蒋跃登主持，副主任黄志军、刘跃迎、夏华凤、伍亮、肖伟群出席会议。会议听取了县住建局关于《安化县2015年城市维护建设费使用计划的执行情况与2016年城市维护建设费使用计划（草案）的汇报》，原则同意县住建局提出的2016年城市维护建设费使用计划（草案），可根据会议提出的意见进行适当的完善后依法依规实施。会议研究确定了2016年上半年国民经济发展计划和财政预算执行情况调查方案。会议讨论确定关于组织开展全县生态保护工作情况的调研方案。

7月28日，县第十六届人大常委会召开第37次主任会议。会议由主任蒋跃登主持，副主任黄志军、刘跃迎、夏华凤、伍亮、肖伟群出席会议。会议听取县公安局提请对县人大代表张固岩采取监视居住强制措施的汇报，听取县人民政府关于全县气象工作情况汇报，研究确定换届选举有关工作，研究县第十六届人大常委会第28次会议有关事项。

8月29日，县第十六届人大常委会召开第38次主任会议。会议由主任蒋跃登主持，副主任黄志军、刘跃迎、夏华凤、伍亮、肖伟群出席会议。会议研究县第十六届人大常委会第29次会议有关事项。

9月13日，县第十六届人大常委会召开第39次主任会议。会议由主任蒋跃登主持，副主任黄志军、刘跃迎、伍亮、肖伟群出席会议，党组书记李太源列席会议。会议研究了县第十六届人大常委会第30次会议有关事项和确定县乡人大代表换届选举工作督查方案。

10月10日，县第十六届人大常委会召开第40次主任会议。会议由主任蒋跃登主持，副主任黄志军、刘跃迎、伍亮出席会议，党组书记李太源列席会议。会议听取了县卫计局关于计划生育工作情况汇报和内务司法工委关于县人大常委会机关信访工作的情况汇报，研究确定县乡换届选举有关工作和县第十六届人大常委会第31次会议有关事项。研究了县人大常委会机关工会工作。

第四章 法律监督和工作监督

宪法和法律法规赋予县级人大及其常委会的职权有十多项，地方人大概称为“决定权、监督权、任免权”。安化县人大及其常委会对“一府两院”和由其选举产生或任命的国家行政机关、审判机关、检察机关的工作人员进行法律监督和工作监督，主要集中于执法检查、规范性文件备案审查、述职评议和工作评议。2006年8月《监督法》出台前，安化县人大常委会除行使有关法律法规赋予的监督权，对“一府两院”进行了多种形式的监督外，特别是根据《湖南省县级以上人大常委会个案监督条例》，对人民群众和人大代表等反映行政执法机关、司法机关办理的个别不公的案件或是违法办理的案件等进行了个案监督。其个案监督的情况编入信访工作。

第一节 执法检查

在行使法律监督权过程中，县人大常委会通常选择关系全县改革发展稳定大局、事关人民群众根本利益和社会普遍关注的重大问题，有计划地对有关法律、法规实施情况进行检查（以下简称“执法检查”）。执法检查由县人大常委会成立的执法检查组具体组织实施。执法检查一般采取听取工作报告、调查走访、召开座谈会、发放调查问卷等方式进行。执法检查结束后，执法检查组就所检查的法律、法规实施的基本情况，存在的问题，改进工作的建议和对有关法律、法规修改完善的建议等方面内容形成执法检查报告。执法检查报告由执法检查组向县人大常委会会议报告，会议通过后，根据情况提交县人民政府及其相关职能部门办理，或报告上级人大常委会及有关主管部门。必要时，县人大常委会对执法检查报告的整改落实情况进行跟踪检查。1988年8月，湖南省人大常委会通过《关于开展执法检查的决定》，县人大常委会进一步加强执法检查工作。

1980年12月～1984年2月，县第八届人大常委会设立时，主要注重开展法制宣传教育与督促社会治安整顿工作。1980年，县人大常委办公室与县委宣传部及有关单位举办法制宣传广播讲座，就刑法、婚姻法、森林法等法律进行了重点宣讲。是年6月，县第八届人大常委会第4次会议作出《关于进一步整顿社会治安的决定》，并明确一名专职副主任协助县委和政府具体抓政法工作。1982年4月，全国人大常委会《关于严惩严重破坏经济犯罪的决定》公布后，县人大常委会督促公安部门和县人民法院、县人民检察院查办了一批大的经济犯罪案件，使全县社会治安有了明显的好转。

1984年2月～1987年2月，县第九届人大常委会坚持把法律监督作为工作重点，检查《宪法》和法律的实施情况。1985年，重点检查了宪法和森林法、食品卫生法、药品管理法、经济合同法等几个法律的贯彻执行情况，对违宪违法现象，督促有关部门立即予以纠正。1986年4月和6月，县人大常委会组织有关部门，到湖南坡、柘溪乡了解农村普及法律常识工作的进展情况，提出了农村普法要针对实际情况，注意形式多样，生动活泼等具体意见。同时，帮助湖南坡乡制定了《1986年普法教育规划》，并转发到了全县。是年，县人大常委会还会同有关部门对土地管理法、统计法、计量法等法律的执行情况进行了检查，并根据检查发现的问题，分别提出了进一步贯彻执行意见。

1987年2月～1990年2月，县第十届人大常委会围绕督促各项法律的实施开展法律监督工作。1987年，从以下几个方面加强了法律督查工作。一是进行专题调查，及时发现问题。是年，县人大常委会对森林法、湖南省集体采矿和个体采矿管理办法、湖南省土地管理实施办法、民法通则、治安管理处罚条例等有关法律法规的实施情况进行了专题调查。同时，对全县法纪检查工作也进行了专题调查。经分析1984年以来县人民检察院受理的75起法纪检查案件的办理情况，县直有关部门由于严重官僚主义引起资金散失的情况，以及重大责任故事的处理结案情况，认为全县法纪检察工作近年虽有加强，但仍是检察工作的薄弱环节。为了改变这种情况，在县第十届人大常委会第5次会议上审议通过了《关于加强法纪检查工作的决议》。二是检查有关法律、法规的实施情况。是年6月中旬，配合财贸、工商、卫生、防疫等部门，到12个乡镇检查食品卫生法贯彻实施情况。共抽查150个食品生产、经营单位，依法当众销毁了一批霉变食品。对4个问题较大的单位，责令认真整顿，限期改正。对严重违反食品卫生法的单位和个人进行了罚款处理。并决定每年6月为全县贯彻食品卫生法宣传月。三是撤销不适当的决定，维护法律的严肃性。是年4月，县人大常委会了解到在乡、镇换届选举工作中有将军乡、烟溪镇、山口乡等7个乡镇选举乡长、副乡长时，候选人在未获得法定票数的情况下，大会宣布了他们当选。县人大常委会认为，这些人员当选，明显违背了《地方组织法》第十九条关于“地方各级人民代表大会选举和通过决议，以全体代表的过半数通过”的规定。为了维护法律的尊严，县人大常委会作出决定，撤销这些乡镇人民代表大会对上述人员的当选。1988年8月，省第七届人大常委会第3次会议作了《关于开展执法检查的决定》。县人大常委会向县委报告后，县委十分重视，组成了以县委副书记殷放军牵头的县执法检查联席会议。全县执法检查从8月6日开始，到10月中旬，完成了对森林法、国土管理法、矿产资源法、统计法、刑法、刑事诉讼法、治安管理处罚条例和全国人大关于严惩严重经济犯罪的决定的自查和抽查任务。1989年，县人大常委会注重抓执法检查后整改意见的落实，并重点抓了森林法、国土法、矿产资源法、标准法、统计法、药品管理法、食品卫生法、环境保护法等法律、法规的执行，督促解决了一些具体问题。是年5月，县药检所发现某企业医疗单位使用的西药中，有14种药品过期失效或严重变质，按规定进行处理。该企业责任人拒不接受处理，部分职工围攻药检员，有的人还强行抢走了被没收的药品。县人大常委会及时支持职能部门依法行使职权，严肃处理了这一问题。

1990年2月～1992年12月，县第十一届人大常委会围绕经济法律法规的贯彻实施，进行了9次执法大检查，重点对企业法、森林法、经济合同法、土地管理法、统计法、水法、义务教育法等20多个法律法规的实施情况进行了检查，及时发现和查处一批严重违法案件，促进了经济执法，维护了正常的经济佚序。

1993年1月～1997年12月，县第十二届人大常委会坚持开展法律监督，重点组织了对企业法、环境保护法、土地管理法、城市规划法、矿产资源法、食品卫生法，药品管理法、产品质量法、统计法、消费者权益保护法、义务教育法、教师法、森林法、水土保持法、科技进步法、农业技术推广法、文物保护法、代表法等20多部法律法规在全县实施情况的检查。为了贯彻实施好《湖南省禁止赌博条例》，县第十二届人大常委会第4次会议作出《关于认真贯彻实施〈湖南省禁止赌博条例〉的决定》，县人大常委会先后4次召开会议审议禁赌工作，还几次督促县监察局和政法部门对参赌领导、干部进行查处。

1998年1月～2002年12月，县第十三届人大常委会先后对农业、财政、教育、科技、建筑、环保、司法、食品卫生等方面的38部法律法规实施情况组织了15次大的执法检查。围绕农业、农村、农民问题，组织对农业法、农业技术推广法、森林法、防洪法、基本农田保护条例等法律法规开展执法检查，促使各级政府认真解决有关农业法律法规实施中存在的一些问题。针对县财政收入增长缓慢的问题，县人大常委会2次对《税收征收管理法》及审计法的执行情况进行专门检查，促使全县财政收支预算更趋合法合理，征管环境得到改善，财源建设逐步加强，从而基本保证了全县各项工作的正常运转。1999年9月至11月，县人大常委会组成综合执法检查组，对全县24个执法单位进行了行政处罚法的执法检查，对执法过程中受利益驱动，执法不到位，本位主义严重，执法环境不优等问题，督促县人民政府及有关部门切实加以解决。为了推进科教兴县战略的实施，县人大常委会就义务教育法、教师法、科技进步法、体育法的贯彻实施情况组织进行检查，督促政府及有关部门较好地解决了加大教育投入的问题，治理了学校周边环境，增加了科技“三项经费”，普及了农村实用先进技术推广与运用。县人大常委会还开展村民委员会组织法贯彻实施情况的执法检查，使人民群众实行民主选举、民主决策、民主管理、民主监督的政治权益受到保护。开展对建筑法、律师法贯彻实施情况的专项检查，治理整顿了建筑市场管理混乱的现象，规范了法律服务市场。

2003年1月～2007年12月，县第十四届人大常委会组织开展了以民生问题为重点的28部法律法规的执法检查。针对群众反映公路沿线乱建房、乱搭棚的问题，常委会以公路法执法检查为契机，组织部分县人大代表、常委会组成人员重点视察了S308线东敷段，督促相关部门加大法律宣传和对违章建筑的处理力度，县人民政府还发布并组织实施了《关于S308线东坪至敷溪段沿线实行规划建设用地控制的通知》。围绕“三农”问题和新农村建设，常委会把法律监督聚焦农业法、农产品质量安全法等涉农法律法规的实施，深入开展“农产品质量安全行”和“农民健康行”活动，督促加大农业投入，理顺农技服务体系，发展龙头企业，加强农产品质量安全管理,加快产业结构调整，促进农业增产和农民增收。通过对水法、防洪法、水土保持法、河道管理条例的执法检查，督促县人民政府对资江河道进行专项清理整顿，清除挖沙船47条，并对多家排污企业下发了《责令停止水事违法行为通知书》，责成东坪钒厂实施整体搬迁。2007年,组织对资江流域水污染现状进行了深入调查，督促依法关停纸厂29，治理企业污染源58处，保护了安化山清水秀的生态环境。常委会还组织对义务教育法、税收征管法、献血法、劳动法、城市房地产管理法、国家赔偿法、治安管理处罚法等法律法规进行了执法检查。

2008年1月～2012年11月，县第十五届人大常委会重点组织开展了对中小企业促进法、森林法、森林防火条例、劳动合同法、安全生产法、交通安全法、水利法、审计法、职业教育法、禁毒法、人口与计划生育法、档案法、残疾人保障法、建筑法、动物防疫法等15部法律法规实施情况的检查。2012年8月，针对全县建筑市场报建不及时、安全措施不到位、工程质量存在隐患的问题，常委会组织执法检查组，深入清塘铺、梅城、奎溪、烟溪、平口、东坪等多个乡镇和县城南区，实地察看19个在建项目，广泛了解建筑法实施情况。在责成自查、充分审议的基础上,督促相关部门加强法律宣传，简化报建程序，严格质安监管，加大执法力度，规范市场秩序。根据上级人大的统一部署，还开展了突发事件应对法、食品安全法等执法检查和“环保世纪行”“农民健康行”“农产品质量安全行”“民族团结进步行”等专项行动，组织相关工作人员，走进乡镇敬老院，开展饮用水源新闻调查，严格农产品质量安全检查等，全面提升依法治县水平。

2012年12月～2016年11月，县第十六届人大常委会对气象法、刑事诉讼法、土地管理法、民事诉讼法、水土保持法、规划法、环境保护法、消防法、野生动植物保护法、食品安全法、湖南省食品生产加工小作坊和食品摊贩管理条例等11部法律法规进行执法检查。2013年，常委会作出了《关于推进法治安化建设的决议》，先后组织开展了新刑诉法、国土法、气象法、建筑市场和规划法、人民防空法等执法检查。11月，常委会对《土地管理法》在全县的贯彻实施情况进行了检查，特别是对占田建房方面存在的问题，提出了加大整治力度的意见和建议，要求司法机关要进一步提高办案质量，做到公正司法。2014年，常委会先后组织开展了民事诉讼法、水土保持法、规划法的执法检查和社区矫正工作、消防工作专题调研。5月下旬，常委会组成执法检查组，采取听取汇报、召开座谈会、查阅案卷、走访案件当事人及旁听庭审等方式，对县人民法院贯彻实施修改后的民事诉讼法进行了执法检查。常委会会议进行审议，认为县人民法院在干警素质、硬件设施、司法环境、诉讼权利保障、执行工作力度等方面存在一些问题和不足，应当引起高度重视加以解决。县人民法院认真研究处理，一些问题得到了有效解决。2015年，常委会开展以柘溪库区水污染问题为专题的水污染防治法执法检查。社会普遍反映，柘溪库区垃圾堆积如山，水质污染严重，危及饮水安全、通航安全、生产安全。由于上游涉及跨省、跨市、跨县，且治理资金巨大，为此，积极争取列入省人大执法检查内容。省人大常委会副主任陈君文带领省人大执法检查组到安化县开展水污染防治法执法检查，提出了由省统筹治理的意见。省委、省人大、省政府和省财政厅、农业厅、水利厅、移民局高度重视，基本同意对柘溪库区水污染问题进行综合治理，并提出了相关具体措施。2016年上半年，常委会组成联合执法检查组，深入质监、商务、公安、畜牧水产、卫计等部门听取关于食品安全“一法一条例”实施情况的汇报，深入东坪、马路、小淹、梅城等8个乡镇进行实地执法检查，全面了解全县食品安全现状。督促县人民政府及有关部门要提高思想认识，落实监管责任，提升监管能力，推进社会共治。县人民政府高度重视，责令各职能部门认真自查自纠，积极采取措施，切实加强监管，全县食品安全现状得到明显好转。

第二节　规范性文件备案审查

《监督法》自2007年1月1日起施行，对规范性文件进行备案审查作出了明确规定。2008年10月，县第十五届人大常委会审议通过了《安化县规范性文件备案审查办法》，明确规定了安化县规范性文件备案审查范围、程序、时限、责任等，全面启动安化县规范性文件备案审查工作，对县人民政府和下级人大制定的对公民具有普遍约束力的规范性文件进行备案审查。

2009年，县第十五届人大常委会共对县人民政府及其办公室报送的29件规范性文件进行了备案审查，向市人大常委会报送备案2件，维护了法律的一致性和政令的上下畅通。

2010年，县第十五届人大常委会共对县人民政府报送的29件规范性文件进行了备案审查，向市人大常委会报送备案5件。同时，指导和督促乡镇人大加强规范性文件报送工作。

2011年，县第十五届人大常委会共对县人民政府报送的24件规范性文件和3份乡镇人大作出的决定决议进行了备案审查，从制度层面确保法律的权威性和统一性，加快了依法治县进程。

2012年，县第十五届人大常委会共对县人民政府及其办公室报送的16件规范性文件进行了备案审查，向市人大常委会报送备案4件。

2013～2016年，县第十六届人大常委会共对县人民政府报送的95件规范性文件进行了备案审查。

第三节 述职(工作)评议

述职评议和工作评议是县人大常委会对县人民政府、县人民法院和县人民检察院及其工作人员有效行使监督权，促进依法行政、公正司法、提高工作效率的有效形式。县第十三届、十四届人大常委会根据有关法律以及《湖南省县级以上人民代表大会常务委员会述职评议工作条例》的规定，作出了《安化县人大常委会关于对人大及其常委会选举、任命的国家行政机关和审判机关、检察机关工作人员进行述职评议的决议》，对人大及其常委会选举、任命的国家行政机关和审判机关、检察机关工作人员进行述职评议。2007年，《监督法》颁布实施后，县人大常委会根据《监督法》的基本精神，开始对“一府两院”及其他有关部门进行工作评议。

2003年5月20日，县第十四届人大常委会第3次会议对县第十二届常委会通过的有关述职评议办法进一步修改完善，通过的《安化县人大常委会关于对人大及其常委会选举、任命的国家行政机关和审判机关、检察机关工作人员进行述职评议的决议》，对述职评议的对象、内容和程序等都予以明确。（一）评议对象：由县人民代表大会及其常务委员会选举或任命的县人民政府组成人员及其工作部门负责人，县人民法院院长、副院长，县人民检察院检察长、副检察长（必要时，对审判机关、检察机关其他工作人员进行述职评议）。县人大常委会会议每次述职评议的对象，由县人大常委会主任会议提请县人大常委会会议确定。县人大常委会在届期内对选举、任命的上述工作人员原则上进行一次以上述职评议。（二）述职评议内容：县人大常委会对上述人员进行述职评议，就是对述职人员履行职责情况进行审议和评价的监督活动，包括述职人员任职期间的依法行政、公正司法、执行人大决议、勤政廉政、工作实绩情况等。（三）具体步骤：①述职评议工作由县人大常委会主任会议负责组织，于述职评议前两个月通知述职对象，作好有关准备工作。②县人大常委会对述职人员进行评议的30日前，由主任会议从县人大常委会组成人员和本届县人大代表中抽调人员，必要时邀请省、市人大代表参加，对述职人员履行职责的情况组织评议调查。评议调查组的人员必须深入调查研究，坚持实事求是，严格遵守保密规定。评议调查组可以采取走访、座谈、听取汇报、进行民意测评、查阅有关资料等方式了解述职人员的工作情况以及廉洁自律等方面的情况。县人大常委会或主任会议可以责成审计、监察部门对述职人员进行审计或调查，并听取审计或调查情况的报告。评议调查结束后，对述职人员提出初步评价意见。③述职人员应在进行述职前15天向县人大常委会有关工作委室报送述职报告，由有关工作委室分送常委会组成人员。（四）评议程序：①全体会议听取述职报告；②评议调查组报告调查情况；③分组会议或全体会议审议述职报告；④全体会议评议；⑤常委会组成人员对述职人员按称职、基本称职和不称职进行无记名投票，并当场宣布投票结果。县人大常委会会议进行述职评议时，发现述职人员有重大问题需要进一步调查的，经主任会议研究，并报县人大常委会同意，可暂不提请常委会会议进行无记名投票。经调查核实后由县人大常委会决定是否进行无记名投票；⑥述职人员称职、基本称职的票数达不到70%的给予诫勉谈话，达不到60%的劝其按程序辞职，达不到50%的按程序予以免职；⑦县人大常委会组成人员和邀请列席会议的人大代表对述职人员提出的意见，由县人大常委会有关工作委室综合，经主任会议研究后，交述职人员进行整改。述职人员在收到整改意见之日起90天内向县人大常委会报送整改情况报告。

2000年，县第十三届人大常委会对县林业局局长夏国新、县水利水电局局长肖国庆、县民政局局长高多庆、县劳动局局长杨玉荣、县科技局局长谭曙升、县卫生局局长王伟安、县计划物价局局长蒋跃登进行了述职评议。

2004年，县第十四届人大常委会对县公安局局长蔡卫红，县计划物价局局长魏刚，县经济贸易局局长文斌，县民政局局长刘化，县司法局局长陈辉霞，县财政局局长张云星，县人事局局长邹志和，县国土资源局局长彭仲元，县卫生局局长王伟安，县水利局局长肖国庆，县人民法院院长王国保，县人民法院副院长姚懿安、李胜刚、王剑平，县人民检察院检察长谈固，县人民检察院副检察长朱继光、张友庭、唐涵之、李征明进行了述职评议。

2005年，县第十四届人大常委会对县人民政府副县长邓晓君、刘啸江、邓象庭，县劳动和社会保障局局长李斌，县林业局局长陆雄彪，县农业局局长吴章安，县文化旅游局局长李子升进行了述职评议。

2006年，县第十四届人大常委会对县人民政府副县长刘昭阳、蒋跃登、邹雄彬，县教育局局长陈晚飞、县建设局局长黄胜军、县人口和计划生育局局长罗亚平进行了述职评议。

2007年，县第十四届人大常委会探索工作评议，依法对县质量技术监督局和县公路管理局的工作情况进行了评议，要求加强队伍建设，提高政策法律和业务水平，忠实履行职责，服务地方经济建设。通过对垂直管理单位进行工作评议，有利于发挥全县各级各部门在县域经济建设中的作用。

2008年，县第十五届人大常委会认真组织开展了《监督法》颁布实施以来对政府部门的首次工作评议。年初，广泛征求各方面的意见，确定县工商局和县民政局为评议对象。8月，主任会议制订评议实施方案，对评议内容、程序、人员和时间安排作出周密部署。组织两个评议调查组，采取召开座谈会、个别访谈、查阅资料、发放问卷调查表等方式，深入有关部门、乡镇和村、居委会，走访个体工商户和基层群众，调查了解县工商局和县民政局近年来依法行政、执行人大决议决定、工作成效和作风建设等方面的情况。同时在县电视台、安化人大信息网等媒体上发出公告，征集社会各界对两个评议单位的意见。10月，常委会对县工商局和县民政局的工作进行了公开评议。各位常委会组成人员和列席会议的县人大代表客观实在地评价成绩，有理有据地指出问题，切实可行地提出整改建议。两个单位的主要负责人当场答复代表询问。会议还对被评议单位进行了民主测评，并当场公布测评结果。评议后向两个单位发出了整改通知，要求3个月内整改完毕并写出书面整改报告。县电视台和安化人大信息网进行了全程跟踪报道，县电视台在社会视点栏目以《见证民主进程，倾听代表声音》为题进行了专题宣传。11月8日《人民代表报》头版头条报道了本次工作评议。

2009年，县第十五届人大常委会坚持寓评议人于评议工作之中的原则，着力加强任后监督。年初，县人大常委会确定县电力局、县信用联社、县扶贫开发局作为工作评议对象。8月，主任会议讨论制定了评议实施方案，组织评议调查组，深入乡镇、县直部门和项目建设单位，广泛了解被评单位依法行政、执行人大决议决定、工作成效和作风建设等方面的情况。9月，常委会举行会议，开展了对3个单位的工作评议，被评单位的主要负责人当场答复询问。会议当场组织民主测评，并公布测评结果。评议后发出评议整改通知。同时，将评议整改意见报送其上级主管部门，作为考察使用干部的依据。

2011年，县第十五届人大常委会对县公安局和县国土资源局进行了工作评议。

2013年，县第十六届人大常委会创新工作评议方式，将评议部门单位改为评议重点项目与重点产业，由评议一个部门到与某一项工程或产业有联系的所有部门，工作效果产生乘法效应。9月，县人大常委会重点对茅东公路建设进行了评议，茅东公路项目经理部、征拆办和与该公路建设密切相关的县国土局、县林业局、县公安局、县供电公司、县移动公司、县电信公司、县联通公司、县电视台等8个部门单位及沿线4个乡镇全部纳入评价对象。评议会议邀请部分代表、沿线村党支部书记、新闻媒体列席会议，被评单位一一述职述责。县人大常委会组成人员对被评单位进行满意度测评。向有关单位发出书面整改意见，并要求在规定时间内报告整改落实情况。对交办的整改意见，要求各受评单位采取强有力的措施，一项一项分解，一项一项抓落实。许多棘手的问题得到解决，工程进度明显加快。

2014年，县第十六届人大常委会围绕破解难点进行工作评议。S225线是柘溪库区群众的主要通道，但因多种原因，工程进度缓慢。为了破解难题，常委会将此工程列为年度重点评议议题。4月下旬组成专题调研组，深入沿线各乡镇村组，采取实地察看、听取汇报、召开座谈会、发放征求意见表、个别访谈等方式，对工程进行专题深度调研，找准问题症结和责任，并形成解决问题的建议方案。5月，常委会会议进行公开评议，平烟公路建设开发有限公司、县交通局、县供电公司等10个相关职能部门和4个沿线乡镇（场）分别报告服务该段公路改建工程情况，常委会组成人员进行了评议发言和满意度投票，县人民政府分管领导作了表态发言。会议向县人民政府及相关责任单位发出了关于S225线安化段公路改建工程建设情况的评议意见，向工作存在不足的部门和乡镇发出了整改意见，要求限时整改，全面达标，否则将启动追责程序。县人民政府迅速调整协调班子，充实领导力量，解决资金缺口，多次召开现场协调会，久悬未决的渠江大桥、资江一桥工程进度明显加快。

2015年，县第十六届人大常委会开展了税收评议，先后对政府育税、企业缴税、税务机关征税、代征单位协税、公安财政等部门护税情况进行调查评议，特别是对税收拖欠大户进行监督，基本理清脉络，明确责任，对治理征税环境发挥了很好作用；对税收优惠政策到位情况的监督，为部分企业发展提振了信心。常委会还对马安高速公路的拆迁开展了专项评议，19个涉路单位和沿线乡镇被列入对象，重点评议“部门服务质量、三杆单位拆迁进度、乡镇政府征地效果”，通过初评、再评，特别是一些工作任务有欠账的单位上台述职。公开评议后，触动很大，不仅使当事人有压力，对其上级机关也产生了触动，促进了高速公路的有序、快速开工。2015年3月，常委会决定在全县组织开展“司法公正安化行”活动，并在第20次常委会上，审议通过了《关于开展“司法公正安化行”活动的决定》，并成立了相应组织机构，先后牵头组织开展了庭审录播、庭审评议、工作评议、案件质量评查、普法宣传等活动，有效督促公检法司机关依法履职、文明执法，取得了良好的社会效果。

第五章 重要日常工作

第一节 督促办理代表议案、建议、批评和意见

议案、建议、批评和意见（以下简称建议）是人大代表向本级人大及其常委会、人民政府、人民法院、人民检察院提出对各方面工作的看法、建议、主张、批评和意见的总称。1988前，代表建议称代表提案。人大代表依法提出建议，是地方国家权力机关组成人员代表人民参与管理国家和社会事务，行使当家做主权利的一种重要形式，是人大代表监督“一府两院”工作最直接、最有效的方式之一。认真督促办理代表建议，是人大常委会行使监督权的一项重要工作，也是其应尽的职责。

30多年来，各届县人大常委会都很重视对代表建议的督促办理工作。一是加强领导，落实责任。历届常委会主任亲自抓代表建议的督促办理工作，一名副主任具体负责。每年常委会的工作计划、总结和向代表大会的工作报告，都把督促办理代表建议作为重要内容。常委会会议每年至少听取一次代表建议办理情况汇报，主任会议及时研究督办。常委会机关由选举任免联络工委具体负责（未设联工委前由办公室负责），其他委室参与、配合，齐抓共管。二是建立制度，规范办理。①坚持在法定期限内办理的制度。要求承办单位接到代表建议后，在3个月内将办理结果书面答复代表；少数复杂问题，经交办机关同意可延长至5个月答复；承办单位接到交办的代表建议认为不属于本单位职权范围内，应在收到后10天内向交办机关提出意见，由交办机关重新研究确定承办单位。②坚持交办、催办、督办制度。每次代表大会后，常委会工作机构立即对建议进行整理、登记、分类，经主任会议研究后，及时召开交办会，向“一府两院”及有关机关组织交办，并提出具体要求。交办会后，常委会组织有关人员赴各承办单位了解检查办理情况，有时还与一些重点建议承办单位和有关领衔承办单位一起商量办理事宜，对一些办理代表建议不认真、不规范、进度慢的单位进行重点检查督促。③坚持格式标准制度。承办单位给代表的答复统一使用公文格式，由承办单位负责人签发，打印并加盖公章。每件答复公文除寄给每位提建议的代表外，还须送县人大常委会1份，以备审查。三是确保质量，注重实效。县人大常委会在督促办理代表建议工作中注重抓办理质量，重点是抓“四率”，即要求办复率、见面率、满意率达100%，解决问题率达60%以上。多年来，坚持提建议代表对承办单位的答复按“满意、基本满意、不满意”签具意见。县人大常委会审议这项工作时，县人民政府县长、副县长和重点承办单位主要负责人列席会议，听取常委会组成人员和人大代表对办理工作的审议意见，回答询问。对代表不满意的、应解决而没有解决的、需要解释而答复含糊不清的、不符合答复格式的，责成承办单位重新办理并答复代表。

“一府两院”对办理代表建议高度重视，县人民政府除分工常务副县长和一位办公室副主任具体负责外，县长是建议承办工作的总负责人，常务副县长总协调，各位副县长对分管单位“打包”办理

工作负责；各单位行政“一把手”是本单位建议办理工作的第一责任人，并建立了从单位分管领导到具体承办人员的责任制。县人民政府与各承办单位实行行政“一把手”负责制，要求承办单位“一把手”对承办的建议“件件过目、件件把关、件件审签”，对重点办理件“亲自办理、亲自答复、亲自走访、亲自落实”。规定建议答复函都必须在规定时间内送县政府办初审，由分管副县长审阅把关，有力提高了代表建议办理效果。

1980年12月~1984年2月，县第八届人大常委会共督办代表提案1575件。1981年通过提案的督办，使一些历史遗留下来的老大难问题得到较好的解决。如许多代表提出的要求确定安化“以林为主”方针的提案，引起了县委、人大、政府的重视，并得到了省、地领导的同意和支持。是年11月召开的县委扩大会议上，正式确定了“以林为主、林粮结合、多种经营、全面发展”的方针。1982年，代表在县八届人大二次会议上要求解决东坪至黄沙坪的汽车轮渡问题的提案，交通部门认真办理，进行了测量，确定了码头修建的地点，并做好了汽车轮渡规划，安排了渡口工作人员，但由于征收东坪镇和县茶场的土地没有解决，修建码头一直不能动工。县人大常委会和政府领导多次与有关部门的负责人和工程技术人员实地察看研究。通过多方协商，妥善解决了地基，建好了轮渡码头。另外，诸如要求修好县电影院至一招待所的公路，解决大坝客轮与火车时间的衔接，增设一些地方的客班车等提案，都得到了解决。为了督促办案落实，1983年7月，县人大常委会抽查了县直11个单位办理提案的效果，对关系重大的提案，县人大常委会领导亲自调查，提出解决办法。如代表多次提出大力推广配合饲料，发展畜牧业生产，县粮食部门也积极筹备在东坪镇建一个年产3000吨的配合饲料厂，但厂房基地久拖难决。县人大常委会认为这件提案关系重大，决心抓住不放。几位副主任会同政府领导经过艰苦细致的工作，解决了一个个难题，使饲料厂很快建成投产。

1984年2月~1987年2月，县第九届人大常委会共督办代表提案1414件。1985年，为了加快办案速度，县人大常委会根据提案内容，分到各组室负责督办。其中，由主任、副主任和专职委员亲自督办的重大提案20多件。所有提案都经县长办公会议集体讨论，研究处理意见。重大提案县长、副县长亲自牵头办理。因此，办理速度与办理质量都比往年好，解决和基本解决问题的案件，由1983年的40%提高到53.8%。益阳地区人大联络处转发了安化的办理代表提案经验。1985年，县人大常委会把办理代表提案，作为推动“一府两院”工作的动力。大会闭幕后，县人大常委会建立了督查提案的专门班子，并明确一名副主任分管提案工作。建议县人民政府召开提案承办单位负责人和办案人员会议，提出了办理代表提案的具体要求。是年9月下旬，县人大常委会组织工作人员，对39个局以上单位的提案办理情况进行了检查，还听取了县人民政府提案办理情况的汇报。通过上述工作，促进了提案的落实，较好地推动了“一府两院”的工作。如代表提出改造县第十四中学到县邮电局路段的提案后，县长王亚魁多次召集有关单位负责人会议，亲自出面清除路障，县财政在县城镇维护费中安排68000元，动员东坪镇集资10000元，于5月动工，不到4个月的时间全线竣工，群众十分满意。对代表大会决议通过要办的9项重点工程，县人民政府在财力困难的情况下，年内完成了6项。1986年，在督办提案中，县人大常委会配合承办单位做了如下工作：3月下旬，县人大办配合县政府办制定印发了《关于办理人民代表提案及工作建议的若干规定》，使提案办理工作基本做到了系统化、规范化、科学化；采取普遍催办和总结推广典型经验相结合的办法，对提案承办单位进行了检查督促。5月，抓住县水电局领导亲自办案，进度快，质量好的典型，召开了办理代表提案工作现场会。通过上述工作，有力地促进了提案办理工作的落实。

1987年2月～1990年2月，县第十届人大常委会共督办代表提案857件。1989年，县第十届人大常委会第16次会议在听取县人民政府关于人大代表意见、批评、建议的办理情况汇报后，对历届和本届代表大会提出的而一直没有办好的东柘油路建设、东坪钒矿污染治理、自动电话楼修建、西州买粮难等6件老大难建议的办理提出了具体要求。会议后，县人民政府不负人民重托，多次进行研究，决心将人民关注的这几件事办成。东柘油路是通往库区，联结新化、溆浦等县的必经之路。为了修好东柘油路，县人民政府成立了有县政府办、县政法委员会、县公安局、县人民法院、县交通局等单位负责人参加的指挥部，常务副县长李厚宽亲自担任指挥长。共集资25万元，抽调干警40名，集中大小车辆110多台，组织劳力3000多人，采取领导挂帅，分段包干的办法，经过40多个日日夜夜的工作，11月25日砂石路全线竣工并交付使用。东坪钒矿地处县城城郊，1978年建厂，该厂排放的废气、废水严重影响县城人民正常的生产生活，多年来群众怨声载道，县人民政府果断作出东坪钒矿关闭停产的决定，并较好地处理了其他遗留问题，1989年11月24日，该厂正式停产，东坪地区居民拍手称好。

1990年2月～1992年12月，县第十一届人大常委会共督办代表建议706件。1990年7月，常委会承办搞好畜牧防治的议案后，会同有关单位深入（办事）处、乡、镇，了解和剖析阻碍全县发展畜牧业生产的情况和原因，提出了做好这一工作的建设性意见，还督促各级落实县人民政府关于把畜牧工作列入目标管理、统一防疫费收取标准和办法等措施，有力地促进了全县畜牧事业的发展。1991年，部分代表和群众来信反映，一些地方巧立名目，滥发奖金、补贴和实物，引起基层群众强烈不满。县人大常委会对此十分重视，及时将情况向县委作了汇报，并督促有关部门先后查处木子、杨林、唐溪等乡违反财政纪律、乱发奖金和补助的问题，及时刹住了歪风，保持了国家机关和工作人员的清正廉洁。为了办好代表的建议，县人大常委会会同县政府办，于1991年3月召开了1990年办理工作表彰会和1991年代表建议交办会，制发《关于承办人大代表建议、批评、意见和政协委员提案工作计分办法》，并建议县委、县政府将办理工作纳入全县双文明建设目标管理考核内容。县人大常委会还列出26件重点意见建议，由常委会主任、副主任和有关工作委员会分工督办。1991年6月和8月，县人大常委会两次会同县人民政府对30多个承办单位的办理工作进行检查，并就办理工作的落实情况向代表发出了征求意见卡。

1993年1月～1997年12月，县第十二届人大常委会共督办代表建议906件。为了加强同人大代表的联系，发挥代表的作用，1993年，县人大常委会会同县人民政府开展了评选代表好建议活动。坚持经常走访县人大代表，本届共走访县人大代表1205人次。1995年9月，县人大常委会组成人员及机关工作人员分成6个组，对本届县人大代表进行了一次届中系统走访，共走访257人，走访率达73%。共收集代表对“一府两院”及有关部门单位和县人大常委会的建议900多条，并一一进行了交办，对其中反映特别强烈的问题，以《人大代表意见摘报》的形式，分送四家领导和“两院”及有关单位，同时召开有“一府两院”负责人参加的会议，进行重点交办，要求限期解决。

1997年12月～2002年12月，县第十三届人大常委会共督办代表建议738件。1998年，县人大代表在县十三届人大一次会议期间提出议案56件。会议对法制建设、库区开发建议等4件决定立案。其中，由县第十二届人大常委会提出的《关于加强民主法制建设，实施依法治县》的议案，由本次会议审议，作出了相应决议。是年，县人民政府建立了办理代表意见、建议的5项制度，并对41件重点建议进行优先优质办理。县人民政府收到黄万雄代表提出的“加快乡镇个体私营企业发展”的建议后，立即组织专项调查，安排专项经费，并以县委、县人民政府的名义印发了《关于加快个体私营经济的决定》，成立了全县经济发展软环境监督管理办公室，召开了全县个体私营经济工作会议。县计物局印发了《关于清理和规范一批企业、个体工商户税外收费项目的通知》文件，为全县个体私营经济的迅速、健康发展提供了有力保障。2001年7月，选举任免联络工委与县政府督查室一起对本年的县人大代表建议进行了督办，其中4件代表意见答复不规范的退回重办，并由承办单位向相关代表作出书面解释。

2002年12月～2007年12月，县第十四届人大常委会共督办代表建议678件。2006年，常委会对收到的156件代表建议，及时分类处理，从中筛选一些连续反映多次、问题多年得不到解决的代表意见进行重点督办。常委会主任会议就东西公路建设、五保户待遇、老二中门口到吴合村桥头街道硬化拖欠工程款项等问题向县人民政府发出了督办函，有关承办单位对人大代表的意见和建议高度重视，谢寿保县长亲自批示并逐一作出具体安排，在较短的时间内，这些问题得到圆满解决。同时，还有《关于加大对押‘二八’打击力度的建议》《关于加大计划生育工作的建议》《关于加快建设高明循环经济工业园的建议》《关于柳溪河综合治理的建议》《关于整合教育资源，化解安化二中债务的建议》5件建议交县人民政府重点办理，在县十四届人大六次会议上报告办理情况。

2007年12月～2012年11月，县第十五届人大常委会共收到代表建议515件，全部交由“一府两院”办理，办结率达100%。2011年，在办理陶小祥等代表提出的“关于加强农村公路养护”的建议时，县长杨光鑫亲自带领相关人员深入基层进行调研，召开县人民政府常务会议，专题研究农村公路养护管理工作,建立了由县、乡、村三级共同负责的农村公路养护管理工作机制，全县农村公路养护步入了正常化、制度化的轨道。

2012年11月～2016年11月，县第十六届人大常委会共收到代表建议437件。本届常委会形成了“主任会议集体督办、工作委员会分工督办、代表联络室协调督办、人大代表参与督办”的督办工作机制。龙塘乡的一位县人大代表反映，该乡有一个村癌症病和精神病发病率很高，请求调查了解。主任会议高度重视，安排教科文卫工委牵头，组织县卫生局、县环保局、县人民医院、县疾控中心、县妇育保健院等单位赴该村实地调研，抽样检测，查找原因，消除了群众恐慌，并帮助解决一些具体困难。2014年，常委会向“一府两院”交办代表建议105件，要求建议办理提升实效。一是落实建议承办责任。常委会及时召开代表建议交办会议，明确办理期限和办理质量，并指导各承办单位建立议案、建议办理责任制，做到领导督办，专人具体落实；二是加强建议办理督查。常委会领导按照分工，先后深入县卫生局、县教育局等10个单位，听取代表对建议办理意见，及时掌握办理进度，增强办理工作的针对性；三是突出建议办理实效。对重点建议进行连续督办，直到问题解决。2015年，共交办代表建议103件。常委会明确办理期限和质量要求，承办单位主要领导牵头，分管领导和职能部门具体落实。县城老农贸市场周边居民多年反映的市场卫生状况差，商家、客户反映市场狭小、不利于经营，消防部门查出市场消防通道不畅。部分县人大代表提出《要求修建一个整洁卫生的农贸市场的建议》，引起县人民政府的高度重视，将农贸市场搬迁纳入重点工程项目，建成一个运营面积8000平方米的标准化农贸市场，并对老农贸市场周边卫生状况进行整治，收到良好的社会效果。2016年，常委会共向“一府两院”交办代表建议80件，承办单位积极努力，按时办结。

第二节 代表工作

人大代表是人民代表大会的主体，地方各级人民代表大会代表是地方各级国家权力机关组成人员。人大代表工作是人大工作的基础和依托，是权力机关保持旺盛生命力的源泉。县人民代表大会每年一般只举行一次会议，人大代表参政议政活动，大多数是在闭会期间进行的。因此，做好闭会期间的代表工作，为代表行使职权、履行代表职务、发挥代表作用、开展代表活动等创造条件提供服务，是县人大常委会的一项经常性的重要工作。安化县人大常委会从1980年设立起，一直积极探索和改进代表工作的形式，不断丰富和完善代表活动的内容。

一、建立活动网络

《代表法》规定，县级以上各级人民代表大会代表，在本级或者下级人民代表大会常务委员会协助下，可以组成代表小组。代表小组既是闭会期间代表活动的基本形式，又是县人大常委会联系代表的纽带。县人大设立常委会后，代表小组组织逐步规范。按照有利于生产工作和学习，便于联系选民群众，便于组织开展活动的原则，常委会把在本地区的县以上各级人大代表编为若干个小组，代表小组推选出组长、副组长、联络员，主持和联系代表小组工作。乡镇的县人大代表小组组长一般由乡镇人大主席或专职副主席兼任，县人大常委会对各小组组长行文确认，以增强其光荣感、责任感和使命感。2006年，全县乡镇撤并后共设县人大代表小组23个、市人大代表小组3个、省人大代表小组1个。

各届县人大常委会都很重视代表小组活动，代表小组及小组长职责明确，活动制度较健全，并不断有所创新。代表小组围绕下列内容开展活动：⑴学习宪法、法律、法令和党的方针政策；⑵传达贯彻本级和上级人民代表大会及其常委会的各项决议决定；⑶听取汇集代表和选民对县人民政府、县人民法院、县人民检察院及乡镇人民政府和国家机关工作人员的意见、要求；⑷深入选区调查研究，协助当地政府推行工作；⑸代表小组至少每季度集会一次，交流联系选民、开展活动、发挥作用等方面的经验，不断提高小组活动的质量和效能。2006年4月，根据全县代表小组变化大的实际情况，县人大常委会下发了《关于加强县人大代表小组工作的通知》，进一步明确了县人大代表小组长的职责①宣传人民代表大会制度的性质、地位和作用，宣传县人民代表大会及县人大常委会的重要决议决定。深入和广泛联系县人大代表，了解他们的工作情况，及时上报县人大代表的异动情况。②努力营造支持人大代表依法执行代表职务的良好氛围，积极组织县人大代表开展“人民选我当代表，我当代表为人民”的创先争优活动。③在县人民代表大会会议召开之前，组织县人大代表进行专题视察，指导代表起草好代表建议、意见，为人大代表在会议期间开展工作做好准备。④县人民代表大会会议召开期间，要组织好本代表小组的成员按时出席会议，并认真完成好大会的各项工作任务。⑤闭会期间，要根据县人大常委会的工作要点，结合实际情况，拟定年度小组视察、调研等活动计划，每年活动不少于3次，每年底要将代表的活动情况向县人大常委会选举任免联络工委书面汇报。⑥加强代表自身建设，提高代表综合素质，努力培养和及时发现代表中的好典型，一年内向县人大常委会至少上报两篇以上典型材料。⑦认真办理县人大常委会交办的其他工作任务。

二、提供履职保障

中华人民共和国《宪法》和《代表法》明确规定了人大代表的地位、权力和职责，代表法并规定“国家和社会为代表执行代表职务提供保障”。在人大代表依法履职过程中，常委会较好地为代表提供了司法、时间、经济、物资、组织保障。①安排代表经费。1980年以后，县财政每年给每个县人大代表安排活动经费100元。2005年，中共中央9号文件转发《中共全国人大常委会党组关于进一步发挥全国人大代表作用，加强全国人大常委会制度建设的若干意见》后，县委、县人民政府对此高度重视，代表活动经费由过去的每人100元提高到300元。常委会每年下拨到各县代表小组，以保障代表活动的开展。②提供代表人身保险。从2008年开始，为了解决代表履职的后顾之忧，常委会每年为农民代表购买人身意外伤害保险，理赔可达20000元。③创建代表活动室。为了便于开展人大代表活动，县人大常委会按地域、分级次在全县建立了23个县代表活动室、3个市代表活动室、1个省代表活动室，每个活动室有代表名单、代表职责、活动制度、先进代表小组和优秀代表条件、履职情况登记等，为代表业务学习、集中视察、专题调研、评议工作等搭建了平台。2014年，县第十六届人大常委会印发了《安化县人大常委会关于创建人大代表小组活动室和人大代表联系群众工作室的意见》，在益阳市率先推行代表联系群众工作室建设。4月，中共中央委员、省政协主席陈求发视察了东坪镇中砥村谌小菊县人大代表工作室，并给予了充分肯定。2016年，全县已建成代表小组活动室32个、代表工作室138个，各级人大代表接待、走访人民群众11000余人次。通过抓代表活动阵地建设，为代表小组活动逐步走向制度化、经常化的轨道创造了条件。

三、提高代表素质

为提高代表履职能力，县人大常委会始终坚持把提高代表素质作为一项基础工作来抓。主要做法有：①重视代表培训。针对每次换届后新当选的代表对国家有关法律不太熟悉，对人民代表大会的运作程序缺乏了解的实际情况，每届代表选举结束后，常委会立即安排部署代表培训工作。1995年撤区并乡前，县人大代表一般以区为单位或分片集中培训。县、乡人大代表换届选举同步后，以乡（镇）为单位对县、乡（镇）人大代表同时培训。培训内容主要是组织代表系统学习《宪法》《地方组织法》《选举法》《代表法》等法律法规及人大业务知识。培训时间一般两天左右。培训期间，常委会主任、副主任和专职委员到各自联系的区、乡（镇）进行指导。在此基础上，常委会采取集中培训或以会代训的方法，每年都对县以上代表小组长进行培训。培训班由常委会领导和办委主任授课，有时邀请上级人大常委会领导或专家讲课，理论联系实际，学以致用。并有计划地组织市人大代表小组长参加全市代表小组长培训班的学习，努力提高小组长履行职责的能力和水平，以抓好本小组代表平时的学习和培训。②为代表提供学习资料。常委会每年都给每位县人大代表订阅《人民之友》《益阳人大》杂志，给每个市、县代表小组订阅《中国人大》，为代表自学提供学习资料，创造有利条件。③为代表知政知情创造机会。邀请部分人大代表列席常委会会议，届期内，每个县人大代表列席县人大常委会会议1次以上。安排县人大代表参加执法检查、调研等有关活动。推荐人大代表担任党风和政纪监督员、县人民法院陪审员、县人民检察院人民监督员等。选派代表参加有关听证会、旁听有关案件审理、参加“一府两院”开展的测评和座谈活动等。及时为县人大代表发送常委会《公报》。

四、密切代表联系

加强同各级人大代表和人民群众的联系，了解和反映他们的愿望和要求，是做好人大工作的基础，也是人大常委会及其组成人员的重要职责。第八届人大常委会设立不久，便制定了联系代表制度，经以后几次修改，这一制度逐步完善。联系代表的方式多种多样，如走访代表，对口联系，书信、电话联系，召开座谈会，接待代表来访等。坚持集体走访和个别走访相结合，常委会组成人员分组走访县人大代表每年至少一次以上。通过走访，广泛联系代表，了解他们工作和生活等方面的情况，帮助解决执行代表职务的困难和问题，听取他们的建议、批评和意见，不仅密切了常委会同人大代表、人民群众的关系，而且为常委会行使职权提供了第一手资料。2009年，首次把每年6月确定为“主任与代表面对面活动月”，常委会主任、副主任分别带领有关人员，采取召开座谈会、上门走访、电话联系等方式，共走访县人大代表和在本行政区域内的市人大代表230人次，收集闭会期间的代表建议、批评和意见600多条。综合整理后，一方面向各有关部门分别交办，以呈阅件的形式报送县委常委领导，同时就县内主要交通干线建设、集镇安全饮水、非法占田建房、农村低保、“两乡一场”网改、电费征收、移民后扶、柑橘营销等9个方面的问题发出主任会议交办函，要求在县人代会上报告办理情况。7月，常委会召集各有关部门负责人召开了面对面活动情况通报会。常务副县长在呈阅件上逐项批示办理意见，各承办单位认真办理，“增加农村电费征收网点”等一批群众广泛反映的问题得到了有效解决。

五、组织代表视察

人大代表在代表大会闭会期间对本级、下级国家机关以及有关单位的工作进行视察，是依法履行代表职务的一项重要内容。县人大常委会在组织人大代表视察时，从本县的实际情况出发，有计划、有重点、有针对性地选择视察内容，采取集中视察、分组视察和持证视察相结合的方式，注重视察的组织安排，力求取得最佳效果。

县人大代表的集中视察由县人大常委会直接组织；县人大代表平时的小组视察活动，常委会统一布置安排，由代表小组长组织实施，常委会组成人员分头参加所在代表小组的视察活动；受省、市人大常委会的委托，县人大常委会每年至少组织县内的全国、省人大代表和由本县选举的市人大代表开展1～2次集中视察活动。同时，邀请部分驻湘全国人大代表视察安化县经济建设和社会发展中比较突出问题。视察后县人大常委会认真做好代表视察意见的交办工作，督促“一府两院”采取措施，认真解决视察中发现的问题，落实代表提出的意见和建议。对于全国和省、市人大代表视察中向上级提出的意见和建议，县人大常委会书面向上级人大常委会专题报告。1980年，县人大常委会设立以后，全县各级人大代表围绕全县经济社会发展、民主政治建设、民生热点难点问题集中视察。

1980年12月～1984年2月，县第八届人大常委会组织省、县人大代表对县人大及其常委会决议的贯彻落实情况进行视察。1982年6月和12月，代表两次视察东坪镇和小淹、烟溪、江南、仙溪、清塘5个区及所属的20个社、镇、60个大队、30多所学校，促进了县人大《关于教育工作中几个问题的决议》的落实与全县教育事业的发展。1983年7月中旬，县人大常委会组成人员及部分县人大代表开展了落实《关于开展全民义务植树运动的决议》《关于加强民桥、义渡、乡村道路、茶亭等公益设施的建设和管理决议》等决议为中心内容的视察活动，视察了烟溪、云台、大福、梅城、小淹、江南、中砥等7个区及所属的26个社、镇的54个基层单位的部分民间公益设施和义务植树基地等。代表认为决议得到落实，取得了显著成果。全县完成义务植树近200万株，占任务的133.2%，参加义务植树的公民37万多人，人平5.3株，为全国义务植树先进县。全县4204个“五保户”进行了调查登记，部分社镇人民代表大会根据县人大《决议》的原则，制定了“五保户”的具体供给标准，五保户的衣、食、住、医有了保障。在公益设施建设方面，1983年度建成民桥115座，维修义渡70艘，新造渡船25艘，恢复茶亭29座，整修茶亭27座。

1984年2月～1987年2月，县第九届人大常委会主要围绕以经济建设为中心进行视察。1984年3月，县人大常委会组织6个视察组深入梅城、大福、云台等7个区的35个乡、82个村，对102户农业专业户、重点户及联合体进行了视察，发现“两户一体”在发展商品生产中技术、资金、原材料缺乏，产销渠道不够畅通，有的地方任意侵犯“两户”合法权益等方面的问题。根据视察的情况和基层选民的意见和建议，县人大常委会作出了《关于支持和保护农村专业户、重点户及联合体发展商品生产几个问题的决议》。决议得到县委的重视，当即以县委名义向各区乡党委和县直单位发出《关于贯彻执行县人大常委会〈关于支持保护两户一体发展商品生产几个问题的决议〉的通知》。1985年5月，为了贯彻以林为主方针，振兴安化林业，县人大常委会组织两个视察组，分别到大桥、将军等乡进行视察调查，发现这些地方林业生产、林木管理、木材销售等各方面问题比较严重，大大突破了砍伐一本账的计划。针对这一情况，是年6月，召开县第九届人大常委会第11次常委会会议，专题听取县人民政府关于全县实行林木采划“一本账”的情况汇报。会议要求县人民政府及有关部门进一步宣传森林法，严格依法办事，加强林政管理，完善林业生产责任制，切实组织好砍伐证、销售证、出境证的发放使用和注销工作。

1987年2月～1990年2月，县第十届人大常委会组织驻安省人大代表实地视察了县纤维板厂、县乳酸厂的生产情况和岳溪乡、柘溪林场的林业生产情况及柘溪库区移民返迁现场。组织县人大代表对全县开展“双增双节”运动情况及贯彻全国人大《关于加强法制教育，维护安定团结的决定》的情况进行了视察。

1990年2月～1992年12月，县第十一届人大常委会组织部分县人大代表对廖家坪、红岩两座中型水库的建设和管理进行视察，提出了加强维护和开发的意见。驻安的全国人大代表和部分省、县人大代表对柘溪库区的林业建设和林政管理进行了专题视察，促进了柘溪库区林业的发展。1992年4月，县人大常委会组织部分县人大代表对“八·七工程”的实施情况进行视察，王祖武主任带队视察七大工业系列产品的开发情况，陈君吾副主任带队视察八大优质农产品的开发情况，部分人大代表参加了县人民政府在梅城召开的实施“八·七工程”的经验交流现场会。

1993年1月～1997年12月，县第十二届人大常委会围绕县委、县人民政府提出的“八·七”工程进行视察。1993年6月，县人大常委会组成人员和部分县人大代表，由县人大常委会主任、副主任带队，对6个区22个乡镇31个村的八大优质农产品开发情况进行了视察。1994年，县人大常委会组织代表专题视察了东坪镇的“12121工程”(一座柳溪大桥，沿江、柳溪东二条路，一个湘资大市场，广播电视、电信二栋楼，一个柘溪客运码头)和平口、梅城的农贸集市场等几项重点工程建设情况，向县人民政府及有关部门提出了切实可行的意见建议，促成有关项目按期高质投入使用。1995年7月，县人大常委会组织本县的省、市人大代表，集中视察了全县国民经济计划执行、财政税收完成、粮食供应、蔬菜生产等4个方面的情况。1996年8～9月，县人大常委会组织部分人大代表对乐安、小淹、平口等9个乡镇贯彻落实《关于科教兴县的决议》的情况进行了视察。1997年，县人大常委会的视察主要是配合省人大领导的视察活动一道进行。是年，先后有省人大常委会主任刘夫生到安化视察人大工作和湘云制药厂；省人大常委会副主任朱东阳到安化视察工作，重点走访了东坪镇科技示范户谌羡刁和羊角塘的小城镇建设；省人大常委会副主任罗海藩和副省长庞道沐一道到安化视察扶贫工作，并召开了扶贫工作现场办公会议，强调要加大扶贫力度。

1997年12月～2002年12月，县第十三届人大常委会组织机关委室对全县经济发展环境、民营工业发展情况和财政预算执行情况进行了专题视察，为县人大常委会行使职权提供了可靠依据。

2003年1月～2007年12月，县第十四届人大常委会共组织开展了20余次省、市、县代表集中视察活动，先后视察了镇东新桥、湾竹塘休闲广场等市容市貌工程，东坪电站、株溪口电站、东坪大桥、通畅通达等重点建设工程，旅游、柑橘、茶叶等产业建设情况，湘安钨业等骨干企业和安化一、二中等。代表们深入一线，倾听群众呼声，掌握政情民意，撰写视察报告，提出视察建议和意见，收到了良好的社会效果。2005年12月，常委会承办了部分全国、省人大代表集中视察柘溪库区扶贫开发情况活动，全国人大代表钟发平、肖清涛、蒋作斌及部分省人大代表和省财政厅、省公路管理局、省水利厅、省电力公司、省移民局、省扶贫办、省工赈办等单位的领导在省人大常委会党组副书记、副主任吴向东的带领下视察了柘溪库区。全国人大代表、省人大常委会副主任吴向东等国、省人大代表就安化柘溪库区扶贫开发等问题提出了视察建议。安化柘溪库区发展问题应该引起高度重视。自20世纪60年代初柘溪电站关闸蓄水以后，安化县库区移民贡献大、牺牲大。长期以来，从中央到地方各相关部门采取多种形式扶持，库区的基础设施条件有所改善，群众生产生活条件也得到了一定改善，保持了库区稳定。但是，从现在情况来看，库区的移民人口多，生产资源缺乏，生存环境恶劣，基础设施落后，开发难度大，住房难、就学难、就医难、洄水淤积严重等问题仍然非常严重，库区群众的生活还非常困难，对于这个特殊历史条件下遗留下来的特殊问题，必须带着感情，采取特殊措施寻求解决途径。各级人大和人大代表也要高度关注这些特殊的弱势群体，促成库区有关问题的解决。各级政府和有关部门建立有效扶持机制，着力解决库区交通、电力、农田水利等根本性问题，改善库区群众的生产生活条件，促进整个库区群众脱贫致富奔小康。这次视察中安化提出的几个亟待解决的具体问题，省直有关部门要从实际出发，抓紧研究论证，拿出可操作的方案，并尽快付诸实施，推进这些问题的解决。①财政部门尽快按照国家有关政策和库区的实际情况，继续落实好农业税全免后加大对库区的转移支付和对农民的粮食直补、良种补贴和农机具购置补贴、库区口粮差价补贴等扶持措施。②落实从发电量中每度电提“两分钱”的政策，一定要足额征缴到位。省政府移民局要继续抓紧向中央汇报，力争延长这一政策。③关于库区交通问题。225线是省道，请省交通厅将其纳入省公路部门的管护体系，给予省道待遇，并按照省道的建设标准加以改造。渠江大桥及库区公路骨干网络问题，省交通、财政、以工代赈、移民等部门要认真研究，共同支持，尽快论证上马。④关于库区群众用电难的问题。建议省电力公司在“十一五”规划期间，将库区尚未纳入农网改造的乡镇、村组纳入改造范围，完成农网改造。其他有关用电问题也要得到相应解决。⑤关于移民中的城镇居民生活困难问题。移民部门要加强研究，拿出方案向政府专题汇报，对这一部分人给予扶助。⑥关于库区的洄水淤积问题。要加大库区生态工程建设，减少水土流失和山洪灾害，从源头上进行治理。移民、电力、水利、林业等部门要进行调查、勘测、论证，并拿出治理方案，向省政府和国家有关部门汇报，多方筹措资金，逐步进行根治，近期要对一些急需修复的河堤尽快修复，确保群众生命财产安全。⑦关于支持库区产业发展问题。财政、农业、林业、扶贫、工赈等相关部门对库区产业发展要认真研究，加大扶持力度，帮助这些产业加快发展，做大做强。⑧要积极鼓与呼，动员没有生存基础的群众外迁，拓展库区群众生存空间。

2008年1月～2012年11月，县第十五届人大常委会组织各代表小组分层次开展代表视察活动，先后组织省、市代表集中视察了柘溪库区“两乡一场”电网改造、县城污水处理工程、高明和平口工业园、株溪口电厂、黄柘公路、县城南区、“二广”高速安化段、乐安和清塘铺镇产业开发项目、库区网箱养鱼、林业科研项目等工作。2008年6月，在县人大常委会的组织下，省人大代表安化小组杨光鑫、刘新安、夏星辉、夏绪平、高招辉、陶志高等代表集中视察了柘溪库区“两乡一场”的用电情况，督促县人民政府及安化电力局专题研究“两乡一场”转网供电和申报立项工作，力争尽快解决好这一涉及柘溪库区群众利益、广大群众普遍关注的多年未果问题，并以省人大代表的名义向省电力部门提出专题建议，要求电力部门加大力度，在年底前整改到位，切实解决好民生问题，确保柘溪库区稳定。2012年6月，县人大常委会组成人员和部分省市人大代表集中视察了安化县黑茶产业。代表们深入现场，考察了解政情民情，向“一府两院”提出视察建议。

2012年～2016年11月，县第十六届人大常委会组织部分县人大代表对海螺水泥建设、安化黑茶园区建设、生态农业园、东茅公路扩改工程、平烟公路扩改工程、“二广”高速建设、六步溪自然保护区建设等进行了集中视察，促进了安化经济建设和社会事业的发展。

六、开展代表评优

1991年3月26日，安化县第十一届人大常委会第1次会议通过《关于在县人大代表中开展“认真履行代表职责，争当优秀代表”评选活动的决定》，以后多届县人大常委会均作出过类似的决定，一般每年评选一次优秀县人大代表(换届年除外)，有效的促进代表素质的提高和激发了代表履职积极性。县第十六届人大常委会还十分注重优秀代表典型引路作用，在工作中培养和挖掘典型事迹，组织采编了三期《使者与使命》，展示了安化县近400名各级人大代表为民代言、勇于担当的风采。

安化县历年优秀县人大代表(满意代表)名单：

1991年度

谢登保	谌满桃	黄云开	刘化斌	姜再明	刘超权
范梦坤	何爱霞	张渡期	邓才能	王秀英	龚凯清
邓宗元	吉用桃	龚寿松	夏银周	彭乐中	李瑞岚

周宇娥	刘光佐	胡曼妮	马玉兰	蒋旺科	谌耀斌
胡吉主	龚一中	谌保华	王和清	梁建秋	胡望来
王谷生	王信初	刘春迎	李玉求	龚雪芹	袁美种
张德体	曾玉生	卢顺良	卢本和	邓小桃	黄仲华
瞿长元	李厚忠	陈广宣	黄培元	罗华干	黄少全
蒋益民	汪国钦	殷慈主	姚友美	姚善娥	彭仲元
王富光	张世云	彭丹生	任益国	冯建军	刘吉康
胡义才	金伶清	吴彩芹	田能生	陈干尧	彭建富
吴细初	赵叶平	黄伯钦	赵静怀	周海燕	

1993年度

周了珍	肖靖忠	黄伯钦	吴习初	吴应钦	陈春耕
陈庆丰	陈凤初	宁阜茗	刘吉康	李旗扬	任益国
喻芝南	罗梦兰	吴希太	周方来	周腾芳	姚景新
邓立桃	姚仲钦	刘　志	汪国钦	戴历山	谭英波
王农又	肖聘初	胡世文	夏红玉	黄恩保	黄玉光
卢本和	王时佑	李帮贤	李国珍	李华元	梁鹏祥
刘喜华	胡涛峰	贺米良	王长明	陈明定	欧阳纯岩
蒋新远	谌少华	谌友容	夏运全	张弟友	谌绪付
龚寿松	龚洵光	刘奎田	邓抚来	邓汉章	唐绍球
邓五九	刘光佐	张光岚	夏满容	程了珍	闵稳福
张光荣	刘化斌	谭顺光	吴章安	曹一元	伍国开
魏国斌	李美娥	谭雪君	肖自成	王友忠	

1995年度

丁田冬	张光岚	彭建英	梁恒胜	李宗鼎	夏鉴书
廖文忠	郭庚山	彭乐中	周宇娥	刘光佐	丁甫田
唐绍庭	林伟才	王秀英	龚洵光	龚芝媛	李敬华
段自金	龚寿松	胡吉主	夏高林	刘永年	林西元
谌石岩	欧阳纯岩	陈旺清	张乔福	谌友容	夏社华
王达华	黄玉光	周平初	夏红玉	王全坤	瞿放生
李秋珍	李松槐	胡涛峰	王一鹏	陶玉堂	刘喜华

刘干国	王世万	李告香	李孟军	陈可勋	田石娥
肖永中	胡汉柱	田仲阳	周萼初	陈高超	邓新权
姚群中	谭淑清	周明清	周定中	刘胜保	李盛华
陈芝兰	龙建华	毛云华	胡红辉	鄢世昌	邓珏华
张介人	周了珍	肖靖忠	龙凤初	吴章安	严芹芬
谌世新	王成均	文　斌	李共和	张石岩	肖三秋
王友忠	蒋志高	林席儒	吉炳德		

1996年度

龙凤初	袁定坤	张介人	周了珍	吴习初	宁阜茗
陈春耕	喻芝南	任益国	李瑾瑜	刘吉康	陈庆丰
刘超群	周腾芳	周定中	刘顺夫	周方来	姚仲钦
邓新权	刘　志	肖永中	戴历山	罗寿钦	周萼初
瞿放生	卢本和	王时佑	王全坤	张正开	胡望来
陶登科	李复军	姚新美	谌梦姣	贺米良	朱志业
丁田冬	刘干国	李志兵	谌元菊	谌石岩	黄仲华
黄恩保	罗正利	张弟友	严芹芬	张光荣	谌世新
方暖庭	蒋新远	廖忠植	谢登保	贺图兰	张光岚
廖文忠	彭乐忠	刘满玉	舒友社	李宗鼎	夏鉴书
程晓萍	邓抚来	龚寿松	邓云泉	刘长安	张石岩
伍国开	王成均	王爱华	王小悟	蒋志高	谌立新
谭雪君					

1998年度

邹爱军	袁定坤	龙恒祥	戴锡昌	龙新民	郭运龙
毛荣华	李志林	眭和平	李双如	戴立山	林国良
李善新	王嗣秋	曾建华	黄万雄	何日开	姚新美
龚魁林	陈名定	谌茂盛	杨世怀	张优吾	蒋悟生
谌了菊	邓稳中	刘玉琪	谢中华	张景华	李远发
夏求喜	夏兰香	曹光辉	刘成聚	成其文	

1999年度

高九雄	陈三保	喻成春	雷建刚	龙新民	陈次秋
冯建军	刘浩然	李志林	王志明	汪国钦	李义山
王嗣秋	李善新	曾建华	黄仲华	刘群松	姚新美
贺建中	王建荣	胡子付	谌茂盛	张优吾	邓稳中
谌超全	刘玉琪	方果果	杨卫国	王子成	罗亚平
邓亮山	伍贤才	黄胜军	刘解放	姚尚真	曹光辉
贺海云	梁永安	夏求喜	宁成明		

2000年度

眭素珍	王　彬	吴德林	周素武	陈祖德	姜训清
刘　化	戴哲成	郭运龙	王慈英	卢本清	刘平原
李双如	肖爱珍	曾国兵	孟爱仁	王农又	赵迪群
姚新美	贺建中	瞿放生	王凤华	卢习云	王孟仁
刘国云	陈名定	刘玉龙	刘和平	杨世怀	蒋汉书
谌道安	彭平移	谌了菊	陈望卿	陈善意	蒋悟生
罗华干	王子成	邓新庭	罗亚平	伍步祥	刘安平
黄胜军	邓立宏	廖文忠	梁迪英	谌乐广	贺图南
贺海云	向子信				

2001年度

邹爱军	周素武	陈三保	吴德林	陈兴祥	陈芝兰
任益国	郭运龙	陈庆丰	冯建军	睦和平	李志林
蒋佑保	吴放元	孟爱仁	黄仕林	宁成明	肖聘初
王嗣秋	李善新	曾建华	黄仲华	李星楼	龚魁林
贺巩固	胡子付	谌茂盛	李育才	罗正利	邓稳中
谌超全	蒋悟生	龚悟云	谌了菊	王子成	谢中华
张书田	侯东升	伍贤才	陈双娥	唐习忠	廖文忠
夏求喜	梁迪英	曹光辉	谌乐广	成其文	

2003年度

孟石源	刘陶忠	廖文忠	龚辉林	何爱社	贺先财
夏建华	龚寿松	邓喜康	张良保	卢凤喜	刘和平
谢金中	蒋跃登	蒋悟生	谌满桃	谌超全	谌跃清
谌白岩	谌铁岩	李和均	陶本德	刘启化	李钦初
王述槐	王建荣	王艳红	黄元芳	谭如二	黄建华
黄立成	张爱云	陈定坤	姚赛美	周小密	姚晚香
吴慎丰	黄建雄	贺绵祖	刘友初	卢本清	曹秋和
文和平	殷赛群	陈民权	易迪元	柳金莲	毛正升
周抗美	高敬军				

2004年度

孟石源	刘军和	夏凡来	廖文忠	胡能华	苏宏魁
何爱社	蒋利人	朱超群	张景华	刘道远	邹雄彬
吴青云	蒋悟生	谌铁稳	谌满桃	李良玉	谌超全
王日平	陶幸福	蒋甫阶	陶本德	李德辉	李钦初
王术槐	蒋毅华	周彩华	廖建武	黄正球	夏新国
夏远楚	黄立成	赵迪群	刘如良	邓术高	龚卫军
龙文钦	肖山愚	李祖荫	周爱国	任益国	刘建华
吴仕升	晏世龙	喻安保	阙浩贤	王乔生	蒋国保
刘金魁	龙维若				

2005年度

魏　刚	刘鹤村	夏建寒	阙浩贤	毛正升	李能英
刘中祥	刘肇端	夏能勋	肖新民	王乔生	李百槐
刘建华	殷赛群	肖志财	龚鹏飞	田京民	贺心武
李锡明	黄必贵	贺小玉	王备华	李钦初	黄郎云
贺米良	李和均	陶幸福	黄立成	王庆华	周抗生
周九妹	黄一宽	王艳红	张良田	谌白岩	谌满桃
谌铁稳	肖建和	刘玉琪	谢金中	张书田	邓卢山
卢凤喜	张良保	廖文忠	胡更生	胡日桃	夏新和
胡能华	孟石源				

2006年度

刘鹤村	夏建寒	姚长春	阙浩贤	毛正升	龚小林
何立华	黄建雄	贺绵祖	刘孝周	刘金魁	姚奇生
姚晚香	刘建华	龚卫军	龚鹏飞	夏珠明	田谷云
周芬宾	肖山愚	李才美	刘开科	丁巩固	陶幸福
夏稳开	贺米良	谌白岩	高多云	瞿万里	黄立成
梁湘贵	黄元芳	黄维放	廖建武	陆筱军	谌铁稳
刘玉琪	谌超全	张良田	肖建和	谢中华	刘静熠
仇祖元	龚寿松	龚去非	刘华玉	彭岳甫	夏新和
何爱社	胡能华	夏跃平	孟石源		

2008年度

高玉雄	龙帅洋	阙浩贤	蒋建珍	李靖华	刘中祥
贺绵祖	冯建军	殷赛群	尹勇华	蒋庆才	刘铁辉
周新飞	邓毅华	肖山愚	宁志强	夏元奎	黄顺安
梁奇才	黄红彬	夏光义	黄维放	贺米良	周铁刚
廖小寒	涂时华	刘开科	谌满桃	廖建武	魏忠义
谌培启	谌铁稳	聂文来	谭华安	刘岳辉	张景华
龚贵庭	刘海深	龚良文	陈放三	何爱善	夏建胜
贺中义	吴新平				

2009年度

张为钦	熊付元	周永红	肖　锋	冯建军	郭旺生
贺绵祖	刘肇端	肖又香	陈自强	殷永红	贺尚平
王　毅	李鹏武	姚雪飞	陈明权	宁超文	黄开颜
姚国良	杨百辉	黄立成	黄顺安	封善元	黄放鸣
王正义	谌国友	刘开科	陶小祥	贺培华	李险峰
陶有荣	周铁刚	谌栋才	高多云	谌培启	廖建武
谌铁稳	张弟祥	谌玉书	姚仙保	邓楚元	张景华
夏华凤	龚贵庭	刘日升	夏凡来	夏中仁	李征祥
贺二辉	贺中义	吴新平	刘陶忠	夏增强	

2010年度（人民满意代表）

王新辉	龙帅洋	肖建成	陈自强	贺绵祖	陈祖德
李必忠	李祝辉	吴能高	王心溪	吴成学	唐佩云
刘宗凡	黎访南	阮青方	李央生	贺培华	涂时华
李伟生	向瑞康	谌　辉	高多云	王欢安	周思纯
夏松茂	曾凡瑞	刘昭喜	瞿国辉	周玉莲	谌满桃
谌国华	吴子军	谭华安	朱超群	邓楚元	龚贵庭
刘海深	胡日桃	夏建胜	张宏伟	邓石儒	戴晓春

2011年度（人民满意代表）

王新辉	邹治华	金魁武	任益国	冯建军	蒋群高
谭顺平	李祝辉	郭月华	刘赤耕	姚雪飞	雷凤鸣
黄必贵	李汉明	李险峰	卢善松	黄培友	贺　荻
黄放鸣	黄跃祖	王备华	丁绛福	陶幸福	黄德中
谌栋才	王艳红	周玉莲	谌满桃	张弟祥	谭华安
朱超群	罗显林	龚桂庭	胡跃容	夏中仁	贺二辉
吴新平	陈放三	李志生	刘宝祥	廖小寒	吴能高
贺中义					

2013年度

邹爱军	邹文辉	冯建军	陈祖德	吴文塘	刘建华
蒋国其	黄仕林	杨福初	李爱晖	贺丰虎	谌铁稳
邓向华	张景华	曾福生	夏绪平	罗叔娥	黄超群
李鑫丰	黄放鸣	李付云	周铁刚	陶幸福	谌先开
龚建生	胡跃容	罗永华	夏建兴	吴再连	林安群

2014年度

谌小菊（模范代表）		高建党	喻汉超	龙帅洋	李建初
周国涛	谢　琼	肖又香	蒋建国	尹勇华	姚永良
黄志气	黄开颜	李险峰	周欢民	王定贤	刘学军
张西莲	谌国友	龚汉中	王敏生	谌栋才	周玉莲

李基盛	廖建武	谢金中	黄苏清	邓中跳	蒋殿光
胡跃容	高远晖	陈善千	夏慧香	李云治	林安群

2015年度

龙小量	李集全	严德元	周　勤	郭望生	龙雪姣
陈跃进	陈根云	陈明礼	王盛春	彭德希	李汉明
钟石来	蒋建斌	谌了菊	谌君花	邓向华	邓志刚
张有化	胡文良	李竞锋	李又平	夏远联	王定贤
谭如二	黄万雄	刘世云	向瑞康	罗伟民	杨正华
刘忠余	罗永华	夏建兴	夏木兰	李志生	

第三节　联系指导乡镇人大工作

乡镇人大是中国最基层的地方国家权力机关，加强对乡镇人大工作的联系和指导，是县人大常委会工作的一项重要内容。各届县人大常委会从密切联系、热情帮助、依法支持、激励督促等方面入手，加强对乡镇人大工作的指导。经过各届人大工作者和代表的努力，全县乡镇人大工作整体水平不断提高，有力地推进了基层民主法制建设和地方经济社会发展。

一、加强人大业务培训

乡镇人大干部是乡镇人大工作的主要力量。他们的素质如何，工作做得怎样，对整个乡镇人大工作关系极大。因此，县人大常委会对乡镇人大干部队伍建设高度重视。

（一）举办业务培训班。每次乡镇人大换届后，鉴于人大干部队伍变化较大，业务不太熟悉的情况，县人大常委会组织乡镇人大工作者进行集中培训，提高他们的素质。每届初，除组织乡镇人大主席、副主席参加市人大的业务培训班外，常委会还在县内举办乡镇人大干部业务培训班。培训班上，由党校组织学习和讨论党的方针政策及当前形势，常委会领导和办委负责人分别讲授《宪法》《选举法》《地方组织法》《代表法》等法律法规和财政监督、人大公文写作和新闻报道、信访等等业务知识。

（二）适时召开人大工作会议和经验交流会。县人大常委会每年召开一次乡镇人大工作总结会，每届召开一至两次人大工作会议和经验交流会，传达上级人大常委会的指示精神，推选一些乡镇人大主席团介绍经验，部署工作。每次会议召开之前，常委会都进行认真研究，并且深入乡镇开展调查，充分做好会议准备。每次会议常委会全体领导参加。

（三）指导乡镇代表开展评议活动。代表评议政府及有关部门工作的活动是《代表法》《地方组织法》等有关法律法规赋予代表监督政府、法庭及有关部门依法行政、公正司法、勤政为民、廉洁自律的一种有效形式，县人大常委会把指导乡镇代表开展评议活动作为县人大常委会每年一项重要的工作。1992年，县第十一届大大常委会为了把乡镇人大代表评议政府工作扎扎实实地开展起来，翻印下发了山东省招远县组织代表评议的基本做法，在全县范围内总结推广了中砥区组织代表评议国家和集体工作人员的经验，常委会有关工作委员会还办了试点，并请各区人大联络组组长、直属镇人大主席参加了试点的评议工作，有效地推动了评议活动的开展。全县58个乡镇人大主席团有51个组织代表对乡镇政府和有关部门、国家和集体工阼人员或由人大选举的干部及乡镇人大主席团的工作进行了评议。参加评议的县、乡镇人大代表达4100多人次，提出各方面的评议意见810多条。县第十三届人大常委会为了进一步加强和规范代表评议政府及各部门的工作，在对乡镇人大工作目标考核时明确规定，组织评议政府及职能部门工作，有评议方案、有测评结果、有整改措施、有专题总结材料，在全年考核计分100分中占有5～6分的比重。乡镇人大代表评议活动的扎实开展,有力地推动了政府和各部门的工作。

（四）安排乡镇人大负责人列席人大会议。从1985年开始，常委会召开会议，邀请区（镇）、战线人大工作联络员列席会议。从1987年开始，常委会召开会议，邀请区联工委主任和分批邀请乡镇人大主席团常务主席列席会议。县第十三届人大常委会根据会议议题邀请各乡镇人大主席列席常委会会议。县第十四届人大常委会开始，每次常委会会议都安排各乡镇人大主席列席。常委会邀请乡镇人大负责人列席常委会会议，让他们了解常委会的会议程序和工作情况，反映基层单位、人大代表和人民群众的意见与要求，同时，及时传达县和上级重大决策部署、工作安排，适时对乡镇人大工作进行指导。

二、实行多种方式指导

为了提高对乡镇人大进行指导的效果，县人大常委会在指导方法上不断探索，不断总结。常委会主要采取3种方式加强对乡镇人大的联系与指导。

（一）领导分片联系。各届常委会将常委会组成人员、常委会机关工作人员分成若干组，每个组联系几个乡镇。各组在常委会主任、副主任的带领下，参加所联系乡镇的代表活动和人大会议，调查了解所联系乡镇人大工作开展情况，同时走访乡镇人大干部和人大代表，倾听意见呼声，帮助解决困难和问题。县第十二届人大常委会通过办好马路镇人大工作联系点和办好内部刊物《权力与义务》，推介典型经验，促进乡镇人大工作平衡发展。县第十五届人大常委会统一为乡镇人大主席团配备了电脑和打印设备，提高乡镇人大工作的规范化和制度化水平，争取县委和县人民政府的重视与支持，把乡镇人大工作部分经费列入县财政预算，提高县乡人大代表活动经费，加大对乡镇人大工作的投入，为各乡镇人大主席团认真履行职责创造了更好的条件。

（二）健全工作制度。根据《地方组织法》《代表法》《湖南省乡镇人民代表大会主席团和乡镇人民代表大会主席副主席工作若干规定》等法律法规的规定，常委会督促各乡镇人民代表大会主席团建立健全《乡镇人大主席团工作职责》《乡镇人大代表活动制度》《代表联系选民制度》等制度，并明确各乡镇人大要有专门的办公室、有代表活动室、有先进的办公设备，有关人大主席团及县乡（镇）代表学习、会议、评议、活动、接访、联系等各种专门记录。

（三）组织参观考察。为了乡镇人大主席团更好地履行职责，行使法律赋予的各项职权，组织好县、乡(镇)人大代表活动，每届初，县人大常委会在举办业务培训班的同时，组织乡镇人大主席、副主席、办公室主任到乡镇人大工作搞得好的兄弟单位学习。1996年，县第十二届人大常委会组织29个乡镇人大主席、副主席，到江苏、浙江等地学习人大工作经验，扩大工作视野，增强改革意识。2008年9月，县、乡(镇)第一次同步换届后，县第十四届人大常委会组织乡镇人大主席到经济发展速度比较快、人大工作突出的宁乡县和长沙县，学习他们代表评议政府及部门工作、选民评议代表及人大干部、如何处理专职工作与兼职工作关系等方面的经验与做法。同时，常委会还组织乡镇人大办公室主任到张家界市、湘西自治州的有关乡镇学习了人大办公室工作经验。

三、建立工作激励机制

1998年以后，为了促进乡镇人大工作平衡发展，县人大常委会对各乡镇人大主席团的工作进行目标管理，采用百分制，分县代表小组活动（一般由人大主席兼任该乡镇县人大代表小组组长）、乡镇人大主席团工作、办公室工作、新闻报道4大项、21小项实行工作业绩考核。年初发文明确考核办法，年终由常委会领导带队，分3～5个组对各乡镇人席团的工作进行考核，现场视情打分，平时有关工作由办公室、选举任免联络工委等根据上报材料、常委会安排工作完成情况打分，主任会议根据考核碰头情况和考核分数确定乡镇人大工作先进单位，在一年一度的县人民代表大会会议预备会给予表彰奖励。2014年，县人大常委会对各乡镇人大主席团的工作考核调整为绩效考核，考核内容调整为经常性对各乡镇人大主席团的工作、创新性工作、总体评估3大项、22小项，按得分多少分一、二、三等奖给予奖励。历届各年度乡镇人大工作考核结果如下。

1999年度先进单位

东坪镇　烟溪镇　平口镇　梅城镇　马路镇　奎溪镇
栗林乡　洞市乡

2000年度先进单位

东坪镇　奎溪镇　烟溪镇　马路镇　大福镇　梅城镇
南金乡　柘溪镇　洞市乡　杨林乡

2003年度绩效考核

一等奖：烟溪镇　梅城镇　奎溪镇
二等奖：马路镇　大福镇　东坪镇　南金乡
三等奖：栗林乡　木子乡　东山乡　羊角塘镇　洞市乡

2004年度先进单位

奎溪镇　马路镇　东坪镇　梅城镇　小淹镇　平口镇　栗林乡

苍场乡 洞市乡 烟溪镇 南金乡 木子乡 大福镇 羊角塘镇

2005年度先进单位

梅城镇 东坪镇 烟溪镇 柘溪镇 马路镇 平口镇 大福镇
小淹镇 冷市镇 长塘镇

2006年度先进单位

马路镇 柘溪镇 东坪镇 梅城镇 清塘铺镇 乐安镇 羊角塘镇
小淹镇 平口镇 烟溪镇 冷市镇

2008年度先进单位

梅城镇 乐安镇 仙溪镇 龙塘乡 羊角塘镇 田庄乡 柘溪镇
平口镇 渠江镇

2009年度先进单位

江南镇 平口镇 马路镇 烟溪镇 仙溪镇 冷市镇 梅城镇
乐安镇 东坪镇

2010年度先进单位

乐安镇 梅城镇 大福镇 冷市镇 羊角塘镇 江南镇 东坪镇
柘溪镇 渠江镇 南金乡

2011年度先进单位

高明乡 梅城镇 乐安镇 冷市镇 滔溪镇 江南镇 东坪镇
柘溪镇 马路镇 烟溪镇 平口镇

2013年度先进单位

高明乡 乐安镇 大福镇 冷市镇 小淹镇 柘溪镇 渠江镇
烟溪镇

2014年度绩效考核

一 等 奖：东坪镇 马路镇
二 等 奖：乐安镇 仙溪镇 平口镇

三 等 奖：梅城镇 冷市镇 田庄乡 柘溪镇 南金乡
合格单位：高明乡 清塘铺镇 长塘镇 大福镇 滔溪镇 羊角塘镇
龙塘乡 小淹镇 江南镇 奎溪镇 烟溪镇 古楼乡 渠江镇

2015年度绩效考核

一 等 奖：高明乡 田庄乡
二 等 奖：冷市镇 奎溪镇 南金乡
三 等 奖：仙溪镇 小淹镇 东坪镇 马路镇 平口镇
合格单位：清塘铺镇 梅城镇 乐安镇 大福镇 长塘镇
滔溪镇 羊角塘镇 龙塘乡 江南镇 柘溪镇
烟溪镇 古楼乡 渠江镇

第四节 加强区（办事处）人大联络组建设

1989年3月，中共安化县委根据上级有关文件精神，决定在全县各办事处设置人大联络组。1991年12月，根据中共益阳地委办公室、益阳地区行署办公室《关于恢复区委、区公所名称的通知》的精神，将各办事处人大联络组改为各区人大联络组。

各区（办事处）人大联络组组长名单：

中砥：吴彩芹（1989.9.~1992.3）
刘卫星（1992.3~1994.2）
龙吉明（1994.2~1995.11）
江南：王海滨（1989.9~1992.5）
陶玉堂（1992.5~1995.11）
小淹：王世万（1989.9~1995.11）
冷市：王全坤（1989.9~1995.11）
仙溪：彭建富（1989.9~1995.1）
谭淑清（1995.1~1995.11）
梅城：戴山东（1989.9~1992.5）
李保华（1992.5~1993.12）
陈兴祥（1993.12~1995.11）
清塘：鄢世昌（1989.9~1995.11）
大福：田能生（1989.9~1992.5）
胡汉柱（1992.5~1995.11）
云台：邓青山（1989.9~1992.11）

李敬华（1992.11～1995.11）

烟溪：夏子文（1989.9～1992.5）

丁甫田（1992.5～1995.11）

第五节　信访工作

人大信访工作是中共党和国家信访工作的重要组成部分，是县人大及其常委会联系人民群众和了解社情民意的一个重要窗口，是化解社会矛盾、伸张公平正义、维护人民群众根本利益和合法权益的重要渠道和桥梁，是构建和谐社会的一项基础性工作。它既是人大常委会接受人民群众监督的有效途径，也是实施监督、履行人大职责的重要环节。

县人大常委会很重视代表和人民群众的来信来访，始终把它作为一项重要工作，列入议事日程。各届常委会都建立信访工作领导小组，常委会主任任组长，办公室主任任副组长，各工作委员会主任或副主任为成员。常委会主任会议和信访工作领导小组每季度听取一次信访工作情况汇报，研究处理信访中的重大问题，向“一府两院”及其他有关单位交办、转办。常委会机关设立信访工作专门机构，明确由内务司法工委负责，配备熟悉法律和政策的专职工作人员,各工作委员会也都确定一名干部，负责处理归口信访。由于县人大常委会领导高度重视、办理机制健全、工作人员务实，人大信访工作取得了明显实效，维护了法律的尊严，促进了社会的和谐稳定。

1980年12月～1984年2月，县第八届人大常委会共接待和办理信访525件。1982年，县人大常委会无论是对于来信来访，还是视察走访中、会议上听到的意见都很重视，及时向有关部门传达并督促办理。如云台区一名县代表小组长反映本地一家医院擅自提高诊费的问题，县人大转告卫生局后，该局即派一名副局长实地查明，纠正了原来的错误做法。县粮食局与东坪镇黄合大队的土地纠纷，县林业局月形山林场的山林权属纠纷，东坪镇砂石工区一带居民的饮水问题等，经督查有关部门办理，也都得到了妥善解决。1983年，县人大常委会对来信来访中反映的问题，有的直接作了调查，有的转交有关部门办理。全年12件重要信访中，有9件年内得到解决。

1984年2月～1987年2月，县第九届人大常委会共接待和办理信访1198件。1984年，县人大常委会热情接待和认真办理人民来信来访，做到件件有着落，事事有回音。如岳溪乡县代表小组来信反映，该乡密腊界村民小组近年来疾病流行，村民多数患严重慢性病，要求县里采取措施。县人大常委会随即同卫生部门到该地作了5天调查，对38个村民逐个体检，了解到致病主因是住房拥挤、劳动强度大、卫生条件差。为此建议县人民政府督促岳溪乡政府解决这一问题。该乡很快将这个村民小组从高山上全部迁移下来，进行了妥善安置。1985年，县人大常委会法制组通过对人民群众“告状难”的百例调查，对如何帮助代表、群众解决困难的认识更深了，对于代表、群众来信来访的处理做到了件件有登记，事事有答复，帮助解决了不少疑难问题。如县妇联主任、县人大代表林金桃反映，县农委的一名国家干部打报告给县人民法院工作的战友，要求停供其离婚妻带养的子女扶养费。这个战友当即批示同意，造成其子女生活困难，要求县人大常委会帮助他们维护妇女儿童的合法权益。法制组认为，这不仅是个维护妇女儿童合法权益的问题，而且是个维护法律尊严的大事，立即插手查实后，督促有关部门进行了处理，代表十分感激。1986年，县人大常委会对来信来访采取了5种处理办法：一般性的案件，及时进行转办和定期催办；反映违法不究、息事宁人的案件，组织调查，查明情况，督促司法部门依法处理；明显违法，阻力较大的案件，支持司法部门排除阻力，大胆行使职权；反映执法不严、量刑不准的案件，及时调阅案卷，建议进行重审；有争议的案件，召开联席会议共同学习法律，统一认识。受理的案件，得到了较好的落实。如大福乡禾黄村原党支部书记吴某违反森林法规，擅自批砍林木4100多根。群众向县人大来信检举揭发后，随即责成县人民检察院立案查处，并3次听取检察院关于此案侦查情况汇报，支持他们排除干扰，顶住"说情"风，独立行使检察权。县人大常委会根据县人民检察院的报告，建议原选区罢免了吴某的第九届县人大代表资格。县人民法院依法判处吴有期徒刑2年。

1987年2月～1990年2月，县第十届人大常委会共接待和办理信访866件。为了督促有关部门受理好申诉案件，解决人民群众告状难的问题，1987年4月，县人大常委会对1986年1月至1987年4月受理的308件信访案件，逐件进行了分析，并跟踪抽查了66件转办的信访案件的落实情况，了解了信访案件办理中存在的问题。是年5月，县人大常委会召集司法机关负责人座谈会，提出如下要求：把处理信访案件作为揭露犯罪、保护人民的重要工作来抓；进一步建立健全信访工作责任制，充实信访力量；热情接待人民群众来信来访，做到件件有着落，事事有回音，不得推诿延误；对上级转办的重要信件，要按时报告处理结果；对申诉有理、控告有据的案件顶住不办，造成严重后果的追究责任。另外，县人大常委会还多次听取有关部门办理人民群众申诉案件的汇报，督促查处了一些典型案件，解决了一些悬而不决、久拖不办的案件。如1988年3月，一县人大代表反映，东华乡农民周某多次奸污本村一名8岁的幼女。事发后，以赔偿被害人600元医药费私了此案。县人大常委会立即派人会同检察院、法院负责人核查。终以奸污幼女罪判处周某有期徒刑8年，维护了法律的尊严。1988年，县人大常委会为了使信访工作规范化、制度化，有关工作委员会组织司法机关负责人进行专门研究，对搞好信访工作提出了具体意见，对一些重要案件，建立了主任会议交办函、催办函及有关转办案件的报告制度。

1990年2月～1992年11月，县第十一届人大常委会认真受理代表和群众的来信来访和申诉控告案件1701件。1992年，县人大常委会收到代表和群众来信来访和申诉控告案件763起，已办结720起，办结率为94.3%。是年2月，马路镇县人大代表邓爱兰来信控告该镇一职工报复行凶，将其殴打致伤，要求依法惩办凶手。县人大常委会对此极为重视，次日就将来信转去公安机关。在常委会的督促下，公安机关及时组织力量，在查明案情的基础上，将案犯依法逮捕。县人民法院判处被告有期徒刑一年，赔偿原告损失1500元，维护了人大代表的合法权益。

1992年12月～1997年12月，县第十二届人大常委会完善公民信访、申诉控告受理制度和督办处理制度，加强个案跟踪监督，形成了一套行之有效的办法，规定由信访室直接交办、主任会议研究交办和常委会会议研究交办3个层次，每年都跟踪督办了1～2件有影响的案件。本届常委会共接待和受理来信来访和申诉控告案件5478件（次），基本上做到认真查办并回复查办结果。

1998年1月～2002年12月，县第十三届人大常委会共接待各级人大代表和群众来访4600余件（次），其中来信1200多件。对执法机关存在明显执法不公和行政、司法机关工作人员违法违纪等问题，以及上一级人大机关转办的重点个案，实行重点督办。本届共向县人民法院、县人民检察院、县公安局和其他行政执法部门交办信访个案60件，并对每件个案进行跟踪监督，使一些人民群众反映十分强烈、久诉不息、久拖不决、久执不果的“老大”难问题得到解决。柘溪电站职工邱某强奸案最终得到依法判决，杨林乡黄柳村菊兴组与菊明组土地纠纷案最终得到有效解决，依法保护了人民的利益。安化县人大信访工作连续两年被评为全省先进单位。

2003年1月～2007年12月，县第十四届人大常委会共接待来访群众4995人次，处理群众来信1688件，办理上级人大交办的信访65件次，主任会议交办信访14件，重点督办信访274件次。2007年上半年共接待信访241件，其中全国人大转办的11件、省人大转办的2件。2007年8月,主任会议责成马路镇政府成立专案组，纠正该镇村民邓某父子1989年因怀疑其盗窃电力线路被强行处罚的错案，达成赔偿协议，平息了这一上访18年的信访悬案。柘溪镇村民王某因怀桃公路柘溪隧道施工弃土造成拦网养鱼损失赔偿案，拖延十余年后在常委会的有力监督下终于得到公正处理。

2008年1月～2012年11月，县第十五届人大常委会把信访工作作为畅通民众利益诉求、促进依法行政的一条重要途径，坚持专人接待、分工批阅、定期研究、重点交办的信访工作制度，认真落实信访办理工作责任制，使群众反映的问题和合理诉求尽可能得到解决。本届共接待来访群众782批4370人次，处理群众来信870件，交办、督办重要信访117件。2011年，县人大常委会共受理群众来信84件，接待来访群众61批305人次，其中5人以上的群体性上访4批217人次，县人大常委会共批示督办信访15件，并确定了向“一府两院”重点交办的信访案件。

2012年11月～2016年11月，县第十六人大常委会共接待和办理来信来访681起，其中来信124件，来访545批2070人次。共交办、督办重要信访件106件，对一些带普遍性、区域性、社会动态性的信访进行认真甄别，采取交办、转办、分管领导督办、主任会议研究等方式，予以妥善处理，有效化解了矛盾，促进社会和谐稳定。

第六节　扶贫工作

1996～1999年

县人大常委会负责马路镇黄婆村开展建设扶贫工作，由副主任姚让之分管，农业工委、县石油公司协同联系建设扶贫点。3年共筹措资金30多万元，修通了一条6公里的通村公路。

2000～2003年

县人大常委会负责马路镇原湖南坡乡同意村开展建设扶贫工作，由副主任肖三秋分管，农业工委、县地税局协同联系建设扶贫点。3年共筹措资金50多万元，修通了三门大桥和一条8公里的通村公路。

2003～2005年

县人大常委会负责马路镇云台山村开展建设扶贫工作，由副主任夏国新分管，农业工委、县发改局协同联系建设扶贫点。3年共投入各类资金60多万元，建立油茶基地和茶叶基地800多亩，扩改整修了10公里村级公路、7公里组级公路，新建了8个水池，解决了500多人的吃水问题，新建了一栋240多平方米的村办公综合楼。

2007～2008年

县人大常委会负责江南镇木杨村开展建设扶贫工作，由副主任夏国新分管，农业工委、县建设局和县规划局协同联系建设扶贫点。两年共筹措扶贫资金110多万元，建好了村级活动场所，扩改硬化了从莲环村经永固村到木杨的6公里公路，拉通了5个组公路，建立了厚朴、白术、茶叶和娃娃鱼基地。

2009～2010年

县人大常委会负责小淹镇肖家村开展建设扶贫工作，由副主任夏国新分管，县人大办、县电力局、县质监局协同联系建设扶贫点。两年共筹集基础设施建设资金100万元，修建了黄家洞、枧冲、羊牛洞、大黄4条村组公路共计3.2公里；修建了宽5米，长分别为6米、13米的大形和桥亭一组两座农村公路桥；维修加固了肖木冲水库；全面完成了农村电网整改、人饮安全工程、农业产业化建设、五保之家建设和村级组织建设。

2011～2014年

县人大常委会负责马路镇潺溪口村开展建设扶贫工作。由副主任黄志军分管，县人大办牵头，县安监局、县编委办协同联系建设扶贫点。3年共筹措扶贫资金478万元，修了一条18公里的通村公路，完成“一事一议”、公路、国土整理、人畜饮水等项目4个。

2015～2016年

县人大常委会负责东坪镇木子村开展建设扶贫工作，由办公室牵头，党组成员、办公室主任姚国良负责联系，农业工委、县邮政局协同联系建设扶贫点。2015～2016年，组织资金120万元，修建占地面积4亩、建筑面积1000平方米的木子村便民服务中心；组织资金100万元，硬化公路3.5公里；完成3个组的农村电网改造；扶持13户（42人）脱贫；另为村争取各类扶贫资金150万元。

第七节 宣传报道工作

宣传工作是各级人大工作的重要组成部分，随着人民代表大会制度的不断完善，人大工作实践不断深化，其重要性日益彰显。历届县人大常委会都十分重视人大宣传工作。

一、宣传报道的主要措施

一是建立宣传报道小组。常委会明确一名副主任分管人大宣传工作，办公室分管文秘的副主任任组长，各委室明确一人为小组成员。二是明确工作责任。宣传人大制度是县、乡人大的一项重要工作，各级人大工作者和人大代表，必须增强宣传工作的紧迫感、使命感和责任感。常委会把人大宣传作为人大工作的重要组成部分，列入年度工作计划，摆在重要议事日程，并作为年度工作考核的重要内容。常委会各工作委室、乡镇人大主席团采取切实措施加强对这一工作的领导，安排专人负责。三是明确宣传内容。宣传人民代表大会制度，主要是宣传人民代表大会制度的内容、性质、地位和作用，宣传县人大及其常委会、乡镇人大决定重大事项、任免重要人事的过程，重大的执法检查和人大代表的风采。在宣传报道的形式上不能只静态地宣传人大会议结果，要多做动态的跟踪报道。四是拓展宣传报道渠道。县乡人大、各新闻媒介结合实际，采取各种群众所喜闻乐见的方式，丰富、活跃人大制度的宣传形式。常委会通过编印公报、人大信息网、工作简报为各级人大代表知情参政提供条件。乡镇人大主席团因地制宜采用墙报、专版、标语、横幅等方式充实人大制度的宣传阵地。电视、报纸等新闻媒体，增设一些人大新闻宣传栏目或专题节目。在报道形式上，不能拘泥于消息报道，要大力倡导采用通讯、特写、报告文学、诗歌、散文、戏剧、新闻图片等体裁，对人民代表大会制度和人大工作进行深度报道，努力提高人大新闻报道的可读性和电视收视率。五是建立健全宣传激励机制。2005年3月，县第十四届人大常委会《关于加大人民代表大会制度和人大工作宣传报道力度的通知》中规定，凡在市级以上报刊、电视、广播等媒介发表或采用的宣传安化县人大工作、人大代表履职风采的文章（体裁不限），给予稿酬1倍以上的奖励；凡在国家级报刊等新闻媒介上发表的人大新闻稿件，给予稿酬2倍的奖励；对在《人民日报》《求是》和中央电视台采用的人大新闻稿件实行重奖。乡镇在县级报刊、电视台发表的人大新闻，包括在县委、县人民政府的内刊上采用的无稿酬文章，500字以下的每篇奖励10元，超过500字的每篇奖励20元。稿酬不重复计奖。稿件发表后，作者要及时将文章、稿酬的复印件报送县人大办公室登记，在第二年上半年统一给奖。在乡镇人大主席团中开展 “人大制度宣传先进单位”评比活动，每年评选一次，每次评出一等奖单位1个、二等奖单位2个、三等奖单位3个。

二、宣传报道获奖情况

县人大常委会机关干部在市以上获奖的新闻作品一览表

（1992~2016年）

标　　题	作　者	采用报刊	发表时间	评奖情况
耿耿丹心为人民	姚让之	《湖南人大工作》	1992.6	《湖南人大工作》优稿三等奖、益阳地区人大好新闻二等奖

续表1

一份调查报告的效益	姚让之 蒋国顺 龙高明		1992.6	益阳地区人大好新闻三等奖
维护师道尊严 净化育人环境	姚让之 伍惠予 龙高明		1992.6	益阳地区人大好新闻优秀奖
安化禁赌记	蒋国顺	《人民之友》	1996.2	湖南省第六届宣传人大制度好新闻二等奖
他们没有被遗忘	李　丰	《人民代表报》	1996.12	湖南省第七届宣传人大制度好新闻三等奖，益阳市首届《益阳人大》优稿二等奖
撤诉，在开庭之前	蒋国顺	《人民之友》	1997.1	湖南省第七届宣传人大制度好新闻二等奖
代表约见吐心声 厅长会间查实情	伍惠予 唐新华	《益阳人大》	1997.2	益阳市首届《益阳人大》优稿二等奖
考评合凑曲	刘应生 龙高明	《人民之友》	1997.2	湖南省第七届《人民之友》优稿奖
一个沉重的话题	伍惠予		1997.3	益阳市人大教科文卫系统评选的优稿奖
厂长糊涂决策 主席依法纠错	李　丰	《人民之友》	1997.12	湖南省第八届宣传人大制度好新闻二等奖
一波三折的耕牛投毒案	蒋国顺	《人民之友》	1998	湖南省第九届宣传人大制度好新闻二等奖，益阳市首届《益阳人大》优稿一等奖
一封来自连云港的信	李　丰	《人民之友》	1998.2	益阳市首届《益阳人大》优稿三等奖
缚魔记	蒋国顺	《益阳人大》	1998.2	益阳市首届《益阳人大》优稿一等奖
这位候选人少不得	李　丰	《湖南日报》	1999.6	湖南省第十届宣传人大制度好新闻二等奖，益阳市第三届《益阳人大》优稿三等奖
村民自治改变了罗家村	李　丰	《人民日报》	2000.8	益阳市第四次宣传人大制度好新闻评选三等奖
铁鞭高扬	李　丰	《人民之友》	2001.12	湖南省第十二届宣传人大制度好新闻三等奖，益阳市第五次宣传人大制度好新闻评选一等奖
让权力服务人民	李　丰	《益阳日报》	2002.12	益阳市第六次宣传人大制度好新闻评选三等奖

续表2

降龙的精英 灾民的脊梁	罗舜寰	《益阳人大》	2003	益阳市第二届《益阳人大》优稿三等奖
野火春风斗古城	李　丰 罗舜寰 姚进群	《人民之友》 《益阳人大》	2003	益阳市第二届《益阳人大》优稿一等奖
人大代表催生一座亮丽新城	罗舜寰	《益阳日报》	2003	益阳市第六次宣传人大制度好新闻评选一等奖
在针尖对麦芒之间	李　丰 罗舜寰	《人民之友》 《益阳人大》	2003	益阳市第六次宣传人大制度好新闻评选三等奖
人大监督：安化县对“黑律师”说不	罗舜寰 蒋正宇	《人民日报》 《法制日报》 《人民之友》 《益阳人大》	2003.10	湖南省第十四届宣传人大制度好新闻二等奖，益阳市第七次宣传人大制度好新闻评选一等奖
夏求喜当代表的 不同经历	李　丰 罗舜寰 夏普云	《中国人大》 《人民之友》	2003.11	益阳市第七次宣传人大制度好新闻评选二等奖
代表评议，压力 何处不在	刘国平	《益阳人大》 《益阳日报》 《人民代表报》	2004.10	益阳市第八次宣传人大制度好新闻评选三等奖
苍场“伐木人” 变成了“护林神”	李　丰	《人民代表报》	2004.12	湖南省第十五届宣传人大制度好新闻评选三等奖，市第八次宣传人大制度好新闻评选一等奖
从三“点”入手 加强人大监督	蒋金云	《人民之友》	2005.1	益阳市第九次宣传人大制度好新闻评选二等奖
评议岂能打“白条”	夏新情 谭安民	《人民之友》	2005.9	益阳市第九次宣传人大制度好新闻评选一等奖
省人大常委会副主任吴向东视察柘溪库区移民工作（摄影）	谌上游	《湖南移民》	2005.12	益阳市第九次宣传人大制度好新闻评选三等奖
为了18万库区人民	夏新情	《人民之友》 《人民代表报》	2006.5	湖南省第十五届宣传人大制度好新闻评选二等奖，市第十次宣传人大制度好新闻评选一等奖
安化扎实推进 “农民健康行”活动	廖双初	《益阳日报》	2007.5	被评为湖南省2007年度“三湘农民健康行”活动好新闻优秀奖
满城灯火满城春	夏琼玲	《中国人大》 《益阳人大》	2007.4	益阳市第十一次宣传人大制度好新闻评选一等奖
细节变化折射 正在成长的监督力	夏新情	《人民之友》 《人民代表报》 《益阳人大》	2007.9	湖南省第十八届宣传人大制度好新闻评选三等奖，市第十一次宣传人大制度好新闻评选二等奖

续表3

监督：直指百年大计	谭安民	《益阳人大》	2007.9	益阳市第十一次宣传人大制度好新闻评选三等奖
监督为新农村建设添力加速	夏新情	《人民之友》	2008	益阳市第十二次宣传人大制度好新闻评选二等奖
安化人大：小黑板起大作用	胡　健	《益阳日报》	2009.6	湖南省第二十届宣传人大制度好新闻评选三等奖，市第十三次宣传人大制度好新闻评选一等奖
播送光明	胡　健	《人民之友》	2009.9	益阳市第十三次宣传人大制度好新闻评选一等奖
与民意同行	夏新情	《益阳人大》	2009.11	益阳市第十三次宣传人大制度好新闻评选二等奖
面对面听民意实打实解民忧	夏新情	《人民代表报》	2010.9	湖南省第二十一届宣传人大制度好新闻评选三等奖，市第十四次宣传人大制度好新闻评选一等奖
安化人大三件刚性监督个案的启示	夏新情	《益阳人大》	2010	湖南省人大系统理论研讨会论文三等奖
关注生命之源夯实生产之要	夏新情	《人民之友》	2011.6	益阳市第十五次宣传人大制度好新闻评选二等奖
让代表亮剑给监督添力	夏新情	《人民之友》	2011.3	益阳市第十五次宣传人大制度好新闻评选三等奖
湿地保护一个亟待解决的大事	刘国平	《益阳人大》	2011.9	湖南省三湘环保世纪行好新闻奖
绿色的鼓点沉甸的责任	夏新情	《人民之友》	2012.5	益阳市第十六次宣传人大制度好新闻评选三等奖
决议助推茶旅一体化发展	胡　健	《人民之友》	2012.10	益阳市第十六届宣传人大制度好新闻评选三等奖
协力打造富民强县主产业	夏新情	《人民之友》	2012.11	湖南省第二十三届宣传人大制度好新闻评选三等奖，市第十六次宣传人大制度好新闻评选一等奖
家家亮作为评议促发展	胡　健	《益阳人大》	2013.5	益阳市第十七次宣传人大制度好新闻评选二等奖
复兴梅山文化推动区域发展	夏新情 王青山	《人民之友》	2013.10	湖南省第二十四届宣传人大制度好新闻评选三等奖，市第十七次宣传人大制度好新闻评选一等奖

续表4

添力重点工程 促进发展提速	夏新情	《人民之友》 《益阳人大》	2014.7	益阳市第十八次宣传人大制度好新闻评选二等奖
人大预算审查监督问题与提升实效对策探讨	瞿军盛 夏　巍	湖南省庆祝人民代表大会成立60周年理论研讨会	2014.9	湖南省庆祝人民代表大会成立60周年理论研讨会二等奖
羊角塘镇人大评议部门工作	李　灿 肖　欢	《人民之友》	2015.11	湖南省第二十六届宣传人大制度好新闻评选二等奖，市第十九次宣传人大制度好新闻评选二等奖

第四篇　县人大常委会机关

第一章　工作机构

第一节　机构设置和人员编制

根据1979年7月1日第五届全国人民代表大会第二次会议通过的《地方组织法》的规定，1980年12月23日，建立安化县第八届人民代表大会常务委员会。1981年1月，县人大常委会设置办事机构“安化县人大常委会办公室”，地点在县人民政府机关院内。1984年2月23日，安化县第九届人大常委会产生后，县人大常委办事机构分设为“一室三组”，即办公室、法制组、财政经济组、教科文卫组。1986年2月，根据上级精神，县人大常委会决定将组改为工作委员会，分别为法制工作委员会、财政经济工作委员会、教科文卫工作委员会。1987年4月，县人大常委增设联络工作委员会。1996年9月，联络工作委员会更名为选举任免联络工作委员会。1996年9月，法制工作委员会更名为内务司法工作委员会。1996年1月，增设农业工作委员会。2006年7月，增设城乡建设与环境保护工作委员会。1981年，县人大常委会机关仅有办公室主任、副主任、秘书、干部、职工共12人。1986年，县人大常委会机关工作人员定编30人（含常委会主任、副主任4人），实有在职在编人员29人。1989年2月12日，中共安化县委常委会议决定县人大常委机关行政编制由30名增加到35名。1990年年底，县人大常委会机关实有在职在编人员35人。安编发〔1989〕13号文件通知，县人大常委会机关各办、委按县委、县人民政府各部、办、委级别对待，即各办、委正职、副职均为正科级。2002年5月，安编发〔2002〕63号文件批复，县人大常委会机关定编29人，其中行政编制为26名(包括县人大常委会主任、专职副主任)、机关后勤服务人员事业编制3名。委室正职6名，委室副职6名，机关纪检员1名。2016年6月，安编发〔2016〕48号文件通知。县人大设法制委员会、财政经济委员会（县人大常委会预算工作委员会与其合署办公）2个专门委员会，均为正科级，各设主任委员1名，副主任委员1名。县人大常委会设办公室，为正科级，设主任1名，副主任2名。县人大常委会设内务司法工作委员会、教育科技文化卫生工作委员会、环境资源保护与城乡建设工作委员会、农业农村工作委员会、选举任免联络工作委员会，均为正科级，各设主任1名，副主任1名。撤销县人大常委会财政经济工作委员会。增加县人大及县人大常委会机关行政编制5名，调整后，县人大及县人大常委会机关共核定行政编制31名，后勤服务全额拨款事业编制3名（后勤服务人员只出不进，编制空一减一）。2016年12月，县人大常委会机关实有在职在编人员38人。

第二节　县人大及常委会机关各委室的主要职责

办公室

1.起草和审核修改县人大常委会有关文稿；围绕拟提交县人大及其常委会审议的议题开展调查研究，提供调查报告及有关资料。

2.负责县人民代表大会会议、县人大常委会会议、县人大常委会主任会议和以县人大常委会名义召开的其他会议的准备工作及会议期间有关服务工作，会同选举任免联络工作委员会负责赴益阳市参加全市人大会议的安化代表团有关服务、联系工作。

3.组织起草县人大常委会工作报告和领导重要讲话，收集、整理、传递人大工作信息，负责地方人大工作的理论研究及有关通讯报道。

4.负责协调县人大常委会机关各委室的有关工作，对意见不一致的问题提出处理意见，报常委会领导决定。

5.会同选举任免联络工委负责全县人大系统干部培训管理的有关工作。

6.负责县人大常委会机关值班、通讯、文秘、档案、保密、政工、人事、老干部、工会、党群、后勤保障、计划生育、社会治安综合治理等工作。

7.会同有关委室负责上级人大到安化检查工作以及省内外兄弟单位人大领导到安化考察工作期间的接待工作。

8.负责县人大常委会组成人员、县人大常委会主任会议组成人员进行有关执法检查、视察的具体组织工作。

9.办理上级人大、县人大常委会及其主任会议交办的其他事项。

选举任免联络工作委员会

1.负责在安化的全国、省、市人大代表和县人大代表以及镇人大主席团的有关联系工作，做好省、市、县人代会议和代表视察的组织服务工作。

2.指导乡镇人大依法行使职权，办理和督促办理县人大代表提出的建议、批评和意见以及人大代表的来信来访。

3.办理县人大常委会人事任免有关具体工作；按照主任会议意见，对某些被提请任命的人选进行任前考核；办理县人大常委会对县人民政府工作部门和“两院”负责人进行述职评议的有关工作。

4.受县人大常委会、县人大常委会主任会议委托，承担有关选举、任免和人大代表联络方面议案的起草工作。

5.办理县人大代表资格审查的有关工作。

6.受县人大常委会、县人大常委会主任会议委托，办理县人大代表和在安化的市人大代表的罢免、补选和县人大常委会组成人员辞职等具体工作。

7.指导乡镇人大换届选举工作。

8.办理上级人大、县人大常委会及其主任会议交办的其他事项。

内务司法工作委员会

1.负责常委会涉及内务司法工作的有关议题的调查，为常委会对这些议题的审议提供事实和法律上的依据。

2.负责常委会开展的以内务司法工委对口联系单位为执法主体的有关法律法规的执法检查的具体工作。

3.督查县人大及其常委会有关决议、决定、审议意见的落实。

4.接待人大代表和人民群众的来信来访，受理有关申诉和控告案件，并协助和督促有关机关依法处理。督办提请常委会和常委会主任会议研究后决定交办的个案。

5.做好提请人大及其常委会任命的国家机关工作人员进行法律考试的具体工作。

6.负责与对口单位的联系工作，参加对口联系单位的有关重大活动。

7.办理上级人大、县人大常委会及其主任会议交办的其他事项。

财政预算工作委员会

1.为县人大及其常委会审查批准国民经济计划、本级财政预决算、预算外资金和有关专项资金的收支计划、重点工程项目方案等做好调查研究和初审工作，并为实施落实搞好监督服务。

2.为常委会组织并参与财经方面特定问题的调查。

3.检查督促财政经济方面的法律法规在本行政区域内的贯彻实施。

4.监督和检查县人大及其常委会关于财政经济方面的决议、决定在本行政区域内的实施，并做好调查研究工作。

5.接待和办理财经方面的来信来访，并对重大问题展开调查研究，督办落实。

6.指导乡镇人大搞好财政预决算方面的审查和监督工作。

7.联系财经系统对口单位的工作。

8.办理上级人大、县人大常委会及其主任会议交办的其他事项。

教育科技文化卫生工作委员会

1.开展调查研究，为县人大及其常委会审议决定教科文卫方面的重大事项提供情况和依据。

2.组织执法检查，确保国家法律法规在本行政区域内的贯彻实施。

3.办理有关教科文卫方面的来信来访，受理人大代表和人民群众对国家机关工作人员的申诉和控告。

4.联系走访教科文卫系统的人大代表，督促有关代表意见、批评、建议的办理、落实。

5.密切同对口单位的联系，参加教科文卫方面的有关重大活动。

6.围绕党的中心工作，积极参与经济建设，促进教科文卫事业和县域经济的健康发展。

7.办理上级人大、县人大常委会及其主任会议交办的其他事项。

农业农村工作委员会

1.开展调查研究，为县人大及其常委会审议决定农业方面的重大事项提供情况和依据。

2.组织对本工作委员会工作有关的执法单位的执法情况进行检查。

3.根据县人大常委会的安排和工作需要，联系县人民政府有关部门，听取有关工作汇报。

4.督查县人大及其常委会关于农业方面决议、决定、审议意见的落实。

5.联系与本工作委员会对口单位的全国、省、市、县人大代表，督促办理代表的建议、批评和意见。

6.接待办理人大代表和人民群众与本工作委员会工作相关的来信来访。

7.办理上级人大、县人大常委会及其主任会议交办的其他事项。

环境资源保护与城乡建设工作委员会

1.审议县人民代表大会主席团和县人民代表大会常务委员会交付审议的有关城乡建设与环境保护方面的议案，提出审议报告。

2.向县人民代表大会主席团和县人民代表大会常务委员会提出属于其职权范围内的有关城乡建设与环境保护方面的议案。

3.拟订和审议同本工作委员会有关的决议、决定草案。

4.审议县人民代表大会主席团交付的城乡建设与环境保护方面的质询案，听取受质询机关对质询案的答复。

5.对城乡建设与环境保护方面的法律、法规及决议、决定执行情况进行调查研究，必要时向常委会或主任会议提出报告。

6.负责对全县城乡建设与环境保护方面的重大事项和人民群众反映强烈的重大问题进行调查研究，向主任会议提出报告。

7.县人大及其常委会审议国民经济和社会发展计划草案时，就城乡建设与环境保护方面的工作提出意见。

8.联系县人民政府与城乡建设和环境保护方面有关的工作部门，听取工作汇报。

9.办理县人民代表大会主席团、常委会和主任会议交办的其他事项。

县人民代表大会法制委员会

1.协助上级人大进行立法调研。

2.规范性文件备案审查。

县人民代表大会财政经济委员会

1.向县人民代表大会或常务委员会报告工作，为县人民代表大会及其常务委员会行使职权服务。

2.向县人民代表大会或常务委员会提出属于县人民代表大会或常务委员会职权范围内的议案，并作出说明。

3.审议县人民代表大会主席团或常务委员会交付审议的议案，并提出审议结果的报告；督促和办理县人大代表提出的与该委员会有关的建议、批评和意见；根据大会主席团或主任会议决定，召开专门委员会会议，听取受质询机关对质询案的口头答复，提出意见，并向主席团或常务委员会报告结果。

4.拟订或审议与该委员会有关的规范性文件和决议、决定草案，协助常务委员会对上级征求意见的立法草案组织有关方面听取意见，提出建议。

5.听取县级有关部门的专题汇报，对有关问题开展调查研究；根据调研和执法检查中发现的突出问题，可建议常务委员会作为听取和审议“一府两院”专项工作报告的议题。在常务委员会听取和审议专项工作报告20日前，对“一府两院”送交该委员会征求意见的专项工作报告文稿进行初审，并提出修改的意见和建议；对“一府两院”送交该委员会征求意见的专项工作报告的审议意见的研究处理情况，提出意见和建议。

6.对提请县人民代表大会会议审查和批准的国民经济和社会发展年度计划执行及计划草案的报告、年度财政预算执行和预算草案的报告，有关专门委员会进行初步审查，并提出审查报告；对提请常务委员会审查和批准的国民经济和社会发展计划调整方案、财政预算调整方案、县本级财政决算草案，财经委提前进行初步审查，并提出审查意见的报告。

7.具体组织实施与该委员会有关的常务委员会的执法检查工作；对“一府两院”送交该委员会征求意见的常务委员会组成人员对执法检查报告的审议意见连同执法检查报告的研究处理情况，提出意见和建议；受县人大常委会的委托，对“一府两院”研究处理常务委员会执法检查报告的审议意见的情况进行跟踪检查。

8.办理省、市人民代表大会有关专门委员会和县人民代表大会及其常务委员会交办的其他事项。

第三节　县人大及常委会机关各委室负责人

一、常委会机关各委室负责人

委室名称	职　务	姓　名	任职起止时间
办公室	主　任	肖祥涛	1981.1～1984.2
		黄　英	1984.2～1986.2
		姚让之	1986.3～1993.3
		刘应生	1993.3～1998.1
		何爱霞	1998.1～2003.2
		谌上游	2003.2～2006.6

续表1

办公室	主　任	陶月平	2006.10～2013.1
		姚国良	2013.1～2016.12
	副主任	卢善积	1981.1～1986.3
		张树德	1981.1～1986.3
		赵孟菊	1986.2～1990.3
		陈怡庆	1986.2～1987.3
		吴余保	1987.6～1990.9
		伍惠予	1990.6～1993.2
		杨炳生	1993.2～1996.3
		谭周祥	1993.2～1998.1
		龙高明	1996.3～1997.1
		罗舜寰	1997.1～2005.3
		姚庆轩	1998.5～2003.2
		夏赞辉	2002.7～2005.6
		夏新情	2005.6～2009.6
		卢世刚	2007.3～2008.11
		谭安民	2008.11～2011.1
		胡　健	2010.7～2016.4
		李聪勇	2016.8～
	机关中共纪检员	熊政权	2001.12～2003.2
		陶延林	2003.2～2004.4
		罗舜寰	2004.4～2005.3
		蒋正宇	2005.3～2008.2
		夏新情	2009.6～2013.7
		夏秀云	2016.4～
选举任免联络工作委员会（1996年9月前为联络工作委员会）	主　任	陈怡庆	1988.3～1990.3
		汪修晋	1990.3～1990.9
		吴余保	1990.9～2005.3
		罗舜寰	2005.3～2010.7
		龙吉明	2010.7～2016.4
		谭安民	2016.4～

续表2

选举任免联络工作委员会（1996年9月前为联络工作委员会）	副主任	陈怡庆	1987.3～1988.3(缺主任)
		罗显毅	1995.12～1997.1
		梁石桅	1997.3～1998.1
		李　丰	2001.3～2005.6
		夏赞辉	2005.6～2007.12
		廖双初	2008.2～2010.7
		谭安民	2011.1～2016.4
		瞿荃芳	2016.4～
内务司法工作委员会（1986年2月前为法制组）	主　任（1986年2月前为组长）	何友卿(兼)	1984.4～1986.4
		谢复珍	1986.4～1990.3
		陈怡庆	1990.3～1996.3
		蒋国顺	1996.3～2003.2
		熊政权	2003.2～2008.2
		肖伟群	2008.2～2013.7
		刘百战	2013.7～
	副主任（1986年2月前为副组长）	蒋国顺	1985.3～1996.3
		肖建中	1996.3～2001.11
		蒋正宇	2001.11～2008.2
		李　明	2016.11～
财政经济工作委员会（1986年2月前为财政经济组）	主　任（1986年2月前为组长）	谌荣增(兼)	1984.4～1986.2
		龚象麟	1986.2～1990.3
		刘昭曙	1990.3～1998.3
		陶延林	1998.3～2003.2
		姚庆轩	2003.2～2010.7
		胡　春	2010.7～2013.7
		瞿军盛	2013.7～2016.12
	副主任（1986年2月前为副组长）	杨炳生	1984.2～1993.2
		陈怡庆	1985.3～1986.2
		陶延林	1993.2～1998.3
		熊毅群	1998.5～2003.2
		刘国平	2003.5～2007.3
		唐龙飞	2016.6 ～2016.12

续表3

教育科技文化卫生工作委员会（1986年2月前为教科文卫组）	主　任（1986年2月前为组长）	罗廸祥(兼)	1984.4～1986.2
		刘昭曙	1988.3～1990.3
		赵孟菊	1990.3～1993.2
		伍惠予	1993.2～2010.7
		瞿军盛	2010.7～2013.7
		夏新情	2013.7～2016.4
		方英姿	2016.4～
	副主任（1986年2月前为副组长）	胡纯旺	1986.2～1987.4（缺主任）
		刘昭曙	1987.4～1988.3（缺主任）
		廖双初	2007.3～2008.2
		夏琼玲	2008.5～
农业农村工作委员会	主　任	罗显毅	1997.1～2003.2
		刘解放	2003.2～2008.2
		周共华	2008.2～2010.7
		刘锻武	2010.7～2016.4
		罗伟民	2016.4～
	副主任	熊毅群	1997.3～1998.5
		罗子富	1998.5～2000.3
		龙星乔	2000.11～2003.2
		夏新建	2003.2～2007.3
		谌纯章	2009.2～2010.9
		彭　霞	2016.4～
环境资源保护和城乡建设工作委员会	主　任	刘国平	2007.3～2016.4
		方建国	2016.4～
	副主任	吉项军	2010.3～2016.4
		周　勤	2016.8～
机关工会	主　席	谭安民	2008.5～2016.7
		侯　兰	2016.7～

二、县人民代表大会专门委员会负责人

委员会名称	职　务	姓　名	任职起止时间
法制委员会	主任委员	邓卫辉	2016.12～
	副主任委员	李　旭	2016.12～
财政经济委员会	主任委员	瞿军盛	2016.12～
	副主任委员	唐龙飞	2016.12～

第二章 中共组织

《中国共产党章程》规定，在中央和地方国家机关、人民团体、经济组织、文化组织或其他非党组织的领导机关中成立党组织。1981年4月，中共安化县委决定成立中共安化县人大常委会党组，并任命了县第八届人大常委会党组成员。党组成员由当届具有党员政治面貌的人大常委会主任、副主任和办公室主任组成。县人大常委会党组在县委领导下，负责在人大工作中贯彻党的路线、方针、政策和县委各项重大决策。按照党组职责，党组会议研究人大常委会重要工作做出决议、决定并贯彻执行，或提交主任会议、常委会会议研究；讨论研究需向县委报告、请示的重要工作；研究召开人民代表大会会议的组织筹备工作；研究县委向人大常委会推荐任免的干部；研究人大常委会机关机构设置，干部任免和机关建设的重大事项；指导县人大常委会机关党支部及老干党支部工作，开展机关工作人员政治思想工作。

第一节 县人大常委会党组

一、县第八届人大常委会党组

书 记：黄让泉（1983.6调出）

副书记：戴汉初

成 员：陈泰敬 罗 仪（1983.9调出） 龙梅修 肖祥涛（1983.5调出）

二、县第九届人大常委会党组

书 记：戴汉初（1986.1免）

副书记：何友卿

成 员：罗迪祥 谌荣增 黄 英

三、县第十届人大常委会党组

书 记：王祖武（1986.1任）

成 员：谌荣增 黎金龙 陈历书

姚自豪 姚让之（1986.2任）

四、县第十一届人大常委会党组

书　记：王祖武

副书记：陈君吾

成　员：黎金龙　姚自豪　游晓岚　刘盛余　姚让之

五、县第十二届人大常委会党组

书　记：王定中

副书记：陈君吾

成　员：黎金龙　游晓岚　姚让之　刘应生

六、县第十三届人大常委会党组

书　记：艾胜杜（2002.9免）

蒋金云（2002.9任）

副书记：陈君吾

成　员：姚让之　傅世平　刘应生　肖三秋　何爱霞

七、县第十四届人大常委会党组

书　记：蒋金云

副书记：肖三秋

成　员：夏国新　高多庆　王美兰（女）　彭平移

谌上游（2006.6去世）　陶月平（2006.10任）

八、县第十五届人大常委会党组

书　记：蒋金云（2011.6免）

蒋跃登（2011.6任）

副书记：邓晓君

成　员：夏国新　高多庆　彭平移　陶月平

九、县第十六届人大常委会党组

书　记：蒋跃登（2016.8免）

李太源（2016.8任）

副书记：黄志军

成　员：刘跃迎　夏华凤　伍　亮　姚国良

十、县第十七届人大常委会党组

书 记：李太源

副书记：伍 亮

成 员：姚国良 张 勇 王良才 龙要平

第二节 县人大常委会机关党支部

1984.5 ~ 1986.12

书 记：黄 英

副书记：杨炳生

委 员：陈怡庆 伍惠予 蒋国顺

1987.1 ~ 1989.12

书 记：姚让之

副书记：杨炳生

委 员：陈怡庆 伍惠予 蒋国顺

1990.1 ~ 1992.12

书 记：姚让之

副书记：杨炳生

委 员：赵孟菊 陶延林 梁石桅 肖建中 蒋汉桥 陈泰敬

1993.1 ~ 1997.12

书 记：刘应生

副书记：杨炳生

委 员：陈怡庆（1997.免） 刘昭曙 吴余保 伍惠予
陈泰敬（1996.补选） 蒋国顺（1997.补选） 罗显毅（1997.补选）

1998.1 ~ 2002.12

书 记：何爱霞

副书记：谭周祥（2000.1免）
罗舜寰（2000.1补选）

委　员：吴余保　　伍惠予　　蒋国顺　　罗显毅　　陶延林
　　　　熊政权（2002.2补选）

2003.1～2008.6

书　记：谌上游（2006.6去世）
　　　　陶月平（2006.10补选）
副书记：罗舜寰　　陶延林
委　员：吴余保　　伍惠予　　熊政权　　刘解放　　姚庆轩　　夏赞辉

2008.6～2014.3

书　记：陶月平（2013.4调任县林业局局长）
副书记：刘国平
委　员：伍惠予　　罗舜寰　　姚庆轩（2010.7调市移民局）　　夏新情

2014.3～2016.12

书　记：姚国良
委　员：侯　兰　　胡　健（2016.4调县政协）　　夏琼玲　　谭安民

第三节　县人大常委会机关老干党支部

1997.12～2001.7

书　记：王祖武（2001.7去世）
副书记：刘盛余　　王定中
委　员：黄　英　　谌荣增　　姚自豪
　　　　陈清高（2001.6去世）

2001.7～2002.3

书　记：（空缺）
副书记：刘盛余　　王定中
委　员：黄　英　　谌荣增　　姚自豪

2002.3～2014.3

书 记：刘盛余

副书记：艾胜杜 谌荣增

委 员：谭周祥 刘昭曙 姚让之

2014.3～2016.12

书 记：蒋金云

副书记：刘解放

委 员：蒋国顺 罗舜寰（2016.10补选） 伍惠予（2016.10补选）

第三章　机关工作人员

第一节　县人大常委会机关在职人员

（2016年12月在编人员）

常委会

李太源	中共党组书记、主任
伍　亮	中共党组副书记、副主任
肖伟群	副主任
姚国良	中共党组成员、副主任
张　勇	中共党组成员、副主任
王良才	中共党组成员、副主任
蒋跃登	县人大常委会原主任
黄志军	县人大常委会原副主任
刘跃迎	县人大常委会原副主任
邓晓君	县人大常委会原副主任　正处
高多庆	县人大常委会原副主任　正处
张渡期	县人大常委会原副主任　正处

办公室

夏秀云	机关中共纪检员
李聪勇	副主任
方建宏	副主任科员
李　灿	科员
周立华	司机
杨　斌	司机
侯　兰	机关工会主席

选举任免联络工委

谭安民	主任

瞿荃芳　　副主任
龙吉明　　原主任

内务司法工委

刘百战　　主任
李　明　　副主任

教育科技文化卫生工委

方英姿　　主任
夏琼玲　　副主任

农业农村工委

罗伟民　　主任
彭　霞　　副主任
刘锻武　　原主任

环境资源保护与城乡建设工委

方建国　　主任
周　勤　　副主任
刘国平　　原主任
吉项军　　原副主任

县人民代表大会法制委员会

邓卫辉　　主任委员
李　旭　　副主任委员

县人民代表大会财政经济委员会

瞿军盛　　主任委员
唐龙飞　　副主任委员　正科
夏　巍　　科员

第二节　县人大常委会机关离退休人员

一、县人大常委会机关离休人员

（截至2016年12月）

黄　英　　县人大常委会办公室原主任　副处

二、县人大常委会机关退休人员

（截至2016年12月，退休前的职务和职级相同时未另说明，按退休时间先后排序）

曾庆鳌　　县人大常委会原专职委员　　副科
胡纯旺　　县人大常委会教科文卫工委原副主任　正科
龚象麟　　县人大常委会财政经济工委原主任
夏裕厚　　县人大常委会原专职委员　正科
谌荣增　　县人大常委会原副主任
姚自豪　　县人大常委会原副主任
刘盛余　　县人大常委会原副主任
张悟生　　县人大常委会办公室原副主任科员
陈怡庆　　县人大常委会内务司法工委原主任
王定中　　县人大常委会原主任
杨炳生　　县人大常委会办公室原副主任　副处
谭周祥　　县人大常委会办公室原副主任　正科
刘昭曙　　县人大常委会财政经济工委原主任
游晓岚　　县人大常委会原副主任　正处
艾胜杜　　县人大常委会原主任
刘应生　　县人大常委会原副主任
李晓花　　县人大常委会办公室原副主任科员
傅世平　　县人大常委会原副主任　正处
陈君吾　　县人大常委会原副主任　正处
罗显毅　　县人大常委会农业工委原主任
蒋国顺　　县人大常委会内务司法工委原主任
陶延林　　县人大常委会财政经济工委原主任
肖三秋　　县人大常委会原副主任　正处
刘解放　　县人大常委会农业工委原主任

熊政权　　县人大常委会内务司法工委原主任
蒋金云　　县人大常委会原主任　享受副市级待遇
彭平移　　县人大常委会原副主任
夏国新　　县人大常委会原副主任　正处
孙主辉　　县人大常委会办公室原副主任科员
罗舜寰　　县人大常委会选举任免联络工委原主任
伍惠予　　县人大常委会教科文卫工委原主任
吴余保　　县人大常委会选举任免联络工委原主任

第四章　县人大常委会机关及干部职工获奖

第一节　县人大常委会机关获奖（市级以上）

1991年　县人大常委会办公室被评为益阳地区“两个文明”建设先进单位。

1992年9月　县人大常委会办公室被省人大常委会办公厅评为《湖南人大工作》通讯发行先进单位。

1992年12月　经益阳地区双文明建设领导小组检查验收，县人大常委会办公室保持了1991年地区双文明建设先进单位称号。

1993年8月　县人大常委会办公室被省人大常委会办公厅评为《湖南人大工作》通讯发行先进单位。

1993年8月　县人大常委会荣获益阳地区人大颁发的全省“深湘杯”科技法律知识竞赛组织奖。

1993年8月　县人大常委会获益阳地区人大颁发的省人大常委会举办的“民主法制杯”书法大赛组织奖。

1993年　经中共益阳地委双文明领导小组复查考核，安化县人大常委会办公室再次保持了益阳地区双文明建设先进单位的荣誉称号。

1994年8月　县人大常委会办公室被省人大常委会办公厅评为《人民之友》发行先进单位。

1997年　县人大常委会被评为1997年全省人大系统信访工作先进单位。

1998年　县人大常委会办公室被评为全省《人民之友》发行工作先进单位。

1999年　县人大常委会被评为益阳市老干部工作先进单位。

2001年　县人大常委会财经工委参加“三湘环保世纪行”活动，获得2001年“三湘环保世纪行”组织奖。

2007年　县人大常委会机关被评为全省人大系统作风建设先进单位。

2010年2月　县人大常委会机关被中共益阳市委、益阳市人民政府授予“文明单位”称号。

第二节　县人大常委会机关干部职工获奖评优

1994年　《人民代表报》优秀通讯员：龙高明

三等功：　陈君吾　游晓岚　姚庆轩

嘉　奖：　姚让之　陶延林　谭周祥　曾武秋

1995年	三等功：	王定中	姚庆轩			
	嘉　奖：	谭周祥	陶延林	熊毅群	曾武秋	
1996年	省人大信访工作先进工作者：肖建中					
	三等功：	肖建中				
	嘉　奖：	龙高明	姚庆轩	熊毅群	陶延林	
1997年	全省人大系统先进工作者：黎金龙					
	市人大教科文卫系统先进个人：姚庆轩					
	三等功：	罗子富				
	嘉　奖：	李　丰	肖建中	熊毅群	孙举辉	
1998年	三等功：	李　丰				
	嘉　奖：	罗子富	肖建中	蒋正宇	瞿荃芳	李晓花
1999年	三等功：	李　丰				
	嘉　奖：	罗子富	蒋正宇	李晓花	瞿荃芳	
2000年	三等功：	瞿荃芳				
	嘉　奖：	李晓花	伍惠予	蒋国顺	罗显毅	
2001年	三等功：	蒋国顺				
	嘉　奖：	伍惠予	孙举辉	陶延林	周立华	
2002年	二等功：	蒋金云（承办九运会贡献突出）				
	三等功：	刘国平（承办九运会贡献突出）				
	嘉　奖：	伍惠予	蒋国顺	陶延林	周立华	孙举辉
2003年	县优秀共产党员：陶延林					
	益阳市建整扶贫先进个人：罗显毅					
	三等功：	罗显毅	罗舜寰			
	嘉　奖：	谌上游	夏赞辉	陶延林	李　丰	孙举辉
2004年	优秀秘书工作者（三等功）：罗舜寰					
	三等功：	罗显毅				
	嘉　奖：	谌上游	罗舜寰	夏赞辉	刘国平	李　丰
2005年	嘉　奖：	罗舜寰	夏赞辉	夏新情	刘国平	
2006年	二等功：	蒋金云（湖南省人大工作先进个人）				
	嘉　奖：	伍惠予	刘国平	蒋正宇	谭安民	
2007年	二等功：	蒋金云（益阳市“勤政廉政、富民强省”优秀领导干部）				
	嘉　奖：	罗舜寰	姚庆轩	蒋正宇	谭安民	

2008年　嘉　奖：　姚庆轩　廖双初　瞿荃芳　方建宏

2009年　嘉　奖：　胡　健　姚庆轩　伍惠予　谌纯章

2010年　嘉　奖：　夏新情　肖建国　瞿荃芳　瞿　平

2011年　全省优秀共产党员：蒋金云

三等功：蒋金云

嘉　奖：　刘国平　夏琼玲　谭安民　胡　健

2012年　嘉　奖：　谭安民　彭　霞　瞿　平　杨　斌　侯　兰

2013年　嘉　奖：　夏新情　胡　健　瞿荃芳　彭　霞　侯　兰

2014年　湖南省计划生育协会工作先进个人：蒋金云

三等功：　侯　兰

嘉　奖：　夏新情　刘百战　夏琼玲　胡　健　夏　巍

2015年　嘉　奖：　刘锻武　刘国平　夏琼玲　吉项军　瞿荃芳

侯　兰

2016年　全国计划生育协会工作先进个人：蒋金云

三等功：　夏琼玲

嘉　奖：　刘百战　谭安民　李　灿　李　明　瞿荃芳

夏　巍　彭　霞

第五篇　乡镇人民代表大会

第一章　乡镇（区）设置与调整

1949年9月，安化解放后建立基层政权。几经调整，至1985年，全县共设10个区、51个乡、11个镇。东坪镇（县直属镇）。清塘区，辖清塘铺镇、太平乡、鱼水乡、高明乡。梅城区，辖梅城镇、浉泉乡、东华乡、田心乡、思游乡、乐安乡、浮青乡、栗林乡。大福区，辖大福镇、东山乡、新桥乡、木孔乡、大福乡、大荣乡、长塘乡。仙溪区，辖仙溪镇、九龙乡、山口乡、通溪乡。小淹区，辖小淹镇、上马乡、长乐乡、小淹乡、敷溪乡。冷市区，辖羊角乡、金鸡乡、三洲乡、大桥乡、龙塘乡。江南区，辖江南镇、江南乡、陈王乡、洞市乡。中砥区，辖黄沙坪镇、田庄乡、唐溪乡、文溪乡、中砥乡、杨林乡、木子乡、城埠坪乡。云台区，辖马路镇、马路乡、湖南坡乡、苍场乡、岳溪乡、木榴乡、奎溪乡。烟溪区，辖烟溪镇、平口镇、烟溪乡、双龙乡、连里乡、平口乡、古楼乡、将军乡、南金乡。

1995年9月，全县撤区并乡，撤销10个区公所，保留平口镇，高明乡、栗林乡、龙塘乡、木子乡、苍场乡、连里乡行政区划不变，其余乡镇撤并调整为22个乡镇。东坪镇（含原东坪镇、黄沙坪镇、城埠坪乡），清塘铺镇（含原清塘铺镇、鱼水乡、太平乡、廖家坪乡），梅城镇（含原梅城镇、田心乡、东华乡），仙溪镇（含原仙溪镇、九龙乡、山口乡），大福镇（含原大福镇、木孔乡和原大荣乡的部分村），小淹镇（含原小淹镇、敷溪乡），江南镇（含原江南镇、陈王乡），柘溪镇（含1990年8月设立的原柘溪镇、唐溪乡），马路镇（含原马路镇、岳溪乡、湖南坡乡），烟溪镇（含原烟溪镇、双龙乡），长塘乡（含原长塘乡、通溪乡和原大荣乡的部分村），羊角塘乡（含原羊角塘乡、金鸡乡）,冷市乡（含原三洲乡、大桥乡），奎溪乡（含原奎溪乡、木榴乡），乐安乡（含原乐安乡、浮青乡、思游乡），滔溪乡（含原长乐乡、上马乡），东山乡（含原东山乡、新桥乡），南金乡（含原南金乡、将军乡），田庄乡（含原田庄乡、文溪乡），古楼乡（含原古楼乡、国营柘溪林场的行政村），洞市乡（含原洞市乡、国营洞市林场的行政村），杨林乡（划出上烟、中烟、下烟、大埠村4个归东坪镇管辖）。

1996年1月，撤销奎溪乡、羊角塘乡、冷市乡、长塘乡、连里乡，设立奎溪镇、羊角塘镇、冷市镇、长塘镇、渠江镇。1999年7月，在原新桥乡成立新桥建镇试验区。

2005年12月，根据国务院和省市有关精神，全县29个乡镇、1个建镇试验区调整为23个乡镇。梅城镇（含原梅城镇、栗林乡），大福镇（含原大福镇、东山乡、新桥建镇试验区），江南镇（含原江南镇、洞市乡），东坪镇（含原东坪镇、木子乡、杨林乡），马路镇（含原马路镇、苍场乡），古楼乡（含原古楼乡，县柘溪林场的8个村、县林科所的1个村）。其余乡镇为：清塘铺镇、乐安镇、仙溪镇、长塘镇、滔溪镇、小淹镇、羊角塘镇、冷市镇、柘溪镇、烟溪镇、平口镇、渠江镇、奎溪镇、高明乡、田庄乡、龙塘乡、南金乡。

第二章　乡镇人大

1954年9月21日，《地方组织法》规定，乡、民族乡、镇设立人民代表大会和人民委员会，每届任期2年。1979年7月1日，全国人大修改的《地方组织法》规定，镇设立人民代表大会和人民政府，人民公社设立人民代表大会和管理委员会，每届任期2年。1982年12月10日，全国人大修改的《地方组织法》规定："人民公社"改为"乡、民族乡"，"人民公社管理委员会"改为"乡、民族乡人民政府"，每届任期3年。2004年10月，全国人大常委会修改的《地方组织法》规定，乡、民族乡、镇每届任期为5年。

1986年12月，全国人大常委会修改的《地方组织法》规定，乡镇人大举行会议的时候，选举主席团，由主席团主持会议，并负责召集下一次的本级人民代表大会会议。乡镇人民代表大会每届第一次会议，由上届乡镇人民代表大会主席团召集。1995年4月，省人大根据《地方组织法》的有关规定，在《湖南省乡镇人民代表大会主席团工作若干规定》的基础上，重新制定了《湖南省乡镇人民代表大会主席团和乡镇人民代表大会主席、副主席工作若干规定》。乡、镇人民代表大会主席团在闭会期间的主要职责：①负责乡镇人民代表大会会议的准备工作。②处理并督办代表建议、批评和意见。③组织代表评议政府及有关部门的工作。④在乡镇人大换届时，负责报送县级人大常委会批准乡镇人大换届设立的选举委员会。⑤办理依法应由主席团办理的其他事项。2010年7月，根据省人大领导的意见，为规范全国乡镇人民代表大会名称，要求各地撤销闭会期间乡镇人民代表大会主席团。根据省人大的若干规定和乡镇人大工作的实际情况，安化县多次向上级人大汇报情况，保留"乡镇人民代表大会主席团"有利于基层民主政治建设，有利于发挥基层人大及各级人大代表对促进地方政治、经济、文化等方面的作用。上级人大没有表示不同意见，闭会期间，安化县至今保留乡镇人民代表大会主席团。2006年10月～2011年3月，乡（镇）人民政府乡（镇）长由党委书记兼任，副书记兼任副乡（镇）长。2011年3月～2016年7月，乡（镇）人民代表大会主席由党委书记兼任，同时设专职副主席，为正科级领导职务。2015年8月29日，全国人大常委会修改的《地方组织法》规定了乡镇人大主席团或乡镇人大主席、副主席在闭会期间的职权和活动方式。

1980年地方人大恢复以后，全县各乡、镇人民代表大会（人大主席团）认真履行法律法规赋予的各项职权，发挥人大代表的积极作用，促进了当地的民主法治、经济发展、社会稳定和文明进步。

第一节　高明乡

1961年4月，从东山人民公社划出原司徒、驿头两个小乡，成立高明人民公社。1968年9月，建立高明人民公社革命委员会。1980年12月，改高明人民公社革命委员会为管理委员会。1984年2月，高明人民公社改为高明乡。全乡辖12个行政村，188个村民小组，总面积97.52平方公里。2015年，全乡总人口17725人，国民生产总值30.65亿元，乡财政收入3186.23万元。

1980年以后，高明乡共选举产生10届人民代表大会。

一、高明人民公社第四届人民代表大会（1980.12～1984.3）

（一）代表选举

选举时间为1980年11月1日，全乡总人口15577人，共划分选区15个，选民8200人，选举产生乡人大代表90名。

（二）代表会议

1980年12月9日，举行高明人民公社第四届人民代表大会第一次会议。会议选举申青云为公社管理委员会主任，邹修普、喻子立为副主任。1983年9月24日，举行高明人民公社第四届人民代表大会第三次会议。会议通过《关于支援国家重点建设的决议》《关于做好“五保户”生活照顾的决议》《关于维修民桥、乡村公路、茶亭等公益设施的决议》。

二、高明乡第五届人民代表大会（1984.3～1987.1）

（一）代表选举

选举时间为1984年1月21日，全乡总人口15947人，共划分选区15个，选民8200人，选举产生乡人大代表101名。

（二）代表会议

1984年3月8日，举行高明乡第五届人民代表大会第一次会议。会议通过《关于积极发展商品经济的决议》《关于兴建小学校的决议》《关于建设花果园水库劳力平账款的处理决议》；选举邹修普为乡长，冯国栋、龙立云为副乡长。1985年10月30日，举行高明乡第五届人民代表大会第二次会议。会议通过《“四个”乡规民约》《支持兴办两个骨干企业》等2个决议；补选曾志庆为副乡长。

三、高明乡第六届人民代表大会（1987.1～1990.1）

（一）代表选举

选举时间为1986年12月26日，全乡总人口16272人，共划分选区15个，选民8657人，选举产生乡人大代表58名。

（二）代表会议

1987年1月3日，举行高明乡第六届人民代表大会第一次会议。会议选举刘锻文为乡人民代表大会常务主席，王伏才、吴显赞、赵祖华、高子成、高作雄、彭敦煌为主席团成员，吴首才为乡长，熊异生、邹雄彬为副乡长。1988年3月10日，举行高明乡第六届人民代表大会第二次会议。1989年3月14日，举行高明乡第六届人民代表大会第三次会议。会议通过《关于计划生育若干问题》《关于加强农业税收缴工作》《关于民政工作实施计划报告》等3个决议；补选邓吉吾为乡长，张俊凯为副乡长。

四、高明乡第七届人民代表大会（1990.1～1992.12）

（一）代表选举

选举时间为1989年12月21日，全乡总人口17195人，划分选区18个，选民8789人，选举产生乡人大代表57名。

（二）代表会议

1990年1月15日，举行高明乡第七届人民代表大会第一次会议。会议选举谢继中为乡人民代表大会常务主席，宁迪明为专职主席，邓吉吾、吴棣华、彭敦煌、王新桥、龙卧东为主席团成员，喻子立为乡长，胡都深、熊异生、周萼初为副乡长。1991年8月3日，举行高明乡第七届人民代表大会第二次会议。会议通过《关于同意高明乡人民政府收缴教育费附加及建校费的办法》《实施义务工制度》等2个决议。1992年2月23日，举行高明乡第七届人民代表大会第三次会议。会议通过《关于收缴计划免疫和优生优育补偿经费的决议》；补选龙凤初为副乡长。

五、高明乡第八届人民代表大会（1992.12～1996.1）

（一）代表选举

选举时间为1992年11月18日，全乡总人口17686人，共划分选区18个，选民9875人，选举产生镇人大代表58名。

（二）代表会议

1992年12月3日，举行高明乡第八届人民代表大会第一次会议。会议通过《关于认真实施“四三三二一”工程》的决议；选举彭军强为乡人民代表大会常务主席，龙凤初、吴棣华、邹雄彬、陈可立、王伏才、彭广放为主席团成员，袁义先为乡长，阙自强、周齐夫、邹瑞堂为副乡长。1994年5月10日，举行高明乡第八届人民代表大会第三次会议。会议补选邹雄彬为乡人民代表大会常务主席，罗世辉为副乡长。1995年2月28日，举行高明乡第八届人民代表大会第四次会议。会议通过《关于禁止赌博》《关于扩建乡中学、中小改善办学条件》等4个决议；补选毛诗泉、严介荣为副乡长。

六、高明乡第九届人民代表大会（1996.1～1999.1）

（一）代表选举

选举时间为1995年11月28日，全乡总人口17876人，共划分选区18个，选民10560人，选举产生乡人大代表58名。

（二）代表会议

1996年1月，举行高明乡第九届人民代表大会第一次会议。会议选举袁义先为乡人民代表大会主席，赵毅昂为乡长，严介荣、阙自强为副乡长。1997年4月26日，举行高明乡第九届人民代表大会第二次会议。会议选举刘泽奇为副乡长。1998年3月28日，举行高明乡第九届人民代表大会第三次会议。会议补选刘鹤村为乡长。

七、高明乡第十届人民代表大会（1999.1～2001.10）

（一）代表选举

选举时间为1998年11月23日，全乡总人口17310人，共划分选区18个，选民11020人，选举产生乡人大代表58名。

（二）代表会议

1999年1月25日，举行高明乡第十届人民代表大会第一次会议。会议选举袁义先为乡人民代表大会主席，刘鹤村为乡长，吴子尧、李远胜、李聪勇为副乡长。2000年3月21日，举行高明乡第十届人民代表大会第二次会议。会议通过《关于2000年农民负担的决议》。

八、高明乡第十一届人民代表大会（2001.10～2007.12）

（一）代表选举

选举时间为2001年10月20日，全乡总人口18224人，共划分选区30个，选民11202人，选举产生乡人大代表50名。

（二）代表会议

2001年10月26日，举行高明乡第十一届人民代表大会第一次会议。会议选举刘鹤村为乡人民代表大会主席，吴子尧为乡长，谭志勇、李聪勇、赵四明为副乡长。2002年3月16日，举行高明乡第十一届人民代表大会第二次会议。会议通过《关于高明乡人民政府关于请求变更梅山路集镇路幅规划设计方案的报告的决议》。2003年3月5日，举行高明乡第十一届人民代表大会第三次会议。2004年2月22日，举行高明乡第十一届人民代表大会第四次会议。2005年3月28日，举行高明乡第十一届人民代表大会第五次会议。补选毛诗泉为乡人民代表大会副主席，张斌华为乡长，龙润苗为副乡长。2006年2月25日，举行高明乡第十一届人民代表大会第六次会议。会议补选瞿永红为乡人大主席，刘鹤村为乡长，张斌华、黄超群、毛诗泉为副乡长。2007年3月17日，举行高明乡第十一届人民代表大会第七次会议。

九、高明乡第十二届人民代表大会（2007.12～2012.11）

（一）代表选举

选举时间为2007年10月15日，全乡总人口18215人，共划分选区30个，选民13409人，选举产生乡人大代表54名。

（二）代表会议

2007年12月9日，举行高明乡第十二届人民代表大会第一次会议。会议选举谢智兴为乡人民代表大会主席，张擎为副主席，张斌华、谢智兴、赵四明、彭敦煌、龙新春、何忠于、赵泽安为主席团成员，刘鹤村为乡长，张斌华、郭明才、毛诗泉、陈赛男为副乡长；通过《关于加强综合治理，构建环境友好型高明的决议》。2008年8月14日，举行高明乡第十二届人民代表大会第二次会议。2009年7月3日，举行高明乡第十二届人民代表大会第三次会议。会议补选毛诗泉为乡人大主席，张斌华为乡长，谢智兴、黄水滔为副乡长。2009年11月9日，举行高明乡第十二届人民代表大会第四次会议，补选饶聪为副乡长。2010年10月15日，举行高明乡第十二届人民代表大会第五次会议，补选刘韬为乡人民代表大会主席，王建胜为副主席。2011年3月29日，举行高明乡第十二届人民代表大会第六次会议。会议补选张斌华为乡人民代表大会主席，刘韬为副主席，谢智兴为乡长，王建胜、文燕青为副乡长。

十、高明乡第十三届人民代表大会（2012.11～2016.11）

（一）代表选举

选举时间为2012年10月26日，全乡总人口19017人，共划分选区14个，选民14623人，选举产生乡人大代表40名。

（二）代表会议

2012年11月19日，举行高明乡第十三届人民代表大会第一次会议。会议通过谢智兴、张赴东、刘韬、赵四明、王硕志、何忠于、赵泽安、彭业云、阙鹏飞为人大主席团成员；选举谢智兴为乡人民代表大会主席，张赴东为副主席，刘韬为乡长，陈赛男、黄水滔、贺成栋为副乡长；通过《关于大力实施“三化联动”发展战略》等4个决议。2013年7月24日，举行高明乡第十三届人民代表大会第二次会议。会议补选刘勇为乡长，饶聪为副乡长。2015年3月26日，举行高明乡第十三届人民代表大会第四次会议。2016年7月28日，举行高明乡第十三届人民代表大会第五次会议，补选张赴东为乡人民代表大会主席，赵四明、杨晟、陈宇为副乡长。（执笔：高水平）

第二节　清塘铺镇

1956年6月，并清塘、八里、梧桐、晓桥4个小乡为清塘乡。1958年1月，合清塘、太平、鱼水3个乡为清塘人民公社。1961年4月，分置为清塘、太平、鱼水3个人民公社。1968年9月，建立清塘人民公社革命委员会。1980年12月，改公社革命委员会为管理委员会。1984年2月，清塘人民公社改为清塘乡。1985年1月，经省政府批准，清塘乡改建为清塘铺镇。1995年11月撤区并乡时，撤销清塘铺镇和鱼水乡、太平乡，廖家坪乡，合并设立清塘铺镇，并将芙蓉林场所属的蔡家村划归其管辖。全镇共辖29个村、3个社区居委，总面积234平方公里。2015年，全镇总人口64281人，国民生产总值12.08亿元，镇财政收入2285万元。

1980年以后，清塘铺镇共选举产生10届人民代表大会。

一、清塘公社第四届人民代表大会（1980.12～1984.3）

（一）代表选举

选举时间为1980年11月1日，全社总人口18557人，共划分选区22个，选民8948人，选举产生公社人大代表95名。

（二）代表会议

1980年12月8日，举行清塘人民公社第四届人民代表大会第一次会议。会议选举李树华为公社管理委员会主任，杨果成、姚华丰、喻子立、邹竞宽为副主任。

二、清塘乡第五届人民代表大会（1984.3～1987.1）

（一）代表选举

选举时间为1984年1月21日，全乡总人口19621人，共划分选区25个，选民9869人，选举产生乡人大代表149名。

（二）代表会议

1984年3月6～8日，举行清塘乡第五届人民代表大会第一次会议。会议选举赵国然为乡长，吴首才、龚国强为副乡长；通过《关于整顿社会秩序、促进社会治安根本好转的决议》《关于三种上交款统收统付的决议》《关于落实“五保户”生活供养的决议》《关于计划生育的决议》《关于发展林业生产、保护森林资源的决议》《关于保护矿产资源、严禁乱采乱挖的决议》。1985年10月28日，举行清塘铺镇第五届人民代表大会第二次会议。会议补选彭军强为镇长；通过《关于清塘铺镇人民政府镇规公约的决议》和《关于清塘铺镇中心区总体规划的决议》。1986年6月28～29日，举行清塘铺镇第五届人民代表大会第三次会议。会议补选刘固生为副镇长；通过《关于移风易俗、树立社会主义新风尚的决议》《关于发展教育事业的决议》《关于普及法律常识教育的决议》。

三、清塘铺镇第六届人民代表大会（1987.1～1990.1）

（一）代表选举

选举时间为1986年12月25日，全镇总人口21573人，共划分选区25个，选民13280人，选举产生镇人大代表63名。

（二）代表会议

1987年1月5～7日，举行清塘铺镇第六届人民代表大会第一次会议。会议选举谭曙卿为镇人民代表大会常务主席，彭中强、陶不求、赵静怡、黄益珍、袁定坤、熊佐尧、张中华为主席团成员，彭军强为镇长，龚国强、阙松岳、刘固生为副镇长。1988年3月10～11日，举行清塘铺镇第六届人民代表大会第二次会议。会议收到建议23件；补选彭均强为镇人民代表大会常务主席，陶不求为专职主席，邹修普为镇长。1989年4月14～15日，举行清塘铺镇第六届人民代表大会第三次会议。会议补选胡都深为副镇长。

四、清塘铺镇第七届人民代表大会（1990.1～1992.12）

（一）代表选举

选举时间为1989年12月20日，全镇总人口21218人，共划分选区25个，选民13192人，选举产生镇人大代表63名。

（二）代表会议

1990年1月7～9日，举行清塘铺镇第七届人民代表大会第一次会议。会议收到代表建议70件；选举彭均强为镇人民代表大会常务主席，陶不求、黄益珍、赵静怡、熊佐尧、王桂元、袁定坤、彭中强为主席团成员，邹修普为镇长，刘固生、阙松岳、廖中桃为副镇长；通过《关于对“五保”老人供养的决议》。1991年1月15～16日，举行清塘铺镇第七届人民代表大会第二次会议。会议补选黄伯钦为镇人民代表大会常务主席；通过《关于清塘铺镇国民经济与社会发展八五计划的决议》《关于开展1991年“林业年”活动的决定》《关于九年制义务教育的规划的决议》。1992年1月12～13日，举行清塘铺镇第七届人民代表大会第三次会议。会议补选高湘如为副镇长；通过《关于全力实施“八四工程”计划，加速清塘经济发展的决议》。

五、清塘铺镇第八届人民代表大会（1992.12～1996.1）

（一）代表选举

选举时间为1992年11月19日，全镇总人口23560人，共划分选区25个，选民15422人，选举产生镇人大代表62名。

（二）代表会议

1992年12月3～5日，举行清塘铺镇第八届人民代表大会第一次会议。会议选举黄伯钦为镇人民代表大会常务主席，熊佐尧、袁定坤、龙蛰蛰、刘固生、陈毅荣、龚国强、黄益珍为主席团成员，邹修普为镇长，廖中桃、张中华、郭建华为副镇长。1994年1月18～19日，举行清塘铺镇第八届人民代表大会第二次会议。会议补选晏经启为副镇长；通过《关于进一步调整农村产业结构，大力开发山地资源的决定》《关于调整延伸镇区规划的决定》。1995年2月28日，举行清塘铺镇第八届人民代表大会第三次会议。会议补选肖华为副镇长。

六、清塘铺镇第一届人民代表大会（1996.1～1998.11）

（一）代表选举

选举时间为1996年1月10日，全镇总人口56211人，共划分选区66个，选民37978人，选举产生镇人大代表76名。

（二）代表会议

1996年1月13～14日，举行清塘铺镇第一届人民代表大会第一次会议。会议收到代表建议98件；选举张范明为镇人民代表大会主席，邓吉吾为副主席，张范明、周素武、周志军、张介人、袁定坤、邹华初为主席团成员，喻成春为镇长，王杰新、陈世雄、严子剑、晏经启、郭建华、肖华为副镇长。1997年4月16日，举行清塘铺镇第一届人民代表大会第二次会议。会议补选周素武为镇人民代表大会主席；通过《关于加快科教兴镇步伐、推进农业产业化的决议》《关于加强公路建设和管理、保障交通畅通的决定》《关于征集“国家贫困地区义务教育项目工程”配套资金的决议》。1998年2月10日，举行清塘铺镇第一届人民代表大会第三次会议。会议补选邹雄彬为镇长。

（三）代表活动

1996年6月，镇人大主席团组织部分县、镇人大代表重点视察了解代表提出的热点难点问题。督促镇政府及有关部门较好地解决了东风水库处险、移民粮食补偿，锹溪–夏桥河段治理及太平金矿污染等问题。

七、清塘铺镇第二届人民代表大会（1998.11～2001.10）

（一）代表选举

选举时间为1998年12月2日，全镇总人口55695人，共划分选区70个，选民37531人，选举产生镇人大代表77名。

（二）代表会议

1998年12月16日，举行清塘铺镇第二届人民代表大会第一次会议。会议收到代表建议44件；选举周素武为镇人民代表大会主席，喻成春、姚长春、柳金莲、王心国、周素武、陈正光、陈世雄、张中华、胡都深、陈毅荣、喻理科、晏益广、谭曙卿、熊云强、袁定坤、邹华初、尹竹夫、肖了云为主席团成员，姚长春为镇长，陈世雄、龙长初、严子剑、李朝晖为副镇长。

八、清塘铺镇第三届人民代表大会（2001.10～2007.12）

（一）代表选举

选举时间为2001年10月5日，全镇总人口57658人，共划分选区70个，选民39483人，选举产生镇人大代表77名。

（二）代表会议

2001年10月19日，举行清塘铺镇第三届人民代表大会第一次会议。会议收到代表建议9件；选举柳金莲为镇人民代表大会主席，姚长春、伍亮、王心国、陈世雄、肖靖忠、龙国良、阙仕范、袁主坤、邓钰华为主席团成员，伍亮为镇长，陈世雄、胡都深、李朝晖为副镇长；通过《关于撤点并校调整学校布局的决议》。2003年3月6日，举行清塘铺镇第三届人民代表大会第二次会议。会议补选简新立为副镇长；通过《关于加强煤炭矿区环境综合治理和维护煤炭正常生产秩序的决议》。2005年3月23日，举行清塘铺镇第三届人民代表大会第三次会议。会议补选龙长初为镇人民代表大会主席，陈世雄为镇长，卢映云、周齐夫为副镇长；通过《关于规范镇区交通、商业经营秩序的决议》《关于收取镇区路灯费的决议》《关于硬化清久公路集资款的决议》《关于清塘铺镇镇规民约的决议》。2006年1月20日，举行清塘铺镇第三届人民代表大会第四次会议。会议补选姚长春为镇长，陈世雄、彭爱南为副镇长。

（三）代表活动

2003年，镇人大代表对1992年已设计、征地、打桩，但由于环境不优等原因停工达10年的集贸市场提出建议，镇人民政府积极招商引资400多万元，自筹资金300多万元，修建了一个占地70多亩，拥有180多个门面，120多个固定摊位的集贸市场，结束了清塘占道经营的历史。2005年，县人大代表协助镇人民政府组织4个煤源村和20个小煤窑老板投资400万元，硬化了12公里长的清久公路。2006年上半年，猪牛屠宰和经营秩序混乱，镇区街道居民反应强烈，镇人大代表经过调查，向人大主席团和镇政府做了专题汇报。镇人民政府高度重视，筹资6万元在农贸市场新建了一座设施完备、手续齐全的标准定点屠宰场，并对镇区的肉制品经营摊点进行了一次集中整治，极大地规范了全镇的肉制品经营秩序。廖家坪公路由于年久失修破烂不堪，坑坑洼洼，镇代表经多方调查走访，向人大主席团和镇政府提出了硬化建议，镇人民政府积极向上级争取资金，由上级人民政府投资450万元硬化了廖家坪公路。

九、清塘铺镇第四届人民代表大会（2007.12～2012.11）

（一）代表选举

选举时间为2007年10月12日，全镇总人口56899人，共划分选区70个，选民40627人，选举产生镇人大代表77名。

（二）代表会议

2007年12月5日，举行清塘铺镇第四届人民代表大会第一次会议。会议选举肖锋为镇人民代表大会主席，金魁武为副主席，伍亮、肖锋、卢映云、金魁武、肖建成、刘作为、熊云强、邓进才、陈三保为主席团成员，伍亮为镇长，卢映云、谭智勇、晏益广、黄厚开为副镇长。2010年5月28日，举行清塘铺镇第四届人民代表大会第二次会议。会议补选梁巨平为镇人民代表大会副主席、蒋华为副镇长；通过《关于进一步优化经济发展环境的决议》。2011年4月18日，举行清塘铺镇第四届人民代表大会第三次会议。会议补选伍亮为镇人民代表大会主席，肖锋为副主席，谭智勇为镇长，梁巨平、周艳丽为副镇长。

（三）代表活动

2010年，针对人大代表提出的《关于采取异地搬迁安置方式解决煤源村房屋严重受损灾民生产生活环境的建议》，镇人民政府多次向省、市、县各级相关部门专题汇报，在省、市、县各级相关部门的大力支持下，在镇人大主席团的监督下，投资1200万的120套移民安置房全部竣工。2010年，镇人大代表组织了“代表献爱心”活动，向社会募捐资金解决弱势群体的困难，不到半年，人大代表捐献资金2.8万元，向社会募集资金3.4万元，解决了156人的基本生活困难。

十、清塘铺镇第五届人民代表大会（2012.11～2016.11）

（一）代表选举

选举时间为2012年10月26日，全镇总人口60226人，共划分选区38个，选民44972人，选举产生镇人大代表77名。

（二）代表会议

2012年11月20日，举行清塘铺镇第五届人民代表大会第一次会议。会议收到代表建议29条；选举伍亮为镇人民代表大会主席，肖锋为副主席，谭智勇、金魁武、晏益广、丁翔、谭高丰、周新华、阙运龙、熊成业、姚建祥为主席团成员，谭智勇为镇长，晏益广、黄厚开、梁巨平为副镇长。2013年7月29日，举行清塘铺镇第五届人民代表大会第二次会议。会议补选卢映云为镇人民代表大会主席，丁翔、黄水滔、李剑峰为副镇长；通过《关于漳溪河流域两岸稻田污染赔偿问题的回复决议》和《2013年评议部门工作方案》。2014年9月23日，举行清塘铺镇第五届人民代表大会第三次会议。会议补选刘金山为镇人民代表大会副主席，金魁武为镇长，周石桥、李文龙为副镇长。2016年7月31日，举行清塘铺镇第五届人民代表大会第四次会议。会议补选黄水滔为镇人民代表大会主席，邓继志为镇长，李管林、彭卫华、李朴为副镇长。

（三）代表活动

2013年，县、镇人大代表积极协助镇人民政府协调相关部门关系，为苏溪村争取资金8万元，对水毁路段进行修复，解决了3000余人出行难的问题；争取人畜饮水项目资金，解决云雾山村、太平塅村近5000人的饮水问题；争取上级项目资金800余万对镇中学、太平学校、鱼水学校进行危房改造，改善学生的学习生活条件。（执笔：彭正凯）

第三节　梅城镇

1950年4月，始置城关镇。1951年8月，县治由梅城迁至东坪，改称梅城镇。1958年10月，合洢泉、东华、田心3个乡和梅城镇为梅城人民公社。1961年4月，析出洢泉、东华、田心，单列为梅城人民公社。1968年9月，建立梅城人民公社革命委员会。1981年，恢复梅城为建制镇。1986年11月，将洢泉乡并入梅城镇。1995年撤区并乡建镇，撤销梅城镇和东华乡、田心乡，合并设立新的梅城镇。2005年12月，栗林乡并入梅城镇。全镇共辖4个居委会、34个行政村，总面积286平方公里。2015年，全镇总人口82200人，国民生产总值15.77亿元，镇财政收入5658万元。

1980年以后，梅城镇共选举产生10届人民代表大会。

一、梅城镇第四届人民代表大会（1980.11～1984.3）

（一）代表选举

选举时间为1980年10月18日，全镇总人口5731人，共划分选区4个，选民4011人，选举产生镇人大代表40名。

（二）代表会议

1980年11月1日，举行梅城镇人民代表大会第一次会议。会议选举颜雪华为镇长，胡仁峰、傅同生为副镇长。

二、梅城镇第五届人民代表大会（1984.3～1987.1）

（一）代表选举

选举时间为1984年2月21日，全镇总人口6993人，共划分选区4个，选民4548人，选举产生镇人大代表95名。

（二）代表会议

1984年3月9日，举行梅城镇第五届人民代表大会第一次会议。会议收到代表建议20件；通过《关于修建梅城电影院的决议》《关于续修配套竣工自来水厂工程的决议》《梅城镇镇规民约》；选举颜雪华为镇长，何育仁为副镇长。1985年7月21日，举行梅城镇第五届人民代表大会第二次会议。会议通过《关于建房问题的决议》。1986年6月2日，举行梅城镇第五届人民代表第三次会议。会议通过《关于修建梅城镇新街油路的决议》《关于综合治理的有关规定的决议》。

三、梅城镇第六届人民代表大会（1987.1～1990.1）

（一）代表选举

选举时间为1986年12月15日，全镇总人口22162人，共划分选区36个，选民15172人，选举产生镇人大代表102名。

（二）代表会议

1986年12月29日～1987年1月1日，举行梅城镇第六届人民代表大会第一次会议。会议收到代表建议59件；通过《关于乡镇合并有关问题的决议》；选举向昭明为镇人民代表大会常务主席，龙福英、向昭明、胡能高、李祖荫、龚德鹏、曾文书、雷建华为主席团成员，周建华为镇长，简伍元、王代补、熊云楚为副镇长。1988年3月11日，举行梅城镇第六届人民代表大会第二次会议。会议收到代表建议15件。1989年3月26～27日，举行梅城镇第六届人民代表大会第三次会议。会议通过《关于严肃财经纪律、加强资金管理的决议》《关于保护和完善消防设施的决议》《关于把原浉泉乡政府扩建为镇政府机关的决议》。

四、梅城镇第七届人民代表大会（1990.1～1992.12）

（一）代表选举

选举时间为1989年12月23日，全镇总人口22586人，共划分选区36个，选民15538人，选举产生镇人大代表82名。

（二）代表会议

1990年1月7日，举行梅城镇第七届人民代表大会第一次会议。会议收到代表建议39条；通过《关于保护公益事业实施的决议》；选举简武元为镇人大主席团常务主席，郭建福、龚成贤、涂元初、龙辉、周漾波、龚国书、曹建军为主席团成员，熊必昌为镇长，郭建福、王代补、胡能高为副镇长。1991年1月8～9日，举行梅城镇第七届人民代表大会第二次会议。会议收到代表建议20件；通过《关于集资投劳全面恢复广播电话设施的决议》。1992年3月3日，举行梅城镇第七届人民代表大会第三次会议。会议通过《关于集资新建梅城镇自来水厂的决议》《关于集资国防事业建设和广播电话维护经费的决议》；补选龙汉凡为副镇长。

五、梅城镇第八届人民代表大会（1992.12～1996.1）

（一）代表选举

选举时间为1992年11月16日，全镇总人口24600人，共划分选区29个，选民16600人，选举产生镇人大代表84名。

（二）代表会议

1992年12月1～2日，举行梅城镇第八届人民代表大会第一次会议。会议收到代表建议29件；选举郭建福为镇人民代表大会常务主席，龚成贤、涂元初、龚国书、曹建军、龙辉、周漾波为主席团成员，王富光为镇长，王代补、龙汉凡为副镇长。1994年1月20日，举行梅城镇第八届人民代表大会第二次会议。会议通过《关于筹集国防工业建设基层政权建设和计划生育经费的决议》《关于更改梁乙路部分地段建设规划的方案》；补选姚献忠为镇长，龙佳君为副镇长。

六、梅城镇第一届人民代表大会（1996.1～1998.12）

（一）代表选举

选举时间为1995年12月30日，全镇总人口51793人，共划分选区72个，选民38456人，选举产生镇人大代表83名。

（二）代表会议

1996年1月15～16日，举行梅城镇第一届人民代表大会第一次会议。会议通过《批准梅城镇城镇建设规划》；选举熊政权为镇人民代表大会主席，王福光、龚成贤为副主席，陈兴祥、李星娇、金伶清、郭继中、任益国、龚德鹏为主席团成员，王益文为镇长，姚献忠、李能英、陶和平、刘广兴、肖国贤为副镇长。1997年1月23日，举行梅城镇第一届人民代表大会第二次会议。会议收到代表建议6件；补选陈兴祥为镇人民代表大会主席，熊政权为镇长，郑伯怡、胡友才为副镇长。1998年2月14日，举行梅城镇第一届人民代表大会第三次会议。会议通过《关于加强民主法制建设、实施依法治镇的决议》；补选谭超美为镇长，胡导平为副镇长。

（三）代表活动

1996年，田心管区中心村村民胡某毒死耕牛90多头，县人民检察院却因证据不足把他无罪释放回家，群众反映强烈。1997年，受害农户自发组成200多人的上访队伍，准备向县人民政府游行请愿。镇人大得知这一消息后，迅速向市、县人大和县委、县政府汇报情况，很快得到了市、县人大的支持。市人大常委会领导组织县人民法院、县公安局有关人员到现场进行重新取证，在镇人大的积极配合下，终于获取了有力证据。5月12日，公安部门再次将胡某抓获归案。

七、梅城镇第二届人民代表大会（1998.12～2001.10）

（一）代表选举

选举时间为1998年12月12日，全镇总人口61790人，共划分选区68个，选民40023人，选举产生镇人大代表82名。

（二）代表会议

1998年12月16日，举行梅城镇第二届人民代表大会第一次会议。会议收到代表建议8件；选举陈兴祥为镇人民代表大会主席，龙用才、龚成贤、周四之、任益国、张世云、戴君君为主席团成员，谭超美为镇长，肖国贤、郑伯怡、胡导平、罗成才、姚进群为副镇长。2000年2月28日，举行梅城镇第二届人民代表大会第二次会议。会议收到代表建议19件。2001年1月8日，举行梅城镇第二届人民代表大会第三次会议。会议补选王德元为镇长，肖世华为副镇长。

八、梅城镇第三届人民代表大会（2001.10～2006.2）

（一）代表选举

选举时间为2001年10月18日，全镇总人口63915人，共划分选区69个，选民40983人，选举产生镇人大代表82名。

（二）代表会议

2001年10月24日，举行梅城镇第三届人民代表大会第一次会议。会议选举李能英为镇人民代表大会主席，龙辉、任益国、张世云、周四之、胡导平、戴君君为主席团成员，肖世华为镇长，黄旺生、肖国贤、傅湛丽为副镇长。2003年2月28日，举行梅城镇第三届人民代表大会第二次会议。会议收到代表建议29件；补选汤中望为副镇长。2004年4月28日，举行梅城镇第三届人民代表大会第三次会议。会议收到代表建议16件。2005年3月18日，举行梅城镇第三届人民代表大会第四次会议。会议收到代表建议7条；补选李泽妙为镇长，黄厚开为副镇长。2005年12月16日，举行梅城镇第三届人民代表大会第五次会议。

（三）代表活动

2002年3月，镇人大主席团组织部分县、镇人大代表，对人民群众反映强烈的伊水河道淤积问题，进行了一次实施水法大检查，并向县、镇两级政府提出了《关于加强伊水河道管理的建议案》。县、镇两级政府对此高度重视，从2002年4月25日开始，投入资金5万元，从水利、城建等部门抽调30多人组成工作队，并调配挖机和推土机，对伊水河道梅城镇区河段进行了为期一周的疏浚清障。共移动土石7000多立方米，拆除非法建筑物3座，疏通了淤积的河道。

九、梅城镇第一届人民代表大会（2006.2～2012.11）

（一）代表选举

选举时间为2006年2月18日，全镇总人口78126人，共划分选区89个，选民52379人，选举产生镇人大代表92名。

（二）代表会议

2006年3月2日，举行梅城镇第一届人民代表大会第一次会议。会议收到代表建议37条；选举邓军华为镇人民代表大会主席，龙专华、任益国、张世云、陈祖德、龚小林、周四之为主席团成员，李太源为镇长，李泽妙、汤中望、胡导平、吴文骞为副镇长。2007年7月28日，举行梅城镇第一届人民代表大会第二次会议。会议通过《关于加强城区秩序管理、提升城镇品位的决议》《关于加大旧城区改造的决议》；补选刘锻武为镇人民代表大会主席，李德辉为镇长，王良才为副镇长。2007年12月8日，举行梅城镇第一届人民代表大会第三次会议。会议补选吴文骞为镇人民代表大会副主席，周欢民、龙润苗为副镇长。2009年4月1日，举行梅城镇第一届人民代表大会第四次会议。2009年9月16日，举行梅城镇第一届人民代表大会第五次会议。会议补选陈洁云为副镇长。2010年5月21日，举行梅城镇第一届人民代表大会第六次会议。会议通过《进一步优化经济发展环境的决议》；选举周跃军为镇人民代表大会副主席，丁晓明为镇长，吴文骞为副镇长。2010年12月18日，举行梅城镇第一届人民代表大会第七次会议。会议补选周欢民为镇人民代表大会主席。2011年4月8日，举行梅城镇第一届人民代表大会第八次会议。会议通过《关于创建“森林城镇”“文明卫生城镇”的决定》；补选丁晓明为镇人民代表大会主席，胡导平为副主席，陈洁云为镇长，胡盛云、李晔、周跃军为副镇长。

（三）代表活动

2008年10月31日，镇人大主席团组织部分县、镇人大代表对中心学校、国土所、水管站开展了评议。

十、梅城镇第二届人民代表大会（2012.11～2016.11）

（一）代表选举

选举时间为2012年10月26日，全镇总人口81512人，共划分选区47个，选民64104人，选举产生镇人大代表94名。

（二）代表会议

2012年11月14日，举行梅城镇第二届人民代表大会第一次会议。会议选举陈洁云为镇人民代表大会主席，胡导平为副主席，殷云龙、陈德安、任益国、孟吉云、曹秋和、龙悟飞为主席团成员，胡盛云为镇长，周跃军、李晔、李康进为副镇长。2013年8月24日，举行梅城镇第二届人民代表大会第二次会议。会议补选吴文骞、李文龙为副镇长；通过《关于禁止电动三轮车和摩的在梅城城区载客经营的决议》《关于调整启安大道道路走向及启安村五斗丘用地性质的决议》。2014年6月12日，举行梅城镇第二届人民代表大会第三次会议。会议选补丁翔为副镇长。2015年11月24日，举行梅城镇第二届人民代表大会第四次会议。2016年7月28日，举行梅城镇第二届人民代表大会第五次会议。会议选举龙润苗为镇人民代表大会主席，李太坤为镇长，李武、俞远庆为副镇长。

（三）代表活动

2013年7月19日，镇人大主席团组织县、镇部分人大代表，在梅城信用社召开支持信用社工作座谈会，评议信用社工作，为全镇信用事业建言献策。2014年6月19日，镇人大主席团组织县、镇人大代表27人，视察了启安新农村建设、茅田铺村野鸡产业化、伊水治理和污水处理等重点项目与工程，指出现阶段全镇新农村建设、农业产业化、水利建设三个方面存在的问题，并提出了解决办法和建议。是年9月2日，镇人大主席团组织县、镇人大代表等23人，对安化县第二人民医院的行风、政风进行了评议。2015年5月14日，组织部分市、县人大代表到启安、龙安、十里村开展农村基层工作调研。

（执笔：向术华）

第四节 乐安镇

1956年6月，并横市、乐桥、洢南、团云、杉山5个小乡为横市乡。1958年10月，合横市、思游、浮青、栗林4个乡为乐安人民公社。1961年4月，乐安人民公社分置为乐安（原横市乡管辖范围）、思游、浮青、栗林4个公社。1968年9月，建立乐安人民公社革命委员会。1980年12月，改公社革命委员会为公社管理委员会。1984年2月，改乐安人民公社为乐安乡。1995年撤区并乡，将乐安、思游、浮青乡合并为乐安乡。2002年6月，乐安乡经省政府批准改为乐安镇。全镇共辖2个居委会、22个村，总面积191.9平方公里。2015年，全镇总人口48029人，生产总值6.9亿元，财政收入1243万元。

1980年以后，乐安镇共选举产生10届人民代表大会。

一、乐安公社第四届人民代表大会（1980.11～1984.2）

（一）代表选举

选举时间为1980年11月1日，全社总人口14733人，共划分选区25个，选民8338人，选举产生乡人大代表96名。

（二）代表会议

1980年11月27日，举行乐安人民公社第四届人民代表大会第一次会议。会议选举肖冠群为公社管理委员会主任，李瑾瑜、蒋立生、肖寿松、吴爱华、张立丰为副主任。

二、乐安乡第五届人民代表大会（1984.2～1987.7）

（一）代表选举

选举时间为1983年12月8日，全社总人口15234人，共划分选区25个，选民10952人，选举产生乡人大代表96名。

（二）代表会议

1984年2月，举行乐安乡第五届人民代表大会第一次会议。会议选举王梦辉为乡长，夏固吾、肖国贤为副乡长。

三、乐安乡第六届人民代表大会（1987.7～1990.1）

（一）代表选举

选举时间为1987年7月20日，全乡总人口15453人，共划分选区25个，选民8672人，选举产生乡人大代表56名。

（二）代表会议

1987年7月25日，举行乐安乡第六届人民代表大会第一次会议。会议收到代表建议63件；选举王太陔为乡人民代表大会主席，谭周祥、王梦辉、肖雨岩、王顺中为主席团成员，熊必昌为乡长，肖国贤、戴恩荣为副乡长。1988年7月5日，举行乐安乡第六届人民代表大会第二次会议。1989年3月13日，举行乐安乡第六届人民代表大会第三次会议。会议收到代表建议23件；通过《乐安乡人大关于乐安中学校舍解危修建的决议》等3个决议；补选蒋林全为乡人民代表大会主席。

四、乐安乡第七届人民代表大会（1990.1～1992.11）

（一）代表选举

选举时间为1989年12月23日，全乡总人口16246人，共划分选区25个，选民11118人，选举产生乡人大代表56名。

（二）代表会议

1990年1月4日，举行乐安乡第七届人民代表大会第一次会议。会议收到代表建议25件；通过《关于严禁赌博、盗窃和封建迷信活动的决议》《关于保护农田水利、公路交通等公益事业设施的决议》等4个决议；选举吴亦多为乡人民代表大会常务主席，周芬华为专职主席，戴养才、吴文楚、刘吉康、戴新华、陈作文为主席团成员，戴恩荣为乡长，刘广兴、罗钦鸣为副乡长。1991年1月8日，举行乐安乡第七届人民代表大会第二次会议。会议收到代表建议28件；通过《乐安乡人民政府普及九年义务教育实施方案》。1992年2月29日，举行乐安乡第七届人民代表大会第三次会议。会议收到代表建议23件；通过《关于批准乡人民政府实施乐安乡集镇建设规划（草案）》；补选夏辉为副乡长。

五、乐安乡第八届人民代表大会（1992.11～1996.1）

（一）代表选举

选举时间为1992年11月17日，全乡总人口16451人，共划分选区25个，选民11659人，选举产生乡人大代表57名。

（二）代表会议

1992年11月29日，举行乐安乡第八届人民代表大会第一次会议。会议收到代表提案23件，通过《关于调整农村产业结构、振兴乐安经济的决定》《关于在全乡开展社会治安综合治理的决议》等5个决议；选举李寿阶为乡人民代表大会常务主席，周芬华、戴恩荣、戴和平、戴养才、戴哲成、卢首生、李长乐、蒋跃生、唐新普为主席团成员，戴恩荣为乡长，喻子球、李永益、蒋次祥为副乡长。1994年1月13日，举行乐安乡第八届人民代表大会第二次会议。会议收到代表建议7件；通过《设立乐安乡教育奖励基金会》等3个决议。1995年3月20日，举行乐安乡第八届人民代表大会第三次会议。会议收到代表建议6件。

六、乐安乡第一届人民代表大会（1996.1～1998.12）

（一）代表选举

选举时间为1995年12月5日，全乡总人口46470人，共划分选区66个，选民33524人，选举产生乡人大代表74名。

（二）代表会议

1996年1月15日，举行乐安乡第一届人民代表大会第一次会议。会议收到代表建议7件；选举郭运龙为乡人民代表大会主席，李寿阶为副主席，龙汉凡、冯国卿、刘桂贤、戴和平、蒋国保为主席团成员，卢本清为乡长，龙汉凡、彭玉琴、蒋次祥、刘国安为副乡长。1997年1月20日，举行乐安乡第一届人民代表大会第二次会议。会议收到代表建议43件，补选王少群、喻子球为副乡长。1998年4月6日，举行乐安乡第一届人民代表大会第三次会议，收到代表建议10件。

七、乐安乡第二届人民代表大会（1998.12～2001.10）

（一）代表选举

选举时间为1998年12月23日，全乡总人口48872人，共划分选区66个，选民34062人，选举产生乡人大代表77名。

（二）代表会议

1998年12月23日，举行乐安乡第二届人民代表大会第一次会议。会议收到代表建议8件；选举郭运龙为乡人民代表大会主席，冯国卿、彭玉琴、夏瑞阶、肖训初、刘吉康、刘孝周为主席团成员，龙汉凡为乡长，蒋次祥、王少群、喻子球、冯良臣、李管林为副乡长。2000年3月14日，举行乐安乡第二届人民代表大会第二次会议。会议收到代表建议4件，补选罗必胜、郭建华为副乡长。2000年2月17日，举行乐安乡第二届人民代表大会第三次会议。

八、乐安镇（乡）第三届人民代表大会（2001.10～2008.1）

（一）代表选举

选举时间为2001年10月15日，全乡总人口48365人，共划分选区67个，选民34974人，选举产生乡人大代表77名。

（二）代表会议

2001年10月25日，举行乐安乡第三届人民代表大会第一次会议。会议收到代表建议8件；选举卢本清为乡人民代表大会主席，熊武中、刘孝周、肖舜初、陈广高为主席团成员，罗必胜为乡长，蒋次祥、李振洲、王少群为副乡长。2002年4月30日，举行乐安乡第三届人民代表大会第二次会议。会议收到代表建议4件。2003年3月9日，举行乐安镇第三届人民代表大会第三次会议。会议补选卢本清为镇人民代表大会主席，罗必胜为镇长，蒋次祥、李振洲、王少群、赵念东为副镇长。2005年3月17日，举行乐安镇第三届人民代表大会第四次会议。会议收到代表建议12件；补选胡吉祥为镇人民代表大会主席，谭喜群为镇长。2006年1月20日，乐安镇举行第三届人民代表大会第五次会议。会议选举罗必胜为镇长，谭喜群、李管林、刘凤华为副镇长。

九、乐安镇第四届人民代表大会（2008.1～2012.10）

（一）代表选举

选举时间为2007年10月12日，全镇总人口47711人，共划分选区67个，选民36874人，选举产生镇人大代表74名。

（二）代表会议

2008年1月27日，乐安镇举行第四届人民代表大会第一次会议。会议选举李振洲为镇人民代表大会主席，王少群为副主席，谭喜群为镇长，夏赞辉、刘凤华、阙聘雄、李管林为副镇长。2009年2月23日，举行乐安镇第四届人民代表大会第二次会议。2010年5月31日，举行乐安镇第四届人民代表大会第三次会议，补选刘道奇为镇人民代表大会副主席，杨景宪为副镇长。2011年4月8日，举行乐安镇第四届人民代表大会第四次会议。会议共收到代表建议10件，补选何国强为镇人民代表大会主席，李振洲为副主席，夏赞辉为镇长，刘道奇、黄鹃为副镇长。

十、乐安镇第五届人民代表大会（2012.10～2016.11）

（一）代表选举

选举时间为2012年10月26日，全镇总人口49881人，共划分选区30个，选民39397人，选举产生乡人大代表73名。

（二）代表会议

2012年11月15日，举行乐安镇第五届人民代表大会第一次会议。会议收到代表建议10件；选举何国强为镇人民代表大会主席，李振洲为副主席，张振华、陈庆丰、卢圣保、蒋志星为主席团成员，夏赞辉为镇长，杨景宪、刘凤华、陈锦为副镇长。2013年7月26日，举行乐安镇第五届人民代表大会第二次会议。会议收到代表建议12件，补选姚海斌为镇长，刘道奇为副镇长。2014年4月4日，举行乐安镇第五届人民代表大会第三次会议。会议收到代表建议4件。2015年4月3日，举行乐安镇第五届人民代表大会第四次会议。会议收到代表建议8件。2016年7月29日，举行乐安镇第五届人民代表大会第五次会议。会议收到代表建议10件；补选龚立红为镇人民代表大会主席，刘凤华为镇长，陈贵华、孟湘、姚锦云为副镇长。

（执笔：刘　辉）

第五节　仙溪镇

1956年6月，并仙溪、清澄、雷公、圳上、山漳5个小乡为仙溪乡。1958年10月，合仙溪、九龙两乡建立仙溪人民公社，山口、杨柳两乡建立山口人民公社。是年12月，山口公社并入仙溪公社。1961年4月，仙溪人民公社划为仙溪、九龙、山口、通溪4个公社。1968年9月，建立仙溪人民公社革命委员会。1980年12月，改公社革命委员会为管理委员会。1984年2月，仙溪人民公社改为仙溪乡。1985年1月，经省政府批准，仙溪乡改为仙溪镇。1995年撤区并乡时，撤销仙溪镇和九龙乡、山口乡，合并设立仙溪镇。全镇辖25个村和1个社区，总面积280平方公里。2015年，全镇总人口54059人，国民生产总值6.6亿元，镇财政收入4150万元。

1980年以后，仙溪镇共选举产生10届人民代表大会。

一、仙溪公社第四届人民代表大会（1980.12～1984.2）

（一）代表选举

选举时间为1980年11月20日，全社总人口16717人，共划分选区24个，选民12080人，选举产生公社人大代表91名。

（二）代表会议

1980年12月10日，举行仙溪人民公社第四届人民代表大会第一次会议。会议选举周定中为公社管理委员会主任，姚卓球、曹裕国、陶欣和、龙孟夫为副主任。1981年1月26日，举行仙溪人民公社第四届人民代表大会第二次会议。会议补选蒋湘阶为公社管理委员会副主任。

二、仙溪乡第五届人民代表大会（1984.2～1987.1）

（一）代表选举

选举时间为1984年2月5日，全乡总人口17222人，共划分选区24个，选民12430人，选举产生乡人大代表125名。

（二）代表会议

1984年2月21日，举行仙溪乡第五届人民代表大会第一次会议。会议选举姚卓球为乡长，袁成章、董公要为副乡长。1985年1月15日，举行仙溪乡第五届人民代表大会第二次会议。会议补选谭淑清为镇长，袁成章、董公要、阮兆云、蒋湘阶为副镇长。

三、仙溪镇第六届人民代表大会（1987.1～1990.4）

（一）代表选举

选举时间为1987年1月6日，全镇总人口17608人，共划分选区24个，选民13205人，选举产生镇人大代表57名。

（二）代表会议

1987年1月23日，举行仙溪镇第六届人民代表大会第一次会议。会议选举姚献忠为镇长，董公要、阮兆云为副镇长。1987年11月20日，举行仙溪镇第六届人民代表大会第二次会议。会议补选李景明为镇人民代表大会常务主席，殷俊和、姚献忠、董公要、阮兆云为主席团成员。

四、仙溪镇第七届人民代表大会（1990.4～1992.12）

（一）代表选举

选举时间为1990年3月22日，全镇总人口20977人，共划分选区24个，选民15233人，选举产生镇人大代表61名。

（二）代表会议

1990年4月12日，举行仙溪镇第七届人民代表大会第一次会议。会议选举周明清为镇人民代表大会常务主席，蒋旺生、谭亮清、周明清、吴能高、姚国良为主席团成员，谭亮清为镇长，蒋湘阶、鄢复兴、吴能高为副镇长。1992年1月4日，举行仙溪镇第七届人民代表大会第二次会议。会议补选姚国良为副镇长。

五、仙溪镇第八届人民代表大会（1992.12～1996.1）

（一）代表选举

选举时间为1992年11月17日，全镇总人口21888人，共划分选区24个，选民16247人，选举产生镇人大代表62名。

（二）代表会议

1992年12月5日，举行仙溪镇第八届人民代表大会第一次会议。会议选举周明清为镇人民代表大会主席，蒋旺生、蒋湘阶、吴能高、姚国良为主席团成员，蒋湘阶为镇长，鄢复兴、吴能高、姚国良为副镇长。1994年10月20日，举行仙溪镇第八届人民代表大会第三次会议。会议补选李美成为副镇长。

六、仙溪镇第一届人民代表大会（1996.1～1998.12）

（一）代表选举

选举时间为1995年12月25日，全镇总人口48137人，共划分选区63个，选民37086人，选举产生镇人大代表71名。

（二）代表会议

1996年1月15日，举行仙溪镇第一届人民代表大会第一次会议。会议选举蒋旺生为镇人民代表大会主席，童社平为副主席，龙稳固、向新庄、杨群中、向中益、简文艺为主席团成员，彭仲元为镇长，夏建国、袁成章、肖新民、吴能高、李艳云为副镇长。1997年3月26日，举行仙溪镇第一届人民代表大会第二次会议。会议补选向中益为镇人民代表大会主席，谭佑初为副主席，龚国强为镇长，谭卧龙、周景书、陶和平为副镇长。1998年2月25日，举行仙溪镇第一届人民代表大会第三次会议。会议补选姚新华为镇长，吴云跃为副镇长。

七、仙溪镇第二届人民代表大会（1998.12～2001.10）

（一）代表选举

选举时间为1998年12月10日，全镇总人口51261人，共划分选区63个，选民38112人，选举产生镇人大代表76名。

（二）代表会议

1998年12月24日，举行仙溪镇第二届人民代表大会第一次会议。会议选举卢本清为镇人民代表大会主席，姚关保、何寿康、邱玉军、李志林、吴乐书为主席团成员，周共华为镇长，谭卧龙、吴云跃、陶和平、周景书、傅湛丽为副镇长。

八、仙溪镇第三届人民代表大会（2001.10～2008.12）

（一）代表选举

选举时间为2001年10月6日，全镇总人口52103人，共划分选区63个，选民38342人，选举产生镇人大代表77名。

（二）代表会议

2001年10月24日，举行仙溪镇第三届人民代表大会第一次会议。会议选举龙汉凡为镇人民代表大会主席，周盛民、刘建华、王心溪、姚关保、刘起球、殷永红为主席团成员，姚品中为镇长，蒋华、熊图强、吴能高为副镇长。2004年4月22日，举行仙溪镇第三届人民代表大会第三次会议。会议补选周盛民为镇人民代表大会主席，龙汉凡为镇长。2005年3月27日举行仙溪镇第四届人民代表大会第四次会议。会议补选刘锻武为镇长，龚红卫、姚喜群为副镇长。2006年2月19日，举行仙溪镇第四届人民代表大会第五次会议。会议补选吴能高为镇人民代表大会主席，伍亮为镇长，刘锻武、夏仁君、张小平、徐健为副镇长。

九、仙溪镇第四届人民代表大会（2008.12～2012.4）

（一）代表选举

选举时间为2008年11月6日，全镇总人口52116人，共划分选区63个，选民38351人，选举产生镇人大代表77名。

（二）代表会议

2008年12月10日，举行仙溪镇第四届人民代表大会第一次会议。会议选举吴能高为镇人民代表大会主席，李溧为副主席，刘起球、刘建华、刘英悟为主席团成员，王毅为镇长，黄超群、陈清光、龚红卫、陈爱华为副镇长。2009年9月20日，举行仙溪镇第四届人民代表大会第二次会议。会议补选龚立红为副镇长。2010年5月25日，举行仙溪镇第四届人民代表大会第三次会议。会议选举蒋仕仁为镇人民代表大会副主席，陈明礼为镇长。2011年3月30日，举行仙溪镇第四届人民代表大会第四次会议。会议选举陈明礼为镇人民代表大会主席，吴能高为副主席，黄超群为镇长，李彩都、蒋仕仁、李坤为副镇长。

十、仙溪镇第五届人民代表大会（2012.4～2016.11）

（一）代表选举

选举时间为2012年3月22日，全镇总人口52873人，共划分选区63个，选民39002人，选举产生镇人大代表72名。

（二）代表会议

2012年4月15日，举行仙溪镇第五届人民代表大会第一次会议。会议选举陈明礼为镇人民代表大会主席，吴能高为副主席，黄超群、陈清光、邓红优、龚维新、周秋星为主席团成员，黄超群为镇长，龚红卫、李彩都、李坤为副镇长。2013年7月26日，举行仙溪镇第五届人民代表大会第二次会议。会议补选龚红卫为镇人民代表大会副主席，张志华为镇长，龚立红为副镇长。2016年7月22日，举行仙溪镇第五届人民代表大会第五次会议。会议补选龚红卫为镇人民代表大会主席，罗胜兵、周佳、陈爱平、章新奇为副镇长。

（执笔：曹凯仁）

第六节　长塘镇

1956年6月，并长塘、白羊、丫山、兰石4个小乡为长塘乡。1958年10月，建立长塘人民公社。是年12月，长塘公社并入大福公社。1961年4月，分设长塘公社。1968年9月，建立长塘人民公社革命委员会。1980年12月，改长塘公社革命委员会为管理委员会。1984年2月，长塘人民公社改为长塘乡。1995年11月撤区并乡时，撤销长塘乡和通溪乡，并划入大荣乡9个村，合并设立长塘乡。是年12月，经省政府批准，撤销长塘乡，设立长塘镇。2016年，全镇辖2个居民委员会、15个行政村，总面积181平方公里。2015年，全镇总人口4.96万，国民生产总值5.2亿元，镇财政收入650万元。

1980年以后，长塘镇（公社、乡）共选举产生10届人民代表大会。

一、长塘公社第四届人民代表大会（1980.12～1984.2）

（一）代表选举

选举时间为1980年11月1日，全社总人口18080人，共划分选区20个，选民9537人，选举产生公社人大代表95名。

（二）代表会议

1980年12月7日，举行长塘公社第四届人民代表大会第一次会议。会议选举王中尧为公社管理委员会主任，黄时若、王成立、姚仲卿、蒋岁丰为副主任。

二、长塘乡第五届人民代表大会（1984.2～1987.11）

（一）代表选举

选举时间为1984年1月21日，全乡总人口18464人，共划分选区20个，选民12925人，选举产生乡人大代表60名。

（二）代表会议

1984年2月，举行长塘乡第五届人民代表大会第一次会议。会议选举蒋益明为乡长，黄开元、陈胜保、王加伍、罗梦良为副乡长；通过《长塘乡各项工作任务计分标准和方法》《关于村主要干部实行报酬与工作效果挂钩的决议》《关于整顿社会治安若干问题的决议》《关于落实“五保户”生活供养的决议》等决议。1986年6月21日，举行长塘乡第五届人民代表大会第二次会议。会议选举彭敦旺为乡长。

三、长塘乡第六届人民代表大会（1987.11～1990.1）

（一）代表选举

选举时间为1986年12月25日，全乡总人口18766人，共划分选区20个，选民13136人，选举产生乡人大代表60名。

（二）代表会议

1987年11月5日，举行长塘乡第六届人民代表大会第一次会议。会议选举胡保生为乡人民代表大会常务主席，彭敦旺为乡长，黄开元、王成立、刘益志为副乡长。1988年4月25日，举行长塘乡第六届人民代表大会第二次会议。会议通过《关于加强法制建设普及法律知识的决议》；选举罗华干为副乡长。1989年3月12日，举行长塘乡第六届人民代表大会第三次会议。会议选举罗华干为乡长。

（三）代表活动

1987～1989年，乡人大主席团利用各种形式走访乡代表154人次、县代表24人次。1989年8月27日，组织部分县、乡人大代表对乡政府工作进行了认真评议。

四、长塘乡第七届人民代表大会（1990.1～1992.12）

（一）代表选举

选举时间为1989年12月23日，全乡总人口19787人，共划分选区23个，选民13851人，选举乡人大代表60名。

（二）代表会议

1990年1月8～9日，举行长塘乡第七届人民代表大会第一次会议。会议选举胡保生为乡人民代表大会常务主席，罗梦良、蒋平清、李石林、周立仁、黄树林、黄新平为乡人大主席团成员，罗华干为乡长，龚建平、周茂才、陈建华为副乡长；通过《关于坚决制止和处理乱占滥用耕地建房的决议》《关于四年消灭荒山，六年绿化长塘的决议》《关于坚定不移地维护公有制，大力发展壮大集体经济的决议》《关于加强法制建设，实行综合治理长塘乡社会治安秩序的决议》。1991年1月16日，举行长塘乡第七届人民代表大会第二次会议。会议通过《长塘乡乡规民约》《关于加强法制建设，进一步搞好社会治安综合治理的决议》；选举刘吉军为副乡长。1992年5月19日，举行长塘乡第七届人民代表大会第三次会议。

五、长塘乡第八届人民代表大会（1992.12～1996.1）

（一）代表选举

选举时间为1992年11月20日，全乡总人口20358人，共划分选区23个，选民13779人，选举产生乡人大代表60名。

（二）代表会议

1992年12月9日，举行长塘乡第八届人民代表大会第一次会议。会议选举姚仲钦为乡人民代表大会常务主席，龚建平、李子笃、刘伏军、肖锋、杨许生、李石林为乡人大主席团成员，周茂才为乡长，陈建华、罗梦良、李放勋为副乡长。1994年1月9～10日，举行长塘乡第八届人民代表大会第二次会议。会议选举龚建平为乡长，刘道奇为副乡长。1995年5月19日，举行长塘乡第八届人民代表大会第三次会议。会议选举朱利民、黄最安为副乡长。

六、长塘镇第一届人民代表大会（1996.1～1998.12）

（一）代表选举

选举时间为1996年1月10日，全镇总人口41185人，共划分选区52个，选民27148人，选举产生镇人大代表67名。

（二）代表会议

1996年1月12～13日，举行长塘镇第一届人民代表大会第一次会议。会议选举刘群松为镇人民代表大会主席，罗梦良、肖雨保为副主席，刘满春、周方元、姚迪堂、谢松凡、彭敦旺为镇人大主席团成员，黄志军为镇长，黄世举、文和平、刘吉军、姚长春、李锡明为副镇长；通过《关于继续建好长塘水泥厂的决议》等决议；收到代表建议69件。1997年1月23日，举行长塘镇第一届人民代表大会第二次会议。会议补选熊图强为副镇长；通过《关于进一步加快城镇建设的决议》；收到代表建议34件。1998年2月28日，举行长塘镇第一届人民代表大会第三次会议。

（三）代表活动

1996～1998年，镇人大代表共组织完成公益建设92处，帮助124户贫困户脱贫。镇人大主席团还对中小学生收费实行规范，在全县率先取消镇开口部分，减轻了农民负担。镇人大主席团每年组织对镇长、副镇长进行一次民主评议。为了开展好这一活动，先后走访代表和选民近万人次，收集意见、建议130多条，发放填写民意测验表320份。1997年市人大会期间，镇人大代表黄世举等赴市代表住所，请求安化籍代表反映长塘110KV变电站建设进展缓慢的问题，并协助代表起草提案，从而引起市、县领导的重视，加快了该站的建设进度。同时，在镇党委、政府出台水泥厂建设重新上马集资方案后，镇机关15名代表带头集资27万元，全镇人大代表积极响应，共集资近40万元，加快了该项目的建设进度。

七、长塘镇第二届人民代表大会（1998.12～2001.10）

（一）代表选举

选举时间为1998年12月15日，全镇总人口41185人，共划分选区49个，选民30528人，选举镇人大代表66人。

（二）代表会议

1998年12月21日，举行长塘镇第二届人民代表大会第一次会议。会议选举谢松凡为镇人民代表大会主席，姚新华、王乔生、方术明、谭喜群、蒋卫军、刘锻文、姚民生、龚元秋、罗梦良、邓名安、龚启贤、陈广宜、陈代庚、姚热群为镇人大主席团成员，王乔生为镇长，谭喜群、刘锻文、姚民生、蒋卫军、龚元秋为副镇长。2000年3月8日，举行长塘镇第二届人民代表大会第二次会议。会议通过《关于切实加强社会治安综合治理，维护长塘社会稳定的决议》；补选张怡菊为镇长，李泽妙为副镇长。

（三）代表活动

1998年4月23日，长塘镇人大主席团组织听取了城建工作汇报。是年7月22日，研究评议了政府工作。2000年初，塘冲村5个村民准备筹资创办竹业加工厂，镇人大积极给予支持，帮助他们开展销售市场和资源承受能力的调查研究，鼓励他们大胆开创，在镇人大的全力支持和配合下，松梅竹业有限责任公司于2001年4月正式投产。

八、长塘镇第三届人民代表大会（2001.10～2007.12）

（一）代表选举

选举时间为2001年10月14～15日，全镇总人口41556人，共划分选区46个，选民31618人，选举产生镇人大代表66人。

（二）代表会议

2001年10月21日，举行长塘镇第三届人民代表大会第一次会议。会议选举邓社开为镇人民代表大会主席，李太源、张贻铸、姚国良、李作良、黄最安、李阜民、胡赛华、姚永良、陈定坤、王丰生为镇人大主席团成员，张怡铸为镇长，谭喜群、蒋卫军、龚元秋为副镇长；通过《关于进一步开展普法宣传教育的决议》；收到代表建议55件。2003年3月8日，举行长塘镇第三届人民代表大会第二次会议。会议补选黄新龙、王俊青为副镇长。2004年11月8日，举行长塘镇第三届人民代表大会第三次会议，会议补选熊武中为镇长。2006年2月15日，举行长塘镇第三届人民代表大会第四次会议。会议补选周新飞为镇人民代表大会主席，谌才保为镇长，熊武中、谌纯章、李昔新、陈四清、陈云祥为副镇长。

（三）代表活动

2003年3月15日消费者权益保护日，长塘镇主席团请工商部门的领导给代表们讲解《消费者权益保护法》，并听取工商部门怎样加大市场的整顿力度和打假力度，使消费者权益落到实处的工作汇报。是年3月16日，邀请司法所长、农技站长、林业站长等讲授相关的法律法规、农村实用技术等知识。5月16日，镇人大主席团组织14名代表，分别评议了长塘派出所、林业站等职能部门的工作。

九、长塘镇第四届人民代表大会（2007.12～2012.11）

（一）代表选举

选举时间为2007年10月15～16日，全镇总人口45260人，共划分选区25个，选民31682人，选举产生镇人大代表66人。

（二）代表会议

2007年12月10日，举行长塘镇第四届人民代表大会第一次会议。会议选举周新飞为镇人民代表大会主席，刘道奇为副主席，丁晓明、李远胜、谌纯章、龚卫军、龚集平、姚安民、周伏玉为镇人大主席团成员，丁晓明为镇长，李远胜、李昔新、陈四清、姚海斌为副镇长。长塘镇第四届人民代表大会第二次、三次会议（资料不详）。2010年5月24日，举行长塘镇第四届人民代表大会第四次会议。会议补选梁勇军为镇人民代表大会副主席，刘宝祥为镇长，张伟为副镇长。2011年3月31日，举行长塘镇第四届人民代表大会第五次会议。会议选举刘宝祥为镇人民代表大会主席，李昔新为副主席，姚海斌为镇长，李得高、梁勇军为副镇长。2012年3月29日，举行长塘镇第四届人民代表大会第六次会议。

（三）代表活动

2011年7月14日，镇人大主席团组织部分县、镇人大代表听取二广高速建设施工情况的汇报,就二广高速的问题召开了几个座谈会，对沿线进行了视察。

十、长塘镇第五届人民代表大会（2012.11～2016.11）

（一）代表选举

选举时间为2012年10月26日，全镇总人口49322人，共划分选区25个，选民37340人，选举产生镇人大代表69名。

（二）代表会议

2012年11月16日，举行长塘镇第五届人民代表大会第一次会议。会议选举刘宝祥为镇人民代表大会主席，李昔新为副主席，姚海斌、李管林、向志龙、刘铁辉、龚卫军、何业苏、姚善娥为镇人大主席团成员，姚海斌为镇长，李得高、张伟、梁勇军为副镇长。2013年7月31日，举行长塘镇第五届人民代表大会第二次会议。会议补选李繁荣为镇人民代表大会主席，陈四清为副主席，唐龙飞为镇长，文武、李行为副镇长。2014年12月31日，举行长塘镇第五届人民代表大会第三次会议。2015年11月20日，举行长塘镇第五届人民代表大会第四次会议。2016年7月21日举行长塘镇第五届人民代表大会第五次会议。会议补选举文武为镇人民代表大会主席，龚俊为镇长，卢志明、阮志能、周红艳、沈卫兵为副镇长。

（三）代表活动

2015年5月20日，长塘镇人大主席团组织县、镇两级人大代表20余人，对长塘镇生态农业建设进行了视察调研。

（执笔：文　欣）

第七节　大福镇

1956年6月，大福镇划为乡级镇。1958年11月，设立大福人民公社。1983年12月，大福镇从大福人民公社中析出，恢复镇建制。1986年11月，将大福镇与大福乡合并为大福镇。1995年11月，撤销原大福镇、木孔乡，并划入原大荣乡的焦许等15个村，合并设立大福镇。2005年12月，撤销东山乡、新桥建镇试验区，并入大福镇。2015年，全镇辖36个村、3个社区，总面积320平方公里，总人口102637人，国民生产总值3.1056亿元，镇财政收入608.5万元。

1980年以后，大福镇共选举产生10届人民代表大会。

一、大福人民公社第四届人民代表大会（1980.12～1984.1）

（一）代表选举

选举时间为1980年10月8日，全社总人口19079人，共划分选区33个，选民14118人，选举产生公社人大代表94名。

（二）代表会议

1980年12月10日，举行大福人民公社第四届人民代表大会第一次会议。会议选举罗培先为公社管理委员会主任，陈佩贤、黄梅钦、陈必荣、游晋财为公社管理委员会副主任，毛日华、吴德庭、夏中元、黄应生、雷晓元为公社管理委员会委员。

二、大福镇第五届人民代表大会（1984.1～1987.1）

（一）代表选举

选举时间为1984年12月18～20日，全镇总人口4394人，共划分选区10个，选民3734人，选举产生镇人大代表24名。

（二）代表会议

1984年1月20日，大福镇举行第五届人民代表大会第一次会议。会议选举周定中为镇长，马民生为副镇长。

三、大福镇第六届人民代表大会（1987.1～1990.1）

（一）代表选举

选举时间为1986年11月19～21日，全镇总人口20576人，共划分选区33个，选民15020人，选举产生镇人大代表101名。

（二）代表会议

1987年1月21日，举行大福镇第六届人民代表大会第一次会议。会议选举熊坚农为镇人民代表大会常务主席，宁尔胜为副主席，蒋益明为镇长，黄树林、蒋昌仁、李文清为副镇长。

四、大福镇第七届人民代表大会（1990.1～1992.12）

（一）代表选举

选举时间为1989年12月24日，全镇总人口21740人，共划分选区33个，选民15435人，选举产生镇人大代表80名。

（二）代表会议

1990年1月9～10日，举行大福镇第七届人民代表大会第一次会议。会议选举陈佩贤为镇人民代表大会常务主席，蒋益明为镇长，陈社和、蒋昌仁、黄恩忠、文和平、肖雨保为副镇长。1991年1月20日，举行大福镇第七届人民代表大会第二次会议。1992年1月7～8日，举行大福镇第七届人民代表大会第三次会议。

五、大福镇第八届人民代表大会（1992.12～1996.1）

（一）代表选举

选举时间为1992年10月8日，全镇总人口22535人，共划分选区33个，选民16450人，选举产生镇人大代表78名。

（二）代表会议

1992年12月8～9日，举行大福镇第八届人民代表大会第一次会议。会议选举肖永中为镇人民代表大会主席，陈沂华、陈近阳、陈艾青、杨仲球、唐佩云、龚爱莲为主席团成员，陈高超为镇长，蒋昌仁、文和平、刘道中为副镇长。1994年5月8日，举行大福镇第八届人民代表大会第二次会议。会议通过了《关于搞好山地开发加快致富步伐的决议》；补选黄志军为镇长，李晏卿为副镇长。

六、大福镇第一届人民代表大会（1996.1～1998.12）

（一）代表选举

选举时间为1995年11月15～16日，全镇总人口23059人，共划分选区65个，选民19726人，选举产生镇人大代表79名。

（二）代表会议

1996年1月15日，举行大福镇第一届人民代表大会第一次会议。会议选举孟爱仁为镇人民代表大会主席，张翠吾、黄球林为副主席，龚国强为镇长，刘如良、宁志强、李石安、李晏卿、姚世湘为副镇长。1996年8月20日，举行大福镇第一届人民代表大会第二次会议。1997年1月18日，举行大福镇第一届人民代表大会第三次会议。会议补选陈清光为镇人民代表大会副主席，姚龙辉为镇长，蒋昌仁为副镇长。1998年7月10日，举行大福镇第一届人民代表大会第四次会议。会议通过了《关于实行依法治镇的决议》《关于加快木孔程控电话工程建议的决议》《关于加速长大公路砂改油第一期工程建设的决议》。

七、大福镇第二届人民代表大会（1998.12～2001.10）

（一）代表选举

选举时间为1998年10月25日，全镇总人口49642人，共划分选区65个，选民34832人，选举产生镇人大代表85名。

（二）代表会议

1998年12月16日，举行大福镇第二届人民代表大会第一次会议。会议选举孟爱仁为镇人民代表大会主席，周茂才为镇长，李晏卿、宁志强、李锡明、李石安、戴隐为副镇长。2000年3月12日，举行大福镇第二届人民代表大会第二次会议。会议补选罗祖胜、肖新民为副镇长。

八、大福镇第三届人民代表大会（2001.10～2006.2）

（一）代表选举

选举时间为2001年10月20日，全镇总人口47423人，共划分选区76个，选民35751人，选举产生镇人大代表86名。

（二）代表会议

2001年10月24日，举行大福镇第三届人民代表大会第一次会议。会议选举文和平为镇人民代表大会主席，李淑军、宁超文、喻国保、文云秋、刘卫平、夏方友为主席团成员，贺心武为镇长，李晏卿、罗祖胜、肖新民为副镇长。2003年2月28日，举行大福镇第三届人民代表大会第二次会议。会议补选吴朝宏为副镇长。2004年2月28日，举行大福镇第三届人民代表大会第三次会议。会议补选姚国良为镇长。2005年3月21日，举行大福镇第三届人民代表大会第四次会议，补选宁超文、周欢民为副镇长。

（三）代表活动

2005年4月27日，镇人大主席团组织部分县人大代表对全镇政法工作开展评议；5月13日，对环境卫生、镇郊现有垃圾场及拟建新垃圾场进行视察；10月18日，对城镇建设进行视察。

九、大福镇第一届人民代表大会（2006.2～2012.11）

（一）代表选举

选举时间为2006年1月11日，全镇总人口94321人，共划分选区114个，选民69797人，选举产生镇人大代表95名。

（二）代表会议

2006年2月16日，举行大福镇第一届人民代表大会第一次会议。会议选举李医芳为镇人民代表大会主席，贺心武为镇长，姚国良、吴朝宏、刘双爱、易元秋为副镇长。2007年12月20日，举行大福镇第一届人民代表大会第二次会议。会议补选宁志强为镇人民代表大会主席，宁超文为副主席，姚国良为镇长，汤中望、贺日升为副镇长。2009年5月25日，举行大福镇第一届人民代表大会第三次会议。会议补选刘植为副镇长。2010年9月9日，举行大福镇第一届人民代表大会第四次会议。会议补选黄鹃为镇人民代表大会副主席，陈立云为副镇长。2011年4月8日，举行大福镇第一届人民代表大会第五次会议，补选汤中望为镇人民代表大会主席，宁志强为副主席，易元秋为镇长，冯乐、陈锦为副镇长。

（三）代表活动

2011年5月，镇人大主席团组织县人大代表对大福至长塘公路进行考察，并提出了改造建议。2012年，镇人大主席团对全镇的防洪度汛进行了视察。

十、大福镇第二届人民代表大会（2012.11～2016.11）

（一）代表选举

选举时间为2012年10月12日，全镇总人口99022人，共划分选区52个，选民73632人，选举产生镇人大代表89名。

（二）代表会议

2012年11月14日，举行大福镇第二届人民代表大会第一次会议。会议选举汤中望为镇人民代表大会主席，宁志强为副主席，易元秋为镇长，贺日升、黄鹃、冯乐为副镇长。2013年7月24日，举行大福镇第二届人民代表大会第二次会议。会议补选李小村、张碧锋为副镇长。2014年5月16日，举行大福镇第二届人民代表大会第三次会议。2015年9月29日，举行大福镇第二届人民代表大会第四次会议。2016年11月17日，举行大福镇第二届人民代表大会第五次会议。会议补选田效军为镇人民代表大会主席，李实玖为副主席，刘智伟为镇长，张碧峰、姚志财、刘向军、张芳为副镇长。

（三）代表活动

2013年，镇人大主席团召集部分县、镇人大代表，采取开座谈会、下村走访、数据分析等多种形式，完成了《大福镇2013年上半年农业经济运行情况调研》《关于大福镇农业专业合作组织的调查》等调研报告，为该镇的发展决策提供了有效的依据。2014年，镇人大主席团组织28名县、镇人大代表先后对林业站等单位的工作进行评议，并对被评议单位进行投票表决，将表决结果向社会公布。2015年7月20日，镇人大主席团组织县、镇人大代表视察了响水洞漂流有限公司，提出了相应的建议。

（执笔：卢钰锋）

第八节　羊角塘镇

1956年6月，并羊角、湛溪、赤溪、龙形、玉坪、大岩6个小乡为羊角乡。1958年10月，合羊角、金鸡两乡为羊角人民公社。1961年4月，又划分为金鸡、羊角两个公社。1968年3月，建立羊角人民公社革命委员会。1980年12月，改公社革命委员会为管理委员会。1984年2月，羊角塘人民公社改为羊角塘乡。1995年11月撤区并乡时，撤销羊角塘和金鸡两乡合并建立羊角塘乡。是年12月，省政府批准设立羊角塘镇。全镇辖2个居委会、19个村，总面积246.8平方公里。2015年，全镇总人口68883人，国民生产总值3.14亿元，镇财政收入1500万元。

1980年以后，羊角塘镇（公社、乡）共选举产生10届人民代表大会。

一、羊角公社第四届人民代表大会（1980.12～1984.2）

（一）代表选举

选举时间为1980年11月3日，全社总人口30392人，共划分选区29个，选民16606人，选举产生公社人大代表130名。

（二）代表会议

1980年12月8日，举行羊角人民公社第四届人民代表大会第一次会议。会议选举曾文书为公社管理委员会主任，毛岩山、曾向阳为副主任。1981年2月，举行羊角人民公社第四届人民代表大会第二次会议。会议补选姚浩清为公社管理委员会副主任。1982年1月，举行羊角人民公社第四届人民代表大会第三次会议。会议补选张景福为公社管理委员会主任。

二、羊角乡第五届人民代表大会（1984.2～1987.1）

（一）代表选举

选举时间为1983年12月，全乡总人口31570人，共划分选区30个，选民18482人，选举产生乡人大代表180名。

（二）代表会议

1984年2月，举行羊角乡第五届人民代表大会第一次会议。会议选举杨连益为乡长，毛岩山、王新世、卢凤喜、夏纯海为副乡长。

三、羊角塘乡第六届人民代表大会（1987.1～1990.1）

（一）代表选举

选举时间为1986年12月25～27日，全乡总人口33137人，共划分选区30个，选民19882人，选举产生乡人大代表75名。

（二）代表会议

1987年1月，举行羊角塘乡第六届人民代表大会第一次会议。会议选举罗千秋为乡人民代表大会常务主席，瞿放生为专职副主席，张景福为乡长，夏纯海、刘芳来、王日明为副乡长。1988年3月12日，举行羊角塘乡第六届人民代表大会第二次会议。会议补选夏运全为乡人民代表大会专职副主席，简席珍为乡长；通过《关于加强土地管理、禁止乱占滥用耕地的决议》。1989年5月，举行羊角塘乡第六届人民代表大会第三次会议。会议补选瞿长元为乡长，黄德勋、杨连利为副乡长。

四、羊角塘乡第七届人民代表大会（1990.1～1992.12）

（一）代表选举

选举时间为1989年12月17日，全乡总人口35378人，共划分选区31个，选民22647人，选举产生乡人大代表75名。

（二）代表会议

1990年1月，举行羊角塘乡第七届人民代表大会第一次会议。会议选举杨玉山为乡人民代表大会常务主席，瞿长元为乡长，王日明、黄德勋、刘和平为副乡长。1992年2月，举行羊角塘乡第七届人民代表大会第二次会议。会议补选王嗣新、李汉初为副乡长。

五、羊角塘乡第八届人民代表大会（1992.12～1996.1）

（一）代表选举

选举时间为1992年11月4日，全镇总人口35748人，共划分选区34个，选民23167人，选举产生乡人大代表75名。

（二）代表会议

1992年12月，举行羊角塘乡第八届人民代表大会第一次会议。会议选举杨玉山为乡人民代表大会常务主席，李智为乡长，李汉初、胡夏初、王国民、王嗣新为副乡长。1994年1月11日，举行羊角塘乡第八届人民代表大会第二次会议。会议补选卢健为乡人民代表大会常务主席，胡夏初为乡长，刘梦来为副乡长。1995年4月4日，举行羊角塘乡第八届人民代表大会第三次会议，补选梁湘贵为乡长。

六、羊角塘镇第一届人民代表大会（1996.1～1999.1）

（一）代表选举

选举时间为1996年1月10日，全镇总人口56427人，共划分选区51个，选民42746人，选举产生镇人大代表78名。

（二）代表会议

1996年1月12日，举行羊角塘镇第一届人民代表大会第一次会议。会议选举瞿放生为镇人民代表大会主席，王成立为副主席，梁湘贵、卢健、夏学凡、王领玉、卢善根为主席团成员，胡夏初为镇长，张怡菊、张昌洪、夏赞生、王迪华、李朝辉为副镇长。1996年6月25日，举行羊角塘镇第一届人民代表大会第二次会议。会议通过了《关于大岩至经济柏油路建设实行借贷修路、收款还贷的决议》《关于集资办学的决定》《保住方寸土，刹住占田风》等决议。1997年2月27日，举行羊角塘镇第一届人民代表大会第三次会议。会议补选黄德勋为镇人民代表大会副主席，李刚跃为副镇长。1998年2月7日，举行羊角塘镇第一届人民代表大会第四次会议。会议补选王日平为镇人民代表大会主席，瞿放生为镇长；通过了《关于民主法制建设，实施依法治镇的决议》。

七、羊角塘镇第二届人民代表大会（1999.1～2001.11）

（一）代表选举

选举时间为1998年12月12～13日，全镇总人口57151人，共划分选区51个，选民41747人，选举产生镇人大代表80名。

（二）代表会议

1999年1月8日，举行羊角塘镇第二届人民代表大会第一次会议。会议选举王日平为镇人民代表大会主席，王日明、王祝先、王领玉、卢善根、黄德勋、瞿放生、刘欣荣为主席团成员，梁湘贵为镇长，王昌跃、杨福国、王迪华、黄冬红、高多云为副镇长。2000年2月29日，举行羊角塘镇第二届人民代表大会第二次会议。会议补选陈河清为镇人民代表大会主席，刘如良、刘青峰为副镇长。2001年1月13日，举行羊角塘镇第二届人民代表大会第三次会议。会议通过了《羊角塘镇十五教育规划》《解决羊角塘同意地皮问题》《解决羊角塘镇中学环境治污问题》等决议。

八、羊角塘镇第三届人民代表大会（2001.11～2007.12）

（一）代表选举

选举时间为2000年10月30日，全镇总人口59015人，共划分选区51个，选民41311人，选举产生镇人大代表79名。

（二）代表会议

2001年11月3日，举行羊角塘镇第三届人民代表大会第一次会议。会议选举张先吉为镇人民代表大会主席，王迪华、陈名广、黄德勋、王祝先、黄立成、卢善枝、王领玉、刘祖高、刘欣荣为主席团成员，夏赞生为镇长，王迪华、黄冬红、刘青峰为副镇长。2002年4月20日，举行羊角塘镇第三届人民代表大会第二次会议。会议通过了《加强生态环境建设与发展林业生产》《加快羊角卫生事业发展》等决议。2003年5月，举行羊角塘镇第三届人民代表大会第三次会议。会议补选周景书为镇长，谭明华、陈名广为副镇长。2004年3月1日，举行羊角塘镇第三届人民代表大会第四次会议。2005年3月22日，举行羊角塘镇第三届人民代表大会第五次会议。会议补选王迪华为镇人民代表大会主席，杨在和为镇长，姚海斌、彭官保、王祝先、吴章国为副镇长。2006年2月18日，举行羊角塘镇第三届人民代表大会第六次会议。会议补选周景书为镇长，杨在和、谭明华、胡国庆、张曙辉为副镇长。

（三）代表活动

2004年9月15日，本镇县人大代表和镇人大主席团全体成员对湘君竹叶建设工地进行了实地视察。是年11月11日，本镇县人大代表在镇联校会议室听取了关于镇中心完小扩建筹备工作的汇报。会上，县人大代表均发表了热情洋溢的讲话，表明全力配合党委、政府和联校的工作。

九、羊角塘镇第四届人民代表大会（2007.12～2012.11）

（一）代表选举

选举时间为2007年10月15日，全镇总人口60878人，共划分选区52个，选民47142人，选举产生镇人大代表79名。

（二）代表会议

2007年12月10日，举行羊角塘镇第四届人民代表大会第一次会议。会议选举黄顺安为镇人民代表大会主席，周思纯为副主席，杨在和为镇长，刘学军、王祝先、李彩都、胡国庆为副镇长。2009年6月

26日，举行羊角塘镇第四届人民代表大会第二次会议。会议补选王昌跃为副镇长。2010年6月7日，举行羊角塘镇第四届人民代表大会第三次会议。会议补选刘泽国为镇人民代表大会副主席。2010年10月25日，举行羊角塘镇第四届人民代表大会第四次会议。会议补选陶学理为镇人民代表大会主席。2011年4月18日，举行羊角塘镇第四届人民代表大会第五次会议。会议通过了《新建政府办公楼的决议》；选举刘学军为镇人民代表大会主席，陶学理为副主席，胡国庆为镇长，陈杨开、刘泽国为副镇长。

（三）代表活动

2008年10月15日，镇人大主席团组织人大代表进行民主评议，评议的对象是镇卫生院和镇文昌阁完小。28名人大代表参加了评议活动，镇主要领导到会并作了重要讲话，指出了开展民主评议基层站所的重大意义，强调了人大代表履行职务的重要性，并请被评议站所虚心接受代表的建议，有则改之，无则加勉。通过此次民主评议，使代表职责得到较好履行，基层站所的工作得到促进。

十、羊角塘镇第五届人民代表大会（2012.11～2016.11）

（一）代表选举

选举时间为2012年10月26日，全镇总人口66227人，共划分选区31个，选民52256人，选举产生镇人大代表79名。

（二）代表会议

2012年11月17日，举行羊角塘镇第五届人民代表大会第一次会议。会议收到代表建议34件；选举刘学军为镇人民代表大会主席，陶学理为副主席，王五爱、王昌跃、王迪华、卢善枝、刘祖高、杨斌、杨方正、胡国庆、夏光辉为主席团成员，胡国庆为镇长，王昌跃、王祝先、刘泽国为副镇长。2014年9月26日，举行羊角镇第五届人民代表大会第二次会议。补选胡国庆为镇人民代表大会主席，陶学理为镇长，通过了《羊角塘镇镇区老街改造工程（大羊路保障性住房配套基础设施建设）项目的决议》。2015年6月16日，举行羊角塘镇第五届人民代表大会第三次会议。2016年7月25日，举行羊角塘镇第五届人民代表大会第四次会议。会议补选黄政辉为镇人民代表大会主席，夏自然、曾琦、刘钢辉为副镇长。

（三）代表活动

2015年4月14日，镇人大主席胡国庆带领本镇部分县人大代表走访调研了马安高速公路羊角塘路段，详细记录了需要拆迁的房屋、需填平的耕地和需平整的山坡等，实地察看了云灵村、王家坪社区村、竹田村、大岩社区村、羊角居委渠道与所规划的公路走向。是年6月22日，本镇县人大代表前往王家坪、花甲、新良、湛溪村查看灾情，并督促村上做好防汛值守，确保安全度汛。

（执笔：刘　扬）

第九节　冷市镇

1995年11月，全县撤区并乡，将大桥、三洲乡合并为冷市乡。1995年12月，经省批准更名为冷市镇。2015年，全镇共辖20个村、2个社区，总面积186.3平方公里，总人口37061人，国民生产总值7.38

亿元，财政收入1896.47万元。

1995年以后，冷市镇共选举产生5届人民代表大会。

一、冷市镇第一届人民代表大会（1996.2～1998.12）

（一）代表选举

代表选举时间为1996年1月10日，全镇总人口33704人，共划分选区48个，选民19270人，选举产生镇人大代表65名。

（二）代表会议

1996年2月13日，举行冷市镇第一届人民代表大会第一次会议。会议选举胡高登为镇人民代表大会主席，夏赞仁为副主席，杨世怀为镇长，张先吉、曾向阳、卢雄辉、黄建生、曾国平为副镇长。1997年1月22日，举行冷市镇第一届人民代表大会第二次会议。会议补选刘屏开为镇人民代表大会主席，丁光荣为副镇长。1998年1月19日，举行冷市镇第一届人民代表大会第三次会议。会议补选张先吉为镇长，彭翱为副镇长。

二、冷市镇第二届人民代表大会（1998.12～2001.10）

（一）代表选举

选举时间为1998年12月15日，全镇总人口39625人，共划分选区54个，选民28721人，选举产生镇人大代表65名。

（二）代表会议

1998年12月30日，举行冷市镇第二届人民代表大会第一次会议。会议选举胡高登为镇人民代表大会主席，张先吉为镇长，蔡泽汉、夏赞生、曾国平、梁祖赐为副镇长。2000年4月，举行冷市镇第二届人民代表大会第二次会议。会议补选杨玉山为镇人民代表大会主席，张菊生、刘畅述为副镇长。

三、冷市镇第三届人民代表大会（2001.10～2008.3）

（一）代表选举

选举时间为2001年10月20日，全镇总人口38361人，共划分选区53个，选民28637人，选举产生镇人大代表65名。

（二）代表会议

2001年10月22日，举行冷市镇第三届人民代表大会第一次会议。会议收到代表建议42件，落实38件；选举梁湘贵为镇人民代表大会主席，姚志群为镇长，高多云、张菊生、刘畅述为副镇长。2002年3月25日，举行冷市镇第三届人民代表大会第二次会议，会议收到代表建议48件。2003年2月28日，举行冷市镇第三届人民代表大会第三次会议。会议补选夏赞生为镇长。2005年3月26日，举行冷市镇第三届人民代表大会第四次会议。会议收到建议13件；通过《关于优化环境、发展企业、振兴冷市经济的决议》；补选丁云宜、邓孟军为副镇长。2006年2月20日，举行冷市镇第三届人民代表大会第五次会议。会议补选龙星乔为镇长，王正义、康胜良、蒋孟龙、王朝辉、蒋飞先为副镇长。

四、冷市镇第四届人民代表大会（2008.3～2012.11）

（一）代表选举

选举时间为2007年10月15日，全镇总人口36033人，共划分选区54个，选民27562人，选举产生镇人大代表65名。

（二）代表会议

2008年3月5日，举行冷市镇第四届人民代表大会第一次会议。本次会议收到代表建议15件；选举夏光义为镇人民代表大会主席，瞿志勇为副主席，王正义为镇长，周华山、王朝辉、李刚跃、陈阳开为副镇长。2008年6月23日，举行冷市镇第四届人民代表大会第二次会议。会议通过了《冷市镇区域调整实施方案》。2010年6月7日，举行冷市镇第四届人民代表大会第三次会议，补选龚汉中为副镇长。2011年5月5日，举行冷市镇第四届人民代表大会第四次会议。会议补选王正义为镇人民代表大会主席，张菊生为副主席，周华山为镇长，瞿志勇、谭云霞为副镇长。

（三）代表活动

2007年，镇代表划分为9个小组开展活动。活动内容：就农业产业结构调整征集意见；组织学习《代表法》等相关法律，推进村民自治、村级民主法制建设；评议政府、部门工作，到部门视察。2009年6月，组织镇人大代表对农村公路硬化进行专题视察活动。

五、冷市镇第五届人民代表大会（2012.11～2016.11）

（一）代表选举

选举时间为2012年10月26日，全镇总人口35834人，共划分选区22个，选民28464人，选举产生镇人大代表64名。

（二）代表会议

2012年11月21日，举行冷市镇第五届人民代表大会第一次会议。会议收到代表建议6条；选举王正义为镇人民代表大会主席，张菊生为副主席，石卫、龙水清、宋比保、胡旭红、夏新国为镇人大主席团成员，周华山为镇长，李刚跃、谭云霞、李发科为副镇长。2013年7月23日，举行冷市镇第五届人民代表大会第二次会议。会议补选周华山为镇人民代表大会主席，张介华为主席团成员，阳锋为镇长。2014年10月11日，举行冷市镇第五届人民代表大会第三次会议。会议通过了《加速推进城镇化进程》《大桥片区建设规划》《冷市镇城乡建设规划用地审批例会制度》等3个决议。2015年4月23日，举行冷市镇第五届人民代表大会第四次会议。会议通过了《冷市镇大桥集镇规划》等3个决议。2016年1月29日，举行冷市镇第五届人民代表大会第五次会议。会议通过了《冷市镇镇区总体建设规划》《冷市镇城镇管理办法》等决议；补选张菊生为镇人民代表大会主席。2016年7月26日，举行冷市镇第五届人民代表大会第六次会议。会议补选夏普云为镇长，蒋国芳、谌峰为副镇长。

（三）代表活动

2015年9月28日，组织县人大代表和镇人大主席团成员，对龙阳大道镇区改道工程建设情况进行了专题视察。

（执笔：吴　昊）

第十节 龙塘乡

1958年，并三洲、大桥、龙塘3乡为龙塘公社。1961年，划出三洲、大桥，单设龙塘公社。1984年，龙塘公社改为龙塘乡。1995年全县撤区并乡后仍为单列乡。2015年，全乡总人口28285人，国民生产总值5.2亿元，财政总收入2207万元。2016年，全乡共辖14个村，总面积142平方公里。

1980年以后，龙塘乡共选举产生了10届人民代表大会。

一、龙塘公社第四届人民代表大会（1980.12～1984.2）

（一）代表选举

选举时间为1980年11月10日，全乡总人口23207人，共划分选区34个，选民11914人，选举产生乡人大代表125名。

（二）代表会议

1980年12月，举行龙塘公社第四届人民代表大会第一次会议。会议选举唐爱华为管委会主任，廖光汉、王建新为副主任。1982年2月，举行龙塘公社第四届人民代表大会第二次会议。会议补选龚仲芳为主任。

二、龙塘乡第五届人民代表大会（1984.2～1987.1）

（一）代表选举

选举时间为1984年1月21日，全乡总人口24500人，共划分选区34个，选民14211人，选举产生乡人大代表148人。

（二）代表会议

1984年2月7～8日，举行龙塘乡第五届人民代表大会第一次会议。会议通过了《关于1984年度三项上交款实行统收统支的决议》《关于整顿社会治安若干问题的决议》《关于落实五保户生活供养的决议》等；选举王建新为乡长，王步开、黄松山为副乡长。1986年1月，举行龙塘乡第五届人民代表大会第二次会议。会议选举卢凤喜、黄新才为副乡长。

三、龙塘乡第六届人民代表大会（1987.1～1990.1）

（一）代表选举

选举时间为1986年12月25日，全乡总人口24843人，共划分选区34个，选民14261人，选举产生乡人大代表68名。

（二）代表会议

1987年1月5～7日，举行龙塘乡第六届人民代表大会第一次会议。会议通过了《关于落实“五保户”生活供养的决议》《关于加强林政管理的决议》《关于1987年上交军费款项的决议》《关于认真贯彻〈土地管理法〉加强土地管理的决议》等；选举夏赞池为乡人民代表大会兼职主席，黄明光为专职主席，胡世文为乡长，瞿长元、毛岩山、黄贶生为副乡长。1989年9月，举行龙塘乡第六届人民代表大会第二次会议。会议选举刘芳来为副乡长。

四、龙塘乡第七届人民代表大会（1990.1～1992.11）

（一）代表选举

选举时间为1989年12月，全乡总人口26196人，共划分选区35个，选民17420人，选举产生乡人大代表68名。

（二）代表会议

1990年1月，举行龙塘乡第七届人民代表大会第一次会议。会议选举黄仲华为乡人民代表大会主席，李智为乡长，夏运全、黄明光、黄昭德为副乡长。1991年1月9日，举行龙塘乡第七届人民代表大会第二次会议。会议通过了《关于在全乡人大代表中开展认真履行代表职责，争当优秀代表活动的决定》。1992年3月，举行龙塘乡第七届人民代表大会第三次会议。会议补选黄正甫副乡长。

五、龙塘乡第八届人民代表大会（1992.11～1996.1）

（一）代表选举

选举时间为1992年10月，全乡总人口26691人，共划分选区35个，选民17750人，选举产生乡人大代表68名。

（二）代表会议

1992年11月，举行龙塘乡第八届人民代表大会第一次会议。会议选举黄仲华为乡人民代表大会主席，刘和平为乡长，黄昭德、谭有援、黄正普为副乡长。1994年3月，举行龙塘乡第八届人民代表大会第二次会议，补选丁云宜为副乡长。

六、龙塘乡第九届人民代表大会（1996.1～1998.12）

（一）代表选举

选举时间为1996年1月10日，全乡总人口25710人，共划分选区35个，选民16614人，选举产生乡人大代表56名。

（二）代表会议

1996年1月12～13日，举行龙塘乡第九届人民代表大会第一次会议。会议选举黄仲华为乡人民代表大会主席，刘和平为乡长，黄维放、周锡禄、丁云宜、卢颜开为副乡长。1996年5月30日，举行龙塘乡第九届人民代表大会第二次会议。会议通过了《关于实施龙塘乡集镇规划的决议》《关于将龙塘乡人民政府驻地从原青山机械厂第一生活区迁回红星村原乡政府驻地的决议》。1997年3月，举行龙塘乡第九届人民代表大会第三次会议。会议补选陶武装为副乡长。1998年6月，举行龙塘乡第九届人民代表大会第四次会议，补选陈高超为乡长。

七、龙塘乡第十届人民代表大会（1998.12－2001.11）

（一）代表选举

选举时间为1998年12月，全乡总人口26597人，共划分选区36个，选民17687人，选举产生乡人大代表56名。

（二）代表会议

1998年12月28日，举行龙塘乡第十届人民代表大会第一次会议。会议选举黄仲华为乡人民代表大会主席，陈高超为乡长，黄维放、贺建华、谢智兴为副乡长。2000年5月，举行龙塘乡第十届人民代表大会第二次会议。会议补选廖艳平为乡长，彭翱为副乡长。2001年3月10日，举行龙塘乡第十届人民代表大会第三次会议。

八、龙塘乡第十一届人民代表大会（2001.11～2008.2）

（一）代表选举

选举时间为2001年10月30～31日，全乡总人口27949人，共划分选区36个，选民19456人，选举产生乡人大代表55名。

（二）代表会议

2001年11月3日，举行龙塘乡第十一届人民代表大会第一次会议。会议选举黄维放为乡人民代表大会主席，廖艳平为乡长，谢智兴、张祖雄为副乡长。2003年3月10日，举行龙塘乡第十一届人民代表大会第二次会议。会议补选李志生为乡长。2003年9月4日，举行龙塘乡第十一届人民代表大会第三次会议。会议通过了《关于开发龙塘乡林场（昆阳林场）的决议》。龙塘乡第十一届人民代表大会第四次会议（查无资料）。2005年3月30日，举行龙塘乡第十一届人民代表大会第五次会议。会议补选温云霞、周石桥为副乡长。2006年1月22日，举行龙塘乡第十一届人民代表大会第六次会议。会议补选赵毅昂为乡长，李志生、王昌跃、吴立新为副乡长。

九、龙塘乡第十二届人民代表大会（2008.2～2012.11）

（一）代表选举

选举时间为2007年10月15日，全乡总人口25789人，共划分选区36个，选民17149人，选举产生乡人大代表55名。

（二）代表会议

2008年2月，举行龙塘乡第十二届人民代表大会第一次会议。会议选举黄维放为乡人民代表大会主席，傅冰清为副主席，李志生为乡长，夏学善、王昌跃、张祖雄、张小平为副乡长。2009年9月15日，举行龙塘乡第十二届人民代表大会第二次会议。会议补选瞿国辉为乡人民代表大会主席，张介华、王治宇为副乡长。2010年5月26日，举行龙塘乡第十二届人民代表大会第三次会议。会议补选谌强为乡人民代表大会副主席，夏凡来为乡长。2011年3月30日，举行龙塘乡第十二届人民代表大会第四次会议。会议补选夏凡来为乡人民代表大会主席，陈金良为副主席，刘超群为乡长，谌强、张晶为副乡长。

十、龙塘乡第十三届人民代表大会（2012,11～2016.11）

（一）代表选举

选举时间为2012年10月26日，全乡总人口27289人，共划分选区19个，选民21642人，选举产生乡人大代表57名。

（二）代表会议

2012年11月15日，举行龙塘乡第十三届人民代表大会第一次会议。会议选举夏凡来为乡人民代表大会主席，陈金良为副主席，刘超群为乡长，谌强、张晶、李强为副乡长。2013年7月31日，举行龙塘乡第十三届人民代表大会第二次会议。会议补选廖志鹏为乡人民代表大会主席，陈名忠为副主席，陈杨开为乡长。2013年9月25日，举行龙塘乡第十三届人民代表大会第三次会议。会议通过了《龙塘乡城镇建设30年规划图》和《茅东公路龙塘段改道》决议。2014年7月24日，举行龙塘乡第十三届人民代表大会第四次会议。2015年9月24日，举行龙塘乡第十三届人民代表大会第五次会议。2016年8月3日，举行龙塘乡第十三届人民代表大会第六次会议。会议补选陈名忠为乡人民代表大会主席，梁志胜、李坤、汤婧婷为副乡长。

（三）代表活动

2013年3月14日，乡人大主席团在县人大常委会领导下，与县人大、卫生、环保、人民医院、疾控中心等单位领导、专家、技术人员，到柏西村开展癌症病、精神病病因调查，帮助柏西村争取立项资金177万元，解决了人畜饮水问题。是年4月10日，乡人大主席团组织县、乡人大代表开展老年工作和东茅公路扩改工程调研工作，有力地推动了乡老年工作和东茅公路扩改工程建设。（执笔：刘永红）

第十一节　滔溪镇

1995年11月撤区并乡时，撤销长乐、上马两乡，合并设立滔溪乡。2005年12月，经省政府批准，撤销滔溪乡，设立滔溪镇。全镇辖2个居委和11个村，总面积154.2平方公里。2015年，全镇总人口29481人，国民生产总值1.2亿元，镇财政收入480万元。

1996年以后，滔溪镇（乡）共选举产生5届人民代表大会。

一、滔溪乡第一届人民代表大会（1996.1～1998.12）

（一）代表选举

选举时间为1996年1月10日，全乡总人口22387人，共划分选区45个，选民16745人，选举产生乡人大代表57名。

（二）代表会议

1996年1月12日，举行滔溪乡第一届人民代表大会第一次会议。会议选举李星楼为乡人民代表大会主席，李太安为副主席，邹吉祥、刘祖喜、李共中、简忠爱为主席团成员，何寿康为乡长，李大方、罗必胜、陶本德为副乡长；通过了《政府工作报告决议》等3个决议。1997年5月25日，举行滔溪乡第一届人民代表大会第二次会议。会议补选刘启发为乡长，李华治为副乡长。1998年3月8日，举行滔溪乡第一届人民代表大会第三次会议。会议选举伍亮为乡长；通过了《关于大力加强基础设施建设的决议》《关于在1998年全面完成“两基”达标的决议》。

二、滔溪乡第二届人民代表大会（1998.12~2001.10）

（一）代表选举

选举时间为1998年12月12日，全乡总人口25901人，共划分选区45个，选民18653人，选举产生乡人大代表57名。

（二）代表会议

1998年12月16日，举行滔溪乡第二届人民代表大会第一次会议。会议选举陶本德为乡人民代表大会主席，王桂华、伍亮、刘冬莲、刘美美、李开支、邹雄彬、姚新美、陶全林、黄志军为主席团成员，伍亮为乡长，黄志军、李志生、廖小寒、肖刚祥为副乡长；会议通过《关于政府工作报告的决议》等3个决议。2000年3月12日，举行滔溪乡第二届人民代表大会第二次会议。会议补选黄志军为乡长，贺心武、宁伟为副乡长。2001年2月5日，举行滔溪乡第二届人民代表大会第三次会议。会议通过《关于进一步加强法制宣传教育的决议》。

三、滔溪乡第三届人民代表大会（2001.10~2007.12）

（一）代表选举

选举时间为2001年10月18日，全乡总人口25793人，共划分选区45个，选民18710人，选举产生镇人大代表57名。

（二）代表会议

2001年10月22日，举行滔溪乡第三届人民代表大会第一次会议。会议选举陶本德为乡人民代表大会主席，李志生、李跃兴、李松涛、李开支、李华彩、李跳祥为主席团成员，刘洪伟为乡长，贺培华、廖小寒、张军岩为副乡长；通过《关于滔溪乡集镇总体规划的决议》《关于适当收取学校危房改造经费的决议》。2003年5月10日，举行滔溪乡第三届人民代表大会第二次会议。会议补选王朝晖为副乡长。2004年11月8日，举行滔溪乡第三届人民代表大会第三次会议。会议补选廖小寒为乡长。2005年4月5日，举行滔溪乡第三届人民代表大会第四次会议。会议补选贺培华为乡人民代表大会主席，李雄辉、李华明为副乡长。2006年2月27日，举行滔溪镇（乡）第三届人民代表大会第五次会议。会议选举王直前为镇长，廖小寒、陶文武、张赴东为副镇长；通过《关于政府工作报告的决议》。

四、滔溪镇第四届人民代表大会（2007.12~2012.11）

（一）代表选举

选举时间为2007年10月16日，全镇总人口25218人，共划分选区45个，选民20508，选举产生镇人大代表57名。

（二）代表会议

2007年12月10日，举行滔溪镇第四届人民代表大会第一次会议。会议选举王刚强为镇人民代表大会主席，王兴国为副主席，廖小寒、吴再连、李开支、李华彩、李显伦为主席团成员，廖小寒为镇长，吴再连、夏秀云、韩昂、龚惠明为副镇长；会议通过《关于政府工作报告的决议》等3个决议。滔溪镇第四届人民代表大会第二、三次会议（查无资料）。2011年4月21日，举行滔溪镇第四届人民代表大会第四次会议。会议补选廖小寒为镇人民代表大会主席，王刚强为副主席，刘建辉为镇长，邓继志、李小村为副镇长；通过《关于政府工作报告的决议》等4个决议。2012年3月23日，举行滔溪镇第四届人民代表大会第五次会议。会议通过《关于政府工作报告的决议》等3个决议。

五、滔溪镇第五届人民代表大会（2012.11～2016.11）

（一）代表选举

选举时间为2012年10月16日，全镇总人口28750人，共划分选区45个，选民21611人，选举产生镇人大代表57名。

（二）代表会议

2012年11月12日，举行滔溪镇第五届人民代表大会第一次会议。会议选举廖小寒为镇人民代表大会主席，王刚强为副主席，刘建辉、文燕青、彭荣辉、王和良、李竞锋为主席团成员，文燕青为镇长，邓继志、李小村、李华明为副镇长；通过《关于政府工作报告的决议》等3个决议。2013年7月26日，举行滔溪镇第五届人民代表大会第二次会议。会议补选夏赞辉为镇人民代表大会主席，邓继志为副主席，彭官保、李芳为副镇长。2014年12月25日，举行滔溪镇第五届人民代表大会第三次会议。会议通过《关于政府工作报告的决议》等3个决议。2015年11月11日，举行滔溪镇第五届人民代表大会第四次会议。会议通过《全镇施行禁渔禁伐的决定》。2016年7月26日，举行滔溪镇第五届人民代表大会第五次会议。会议补选李又平为镇人民代表大会主席，黄治平为镇长，瞿志勇、邹夏迎、胡立正为副镇长；通过《关于镇区禁止燃放烟花鞭炮的决议》和《安化县滔溪镇城镇管理办法的决议》。

（执笔：张晗瑛）

第十二节　小淹镇

1950年，建小淹镇。1956年，小淹镇划归小淹乡。1958年5月，从小淹乡析出原小淹镇范围建立小淹镇。1958年10月，合小淹、敷溪两乡和小淹镇建立小淹人民公社。是年12月，滔溪公社并入小淹公社。1961年4月，小淹人民公社划分为小淹、敷溪、上马、长乐4个公社和小淹镇。1968年10月，建立小淹镇革命委员会。1980年12月，改镇革命委员会为镇人民政府。1986年12月，将小淹乡与小淹镇合并为小淹镇。1995年11月撤区并乡时，撤销小淹镇和敷溪乡，合并设立小淹镇。全镇共辖3个居委会、18个村，总面积182.5平方公里。2015年，全镇总人口41586人，国民生产总值10.8亿元，镇财政收入4025万元。

1980年以后，小淹镇共选举产生10届人民代表大会。

一、小淹镇第四届人民代表大会（1980.12～1984.3）

（一）代表选举

选举时间为1980年11月1日，全镇总人口2843人共划分选区5个，选民1681人，选举产生镇人大代表35名。

（二）代表会议

1980年12月，小淹镇举行第四届人民代表大会第一次会议。会议选举简艾仁为镇长，龚洵光、李复均为副镇长。

二、小淹镇第五届人民代表大会（1984.3～1987.1）

（一）代表选举

选举时间为1983年12月，全镇总人口3454人，共划分选区7个，选民1960人，选举产生镇人大代表45名。

（二）代表会议

1984年3月14日，举行小淹镇第五届人民代表大会第一次会议。会议选举李孟军为镇长，陶鹤鸣为副镇长；通过《关于集资修建镇完小的决议》等有关3个决议。1984年8月31日，举行小淹镇第五届人民代表大会第二次会议。1985年3月21日，举行小淹镇第五届人民代表大会第三次会议。会议补选李振求为副镇长。

三、小淹镇第六届人民代表大会（1987.1～1990.1）

（一）代表选举

选举时间为1986年12月，全镇总人口20516人，共划分选区40个，选民12517人，选举产生镇人大代表93名。

（二）代表会议

1987年1月4～6日，举行小淹镇第六届人民代表大会第一次会议。会议选举龚洵望为镇人大主席团常务主席，周云安为镇长，陶鹤鸣、刘建、吴桂秋为副镇长；通过《关于尊重教师，重视教育的决定》《关于加强精神文明建设几个问题的决议》《关于保护森林、振兴林业的决议》。1988年3月7日，举行小淹镇第六届人民代表大会第二次会议。会议通过《关于通讯、广播、电力线路、立杆用地的决议》《小淹镇市容市貌环境卫生管理暂行条例》。1989年3月26日，举行小淹镇第六届人民代表大会第三次会议。会议补选王刚保为镇长，王佐才为副镇长。

四、小淹镇第七届人民代表大会（1990.1～1992.11）

（一）代表选举

选举时间为1989年12月，全镇总人口21013人，共划分选区40个，选民为13432人，选举产生镇人大代表73名。

（二）代表会议

1990年1月14日，举行小淹镇第七届人民代表大会第一次会议。会议选举李孟军为镇大主席团常务主席，梁鹏祥、张德华、刘稳岁、丁田冬、彭兴国、彭惠苹为主席团成员，王刚保为镇长，王佐才、陶鹤鸣为副镇长；通过《关于办好广播的决议》。1991年1月9～11日，举行小淹镇第七届人民代表大会第二次会议。会议补选李显民为副镇长。1991年4月22日，举行小淹镇第七届人民代表大会第三次会议。会议通过《九年制义务教育规划》《关于车站选址的决议》等2个决议。1992年1月24日，举行小淹镇第七届人民代表大会第四次会议。会议通过《关于修建镇中学教育大楼义务投工的决议》《关于保护林业资源的决议》。

五、小淹镇第八届人民代表大会（1992.11～1996.1）

（一）代表选举

选举时间为1992年11月6日，全镇总人口22244人，共划分选区40个，选民14652人，选举产生镇人大代表72名。

（二）代表会议

1992年11月27～29日，举行小淹镇第八届人民代表大会第一次会议。会议选举王刚保为镇人民代表大会常务主席，李孟军为镇长，李华山、李显明、刘宏伟为副镇长。1994年4月18日，举行小淹镇第八届人民代表大会第二次会议。会议补选李兴红为副镇长。1995年1月27日，举行小淹镇第八届人民代表大会第三次会议。会议补选李华山为镇长，刘启化为副镇长。

六、小淹镇第一届人民代表大会（1996.1～1999.1）

（一）代表选举

选举时间为1996年1月10日，全镇总人口22382人，共划分选区40个，选民15645人，选举产生镇人大代表63名。

（二）代表会议

1996年1月13日，举行小淹镇第一届人民代表大会第一次会议。会议选举简席珍为镇人民代表大会主席，王刚保、丁菊开为副主席，陶正秋为镇长，李华山、刘宏伟、杨福国、李寅科为副镇长。1997年3月21日，举行小淹镇第一届人民代表大会第二次会议。会议补选王胜军为镇长，李显明、谭喜群为副镇长。1998年4月2日，举行小淹镇第一届人民代表大会第三次会议。会议补选邹吉祥为镇人民代表大会主席。

七、小淹镇第二届人民代表大会（1999.1～2001.10）

（一）代表选举

选举时间为1999年1月2日，全镇总人口36145人，共划分选区55个，选民26474人，选举产生镇人大代表71名。

（二）代表会议

1999年1月13日，举行小淹镇第二届人民代表大会第一次会议。会议选举刘启化为镇人民代表大会主席，胡安生为镇长，刘洪伟、卢雄辉、李显明、瞿永红为副镇长。2000年3月24日，举行小淹镇第二届人民代表大会第二次会议。会议补选李永红为镇长。2001年2月13日，举行小淹镇第二届人民代表大会第三次会议。会议通过《关于在全镇中小学生中收取改危费的决议》。

八、小淹镇第三届人民代表大会（2001.10～2007.12）

（一）代表选举

选举时间为2001年10月10日，全镇总人口36156人，共划分选区55个，选民25849人，选举产生镇人大代表70名。

（二）代表会议

2001年10月18日，举行小淹镇第三届人民代表大会第一次会议。会议选举刘启化为小淹镇人民代表大会主席，丁巩固、刘祖述、邹吉祥、李志斌、杨富国、肖满意为主席团成员，李德辉为镇长，卢雄辉、瞿永红、丁云宜为副镇长。2002年9月1日，举行小淹镇第三届人民代表大会第二次会议。会议决定撤销《关于在全镇中小学生中收取改危费的决议》《关于同意安化县自来水公司兼并小淹镇自来水厂的决议》。2003年3月11日，举行小淹镇第三届人民代表大会第三次会议。会议收到代表建议21件；补选李永红、瞿东江为副镇长；通过《关于加快小城镇建设，加速实现城镇化的决议》。2004年4月29日，举行小淹镇第三届人民代表大会第四次会议。会议收到代表建议18件；补选王刚强为副镇长；通过《关于优化经济发展环境的决议》。2005年3月16日，举行小淹镇第三届人民代表大会第五次会议。会议收到代表建议18件；补选卢雄辉为镇人民代表大会主席，廖小甫为镇长，陈明礼为副镇长；通过《小淹镇整顿镇区交通、市场、市容秩序和创建文明卫生城镇实施办法的决议》。2006年2月16日，举行小淹镇第三届人民代表大会第六次会议。会议补选李德辉为镇长，廖小甫、周欢民、谌启明为副镇长；通过《关于加强小淹镇城区规划建设管理的决议》。2007年4月27日，举行小淹镇第三届人民代表大会第七次会议。会议补选廖小甫为镇长，瞿永红为副镇长；通过《关于进一步加强禁赌工作的决议》。

（三）代表活动

2002年4月10日，镇人大主席团组织县、镇人大代表学习《代表法》，纪念《代表法》十周年。2003年，镇人大主席团组织人大代表开展政策法规宣传活动，下发宣传资料3500多份，重点宣传邪教“法轮功”和非法“六合彩”给社会带来的危害，以及中央关于取缔邪教“法轮功”和非法“六合彩”的有关文件精神，使广大群众认识“法轮功”邪教反人类、反政府、反科学的邪恶本质和外围“六合彩”的非法敛财内幕。2006年8月22日，镇人大主席团组织部分县人大代表，对全镇46个村的农业农村工作进行了全面视察。通过视察，代表们发现，农村基础设施建设特别是通村公路建设有突破性进展，农业结构调整进一步加快，农业科技含量进一步提高，农村党支部战斗力、凝聚力、号召力明显增强。但也存在发展不平衡，一些工作落实不到位的问题。代表们就下步工作的开展向政府提出了明确的要求和可行性建议，对推动全镇社会和经济的发展起到了很大的作用。

九、小淹镇第四届人民代表大会（2007.12~2012.11）

（一）代表选举

选举时间为2007年10月15日，全镇总人口37522人，共划分选区53个，选民28449人，选举产生镇人大代表69名。

（二）代表会议

2007年12月5日，举行小淹镇第四届人民代表大会第一次会议。会议选举贺培华为镇人民代表大会主席，李为康为副主席，王白怀、刘开科、李伟生、赵小明、姚建祥、黄放明、彭国林为主席团成员，廖小甫为镇长，瞿永红、刘斌、李太坤、李朝晖为副镇长；通过《关于加快小淹镇旅游产业化建设的决议》《关于加强镇区管理维护镇区秩序的决议》《关于优化发展环境，促进小淹发展的决议》。2009年6月10日，举行小淹镇第四届人大代表大会第二次会议，补选李如新为镇人民代表大会副主席；通过《关于进一步加强人口和计划生育工作的决议》。2010年5月10日，举行小淹镇第四届人民代表大会第三次会议。会议补选龚雄清、郭红娟为副镇长；通过《优化经济发展环境的决议》。2011年4月1日，举行小淹镇第四届人民代表大会第四次会议。会议补选廖小甫为小淹镇人大主席，李又平为副主席，周欢民为镇长，王兴国、李好为副镇长；通过《关于进一步加强镇区管理的决议》和《关于加快小淹镇旅游产业化建设的决议》。

（三）代表活动

2008年，镇人大主席团针对镇境资江二级支流、陶澍陵园、涉林涉农收费问题、村级行政区划调整和水厂兼并等问题开展系列调研，镇政府根据相关的调研报告组织进行了有效的整改建设工作。2011年，镇人大主席团组织部分县、乡人大代表，对白沙溪茶厂扩建工程、世界黑茶发源地苞芷园综合开发项目、金塘冲电站前期工作等工作进行了实地视察。

十、小淹镇第五届人民代表大会（2012.11~2016.11）

（一）代表选举

选举时间为2012年10月25日，全镇总人口40078人，共划分选区51个，选民31564人，选举产生镇人大代表66名。

（二）代表会议

2012年11月15日，举行小淹镇第五届人民代表大会第一次会议。会议选举廖小甫为镇人民代表大会主席，李又平为副主席，王白怀、石德勋、刘祖凤、李兑来、李如新、杨富国、周欢民、唐龙飞、陶小祥为主席团成员，周欢民为镇长，陈剑辞、郭红娟、王兴国为副镇长。2013年7月25日，举行小淹镇第五届人民代表大会第二次会议。会议补选黄超群为镇人民代表大会主席，李如新、文玉玲为副镇长。2014年3月27日，举行小淹镇第五届人民代表大会第三次会议。会议通过《关于小淹镇2012～2030年城镇总体规划》。2015年5月25日，举行小淹镇第五届人民代表大会第四次会议。2016年7月29日，举行小淹镇第五届人民代表大会第五次会议。会议补选陈剑辞为镇人民代表大会主席，陈金辉为镇长，贺成栋、廖小飞为副镇长。

（三）代表活动

2013年6月，镇人大主席团组织代表对镇林业站、农技站和小淹信用社的工作进行民主评议，对加快林权整改进度，解决群众"贷款难"等热点问题起到了十分重要的推动作用。

（执笔：蔡　钟）

第十三节　江南镇

1950年，省政府批准江南镇为建制镇。1968年9月，建立江南镇革命委员会。1980年12月，改镇革命委员会为镇人民政府。1986年12月，江南乡与江南镇合并为江南镇。1995年11月，陈王乡并入江南镇。2005年，洞市乡并入江南镇。全镇共辖25个行政村、1个社区，总面积289平方公里。2015年，全镇总人口63500人，国民生产总值15亿元，镇财政总收入1745万元。

1980年以后，江南镇共选举产生10届人民代表大会。

一、江南镇第四届人民代表大会（1980.12～1984.3）

（一）代表选举

选举时间为1980年11月，全镇总人口2778人，共划分选区5个，选民1593人，选举产生镇人大代表35名。

（二）代表会议

1980年12月，举行江南镇第四届人民代表大会第一次会议。会议选举贺召南为镇长，彭彩林为副镇长。

二、江南镇第五届人民代表大会（1984.3~1987.1）

（一）代表选举

选举时间为1984年1月，全镇总人口3148人，共划分选区7个，选民1828人，选举产生镇人大代表46名。

（二）代表会议

1984年3月9～11日，举行江南镇第五届人民代表大会第一次会议。会议通过了《关于实行计划生育若干问题的决议》《关于整修街道的决议》《关于制订镇规民约的决议》《关于修建江南镇完小礼堂的决议》等决议；选举贺召南为镇长，彭彩林为副镇长。1984年9月12日，举行江南镇第五届人民代表大会第二次会议。会议通过了《关于兴建自来水厂的决议》《关于城镇整体规划的决议》《关于城镇管理条例的决议》《关于撤销第一次会议关于修建江南镇完小礼堂的决议》。1986年5月23日，举行江南镇第五届人民代表大会第三次会议。会议通过了《关于普及法律常识的决议》《关于发展公益事业的决议》《关于制止乱占耕地的决议》；补选丁为林为镇长，方建宏为副镇长。

三、江南镇第六届人民代表大会（1987.1～1990.1）

（一）代表选举

选举时间为1986年12月27日，全镇总人口20770人，共划分选区29个，选民9977人，选举产生镇人大代表46名。

（二）代表会议

1987年1月5～7日，举行江南镇第六届人民代表大会第一次会议。会议选举李栩生为镇人民代表大会主席，刘远国、王孔商、王利群、王炯槐、李再周、周武弼为主席团成员，唐爱华为镇长，李益成、王国生、彭彩林为副镇长。1987年3月14日，举行江南镇第六届人民代表大会第二次会议。1988年3月28日，举行江南镇第六届人民代表大会第三次会议。会议补选谌建国为副镇长。1989年3月14日，举行江南镇第六届人民代表大会第四次会议。会议补选李超群为镇长，贺柱岩为副镇长。

四、江南镇第七届人民代表大会（1990.1～1992.11）

（一）代表选举

选举时间为1989年12月23日，全乡总人口21825人，共划分选区29个，选民12672人，选举产生镇人大代表72名。

（二）代表会议

1990年1月9～11日，举行江南镇第七届人民代表大会第一次会议。会议收到代表建议32件；选举刘镇国为镇人民代表大会主席，黄抗生、丁为林、王炯稳、李和平、王益满、王石山为主席团成员，李锡元为镇长，王国生、方建宏、谌建国为副镇长；通过《关于巩固和发展农村集体经济场所的决议》。1991年6月，举行江南镇第七届人民代表大会第二次会议。会议补选黄胜军为副镇长。1992年2月26～27日，举行江南镇第七届人民代表大会第三次会议。会议收到代表建议38件；补选陶正生为副镇长。

五、江南镇第八届人民代表大会（1992.11～1996.1）

（一）代表选举

选举时间为1992年11月18日，全乡总人口21900人，共划分选区36个，选民13726人，选举产生镇人大代表71名。

（二）代表会议

1992年11月29～30日，举行江南镇第八届人民代表大会第一次会议。会议收到代表建议5件；选举胡涛峰为镇人民代表大会主席，陈跳云、王定旺、刘象初、李桃花、王长明、刘德新为主席团成员，黄胜军为镇长，王怡主、陶正生、王直前为副镇长。1994年1月16日，举行江南镇第八届人民代表大会第二次会议。会议收到代表建议18件；通过了《关于民政工作的决议》等。1994年5月22日，举行江南镇第八届人民代表大会第三次会议。会议通过《关于实施三项工程（开设程控电话、修建沿河大道、新建江南大街）的决议》。1995年2月22日，举行江南镇第八届人民代表大会第四次会议。会议收到代表建议5件；补选胡安生为镇长。

六、江南镇第一届人民代表大会（1996.1～1998.12）

（一）代表选举

选举时间为1996年1月10日，全乡总人口22005人，共划分选区59个，选民15403人，选举产生镇人大代表67名。

（二）代表会议

1996年1月15日，举行江南镇第一届人民代表大会第一次会议。会议选举朱智业为镇人民代表大会主席，龚魁林为镇长，陶全林、王怡主、王直前、李毅斌为副镇长。1997年3月，举行江南镇第一届人民代表大会第二次会议。会议补选胡高登为镇人民代表大会主席，李和均为副镇长。1998年4月，举行江南镇第一届人民代表大会第三次会议。会议补选李华山为镇长。

七、江南镇第二届人民代表大会（1998.12～2001.10）

（一）代表选举

选举时间为1998年12月12～13日，全乡总人口37366人，共划分选区58个，选民26084人，选举产生镇人大代表71名。

（二）代表会议

1998年12月16～17日，举行江南镇第二届人民代表大会第一次会议。会议通过《关于科教兴镇的决议》《关于依法治镇的决议》；选举朱智业为镇人民代表大会主席，李华山为镇长，黄建生、罗永红、李毅兵、李和均为副镇长。江南镇第二届人民代表大会第二次会议（资料不详）。2001年4月，举行江南镇第二届人民代表大会第三次会议。会议补选蒋毅华为镇长，谌宏章为副镇长。

八、江南镇第三届人民代表大会（2001.10～2006.3）

（一）代表选举

选举时间为2001年9月，全乡总人口37044人，共划分选区58个，选民25930人，选举产生镇人大代表71名。

（二）代表会议

2001年10月，举行江南镇第三届人民代表大会第一次会议。会议选举陶全林为镇人民代表大会主席，蒋毅华为镇长，黄顺安、王革新、罗永红为副镇长。2003年5月，举行江南镇第三届人民代表大会第二次会议。会议补选彭光明为镇长，黄旺生、刘宗华为副镇长。江南镇第三届人民代表大会第三次会议（资料不详）。2005年3月27日，举行江南镇第三届人民代表大会第四次会议。会议补选彭光明为镇人民代表大会主席，罗伟明为镇长，张赴东为副镇长。

九、江南镇第一届人民代表大会（2006.3～2012.11）

（一）代表选举

选举时间为2005年12月，全乡总人口54798人，共划分选区35个，选民38360人，选举产生镇人大代表75名。

（二）代表会议

2006年3月，举行江南镇第一届人民代表大会第一次会议。会议选举黄周彦为镇人民代表大会主席，郑伯怡为镇长，罗伟民、王革新、刘畅述、陈剑文为副镇长。2007年12月8～9日，举行江南镇第一届人民代表大会第二次会议。会议补选吉爱军为镇人民代表大会主席，陈剑文为副主席，夏仁君、林衍长、陈剑辞、刘哲文、陈智勇为副镇长。江南镇第一届人民代表大会第三、四次会议（资料不详）。2010年6月14～15日，举行江南镇第一届人民代表大会第五次会议。会议收到代表建议8件；补选王毅为镇长，王朝晖、李朝晖为副镇长。2011年4月9日，举行江南镇第一届人民代表大会第六次会议。会议补选王毅为镇人民代表大会主席，吉爱军为副主席，卢映云为镇长，龚汉中、陈剑文、刘巨胜为副镇长。

十、江南镇第二届人民代表大会（2012.11～2016.11）

（一）代表选举

选举时间为2012年10月26～28日，全乡总人口62538人，共划分选区35个，选民49740人，选举产生镇人大代表75名。

（二）代表会议

2012年11月16日，举行江南镇第二届人民代表大会第一次会议。会议选举王毅为镇人民代表大会主席，吉爱军为副主席，卢映云、王朝晖、谌巧琴、王艳辉、刘世云、贺三元、彭铁刚为主席团成员，卢映云为镇长，刘畅术、李朝晖、龚汉中为副镇长。2013年8月1日，举行江南镇第二届人民代表大会第二次会议。会议补选刘建辉为镇人民代表大会主席，龚汉中为副主席，王朝晖为镇长，陈剑文、梁巨平为副镇长。2014年12月11日，举行江南镇第二届人民代表大会第三次会议。会议评议了林业站、农村信用合作社、卫生院等3个部门的工作；通过了《安化县江南镇总体规划（2015-2030）》等3个决议。2015年9月14日，举行江南镇第二届人民代表大会第四次会议。会议民主评议了房管所、司法所、卫生院等23个部门站所的工作；通过了《江南镇整顿推进棚改项目实施方案》等2个决议。2016年7月28日，举行江南镇第二届人民代表大会第五次会议。会议补选龚汉中为镇人民代表大会主席，张毅、曾虎为副镇长。

（三）代表活动

2013年4、5月，镇人大主席团组织本镇的县、镇两级人大代表开展了走访选民的活动，进行人大代表业务培训。2014年11月，组织本镇的县人大代表到马路镇考察茶叶产业。

（执笔：宁金芳）

第十四节　田庄乡

1956年6月，并小渭、田庄、桃林、大酉、温溪5个小乡为田庄乡。1958年10月，合田庄、文溪两乡建立田庄人民公社。1961年4月，田庄人民公社分为田庄、文溪两个公社。1968年8月，建立田庄人民公社革命委员会。1980年12月，改公社革命委员会为管理委员会。1984年2月，改公社建制为乡建制。1995年撤区并乡时，撤销田庄乡和文溪乡，合并设立田庄乡。全乡辖13个行政村，总面积186.28平方公里。2015年，全乡总人口26496人，国民生产总值4.09亿元，乡财政收入1041.2万元。

1980年以后，田庄乡（公社）共选举产生10届人民代表大会。

一、田庄公社第四届人民代表大会（1980.12～1984.2）

（一）代表选举

选举时间为1980年12月，全乡总人口18139人，共划分选区32个，选民11790人，选举产生公社人大代表60名。

（二）代表会议

1980年12月，举行田庄人民公社第四届人民代表大会第一次会议。会议选举谌长乐为公社管理委员会主任，吴章安、肖永中为副主任。1981年2月，举行田庄人民公社第四届人民代表大会第二次会议。会议补选苏太山、傅子林为公社管理委员会副主任。

二、田庄乡第五届人民代表大会（1984.2～1987.1）

（一）代表选举

选举时间为1984年1月，全乡总人口18904人，共划分选区32个，选民12288人，选举产生乡人大代表57名。

（二）代表会议

1984年2月，举行田庄乡第五届人民代表大会第一次会议。会议收到代表建议32件；选举谌似岭为乡长，蒋三保为副乡长；通过《关于落实“五保户”生活供养的决议》等4个决议。1984年12月，举行田庄乡第五届人民代表大会第二次会议。会议补选傅子林为副乡长。1985年6月19日，举行田庄乡第五届人民代表大会第三次会议。会议补选刘新民为副乡长；通过《关于维护公有制、保护农业生产责任制的合法权益不受侵犯的决议》等决议。

三、田庄乡第六届人民代表大会（1987.1～1990.1）

（一）代表选举

选举时间为1987年1月7日，全乡总人口18928人，共划分选区32个，选民11130人，选举产生乡人大代表59名。

（二）代表会议

1987年1月7日，举行田庄乡第六届人民代表大会第一次会议。会议收到代表建议59件；选举罗新民为乡人民代表大会常务主席，邓宗良为专职主席，朱智业、蒋毅、谌米先、谌艳凡、宋洁玉为主席团成员，谌甫盛为乡长，简建军、谌尚光为副乡长。1988年3月23日，举行田庄乡第六届人民代表大会第二次会议。会议收到代表建议24条；补选谌道安为乡长。1989年3月22日，举行田庄乡第六届人民代表大会第三次会议。会议补选聂梅菊为副乡长。

四、田庄乡第七届人民代表大会（1990.1～1992.12）

（一）代表选举

选举时间为1990年1月5日，全乡总人口20846人，共划分选区26个，选民14592人，选举产生乡人大代表61名。

（二）代表会议

1990年1月6日，举行田庄乡第七届人民代表大会第一次会议。会议收到代表建议63件；选举胡高登为乡人民代表大会常务主席，谌道安为乡长，谌尚光、谌汉军、罗清平为副乡长。1991年8月20日，举行田庄乡第七届人民代表大会第二次会议。会议补选谌大海为副乡长。

五、田庄乡第八届人民代表大会（1992.12～1996.1）

（一）代表选举

选举时间为1992年12月4日，全乡总人口21214人，共划分选区24个，选民12312人，选举产生乡人大代表62名。

（二）代表会议

1992年12月4日，举行田庄乡第八届人民代表大会第一次会议。会议选举李功保为乡人民代表大会常务主席，谌石岩为专职主席，黄先寿为乡长，谌汉军、谌大海、谌洪波、蒋平权为副乡长。1994年3月21日，举行田庄乡第八届人民代表大会第三次会议。会议补谌石岩为乡人民代表大会常务主席，李育才为乡长，王友恒、邓普光为副乡长。1995年3月20日，举行田庄乡第八届人民代表大会第四次会议。会议补选谭明华为副乡长。

六、田庄乡第一届人民代表大会（1996.1～1998.1）

（一）代表选举

选举时间为1996年1月10日，全乡总人口21725人，共划分选区24个，选民15208人，选举产生乡人大代表60名。

（二）代表会议

1996年1月15日，举行田庄乡第一届人民代表大会第一次会议。会议选举李育才为乡人民代表大会主席，谌石岩为副主席，贺海云为乡长，邓普光、谌汉军、黄东红、黄新来、蒋平权、罗吉星为副乡长。

七、田庄乡第二届人民代表大会（1998.1～2001.11）

（一）代表选举

选举时间为1997年12月30日，全乡总人口32095人，共划分选区58个，选民22467人，选举产生乡人大代表58名。

（二）代表会议

1998年1月29日，举行田庄乡第三届人民代表大会第一次会议。会议选举蒋甫阶为乡人民代表大会主席，谌才保为乡长，蒋够华、罗吉星、黄新来、谌汉军、黄庆然为副乡长。

八、田庄乡第三届人民代表大会（2001.11～2007.12）

（一）代表选举

选举时间为2001年10月28日，全乡总人口32456人，共划分选区58个，选民21058人，选举产生乡人大代表64名。

（二）代表会议

2001年11月12日，举行田庄乡第三届人民代表大会第一次会议。会议选举蒋普阶为乡人民代表大会主席，谌化龙、谌晚辉、谌家发、谌白岩、谌元菊为主席团成员，谌宏章为乡长，胡磊生、黄新来为副乡长。2003年5月16日，举行田庄乡第三届人民代表大会第三次会议。会议补选陈明礼、徐斌为副乡长。2005年3月30日，举行田庄乡第三届人民代表大会第四次会议。会议补选高多云为乡人民代表大会主席，蒋够华为副乡长。2006年2月24日，举行田庄乡第三届人民代表大会第五次会议。会议补选李汉初为乡长，黄正普、陈金良、谌利华、温云霞为副乡长。

九、田庄乡第四届人民代表大会（2007.12～2012.11）

（一）代表选举

选举时间为2007年10月15日，全乡总人口30799人，共划分选区57个，选民23818人，选举产生乡人大代表63名。

（二）代表会议

2007年12月8日，举行田庄乡第四届人民代表大会第一次会议。会议选举高多云为乡人民代表大会主席，田顺安为副主席，罗伟民、黄正普、谌晚辉、谌栋才、蒋正军、蒋新国、张光勋为主席团成员，罗伟民为乡长，黄正普、蒋够华、谌利华、蒋孟龙为副乡长。2008年6月16日，举行田庄乡第四届人民代表大会第二次会议。会议就全乡村级区划调整的有关事项进行讨论。2009年7月28日，举行田庄乡第四届人民代表大会第三次会议。会议补选刘斌为乡长。2010年4月28日，举行田庄乡第四届人民代表大会第四次会议。会议补选吴盛梨为乡人民代表大会副主席，王敏为副乡长。2011年4月8日，举行田庄乡第四届人民代表大会第五次会议。会议补选罗伟民为乡人民代表大会主席，刘永开为副主席，刘斌为乡长，王益辉、李聪勇、姚志财为副乡长。

（三）代表活动

2007年上半年，田庄乡人大主席团组织县、乡人大代表7人，对洪庄矿业开采秩序进行视察，并组织乡国土所、安监站、派出所、企业办等部门在洪庄进行联合执法2次，有效地整顿了矿区秩序。2010年，乡人大主席团组织乡人大代表走访16个村的选民，并建立了联系贫困户档案卡。同时，组织代表视察了农业综合开发项目、基本口粮田建设、茶园基地建设等。

十、田庄乡第五届人民代表大会（2012.11～2016.11）

（一）代表选举

选举时间为2012年11月16日，全乡总人口32191人，共划分选区24个，选民25521人，选举产生乡人大代表63名。

（二）代表会议

2012年11月16日，举行田庄乡第五届人民代表大会第一次会议。会议选举罗伟民为乡人民代表大会主席，陈奇才为副主席，刘斌、吴盛梨、谌义怀、谌保良、谌国才、蒋石祥、王俏为主席团成员，刘斌为乡长，王益辉、蒋孟龙、姚志财为副乡长。2013年7月30日，举行田庄乡第五届人民代表大会第二次会议。会议补选王益辉为乡人民代表大会副主席，刘泽国为副乡长。2014年7月31日，举行田庄乡第五届人民代表大会第三次会议。2015年3月20日，举行田庄乡第五届人民代表大会第四次会议。会议补选黄政辉为副乡长。2016年7月29日，举行田庄乡第五届人民代表大会第五次会议。会议补选韩昂为乡人民代表大会主席，王定岩为乡长，林娴为副乡长。

（三）代表活动

2013年11月，乡人大主席团组织部分县、乡人大代表，对九龙池高山扶贫片区田黄、尤马、湘岩、高马二溪四村茶园基地及旅游环线建设进行视察。代表们听取了乡政府关于茶园基地及旅游环线建设情况的汇报，实地察看了茶园基地，走访了部分茶厂，并与茶厂负责人、工人、当地群众代表进行了座谈。2014年6月，乡人大主席团就乡水管站、安监站等部门对全乡非法采挖砂石问题开展联合执法问题，认真听取反馈群众意见，并对整改工作进行监督；对乡财政有关边际税收问题，向政府建议围绕“盘活河边一块地，做好山上一片茶”的发展思路，以重点项目为基点，抢抓机遇大力招商引资，开辟税源。

（执笔：覃文俊）

第十五节　东坪镇

1950年，省政府批准东坪为建制镇。1951年8月，县治由梅城迁至东坪。1953年5月，东坪镇确定为区级镇。1955年12月，更名为城关镇。1960年4月更名为城关人民公社。1981年1月，再次更名为城关镇。1983年1月以后称东坪镇。1995年撤区并乡建镇，原青山园乡的13个村、中砥乡的11个村、城埠坪乡的9个村、黄沙坪镇及其5个居委、杨林乡的4个村并入。2000年杨林乡唐市居委划归东坪镇。2005年12月，木子乡、杨林乡并入东坪镇，辖区共有11个居委会、43个村，总面积201平方公里。2015年，全镇总人口120408人，国民生产总值28.5亿元，镇财政收入13187.7万元。

1980年以后，东坪镇共选举产生10届人民代表大会。

一、东坪镇（城关镇）第四届人民代表大会（1980.12～1984.3）

（一）代表选举

选举时间为1980年11月1日，全镇总人口6670人，共划分选区10个，选民4622人，选举产生镇人大代表77名。

（二）代表会议

1980年12月9日，城关人民公社举行第四届人民代表大会第一次会议。会议改公社革命委员会为城关镇人民政府；选举王楚樵为镇长，王文周、李忠凯、谌艳魁为副镇长。

二、东坪镇第五届人民代表大会（1984.1～1987.1）

（一）代表选举

选举时间为1984年1月21日，全镇总人口23107人，共划分选区18个，选民13398人，选举产生镇人大代表180名。

（二）代表会议

1984年3月20日，举行东坪镇第五届人民代表大会第一次会议。会议收到代表建议60件；选举王文周为镇长，李迪宏、李国庭为副镇长；通过《关于建立镇规镇约，加强城镇管理的决议》等4个决议。1985年1月22日，举行东坪镇第五届人民代表大会第二次会议。会议补选蒋平安为镇长，谌艳魁、陈象中为副镇长。1986年1月18日，举行东坪镇第五届人民代表大会第三次会议。

三、东坪镇第六届人民代表大会（1987.1～1990.1）

（一）代表选举

选举时间为1986年12月25日，全镇总人口29957人，共划分选区28个，选民21343人，选举产生镇人大代表76名。

（二）代表会议

1987年1月7日，举行东坪镇第六届人民代表大会第一次会议。会议收到代表建议59件；选举陈干尧为镇人民代表大主席，李迪宏为镇长，陈象中、谌艳魁、肖庆芳为副镇长；通过《东坪镇人民政府〈城镇综合管理条例〉》《关于开发建设沿江路工程》等3个决议。1988年3月3～4日，举行东坪镇第六届人民代表大会第二次会议。会议收到代表建议24条；通过《补充、修改东坪镇总体规划》《关于印发东坪镇人民政府“关于调整新命东坪镇部分街道名称”的决定》。1988年7月12日，举行东坪镇第六届人民代表大会第三次会议。1989年3月5日，举行东坪镇第六届人民代表大会第四次会议。

（三）代表活动

1988年8月中旬开始，东坪镇县、镇两级人大代表在全镇开展历时40多天的执法大检查，重点检查了治安管理处罚条例和土地管理法的贯彻执行情况。

四、东坪镇第七届人民代表大会（1990.1～1992.12）

（一）代表选举

选举时间为1989年12月24日，全镇总人口35766人，共划分选区28个，选民25392人，选举产生镇人大代表93名。

（二）代表会议

1990年1月10～11日，举行东坪镇第七届人民代表大会第一次会议。会议收到代表建议74件；选举陈干尧为镇人民代表大会主席，蒋银周、张石溪、黄福生、谌迪华、钟多庆、谌节贞为主席团成员，李迪宏为镇长，陈象中、肖庆芳、夏绍伦为副镇长。1991年1月8～9日，举行东坪镇第七届人民代表大会第二次会议。1992年1月7～8日，举行东坪镇第七届人民代表大会第三次会议，

（三）代表活动

1990年7月中旬，东坪镇县、镇两级人大代表对东坪地区的饮食、服务行业，开展了为期一周的执法检查。共检查单位126个，从业人员449人。在检查中，当场封存、限期处理和销毁变质食品706.4公斤。

五、东坪镇第八届人民代表大会（1992.12～1996.1）

（一）代表选举

选举时间为1992年11月19日，总人口36564人，共划分选区53个，选民25955人，选举产生镇人大代表93名。

（二）代表会议

1992年12月4日，举行东坪镇第八届人民代表大会第一次会议。会议收到代表建议51件；选举严芹芬为镇人民代表大会主席，蒋银周、贺志军、罗天佑、闵稳福、谌满桃、张启元为主席团成员，李迪宏为镇长，陈象中、夏绍伦、周勇、刘秋林为副镇长；通过有关决议10个。1994年2月25～26日，举行东坪镇第八届人民代表大会第二次会议。会议补选邓建平为镇长，谢仁田为副镇长；通过《批准实施萸江公园规划》《批准实施〈1212工程规划〉》。1995年2月22～23日，举行东坪镇第八届人民代表大会第三次会议。会议通过《关于郊区基础设施和公益事业建设实施义务工制度》。

（三）代表活动

1991年，镇人大主席团在县、镇人大代表中开展《人大知识测试》，共发出试卷72份，收回65份，人均95.6分。通过考试，增强了代表对人大工作的认识，提高了代表的人大业务知识水平。

六、东坪镇第一届人民代表大会（1996.1～1999.1）

（一）代表选举

选举时间为1996年1月10日，全镇总人口75515人，共划分选区65个，选民43803人，选举产生镇人大代表92名。

（二）代表会议

1996年1月13日，举行东坪镇第一届人民代表大会第一次会议。会议选举陆雄彪为镇人民代表大会主席，陈谷满、谌保华为副主席，邓建平为镇长，陈象中、谢仁田、周勇、傅子林、夏华凤、陈阳春为副镇长。1997年2月26日，举行东坪镇第一届人民代表大会第二次会议。会议补选唐吉祥为副镇长。1998年1月18日，举行东坪镇第一届人民代表大会第三次会议。会议补选彭平移为镇人民代表大会主席，陆雄彪为镇长；通过《关于禁止赌博的决议》。

七、东坪镇第二届人民代表大会（1999.1～2001.10）

（一）代表选举

选举时间为1998年12月11日，全镇总人口77754人，共划分选区66个，选民54420人，选举产生镇人大代表92名。

（二）代表会议

1999年1月13日，举行东坪镇第二届人民代表大会第一次会议。会议收到代表建议93件；选举彭平移为镇人民代表大会主席，陆雄彪为镇长，夏华凤、傅子林、周勇、陈阳春、彭加军为副镇长。2000年3月26日，举行东坪镇第二届人民代表大会第二次会议。

（三）代表活动

1999年5月27日，组织镇人大代表6人，医务人员17人，车辆3台，为青合村村民送医送药上门。一天义诊活动，共诊治病人296人次，检验88人次，预防接种64人次，无偿发放药品计4135元。

八、东坪镇第三届人民代表大会（2001.10～2006.2）

（一）代表选举

选举时间为2001年10月20日，全镇总人口82510人，共划分选区67个，选民55750人，选举产生镇人大代表95名。

（二）代表会议

2001年10月26日，举行东坪镇第三届人民代表大会第一次会议。会议选举彭平移为镇人民代表大会主席，刘玉琪、杨连利、李义生、张介人、陈在良、谌满桃、蒋吉天、曾拥民为主席团成员，黄瑞锋为镇长，彭加军、陈名忠、李泽妙为副镇长。2002年4月18日，举行东坪镇第三届人民代表大会第二次会议。会议通过《关于禁止在东坪城区燃放烟花爆竹的决议》。2003年2月24日，举行东坪镇第三届人民代表大会第三次会议。会议补选胡夏初为镇人民代表大会主席，吴立新为副镇长；通过《关于创建文明卫生县城的决议》。2005年3月17日，举行东坪镇第三届人民代表大会第五次会议。会议补选周共华为镇人民代表大会主席，黄志军为镇长，黄玉花为副镇长。

（三）代表活动

2001年，在镇三届人大二次会议上，主席团为中砥村6组特困村民谌礼坤开展募捐活动，当场募捐3524元，镇人大主席冒雨送到谌礼坤家。2004年4月，镇人大主席团成员深入基层，对广大群众关注的村级班子换届选举、企业周边环境和打击地下“六合彩”等情况组织专题执法检查，及时督促政府和有关部门对有关问题认真进行落实和解决，使全镇37个村全部依法进行了换届选举、企业周边环境得到了有效整治、东坪城区的地下“六合彩”得到了全面遏制。2004年6月，福利村因山洪暴发遭受重大损失，镇人大主席团及时组织全镇人大代表和各部门单位干部职工为灾区群众开展募捐活动，共募集款项4万多元，帮助灾区群众恢复生产、重建家园。

九、东坪镇第一届人民代表大会（2006.2～2012.11）

（一）代表选举

选举时间为2006年3月12日，全镇总人口128784人，共划分选区111个，选民93000人，选举产生镇人大代表130名。

（二）代表会议

2006年2月16日，举行东坪镇第一届人民代表大会第一次会议。会议选举陆筱军为镇人民代表大会主席，谌大海、陈直良、谌铁稳、周勤、鄢国祥、贺海云、魏忠义、凌世龙为主席团成员，刘震为镇长，黄志军、彭加军、黄玉花、钟晓清为副镇长。2007年3月14日，举行东坪镇第一届人民代表大会第二次会议。会议补选李太源为镇长；收到代表建议47件。2007年12月12日，举行东坪镇第一届人民代表大会第三次会议，补选周景书为镇人民代表大会主席，龚雪芹为副主席，王益文为镇长，李泽妙、凌世龙、陈直良为副镇长。2008年6月4日，举行东坪镇第一届人民代表大会第四次会议。会议补选龚俊、刘志辉为副镇长。2009年2月26日，举行东坪镇第一届人民代表大会第五次会议。2010年6月1日，举行东坪镇第一届人民代表大会第六次会议。会议补选李德辉为镇长，王良才、蒋友谊为副镇长。2011年3月31，举行东坪镇第一届人民代表大会第七次会议。会议补选李德辉为镇人民代表大会主席，黄玉花为副主席，王良才为镇长，龚雪芹为副镇长。

（三）代表活动

2006年8月，镇人大主席团配合县人大组织50多名市、县人大代表，对柳溪河治理进行专题视察。视察后，协助县人大督促东坪镇、建设局、水利局、东坪镇环卫处等单位对柳溪河垃圾进行全面清理；县建设局、东坪镇依法对柳溪河的违章建筑物、构筑物进行强制拆除，使柳溪河的治理取得了阶段性成果。2006年11月5日，镇人大主席团组织部分县人大代表，并邀请县人大相关领导，对城南水厂建设及城区路灯建设进行了视察。

十、东坪镇第二届人民代表大会（2012.11～2016.11）

（一）代表选举

选举时间为2012年10月26日，全镇总人口130322人，共划分选区46个，选民80728人，选举产生镇人大代表99名。

（二）代表会议

2012年11月20日，举行东坪镇第二届人民代表大会第一次会议。会议选举李德辉为镇人民代表大会主席，黄玉花为副主席，王良才为镇长，陈直良、刘志辉、徐乐为副镇长。2014年9月20日，举行东坪镇第二届人民代表大会第二次会议。会议补选王良才为镇人民代表大会主席，谭智勇为镇长，贺婷为副镇长。2015年9月23日，举行东坪镇第二届人民代表大会第三次会议。2016年7月28日，举行东坪镇第二届人民代表大会第四次会议。会议补选刘超群为镇人民代表大会主席，杨甲泽为副主席，陈善千、朱斌、蒋朝晖、廖海军为副镇长。

（三）代表活动

2013年8月，镇人大主席团召开县、镇两级人大代表以“抗旱救灾”为重点的座谈会，并以5个代表小组为单位，分别深入到5个管区，与当地基层代表、干部和群众进行座谈，听取当地旱灾情况。活动开展后，组织辖区内的县人大代表累计向灾区捐款59000元。2014年，镇人大主席团提出“开阔监督思路，加强对公检法监督”的工作重点，组织部分县、镇代表走进法院旁听评议法院庭审工作，走进检察院对其依法办案等进行执法监督，走进公安局进行座谈。这一活动赢得了公检法和代表的好评。

（执笔：邓　瑶）

第十六节 柘溪镇

1989年12月，省民政厅批准建立柘溪镇，将原分属柘溪、唐溪、中砥乡的7个村、两个居委归属柘溪镇管理。1995年全县撤区并乡，唐溪乡和青山园乡的6个村、中砥乡的两个村划归柘溪镇管理。全镇共辖8个村、1个社区，总面积142.53平方公里。2015年，全镇总人口16800人，国民生产总值4.69亿元，镇财政收入2319万元。

1991年以后，柘溪镇共选举产生7届人民代表大会。

一、柘溪镇第一届人民代表大会（1991.1～1992.11）

（一）代表选举

选举时间为1990年12月25日，全镇总人口6527人，共划分选区8个，选民5261人，选举产生镇人大代表47名。

（二）代表会议

1991年1月23日，举行柘溪镇第一届人民代表大会第一次会议。会议通过了《消灭荒山，绿化柘溪》等5个决议；选举唐爱华为镇人民代表大会主席，刘自生、刘孝良、谢登保、邓自强为主席团成员，吴章安为镇长，夏志安、丁为林为副镇长。1991年8月4日，举行柘溪镇第一届人民代表大会第二次会议。会议补选苏太山为副镇长。1992年2月25日，举行柘溪镇第一届人民代表大会第三次会议。会议通过了《认真履行代表职责，争当先进小组和优秀代表》等决议。

二、柘溪镇第二届人民代表大会（1992.11～1996.1）

（一）代表选举

选举时间为1992年9月28日，全镇总人口7111人，共划分选区8个，选民5604人，选举产生镇人大代表47名。

（二）代表会议

1992年11月20日，举行柘溪镇第二届人民代表大会第一次会议。会议选举吴章安为镇长，苏太山、罗胡望、邓跃文为副镇长。1994年1月14日，举行柘溪镇第二届人民代表大会第二次会议。会议通过《柘溪镇土地利用总体规划方案》《柘溪镇基本农田保护区规划方案》。1995年2月20日，举行柘溪镇第二届人民代表大会第三次会议。会议通过了镇区发展规划决议。

三、柘溪镇第一届人民代表大会（1996.1～1998.12）

（一）代表选举

选举时间为1995年12月5日，全镇总人口13595人，共划分选区29个，选民10506人，选举产生镇人大代表48名。

（二）代表会议

1996年1月18日，举行柘溪镇第一届人民代表大会第一次会议。会议选举蒋汉书为镇人民代表大会主席，陈伏初、邓跃文为副主席，吴章安为镇长，廖忠植、罗胡望、蒋三保、谌红雨为副镇长。1997年1月19日，举行柘溪镇第一届人民代表大会第二次会议。会议补选杨卫国为镇长，夏智舜为副镇长。1998年2月14日，举行柘溪镇第一届人民代表大会第三次会议。

四、柘溪镇第二届人民代表大会（1998.12～2001.10）

（一）代表选举

选举时间为1998年12月12日，全镇总人口16341人，共划分选区30个，选民11121人，选举产生镇人大代表51名。

（二）代表会议

1998年12月15～16日，举行柘溪镇第二届人民代表大会第一次会议。会议选举罗华干为镇人民代表大会主席，杨卫国、龚雄清、谌章和、谢国丰、谭华安、贺绍文为主席团成员，黄瑞锋为镇长，罗胡望、陈代容、廖忠植为副镇长。1999年3月12日，举行柘溪镇第二届人民代表大会第二次会议。2000年2月26日，举行柘溪镇第二届人民代表大会第三次会议。会议补选邓吉彪、蔡泽汉为副镇长。2001年2月14日，举行柘溪镇第二届人民代表大会第四次会议。会议补选方笑霓为镇长。

五、柘溪镇第三届人民代表大会（2001.10～2007.12）

（一）代表选举

选举时间为2001年9月10日，全镇总人口16497人，共划分选区29个，选民12900人，选举产生镇人大代表51名。

（二）代表会议

2001年10月26日，举行柘溪镇第三届人民代表大会第一次会议。会议选举刘和平为镇人民代表大会主席，方笑霓为镇长，廖忠植、夏光义为副镇长。2002年3月18日，举行柘溪镇第三届人民代表大会第二次会议。2003年2月27日，举行柘溪镇第三届人民代表大会第三次会议。会议补选龙星乔为镇长，胡卫宾为副镇长。2004年2月25日，举行柘溪镇第三届人民代表大会第四次会议。2005年3月25日，举行柘溪镇第三届人民代表大会第五次会议。会议补选张铁岩为镇人民代表大会主席，王毅为镇长，李静、夏智舜为副镇长。2006年2月27日，举行柘溪镇第三届人民代表大会第六次会议。会议补选王益文为镇长，王毅、邓吉彪、李毅兵、夏乐安为副镇长。

六、柘溪镇第四届人民代表大会（2007.12～2012.11）

（一）代表选举

选举时间为2007年10月15日，全镇总人口16135人，共划分选区32个，选民13468人，选举产生镇人大代表51名。

（二）代表会议

2007年12月12日，举行柘溪镇第四届人民代表大会第一次会议。会议选举周德淑为镇人民代表大会主席，游建新为副主席，邓旺兴、龙星乔、李小元、郭利红、夏万固、夏智舜、谌归才为主席团成员，龙星乔为镇长，郭利红、邓吉彪、李静、李毅兵为副镇长。2009年7月29日，举行柘溪镇第四届人民代表大会第二次会议。会议补选黄正普为镇人民代表大会主席，刘鹤村为镇长。2010年5月21日，举行柘溪镇第四届人民代表大会第三次会议。会议补选毛诗泉、陈爱华为副镇长。2011年3月31日，举行柘溪镇第四届人民代表大会第四次会议。会议补选胡能华为镇人民代表大会主席，黄顺安为副主席，毛诗泉为镇长，张祖雄、周日华、游建新为副镇长。2012年3月1日，举行柘溪镇第四届人民代表大会第五次会议。

七、柘溪镇第五届人民代表大会（2012.11～2016.11）

（一）代表选举

选举时间为2012年10月26日，全镇总人口16656人，共划分选区25个，选民为13053人，选举产生镇人大代表48名。

（二）代表会议

2012年11月16日，举行柘溪镇第五届人民代表大会第一次会议。会议选举胡能华为镇人民代表大会主席，黄顺安为副主席，毛诗泉为镇长，张祖雄、游建新、周日华为副镇长。2013年7月18日，举行柘溪镇第五届人民代表大会第二次会议。会议补选王正义为镇人民代表大会主席，陈金辉为副主席，蒋建祥为副镇长。2014年3月26日，举行柘溪镇第五届人民代表大会第三次会议。会议补选李晔为副镇长。2015年10月9日，举行柘溪镇第五届人民代表大会第四次会议。会议补选邓原为副镇长。2016年7月27日，举行柘溪镇第五届人民代表大会第五次会议。会议补选黄先保为镇人民代表大会主席，陈直良为镇长，刘冬艳、张伟、蒋科为副镇长。

（执笔：黄 婧）

第十七节 马路镇

马路镇原为马辔市，1960年因柘溪库区移民，镇治迁马路口，建马路镇。1968年9月，建立马路镇革命委员会。1980年12月，改镇革命委员会为镇人民政府。1986年12月，与马路乡合并为马路镇。1995年11月撤区并乡时，湖南坡乡、岳溪乡并入马路镇。2005年12月，苍场乡并入马路镇。全镇共辖25个行政村，1个社区，总面积408平方公里。2015年，全镇总人口45280人，国民生产总值20.05亿元，镇财政收入4318.13万元。

1980年以后，马路镇共选举产生10届人民代表大会。

一、马路镇第四届人民代表大会（1980.12～1984.3）

（一）代表选举

选举时间为1980年11月29日，全镇总人口1680人，共划分选区9个，选民1210人，选举产生镇人大代表52名。

（二）代表会议

1980年12月17日，举行马路镇第四届人民代表大会第一次会议。会议选举孙国华为镇长，高吉祥为副镇长。1981年11月26～27日，举行马路镇第四届人民代表大会第二次会议。1982年12月28日，举行马路镇第四届人民代表大会第三次会议。

二、马路镇第五届人民代表大会（1984.3～1987.1）

（一）代表选举

选举时间为1984年2月26日，全镇总人口1755人，共划分选区9个，选民1263人，选举产生镇人大代表51名。

（二）代表会议

1984年3月10日，举行马路镇第五届人民代表大会第一次会议。会议收到代表建议41件；选举周勇为镇长，张一鸣为副镇长；通过《加速两个文明建设，美化马路镇区环境》等4个决议。1985年1月10日，举行马路镇第五届人民代表大会第二次会议。1986年1月12日，举行马路镇第五届人民代表大会第三次会议。

（三）代表活动

1984年12月，镇人大主席团组织部分县、镇人大代表，对镇五届人大一次会议提出的美化马路镇区环境的项目进行检查督办。督促政府及有关单位平整云台区肉食站至资江机器厂三岔路口公路；疏通资江机器厂家属区贯穿马路镇的观鱼冲小溪坑，并美化、绿化观鱼冲小溪坑两岸；同时在镇区实行门前“三包一定”责任制。

三、马路镇第六届人民代表大会（1987.1～1990.1）

（一）代表选举

选举时间为1986年12月15日，全镇总人口20730人，共划分选区34个，选民14925人，选举产生镇人大代表99名。（二）代表会议

1987年1月7～10日，举行马路镇第六届人民代表大会第一次会议。会议收到代表建议78件；选举段自金为马路镇人民代表大会主席，吴旺顺、龚礼清、邓砚新、邓壮清、王宜庆、邓祝枚为主席团成员，李敬华为镇长，张正良、邓项初、李兴华为副镇长；通过《关于坚决贯彻执行〈土地管理法〉〈森林法〉的决议》。1988年3月4～5日，举行马路镇第六届人民代表大会第二次会议。会议收到代表建议50件。1989年3月14～16日，举行马路镇第六届人民代表大会第三次会议。会议通过关于《加强建房用地和强化国土管理的规定》。

（三）代表活动

1987年10月，镇人大主席团组织部分县、镇人大代表到镇国土所、林业站调查座谈了解土地管理法和森林法的执行情况，并到非法建房较严重的马路村和林业管理秩序混乱的梓木、靛溪村进行现场调研走访。经过调查研究，向镇政府提交了两部法律实施情况的调研报告，并就如何搞好林政管理，

加强林区建设和国土管理方面提出了建议。1988年8月，针对库区移民出行难问题，镇人大主席团组织部分县、镇人大代表到梓木、靛溪、四房、白羊等村走访调研。这些村主要靠船作交通工具，只要柘溪水库水位下降，出行就只能走路，生产、生活非常不便。镇人大组织调研后，写出了在镇财力困难的情况下，如何解决库区移民出行难的建议性报告，建议政府暂时沿河修一条一米宽的人行道，方便村民出行。这一建议得到了政府的重视，解决了村民出行难问题。1988年9月初，西湖农场因遭遇特大水灾，大批移民返迁柘溪库区避灾,马路镇达691户3002人。返迁移民在极少数不法分子煽动下，以偿还山林折价款为由多次冲击、强占乡镇场所、机关、单位。针对这一情况，镇人大主席团于9月中旬组织县、镇人大代表深入返迁移民聚居的梓木、靛溪、白羊、四房、双井、云台山等村，掌握了解了大部分返迁移民的心态，并及时将情况和建议报告了县、镇两级政府。这些建议在后来县委、县政府移民劝返工作决策时，发挥了非常重要的作用。

四、马路镇第七届人民代表大会（1990.1～1992.11）

（一）代表选举

选举时间1989年12月23日，全镇总人口20438人，共划分选区34个，选民14920人，选举产生镇人大代表81名。

（二）代表会议

1990年1月8～11日，举行马路镇第七届人民代表大会第一次会议。会议共收到代表建议60件；选举段自金为镇人民代表大会主席，张一鸣、邓砚新、邓放清、邓介清、邓辽芝为主席团成员，李敬华为镇长，张正良、李兴华、魏智生为副镇长。1991年1月9～10日，举行马路镇第七届人民代表大会第二次会议。1992年1月6～7日，举行马路镇第七届人民代表第三次会议。会议补选张一鸣为镇长，龚贵元为副镇长。

（三）代表活动

1992年11月，镇人大主席团针对因资江机器厂搬迁，镇区居民生活用水由资江厂供水改由当地自管水厂的问题，组织居委、镇区附近的马路、潺坪、八角等村的县、镇人大代表进行调查走访，并向镇政府提交了马路镇区居民生活用水即水厂管理的建议。这一建议，为政府决策提供了可靠依据，较好地解决了镇区居民生活用水的问题。

五、马路镇第八届人民代表大会（1992.11～1996.1）

（一）代表选举

选举时间为1992年11月18日，全镇总人口21208人，共划分选区34个，选民15057人，选举产生镇人大代表68名。

（二）代表会议

1992年11月25～26日，举行马路镇第八届人民代表大会第一次会议。会议收到代表建议57件；选举段自金为镇人民代表大会主席，刘军安、邓砚新、邓放清、邓主义、邓介清、刘赛红为主席团成员，汪东思为镇长，张正良、龚贵元、李兴华为副镇长；通过《关于实行“五五”计划，加速经济发展步伐的决议》。1993年12月20～22日，举行马路镇第八届人民代表大会第二次会议。会议补选熊坚农为镇长，蔡泽汉为副镇长。1994年12月25～26日，举行马路镇第八届人民代表大会第三次会议。

（三）代表活动

1993年12月，镇人大主席团组织部分县、镇人大代表深入到八角、双井、欣腾村检查视察茶叶、果品生产；到梓木、靛溪、白羊等村视察网箱养鱼；到吊藤、黄婆、洞山村视察中药材生产；到竹木产品加工厂、烟花鞭炮厂、石英晶体厂视察了解生产情况，并分别提出了建议性意见。这些活动，对马路镇的经济、企业发展起到了较大的促进作用。

六、马路镇第一届人民代表大会（1996.1～1999.1）

（一）代表选举

选举时间为1996年1月10日，全镇总人口37806人，共划分选区62个，选民27598人，选举产生镇人大代表85名。

（二）代表会议

1996年1月14日，举行马路镇第一届人民代表大会第一次会议。会议收到代表建议61件；选举刘安平为镇人民代表大会主席，邓抚来为副主席，黄克诚、吴旺顺、邓青山、李敬华、伍步祥、邓中元、邓亮山、侯东升、谌子兵为主席团成员，唐吉祥为镇长，邓绍文、邓荫华、周治平、高国兴、蔡泽汉为副镇长；通过《关于教育费附加、村干部工资统筹、国防和民政优抚款、计生专项款等四项统筹的决定》。1997年1月24日，举行马路镇第一届人民代表大会第二次会议。会议补选谌章和为镇长，周枚清为副镇长。1998年2月28日，举行马路镇第一届人民代表大会第三次会议。会议补选张书田为镇人大主席，陈和清为镇长。

（三）代表活动

1996年6月，镇人大主席团组织县、镇代表30余人，分3组到57个村（居委）就教育费附加、村干部工资、国防和民政优抚款、计生专项款进行调研，了解民情，并将情况反馈给政府。这一活动成果，给党委、政府对教育附加、村干部工资统筹等费用收缴决策，起到了决定性作用。

七、马路镇第二届人民代表大会（1999.1～2001.10）

（一）代表选举

选举时间为1998年12月15日，全镇总人口38761人，共划分选区62个，选民27326人，因梓木、洞山、八角、旺兴、株树山、金星等6个选区没有产生代表，黄石、大美两个村的代表经镇代表资格审查委员会审查取消代表资格，只选举产生镇人大代表65名。

（二）代表会议

1999年1月16日，举行马路镇第三届人民代表大会第一次会议。会议收到代表建议46件；选举张书田为镇人民代表大会主席，周治平、张宪、邓社珍、赵少春、罗伟民、朱超群为主席团成员，罗亚平为镇长，高国兴、蒋毅华、黄旺生、邓军华、刘剑波为副镇长；通过《关于加强财源建设的决定》和《关于加快城镇建设的决定》。2000年3月4日，举行马路镇第二届人民代表大会第二次会议。会议补选陈湘湘为副镇长。2001年2月23日，举行马路镇第二届人民代表大会第三次会议。

（三）代表活动

1999年6月，马路溪村发生5号病，为控制病情扩散漫延，县政府组织公安、畜牧等执法单位对已传染了病的猪、牛进行强制捕杀，老百姓抵触情绪很大。镇人大主席团立即组织镇、县人大代表到疫区进行调查走访，了解到老百姓主要是因经济损失过大而反感。镇人大将了解的情况及时向政府反映，并建议适当给予经济补偿，以减少老百姓的损失。建议当即得到采纳，防疫工作很快得到老百姓的理解和支持，顺利控制了疫情的扩散。

八、马路镇第三届人民代表大会（2001.10～2006.2）

（一）代表选举

选举时间为2001年10月19日，全镇总人口38130人，共划分选区62个，选民27065人，选举产生镇人大代表75名。

（二）代表会议

2001年10月24日，举行马路镇第三届人民代表大会第一次会议。会议收到代表建议54件；选举周治平为镇人民代表大会主席，罗亚平、高国兴、夏族文、肖文初、邓楚元、张宪为主席团成员，张书田为镇长，刘生稳、刘剑波、蒋建祥为副镇长。2002年4月27日，举行马路镇第三届人民代表大会第二次会议。会议通过《关于在全镇范围彻底清除犬患的决定》和《关于开展服务经济、优化经济发展环境的决定》。2003年3月4日，举行马路镇第三届人民代表会第三次会议。会议通过《关于旅游兴镇的决议》。2004年3月5日，举行马路镇第三届人民代表大会第四次会议。会议通过《关于马路镇人民政府关于加强镇区路灯建设的决定》。2005年3月20日，举行马路镇第三届人民代表大会第五次会议。会议补选王有恒为镇长，邓雪云、邓铁山为副镇长。

（三）代表活动

2003年5月，镇人大主席团组织部分县、镇人大代表就如何发展旅游的问题，到青云洞、龙泉洞、马辔市、云台山等现场进行调研，与企业股东、村民开座谈会，了解目前发展旅游的情况及存在的问题，并将调查的情况写成详细调研报告，提出建议意见。这份报告后来在政府开发旅游决策中起了很大的作用。2004年10月，镇人大主席团针对全镇养狗为患，连续有几个学生在上学路上被狗咬伤的问题，提请政府组织城管、公安、综治等部门在全镇范围进行为期5天的清除犬患行动，对没有圈养的狗一律捕杀，狗予以没收。通过这次消除犬患的行动，全镇人民尤其是学生的上学安全得到保障，得到了绝大多数老百姓的赞扬，提高了政府的公信力。

九、马路镇第一届人民代表大会（2006.2～2012.12）

（一）代表选举

选举时间为2006年2月，全镇总人口44881人，共划分选区71个，选民33851人，选举产生镇人大代表75名。

（二）代表会议

2006年2月20日，举行马路镇第一届人民代表大会第一次会议。会议收到代表建议53件；选举陈湘湘为镇人民代表大会主席，伍务龙、朱超群、夏族文、邓靖忠、邓楚元、肖文初、罗显林、周治平、张宪为主席团成员，张书田为镇长，王有恒、伍务龙、邓荫华、龚贵元为副镇长。2007年7月30日，举行马路镇第一届人民代表大会第二次会议。会议补选伍务龙为镇人民代表大会主席，王有恒为镇长，陈湘湘、夏学善为副镇长。2007年12月22日，举行马路镇第一届人民代表大会第三次会议。会议补选蒋建祥为镇人民代表大会副主席，邓社书为副镇长。2009年7月29日，举行马路镇第一届人民代表大会第四次会议。会议补选林衍长、李文斌为副镇长。2010年12月26日，举行马路镇第一届人民代表大会第五次会议。会议补选邓赞扬为副镇长。2011年3月20日举行马路镇第一届人民代表大会第六次会议。会议补选林衍长为镇人民代表大会主席，刘勇为副主席，伍务龙为镇长，蒋建祥为副镇长。

十、马路镇第二届人民代表大会（2012.12～2016.11）

（一）代表选举

选举时间为2012年10月24日，全镇总人口45887人，共划分选区41个，选民34134人，选举产生镇人大代表70名。

（二）代表会议

2012年12月20日，举行马路镇第二届人民代表大会第一次会议。会议收到代表建议48件；选举林衍长为镇人民代表大会主席，刘勇为副主席，夏族文、邓志中、邓高祥、邓楚元为主席团成员，伍务龙为镇长，蒋建祥、刘霞、朱斌为副镇长。2013年7月26日，举行马路镇第二届人民代表大会第二次会议。会议补选邓社书为镇人民代表大会副主席，邓长军、黄政辉为副镇长。2014年9月12日，举行马路镇第二届人民代表大会第三次会议。2015年5月12日，举行马路镇第二届人民代表大会第四次会议。2016年7月29日，举行马路镇第二届人民代表大会第五次会议。会议补选邓社书为镇人民代表大会主席，莫志祥、夏誉为副镇长；通过马路镇人民政府《关于在镇区规划区禁止燃放烟花爆竹的决定》。

（三）代表活动

2014年7月16日，马路镇遭遇特大洪灾，潺溪口、澄坪两个村因山体滑坡，死亡15人，几十栋房屋全部冲毁。马路镇人大主席团组织县、镇两级代表，在第一时间赶到现场组织村民救援，将损失降到最低程度。同时，组织人大代表、社会各界人士捐款达40多万元，支援村、组灾后重建，在小溪村车家园建起了灾民小区，入住29户。还组织人大代表结对帮扶受灾群众，受到灾民好评。

（执笔：邓社书）

第十八节　奎溪镇

1956年6月，并奎溪、木榴、黄沙、雾寒、角塘5个小乡为奎溪乡。1958年10月，奎溪乡和马市乡的一部分建立奎溪人民公社。1961年11月，分出木榴公社。1968年9月，建立奎溪人民公社革命委员会。1980年12月，改奎溪公社革命委员会为管理委员会。1984年2月，奎溪人民公社改为奎溪乡。1995

年11月撤区并乡时，将奎溪、木榴两乡合并设立奎溪乡。是年12月，经省政府批准，撤销奎溪乡，设立奎溪镇。全镇共辖1个居委会，12个行政村，总面积242.24平方公里。2015年，全镇总人口2.49万人，国民生产总值7.2亿元，镇财政总收入3217.9万元。

1980年以后，奎溪镇（公社、乡）共选举产生10届人民代表大会。

一、奎溪公社第四届人民代表大会（1980.12～1984.2）

（一）代表选举

选举时间为1980年9月22日，全社总人口12495人，共划分选区22个，选民8747人，选举产生公社人大代表80名。

（二）代表会议

1980年12月12日，举行奎溪公社第四届人民代表大会第一次会议。会议选举刘根生为公社管理委员会主任，邓务本、邓汉舟、谌健祥为副主任。1981年6月12日，举行奎溪公社第四届人民代表大会第二次会议。会议通过《奎溪公社十五条乡规民约》等4个决议。1982年9月1日，举行奎溪公社第四届人民代表大会第三次会议。会议通过《奎溪公社乡规民约》。1983年4月23日，举行奎溪公社第四届人民代表大会第四次会议。会议通过《坚持社会主义道路，保护好国家和集体财产》等4个决议。

二、奎溪乡第五届人民代表大会（1984.2～1987.2）

（一）代表选举

选举时间为1984年1月21日，全乡总人口12986人，共划分选区22个，选民9090人，选举产生乡人大代表99名。

（二）代表会议

1984年2月6～8日，举行奎溪乡第五届人民代表大会第一次会议。会议通过《关于政府工作报告的决议》等3个决议；选举谌建祥为乡长，吉太山、龚真兴为副乡长。1985年3月25日，举行奎溪乡第五届人民代表大会第二次会议。会议通过《关于计划生育若干问题的决议》等5个决议。1986年8月8～9日，举行奎溪乡第五届人民代表大会第三次会议。会议通过《关于改进林木采伐发展林业保护森林的决议》等决议。1985年7月11日，举行奎溪乡第五届人民代表大会第四次会议。会议通过《关于兴建锑品冶炼厂的决议》等3个决议。

三、奎溪乡第六届人民代表大会（1987.2～1990.1）

（一）代表选举

选举时间为1987年1月6日，全乡总人口13424人，共划分选区22个，选民9396人，选举产生乡人大代表57名。

（二）代表会议

1987年2月7日，举行奎溪乡第六届人民代表大会第一次会议。会议通过《关于坚持依法治乡，加速精神文明建设》等3个决议；选举周宏勋为乡人民代表大会常务主席，韩集政为专职主席，陈建祥为乡长，吉太山、邓绍文为副乡长。1988年3月16日，举行奎溪乡第六届人民代表大会第二次会议。会议通过《关于加强矿山管理的决议》等4个决议；补选汪东思为副乡长。1989年3月13日，举行奎溪乡第六届人民代表大会第三次会议。会议通过《乡规民约》等决议4个；补选韩集政为乡人民代表大会常务主席，汪东思为乡长。

四、奎溪乡第七届人民代表大会（1990.1～1992.12）

（一）代表选举

选举时间为1989年11月25日，全乡总人口14029人，共划分选区22个，选民9820人，共选举产生乡人大代表55名。

（二）代表会议

1990年1月7日，举行奎溪乡第七届人民代表大会第一次会议。会议收到代表建议157件；选举韩集政为乡人民代表大会常务主席，汪东思为乡长，邓绍文、龚真兴、张定义为副乡长；通过《关于加强法制教育，维护社会治安》等5个决议。1991年1月10日，举行奎溪乡第七届人民代表大会第二次会议。1991年9月2日，举行奎溪乡第七届人民代表大会第三次会议。会议补选魏友中为副乡长。1992年3月30日，举行奎溪乡第七届人民代表大会第四次会议。

五、奎溪乡第八届人民代表大会（1992.12～1996.2）

（一）代表选举

选举时间为1992年11月18日，全乡总人口15919人，共划分选区22个，选民10185人，选举产生乡人大代表55名。

（二）代表会议

1992年12月8日，举行奎溪乡第八届人民代表大会第一会议。会议收到代表建议17件；选举谌立山为乡人民代表大会常务主席，吴应葵为乡长，邓绍文、张定义、魏友忠为副乡长；通过《关于1992年财政决算和1993年财政预算报告的决议》等3个决议；1994年3月5～6日，举行奎溪乡第八届人民代表大会第二次会议。会议收到代表建议27条；补选龚孟友为乡人民代表大会常务主席，张书田为乡长；通过《关于教育改革的决定》。1995年3月15～16日，举行奎溪乡第八届人民代表大会第三次会议。会议补选龙凤启、刘卢先、谌利华为副乡长；通过《1994年财政决算与1995年财政预算报告的决议》等3个决议。

六、奎溪镇第一届人民代表大会（1996.2～1998.12）

（一）代表选举

选举时间为1996年1月10日，全镇总人口21314人，共划分选区39个，选民16065人，选举产生镇人大代表53名。

（二）代表会议

1996年2月12日，举行奎溪镇第一届人民代表大会第一次会议。会议通过《振兴奎溪教育事业，实施中学整体搬迁》等3个决议；收到代表建议19件；选举张书田为镇人民代表大会主席，刘友势为副主席，姚志群为镇长，邓庆生、邓寿田、龚寅全、龙凤启、邓铁山为副镇长。1997年3月8日，举行奎溪镇第一届人民代表大会第二次会议。会议通过《关于调整白羊塘村基本农田保护方案》等3个决议，选举谢智兴为副镇长。1998年6月22日，举行奎溪镇第一届人民代表大会第三次会议。会议补选刘安平为镇人民代表大会主席

七、奎溪镇第二届人民代表大会（1998.12～2001.11）

（一）代表选举

选举时间为1998年12月5日，全镇总人口22570人，共划分选区38个，选民16169人，选举产生镇人大代表52名。

（二）代表会议

1998年12月25日，举行奎溪镇第二届人民代表大会第一次会议。会议选举刘安平为镇人民代表大会主席，夏岳来为镇长，谌宏章、龚寅全、王有恒、谢主全、郭红娟为副镇长。1999年3月9日，举行奎溪镇第二届人民代表大会第二次会议。2000年3月，举行奎溪镇第二届人民代表大会第三次会议。会议通过《关于政府工作报告的决议》等3个决议；收到代表建议36件；补选李毅兵为副镇长。2001年2月21日，举行奎溪镇第二届人民代表大会第四次会议。会议通过《关于政府工作报告的决议》等3个决议；收到代表建议38件。

八、奎溪镇第三届人民代表大会（2001.11～2007.12）

（一）代表选举

选举时间为2001年10月15日，全镇总人口23260人，共划分选区37个，选民17122人，选举产生镇人大代表53名。

（二）代表会议

2001年11月8日，举行奎溪镇第三届人民代表大会第一次会议。会议选举张铁岩为镇人民代表大会主席，张良保为镇长，龚寅全、谢主全、汪琼为副镇长。2002年2月15日，举行奎溪镇第三届人民代表大会第二次会议。2003年2月27日，举行奎溪镇第三届人民代表大会第三次会议。会议通过《关于政府工作报告的决议》等3个决议；补选夏晶为副镇长。2004年2月19日，举行奎溪镇第三届人民代表大会第四次会议，通过《关于政府工作报告的决议》等3个决议。2005年4月18日，举行奎溪镇第三届人民代表大会第五次会议。会议补选向剑锋为镇人民代表大会主席，邓继志、龚良文为副镇长。2006年2月25日，举行奎溪镇第三届人民代表大会第六次会议。会议补选刘庭科为镇长，张良保、夏亲华为副镇长。

九、奎溪镇第四届人民代表大会（2007.12～2012.11）

（一）代表选举

选举时间为2007年10月16日，全镇总人口23780人，共划分选区37个，选民17621人，选举产生镇人大代表51人名。

（二）代表会议

2007年12月8日，举行奎溪镇第四届人民代表大会第一次会议。会议通过《关于政府工作报告的决议》等3个决议；收到代表建议12件；选举向剑锋为镇人民代表大会主席，陈志光为副主席，张良保为镇长，杨正华、邓继志、谢主全、夏亲华为副镇长。2010年10月16日，举行奎溪镇第四届人民代表大会第二次会议。会议补选蒋殿光为镇人民代表大会主席，夏自然、邓勇盛为副镇长。2011年3月29日，举行奎溪镇第四届人民代表大会第四次会议。会议补选张良保为镇人民代表大会主席，蒋殿光为副主席，杨正华为镇长，陈志光为副镇长。

十、奎溪镇第五届人民代表大会（2012.11～2016.11）

（一）代表选举

选举时间为2012年10月26日，全镇总人口24460人，共划分选区19个，选民18327人，选举产生镇人大代表56名。

（二）代表会议

2012年11月12日，举行奎溪镇第五届人民代表大会第一次会议。会议选举张良保为镇人民代表大会主席，蒋殿光为副主席，龚桂庭、龚去非、刘开德为主席团成员，杨正华为镇长，夏自然、谢主全、李尼曼为副镇长。2013年7月29日，举行奎溪镇第五届人民代表大会第二次会议。会议补选杨正华为镇人民代表大会主席，谌纯章为镇长，陈志光为副镇长。2014年4月18日，举行奎溪镇第五届人民代表大会第三次会议。2015年4月27日，举行奎溪镇第五届人民代表大会第四次会议。2016年7月28日，举行奎溪镇第五届人民代表大会第五次会议。会议补选蒋殿光为镇人民代表大会主席，刘永开、邓吉生、朱鹃为副镇长。

（执笔：龚旭阳）

第十九节　烟溪镇

1956年6月，并黄龙、探溪两个小乡和烟溪镇为烟溪乡。1958年5月，从烟溪乡划出原烟溪镇，建立烟溪镇人民委员会。1961年，因柘溪水库蓄水，旧址淹没，烟溪镇整体搬迁至大双塘，镇名依旧。1968年9月，建立烟溪镇革命委员会。1980年12月，改镇革命委员会为镇人民政府。1986年12月，烟溪乡与烟溪镇合并为烟溪镇。1995年11月撤区并乡时，撤销烟溪镇与双龙乡，合并设立烟溪镇。全镇共辖20个村、3个社区居委会，总面积198.2平方公里。2015年，全镇总人口32988人，国民生产总值1.03亿元，镇财政收入1209万元。

1980年以后，烟溪镇共选举产生10届人民代表大会。

一、烟溪镇第四届人民代表大会（1980.12～1984.3）

（一）代表选举

选举时间为1980年11月14日，全镇总人口8514人，共划分选区18个，选民5618人，选举产生镇人大代表80名。

（二）代表会议

1980年12月4～6日，举行烟溪镇第四届人民代表大会第一次会议。会议选举张胜初为镇长，杨应华为副镇长。

二、烟溪镇第五届人民代表大会（1984.3～1987.1）

（一）代表选举

选举时间为1984年1月21日，全镇总人口8428人，共划分选区18个，选民6304人，选举产生镇人大代表51名。

（二）代表会议

1984年3月8～10日，举行烟溪镇第五届人民代表大会第一次会议。会议选举肖适意为镇长，杨应华、夏岳来为副镇长。1985年12月，举行烟溪镇第五届人民代表大会第二次会议。会议补选康伦奎为副镇长。

三、烟溪镇第六届人民代表大会（1987.1～1990.1）

（一）代表选举

选举时间为1986年12月10日，全镇总人口20628人，共划分选区16个，选民13128人，选举产生镇人大代表94名。

（二）代表会议

1987年1月4～5日，举行烟溪镇第六届人民代表大会第一次会议。会议选举刘光佐为镇人民代表大会常务主席，肖适意为镇长，刘解放、刘灵芝为副镇长。1988年3月8～9日，举行烟溪镇第六届人民代表大会第二次会议。会议补选夏瑞祥为镇长，刘昭林为副镇长。1989年1月4～5日，举行烟溪镇第六届人民代表大会第三次会议。会议补选夏延早为镇长，廖文忠为副镇长。

四、烟溪镇第七届人民代表大会（1990.1～1992.11）

（一）代表选举

选举时间为1989年12月6日，全镇总人口21323人，共划分选区16个，选民14268人，选举产生镇人大代表76名。

（二）代表会议

1990年1月8日，举行烟溪镇第七届人民代表大会第一次会议。会议选举刘光佐为镇人民代表大会常务主席，夏延早为镇长，刘灵芝、刘昭林、廖文忠为副镇长。1992年1月8～10日，举行烟溪镇第七届人民代表大会第二次会议。会议补选夏建华为副镇长。

五、烟溪镇第八届人民代表大会（1992.12～1996.1）

（一）代表选举

选举时间为1992年11月10日，全镇总人口23797人，共划分选区16个，选民15618人，选举产生镇人大代表75名。

（二）代表会议

1992年12月，举行烟溪镇第八届人民代表大会第一次会议。会议选举刘光佐为镇人民代表大会常务主席，刘优庭、周宗娥、谭仙球、夏生贵、彭岳甫、张甫成为主席团成员，夏玉恒为镇长，刘灵芝、夏岳来、刘庆庭为副镇长。1994年1月18～19日，举行烟溪镇第八届人民代表大会第二次会议。会议补选夏设奇为镇长，张宏伟、张良保为副镇长。

六、烟溪镇第一届人民代表大会（1996.1～1998.12）

（一）代表选举

选举时间为1996年1月10日，全镇总人口23169人，共划分选区42个，选民15321人，选举产生镇人大代表57名。

（二）代表会议

1996年1月15～16日，举行烟溪镇第一届人民代表大会第一次会议。会议选举梁永安为镇人民代表大会主席，刘利卿为副主席，谌七桃为镇长，夏国平、刘昭林、夏岳来、夏青生、彭乐忠为副镇长；通过《关于进一步加强土地管理的规定》《关于加强“五保户”赡养管理的决议》。1997年3月5～6日，举行烟溪镇第一届人民代表大会第二次会议。会议收到代表建议48件；补选刘良科为副镇长；通过《关于进一步加强城镇建设管理的决议》《关于在全镇范围内实行基本建设义务积累工制度的决议》等4个决议。1998年2月14～15日，举行烟溪镇第一届人民代表大会第三次会议。会议补选刘昭林为镇长，胡能华为副镇长。

（三）代表活动

1996年12月，镇人大主席团组织49名县、镇人大代表，就全镇五保户赡养情况开展调查。共调查36个村、场、居委会的五保户35人，写出调查报告10份，最后形成了“五保户赡养应由镇、村统筹”的建议。

七、烟溪镇第二届人民代表大会（1998.12～2001.10）

（一）代表选举

选举时间为1998年12月13日，全镇总人口24178人，共划分选区44个，选民16332人，选举产生镇人大代表57名。

（二）代表会议

1998年12月23日，举行烟溪镇第二届人民代表大会第一次会议。会议收到代表建议36件；选举廖文忠为镇人民代表大会主席，夏普云、张龙华、胡春、刘忠余为主席团成员，刘昭林为镇长，夏树宋、刘良科、夏鹏祥为副镇长。2000年2月26日，举行烟溪镇第二届人民代表大会第二次会议。会议收到代表建议29件；补选彭乐忠为副镇长；通过《关于在全镇范围内实行基本建设义务工制度的决议》《关于在全镇范围内集资修建烟溪镇中学教学楼的决议》。2001年2月22～23日，举行烟溪镇第二届人民代表大会第三次会议。

（三）代表活动

2000年5月，烟溪镇人大主席团在镇综治办、派出所及怀铁公安民警的配合下，分别在五中和镇中学举办了两场法制讲座，就未成年人保护法、铁路法及中学生行为规范进行了系统的讲授。

八、烟溪镇第三届人民代表大会（2001.10～2007.11）

（一）代表选举

选举时间为2001年10月14日，全镇总人口24548人，共划分选区44个，选民17270人，选举产生镇人大代表57名。

（二）代表会议

2001年10月20日，举行烟溪镇第三届人民代表大会第一次会议。会议选举廖文忠为镇人民代表大会主席，夏普云、刘忠余、陈君石、胡更生为主席团成员，欧阳建安为镇长，夏玉宋、刘良科为副镇长；通过《关于在我镇中小学生中适当收取改危经费的决议》。2002年3月15日，举行烟溪镇第三届人民代表大会第二次会议。会议通过《关于加快农村电网改造的决议》。2003年2月26日，举行烟溪镇第三届人民代表大会第三次会议。会议收到代表建议19件；补选夏凡来为镇长，刘洪波为副镇长；通过《关于授予胡更生等11位同志2002年度“优秀镇人大代表”称号的决定》。2004年2月23日，举行烟溪镇第三届人民代表大会第四次会议。会议通过《关于增加城区街道路灯数量 妥善解决路灯用电及维护费用的决议》。2005年3月31日，举行烟溪镇第三届人民代表大会第五次会议。会议补选刘良科为镇长，夏灿华为副镇长。2006年2月26日，举行烟溪镇第三届人民代表大会第六次会议。会议补选夏树宋为镇人民代表大会主席，夏凡来为镇长，刘保祥、夏普云为副镇长。

（三）代表活动

坚持接待日接待选民与代表是烟溪镇人大主席团坚持了数年的传统。2003年，镇人大主席团筹集资金1000多元布置了一间新的接待室，是年接待选民和代表25人次，并做到接待有记录，事后有答复。2005年9月上旬，镇人大主对政府半年工作进行了评议，同时还对镇区37个部门进行了工作测评。

九、烟溪镇第四届人民代表大会（2007.11～2012.11）

（一）代表选举

选举时间为2007年10月15日，全镇总人口27998人，共划分选区40个，选民19509人，选举产生镇人大代表50名。

（二）代表会议

2007年11月16日，举行烟溪镇第四届人民代表大会第一次会议。会议选举产生龚良文为镇人民代表大会主席，夏新善为副主席，夏凡来、康胜良、刘光明、刘忠余、刘日升、刘国健、朱高斌为主席团成员，夏凡来为镇长，康胜良、夏灿华、夏普云、刘洪波为副镇长。2009年8月9日，举行烟溪镇第四届人民代表大会第二次会议。2010年10月29日，举行烟溪镇第四届人民代表大会第三次会议。会议补选贺建华为镇人民代表大会主席，李志生为镇长，陈锦为副镇长。2011年4月1日，举行烟溪镇第四届人民代表大会第四次会议。会议补选李志生为镇人民代表大会主席，贺建华为副主席，康胜良为镇长，夏强为副镇长。

（三）代表活动

2007年，镇人大主席团及部分县、镇人大代表积极向上级建议，促成了省政府对七一五矿污染治理工程的重新评估，促成了广铁总公司对烟溪火车站老观冲涵洞的立项批复，促成了烟溪镇停车场的破土动工。2009年8月15～25日，镇人大主席团组织部分县、镇人大代表，视察了安全生产法在全镇区域内的执行情况。2011年3月14日，镇人大主席团组织县、镇两级人大代表对镇敬老院、沿河街进行了视察。

十、烟溪镇第五届人民代表大会（2012.11～2016.11）

（一）代表选举

选举时间为2012年10月26日，全镇总人口25489人，共划分选区32个，选民20798人，选举产生镇人大代表55名。

（二）代表会议

2012年11月15日，举行烟溪镇第五届人民代表大会第一次会议。会议选举李志生为镇人民代表大会主席，贺建华为副主席，刘海深、刘洪波、刘本锡、陈维汉、孟志刚、夏生贵、夏普云、陶敏、朱高斌、康胜良为主席团成员，康胜良为镇长，夏普云、刘洪波、龚水平为副镇长。2013年8月2日，举行烟溪镇第五届人民代表大会第二次会议。会议补选夏跃平为镇人民代表大会主席，孟志刚为副主席，夏普云为镇长，刘克祥为副镇长。2014年10月25日，举行烟溪镇第五届人民代表大会第三次会议。2015年10月27日，举行烟溪镇第五届人民代表大会第四次会议。2016年7月27日，举行烟溪镇第五届人民代表大会第五次会议。会议补选张辉为镇人民代表大会主席，孟志刚为镇长，冯乐、夏朝霞、伍朝友为副镇长。

（三）代表活动

2014年，烟溪镇境省道225线大阳段、十八渡大桥建设等征地拆迁任务繁重，镇人大主席团协助政府做好群众说服教育，使征地工作有序推进确保了征地工作按时按量完成。2015年，烟溪镇人大主席团认真抓代表小组活动室建设，先后建好了3个代表小组活动室，组织代表集中学习《地方组织法》《选举法》《代表法》《监督法》等。

（执笔：邓满英、张辉）

第二十节 渠江镇

1961年，建连里公社，1984年改称连里乡，1995年，乡政府驻地由灯塔迁至渠江，更名为渠江镇。2015年，渠江镇共辖11个村、1个居委会，总面积86.23平方公里，总人口14847人，国民生产总值1.32亿元，镇财政收入664.55万元。

1980年以后，渠江镇（公社、乡）共选举产生10届人民代表大会。

一、连里公社第四届人民代表大会（1980.12～1984.2）

（一）代表选举

选举时间为1980年11月1日，全社总人口10353人，共划分选区20个，选民5497人，选举产生公社人大代表81名。

（二）代表会议

1980年12月7～9日，举行连里公社第四届人民代表大会第一次会议。会议收到代表建议90件；通过有关决议3个；选举胡后昆为公社管理委员会主任，伍柏生、刘灵芝、曾广仁为副主任。连里公社第四届人民代表大会第二次会议（资料不详）。连里公社第四届人民代表大会第三次会议，通过了《关于修筑连沅公路和连夫公路的决议》《关于建中心小学和片办高小的决议》。

二、连里乡第五届人民代表大会（1984.2～1987.1）

（一）代表选举

选举时间为1984年1月10日，全乡总人口10390人，共划分选区20个，选民5891人，选举产生乡人大代表102名。

（二）代表会议

1984年2月17日，举行连里乡第五届人民代表大会第一次会议。会议收到代表建议92件；选举刘灵芝为乡长，夏玉宋、夏善良为副乡长。1985年1月，举行连里乡第五届人民代表大会第二次会议，补选戴康民为乡长。1985年12月起，由张忠民代理乡长。

三、连里乡第六届人民代表大会（1987.1～1990.1）

（一）代表选举

选举时间是1986年12月25日，全镇总人口11638人，共划分选区20个，选民6775人，选举产生乡人大代表51名。

（二）代表会议

1987年1月6～8日，举行连里乡第六届人民代表大会第一次会议。会议收到代表建议74件；通过了

《关于两通（通电、通路）建设的决议》等4个决议；选举刘时雨为乡人民代表大会主席，伍芬山、李健康、周美华、夏竹清为主席团成员，刘昭阳为乡长，夏善良、邓建华为副乡长。1988年8月，举行连里乡第六届人民代表大会第二次会议。会议补选吴胜科为副乡长。

四、连里乡第七届人民代表大会（1990.1~1992.12）

（一）代表选举

选举时间为1989年12月24日，全乡总人口11878人，共划分选区20个，选民7580人，选举产生乡人大代表52名。

（二）代表会议

1990年1月7~9日，举行连里乡第七届人民代表大会第一次会议。会议选举刘成聚为乡人民代表大会主席，李健康、刘唐业、刘在云、胡慈芝、夏南林为主席团成员，夏玉恒为乡长，夏青生、夏树宋为副乡长。1991年1月16~18日，举行连里乡第七届人民代表大会第二次会议，补选梁承时为副乡长。1992年2月22~23日，举行连里乡第七届人民代表大会第三次会议。会议补选夏增强为副乡长。本届共收到代表建议187件，通过《关于严禁赌博、盗窃和封建迷信活动的决议》《关于以乡统筹供养五保户的决议》《关于大力发展多种经营的决议》。

五、连里乡第八届人民代表大会（1992.12~1996.1）

（一）代表选举

选举时间为1992年11月18日，全乡总人口11899人，共划分选区20个，选民7986人，选举产生乡人大代表53名。

（二）代表会议

1992年12月6~7日，举行连里乡第八届人民代表大会第一次会议。会议收到代表建议33件；选举邓五九为乡人民代表大会主席，刘唐业、李健康、夏英玲、夏高升、夏南竹、刘福田为主席团成员，夏延早为乡长，夏树宋、夏晶、梁承时为副乡长。连里乡第八届人民代表大会第二次会议（资料不详）。1994年8月23~24日，举行连里乡第八届人民代表大会第三次会议。会议通过了《关于集资架设渠江程控电话的决议》《关于土地开发利用总体规划的决议》。

六、渠江镇第一届人民代表大会（1996.1~1998.12）

（一）代表选举

选举时间为1996年1月10日，全镇总人口12853人，共划分选区19个，选民8365人，选举产生镇人大代表49名。

（二）代表会议

1996年1月12~13日，举行渠江镇第一届人民代表大会第一次会议。会议选举夏学阶为镇人民代表大会主席，夏克祥、刘明秋、梁迪英、李霸春为镇人大主席团成员，龚高中为镇长，夏善良、夏凡来、夏英玲为副镇长。1997年1月23日，举行渠江镇第一届人民代表大会第二次会议。会议补选刘庭科为镇长，刘健美为副镇长。1998年5月20日，举行渠江镇第一届人民代表大会第三次会议。会议通过了《关于加强民主法制建设，实施依法治镇的决议》。

（三）代表活动

1996年，镇人大主席团组织部分县、镇人大代表视察镇区建设工程，全力支持政府“由渠江街向连渠街延伸，谁开发，谁受益”的城建思路，开创渠江城镇建设的新局面，结束了渠江“有镇无街”的状况。切实履行人大的督学职能，抓住国家扶植贫困地区实施义教工程的机遇，争取义教工程款26万元，确保了造价50万元的镇完小如期竣工。

七、渠江镇第二届人民代表大会（1998.12～2001.10）

（一）代表选举

选举时间为1998年12月12～13日，全镇总人口13680人，共划分选区19个，选民8862人，选举产生镇人大代表42名。

（二）代表会议

1998年12月17日，举行渠江镇第二届人民代表大会第一次会议。会议选举夏光祥为镇人民代表大会主席，刘明秋、向剑锋、李小容、胡万军、夏邵生、夏新情为主席团成员，刘庭科为镇长，夏凡来、夏善良、刘永开为副镇长。1999年3月9日，举行渠江镇第二届人民代表大会第二次会议。会议审议了本届政府提出的建设稳产、高产的基本口粮田和稳定高效的基本收入经济园的“两基”发展战略，同时通过了“厉行节约，消赤减债，活源增收，确保运转”的财政预算方案。

（三）代表活动

1999年，镇人大主席团进行了农村“法轮功”邪教和“普法教育”两次专题调查，撰写了《加强农民世界观教育促进农村社会经济协调发展——对山区农村伪气功、迷信活动盛行的反思》《加强普法教育，推进村民自治》两篇专题调研报告，为本级和上级党委、政府提供了决策参考。

八、渠江镇第三届人民代表大会（2001.10～2007.12）

（一）代表选举

选举时间为2001年10月19～20日，全镇总人口13880人，共划分选区19个，选民9312人，选举产生镇人大代表45名。

（二）代表会议

2001年10月22日，举行渠江镇第三届人民代表大会第一次会议。会议选举张丁华为镇人民代表大会主席，李征祥、张俊军、胡正怡、夏友家、夏邵生、梁迪英为主席团成员，夏凡来为镇长，梁承时、刘永开为副镇长。2003年2月，举行渠江镇第三届人民代表大会第二次会议。会议补选刘宝祥为镇长，瞿国辉为副镇长。渠江镇第三届人民代表大会第三次会议（资料不详）。2005年3月，举行渠江镇第三届人民代表大会第四次会议。会议选举周德淑为镇人民代表大会主席，夏国伟为副镇长。2006年2月26日，举行渠江镇第三届人民代表大会第五次会议。会议选举李征祥为镇人民代表大会主席，周德淑为镇长，刘良科、李文斌为副镇长。

九、渠江镇第四届人民代表大会（2007.12～2012.11）

（一）代表选举

选举时间为2007年10月15～16日，全镇总人口13755人，共划分选区19个，选民10282人，选举产生镇人大代表48名。

（二）代表会议

2007年12月，举行渠江镇第四届人民代表大会第一次会议。大会选举李征祥为镇人民代表大会主席，刘庚花为副主席，刘军和为镇长，刘良科、刘永开、张英华为副镇长。渠江镇第四届人民代表大会第二次会议（无资料可查）。2009年5月21日，举行渠江镇第四届人民代表大会第三次会议。会议补选夏灿华为副镇长。渠江镇第四届人民代表大会第四次会议（无资料可查）。2011年4月8日，举行渠江镇第四届人民代表大会第五次会议。会议补选瞿永红为镇人民代表大会主席，夏国伟为副主席，夏灿华为镇长，吴佩婷为副镇长。

十、渠江镇第五届人民代表大会（2012.11～2016.11）

（一）代表选举

选举时间为2012年10月26～28日，全镇总人口13768人，共划分选区17个，选民11133人，选举产生镇人大代表47名。

（二）代表会议

2012年11月，举行渠江镇第五届人民代表大会第一次会议。会议选举瞿永红为镇人民代表大会主席，夏国伟为副主席，夏灿华、蒋构华、尹改明、何爱社、夏汉柳、胡和平、梁承时为主席团成员，夏灿华为镇长，张辉、张英华、吴佩婷为副镇长。2013年7月25日，举行渠江镇第五届人民代表大会第二次会议，会议补选苏志中为副镇长。2014年6月18日，举行渠江镇第五届人民代表大会第三次会议。会议通过《加速推进全镇农业产业化建设的决议》《加快渠江镇小城镇建设的决议》《大力推进农村清洁工程建设的决议》。2015年9月24日，举行渠江镇第五届人民代表大会第四次会议。会议补选高怀望为副镇长。2016年7月26日，举行渠江镇第五届人民代表大会第五次会议。会议补选张英华为镇人民代表大会主席，胡辉军为副镇长。

（执笔：廉克东）

第二十一节　平口镇

1953年4月，省政府批准平口为建制镇。1960年，因柘溪水库蓄水，平口镇区迁移到润溪独鸡垴。1986年6月，平口乡与平口镇合并为平口镇。全镇共辖11个行政村、3个居委会，总面积106.5平方公里。2015年，全镇总人口28105人，国民生产总值1.96亿元，镇财政收入2603万元。

1980年以后，平口镇共选举产生10届人民代表大会。

一、平口镇第四届人民代表大会（1980.12～1984.3）

（一）代表选举

选举时间为1980年11月18日，全镇总人口2862人，共划分选区8个，选民1615人，选举产生镇人大代表36名。

（二）代表会议

1980年12月，举行平口镇第四届人民代表大会第一次会议。会议选举李宗绪为镇长，刘丰来为副镇长。1983年12月5日，举行平口镇第四届人民代表大会第二次会议。

二、平口镇第五届人民代表大会（1984.3～1987.1）

（一）代表选举

选举时间为1984年1月21日，全镇总人口3391人，共划分选区8个，选举产生镇人大代表40名。

（二）代表会议

1984年3月，举行平口镇第五届人民代表大会第一次会议。会议选举刘治平为镇长，刘丰来为副镇长。

三、平口镇第六届人民代表大会（1987.1～1990.1）

（一）代表选举

选举时间为1986年12月25日，全镇总人口15580人，共划分选区25个，选民10087人，选举产生镇人大代表55名。

（二）代表会议

1987年1月7日，举行平口镇第六届人民代表大会第一次会议。会议审议批准《平口镇城区详细规划》；选举喻淑敏为镇人民代表大会主席，胡后昆为镇长，胡学农、龚高中、夏青生为副镇长。1987年8月21日，举行平口镇第六届人民代表大会第二次会议。会议通过《关于筹建平口水泥厂有关问题的决议》。

四、平口镇第七届人民代表大会（1990.1～1992.12）

（一）代表选举

选举时间为1989年12月24日，全镇总人口17577人，共划分选区33个，选民10185人，选举产生镇人大代表68名。

（二）代表会议

1990年1月12日，举行平口镇第七届人民代表大会第一次会议。会议收到提案96件；选举梁恒胜为镇人民代表大会主席，胡后昆为镇长，胡学农、龚高中、李征祥为副镇长。1991年1月11日，举行平口镇第七届人民代表大会第二次会议。会议补选胡学农为镇人民代表大会主席，肖绍奎为副镇长。1992年2月19日，举行平口镇第七届人民代表大会第三次会议。会议补选胡学农为镇长，陈超刚为副镇长。

五、平口镇第八届人民代表大会（1992.12～1996.1）

（一）代表选举

选举时间为1992年11月18日，全镇总人口17743人，共划分选区27个，选民11038人，选举产生镇人大代表68名。

（二）代表会议

1992年12月3日，举行平口镇第八届人民代表大会第一次会议。会议收到提案41件；通过《平口镇第一次修订总体规划》；选举胡学农为镇人民代表大会主席，梁恒胜为镇长，龚高中、李征祥、肖绍奎、陈超刚、阮兆云为副镇长。1994年1月11日，举行平口镇第八届人民代表大会第二次会议。1995年2月15日，举行平口镇第八届人民代表大会第三次会议。

六、平口镇第九届人民代表大会（1996.1～1998.12）

（一）代表选举

选举时间为1996年1月10日，全镇总人口19608人，共划分选区25个，选民11337人，选举产生镇人大代表51名。

（二）代表会议

1996年1月13日，举行平口镇第九届人民代表大会第一次会议。会议收到提案35件；选举夏玉恒为镇人民代表大会主席，夏新华为镇长，夏光祥、肖绍奎、张祖雄、邓吉彪为副镇长。1996年5月29日，举行平口镇第九届人民代表大会第二次会议。会议补选刘化为镇长。1997年1月20日，举行平口镇第九届人民代表大会第三次会议。会议补选刘解放为镇人民代表大会主席，夏玉恒为镇长，夏永石、陆国斌为副镇长。

七、平口镇第十届人民代表大会（1998.12～2001.10）

（一）代表选举

选举时间为1998年12月12日，全镇总人口19316人，共划分选区24个，选民11927人，选举产生镇人大代表52名。

（二）代表会议

1998年12月17日，举行平口镇第十届人民代表大会第一次会议。会议选举龚高中为镇人民代表大会主席，夏玉恒为镇长，夏永石、胡佐颂、陈立新、张祖雄为副镇长。2000年5月24日，举行平口镇第十届人民代表大会第二次会议。会议补选张丁华为镇人民代表大会主席，龚高中为镇长

八、平口镇第十一届人民代表大会（2001.10～2007.12）

（一）代表选举

选举时间为2001年9月28日，全镇总人口19740人，共划分选区25个，选民12104人，选举产生镇人大代表52名。

（二）代表会议

2001年10月15日，举行平口镇第十一届人民代表大会第一次会议。会议选举夏玉恒为镇人民代表大会主席，胡佐颂为镇长，谌晓震、温云霞为副镇长。2003年2月28日，举行平口镇第十一届人民代表大会第二次会议。会议补选刘军和为镇人民代表大会主席，王正义为副镇长。2004年3月20日，举行平口镇第十一届人民代表大会第三次会议。会议补选彭名安为副镇长。2005年3月26日，举行平口镇第十一届人民代表大会第四次会议。会议补选张志卫为副镇长。2006年2月26日，举行平口镇第十一届人民代表大会第五次会议。会议通过了《关于加大计划生育工作力度的决议》；补选夏学善、邓孟军为副镇长。

（三）代表活动

2006年8月10日，镇人大主席团、县人大代表平口小组开展了为期一个月的走访选民、代表活动。9月19日，镇人大主席团听取了各代表小组的活动开展情况汇报，并组织对安化县优质果品产销合作社进行了视察。

九、平口镇第十二届人民代表大会（2007.12～2012.11）

（一）代表选举

选举时间为2007年10月15日，全镇总人口22140人，共划分选区33个，选民15301人，选举产生镇人大代表53名。

（二）代表会议

2007年12月9日，举行平口镇第十二届人民代表大会第一次会议。会议选举夏增强为镇人民代表大会主席，龙安玲为副主席，刘自生、刘陶忠、成其文、戴晓春、李健康、谭显高、刘志刚为主席团成员，陆继儒为镇长，李丰、刘勇、张志卫、邓孟军、肖绍斌为副镇长。2009年3月25日，举行平口镇第十二届人民代表大会第二次会议。会议通过了《城镇总体规划修编》。2010年6月2日，举行平口镇第十二届人民代表大会第三次会议。会议收到建议10件；补选刘志刚为镇人民代表大会副主席。2010年10月29日，举行平口镇第十二届人民代表大会第四次会议。会议补选谌纯章为镇人民代表大会主席。2011年4月13日，举行平口镇第十二届人民代表大会第五次会议。会议收到代表建议12件；补选陆继儒为镇人民代表大会主席，谌纯章为副主席，李丰为镇长，郭宣传为副镇长。

十、平口镇第十三届人民代表大会（2012.11～2016.11）

（一）代表选举

选举时间为2012年10月27日，全镇总人口22974人，共划分选区23个，选民17036人，选举产生镇人大代表53名。

（二）代表会议

2012年11月20日，举行平口镇第十三届人民代表大会第一次会议。会议选举陆继儒为镇人民代表大会主席，谌纯章为副主席，张志卫、刘志刚、李健康、谭显高、戴晓春、谢又华为主席团成员，李丰为镇长，张志卫、邓孟军、郭宣传为副镇长。2013年7月26日，举行平口镇第十三届人民代表大会第二次会议。会议补选李丰为镇人民代表大会主席，龚俊为副主席，王进军为镇长。2014年8月12日，举行平口镇第十三届人民代表大会第三次会议。会议审议了《城镇总体规划修编补充说明》。2015年10月17日，举行平口镇第十三届人民代表大会第四次会议。2016年7月21日，举行平口镇第十三届人民代表大会第五次会议。会议通过了《关于政府工作报告的决议》等3个决议；补选胡文良为镇人民代表大会主席，王元、夏晚桃为副镇长。

（三）代表活动

2012年9月29日，部分县、镇人大代表走访视察了车站货场、S225线、工业园、娄益友谊街（政务中心、二级汽车站）、虎山坪和粮贸开发小区等平口镇在建重点工程。

（执笔：王瑞云）

第二十二节　古楼乡

1956年，古楼乡由原来的双江、古楼、南坪、探溪4个小乡合并而成。1958年并入南金公社。1961年，从南金公社划出另立古楼公社。1984年后，改为古楼乡。1995年全县撤区并乡，仍为单列乡。全乡辖15个村，总面积125平方公里。2015年，全乡总人口13430人，国内生产总值8800万元，乡财政收入362万元。

1980年以后，古楼乡（社）共选举产生10届人民代表大会。

一、古楼公社第四届人民代表大会（1980.12～1984.3）

（一）代表选举

选举时间为1980年11月1日，全乡总人口10681人，共划分选区21个，选民5455人，选举产生公社人大代表81名。

（二）代表会议

1980年12月，举行古楼公社第四届人民代表大会第一次会议。会议选举邓祖元为公社管委会主任，刘复和、张永兴、夏可南为副主任。

二、古楼乡第五届人民代表大会（1984.3～1987.1）

（一）代表选举

选举时间为1984年2月14日，全乡总人口11433人，共划分选区22个，选民8251人，选举产生乡人大代表51名。

（二）代表会议

1984年3月9～10日，举行古楼乡第五届人民代表大会第一次会议。会议选举李显发为乡长，贺石刚、夏加山为副乡长。

三、古楼乡第六届人民代表大会（1987.1～1990.1）

（一）代表选举

选举时间为1986年12月25日，全乡总人口11841人，共划分选区22个，选民8323人，选举产生乡人大代表53名。

（二）代表会议

1987年1月6～7日，举行古楼乡第六届人民代表大会第一次会议。会议选举伍柏生兼任人民代表大会常务主席，邓五九为专职主席，张忠民为乡长，夏新华为副乡长；收到代表建议26件。1988年6月2～4日，举行古楼乡第六届人民代表大会第二次会议。会议补选刘星彩为主席团成员，夏凡来为副乡长，并通过了《关于加强安全防火的决议》等4个决议。1989年3月17～18日，举行古楼乡第六届人民代表大会第三次会议。会议收到代表建议14件。

四、古楼乡第七届人民代表大会（1990.1～1992.11）

（一）代表选举

选举时间为1989年12月24日，全乡总人口12567人，共划分选区22个，选民7606人，选举产生乡人大代表53名。

（二）代表会议

1990年1月7～8日，举行古楼乡第七届人民代表大会第一次会议。会议选举夏岳来为乡人民代表大会主席，夏设奇为乡长，夏凡来、夏图诗为副乡长。1991年1月8日，举行古楼乡第七届人民代表大会第二次会议。会议补选刘保书为人民代表大会主席，夏岳来为副乡长。

五、古楼乡第八届人民代表大会（1992.11～1996.1）

（一）代表选举

选举时间为1992年11月18日，全乡总人口12559人，共划分选区22个，选民7689人，选举产生乡人大代表52名。

（二）代表会议

1992年11月29～30日，举行古楼乡第八届人民代表大会第一次会议。会议选举刘成聚为乡人民代表大会主席，廖文忠为乡长，刘昭林、夏图诗、罗亚平为副乡长。1993年12月24日，举行古楼乡第八届人民代表大会第二次会议。1994年7月14日，举行古楼乡第八届人民代表大会第三次会议。1995年2月27日，举行古楼乡第八届人民代表大会第四次会议。会议表彰了1994年度6名优秀乡人大代表。

六、古楼乡第九届人民代表大会（1996.1～1998.12）

（一）代表选举

选举时间为1996年1月10日，全乡总人口13053人，共划分选区23个，选民7776人，选举产生乡人大代表48名。

（二）代表会议

1996年1月14～15日，举行古楼乡第九届人民代表大会第一次会议。会议选举刘成聚为乡人民代表大会主席，罗亚平为乡长，胡佐颂、夏晶、张宏伟为副乡长；通过了《关于实施架设程控电话线路的决议》《关于实施五保救济经费统筹办法的决议》等4个决议。1997年1月22～23日，举行古楼乡第九届人民代表大会第二次会议。会议补选刘克祥、夏光义为副乡长。1998年4月8日，举行古楼乡第九届人民代表大会第三次会议。

七、古楼乡第十届人民代表大会（1998.12～2001.10）

（一）代表选举

选举时间为1998年12月1日，全乡总人口16140人，共划分选区24个，选民8867人，选举产生乡人大代表51名。

（二）代表会议

1998年12月18日，举行古楼乡第十届人民代表大会第一次会议。会议收到代表建议21件；选举贺海云为乡人民代表大会主席，刘唐业为乡长，胡能华、张宏伟、游晋魁为副乡长。1999年5月13日，举行古楼乡第十届人民代表大会第二次会议。会议补选周德淑为乡长。2000年2月28日，举行古楼乡第十届人民代表大会第三次会议。会议补选刘建辉为副乡长。

（三）代表活动

1999年11月，乡人大主席团督促政府投资8万元，对乡林场未造林的荒山实行改造，规划开发100亩优质椪柑基地、100亩乌梅基地和100亩优质小水果基地。这一举措，较好地带动了全乡山地开发工作的开展。

八、古楼乡第十一届人民代表大会（2001.10～2007.12）

（一）代表选举

选举时间为2001年10月12日，全乡总人口15914人，共划分选区22个，选民9254人，选举产生乡人大代表49名。

（二）代表会议

2001年10月28日，举行古楼乡第十一届人民代表大会第一次会议。会议收到代表建议32件；选举夏建华为人民代表大会主席，夏增强为乡长，游晋魁、郭红娟为副乡长。2002年4月8日，举行古楼乡第十一届人民代表大会第二次会议。2003年2月28日，举行古楼乡第十一届人民代表大会第三次会议。2004年2月18日，举行古楼乡第十一届人民代表大会第四次会议。会议表彰了2003年度古楼乡4名优秀乡人大代表。2005年3月20日，举行古楼乡第十一届人民代表大会第五次会议。会议表彰了2004年度5名优秀乡人大代表；补选刘唐业为乡人民代表大会主席，张宏伟为副主席，胡文良、夏清华为副乡长。2006年2月26日，举行古楼乡第十一届人民代表大会第六次会议。会议补选刘剑波为乡人民代表大会主席，刘唐业为乡长，张宏伟、夏增强为副乡长。

（三）代表活动

2005年4月，部分县人大代表及主席团成员到枫香、蟒溪、公安等村视察春耕生产情况。

九、古楼乡第十二届人民代表大会（2007.12～2012.11）

（一）代表选举

选举时间为2007年10月25日，全乡总人口16110人，共划分选区24个，选民10483人，选举产生乡人大代表50名。

（二）代表会议

2007年12月10日，举行古楼乡第十二届人民代表大会第一次会议。会议收到代表建议17件；选举张宏伟为乡人民代表大会主席，胡文良为副主席，刘宝祥为乡长，刘建辉、郭红娟、谌强为副乡长。2008年6月24日，举行古楼乡第十二届人民代表大会第二次会议。会议通过了《关于同意古楼乡村级行政区划调整实施方案的决议》等4个决议。2010年2月20日，举行古楼乡第十二届人民代表大会第三次会议。会议表彰了2009年度4名优秀乡人大代表；补选郭利红为乡长，夏玉中、邓生才为副乡长。2011年3月28日，举行古楼乡第十二届人民代表大会第四次会议。会议补选郭利红为乡人民代表大会主席，胡文良为副主席，吴再连为乡长，孔君壹为副乡长。

（三）代表活动

2011年12月20日，乡人大主席、副主席等乡人大代表陪同香港世界宣明会工作人员对其援建的古楼乡完小教学楼项目进行回访，详细了解并实地察看了项目建设情况。

十、古楼乡第十三届人民代表大会（2012.11～2016.11）

（一）代表选举

选举时间为2012年10月26～27日，全乡总人口16320人，共划分选区16个，选民10796人，选举产生乡人大代表47名。

（二）代表会议

2012年11月14日，举行古楼乡第十三届人民代表大会第一次会议。会议收到代表建议12件；选举郭利红为乡人民代表大会主席，胡文良为副主席，吴再连为乡长，夏玉中、邓生才、孔君壹为副乡长。2013年7月28日，举行古楼乡第十三届人民代表大会第二次会议。会议补选吴再连为乡人民代表大会主席，夏玉中为副主席，夏志勇为乡长，蒋丰、陈锦为副乡长。2014年3月26日，举行古楼乡第十三届人民代表大会第三次会议。表彰了2013年度4名优秀乡人大代表。2015年3月29日，举行古楼乡第十三届人民代表大会第四次会议，表彰了2014年度4名优秀乡人大代表。2016年4月12日，举行古楼乡第十三届人民代表大会第五次会议，表彰了2015年度6名优秀乡人大代表。2016年8月3日，举行古楼乡第十三届人民代表大会第六次会议。会议补选夏玉中为乡人民代表大会主席，王朋祥、李晔、李贤文为副乡长。

（三）代表活动

2013年6月26日，古楼乡部分县、乡人大代表视察了古楼乡滨江小区建设，并协助乡党委、政府抢抓机遇，把移民避险安置作为一项重要的惠民工程来抓，确定了滨江小区、年鱼新农村、新潭王公坳三个集中安置点。2016年3月2日，古楼乡人大主席团成员及部分乡人大代表陪同中国科学院亚热带农业生态研究所林泽建主任、韩雪峰博士一行4人，到古楼进行现代生态农业发展调研，为古楼乡生态农业发展及加快贫困山区农民脱贫致富献计献策。

（执笔：谭湘林）

第二十三节　南金乡

1956年6月，并将军、金坪，毗台、卸甲4个小乡为南金乡。1958年10月，合南金、古楼乡为南金公社。1961年，南金公社分置为南金、古楼、将军3个公社。1968年2月，建立南金公社革命委员会。1980年12月，改南金公社革命委员会为管理委员会。1984年2月，南金公社改为南金乡。1995年全县撤区并乡，将南金和将军乡合并为南金乡。全乡共辖14个村，总面积194.8平方公里。2015年，全乡总人口12394人，国民生产总值1.85亿元，乡财政收入521.2万元。

1980年以后，南金乡共选举产生10届人民代表大会。

一、南金人民公社第四届人民代表大会（1980.12～1984.3）

（一）代表选举

选举时间为1980年11月1日，全乡总人口5183人，共划分选区14个，选民2703人，选举产生乡人大代表60名。

（二）代表会议

1980年12月，举行南金人民公社第四届人民代表大会第一次会议。会议选举刘江生为公社管理委员会主任，袁家康、陈长贵为副主任。

二、南金乡第五届人民代表大会（1984.3～1987.1）

（一）代表选举

选举时间为1983年12月20日，全乡总人口5426人，共划分选区13个，选民2998人，选举产生乡人大代表56名。

（二）代表会议

1984年3月12日，举行南金乡第五届人民代表大会第一次会议。会议选举梁铁山为乡长，夏安儒为副乡长；通过了《关于落实“五保”户生活供养的决议》《关于整顿社会治安若干问题的决议》。1985年12月，决定夏新式为代乡长。1986年2月25～26日，举行南金乡第五届人民代表大会第二次会议。会议通过了《关于政府工作报告的决议》《关于向全乡公民基本普及法律常识的决议》。

三、南金乡第六届人民代表大会（1987.1～1990.1）

（一）代表选举

选举时间为1986年12月25日，全乡总人口5614人，共划分选区13个，选民3278人，选举产生乡人大代表42名。

（二）代表会议

1987年1月7日，举行南金乡第六届人民代表大会第一次会议。会议通过《关于及时维修道路、茶亭、桥梁、渡口的决议》《关于乡村建房有关规定的决议》；选举夏国平为乡人民代表大会主席，梁恒胜、夏安儒、夏登山、郭光荣为主席团成员，罗冠军为乡长，夏安儒为副乡长。

四、南金乡第七届人民代表大会（1990.1～1992.11）

（一）代表选举

选举时间为1989年11月22日，全乡总人口6165人，共划分选区16个，选民3637人，选举产生乡人大代表46名。

（二）代表会议

1990年1月8日，举行南金乡第七届人民代表大会第一次会议。会议选举张人玉为乡人民代表大会主席，贺图南、李凤山、夏丁山、曹光辉为主席团成员，夏国平为乡长，夏社良为副乡长。1991年1月9日，举行南金乡第七届人民代表大会第二次会议。会议补选伍良田为副乡长。

五、南金乡第八届人民代表大会（1992.12～1996.1）

（一）代表选举

选举时间为1992年11月18日，全乡总人口6153人，共划分选区16个，选民3964人，选举产生乡人大代表45名。

（二）代表会议

1992年11月30日，举行南金乡第八届人民代表大会第一次会议。会议选举贺图南为乡人民代表大会主席，李凤山、曹光辉、程海洲、程太安为乡人大主席团成员，夏学阶为乡长，伍良田、李泽妙、夏凡来为副乡长。1994年1月15～16日，举行南金乡第八届人民代表大会第二次会议。会议通过《关于政府工作报告的决议》等3个决议。1995年4月6日，举行南金乡第八届人民代表大会第三次会议。

六、南金乡第一届人民代表大会（1996.1～1998.12）

（一）代表选举

选举时间为1996年1月10日，全乡总人口6388人，共划分选区28个，选民8180人，选举产生乡人大代表42名。

（二）代表会议

1996年1月14日，举行南金乡第一届人民代表大会第一次会议。会议通过有关决议3个；选举贺图南为乡人民代表大会主席，刘唐业、夏光义、谌乐广、张秋山、郭伟山、闵长春为乡人大主席团成员，方仲山为乡长，陈当山、李泽妙、夏图诗、刘吉开为副乡长。1997年1月20日，举行南金乡第一届人民代表大会第二次会议。会议补选胡佐颂为乡长，陈五川、夏德育为副乡长。1998年3月2日，举行南金乡第一届人民代表大会第三次会议。

七、南金乡第二届人民代表大会（1998.12～2001.10）

（一）代表选举

选举时间为1998年11月6日，全乡总人口11494人，共划分选区26个，选民8272人，选举产生乡人大代表45名。

（二）代表会议

1998年12月18日，举行南金乡第二届人民代表大会第一次会议。会议选举贺图南为乡人民代表大会主席，刘继开、周世行、贺先才、程太安为主席团成员，彭光明为乡长，夏德育、黄称怀、程兆宝、夏图诗为副乡长。2000年3月7日，举行南金乡第二届人民代表大会第二次会议。会议补选夏晶为副乡长。2001年2月17日，举行南金乡第二届人民代表大会第三次会议。会议补选刘洪波、李日辉为副乡长。

八、南金乡第三届人民代表大会（2001.11～2007.12）

（一）代表选举

选举时间为2001年10月28日，全乡总人口11592人，共划分选区26个，选民8315人，选举产生乡人大代表42名。

（二）代表会议

2001年11月1日，举行南金乡第三届人民代表大会第一次会议。会议选举贺图南为乡人民代表大会主席，胡能华为乡长，刘洪波、李日辉、黄称怀、程兆宝为副乡长。2003年3月5日，举行南金乡第三届人民代表大会第二次会议。2004年2月20～21日，举行南金乡第三届人民代表大会第三次会议。会议通过了《关于将军电站近区用电改用电力局供电的决议》。2005年3月23日，举行南金乡第三届人民代表大会第四次会议。会议补选贺中义为乡人民代表大会主席，夏光义为乡长，刘松贵、朱晓斌为副乡长。2006年2月26日，举行南金乡第三届人民代表大会第五次会议。会议补选胡能华为乡长，夏光义、夏跃平、龚惠明为副乡长。

九、南金乡第四届人民代表大会（2007.12～2012.11）

（一）代表选举

选举时间为2007年10月15日，全乡总人口12504人，共划分选区26个，选民9410人，选举产生乡人大代表45名。

（二）代表会议

2007年12月7日，举行南金乡第四届人民代表大会第一次会议。会议选举贺中义为乡人民代表大会主席，邓生才为副主席，贺先财、曹光辉、程太安、夏玉石、张秋山、刘石先为主席团成员，胡能华为乡长，夏跃平、夏自然、夏赞文、黄勇平为副乡长。2008年9月22日，举行南金乡第四届人民代表大会第二次会议。会议通过《关于在全乡实行封山育林的决议》《关于切实加强九龙池风景区生态保护的决议》。2010年5月31日，举行南金乡第四届人民代表大会第三次会议。会议补选周玉珍为乡人民代表大会副主席。2011年4月1日，举行南金乡第四届人民代表大会第四次会议。会议补选夏志才为乡人民代表大会主席，贺中义为副主席，夏跃平为乡长，周玉珍为副乡长。2012年3月2日，举行南金乡第四届人民代表大会第五次会议。会议通过《关于在全乡实施“六五”普法规划的决议》。

（三）代表活动

2011年5月底至6月上旬，南金乡人大主席团组织调查组，对将军电站历史遗留问题及近区6个村的用电情况开展调查。调查组共举行座谈会15次，走访农户1000余人，收集整理数据62个，全面理清了将军电站历史遗留问题，并提出合理建议，促进了这一问题的化解。

十、南金乡第五届人民代表大会（2012.11～2016.11）

（一）代表选举

选举时间为2012年10月26日，全乡总人口12553人，共划分选区26个，选民9579人，选举产生乡人大代表46名。

（二）代表会议

2012年11月15日，举行南金乡第五届人民代表大会第一次会议。会议选举夏志才为乡人民代表大会主席，贺中义为副主席，夏跃平为乡长，夏赞文、周玉珍、夏绪朋为副乡长。2013年7月31日，举行南金乡第五届人民代表大会第二次会议。会议补选陈善千为乡人民代表大会副主席，吴盛梨为乡长。2014年2月26日，举行南金乡第五届人民代表大会第三次会议。2015年3月19日，举行南金乡第五届人民代表大会第四次会议。2016年3月14日，举行南金乡第五届人民代表大会第五次会议。2016年7月28日，举行南金乡第五届人民代表大会第六次会议。会议补选夏敏为乡人民代表大会主席，刘金山为乡长，夏安然、饶林为副乡长。

（执笔：苏清泉）

第六篇 人物简介

安化县自1980年12月设立人大常委会以来，到2016年12月止，即县八届至十七届人大一次会议，当选为县人大常委会主任的10人次，当选为县人大常委会副主任的32人次。1970～2016年，安化县有5人当选为全国第四、五、六、七、十二届人大代表。1977～2016年，安化县当选为湖南省第六、七、八、九、十、十一、十二届人大代表的68人次。他们的简历如下：

第一章 县人大常委会领导简介

第一节 县人大常委会主任

黄让泉（1927.10～1998.4）男，湖南省宁乡县人，初中文化，1950年10月参加工作，1952年6月加入中国共产党。曾任宁乡县双凫铺区法庭审判员、副区长、区长、区委副书记，坝塘区区委书记，宁乡县副县长、县委委员，煤炭坝煤矿党委书记，花明楼区委书记。1969年调安化工作，先后任清塘区领导小组组长，县革委生产指挥组组长，县农村办公室主任，县工交办公室主任，县委常委、副书记兼县第八届人大常委会党组书记、主任。1983年6月，调任宁乡县人大常委会主任，县委副书记。1983年3月，在安化县十届人大三次会议上当选为湖南省第六届人大代表。

戴汉初（1925.12～2014.5） 男，湖南省安化县大福镇人，相当高中文化，1949年1月加入中国共产党。任过安化县地下党支部书记、湘中一支队连政治指导员。中华人民共和国成立后，历任安化县公安局副股长、股长，县人民法院副院长，县公安局局长，中共安化县委委员、常委、宣传部部长，县财贸办公室主任，县第八届人大常委会党组副书记、副主任，县第九届人大常委会党组书记、主任。1987年3月离休，享受副厅三项待遇。

王祖武（1932.8～2001.7） 男，湖南省安化县大桥乡人，初中文化，1954年9月参加工作，1956年9月加入中国共产党。1959年以前，先后在安化县小淹、羊角、江南供销社工作，任过业务股长。1959年以后，先后任洞市公社党委副书记，江南区委委员，东华公社党委书记，仙溪公社革委主任，县龙坳煤矿党支部书记、革委主任，田心公社党委书记，梅城区委副书记、区长、书记，县委副书记，县人民政府副县长、县委常委，县第十届、十一届人大常委会党组书记、主任。1988年1月，在安化县十届人大二次会议上当选为湖南省第七届人大代表。

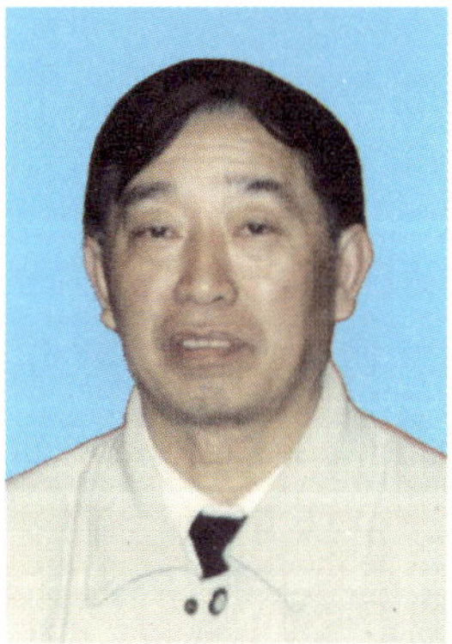

王定中 男，湖南省安化县江南镇人，1936年12月出生，大专文化，1954年11月参加工作，1956年10月加入中国共产党。曾任安化县江南区公所干部、财会辅导员，江南公社党委委员、党委副书记、管委主任，三洲公社党委书记，冷市区委副书记兼羊角公社党委书记，县工交办主任，县经委主任、党组书记，县委常委、县人民政府常务副县长，县第十二届人大常委会党组书记、主任。1993年1月，在安化县十二届人大一次会议上当选为湖南省第八届人大代表。

艾胜杜 男，湖南省益阳市赫山区人，1943年9月出生，大学文化，1968年9月参加工作，1972年1月加入中国共产党。曾任安化县木子公社中学教师、联校支部委员，县教育局干部，县委宣传部理论组组长、副部长、部长，县委常委。1997年8月，任县人大常委会党组书记。1998年1月，当选为县第十三届人大常委会主任。

蒋金云　男，湖南省安化县田庄乡人，1951年11月出生，大学文化，1969年3月参加工作，1970年11月加入中国共产党。曾任中国人民解放军战士、文书、保密员、干部处干事、干部股股长，江西广昌县人武部政工科长，江西抚州军分区政治部干部科科长，安化县人武部政委、党委副书记、党委书记，益阳军分区党委委员，中共安化县委常委、副书记。2002年9月，任安化县人大常委党组书记。2002年12月，在益阳市二届人大五次会议上当选为湖南省第十届人大代表。2003年1月，当选为县第十四届人大常委会主任。2007年12月，当选连任县第十五届人大常委会主任。2012年8月，明确享受副市（厅）级待遇。

蒋跃登　男，湖南省安化县乐安镇人，1958年6月出生，大专文化，1980年7月参加工作，1984年9月加入中国共产党。曾任安化县统计局干部、办公室副主任，县人民政府办公室副科级秘书、党组成员、副主任，益阳地区行署综合科副科长，安化县建设局党组书记、局长，县计划物价局（发展计划物价局）党组书记、局长，县人民政府党组成员、办公室党组书记、主任，县委常委、县人民政府副县长，县委常委、县人民政府党组副书记、常务副县长，县委副书记、县委党校第一校长。2011年6月，任县人大常委会党组书记。2011年11月，补选为县第十五届人大常委会主任。2012年11月，当选为县第十六届人大常委会主任。

李太源　男，湖南省安化县仙溪镇人，1966年3月出生，大学文化，1987年12月参加工作，1989年12月加入中国共产党。曾任安化县九龙乡干部、副乡长、党委副书记，山口乡党委副书记、乡长，洞市乡工委副书记、管理委员会主任、党委副书记、乡长、党委书记，长塘镇党委书记，梅城镇党委书记，县委常委、梅城镇党委书记、镇长（兼），县委常委、东坪镇党委书记、镇长（兼），县委常委、政法委书记，县委副书记，县政协党组副书记、主席、党组书记等职。2016年8月，任县人大常委会党组书记。2016年12月，当选为县第十七届人大常委会主任。

第二节 县人大常委会副主任

陈泰敬（1922.5～2006.3） 男，山东省冠县人，初中文化，1944年7月参加工作，1948年8月加入中国共产党。当过县抗日大队战士。中华人民共和国成立后在本地任过区小学校长、区民政助理。1949年南下后一直在安化工作，曾任副区长、区委书记，县森工局局长，县计委副主任，县工交部副部长，县委办公室主任，县革委工交办公室副主任，县第八届人大常委会党组成员、副主任。

罗 仪 男，四川省西充县人，1931年5月出生，初中文化，1949年12月参加中国人民解放军，1951年3月加入中国共产党。曾任解放军部队排长和师、团参谋，湖南省军区作训处参谋，益阳军分区作训科参谋、副科长，沅江、桃江县人民武装部副部长，安化县人民武装部部长、党委副书记，安化县第八届人大常委会党组成员、副主任。1983年9月调出安化。

龙梅修（1927.11～2007.5） 男，湖南省安化县清塘铺镇人，中师文化，1949年3月加入中国共产党，1949年6月参加湘中游击队一支队任连指导员。中华人民共和国成立初期在安化县委工作，后任县文教科副科长。1953～1957年，在湖南省委办公厅秘书处工作，任过秘书处秘书、档案科副科长。1958年以来，曾任安化县委宣传部副部长，县人民委员会办公室副主任、主任，区委书记，县委宣传部部长，县第八届人大常委会党组成员、副主任，县首届政协党组书记、主席。

何友卿（1926.1～1990.7）　男，湖南省益阳县人，中师文化。1949年10月参加工作，1954年3月加入中国共产党。曾任益阳市三中副教导主任，益阳县一中、安化县一中校长，安化县文教科科长，仙溪公社党委书记，清塘区委副书记，江南区委书记，县委宣传部部长、办公室主任、常委、纪律检查委员会书记，县第九届人大常委会党组副书记、副主任兼县委政法委员会主任。

罗迪祥　男，湖南省宁乡县人，1934年2月出生，相当初中文化，1953年6月参加中国人民解放军，1956年3月加入中国共产党。曾任解放军部队代理班长，给养员、事务长、会计、师行政管理员，安化县人武部副部长，县计委主任，县委常委、组织部部长。1984年2月，任县第九届人大常委党组成员、副主任。1987年2月调出安化。

谌荣增　男，湖南省安化县中砥乡人，1933年1月出生，初中文化，1951年11月参加工作，1952年8月加入中国共产党。一直在安化县工作，曾任区委宣传委员、区委副书记，乡党总支书记，公社党委书记，区委书记，县革委副主任，县委常委，县人民政府副县长，县第九届、十届人大常委会党组成员、副主任。

王流芳（1933.8～2007.12）　男，湖南省安化县江南镇人，大学文化，工程师，1956年8月参加工作。曾任工业部六〇研究所六一六厂技术员，五机部七〇研究所设计组长、科研室代理副主任，安化县氮肥厂技术员，县工业技术学校校长，县经委生产技术科副科长，县工商业联合会主委，县第二届政协经促会副主任，县科学技术协会主席，县第九届、十届人大常委会副主任。

黎金龙（1938.2～2000.2）　男，湖南省浏阳县人，大学文化，林业工程师，1960年9月参加工作，1983年6月加入中国共产党。曾任安化县林业局干部、副股长、股长，县农委副主任，县人民政府副县长，县第十、十一、十二届人大常委会党组成员、副主任。

陈历书（1932.7～2015.8）　男，湖南省安化县乐安镇人，初中文化，1951年1月参加工作，1952年8月加入中国共产党。曾任土改工作队员，安化县梅城区团委副书记、书记，中共梅城区委委员、区委副书记，伊泉、梅城公社党委书记，仙溪区委书记，中砥区政治教导员、区委书记，县农业局局长，县农委副主任，县第十届人大常委会党组成员、副主任。

姚自豪　男，湖南省安化县仙溪镇人，1933年8月出生，高中文化，1949年12月参加工作，1953年6月加入中国共产党。曾任安化县统计科副科长、科长，县粮食局局长，长塘、大福公社党委书记，县财会科科长，县财政局、农机局局长，烟溪区委书记，县人民政府办公室主任，县第十、十一届人大常委会党组成员、副主任。

陈君吾　女，湖南省安化县仙溪镇人，1946年2月出生，1969年7月毕业于湖南师范学院，同年8月参加工作，1983年11月加入中国共产党。曾任安化三中教师，安化县妇联、县总工会、县政府办公室干部，县人民政府副县长，县第十一、十二、十三届人大常委会党组副书记、副主任。2003年1月，明确为正处级。

游晓岚　男，湖南省新化县人，1942年1月出生，大专文化，1960年9月参加工作，1971年3月加入中国共产党。曾任安化县古楼完小教师，县文教科、县委办公室干部，县人大常委会办公室秘书，县党史办主任，县委组织部副部长，县委常委、县委办公室主任，县第十一、十二届人大常委会党组成员、副主任。2003年10月，明确为正处级。

刘盛余　男，湖南省安化县清塘铺镇人，1935年1月出生，相当初中文化，1951年5月参加工作，1952年5月加入中国共产党。历任安化县十区组织干事，县委组织部干事、副部长，城关镇代理党委书记，大福区、小淹区领导小组成员、副组长、区委副书记，县革委农村办副主任，中砥区委书记、区长，县委党校副校长、党委副书记，县直机关党委书记，县第十一届人大常委会党组成员、副主任。

朱克安（1946.10～2009.7）　男，湖南省安化县梅城镇人，大学文化，1964年9月参加工作。曾任代课教师，安化县建筑设计室设计员、副主任、主任，县建筑设计院院长，县建委副主任、总工程师，县第十一、十二、十三届人大常委会副主任。1998年3月，在益阳市一届人大五次会议上当选为湖南省第九届人大代表。

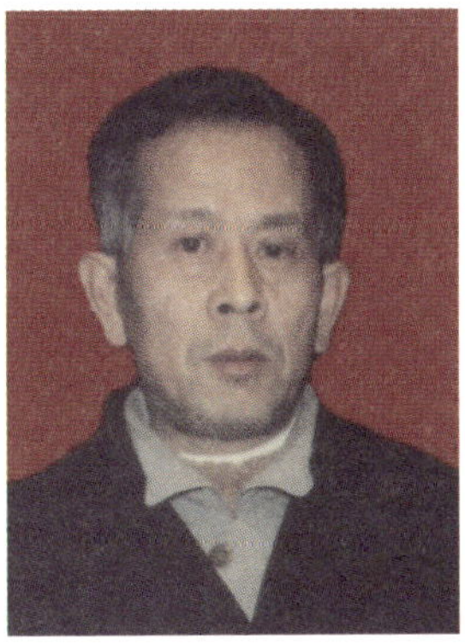

姚让之（1942.3.～2014.8）　男，湖南省安化县仙溪镇人，高中文化，1961年12月参加工作，1972年2月加入中国共产党。曾任安化县税务局、县财贸政治部干部，县革委生产指挥组政工组副组长，县财贸办公室秘书，江南公社党委副书记、管委会副主任，县农村办秘书，县人大常委会办公室副主任、主任，县第十、十一届人大常委会党组成员，县第十二、十三届人大常委会党组成员、副主任。2003年1月，明确为正处级。

傅世平 男，湖南省安化县梅城镇人，1945年4月出生，大学文化，1969年8月参加工作，1983年6月加入中国共产党。先后在甘肃省光学仪器厂，湖南省资江机器厂，安化县人民政府工作。历任厂团委组织部长，总装车间技术员、工程师，车间工会主席，车间副主任兼党支部书记，生产计划科副科长、厂部副总工程师，常务副厂长，县人民政府副县长，县第十三届人大常委会党组成员、副主任。2003年1月，明确为正处级。

刘应生 男，湖南省安化县江南镇人，1944年10月出生，大学文化，1969年9月参加工作，1982年2月加入中国共产党。曾任安化县中学、进修学校教员，中共安化县委办公室干部、秘书、副主任，县纪委副书记，县人民政府教卫办主任，县第十二届人大常委会党组成员、办公室主任，县第十三届人大常委会党组成员、副主任。

肖三秋 男，湖南省安化县羊角塘镇人，1950年9月出生，高中文化，1971年12月参加工作，1971年4月加入中国共产党。先后在安化县羊角塘粮站、县委办公室、龙塘、柘溪、云台、大福等地工作。曾任龙塘公社、柘溪公社党委副书记、书记，云台区区长，大福办事处主任、工委书记，县民政局党组书记、局长，县第十三届人大常委会党组成员、副主任，县第十四届人大常委会党组副书记、副主任。2007年11月，明确为正处级。

夏国新 男，湖南省安化县渠江镇人，1952年11月出生，大专文化，1971年12月参加工作，1970年12月加入中国共产党。曾任安化县木榴公社团委书记、党委副书记、管委主任、党委书记，木孔乡党委书记，城埠坪乡党委书记，中砥区工委主任、副书记、区长，县纪委副书记兼县监察局局长，县林业局党组书记、局长，县政协党组成员、秘书长，县第十四、十五届人大常委会党组成员、副主任。2012年10月，明确为正处级。

高多庆　男，湖南省安化县羊角塘镇人，1957年1月出生，大专文化，1976年12月参加工作，1974年11月加入中国共产党。曾任安化县符竹溪金矿党支部委员，山口公社计生专干、党委委员、管委副主任，山口乡党委副书记、乡长，敷溪乡党委副书记、乡长，三洲乡党委副书记、乡长、党委书记，清塘区区委副书记、区长、区委书记，清塘铺镇党委书记，县民政局党组书记、局长，县第十四、十五届人大常委会党组成员、副主任兼县总工会主席。2012年10月，明确为正处级。

王美兰　女，湖南省安化县东坪镇人，1953年5月出生，大专文化，1970年12月参加工作，1980年4月加入中国共产党。曾任县委办公室秘书、县委办督查室主任、县委办公室副主任，机关事务局党组书记、局长，县编委党组书记、主任，县第十四届人大常委会党组成员、副主任，第七届县政协党组成员、副主席。2012年10月，明确为正处级。

张渡期　女，湖南省宁乡县大成桥乡人，1957年2月出生，大学文化，1981年8月参加工作。曾任县种畜场技术员，冷市区畜牧站技术专干，县畜牧水产局股长，东坪镇畜牧水产站站长，县畜牧局屠宰税代征办主任，县监察局副局长，县优化经济发展软环境办公室主任，县第三届残疾人联合会理事长，益阳市第一、四届人大代表，县第十四、十五届人大常委会副主任。1988年1月，在安化县十届人大二次会议上当选为湖南省七届人大代表。2012年10月，明确为正处级。

彭平移　男，湖南省安化县小淹镇人，1952年8月出生，中专文化，1971年12月参加工作，1970年10月加入中国共产党。曾任安化县杨林公社团委书记、党委委员、管委主任，杨林乡党委书记，中砥办事处副主任，平口镇党委书记，东坪镇党委副书记、人大主席，县第十四、十五届人大常委会党组成员、副主任。

邓晓君　女，湖南省安化县马路镇人，1957年3月出生，大专文化，1975年12月参加工作，1978年10月加入中国共产党。曾任安化县奎溪公社妇联主任、党委委员，木榴乡党委委员、副书记，湖南坡乡党委副书记、乡长、党委书记，县委政法委副书记，县妇联党组书记、主席，县人民政府党组成员、副县长，县第十五届人大常委会党组副书记、副主任。2012年10月，明确为正处级。

黄志军　男，湖南省安化县大福镇人，1961年8月出生，大专文化，1979年11月参加工作，1985年12月加入中国共产党。曾任中国人民解放军战士，安化县东山乡党委委员、纪委书记，大福镇党委委员、党委副书记、镇长，长塘乡工委副书记、管理委员会主任，长塘镇党委副书记、镇长，滔溪乡党委委员、副乡长、党委副书记、乡长、党委书记，小淹镇党委书记，东坪镇党委副书记、镇长，县林业局党组副书记、书记、局长，安化县六步溪国家自然保护区管理处主任，县第十六届人大常委会党组副书记、副主任。

刘跃迎　男，湖南省安化县江南镇人，1959年11月出生，大专文化，1981年7月参加工作，1987年1月加入中国共产党。曾任安化县陈王乡团委书记，县农机局办公室副主任、主任，县农业委员会秘书，县农机局党组书记、局长，县人民政府办公室党组副书记、副主任，县委组织部副部长，县人事局党组书记、局长，县人力资源和社会保障局党组书记，县第十六届人大常委会党组成员、副主任。

夏华凤　女，湖南省安化县柘溪镇人，1963年1月出生，大学文化，1984年10月参加工作，1992年2月加入中国共产党。曾任安化县文溪乡干部、妇联主任、团委书记、副乡长，黄沙坪镇党委副书记、镇长，东坪镇管理委员会副主任、党委委员、副镇长，县计生委党组副书记、副主任，县纪委副书记，县人口和计划生育局党组书记、局长，县第十六届人大常委会党组成员、副主任。县人民政府党组成员、副县长。

伍　亮　男，湖南省安化县长塘镇人，1966年5月出生，大专文化，1988年7月参加工作，1988年6月加入中国共产党。曾任汝城钨矿职工子弟学校教师、副校长，安化县思游乡干部、党委委员，栗林乡党委副书记，滔溪乡党委副书记、乡长，清塘铺镇党委副书记、联合工会主席、镇长，仙溪镇党委书记、镇长，清塘铺镇党委书记、镇长、人大主席，县第十六届人大常委会党组成员、副主任。2016年12月，任县第十七届人大常委会党组副书记、副主任。

肖伟群　男，湖南省安化县长塘镇人，1968年12月出生，大学文化，1989年7月参加工作。曾任安化县木孔乡中学教师、教导主任、副校长，大荣乡联校副校长、乡中学校长，县人民法院书记员、助理审判员，县人民法院烟溪法庭副庭长、庭长，县民政局副局长，县人大常委会内务司法工作委员会主任，县第十六届人大常委会副主任、县茶叶事业管理办公室主任（兼）。2016年12月，当选连任县第十七届人大常委会副主任。

姚国良　男，湖南省安化县长塘镇人，1964年3月出生，大专文化，1985年10月参加工作，1993年9月加入中国共产党。曾任通溪乡副乡长，仙溪镇副镇长。1995～1997年，在省直机关党校学习。毕业后先后任东山乡党委副书记，长塘镇党委副书记、纪委书记、武装部部长，栗林乡党委副书记、乡长，大福镇党委副书记、镇长、副镇长（正科级）、党委书记，县委政法委员会副书记，县第十六届人大常委会党组成员、办公室主任。2016年12月，任县第十七届人大常委会党组成员，副主任。

张　勇　女，湖南省安化县大福镇人，1966年3月出生，大专文化，1987年8月参加工作，1995年8月加入中国共产党。曾任安化县委办公室秘书、副主任科员、纪检员、副主任，县妇女联合会党组书记、主席，县委组织部副部长（正科级）等职。2016年12月，任县第十七届人大常委会党组成员、副主任。

王良才 男，湖南省安化县江南镇人，1965年10月出生，大学文化，1981年9月参加工作，1991年12月加入中国共产党。曾任江南镇健康小学、红泥学校教师，江南中学教师，洞市乡干部，江南区公所秘书（副局级），县人武部干部、办公室副主任，县计划物价局党组成员、副局长，滔溪乡党委副书记（挂职），县计划物价局党组成员、副局长、纪检组长，县建设局党组成员、副局长，梅城镇党委副书记、副镇长（正科级），东坪镇党委委员、人大主席、党委副书记、副镇长（正科级）、镇长、党委书记等职。2016年12月，任县第十七届人大常委会党组成员、副主任。

第二章　全国、省人大代表简介

第一节　全国人大代表

龙岳来　男，湖南省安化县大福镇人，1950年10月出生，初中文化，1970年2月加入中国共产党。1969年3月参加中国人民解放军，先后任部队战士、连副指导员、指导员、团司令部政治协理员；1982年3月转地方工作，先后任安化县人民法院大福法庭、仙溪法庭庭长。1970年2月，在福州军区“红色尖刀连”任战士期间，当选为全国第四届人大代表。

朱正春　男，湖南省安化县大福镇人，1936年10月出生，1954年参加基层工作，1959年加入中国共产党。曾任安化县木孔公社腊树村互助组组长、初级社文书、高级社文书，木孔公社文书、办队干部，腊树村党支部书记，木孔公社党委副书记、书记，大福粮站党支部书记。1977年，当选为湖南省第五届人大代表和全国第五届人大代表，连续5年出席全国人大和省人大代表大会。

李静山（1931.7～1988.9）　男，湖南省安化县马路镇人，1953年1月加入中国共产党，1957年7月参加工作。曾任安化县岳溪乡农会主席、乡长，岳溪公社党委副书记、社长，苍场公社（乡）革委副主任、党委副书记、书记，云台区副区长，云台办事处主任。1984年4月，当选为全国第六届人大代表。1988年9月，在驱车视察洪灾时，不幸因公去世。

廖崇珍 女，湖南省安化县平口镇人，1945年9月出生，初中文化，1966年3月参加工作，1982年6月加入中国共产党。曾任安化县梅城供销社营业员，平口镇学校民办教师，平口供销社营业员、经理，烟溪区供销社副主任，后调入平口镇政府工作。1983年获省“三八红旗手”荣誉称号。是年3月，在安化县八届人大三次会议上当选为湖南省第六届人大代表。1988年3月，当选为全国第七届人大代表。1993年1月，在安化县十二届人大一次会议上当选为湖南省第八届人大代表。

张青娥 女，湖南省安化县仙溪镇人，1964年9月出生，大专文化。曾从事物流经商、建筑、公路建设。安化梅山文化园董事长。张青娥致富不忘家乡建设，2005年返乡创业，绿化荒山174公顷，倾资打造梅山文化生态园，促进了当地旅游业发展。2008年以来，先后被评为益阳市和全国“三八红旗手”、湖南省劳动模范，并先后任县市人大代表、政协委员。2013年，当选为全国第十二届人大代表，连续三年在全国“两会”上提交《关于加大对安化黑茶发展支持力度的建议》，2015年被评为全国人大重点建议。

第二节　湖南省人大代表

邓则兰　女，湖南省安化县清塘铺镇人，1951年2月出生，大专文化，1969年12月加入中国共产党，1971年2月参加工作。曾任安化县革命委员会常委、副主任，中共安化县委常委、副书记，先后兼任大桥公社、龙塘公社党委书记。1984年调益阳地区工作，先后任益阳地区计划生育委员会党组成员、副主任，益阳地区卫生局党组成员、副局长，益阳市妇联党组书记、主席(主任)等。1977年，当选为湖南省第五届人大代表。

邓晓斌（1928.12～2003.3）　男，湖南省安化县马路镇人，初小文化，1955年11月加入中国共产党。1949～1958年，先后任马路易家庄民兵队长、互助组组长、初级社社长、高级社社长。1958～1977年，先后任易家庄党分支部书记、大队长、大队党支部书记、副书记、生产队长等职。他坚持科学种田，自种的0.15公顷三熟制试验田亩产1140.5公斤，多次被评为劳动模范。1977年，当选为湖南省第五届人大代表。

卢碧珍（1918.5～2011.1）　女，湖南省安化县羊角塘镇人，初中文化，1956年10月加入中国共产党，1951年9月参加工作。曾在江南、龙塘等地小学教书。她把全部精力和心血倾注在教育事业上，为培养德智体全面发展人才做出贡献，是省、地、县劳动模范和模范教育工作者。同时，也是克己奉公的楷模，本人生活节俭，工资积蓄大部分缴纳了党费。1977年，当选为湖南省第五届人大代表。

冯保生　男，湖南省安化县梅城镇人，1933年8月出生，初中文化，1956年1月加入中国共产党，1952年10月入伍参加抗美援朝战争，1957年转地方工作。曾在常安公路、安化县资江铁厂、县人委、县钢铁厂、县水泥厂、县氮肥厂工作。先后任县钢铁厂党支部委员、厂革委副主任、机电车间党支部书记、车间主任，县水泥厂工会主席等职。以他为首搞技术革新项目达13项，为安化钢铁、水泥生产做出贡献，多次被评为模范标兵，出席先进代表会议。1977年，当选为湖南省第五届人大代表。

陈般发（1918.10～1990.2）　男，湖南省安化县江南镇人，初小文化，1966年4月加入中国共产党。自土地改革到1964年在本地工作，任过高级社社长。1965～1974年，任洞市公社青田大队党支部副书记。1975～1977年任青田大队党支部书记。他认真钻研农业技术，其红薯温床育苗技术和窖藏技术在全省得到推广，为粮食生产作出贡献，被评为红薯丰产模范，并出席省、地、县先进代表大会。1964年8月，当选为湖南省第三届人大代表。1977年，当选为湖南省第五届人大代表。

康维然（1927.5～1999.8）　男，湖南省新化县田坪人，高小文化，1951年1月参加工作，1955年1月加入中国共产党。曾为高家坪锑矿、攸县砒矿、渣滓溪锑矿井下炮工。在安化县渣滓溪锑矿先后任值班长、工区长、副主任、副矿长、党总支副书记等职。是技术骨干、“土专家”，多次评为劳动模范，出席先进代表会议。1978年被评为全国冶金系统英模。1977年，当选为湖南省第五届人大代表。

蒋　世　男，湖南省安化县梅城镇人，1925年2月出生，初中文化，1949年3月加入中国共产党。曾在中国人民解放军部队工作，1964年开始，先后任生产队长、大队长、梅城镇西村大队党支部书记。他任职的生产队，自1971年以来稻田亩产一直跨“双纲”，他的试验田亩产达1100公斤。1975年被评为益阳地区水稻劳模。1985年3月离休。1987年，被评为安化县中共地下党优秀党员。1977年，当选为湖南省第五届人大代表。1983年3月，在安化县八届人大三次会议上当选为湖南省第六届人大代表。

王太山　男，湖南省安化县东坪镇人，1944年4月出生，中专文化，1962年6月参加工作，1966年4月加入中国共产党。曾任中国人民解放军战士，长航城陵矶港务局政工组秘书、党委办副主任，安化县木工厂、龙坳煤矿党支部书记，县渣滓溪锑矿党总支书记，县经委副主任、主任，县科委副主任。1983年3月，在安化县八届人大三次会议上当选为湖南省第六届人大代表。

王育才（1930.7～2008.4）　男，湖南省桃江县人，高中文化，1950年7月参加工作，1952年8月加入中国共产党。1952年起担任安化县财政科副科长、科长、县人委秘书；1956年起任副县长、县委委员，后兼任江南区委书记；1964年起任县委副书记、县革委副主任，县人民政府县长；1983年12月调任益阳地区粮食局长。1983年3月，在安化县八届人大三次会议上当选为湖南省第六届人大代表。

刘士才　女，湖南省益阳市资阳区人，1940年5月出生，大学文化，1967年1月参加工作。先后在安化县中医院任主治医师，副院长。1989年调益阳市中医院工作。她工作勤恳，服务态度好，医风医德广受群众赞扬，而且刻苦钻研，先后撰写了《逍遥散加减治疗经闭》等10多篇论文和资料，大部分在省医学杂志上发表。1983年3月，在安化县八届人大三次会议上当选为湖南省第六届人大代表。

刘董谦　男，湖南省攸县人，1932年9月出生，大学文化，1956年9月参加工作。曾任内蒙古昭乌达盟林科所技术员，安化县林业学校副校长，县林业局科教股股长、副局长、工程师，县科协副主席，益阳市林科所所长。他在安化工作期间，先后撰写8篇10万多字的学术论文，其中有6篇在省级林业刊物上发表。他撰写的“安化的林业问题就是农业问题”一文，受到省、地、县领导的重视，为安化确定以林为主的县提供了理论依据，为振兴安化林业做出了贡献。1983年3月，在安化县八届人大三次会议上当选为湖南省第六届人大代表。

李　强（1919.1～　）男，相当高中文化，1937年5月参加工作，1940年9月加入中国共产党。曾任山西抗日决死队战士，屯留县独立营连长，太南公安处警卫队长，路城县公安局长，河北沙河县公安局长。南下后，历任湘乡县公安局长，省公安厅科长、副处长、处长、副厅长、厅长，涟邵矿务局副局长，湘东铁矿矿务局局长、党委书记，邵阳地委副书记兼邵阳市委书记，省科委主任、党组书记，省人大常委会秘书长。1983年3月，在安化县八届人大三次会议上当选为湖南省第六届人大代表。

胡吉主（1932.4～2016.1）男，湖南省安化县田庄乡人，小学文化，1965年11月加入中国共产党。曾任安化县文溪公社廖家大队党支部书记。1961年开始，带领群众植树造林，30年内造林534公顷，全村人平4.7公顷。全村活立木蓄积量从800多立方米增加到34980立方米。1995年，被国务院授予“全国劳动模范”称号。1983年3月，在安化县八届人大三次会议上当选为湖南省第六届人大代表。

夏国钦　男，安化县羊角塘镇人，1943年出生，初中文化。1975年任安化县羊角塘公社农民技术员，后任羊角塘公社农科站站长。他为了钻研农业技术，先后通读20多种农业科技书籍，拜访请教省内科技人员50多人次，同时勇于实践，使公社制种田面积由1977年的13公顷扩大到1982年的70.8公顷，亩产由25公斤提高到68公斤，试点队亩产由28公斤上升到109公斤。由于他在水稻杂优制种中作出了显著成绩，1982年被评为省劳动模范。1983年3月，在安化县八届人大三次会议上当选为湖南省第六届人大代表。

黄让泉　（见县人大常委会主任简介）

蒋鸿文　男，湖南省安化县乐安镇人，1923年12月出生，高中文化，1949年10月参加工作。曾任安化县梅城紫云完小校长，八区联校校长，县教研室、教师辅导站、文教局干部，安化二中副校长、校长，县第八届人大常委会委员。1951年，当选为湖南省第一届各界人民代表会议代表。1983年3月，在安化县八届人大三次会议上当选为湖南省第六届人大代表。

王祖武（见县人大常委会主任简介）

王守仁　男，河北省玉田县人，1928年出生，1945年6月参加工作，1945年6月加入中国共产党。曾任冀中军区兵站政治处干事，玉田县三区青联会干事，南下工作团干事，零陵地委秘书处行政股长，零陵县委组织部副部长、县委副书记，衡阳地委农村部副部长、部长，省农村部处长、副部长，衡阳地委副书记，大庸县生产指挥组副组长，辰溪县委书记，长沙市委副书记兼长沙县委书记，益阳地委副书记、地革委会副主任、行署副专员，省农业厅厅长、党组书记、顾问。1988年1月，在安化县十届人大二次会议上当选为湖南省第七届人大代表。

王福安　男，湖南省安化县乐安镇人，1947年出生，初中文化，1971年12月参加工作，1970年12月加入中国共产党。曾任安化县乐安公社大队党支部书记、公社党委委员、革委副主任，平口公社武装部部长、党委副书记、书记，梅城区委委员，伊泉、田心公社党委书记，梅城办事处主任、书记，县科委副主任，县林业局党组副书记、副局长。1988年1月，在安化县十届人大二次会议上当选为湖南省第七届人大代表。

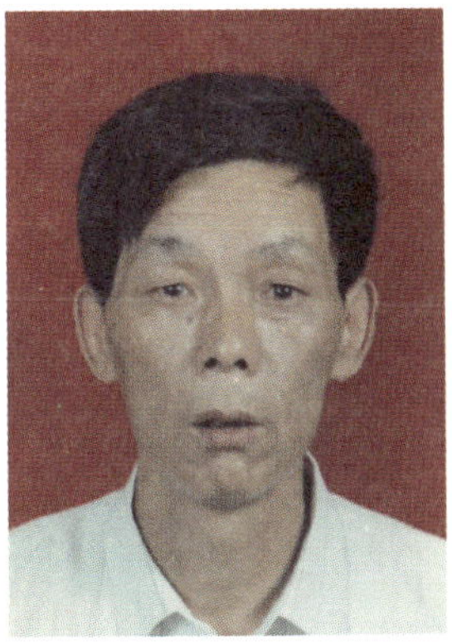

邓务本　男，湖南省安化县马路镇人，1946年出生，中专文化，1965年3月参加工作，1972年2月加入中国共产党。曾任云台区供销社办公室干部，奎溪公社党委委员、管委主任、党委副书记，岳溪乡党委书记，云台区区长、区委书记，县农业局党组书记、局长，县移民局党组书记、局长。1988年1月，在安化县十届人大二次会议上当选为湖南省第七届人大代表。

甘舒志　男，湖南省岳阳市人，1936年出生，大专文化，1952年参加工作，1981年加入中国共产党。曾任安化县农业局、烟溪办事处农技站、县人委办公室秘书组干部，县茶叶技术推广站副站长，县多种经营办副主任，县茶叶公司党支部书记兼经理，县农委副主任，县计委副主任、主任。1988年1月，在安化县十届人大二次会议上当选为湖南省第七届人大代表。

成其文 男，湖南省安化县平口镇人，1939年出生，初中文化，1959年加入中国共产党。曾任平口公社罗家大队副大队长，平口公社农机厂负责人和社教工作队员，安平村党支部书记。1988年1月，在安化县十届人大二次会议上当选为湖南省第七届人大代表。

刘云溥 （1937.7～2007.5）男，湖南省安化县清塘铺镇人，大学文化，1958年参加工作。一直从事教育工作，曾任安化一中历史教师，政、史、地教研组长。1988年1月，在安化县十届人大二次会议上当选为湖南省第七届人大代表。

单建华 男，湖南省湘乡县人，1943年出生，中专文化，1965年参加工作，1980年8月加入中国共产党。一直在安化县一机厂工作，先后任股长、副厂长、厂长兼党支部书记。1989年调县经济委员会生产技术科工作。1988年1月，在安化县十届人大二次会议上当选为湖南省第七届人大代表。

张明英 女，湖南省吉首县人，1952年出生，土家族，大学文化。1976年湖南农学院毕业后分配在吉首县农科所工作。1984年调安化县林科所，曾任县林科所副所长、县绿化委员会干部。1988年1月，在安化县十届人大二次会议上当选为湖南省第七届人大代表。

张渡期（见县人大常委会副主任简介）

王定中（见县人大常委会主任简介）

王新军　女，湖南省安化县羊角塘人，1952年5月出生，大专文化，1971年2月加入中国共产党，1972年12月参加工作。曾任安化县城关中学、龙塘联校教师，县人民检察院干部、检察员、刑事检察第二科副科长、检察委员会委员。1993年1月，在安化县十二届人大一次会议上当选为湖南省第八届人大代表。

刘学申　男，湖南省安化县仙溪镇人，1938年1月出生，大学文化，1956年5月参加工作，1972年12月加入中国共产党。曾任中国人民解放军空勤学员，安徽省淮北市一中教员，安化县仙溪区中学教员，安化八中教改组副组长，仙溪区中学副教导主任，安化八中副教导主任、教导主任，安化四中副校长，安化八中副校长、校长。1993年1月，在安化县十二届人大一次会议上当选为湖南省第八届人大代表。

李厚宽　男，湖南省安化县江南镇人，1941年6月出生，高中文化，1961年12月参加工作，1966年3月加入中国共产党。曾任安化县财政局、县革委生产指挥组、县农村办公室干部，县农村办公室秘书，县委办公室副主任，县农委主任，县委常委、县委办公室主任，县委常委、县人民政府常务副县长、县长，县委副书记、书记，中共益阳市委助理巡视员。1993年1月，在安化县十二届人大一次会议上当选为湖南省第八届人大代表。

吴奇才　男，湖南省安化县梅城镇人，1953年2月出生，大专文化，1978年8月加入中国共产党，1971年9月参加工作。曾任平口车站扳道员、调车连接员，烟溪车站调车长，夏坪溪车站站长，烟溪车站站长、指导员，渠江车站站长，平口车站党支部书记、站长兼平口站区站长、靖州车务段段长。1993年1月，在安化县十二届人大一次会议上当选为湖南省第八届人大代表。

周新安 男，湖南省安化县梅城镇人，1931年10月出生，高中文化，1949年1月加入中国共产党即从事地下革命工作。1949年9月调湖南省委工作，曾任省委农村工作部科长、副处长等职。1965~1968年，率湖南40名农技干部援越，任专家工作组组长，荣获越南国旗勋章。此后，相继任湖南省农业厅副厅长、党组成员、厅长、党组书记，并被聘为农业部杂交水稻专家顾问组成员，获袁隆平农业科技进步奖。1988年评为高级农艺师。1993年1月，在安化县十二届人大一次会议上当选为湖南省第八届人大代表，并先后任省第八届人大常委会委员、人大财经委员会和农业委员会副主任。

谌星明 男，湖南省长沙市人，1952年4月出生，大专文化，经济师，1968年8月参加工作，1992年7月加入中国共产党。曾任安化县氮肥厂工段长、车间主任、团总支副书记，县渣滓溪锑矿供销股股长、办公室主任、质检科科长、子弟学校校长、副矿长，县乳酸厂厂长，县渣滓溪锑矿矿长、县煤冶局副局长，县石油公司经理，县工业和信息化局副主任科员。1993年1月，在安化县十二届人大一次会议上当选为湖南省第八届人大代表。

蒋天保 男，湖南省安化县乐安镇人，1951年1月出生，初中文化，1978年12月加入中国共产党。曾任安化县廖家坪水库工地工程员，乐安乡乐兴村生产队长、村主任、党支部书记。1993年1月，在安化县十二届人大一次会议上当选为湖南省第八届人大代表。

廖崇珍（见全国人大代表简介）

魏国斌 男，湖南省安化县梅城镇人，1937年12月出生，中专文化，经济师，1955年7月参加工作。曾任省电影放映十二队放映员，安化县渣滓溪锑矿职工业余学校教员，县龙坳煤矿行管人员，县工商局梅城工商所负责人、东坪市管所副所长、清塘工商所副所长、东坪工商所所长，第三届县政协委员。1993年1月，在安化县十二届人大一次会议上当选为湖南省第八届人大代表。

蔡克勤　男，湖南省益阳市赫山区人，1951年9月出生，大专文化，1971年4月加入中国共产党，1971年5月参加工作。曾任益阳县九中教师，县教育局干部，羊角、八字哨公社党委委员、副书记、书记，赫山镇党委副书记、副镇长、镇长，县农委副主任，农业局局长，县政府办副主任，教卫办副主任、主任，政府办主任、党组书记，县长助理，赫山区委常委、区委办主任，区委副书记，南县县委副书记，安化县委副书记、县人民政府副县长、县长、党组书记，益阳市粮食局局长、党组书记，益阳市人民政府秘书长。1998年3月，在益阳市一届人大五次会议上当选为湖南省第九届人大代表

朱克安（见县人大常委会副主任简介）

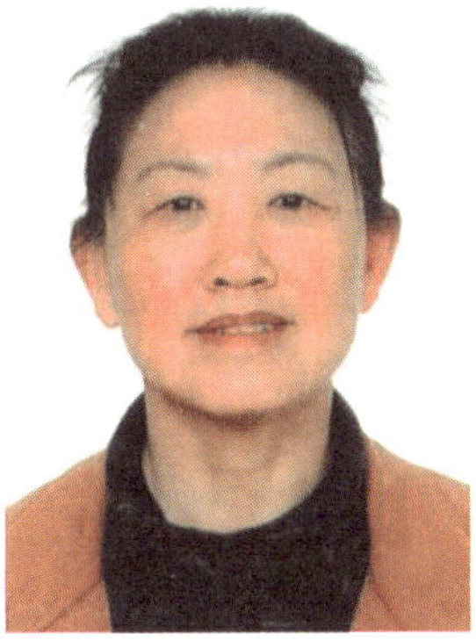

刘群松　女，湖南省安化县长塘镇人，1956年9月出生，高中文化，1975年4月参加工作，1986年5月加入中国共产党。曾任安化县大荣公社农业学大寨工作队队员，大荣乡计生专干、副乡长、党委委员，大福区委委员兼纪委书记，长塘镇党委副书记、人大主席，县老干局副局长，县总工会副主席。1998年3月，在益阳市一届人大五次会议上当选为湖南省第九届人大代表。

杨人杰　男，湖南省安化县仙溪镇人，1942年5月出生，大学文化，1960年8月参加工作，1978年加入中国共产党。当过教员、作家、记者，曾任中共安化县委办秘书，县文化局副局长，县广播电视局党组书记、局长，湖南省广播电视报等单位顾问。1998年3月，在益阳市一届人大五次会议上当选为湖南省第九届人大代表。

何国强　男，湖南省安化县大福镇人，1967年7月出生，大专文化，1988年8月参加工作，1997年7月加入中国共产党。曾任安化县仙溪林业站站长，县森林公安分局政委，县林业局副局长，乐安镇党委书记。县水务局局长。1998年3月，在益阳市一届人大五次会议上当选为湖南省第九届人大代表。2002年12月，在益阳市二届人大五次会议上当选为湖南省第十届人大代表。

谌七桃 女，湖南省安化县东坪镇人，1957年7月出生，高中文化，1975年9月参加工作，1979年4月参入中国共产党。曾任安化县烟溪乡党委委员、管委委员，烟溪区区委委员、副书记，烟溪镇党委副书记、镇长，县房改办副主任，县妇联主席。1998年3月，在益阳市一届人大五次会议上当选为湖南省第九届人大代表。

蒋志高 男，湖南省安化县东坪镇人，1954年1月出生，大学文化，1972年3月参加工作，中学高级教师。曾任安化县杨林钟鼓山小学、杨林中心、安化十一中、安化十四中（二职高）教师，安化二中教师、教导处副主任、办公室主任、校长，益阳市教育学院副院长，益阳广播电视大学副校长。1998年3月，在益阳市一届人大五次会议上当选为湖南省第九届人大代表。

蒋金云（见县人大常委会主任简介）

王 彬 男，湖南省安化县仙溪镇人，1966年3月出生，大学文化，化学工程师，1982年12月参加工作，1992年9月加入中国共产党。曾任安化县落水洞水泥厂副厂长、厂长，县工商联兼职副会长，县物资集团总公司副总经理。县商务局副局长。安化县第十三届、益阳市第二届人大代表。2002年12月，在益阳市二届人大五次会议上当选为湖南省第十届人大代表。

李能英 女，湖南省安化县梅城镇人，1955年1月出生，中专文化，1976年8月参加工作，1974年4月加入中国共产党。曾任安化县敷溪乡党委副书记，仙溪区副区长，梅城区区委委员，梅城镇人大主席。2002年12月，在益阳市二届人大五次会议上当选为湖南省第十届人大代表。

肖国庆　男，湖南省安化县仙溪镇人，1951年10月出生，大专文化，1974年12月参加工作，1983年3月加入中国共产党。曾任安化县廖家坪水库管理处工会主席、办公室主任、生产技术股股长、管理处主任，县水利局副局长、局长、党组书记，县委办副主任、副处级干部。2002年12月，在益阳市二届人大五次会议上当选为湖南省第十届人大代表。

夏求喜　男，湖南省安化县烟溪镇人，1947年5月出生，初中文化，2009年7月加入中国共产党。曾任烟溪镇天茶村党支部书记兼村主任，安化县求喜银币茶厂厂长。湖南省求喜茶业有限公司董事长。他所研制的“银币”茶，1996年评为湖南省第三届湘茶杯金奖，1998年评为国际茶叶博览会金奖。以后又研制出“颗颗香”茶。依靠这两种茶，他带领周围群众走上了致富的道路。安化县第十三届、益阳市第二届人大代表。2000年评为湖南省劳动模范。2005年评为全国劳动模范。2002年12月，在益阳市二届人大五次会议上当选为湖南省第十届人大代表。

黄朗云　男，湖南省安化县冷市镇人，1961年7月出生，中专文化，1977年7月参加工作。曾任安化县物资局副局长、机电公司经理，北京市维通利机电有限公司总经理，安化县富源牧业有限公司经理。安化县第十四届人大代表。安化县茶乡花海生态体验园有限公司总经理。2002年起，积极支持安化教育事业发展，累计捐资助教2000多万元。2016年8月，在东坪镇、龙塘乡流转山地166.7公顷，从事“茶乡花海”人工景区建设项目，投资5.4亿元，打造旅游观光、休闲娱乐、健康养生、体验度假的茶旅文一体化AAAAA级人工景区。2002年12月，在益阳市二届人大五次会议上当选为湖南省第十届人大代表。

杨光鑫　男，湖南省益阳市资阳区人，1962年4月出生，大学文化，1983年7月参加工作，1992年10月加入中国共产党。曾任益阳县十一中、益阳市九中教师，益阳地区商校教师，益阳地区监察局干部，益阳地区（市）监察局副科级监察员，益阳市纪委调研室副主任、主任，赫山区委常委、纪委书记，赫山区委副书记，益阳市经济委员会主任、党组书记，市非公经济党工委副书记（兼），益阳商务电子中专党委书记、校长，中共安化县委副书记、县人民政府党组书记、县长，中共安化县委书记。2007年12月，在益阳市三届人大五次会议上当选为湖南省第十一届人大代表。

刘新安 男，湖南省安化县小淹镇人，1963年4月出生，大专文化，1987年12月加入中国共产党。1980年12月参加工作。曾任湖南省白沙溪茶厂压制车间主任、行政科科长、制茶车间主任、劳动服务部经理、副厂长、厂长。湖南省白沙溪茶厂有限责任公司副董事长兼总经理。2007年12月，在益阳市三届人大五次会议上当选为湖南省第十一届人大代表。2012年12月，在益阳市五届人大一次会议上当选为湖南省第十二届人大代表。

夏星辉 男，湖南省安化县乐安镇人，1962年12月出生，1981年8月参加工作，大学文化，高级工程师。曾任安化县建筑设计院技术员、助理工程师、工程师、副院长、院长，县城镇规划管理办公室主任，县建设局总工程师。益阳市第二届政协委员，县第十四、十五届人大常委会委员。2007年12月，在益阳市三届人大五次会议上当选为湖南省第十一届人大代表。

夏绪平 男，湖南省安化县南金乡人，1962年10月出生，大专文化。1990年5月加入中国共产党。1980年起，先后在安化县将军电站、南金乡茶场、企业办工作，在南金乡、平口镇从事柑橘生产与销售。曾被评为益阳市优秀共产党员、劳动模范、“创业之星”，获中国合作经济年成就奖。2016年，评为湖南省劳动模范，获全国五一劳动奖章。湖南省果品协会副会长，湖南省茶叶协会理事，中国茶叶流通协会理事，中国果品流通协会理事，安化县阿香柑橘专业合作社理事长，湖南阿香茶果食品有限公司董事长；安化县第十二届、益阳市第五届人大代表。2007年12月，在益阳市三届人大五次会议上当选为湖南省第十一届人大代表。

高招辉 男，湖南省安化县高明乡人，1968年7月出生，大专文化，1992年1月参加工作。先在安化县供销公司工作，后从事民营企业，主要从事钨钴回收分离加工等。2007～2015年，共向国家纳税1.6亿元，年均纳税1770多万元，连续6年被评为“金牌纳税人”“明星企业家”，2009年被评为益阳市“金牌纳税户”。益阳市第五届人大代表。湖南金鑫新材料有限责任公司总经理。2007年12月，在益阳市三届人大五次会议上当选为湖南省第十一届人大代表。

陶志高　男，湖南省安化县仙溪镇人，1969年2月出生，大学文化，1987年7月参加工作，1993年7月加入中国共产党。曾任安化县东坪完小教师，县委统战部宣传干事，江南区公所秘书，县劳动局办公室主任，县交通局副局长、局长，县人民政府办公室副主任，县委常委、县人民政府副县长，益阳市安监局副局长。2007年12月，在益阳市三届人大五次会议上当选为湖南省第十一届人大代表。

蒋跃登（见县人大常委会主任简介）

龙要平　男，湖南省安化县仙溪镇人，1968年9月出生，大学文化，1988年8月参加工作，1995年6月加入中国共产党。曾任安化县仙溪镇（区）国土站（所）站长、所长，县国土管理局政工股长、办公室主任，梅城镇党委副书记，县国土资源局副科级干部、党组成员、副局长、党组书记、局长，益阳市国土资源局副调研员。县第十七届人大常委会党组成员、办公室主任。2012年12月，在益阳市五届人大一次会议上当选为湖南省第十二届人大代表。

伍拥军　男，湖南省安化县大福镇人，1973年11月出生，研究生文化，1991年9月参加工作，1994年11月加入中国共产党。曾任安化县木孔乡干部，长塘镇干部、党委委员，县外经贸局党组成员、副局长，益阳市赫山区外经贸局、招商局、经济合作局党组书记、局长，益阳沧水铺镇循环经济工业园管委会主任、工委书记等职。中共安化县委常委、县人民政府副县长。2012年12月，在益阳市五届人大一次会议上当选为湖南省第十二届人大代表。

李德辉　男，湖南省安化县仙溪镇人，1967年3月出生，大学文化，1988年7月参加工作，1992年10月加入中国共产党。曾任安化县仙溪办事处干部，九龙乡团委书记，仙溪镇山口管区副主任，滔溪乡计生办主任，东山乡副乡长，新桥建镇试验区党委副书记、管委主任，小淹镇镇长，梅城镇镇长、党委书记，东坪镇镇长、人大主席、党委书记，安化县六步溪国家自然保护区管理处主任。县人民政府党组成员、副县长。2012年12月，在益阳市五届人大一次会议上当选为湖南省第十二届人大代表。

陈社强 男，湖南省安化县冷市镇人，1962年6月出生，大学文化，1982年8月参加工作。曾在安化县纪委、县物价办工作。湖南华莱茶叶生产合作社理事长。所办企业被全国流通协会评为全国茶叶百强企业和2012年度中国茶叶电子商务十强企业。2012年12月，在益阳市五届人大一次会议上当选为湖南省第十二届人大代表。

曾庆彬 男，湖南省新化县人，1966年11月出生，大专文化，1986年10月参加工作，2005年7月加入中国共产党。安化县渣滓溪矿业有限公司执行董事、总经理。2011年被评为益阳市十大经济人物。2012年被评为益阳市优秀共产党员。2012年12月，在益阳市五届人大一次会议上当选为湖南省第十二届人大代表。

廖艳平 女，湖南省安化县东坪镇人，1968年8月出生，大学文化，1990年7月参加工作，1994年6月加入中国共产党。历任安化县政府教卫办女工主任，县妇联办公室主任、党组成员、副主席，县信访办党组成员、副主任，龙塘乡党委副书记、乡长、党委书记，县科技局党组书记、局长，县招商局党组书记、局长。益阳市妇联党组成员、纪检组长。2012年12月，在益阳市五届人大一次会议上当选为湖南省第十二届人大代表。

丛 录

一、县人大及常委会工作（议事）规则（选录）

安化县人民代表大会常务委员会几项工作制度

（1981年1月25日县第八届人大常委会第1次会议通过）

人民代表大会是我国的根本政治制度。人民代表大会和它的常务委员会是建立在社会主义经济基础上，代表人民管理国家的权力机关。

县人民代表大会常务委员会（以下简称人大常委会）是县人民代表大会的常设机构，是地方国家权力机关,对县人民代表大会负责并报告工作。县人大常委会要认真执行《中华人民共和国地方各级人民代表大会和地方各级人民政府组织法》（以下简称《地方组织法》），行使法律赋予的权力，讨论决定重大事项。这样做有利于党政工作分工，克服权力过分集中的现象，避免产生官僚主义；有利于发挥政府各部门的主动性，搞好社会主义建设；有利于加强人民对政府的管理监督，提高政权机关的工作效率，增强国家工作人员的责任感。总之，有利于充分发挥县人民代表大会的作用，扩大社会主义民主，加强社会主义法制，巩固和发展安定团结的政治局面，调动广大人民群众的积极性，加快四化建设的步伐。

（一）

根据《地方组织法》第二十八条规定，县人大常委会行使下列职权：

（1）领导或者主持县人民代表大会代表的选举；

（2）召集县人民代表大会会议；

（3）讨论、决定全县政治、经济、文化、教育、卫生、民政工作的重大事项；

（4）根据县人民政府的建议，决定对全县国民经济计划和财政预算的部分变更；

（5）监督县人民政府、人民法院和人民检察院的工作，联系县人大代表，受理人民群众对上述机关和国家工作人员的申诉和意见；

（6）改变或者撤销社、镇人民代表大会的不适当的决议；

（7）在县人民代表大会闭会期间，决定副县长的个别任免；在县长因故不能担任职务的时候，决定代理的人选；

（8）决定县人民政府组成人员的任免，报经上级批准；

（9）按照人民法院组织法和人民检察院组织法，任免人民法院副院长、庭长、副庭长、审判委员会委员、审判员，任免或者批准任免人民检察院副检察长、检察委员会委员、检查员；

（10）在县人民代表大会闭会期间，补选上一级人民代表大会出缺的代表和撤换个别代表；

（11）决定授予荣誉称号。

（二）

我县人大常委会根据《地方组织法》规定的性质和职权，制定如下工作制度：

一、会议制度：

（1）县人民代表大会，每年举行一次。

（2）县人大常委会会议由主任召集，每两个月至少举行一次，听取县人民政府、人民法院、人民检察院的工作汇报，讨论决定重大事项。

（3）县人大代表小组长会议，每年召开一至二次，必要时邀请有关公社（镇）管委会负责人参加，互相交流工作经验。

（4）人大常委会主任办公会议，一般每半个月召开一次，交流工作情况，讨论研究需要集体决定的事项。一般日常工作，按领导分工负责办理。

二、联系制度：

县人大常委会要加强同人大代表的联系，广泛地听取代表与群众的意见，以便在讨论决定问题时，能更好地反映人民群众的意志和利益，更加符合实际情况。

（1）县人大常委会印发专用信纸信封，供县人大代表反映情况和意见。

（2）县人大常委会采用各种方法与代表联系，或组织座谈。

（3）印发文件材料，介绍有关的情况和经验。

（4）县人大代表一般以选区划分代表小组，由代表民主选举小组长。代表小组会议，一般每两个月召开一次。会议情况应向县人大常委会反映。

三、调查研究制度：

县人大常委会应大兴调查研究之风，要有组织有计划有目的地开展调查研究。同时，也要参与对有关重要问题的调查。即要搞好综合调查，又要搞好专题调查。坚持实事求是，讲求实效。

（三）

县人大常委会要坚决贯彻执行中共十一届三中全会以来制定的路线、方针、政策，坚持四项基本原则，统一认识，统一行动，在县委的领导下，努力把工作做好。工作中必须注意以下几点：

（1）县人大常委会成员和工作人员必须认真遵守党纪国法，保守党和国家的机密，维护党和国家、人民的权益，坚决与不正之风做斗争。要努力使自己成为廉洁奉公、艰苦奋斗的模范；遵守法纪的模范；维护安定团结的模范；遵守共产主义道德的模范。带领群众坚持走社会主义道路。

（2）县人大常委会成员和机关工作人员必须改进思想作风和工作作风。谦虚谨慎，密切联系群众，虚心听取人大代表和群众的意见。对代表的来信来访要高度重视，热情接待，及时处理，做到全心全意为人民服务。

（3）县人大常委会成员和机关工作人员，要认真学习马克思列宁主义、毛泽东思想，学习党和国家的政策、法律、法令，学习有关的专业知识。除经常的学习外，县人大常委会设置阅览室，学习有关的文件、资料。必要时，组织委员集中进行专题学习。坚持理论联系实际的学风，提高政治思想水平，促进各项工作。

（4）县人大常委会在推动和监督县人民政府、人民法院、人民检察院的工作时，要谦虚谨慎，充分肯定成绩，大胆指出问题，帮助改进工作，共同前进。

（5）县人大常委会要坚持民主集中制的原则，主任、副主任、委员之间要互相学习，团结协作，彼此尊重，开诚布公，建立同志式的合作共事关系。人大常委会决定一切重大问题，必须经过全体会议的充分讨论，力求符合实际，讨论中允许发表不同意见，允许保留个人意见，凡经过半数以上通过的决议，个人必须坚持服从。人大常委会成员，个人分工负责的工作，在不违背集体决议的原则下，要大胆负责，充分发挥主观能动性，力求做好，并定期汇报。

安化县人大常委会机关制度

（2007年4月修订）

为使县人大常委会机关工作进一步制度化、规范化，根据有关规定和单位实际情况，特制定本制度，从2007年4月10日起实行。

一、党组会议和主任会议制度

（一）党组会议

1.党组会议由书记或受委托的副书记主持，党组成员参加，必要时扩大到相关同志参加。

2.党组会议讨论决定事项：

①贯彻执行党的路线、方针、政策和上级党委指示精神的措施和意见；

②省、市人大常委会交办的有关重要工作；

③全县民主与法制建设和常委会工作的有关重大事项；

④其他需要党组会议讨论决定的重大事项。

3.党组会议一般每季度召开一次，如遇特殊情况可以随时召开。党组会议、党组民主生活会，由分管机关政工的办公室副主任负责记录及整理。

（二）主任会议

常委会主任、副主任组成主任会议。主任会议按常委会工作要点的安排进行，委室主任、机关纪检员、办公室副主任和相关委室的同志列席会议。由办公室文秘干部负责主任会议记录及纪要整理。

二、机关工作人员岗位制度

1.机关根据县委安排及工作需要，实行值班制度。值班人员负责机关安全卫生的检查督促，负责处理突发事件。

2.严格遵守机关作息制度，切实履行岗位职责。因事离开办公地点，常委会主任、副主任、委室主任应告知办公室，其他同志应告知所在委室。因个人疏忽失职造成不良后果的，将酌情给予批评教育、降低年度目标奖励档次、评定不称职岗位直至党纪政纪处分。

3.认真接待处理来信来访，对接待处理情况应及时登记备查，做到来信必复，有访必答。

4.搞好环境卫生，保持室内整洁，节约用电用水，做好安全防火防盗工作。

5.机关工作人员因病、因事请假应履行请假手续。常委会主任请假，经县委领导批准；副主任请假，经主任批准；委室主任请假，经分管副主任批准；其他干职工请假，经委室主任批准。

三、思想政治工作制度

（一）学习制度

1.机关工作人员必须认真学习马列主义、毛泽东思想、邓小平理论和“三个代表”重要思想，学习市场经济理论和科技知识，学习法律法规和人大工作业务，不断提高政治理论水平和业务工作能力。

2.每月最后一周的星期五为集中学习时间。由负责政工的同志和机关党支部宣传委员组织，其余星期五下午为自学时间。

（二）党员“三会一课”制度

机关党支部要按规定召开支委会、党员会和民主生活会，组织上好党课，及时收缴党费，做好组织发展工作。

（三）民主生活会制度

每年召开1～2次机关民主生活会，积极开展批评与自我批评，总结和安排工作。

四、宣传报道奖励制度

1.奖励范围：凡在市级以上新闻媒体公开发表或县级以上内刊采用的反映我县人大工作、宣传人大制度的通讯报道和言论（论文）及文学、美术、摄影作品等。

2.奖励标准：县委、县政府内刊采用的500字以下、500～2000字、2000字以上的文章分别给予20元、40元、60元的奖励。市级、省级、国家级刊物（含内刊）采用的文章每100字分别奖励稿费5元、10元、20元；实行最低稿费奖励标准，其中市级20元、省级50元、国家级100元。在《人民日报》、《求是》、《中国人大》和中央电视台采用的稿件按国家级稿费奖励标准的2倍给奖。在市级、省级、国家级刊物上发表的摄影照片分别奖稿费的1.5倍、2倍、3倍。凡在《安化人大信息网》和市级、省级网站上采用的文章按同等级稿费奖励标准的1/10给奖，但最低不少于5元/篇，其中新华网、人民网、中国人大网按国家级稿费标准的50%给奖。一稿多处采用的按最高层次的标准给予奖励。在市以上（含市）人大年度好新闻评选中获奖的作品，给予获奖数额相同的奖励。

3.申报兑现：稿件见报上刊后，作者及时将可靠的依据报告县人大办公室登记，在第二年上半年统一给奖。

五、公文处理制度

1.公文的拟稿、核稿。以县人大常委会及办公室名义的发文，视行文事项和机关职责分工，由主要承办委室拟稿（必要时由有关委室会签），经委室负责人核稿签字后，送办公室归口进行复核并呈送领导审定。

2.公文的签发。以县人大常委会党组名义的行文，由党组书记或副书记签发；以县人大常委会名义的行文，由主任或对应分管工作的副主任签发；以办公室名义的行文，由办公室主任签发，重大事项送常委会领导签发。

3.文电批注办理。凡主送县人大常委会和办公室的来文、来电，由收文处理人员送办公室主任或分管文秘的副主任批注，经常委会领导阅示后，送交有关委室办理。群众来信，送内务司法工委和有关委室办理。

4.文件传阅。一般文件，常委会领导和机关其他工作人员在办公室阅文；机要文电由文书处理人员负责送阅。离退休人员阅文由办公室按有关规定定期组织传阅。凡阅文或办理文件，均应在文件处理笺上签名或记载办理过程及结果。

5.凡参加会议带回的文件资料，应及时交办公室文书处理人员登记、签收。机关所有文件资料，都应按照要求交办公室统一立卷归档。

六、财务管理制度

（一）机关财务管理必须严格执行国家财经法规和财经纪律，坚持既要保证工作需要，又要厉行节约的原则，由办公室负责统一管理，并定期向主任会议和机关干部报告经费收支情况。

（二）开支范围和标准

1.差旅费：出差必须从工作实际出发，由分管该委室的常委会副主任批准，定时间、定任务。差旅费报销，由经办人每个月据实填报一次，委室主任签出意见，经机关财务联审后按规定进行审批。常委会主任、副主任的差旅费可由随从人员或司机负责经办。城区交通费一般不另报销。

2.办公费：办公用品由办公室安排人员统一添置发放，未经允许自行购置的，一律不予报销。

3.邮件和电话费：县党政机关院内的文件资料，由公务人员送发到各单位，发到机关大院外县直单位的文件、资料，应尽量减少投邮。电话费的报销按县有关规定执行。办公室主任参照常委会副职的标准，纪检员、分管机关政工、文秘和后勤接待的委室副主任参照委室正职的标准，副科级干部和驾驶员参照委室副职的标准报销电话费。退居二线的领导和离退休老同志的电话费报销按上级有关规定办理。

4.书报费：公费报刊、杂志和必要的工具书由办公室统一组织订阅和购置。

5.打印费：机关所有文件资料均实行定点打印，未经同意，在非定点单位的打印费不予报销。要尽可能减少不必要的打印。

6.医药费：按县公费医疗管理办法执行。

7.培训费：干职工培训和参加自学考试按有关文件规定执行；干职工参加在职学历教育，待取得学历证书并经组织人事部门认定后，按规定报销。

8.福利费：（1）人大机关干职工（含离退休人员，下同）因病住院，由办公室和所工作的委室前往慰问，送鲜花一盆，慰问开支100元；（2）人大机关干职工的父母、配偶，人大常委会兼职委员和乡镇人大主席，全国和省、市、县人大代表因病在县城住院慰问开支100元；（3）工作人员离退休或调出机关，赠送200元左右的纪念品；（4）“三八”妇女节、“八一”建军节活动，按相应对象每人慰问100元，独生子女慰问按有关政策执行。人大机关干职工的子女考上博士、研究生、大学本科、专科，分别按1000元、800元、500元、300元给予一次性奖励，在职就读的不予奖励；（5）人大机关干职工生日，办公室以单位名义送礼币100元，机关工作人员在不影响工作的前提下可休息一天。在职人员男满六十、女满五十五岁及离退休人员逢十寿辰以单位名义送礼200元；（6）人大机关干职工的配偶及双方父母逝世，以人大机关全体同志的名义送祭幛一个或人民币200元，以各委室的名义送花圈一个。个人送礼吊唁由办公室负责联系，因联系不上或没有个人人情往来，办公室按30元的标准统一代扣，并在个人福利发放中扣除。机关工作人员的祖父母、外祖父母逝世，以人大机关名义送花圈一个、祭幛一个或人民币200元，个人送礼机关不做统一安排。本条第（1）、（2）、（4）、（6）均须及时告知办公室。

9.有关岗位津补贴：纪检、计划生育、档案工作人员按县有关津贴标准发放；信访工作人员按每月60元享受津贴。

10.接待费：（1）所有应接待的客人和送礼事项均由办公室统一安排，统一签单和结算，凡未经常委会领导和办公室主任、办公室分管副主任同意擅自接待的，单位不予报销。严禁机关人员用公款安排私客餐宿。（2）严格控制接待标准，尽量减少陪同人员。接待来客不发包包烟，不公费进高档娱乐场所。非会议一般不安排基层来客住宿。

（三）机关经费开支由办公室主任一支笔审批，一次性开支在1000元以上的报常务副主任同意；一次性开支3000元的报常委会主任审批；重大开支提请主任会议集体决定。办公室主任的报销由常务副主任审批。

七、财产管理制度

1.建立健全机关财产管理制度，按财政有关规定，对所有公共财产定期造册登记，进行日常维护，核定报废处理。

2.机关购进各种物质用品，都要有经手人签名，保管员验收，建账入库。领用、借用时，须经有关领导批准，并由借用人签名，用后应按时归还，如有损坏丢失，照价赔偿。

3.各委室配备的桌椅、文柜、工具书等办公用品，要妥善保管，并指定专人负责。

4.工作人员调动和离退休时，应及时办好公共财产的移交手续。无论何种经济来源形式购置的公共财产，均不得据为私有。

八、车辆管理制度

（一）用车范围：原则上保证常委会主任、副主任和委室主任公务用车；本机关干职工子女考上大学省城范围内第一次报到、本人或配偶、子女、父母重病需急送省市医院就诊要求用车者，经办公室负责车辆调度的工作人员同意；其他特殊情况需私人用车的，须经办公室主任或分管办公室的常委会副主任同意。

（二）车辆调度：车辆外出原则上凭通知单出车，出车返回后驾驶人员应及时洗车、加油、检查车辆性能，做好随时出车的准备，并向办公室负责车辆调度的工作人员报告。未经办公室主任或负责车辆调度的工作人员同意，任何人不得私自调用车辆，驾驶员不得私自出车，未经批准不得将车辆随意交给他人驾驶，违者，所发生的一切费用和行车事故造成的一切经济损失由该车驾驶员负责。未出车时驾驶员应按时到单位上班。

（三）油费管理：驾驶员凭出车通知单领取油费，用卡加油，用油标准：每百公里马自达车13公升，猎豹车18公升，别克车16公升，冬夏季每百公里加空调油3公升，超标自负，节余不奖。驾驶员在外地加油，应由乘车人员在发票上签字。

（四）车辆维修与保养：车辆维修应事先报告办公室负责车辆调度的工作人员，经同意后方可到政府采购中心指定厂家修理。出车在外发生故障需要修理，由乘车领导在修理发票上签字。凡一次性维修及配件开支500元以上的须经办公室主任核实同意。车辆二保以下的维修原则上由司机担任。驾驶员应爱护车辆，要搞好爱车例保，多检查，勤保养，经常保持良好的车况，车辆年检合格率达100%。车辆实行定点洗车，由负责车辆调度的人员确定洗车地点，县城外洗车由车辆调度人员根据派车通知核实后实报实销。

（五）奖励与处罚：驾驶员必须牢固树立安全第一的思想，严格按交通规则和操作规程，确保安全行车。安全行车公里奖、年度安全奖和劳保待遇及交通责任事故处罚，按县委办、县政府办和县委机关汽车联组的有关规定执行。

安化县人大常委会机关管理制度

（2014年12月修订）

根据上级有关规定和党的群众线教育实践活动精神，为进一步严格要求、规范管理，创建务实、高效、廉洁、文明机关，特修订本制度。

一、学习制度

1.学习内容：

①党的基本理论知识，党的路线、方针、政策和重要会议精神；

②人民代表大会制度的基本理论，人大工作的基本方法和原则，全国人民代表大会会议精神，地方人大工作的理论知识与实践经验；

③宪法、法律、和有关地方性法规；

④经济、文化、现代科技等方面的知识；

⑤党员“三会一课”。

2.参加对象：

主要是县人大机关工作人员。

3.时间安排：

每月最后一周星期五下午为集中学习时间。如遇特殊情况，可适当调整。

4.学习形式：

采取集中学习与个人自学相结合，机关全体集体学习与委室分散学习相结合，走出去学与请进来教相结合，学习文件、专题辅导、看电教片与业务研讨相结合等形式多样的学习方式，努力增强学习实效。出县调研学习由常委会分管副主任提出建议人员，报常委会主任审批。

5.组织实施：

集中学习由办公室负责组织、召集，相关委室配合，负责政工的同志具体落实。

6.学习要求：

严肃学习纪律。机关集中学习，一般不得缺席，如遇特殊情况，要按级请假。端正学习态度。参加学习机关工作人员要认真做好学习笔记，按要求撰写学习心得体会。

二、公文处理制度

1.公文的拟稿、核稿。以县人大常委会及办公室名义的发文，视行文事项和机关职责分工，由主要承办委室拟稿（必要时由有关委室会签），经委室负责人核稿签字后，经办公室主任审阅后，呈常委会领导审定。

2.公文的签发。以县人大常委会党组名义的行文，由党组书记签发；以县人大常委会名义的行文，由常委会主任签发；以办公室名义的行文，由办公室主任签发，重大事项送常委会主任或常委会副主任签发。

3.文电批注办理。凡主送县人大常委会和办公室的来文、来电，由收文处理人员送办公室主任批注，经常委会领导批示后，送交有关委室办理。凡阅文或办理文件，均应在文件处理笺上签名或记载办理过程及结果。离退休人员阅文由办公室负责老干工作的同志适时组织传阅。规范性文件备案审查，由办公室牵头，协调对应委室进行审查。

4.凡参加会议带回的文件资料，应及时交办公室文书处理人员登记、签收。机关所有文件资料，都应按照要求交机关档案员统一立卷归档。

三、机关工作人员岗位制度

1.机关根据县委统一安排及工作需要，实行值班制度，值班人员负责机关安全保卫，负责突发性及一般性事务处理。

2.严格遵守上级统一规定的作息时间，按时上下班，因公离开办公室，应告知办公室或委室领导，因擅离岗位或个人失职造成不良后果的，按规定给予处理。

3.严禁上班时间上网炒股、购物、玩电子游戏、观看与工作无关的娱乐视频等，一经查实严肃处理。

4.认真接待来信来访，对接待处理情况应及时登记，做到接待热情，有问必答。

5.机关工作人员因事因病请假应严格履行请假手续，待批准后休假。工作人员请假1天以下的，报委室主任批准，请假1天以上5天以下的，报常委会分管副主任审批，请假5天以上的，报常委会主任审批。委室主任请假2天以下的，报常委会分管副主任审批，请假2天以上的，报常委会主任审批。常委会副主任请假报常委会主任审批。

四、公务车辆管理制度

1.机关公务用车严格遵守中央、省、市、县关于公务用车配备使用的有关规定，统一由办公室集中管理，调度使用。出差外出时，必须先办理申请出车手续。

2.节假日，公务用车除专门安排值班用车外，无特殊情况未经领导批准一律不得使用，并定点停放在机关院内。

3.机关干部不准擅自使用公务用车，不准使用公务用车参与或操办婚丧喜庆、休闲旅游、走亲访友、迎来送往等私人活动。

4.车辆维修保养添置设备，驾驶员应事先向办公室报告，并列出清单和经费预算，经办公室审核同意后，方可到政府采购中心指定的厂家进行维修，未经批准同意的车辆美容、设备购置一律不予报账。

5.油费实行油卡管理。总卡由办公室缴费掌管，一车一张副卡，由驾驶员加油使用，持卡人严禁用油卡为所驾车辆以外的任何车辆加油，一经查实严肃处理，特殊情况在外现款加油一般应有乘车人证明。

6.驾驶员要模范遵守交通安全法规，自觉做到安全驾驶、文明驾驶，坚决杜绝酒后驾车行为和擅自驾车私用，出车应报告去向，未出车应在办公室上班，非工作时间，除值班车辆和应急工作要用车辆外，其他公务用车一律定点停放，车辆违规违法处罚，由该车驾驶员个人负责。

五、公务接待制度

1.机关公务接待遵照《安化县党政国内机关公务接待管理实施细则》执行。原则上只接待上级人大、兄弟县（市、区）人大来客以及有关知名人士来访；乡（镇）、村基层干部、各级人大代表来联系工作、其他有公函的公务活动。

2.接待管理归口办公室统一安排并明确专人负责，严格把关。本着勤俭节约、朴素大方、热情周到的原则，接待好每一位因公来访的客人。

3.严格控制陪餐人数。一般接待陪餐人数不得超过3人，工作餐应当供应家常菜，不得提供高档菜肴，不得使用私人会所、高消费餐饮场所，公务用酒原则上不超过200元/瓶，严禁公务接待用烟。

4.严格报销审核。接待费按程序报销，报销凭证包括财务票据、派出单位公函和接待清单，清单包括接待对象的单位、姓名、职务和公务活动项目、时间、场所、费用以及接待人员、名字等内容，不得报销任何超范围、超标准以及与公务活动无关的费用。报销程序：经办人在接待清单上签字，在正式票据上签字，然后会审联签，签字报销。未按制度执行的接待概由个人负责。

六、出差审批制度

1.基本原则。严格执行安化县财政局印发的《安化县党政机关差旅费管理暂行办法》，机关所有公务出差都由办公室统一安排登记，并在出差前填好出差申请表和相关公函。

2.审批程序。公务出差前由申请人到办公室填写公务出差审批表，委室工作人员报办公室和分管副主任批准、常委会副主任和办公室主任出差报常委会主任批准，由办公室主任审签，常委会主任出差由办公室主任审批，如遇特殊情况不能在出差前填写出差审批表需出差的，必须报告办公室和审批领导，出差回来后三个工作日内补办好审批手续。

3.报销程序。出差结束后由出差人在二十个工作日内凭出差审批表和机票、车票、住宿费发票办理报销，出差所发生的住宿费和机票支出等按规定用所持公务卡结算。

4.公务出差的城市（乡镇）间交通费、住宿费、伙食补助费。市内交通费等严格按限定标准执行，超支部分由个人自理；出差人员当天往返的，按一天核报伙食费补助和市内交通费，二天或二天以上的伙食费补助和市内交通费凭住宿费发票核报。

5.因公出差人员不分编制，按不同限定标准同样享受差旅费报销补助。

6.凡外出参加会议、学习培训（个人除外）的工作人员，凭会议和学习培训通知按实报销培训费和往返差旅费。

七、机关财务管理制度

1.规范财经管理。机关各项资金统一由机关财务室管理，实行一本账管理，年底向主任会议报告全年机关经费收支情况。财务人员异动，要及时办理好移交手续。

2.控制支出范围。总的原则是有政策规定的严格按政策规定执行，有需要无规定的按集体研究意见执行。办公用品，接待用酒由财务室统一采购、统一管理、统一安排。

3.常委会领导牵头负责的县重点工程项目所涉及的相关支出（差旅费、油修费、接待费等）不在机关列支。

4.严格支出审批。实行一支笔审批，单笔开支2000元以下由办公室主任审定，单笔开支2000-5000元报常委会分管领导审定，单笔开支5000元以上报常委会主任审定。每笔支出都要会审联签方能报账，实行谁安排、谁证明，谁经手、谁签字的原则。财务人员要把好票据审核关，票据不合要求或超出规定应拒绝接受。会审联签小组由机关纪检员、机关工会主席、机关党支部纪检委员组成。

八、财产管理制度

1.依照有关规定，对机关所有公共财产由负责后勤的同志定期造册登记，进行日常维护或核定报废处理。

2.办公用品由负责后勤的同志统一购置，领导批准后，经手人签名，保管员验收，建账入库。领用、借用时，须经有关领导批准，并由借用人签名，用后应按时归还，如有丢失，照价赔偿。

3.各委室配备的桌椅、文柜、电脑、工具书等办公用品，要爱惜使用和妥善保管。

4.工作人员调动和离退休时，应及时办好公共财产的移交手续。无论何种经济来源购置的办公设备，都应视作公共财产，均不得据为私有。

九、宣传报道奖励制度

1.奖励范围：凡在市级以上新闻媒体公开发表或县级以上内刊采用的反映我县人大工作、宣传人大制度的通讯报道和论文、摄影作品和人大内部编印的刊物。

2.奖励标准：县委、县政府内刊刊发的500字以下、500—2000字、2000字以上的文章分别给予50元、100元、200元的奖励。机关《审议与决策》采用的文章，每篇奖励200元。市级、省级、国家级刊物刊发的文章每100字分别奖励稿费15元、20元、30元，实行保底奖励标准，市级100元每篇，省级200元每篇，国家级400元每篇。在市级、省级、国家级刊物上发表的摄影照片分别奖50元、100元、200元。在县级、市级、省级、国家级网站发表作品的分别奖励20元、30元、50元、100元/件。一稿多处采用的，不重复给奖。在市及市以上人大年度好新闻评选或上级征文中获奖的作品，给予获奖金额两倍奖励。内部编印的刊物奖励按实际完成任务量给予奖励。

3.申报兑现：稿件发表后，作者及时将刊物复印件送办公室登记，在次年上半年统一给奖。

十、廉政建设制度

1.认真学习党纪政纪条规，不断提高政治思想觉悟；自觉遵守党纪、国法，增强廉政勤政意识。

2.不准索、拿、卡、要，不准收受礼品礼金，不准参加请吃请玩等违规违纪活动。

3.接待与报销严格按有关规定办理，不得有乱开支、弄虚作假等行为。

4.不准参与黄赌毒等违法乱纪活动。

5.不准拖欠、挪用公款，不准挥霍浪费公家钱物。

6.不准在乡镇、县直和企事业单位报销个人发票。

十一、社会管理综合治理制度

1.严格户口管理。加强对迁入人员的资格审核，严禁无关人员迁入。无特殊情况，本机关干职工的非直系亲属不得将户口挂靠本机关。

2.禁止登录反动、邪教、黄色网站，禁止在公共网站、互联网上各类论坛和QQ群上发布有损人大机关形象、违法乱纪的言论和图片。

3.做好安全用电和防火防盗工作。发现用电安全隐患及时报告，做到人离灯灭火灭。下班之前关好电脑、电炉、空调等电器。离开办公室关好门窗，重要文档、现金、票据、印章、价值高的固定资产按规定妥善保管，严防被盗。办公室值班人员要做好巡查工作。

4.教育家属严禁参与涉黄、涉赌、涉毒等违法犯罪活动。

十二、卫生保洁制度

1.坚持讲卫生、讲整洁，养成良好的卫生保洁习惯，积极创建文明、整洁、优雅的工作环境。

2.卫生保洁要求：

①办公室地面、桌椅、柜子要坚持每日清扫或清洗、窗台、玻璃窗要每星期清洗一次，墙壁、房顶要每月搞一次打扫，做到地面、桌面、柜子、窗台清洁，地面无垃圾、无污物、无积水，桌子、柜子、窗台、玻璃上无灰尘，墙壁、屋顶无蜘蛛网，厕所灯公共区域要每日清洗或清扫，做到干净、整洁，没有污物或异味。

②垃圾及时倒入规定地点。

③办公室内用品、文件资料、报刊书籍摆放整齐有序，不存放与工作无关的物品，个人物品应放在固定的抽屉或柜子里。

④不得乱丢果皮、纸屑、烟蒂、槟榔渣等垃圾，不随地吐痰。

3.卫生责任区划分：公共区域（含走廊、厕所、漱洗间、楼梯间、会议室）、党组成员办公室由保洁人员负责，其他办公室由所在委室负责。

4.卫生保洁工作由机关分管领导组织检查监督。

十三、工会制度

根据全国总工会及省、市、县总工会的有关文件要求，机关工会遵循服务会员、厉行节约的原则，依法保障干职工正当福利，丰富下职工文体活动，规范工会经费收支管理，不断增强机关工作凝聚力。

依法筹集、使用工会经费。实行工会经费独立核算，认真执行工会财务会计制度，编制工会年度收支预算，严格控制工会经费开支。

机关工会收入。根据《工会法》的规定，工会收入包括：①会费。工会会员每月缴纳工资收入的

0.5%作为会费。②行政拨交经费。机关行政按全部干职工工资总额的2%拨交工会经费，并由工会按有关规定逐级上解。③专项经费。开展专项活动，行政给予工会的专项补贴经费。④其他收入。

工会经费支出范围和标准。①教育经费开支。通过培训学习或自学提高学历层次到本科及以上，一次性奖励1500元。②文体活动经费开支。文娱、体育比赛按不超过参与人数30%给予适当奖励，每个奖项的奖金标准最高不超过400元/人次。上级工会要求统一服装的，可购买参赛服装，人均费用不超过500元。③集体活动费用开支。可每季度组织一次集体活动。组织春游秋游活动不出县，并当日往返。集体活动确需在外用餐的，可按照县财政部门差旅费规定的伙食补助标准安排工作餐或发放误餐费（早中晚按20：40：40比例分配）。④节日和会员生日慰问品经费开支。在国家规定的春节、元旦节、清明节、五一节、端午节、中秋节、国庆节7个法定节日，可发放符合节日习惯的物品和干职工必需的生活物品等，全年发放总金额控制在工会当年收入总额的30%以内，年人均发放金额标准不超过统计部门公布的上年度全省在岗职工年人均工资的5%。在会员生日当月，可发放不超过200元的生日慰问品。

工作要求。工会年初制定全年工作计划，交主任会议审议通过。工会举办活动项目要有具体方案和通知。购物发票要写明具体品名、数量、单价及购物清单并附上参与人员名单，奖励物品、慰问品发放要有签领单，用餐要有用餐人员名单，举办文体比赛竞赛活动时不可普发奖金，不可超范围超标准支出。行政对工会的补助款项列支渠道应符合国家有关规定，不可将应在行政列支的费用转到工会账户支出。

安化县人民代表大会常务委员会议事规则

（2015年9月29日县第十六届人大常委会第22次会议通过）

目 录

第一章 总 则
第二章 会议的召开
第三章 议案的提出和审议
第四章 听取和审议专项工作报告
第五章 审查和批准决算
第六章 听取和审议国民经济和社会发展计划、预算的执行情况报告
第七章 听取和审议审计工作报告
第八章 审查城乡规划
第九章 听取和审议环境状况和环境保护目标完成情况报告
第十章 选举和任免

第十一章　执法检查
第十二章　规范性文件备案审查
第十三章　询问和质询
第十四章　特定问题调查
第十五章　决议和决定
第十六章　发言和表决
第十七章　附　则

第一章　总　则

第一条　为了保障安化县人民代表大会常务委员会（以下简称县人大常委会）依法行使职权，规范县人大常委会组成人员的议事行为，提高议事质量和效率，根据《中华人民共和国宪法》（以下简称宪法）、《中华人民共和国全国人民代表大会和地方各级人民代表大会选举法》（以下简称选举法）、《中华人民共和国地方各级人民代表大会和地方各级人民政府组织法》（以下简称组织法）、《中华人民共和国全国人民代表大会和地方各级人民代表大会代表法》（以下简称代表法）、《中华人民共和国各级人民代表大会常务委员会监督法》（以下简称监督法）、《中华人民共和国预算法》（以下简称预算法）、《中华人民共和国环境保护法》（以下简称环保法）等法律法规的有关规定，制定本规则。

第二条　县人大常委会是县人民代表大会的常设机关，向县人民代表大会负责并报告工作。

第三条　县人大常委会听取和审议专项工作报告、决定重大事项、进行人事任免，坚持依照法定程序、集体行使职权原则。

第四条　本规则所称县人大常委会组成人员，是指县人大常委会主任、副主任、委员。

第二章　会议的召开

第五条　（根据组织法第四十五条规定）县人大常委会会议每两个月至少举行一次；根据需要，经县人大常委会主任会议（以下简称主任会议）决定，可以临时举行。

第六条　县人大常委会会议由县人大常委会主任召集并主持，也可以由主任委托副主任召集并主持。县人大常委会会议必须有县人大常委会全体组成人员过半数出席，才能召开。

第七条　县人大常委会会议日期和日程安排，由主任会议决定。县人大常委会会议议程草案，由主任会议拟定，提请县人大常委会会议审议，以举手方式表决通过。通过后的议程如需改变，由县人大常委会会议决定。

第八条　县人大常委会举行会议，一般在会议举行的20日前，发出会议预备通知，在会议举行的7日前，将开会日期、地点、建议议程通知县人大常委会组成人员及有关列席人员。

临时召集的会议，可以临时通知。

第九条　县人大常委会组成人员必须按时出席县人大常委会会议。因病或因其他特殊情况不能出席会议的，必须向县人大常委会主任或者主持会议的副主任请假。

第十条 县人大常委会举行会议时，经主任会议决定，县人大代表、县乡人大工作者及其他相关人员可以列席会议，行政区域内的公民可以旁听。

第十一条 县人民代表大会会议由县人大常委会负责召集，每年至少举行一次，县人大常委会认为必要，可以增开县人民代表大会会议，五分之一以上代表提议，可以临时召集县人民代表大会会议。县人大常委会在县人民代表大会会议举行前，进行下列准备工作：

（一）决定会议召开的日期；

（二）提出会议议程和日程草案；

（三）提出大会主席团和秘书长名单草案；

（四）提出主席团常务主席名单草案；

（五）提出执行主席分组名单草案；

（六）提出副秘书长名单草案；

（七）提出会议设立有关委员会的决定草案及组成人员名单草案；

（八）决定列席会议人员名单和应邀在主席台就座人员名单；

（九）准备会议有关报告、材料；

（十）准备会议其他事项。

县人大常委会一般应在县人民代表大会会议举行的20日前，将开会日期和建议会议审议的主要事项通知代表。

第三章 议案的提出和审议

第十二条 （根据组织法第四十四条规定）本行政区域内的下列事项应当提请县人大常委会审议决定：

（一）上级人大及其常委会和县人大及其常委会的决议、决定的执行情况；

（二）中共安化县委建议由县人大常委会作出决定的重大事项；

（三）依法进行人事任免，及决定撤销职务、接受辞职和决定代理人选的事项；

（四）中长期发展规划，区域性经济发展规划；

（五）国民经济和社会发展计划的执行及调整情况，财政预算的执行及调整情况，财政决算报告；

（六）同级财政审计情况报告，审计查出问题的整改情况报告；

（七）县人民法院、县人民检察院专项工作情况；

（八）县人民代表大会议案和县人大代表建议、批评和意见的办理情况；

（九）县人民代表大会换届选举工作中的重大事项；

（十）补选市人民代表大会出缺的代表；

（十一）机构改革方案，行政区划变动方案；

（十二）城乡规划；

（十三）重大民生工程；

（十四）重大建设项目；

（十五）政府性投融资计划，城市维护建设费使用计划；

（十六）环境保护；

（十七）是否许可逮捕或者刑事审判涉嫌刑事犯罪的县人大代表，是否许可对涉嫌犯罪的县人大代表采取法律规定的其他限制人身自由的措施；

（十八）撤销县人民政府发布的不适当的决定、命令和其他规范性文件；撤销乡镇人民代表大会的不适当决议、决定；

（十九）授予或撤销县级荣誉称号；

（二十）根据广大民意基础，作出县歌、县树、县花等以“县”为标志命名的决定；

（二十一）县人民代表大会授权审议、决定的事项以及上级人大及其常委会交办的重要事项；

（二十二）县人大常委会认为需要审议、决定的其他重大事项。

第十三条　主任会议可以向县人大常委会提出属于县人大常委会职权范围内的议案，由县人大常委会会议审议。

县人民政府、县人民法院、县人民检察院（以下简称“一府两院”）可以向县人大常委会提出属于县人大常委会职权范围内的议案，由主任会议决定提请县人大常委会会议审议，或者先交由县人大常委会有关工作机构进行研究，提出意见，再决定提请县人大常委会会议审议。

县人大常委会组成人员3人以上书面联名，可以向县人大常委会提出属于县人大常委会职权范围内的议案，由主任会议决定是否提请县人大常委会会议审议。不提请县人大常委会会议审议的，应当向县人大常委会会议报告，并向提出议案人说明。

第十四条　议案必须以书面形式提出，一事一案，写明案由、案据和方案。提出议案机关和提出议案人应于县人大常委会会议召开10日前（特殊情况除外），将拟提请该次会议审议的议案及其有关材料，报送县人大常委会办公室及有关工作机构，并在县人大常委会会议作出说明。

审议议案时，有关机关负责人应当到会，听取意见，回答询问。

第十五条　列入县人大常委会会议议程的议案，在交付县人大常委会会议表决前，提出议案机关或者提出议案人要求撤回的，经主任会议同意，对该议案的审议即行终止。

第十六条　县人大常委会会议在审议议案中如意见分歧较大或者有重大问题需要进一步研究的，经主任或主任会议提出，全体会议同意，可以暂不付表决，交由提出议案机关或提出议案人进一步补充论证，或者交县人大常委会有关工作机构进一步调查研究，提出报告，再由主任会议提请县人大常委会会议审议。

第四章　听取和审议专项工作报告

第十七条　县人大常委会每年选择若干关系改革发展稳定大局和人民群众切身利益、社会普遍关注的重大问题，有计划地安排听取和审议“一府两院”的专项工作报告。议题根据下列途径反映的问题确定：

（一）县人大常委会在执法检查中发现的突出问题；

（二）县人大代表对“一府两院”工作提出的建议、批评和意见集中反映的问题；

（三）县人大常委会组成人员提出的比较集中的问题；

（四）县人大常委会及工作机构在调查研究中发现的突出问题；

（五）人民群众来信来访集中反映的问题；

（六）社会普遍关注的其他问题。

“一府两院”提请县人大常委会审议的其他专项工作。

第十八条 主任会议建议列入县人大常委会会议议程的专项工作报告，由县人大常委会工作机构提前通知有关机关；有关机关应当在县人大常委会举行会议的20日前，将专项工作报告送县人大常委会有关工作机构征求意见；待修改后，在举行会议的10日前，将报告正式文本及有关材料报送县人大常委会。县人大常委会办公室在举行会议的7日前，将报告发送给县人大常委会组成人员。

县人大常委会临时决定听取有关工作报告，不受前款规定的限制。

第十九条 县人民政府向县人大常委会报告工作，涉及全局性的、一定时期的中心工作或重大问题，由县长或副县长报告；涉及县人民政府某个方面的工作，县人民政府可以委托有关部门主要负责人报告，但报告稿须经县人民政府审定。县人民法院、县人民检察院向县人大常委会报告工作，由院长、检察长报告。院长、检察长因故不能到会报告时，经县人大常委会主任同意，可以委托副院长、副检察长报告。在本行政区域内的垂直部门向县人大常委会报告工作时，由部门主要负责人报告。

第二十条 县人大常委会听取和审议专项工作报告前，主任会议可以组织常委会组成人员和县人大代表就工作报告的有关事项进行视察或专题调查研究，并将各方面对该项工作的意见汇总，交“一府两院”研究并在专项工作报告中作出回应；也可以将工作报告先交常委会有关工作机构研究，提出意见，再由主任会议决定提请常委会会议审议。

第二十一条 县人大常委会组成人员对专项工作报告不同意超过半数的，主任会议责成报告机关整改后向常委会会议重新报告。

第二十二条 县人大常委会对专项工作报告提出的审议意见，经综合整理后，经相关委室、常委会分管副主任审阅后、送主任审签，以常委会文件形式交有关机关和部门研究处理。有关机关和部门应当在规定的时间内将研究处理情况报告县人大常委会。

第二十三条 县人大常委会听取的专项工作报告及作出的决议决定、提出的审议意见，报告机关执行决议、决定情况的报告，研究处理审议意见情况的报告，由县人大常委会办事机构向县人大代表通报并向社会公布。

第五章 审查和批准决算

第二十四条 （根据监督法第十五条规定）县人民政府应当在每年六月至九月期间，将上一年度的本级决算草案提请县人大常委会审查和批准。

第二十五条 县财政部门应当在县人大常委会举行会议审查和批准本级决算草案的三十日前，将上一年度本级决算草案送交县人大财经工委征求意见。

第二十六条　县人大常委会结合县人民政府提出的上一年度预算执行和其他财政收支的审计工作报告，对县级决算草案进行审查。

第二十七条　（根据预算法第七十九条规定）县人大常委会对本级决算草案，重点审查下列内容：

（一）预算收入情况；

（二）支出政策实施情况和重点支出、重大投资项目资金的使用及绩效情况；

（三）结转资金的使用情况；

（四）资金结余情况；

（五）本级预算调整及执行情况；

（六）财政转移支付安排执行情况；

（七）经批准举借债务的规模、结构、使用、偿还等情况；

（八）本级预算周转金规模和使用情况；

（九）本级预备费使用情况；

（十）超收收入安排情况，预算稳定调节基金的规模和使用情况；

（十一）县人民代表大会批准的预算决议落实情况；

（十二）其他与决算有关的重要情况。

第二十八条　（根据预算法第八十四条规定）县人大常委会可以就决算中的重大事项或者特定问题组织调查，政府及有关部门、单位和个人应当如实反映情况和提供必要的材料。

第二十九条　（根据预算法第八十五条规定）县人大常委会举行会议时，常委会组成人员依照法律规定程序就决算中的有关问题提出询问或者质询，受询问或者受质询的部门单位必须及时给予答复。

第三十条　（根据预算法第八十条规定）决算经批准后，县财政部门应当在二十日内向本级各部门批复决算。

第六章　听取和审议国民经济和社会发展计划、预算的执行情况报告

第三十一条　（根据监督法第十六条规定）县人民政府应当在每年六月至九月期间，向县人大常委会报告本年度上一阶段国民经济和社会发展计划、预算的执行情况。

第三十二条　（根据监督法第十七条规定）县国民经济和社会发展计划、预算经县人民代表大会批准后，在执行过程中需要作部分调整的，县人民政府应当将调整方案提请县人大常委会审查和批准。

第三十三条　县人民政府及其主管部门应当在县人大常委会举行会议审查和批准预算调整方案的一个月前，将预算调整初步方案送县人大常委会财经工委征求意见。

第三十四条　县人大常委会对预算执行情况报告，重点审查下列内容：

（一）预算收支的执行及平衡情况；

（二）重点支出及政府重大投资项目资金使用情况；

（三）预算超收收入的安排和使用情况；

（四）部门预算制度建立和执行情况；

（五）政府非税收入管理情况；

（六）上级财政补助资金安排情况；

（七）执行县人民代表大会批准预算决议的情况；

（八）预算执行中的其他重要问题；

（九）政府性基金征管与使用情况。

第三十五条　县人大常委会对计划、预算的执行情况的审议意见交县人民政府研究处理。县人民政府应当将研究处理情况向县人大常委会提出书面报告。

第三十六条　县人民代表大会批准的全县国民经济和社会发展五年规划，在实施中期，经评估需要调整的，县人民政府应当将调整方案提请县人大常委会审查和批准。

第七章　听取和审议审计工作报告

第三十七条　县人大常委会每年在审查和批准决算的同时，听取和审议县人民政府提出的审计机关关于上一年度预算执行和其他财政收支情况的审计工作报告。

第三十八条　县人大常委会对审计工作报告的审议意见交县人民政府研究处理。县人民政府应当将研究处理情况向县人大常委会提出书面报告。

第三十九条　县人民政府及有关部门应按照《安化县人大常委会关于对审计查出问题整改情况进行监督的暂行办法》的规定向县人大常委会报告审计查出问题整改情况。

第八章　审查城乡规划

第四十条　（根据城乡规划法第十六条规定）县人民政府组织编制的总体规划，在报上一级人民政府审批前，应当先经县人大常委会审议，常委会审议意见交由县人民政府研究处理。县城乡规划的组织编制机关报送审批城乡总体规划，应当将县人大常委会审议意见和根据审议意见修改规划的情况一并报送。

第四十一条　（根据城乡规划法第十九条规定）县规划主管部门根据城市总体规划的要求，组织编制城市的控制性详细规划，经县人民政府批准后，报县人大常委会备案。

第四十二条　（根据城乡规划法第五十二条规定）县人民政府应当向县人大常委会报告城乡规划的实施情况，并接受监督。

第九章　听取和审议环境状况和环境保护目标完成情况报告

第四十三条　县人大常委会听取和审议县人民政府关于环境保护规划编制纳入国民经济和社会发展规划及与主体功能区规划、土地利用总体规划和城乡规划等相衔接情况的报告。

第四十四条　（根据环保法第二十七条）县人民政府应当每年向县人大常委会报告环境状况和环

境保护目标完成情况以及发生的重大环境事件。

第四十五条 县人大常委会对发生的重大环境事件可以组织专题调查，调查报告所提出的意见建议县人民政府及有关部门应及时回应。

第十章 选举和任免

第四十六条 在县人民代表大会闭会期间，县人大常委会可以补选由本县人民代表大会选举产生的市人民代表大会出缺的代表。进行选举前，须向市人大常委会报告。

第四十七条 补选市人大代表时，各政党、各人民团体可以联合或者单独推荐代表候选人；县人大常委会组成人员3人以上联名，也可以推荐代表候选人。

补选代表的候选人名额，可以多于应补选的代表名额，进行差额选举；也可以同应补选代表的名额相等，进行等额选举。

第四十八条 补选采取无记名投票方式。补选代表的候选人获得县人大常委会全体组成人员过半数的赞成票，始得当选。

获得过半数选票的代表候选人人数超过应选名额时，以得票多的当选；如果票数相等不能确定当选人时，应当就票数相等的候选人再次投票，以得票多的当选。

应补选的代表的名额未选足时，可以根据有关规定依法再次进行补选，也可以暂缺。

第四十九条 补选市人大代表结果，由会议主持人当场宣布，并报市人大常委会代表资格审查委员会进行审查，由市人大常委会确认其代表资格。

第五十条 在县人民代表大会闭会期间，县人大常委会按照法定程序决定副县长的个别任免；在县长和县法院院长、县检察院检察长因故不能担任职务时，县人大常委会根据主任会议提名，从县人民政府、县人民法院、县人民检察院副职领导人员中决定代理人选。决定代理检察长，须由县检察院和县人大常委会分别报市检察院和市人大常委会备案。

第五十一条 县人大常委会根据县长的提名，决定县人民政府组成部门局长、主任等职务的任免。

第五十二条 县人大常委会根据县人民法院院长的提名，任免县人民法院副院长、庭长、副庭长、审判委员会委员、审判员、人民陪审员；根据县人民检察院检察长的提名，任免县人民检察院副检察长，检察委员会委员、检察员。

第五十三条 （根据中共中央转发《中共全国人大常委会党组关于加强县乡人大工作和建设的若干意见》的通知 中发〔2015〕18号）县委提出国家机关组成人员人选时，应当及时向县人大常委会党组通报党委人事安排和被推荐人选的基本情况，听取意见建议。提请县人大常委会任免国家机关工作人员，提请机关一般应在县人大常委会会议举行的7日前将人事任免议案报送县人大常委会选举任免与联络工作委员会。人事任免议案应附有拟任免人员简历、主要表现和任免理由等书面材料。

第五十四条 县人大常委会审议人事任免议案前，应对拟任命人员进行法律知识考试，考试不及格的暂缓提请任命，不及格的给予一次补考机会，补考及格后再提请任命。

第五十五条 县人大常委会会议审议人事任免议案时，提请机关负责人应到会宣读提请任免议案，介绍被任免人的基本情况和主要表现，听取意见，回答询问。

第五十六条　县人大常委会审议人事任免议案前，安排拟任命人员向县人大常委会会议作供职报告。

第五十七条　人事任免议案表决前，县人大常委会组成人员对拟任免人选意见分歧较大的，由主任会议决定，可以暂不付表决。

人事任免议案在交付表决前，提请机关要求撤回的，经主任会议同意，对该任免议案的审议即行终止。

第五十八条　（根据全国人民代表大会常务委员会关于实行宪法宣誓制度的决定）县人大常委会决定任命的国家工作人员，在就职时应当公开进行宪法宣誓。宣誓誓词为“我宣誓：忠于中华人民共和国宪法，维护宪法权威，履行法定职责，忠于祖国、忠于人民，恪尽职守、廉洁奉公，接受人民监督，为建设富强、民主、文明、和谐的社会主义国家努力奋斗！”

第五十九条　宣誓仪式根据情况，可以采取单独宣誓或者集体宣誓的形式。单独宣誓时，宣誓人应当左手抚按《中华人民共和国宪法》，右手举拳，诵读誓词。集体宣誓时，由一人领誓，领誓人左手抚按《中华人民共和国宪法》，右手举拳，领诵誓词；其他宣誓人整齐排列，右手举拳，跟诵誓词。

第六十条　在县人民代表大会闭会期间，县人大常委会组成人员和县人民政府县长或副县长、县人民法院院长、县人民检察院检察长可以向县人大常委会提出辞职，由县人大常委会决定是否接受辞职。县人大常委会决定接受辞职的，报县人民代表大会备案。县人民检察院检察长的辞职，须报经市人民检察院检察长提请市人大常委会批准。

第六十一条　在县人民代表大会闭会期间，县人大常委会可以决定撤销个别副县长的职务；决定撤销由其任命的国家机关工作人员的职务。

第六十二条　“一府两院”可以向县人大常委会提出对由县人大常委会任命的国家机关工作人员的撤职议案。

主任会议或者县人大常委会组成人员五分之一以上联名，可以向县人大常委会书面提出对由其任命的国家机关工作人员的撤职议案和对由其选举产生的市人大代表的罢免议案。由主任会议决定是否提请县人大常委会会议审议，或者由主任会议提议，经县人大常委会会议决定，组织调查委员会，再由县人大常委会会议根据调查委员会的报告审议决定。

第六十三条　罢免议案和撤职议案应当写明罢免或者撤职的对象和理由，并提供有关材料，于县人大常委会会议举行的15日前报送县人大常委会。

罢免议案和撤职议案在提请县人大常委会会议表决前，被提出罢免的代表、被提出撤职的人员有权在县人大常委会会议上提出申辩意见，或者书面提出申辩意见，由主任会议决定是否印发县人大常委会会议。

第六十四条　撤职议案提请县人大常委会表决前，提出议案人书面要求撤回的，经主任会议同意，对该撤职议案的审议即行终止。

第十一章　执法检查

第六十五条　（根据监督法第九条规定）县人大常委会每年有计划地对有关法律、法规实施情况组织执法检查。

第六十六条　县人大常委会编制年度执法检查计划，执法检查工作由县人大常委会有关工作机构具体组织实施。

第六十七条　接受上级人大常委会对有关法律、法规在本行政区域内实施情况进行检查的委托，并书面报送检查情况。

第六十八条　执法检查结束后，执法检查组应及时提出执法检查报告，由主任会议决定提请县人大常委会审议。

第六十九条　县人大常委会组成人员对执法检查报告的审议意见连同执法检查报告，一并交县人民政府或县人民法院、县人民检察院研究处理。县人民政府或县人民法院、县人民检察院应当将研究处理情况由其办事机构形成书面材料送县人大常委会有关工作机构征求意见后，再向县人大常委会提出报告。必要时，由主任会议决定提请县人大常委会审议，或者由县人大常委会组织跟踪检查，或委托县人大常委会有关工作机构进行跟踪检查。

县人大常委会的执法检查报告及审议意见，“一府两院”对其研究处理情况的报告，由县人大常委会办事机构向县人大代表通报并对社会公布。

第十二章　规范性文件备案审查

第七十条　县人大常委会对“一府两院”及乡镇人大发布的涉及公民、法人或者其他组织的权利义务，在本行政区域内具有普遍约束力的规范性文件进行备案审查。

第七十一条　报送备案的规范性文件应包括以下内容：

（一）备案报告；

（二）规范性文件正式文本；

（三）规范性文件制定的法律、政策依据以及说明等有关材料。

上述文件材料应装订成册，一式五份。

第七十二条　（根据监督法第三十条规定）经审查，认县人大常委会为有下列不适当的情形之一的，有权予以撤销：

（一）超越法定权限，限制或者剥夺公民、法人和其他组织合法权利，或者增加公民、法人和其他组织义务的；

（二）同法律、法规相抵触的；

（三）有其他不适当情形，应予以撤销的。

第十三章　询问和质询

第七十三条　（根据监督法第三十四条规定）县人大常委会会议审议议案和有关报告时，“一府两院”有关负责人应到会听取意见，回答询问。

第七十四条　县人大常委会组成人员3人以上联名，可以向县人大常委会书面提出对县人民政府及其所属部门、县人民法院、县人民检察院的质询案。

质询案必须写明质询对象、质询的问题和内容。质询内容必须属于受质询机关和部门职权范围内的事项。

第七十五条 质询案由主任会议决定交受质询机关在县人大常委会会议上口头答复，或者由受质询机关书面答复。质询案以口头答复的，应当由受质询机关主要负责人到会答复。质询案以书面答复的，由受质询机关的主要负责人签署，经主任会议决定，印发县人大常委会会议或者提出质询案的县人大常委会组成人员。

第七十六条 质询案在未作出答复前，提出质询案人要求撤回的，经主任会议同意，对该质询案的审议即行终止。

第七十七条 县人大常委会组成人员半数以上对受质询机关的答复不满意的，可以继续质询。必要时，由县人大常委会作出相应的决定，交受质询机关执行。

第十四章 特定问题调查

第七十八条 县人大常委会对属于职权范围内的事项需要作出决议、决定，但有关事实不清的，可以组织关于特定问题调查委员会。

第七十九条 （根据监督法第四十条规定）主任会议或者五分之一以上的县人大常委会组成人员书面联名，可以向县人大常委会提议组织关于特定问题调查委员会，提请县人大常委会审议。

第八十条 特定问题调查委员会由主任委员、副主任委员和委员组成，由主任会议在县人大常委会组成人员和县人大代表中提名，提请县人大常委会审议通过。

根据需要，特定问题调查委员会可以聘请有关专家参加调查工作。

与调查的问题有利害关系的县人大常委会组成人员和其他人员不得参加特定问题调查委员会。

第八十一条 （根据监督法第四十二条规定）特定问题调查委员会进行调查时，有权组织听证、专项审计、调阅有关卷宗和证据材料，有关国家机关、社会团体、企事业单位和公民有义务如实介绍情况，提供材料。

提供材料的单位、公民要求对材料来源保密的，特定问题调查委员会应当予以保密。

特定问题调查委员会在调查过程中，可以不公布调查的情况和材料。

第八十二条 特定问题调查委员会应当向县人大常委会提出调查报告。县人大常委会根据调查报告，作出相应的决议、决定。

第十五章 决议和决定

第八十三条 县人大常委会会议审议议案或有关工作报告，必要时对属于县人大常委会职权范围内的重大事项作出决议或决定。

第八十四条 县人大常委会会议作出的决议、决定及通过的议案，有关机关和部门必须认真贯彻执行，并在规定的时间内，将贯彻执行情况向县人大常委会报告。

第八十五条　县人大常委会对决议、决定的执行情况实施监督和检查。

第十六章　发言和表决

第八十六条　县人大常委会组成人员的发言，应当紧扣议题，简明扼要。

第八十七条　（根据代表法第三十一条规定）县人大常委会组成人员在县人大常委会会议上的发言和表决不受法律追究。

第八十八条　县人大常委会会议表决任免案、撤职案、罢免案，采用无记名投票表决方式；其他表决事项，可以采用无记名方式，也可以采用其他方式。

第八十九条　任免议案逐人表决，根据情况也可以合并表决。

第九十条　县人大常委会会议表决事项，以县人大常委会全体组成人员过半数赞成通过。表决结果由会议主持人当场宣布。

第九十一条　县人大常委会会议通过的决议、决定、任免名单，及时通过县人大常委会公报和县新闻媒体予以公布。

第十七章　附　则

第九十二条　本规则由县人大常委会办公室负责解释。

第九十三条　本规则自2015年10月1日起施行。

二、县人大常委会通过的有关办法（选录）

关于行使职权的具体实施办法

（1984年4月18日县第九届人大常委会第2次会议通过）

为了全面地、有效地依法行使县人大常委会的职权，根据《中华人民共和国地方各级人民代表大会和地方各级人民政府组织法》的规定，结合我县的实际情况，制定如下具体实施办法。

一、主持县人民代表大会的选举和筹备县人民代表大会会议。

（一）任命县、乡、镇选举委员会成员；

（二）确定和分配代表名额，确定选区划分；

（三）任命代表资格审查委员会成员；

（四）决定召开县人民代表大会的日期，拟定会议议程和提出大会主席团成员的建议名单。

二、讨论决定我县的重大事项。

根据县人民政府、县人民法院和县人民检察院（以下简称“一府两院”）的提请：

（一）批准发布全县性的或较大区域性的有关规定；

（二）批准较大企事业单位的兴建和撤并；

（三）批准规模较大的基本建设；

（四）批准县城建设的总体规划；

（五）批准“一府两院”所属机构的增减撤并的报批方案；

（六）审议区、乡（镇）、村行政区划的变更；

（七）批准对县人大代表的拘留、逮捕或审判；

（八）审议和批准其他重大事项。

根据人民群众的要求或党的中心工作，结合我县实际，对有关重大问题作出决议、决定。

三、决定我县国民经济计划和预算的部分变更，批准县财政预算外收支计划和机动财力安排计划。

四、按规定任免县级国家机关的工作人员。

五、监督和支持“一府两院”的工作：

（一）全会听取“一府两院”的专题工作汇报；

（二）组织委员和部分人大代表进行专题视察；

（三）督促“一府两院”贯彻落实县人民代表大会及人大常委会的决议、决定；

（四）联系县人大代表，受理人大代表的来信来访和群众对国家机关及其工作人员的申诉、意见；

（五）督促“一府两院”办理好人民代表大会提案和工作意见建议。

六、补选我县省人民代表大会出缺的代表；撤换我县省人民代表大会的个别代表。

七、改变或者撤销乡（镇）人民代表大会的不适当的决议。

八、授予有特殊贡献，并在全县有较大影响的有功人员的荣誉称号。

为了行使上述职权，要求做到：

一、加强自身建设。要行使好人大常委会的职权，首先要从思想、业务、作风等方面加强自身建设。在思想上要坚持党的领导，与党中央保持高度一致；在业务上要加强学习，提高业务水平，在作风上要坚持集体领导，走群众路线，发扬民主，实事求是，依法办事。

二、搞好调查研究。没有调查，就没有预见性和主动性。人大常委会主任、副主任，专职委员要经常深入基层联系代表，联系群众，要选择重大专题进行系统的调查研究。兼职委员要根据各组室的工作重点，在自己工作单位了解情况，提供材料。总之，我们要做到调查研究在先，拿出主意在先，发挥出人大常委会的主动性和创造性。

三、按工作程序办事。根据人大常委会的职权，从政策法律的角度初步总结和设想人大常委会的工作程序为四步：一是调查研究抓问题；二是广泛协商拿方案；三是全会讨论作决定；四是督促支持抓落实。

四、开展代表小组活动，发挥代表作用。人大代表反映的意见是人大工作的主要内容，人大代表是我们开创人大工作新局面的依托。为了进一步发挥人大代表的作用，我们必须做到以下几点：

（一）加强代表联系，各区明确一名联络员，各乡、镇建立代表小组；

（二）根据情况定时定点由主任、副主任或委员接待代表；

（三）办好一个区的人大工作点，并在点上不断总结经验，指导全面工作；

（四）帮助代表小组建立切实可行的制度，并为他们开展学习、进行活动提供方便；

（五）每年召开两次县代表小组组长会议，组织学习，交流经验，研究工作；

（六）人大常委会的专职主任、副主任、委员每年走访代表80人次以上，对代表反映的问题做到事事有答复，件件有着落；

（七）指导乡镇人民代表大会摸索行使职权的方法，并帮助乡镇代表总结开展小组活动的经验。

五、办事讲求实效。要脚踏实地地抓大事，办好事。要努力避免发空文、讲空话、开空会等脱离实际的形式主义，使工作落到实处。

安化县人民代表大会代表活动办法

（1985年3月11日县第五届人民代表大会第二次会议通过）

根据《宪法》和《地方组织法》、《选举法》的有关规定精神，为开展好代表活动，并做到经常化、制度化，使人大代表更好地履行法律赋予的权利和义务，充分发挥作用，特制订本办法。

一、建立好组织。以乡（镇）和战线建立代表小组，小组设组长一名，人数较多的可设副组长，由代表民主选举产生，负责组织代表小组的活动。各代表团团长、副团长负责各代表小组的联系和组织代表团的活动。代表小组和代表团的活动受同级党委的领导。各区、乡（镇）、县直各战线设人大工作联络员。联络员受同级党委（党组）和县人大常委会的领导，负责人大的联络工作。县人大常委会要有一名领导同志负责代表联络工作，办公室要设代表联络组，具体办理有关事项。

二、开展好活动。各代表小组和代表团，根据人民代表大会及其常务委员会制订的决议和要求，根据各地的实际情况，在同级党委的领导下，必须有计划、有步骤地开展活动。代表小组至少一季度活动一次，代表团全年要活动一至二次。所有代表都要参加小组活动，还可邀请上级人大代表和部分乡（镇）代表组长或代表参加。代表中的各级领导干部应积极参加，并为开展好小组活动出主意。

代表小组和代表团的任务：

1.学习和宣传宪法、法律、法令、政策、各级人民代表大会的决议及地方性法规，并检查其贯彻执行情况。

2.围绕中心工作，开展调查研究，随时提出可行的意见和建议。代表团在取得区委和县人大常委会的同意下，可以组织代表视察本行政区域的工作。

3.与选民保持密切联系，及时了解人民群众的意见和要求，帮助解决一些在职权范围内能够解决的问题。不能解决问题，积极向各级政府及有关部门反映（属区、乡和镇解决的问题，向区、乡、镇反映）并督促办理。

4.检查监督地方国家行政机关及其工作人员的工作，提出建议、批评和意见。对严重失职和违法行为，可向县人大常委会和有关部门检举揭发，提出处理要求，直至向司法机关提出申诉。同时，根据有关法律和政策的规定，可随时对违犯群众利益的行为进行检查。

5.征求人民群众和单位对搞好“两个文明建设”的建议和方案，了解人民群众的普遍要求和共同关心的问题，向每年一次的代表大会提出提案和议案。

6.总结交流代表和代表小组活动经验。

每个代表在小组的统一安排下，平时可采取灵活多样的形式，进行单独活动。如串门走访，现场调查，小型座谈，宣传法律、法令等。

为使县、乡（镇）人大代表配合工作，县人大代表可以就地参加乡（镇）代表小组活动，可以列席乡（镇）人民代表大会，县代表小组开展活动时，可以征求乡（镇）人大代表的意见或邀请乡（镇）代表小组长参加。

县人大代表凭本届代表证开展工作。

各级人大工作联络员要尽职尽责搞好联络工作。联络员的职责是：经常与县人大代表和乡（镇）人大代表联系，参加代表小组活动，并负责小组活动的有关工作、生活安排；向各级政府及其工作部门、法院、检察院和县人大常委会反映代表的意见、要求；向代表和代表小组传达县人大常委会和同级党委的意见和工作安排；调查研究，总结推广代表活动经验，为开展好代表活动当参谋，提建议；搜集整理和领发有关人大工作资料，完成县人大常委会交办的工作。

三、为代表活动提供服务。县人大常委会要采取多种形式与代表保持经常联系，为代表小组和代表团的活动提供服务。

1.可分战线和区建立代表联系责任区，采取各种形式，经常保持与代表的联系。

2.县人大常委会的主要工作安排和每次例会的情况，应以口头或文字的形式与代表小组通气。要作出的重要决议、决定，必要时事先征求代表小组的意见。人大常委会组织视察和召开例会，根据需要可邀请部分代表或代表组长列席参加。

3.办好《人大工作通讯》，用以传达有关精神和工作部署，反映代表活动动态，交流代表活动经验，推动代表活动的开展。

4.县人大常委会每年要召开一、二次代表团长、代表组长和人大工作联络员碰头会议，交流代表团、代表小组活动和联络员工作的经验，发挥人大代表组织和联络员的作用。

5.认真办理代表提案和来信来访。每次代表大会的提案，由大会提交人大常委会和县政府、法院、检察院及有关部门办理后，人大常委会要加强检查、督促；对代表的来信来访要热情接待、认真处理，除由县人大常委会直接处理的以外，均由人大常委会办公室分别转交、督促县人民政府各工作部门和县人民法院、县人民检察院处理。

6.要为代表提供各种法律、法令、政策和有关人大工作的资料，以便及时学习和向人民群众宣传。

四、从各方面支持代表活动。各级政府及其部门、县人民法院、县人民检察院要切实尊重人民代表的民主权利，支持代表开展活动。乡（镇）人民政府研究决定有关重大工作时，应吸收代表组长或有关代表参加，或与他们通气。县人大代表参加各项活动时，所在单位在时间上要予以保证，工作上要提供方便。县人大代表小组活动所需经费要纳入每年的财政预算，及时拨给。对县人大代表在大会期间提出的提案和平时以各种形式提出的建议、批评和意见，县人大常委会和政府及各部门、法院、检察院必须严肃对待，认真办理，并答复代表。属政府及其各部门、法院、检察院办理的，在答复代表的同时，要抄送县人大常委会，做到件件有着落，事事有回音。

各级政府、法院、检察院要支持、维护县人大代表行使民主权利，人大代表如因行使民主权利而遭受打击报复，有权向县人大常委会提出申诉，由县人大常委会责成有关部门查明情况，严肃处理。

关于乡（镇）人大主席团工作办法（试行）

（1987年4月21日县第十届人大常委会第2次会议通过）

一、根据《中华人民共和国地方各级人民代表大会和地方各级人民政府组织法》的规定和省人大常委会《关于开好乡（镇）人民代表会议的几点意见》，制订本办法 。

二、乡（镇）人民代表大会是我国最基层的一级地方国家权力机关。乡（镇）人大主席团实行集体负责制，受本级人民代表大会的监督。

三、乡（镇）人民代表大会主席团的职责：

1.主持本届各次代表大会，并负责筹备下届乡（镇）人民代表大会。

2.督促本级人民政府贯彻执行人民代表大会和上级人民代表大会及其常务委员会的决议、决定。

3.督促政府和有关部门办理代表所提建议、批评和意见。

4.联系代表、组织代表开展视察和调查活动。

5.负责本届个别代表大会选举产生的任期内干部因工作调动和其他原因提出的辞职报告，由主席团提请本级人民代表大会决定。

6.办理乡（镇）人民代表大会和上级人民代表大会及其常务委员会委托办理的其他工作。

7.为县人大代表和乡（镇）人大代表开展活动提供方便。

四、乡（镇）人民代表大会主席团在同级党委领导下开展工作。

五、乡（镇）人民代表大会主席团一般每三个月召开一次主席团会议，由常务主席或专职主席负责召集并主持会议。

六、乡（镇）人大主席团和常务主席（专职主席）的工作方法：

1.主席团成员要带头学习宪法和法律，充分尊重人民的民主权利，严格依法办事，坚持维护法律的严肃性。

2.乡（镇）人大主席团应加强同人民代表的联系。主席团成员分工走访代表，主动听取代表的意见和要求。

3.主席团成员应坚持实事求是的原则，深入调查研究，为人民代表大会正确行使职权提供依据。

4.主席团每年一般召开两次代表小组长会。由常务主席或专职主席向代表小组长汇报主席团工作情况，听取代表的意见，改进自己的工作。

5.主席团负责总结交流代表小组和代表活动经验，及时向党委汇报人大工作情况，争取党委对人大工作的支持。

6.乡（镇）人大主席团必须加强同县人大代表的工作联系，主动配合开展工作。

7.乡（镇）人大主席团要正确处理同政府各部门的联系，做到互相尊重、互相配合、互相支持。

七、乡（镇）人民代表大会代表在出席人民代表大会会议和执行代表职责的时候，乡（镇）人民政府应根据需要给予必要的物资上的便利或者补贴。

八、本工作办法与国家法律和上级人大有关规定相抵触时，按国家法律和上级有关规定办理。

关于对司法机关执法工作实行监督的办法（试行）

（1987年6月28日县第十届人大常委会第3次会议通过）

根据《宪法》、《地方组织法》赋予人大常委会的职权，为了加强对县人民法院、县人民检察院、县公安局、县司法局（以下简称司法机关）的法律监督和工作监督，特制订本办法。

一、县司法机关及其工作人员在执法工作中，必须坚持有法可依，有法必依，执法必严，违法必究的社会主义法制原则。做到忠实于法律和制度，忠实于人民利益，忠实于事实真相，自觉接受县人民代表大会及其常务委员会的监督。

二、县司法机关对人民代表大会及其常务委员会就执法工作所作出的决议、决定和人大常委会组成人员及县人大代表提出的意见、建议，应认真执行和办理，并将执行情况及时报告县人大常委会或答复其本人。

三、县司法机关应按照人大常委会提出审议的内容报告工作。平时，人大常委会需要听取某方面的情况时，有关司法机关亦应及时汇报。

四、司法机关的工作计划、总结、重要文件、统计资料、简报以及执法方面的调查报告，应报县人大常委会并送法制工作委员会。司法机关召开的有关重要会议，应请人大常委会派人参加。

五、在县人民代表大会和县人大常委会会议期间，人大代表十人以上联名，人大常委会组成人员三人以上联名，可以向司法机关提出质询案，受质询的司法机关应作出书面或口头答复。

六、司法机关对县人大常委会及其委室交办或转办的县人大代表和人民群众的申诉、控告信件，必须认真办理。要求报告处理结果的，应及时办理和报告。个别因故不能按时办结的，应将情况如实报告县人大常委会。

七、对县人大常委会提出要复查，复议的案件，有关司法机关要按照法律程序认真复查、复议，并按照要求报告结果。必要时，人大常委会可以调卷审查。

八、司法机关要加强自身思想作风建设，从严治警，对干警中执法违法的情况，一经发现，严肃处理。必要时，县人大常委会可以组织专题调查，督促查处。

九、县人大常委会支持司法机关依法行使职权，维护司法机关的权威。对成绩卓著的司法人员，按照审批程序，授予荣誉称号。

十、本办法通过之日起执行。

安化县人民代表大会常务委员会人事任免办法

（1999年9月22日县第十三届人大常委会第11次会议通过）

第一条　根据《中华人民共和国宪法》、《中华人民共和国地方各级人民代表大会和地方各级人民政府组织法》、《中华人民共和国人民法院组织法》、《中华人民共和国人民检察院组织法》、《湖南省县级以上人民代表大会常务委员会监督条例》等有关法律、法规及党的干部政策，结合我县实际制定本办法。

第二条　在县人民代表大会闭会期间，常务委员会根据县长的提名，决定副县长的个别任免和办公室主任、局长、委员会主任等政府组成人员的任免。

县人民代表大会换届后，县人民政府应在两个月内提请县人民代表大会常务委员会任命县人民政府组成人员。

第三条　在县人民代表大会闭会期间，常务委员会根据县长的提请，决定撤销个别副县长和县人民政府其他组成人员的职务。

第四条　县人民代表大会常务委员会根据县人民法院院长的提请，任免县人民法院副院长、庭长、副庭长、审判委员会委员、审判员。

第五条　在县人民代表大会闭会期间，常务委员会如果认为县人民法院院长需要撤换，须报请市中级人民法院报经市人民代表大会常务委员会批准。

县人民代表大会常务委员会根据县人民法院院长的提请，决定撤销县人民法院副院长、庭长、副庭长、审判委员会委员、审判员的职务。

第六条　县人民代表大会常务委员会根据县人民检察院检察长的提请，任免县人民检察院副检察长、检察委员会委员、检察员。

第七条　县人民代表大会常务委员会根据县人民检察院检察长的提请，决定撤销县人民检察院副检察长、检察委员会委员、检察员的职务。

第八条　县人民代表大会常务委员会主任会议、县人民代表大会常务委员会组成人员三分之一以上联名，可以向县人民代表大会常务委员会提出对县人民政府个别副职领导人员和其他由常务委员会任命的县人民政府、县人民法院、县人民检察院工作人员的撤职案。

第九条　在县人民代表大会闭会期间，县人民政府县长、县人民法院院长、县人民检察院检察长因故不能担任职务时，常务委员会根据主任会议提名，分别在副县长、副院长、副检察长中决定代理县长、代理院长、代理检察长人选。如果上述副职中没有合适的人选，可由主任会议另行提名，经常务委员会通过，先任命为副县长、副院长、副检察长，再决定代理县长、代理院长、代理检察长。代理县长、代理院长、代理检察长行使权职到下一次人民代表大会选出新的县长、院长、检察长为止。

常务委员会决定代理检察长后，由常务委员会和县人民检察院分别报市人民代表大会常务委员会和市人民检察院备案。

第十条　在县人民代表大会闭会期间，常务委员会主任因故不能工作或者缺位时，由常务委员会根据主任会议提名，在副主任中推选一人代理主任职务，直到主任能够工作或人民代表大会选出新的主任为止。

第十一条　县人民代表大会常务委员会根据常务委员会主任会议的提请，决定任免常务委员会办公室主任、副主任和工作委员会主任、副主任。

第十二条　县人民代表大会常务委员会代表资格审查委员会主任委员、副主任委员和委员的人选，由常务委员会主任会议在常务委员会组成人员中提名，常务委员会会议通过。

第十三条　县人民代表大会常务委员会的组成人员，不得担任地方国家行政机关、审判机关、检察机关的职务。如果担任上述职务，必须向常务委员会辞去其所担任的常务委员会的职务。

第十四条　县人民代表大会闭会期间，常务委员会组成人员，县人民政府县长、副县长，县人民法院院长，县人民检察院检察长，可以向常务委员会提出辞职，由常务委员会决定是否接受辞职。常务委员会接受辞职后，报下一次县人民代表大会备案。

常务委员会接受县人民检察院检察长的辞职后，由县人民检察院报经市人民检察院检察长提请市人民代表大会常务委员会批准。

第十五条　县人民代表大会常务委员会审议的人事任免案，提请机关对拟任免人选必须认真考察。人事任免案应以书面形式提出，应附有拟任免人员的任免理由，拟任命的人员还应附有简历和政绩表现，并应在常务委员会会议召开10日前将人事任免材料送县人民代表大会常务委员会选举任免联络工作委员会。否则，常务委员会当次会议不予审议。

常务委员会审议的撤销职务案，提请机关及提请人员须提出书面报告。并附有调查材料和结论。被提出撤职的人员有权提出申辩意见，其申辩材料经主任会议决定印发全体会议。

第十六条　人事任免案和撤销职务案，经县人民代表大会常务委员会主任会议决定是否提请常务委员会议审议。

常务委员会主任会议在审议人事任免案时，如果认为必要，可以责成提请机关补充有关材料，或组织常务委员会组成人员，通过审议工作报告、视察工作、依法质询等方式了解拟任人员的情况。

第十七条　县人民代表大会常务委员会审议人事任命案前，由常务委员会内务司法工作委员会对被提请任命的对象进行法律考试。未经考试或考试不及格者不能提交县人民代表大会常务委员会审议。

县人民代表大会常务委员会审议人事任免案时，提请人应向常务委员会会议作出说明；提请人不能到会说明时，可以委托提请机关其他副职领导人说明。审议时，提请机关应派人到会听取意见，回答询问。

被提请任命的县人民政府的组成人员，县人民法院副院长、审判委员会委员、庭长、县人民检察院副检察长、检察委员会委员，常务委员会决定任命前，必须到会作供职发言，并回答常务委员会组成人员的询问。供职发言材料，必须在会前按要求送县人民代表大会常务委员会选举任免联络工作委员会。

第十八条　县人民代表大会常务委员会议审议通过人事任免案、撤销职务案时，由常务会在组成人员中推选两名监票员，表决时采取无记名投票方式进行。以常务委员会组成人员的过半数通过。任免案和撤销职务案的表决结果，由会议主持人当场宣布。

常务委员会会议审议人事任免案，在交付表决前，提请机关要求撤回的，对该任免案的审议即行终止。常务委员会组成人员对拟任免人选意见不一致时，经主任会议讨论，可以提请常务委员会会议表决，也可以暂时不提请表决。

第十九条　县人民代表大会常务委员会决定任命的人员，除任命的副县长、代理县长、代理院长、代理检察长外，均当场颁发由常务委员会主任签署的任命书。

第二十条　县人民代表大会常务委员会通过人事任免案后，均对提请任免的机关发给人事任免通知，并抄送有关单位。人事任免名单应载入常务委员会《公报》。县人民政府组成人员、县人民法院副院长、县人民检察院副检察长、常务委员会办公室主任、副主任和工作委员会主任、副主任的任免，由《安化报》公布，并由县广播电台、电视台公开报道。

常务委员会审议通过的人事任免案和撤销职务案，需要上报备案和下达批复的，均按有关规定办理。

第二十一条　县人民代表大会常务委员会决定任免和撤职的人员，其任职、离职的时间，以常务委员会通过的时间为准。任命决定通过以前，非特殊情况有关部门不得对外公布，拟任人员不得到职；免职决定通过之前，非特殊情况不得离职。其中，须报经市人民代表大会常务委员会批准任免的人员的职务，以批准任免的时间为准，并在批准任免时公布。

第二十二条　县人民政府的局、委员会等工作部门的设立、增加、减少或者合并，由县人民政府报请上级人民政府批准，并报县人民代表大会常务委员会备案。

县人民代表大会常务委员会决定任命的局长、主任职务，如果所在单位机构的名称改变而职权范围没有改变的，可以不重新办理任免手续，但应由县人民政府报常务委员会行文明确。

县人民法院、县人民检察院所属机构撤销或合并的，原经常务委员会任命的工作人员的职务，由各有关单位分别报常务委员会注销，不再办理免职手续。合并后的新机构或者增加的机构，其工作人员需经常务委员会任命的，按本办法的有关条款办理。

第二十三条　本办法自通过之日起施行。1995年3月29日安化县第十二届人民代表大会常务委员会第17次会议通过的《安化县人民代表大会常务委员会关于人事任免表决方式的决定》同时废止。

安化县人大常委会信访工作办法

（2000年8月10日县第十三届人大常委会第17次会议通过）

第一条　为了维护公民、法人和其他组织的合法权益，维护社会稳定，依法做好人民群众来信来访工作，根据《中华人民共和国宪法》、《中华人民共和国地方各级人民代表大会和地方各级人民政府组织法》、《湖南省县级以上人民代表大会常务委员会监督条例》、《湖南省信访条例》等法律法规的有关规定，制定本办法。

第二条　在信访工作中，要遵循坚持党的领导的原则，不代行审判权、检察权和行政权的原则，集体行使监督权的原则。

第三条　本级人大常委会受理下列信访事项：

（一）对本级人大及其常委会、乡镇人大及其主席团的工作以及通过的决议、决定的建议、批评和意见；

（二）对本级人民政府及其行政执法部门、人民法院、人民检察院的工作的建议、批评和申诉；

三、对本级人大及其常委会选举任命的国家机关工作人员和常委会机关工作人员的违法失职行为的控告、检举；

四、对本级人民法院的判决、裁定和人民检察院不予起诉、抗诉决定及公安部门执法不公的申诉，应实行法律监督和督促的信访个案；

五、上级人大及其常委会转办、交办的信访事项；

六、依法应当受理的其他信访事项。

第四条 本级人大常委会受理的信访事项，按程序分三类办理：

第一类，一般信访事项，由人大常委会信访工作人员直接处理或转有关承办机关处理。

第二类，交办信访案件，以主任会议名义向承办机关发交办函，并要求在收到交办函之日起三个月内报告办理结果。交办函写明信访案由、申诉请求及主任会议的交办意见。

有下列情形之一的信访案件，可由主任会议交办：

1.司法机关已经生效的判决、裁定或决定主要事实不清、证据不足或者适用法律明显不当，存在严重错误的；

2.司法机关、行政机关在执法过程中违反法定程序，严重侵犯公民、法人和其他组织合法权益造成严重后果的；

3.司法机关、行政执法机关工作人员徇私枉法，侵犯公民、法人和其他组织合法权益造成严重后果的；

4.主任会议认为需要交办的。

第三类，对特别重大的信访案件，经主任会议研究决定，可以提请常委会审议并作出相应的决议或决定。

第五条 信访案件的一般处理程序

（一）所有信访案件都由信访工作人员统一编号、登记、接待，注明办理情况；

（二）转办的信访案件，由信访工作人员拟文，信访室负责人签发。要求报告结果的，应在转办时注明。

（三）交办的信访案件，由信访室拟文，常委会分管领导签发。信访室应将正式函件，连同有关信访材料直接送到承办单位或通知承办单位来人大常委会当面交办；

（四）常委会组成人员交由信访室处理的信访案件，信访室按批示要求负责办理；建议以常委会名议交办处理的，经主任会议研究决定；

（五）对拟交办的信访案件，信访工作人员对有关案件事实不清楚的，应向有关人员、单位及办案机关调查了解，掌握情况。必要时，经主任会议决定，可调阅案卷；

（六）对重大疑难案件，主任会议或常委会工作委员会可以听取有关法律学者和有实践经验的专业人士的意见。

第六条 交办案件的督办和反馈。

（一）督办。对交办的信访案件，信访工作人员应了解和掌握办理进度，对未按期办结的应采用各种方式进行催办，经分管的负责人同意，可以开会督办或提请主任会议督办。

（二）反馈。承办单位报来的交办案件的办理结果，信访工作人员应及时送办公室和领导阅知。同时向有关单位和人员反馈办理结果。

承办机关对交办案件未依法纠正，且存在严重司法不公，违法行政的，经主任会议决定，可依法向有关承办机关提出质询。并责成有关机关依法依规追究责任。

第七条 信访案件的归档立卷。

信访工作人员对信访案件要做好转办函、交办函的报批、发文、归档等工作。

交办案件的主要材料，有关负责人的批示等应复印存档备查。交办案件办结后，应将交办案件的有关材料进行整理，装订成卷归档。

第八条　本办法自通过之日起施行。

安化县人大常委会个案监督办法

（2005年7月29日县第十四届人大常委会第18次会议通过）

第一章　总　则

第一条　为了规范县人大常委会对司法机关和行政执法机关的个案监督工作，促进依法行政、公正司法，保障公民、法人和其他组织的合法权益，根据《中华人民共和国宪法》、《中华人民共和国地方各级人民代表大会和地方各级人民政府组织法》等有关法律、法规，结合本县实际，制定本办法。

第二条　实施个案监督应当遵循下列原则：

（一）督促被监督机关依法履行职责；

（二）程序监督和事后监督为主；

（三）集体行使监督权；

（四）监督事与监督人相结合。

第三条　县人大常委会行使个案监督权。

县人大常委会主任会议负责个案监督工作。

县人大常委会各工作委员会承办个案监督的具体工作。

县人大常委会信访工作机构按照有关规定配合各工作委员会办理个案监督的相关事宜。

第二章　个案监督的范围和案件来源

第四条　个案监督的范围

（一）应当受理而不受理，应当立案而不立案，致使当事人多处上访，多次上访的；

（二）程序和实体有明显错误，适用法律明显不当，应当纠正而不依法及时纠正的；

（三）办案人员有执法犯法、徇私枉法、玩忽职守、贪赃枉法等违法行为，办案机关不及时查处或查处不力的；

（四）国家机关、其他组织、法人、公民违法干涉行政机关依法行政、司法机关独立行使司法权，造成严重后果的；

（五）上级和本级人大转办要求报告结果的案件，经转办逾期不报告结果，或者经两次报告结果，仍未依法结案的。

第五条　案件来源

（一）公民、法人和其他组织对行政、司法机关及其工作人员提出申诉、控告、检举的案件；

（二）全国、省、市和县人大代表所提出的案件；

（三）全国、省、市人大常委会交办的案件；

（四）县人大常委会、县人大常委会主任会议在行使职权过程中发现的需要重点督办的案件；

（五）县人大常委会各工作机构通过执法检查、调查等途径发现的需要重点督办的案件；

（六）乡镇人大及其主席团提请监督的案件；

（七）行政、司法机关提请监督的案件。

第三章　个案监督的程序和方式

第六条　县人大常委会各工作委员会负责对受理的案件进行初审，对符合个案监督条件的交县人大信访工作机构填写个案监督登记表，转被监督单位办理。被监督单位应在三个月内报告办理结果。县人大信访工作机构应将案件办理情况及时向有关工作委员会通报。

对逾期不报告结果，或经审查认为查办结构仍有错误的案件，由县人大常委会有关工作委员会提请主任会议决定，向被监督机关发出《个案监督通知书》。

县人大常委会有关工作委员会对受理的重要案件，根据案情可以直接提请主任会议决定，向被监督机关发出《个案监督通知书》。

被监督机关应当自收到《个案监督通知书》之日起三个月内向县人大常委会报告办理结果。确需延长办理期限的，应当向县人大常委会提出书面申请，但延长的期限最长为一个月，法律、法规有明确规定的按照规定执行。对群体性申诉、控告案件，直接影响生产生活的紧急案件，办理期限不得超过三十日，具体期限由主任会议决定。

第七条　被监督机关对县人大常委会发出的《个案监督通知书》有不同意见的，可以在收到《个案监督通知书》之日起十五日内向县人大常委会提出书面意见，县人大常委会在收到书面意见后十五日内作出答复。

第八条　县人大常委会主任会议及各工作委员会在个案监督过程中，发现无本办法第四条所规定情形的，应当及时终止监督程序，并书面通知被监督机关。

第九条　办理个案监督案件的人员有下列情形之一的应当回避，被监督机关或者当事人有权向县人大常委会主任会议申请其回避：

（一）是本案当事人或者当事人近亲属的；

（二）本人或者其近亲属与本案有利害关系的；

（三）担任过本案的证人、鉴定人、辩护人、诉讼代理人的；

（四）担任过本案的侦查、检察、审判人员的；

（五）与本案有其他关系，可能影响案件公正处理的。

第十条　对进入个案监督程序的案件，县人大常委会主任会议或有关工作委员会可以采取听汇报、调卷审查、组织人员调查等形式，查清有关情况，监督被监督机关对案件及时作出正确处理。

第十一条　对于无法定事由不认真执行《个案监督通知书》规定，使案件久拖不决的，县人大常委会可以依法向被监督机关提出质询。

第十二条　对于因为得不到正确及时处理而在社会上造成重大影响的案件，经县人大常委会决定，依法成立特定问题调查委员会进行调查。县人大常委会根据特定问题调查委员会的调查报告作出相应的决议或决定。

第十三条　个案监督案件结案后，县人大信访工作机构应在十五日内将查处结果答复申诉、控告、检举人及有关当事人和单位。必要时，可以将处理结果向社会公布。

第十四条　被监督机关在依法查处个案监督案件过程中遇到重大干扰和阻力的，县人大常委会依法支持有关机关排除干扰，依法行政、公正司法。

第四章　责任追究

第十五条　在个案监督过程中，发现被监督机关有下列行为之一的，对其主管责任人员和直接责任人员，监督有关机关分别给予批评教育或者相应的行政处分，构成犯罪的，监督司法机关追究其刑事责任；属于县人民代表大会及其常委会选举任免的国家机关工作人员，由主任会议进行诫勉谈话，直至依法撤销其职务，或提请县人民代表大会启动罢免程序：

（一）对交办的个案不办理、不答复、不报告或者敷衍塞责，不认真办理的；

（二）隐瞒事实真相，故意提供虚假情况和材料，阻碍对案件进行调查的；

（三）袒护违法人员或者打击报复申诉人、控告人、检举人及其他有关人员的。

第十六条　对通过个案监督发现的错案和违法办案行为，依照有关法律、法规追究有关责任机关和责任人的责任。

第十七条　个案监督工作人员有下列行为之一的，视其情节轻重，分别给予批评教育、行政处分，直至依法追究刑事责任：

（一）应当回避而不回避，与被监督机关人员串通，借个案监督之名徇私舞弊的；

（二）泄露案件秘密或者索贿、受贿造成不良影响的；

（三）故意包庇违法机关和违法人员，或者违法干扰被监督机关依法履行职责的。

第五章　附　则

第十八条　本办法适用于安化县行政执法机关、审判机关、检察机关。

对经授权或者委托具有行政执法职能的其他组织、驻安上属行政执法部门的个案监督，参照本办法执行。

第十九条　本办法由安化县人大常委会负责解释。

第二十条　本办法自通过之日起施行。

三、县人大及常委会通过的有关决议决定（选录）

关于将军等6个乡（镇）人民代表大会在选举乡（镇）长、副乡（镇）长时有关问题的决定

（1987年4月21日县第十届人大常委会第2次会议通过）

安化县第十届人民代表大会常务委员会听取了办公室关于将军等6个乡（镇）人民代表大会对未获法定票数的乡（镇）长、副乡（镇）长候选人宣布当选情况的调查汇报。

将军乡第六届人民代表大会代表40人，1月9日乡六届人大一次会议选举时，实到代表32人，乡长候选人贺图南实得选票20张，只占全体代表的50%。

南金乡第六届人民代表大会代表42人，1月9日乡六届人大一次会议选举时，实到代表34人，副乡长候选人夏安儒实得选票17张，只占全体代表的40.5%。

烟溪镇第六届人民代表大会代表90人，1月6日镇六届人大一次会议选举时，实到代表82人，廖文忠实得选票30张，只占全体代表的33.3%。

陈王乡第六届人民代表大会代表52人，1月5日乡人大一次会议选举时，实到代表49人，副乡长候选人王先岩实得选票25张，只占全体代表的48%。

杨林乡第六届人民代表大会代表64人，1月9日乡六届人大一次会议选举时，实到代表55人，副乡长候选人杨卫国实得选票28张，只占全体代表的44%。

木子乡第六届人民代表大会代表64人，1月8日乡六届人大一次会议选举时，实到代表57人，副乡长候选人刘晓春实得选票30张，只占全体代表的47%。

上述人员，乡（镇）人民代表大会均已宣布当选。

根据《中华人民共和国地方各级人民代表大会和地方各级人民政府组织法》第十九条关于“地方各级人民代表大会进行选举和通过决议，以全体代表的过半数通过”的规定，贺图南、夏安儒、廖文忠、王先岩、杨卫国、刘晓春等6同志的实得选票数没有达到全体代表的过半数，这些乡（镇）的人民代表大会认定他们为乡（镇）长、副乡（镇）长，明显违反了地方组织法的规定。全会决定予以撤销。

关于人事任免表决方式的决定

（1987年6月28日县第十届人大常委会第3次会议通过）

安化县第十届人民代表大会常务委员会第三次会议，审议了谢复珍等三名委员提出的关于改进人事任免工作的议案。根据《中华人民共和国地方各级人民代表大会和地方各级人民政府组织法》的规

定和我县实际情况，现就人事任免表决方式作如下决定：

一、常务委员会对下列人员的任免采用无记名投票的表决方式：副县长的个别任免；县人民政府各办委主任、局长的任免；县人民法院副院长和县人民检察院副检察长的任免；县人民代表大会常务委员会办公室，各工作委员会主任、副主任的任免。同时，在县人民代表大会常务委员会主任因健康情况不能工作或者缺位的时候推选代理主任，在县长、县人民法院院长、县人民检察员检察长因故不能担任职务的时候决定代理的人选，也采用无记名投票的表决方式。常务委员会任免其他国家机关工作人员，采用举手表决方式。

二、常务委员会任免国家机关工作人员，在采用无记名投票方式或举手表决方式前，应进行充分的酝酿、讨论，必要时，由提请任免单位的主要负责人答复主任、副主任和委员提出的有关问题。

三、常务委员会会议用无记名投票方式进行表决的时候，以常务委员会组成人员的过半数通过。由会议工作人员向会议主持人报告计票结果，会议主持人向会议宣布表决结果。

四、本决定自通过之日起实行。

关于有关专项资金和重点建设项目的审议规定

（1990年4月11日县第十一届人大常委会第2次会议通过）

为了加强决策的民主性、科学性、全理的、有效的使用专项资金和预算外资金，保证投资方面的准确性，以利我县国民经济持续、稳定、协调地发展。根据《中华人民共和国地方各级人民代表大会和地方各级人民政府组织法》的有关规定，结合我县实际，特对我县有关专项资金和重点建设项目作出如下审议规定：

1.每年城市建设维护费，林业“两金一费”（育林基金，更新改造基金、管理费）的安排使用方案，由主管部门报送县人民政府常务会议审核后，由县人民政府报县人大常委会，县人大常委会授权主任会议审议通过，方可使用。

2.县办或县乡（含处、镇、场）合办的重点建设项目，在可行性论证之后，正式立项之前，投资在300万元以上500万元以下的生产性建设工程，投资在100万元以上，200万元以下的非生产性建设工程，由主管部门报县人民政府常务会议审核后，由县人民政府报县人大常委会，县人大常委会授权主任会议审议通过；投资在500万元以上800万元以下的生产性建设工程和投资在200万元以上非生产性建设工程，由主管部门报县人民政府常务会议审核后，再报请县人大常委会会议审议通过；投资在800万元以上的生产性建设工程，主管部门报县人民政府常务会议审核后，由县人民政府提请县人民代表大会审议决定。在特殊情况下，来不及召开人民代表大会时，由县人大常委会审议决定后，提请下一次县人民代表大会追认。

3.上述规定自通过之日起实行。

关于对县人民政府组成单位和县人民法院、县人民检察院中由县人大常委会任命的国家机关工作人员进行考评的决定

（1995年9月27日县第十二届人大常委会第20次会议通过）

为了加强对县人民政府组成单位和县人民法院、县人民检察院（以下简称“一府两院”）中县由人大常委会任命的国家机关工作人员的法律监督和工作监督，督促其严格执法，秉公办事，廉洁自律，勤政为民，从而促进“一府两院”的工作，根据本届人大四次会议有关决议精神和常委会1995年工作要点要求，县第十二届人大常委会第二十次会议决定，对“一府两院”中由县人大常委会任命的国家机关工作人员进行考评，在考评的的基础上，县人大常委会评选出优秀公务员和优秀法官、优秀检察官，依法授予荣誉称号。

为具体组织实施好这次考评，决定成立安化县人大常委会干部考评工作委员会，由王定中任委员会主任，陈君吾、黎金龙、游晓岚、姚让之、朱克安任副主任，刘应生、陈道交、刘昭曙、吴余保、伍惠予任委员。

关于科教兴县的决议

（1996年1月30日县第十二届人民代表大会第五次会议通过）

为了认真贯彻中共中央十四届五中全会精神，全面落实中共中央、国务院《关于加速科学技术进步的决定》与《中国教育改革和发展纲要》，努力实施“科教兴县”战略，促进我县经济持续、快速、健康发展，特作如下决议。

一、关于科教兴县的意义和地位

（1）科学技术是第一生产力，教育是基础。当今世界，科技革命日新月异，已经成为决定国家综合国力强弱和国际地位高低的首要因素。面对国际经济、科技的激烈竞争和人口多、底子薄、人均资源相对不足的国情，中共中央、国务院提出实施“科教兴国”战略，这是历史的必然选择。

（2）“八五”期间，我县科技与教育对促进经济与社会发展起了较大的推动作用，但是从整体看国民经济增长科技含量低。而且，目前科技和教育任明显滞后于经济发展的需求，不能适应经济增长方式从粗放型向集约型转变。因此，坚定不移地实施“科教兴县”战略，加快“科教兴县”步伐，是实现我县经济超常发展的根本举措，是强县富民必由之路。

（3）在“九五”时期和下世纪初，各级各部门和全县人民必须高举科教兴县旗帜，真正把科技和教育摆在经济和社会发展的优先位置，大力推进科技进步，大力发展教育事业，大力弘扬尊重知识、尊重人才的社会风尚。

二、关于科教兴县的目标与重点

（4）科学技术必须努力长入经济，促进经济增长方式从粗放型转向集约型，提高经济增长科技含量。2000年，科学技术对经济增长的贡献率要求达到55%以上。

（5）教育必须面向现代化、面向世界、面向未来，致力提高县民素质，为经济建设培养跨世纪的优秀人才。2000年，基本普及九年义务教育，基本扫除青壮年文盲。

（6）加速科学技术进步的重点是：第一、围绕全县“九五”计划“双十双六”工程，集中力量进行农产品基地建设技术开发和支柱工业发展技术攻关，提高产品市场竞争能力和经济效益。第二、推广农业实用技术。主要是推广以良种良法为重点的粮食增产技术、畜禽饲养技术、经济林和经济作物培管技术，大面积促进农业增产增收。第三、提高企业科技素质。重点是引进和应用国内外科学的管理方法和高新技术，提高企业管理水平和产品开发能力。第四、开展全省社会发展综合试验区项目建设和“星火”示范乡镇建设，提高全县科技工作整体水平。

（7）加速教育事业发展的重点是：加快普及九年义务教育和青壮年扫盲步伐，提高全县人民的基本文化素质；加快发展职业技术教育，培养一代有文化、懂技术的新型农民和企业家。

三、关于科技兴县的政策和社会环境

（8）必须大力加强对“科教兴县”工作的领导。“一把手”要抓第一生产力；各级政府要把科技与教育工作列入重要工作议程；全县建立健全“科教兴县”领导体系和服务网络。

（9）必须努力增加科技和教育投入。县乡（镇）两级财政要按政策拨足科技三项经费和科学事业费，确保每年对科技、教育投入的增长高于财政经常性收入增长幅度；企业要按政策提足科技开发基金；全县要按政策足额征收国家和省规定的城乡教育事业费附加和县委、县政府（1994）4号文件规定新开征的三项教育费附加。

（10）必须建立健全科教兴县激励机制。要认真落实和努力提高科技人员的政治、生活待遇，鼓励科技人员下乡、下厂，开展技术承包和技术服务；要逐步建立健全科教兴县考核、奖惩制度，较大幅度地提高科教兴县在全县“双文明”目标管理中的比重；要进一步发展“科教兴县奖励基金”，积极建立“人民教育奖励基金”，每年扶植一批科技致富典型，重奖一批为科教兴县作出了重大贡献的功臣。

（11）必须大力加强科教兴县舆论宣传工作，强化全县人民科教兴县意识，增强科教兴县的自觉性和紧迫感。

（12）必须认真开展科技、教育执法工作，加大督查督办力度，维护科技、教育法规法定的严肃性。

关于加强民主法制建设，实施依法治县的决议

（1998年1月2日县第十三届人民代表大会第一次会议通过）

根据八届全国人大四次会议提出的“依法治国，建设社会主义法制国家”的战略目标和党的十五大确定的“继续推进政治体制改革，进一步扩大社会主义民主，健全社会主义法制，依法治国，建设社会主义法治国家”的基本方略，为保障我县“九五”计划2010年远景目标的实现，促进社会主义民主法制建设的不断发展和社会全面进步，安化县第十三届人民代表大会第一次会议特作出加强民主法制建设，实施依法治县的决议：

一、深入宣传发动，统一思想认识。依法治县是实施依法治国战略目标的重要组成部分，同时也

是发展我县社会主义市场经济客观需要，是加强我县民主法建设，维护社会安定团结的重要保障，是推动两个文明建设,促进社会全面进步的重大措施。依法治县就是全县人民在中共安化县委的集中统-领导下，高举邓小平理论伟大旗帜，以党的十五大情神为指针，依照宪法和法律的规定，参与管理国家政治、管理经济文化事业、管理各项社会事务，保证全县各项工作逐步走上法治的轨道。为此，各级各部门各单位都要大造舆论声势，广泛深入地开展宣传发动，使全县人民都明确依法治县的实质、目的和意义，自觉地投身到依法治县这一宏大的社会系统工程中去，不断加快社会主义民主法制建设，全面推进依法治县工作的顺利进行。

二、抓好普法教育，提高法律素质。法制宣传教育是开展依法治县的一项十分重要的基础工作。要认真贯彻落实安化县第十二届人大常委会第30次会议通过的《关于继续开展法制宣传教育的决议》，加大普法的力度，要建立健全普法考核激励机制，采取多种有效形式，扎扎实实地抓好法制宣传教育，不断提高广大公民特别是各级领导干部的法律素质。要坚持推行干部《普法合格证》制度。要把学习宣传邓小平民主法制理论同学习宣传国家宪法和法律紧密结合起来，不断增强全民运用法律武器维护自身合法权益，履行法定义务，敢于向违法犯罪行为作斗争的意识。尤其要提高各级领导干部、司法和执法人员依法行政、依法办事的能力和水平，为实行依法治县奠定良好的基础。

三、坚持公正司法，严格依法行政。全县各级行政机关必须依法行政，切实保障公民权利，要实行执法责任制和评议考核制。司法机关必须依法独立公正地行使审判权和检察权，不受行政机关、社会团体和个人的干涉。要建立冤案、错案责任追究制度。“一府两院”都要制定依法治理实施方案，真正做到有法必依，执法必严，违法必究。要建立健全执法不受行政机关、社会团体和个人的干涉。要建立健全执法 体制，明确执法主体，理顺执法关系，规范执法行为，增强执法的透明度和公开性。要坚决纠正以言代法，以权压法，以罚代法等现象。国家机关工作人员尤其是各级领导干部要严格依法办事和文明执法，排除各神干扰，自觉抵制行业不正之风，防止侵权、渎职、玩忽职守等违法犯罪行为的发生。对全县行政执法人员、审判人员、检察人员要实行法律知识资格考试和专业考核制度。要进行定期培训和岗位轮换。要适时地调整充实行政执法和司法队伍，对少数腐败分子必须坚决清除，纯洁执法队伍。

四、着力加强基层基础工作，广泛开展依法治理活动。基层民主生活制度化、规范化是保证人民当家做主，调动各方面积极性，维护安定团结的基础。要认真贯彻《工会法》、《村民委员会组织法》和《城市居民委员会组织法》，建立健全职工代表大会制度，保障村(居)民实行自治，由群众依法管理自己的事情。要深入开展依法治村、治厂、治校、治店等基层单位的依法治理工作，认真落实普法 执法责任制，坚持严打方针，坚决扫除黄赌毒等社会丑恶现象，遏制重大刑事犯罪，增强人民群众的安全感。要加强社会治安综合治理，打防结合，预防为主，加强教育和管理，由群众依法管理自己的事情。要深入开展依法治村、治厂、治校、治店等基层单位的依法治理工作，认真落实普法执法责任制，坚持严打方针，坚决扫除黄赌毒等社会丑恶现象，遏制重大刑事犯罪，增强人民群众的安全感。要加强社会治安综合治理，打防结合，预防为主，加强教育和管理，创造良好的社会治安环境，促进社会稳定和经济发展。

五、建立健全监督机制，加大执法监督力度。县人大及其常务委员会应当把保证宪法、法律、行政法规和上级人大及其常委会决议决定在本行政区域内的遵守和执行作为依法行使职权的头等大事，建立健全一套强有力的法律监督机制，坚持执法检查、干部考评、评议执法部门等行之有效的监督形式,坚持把法律监督、群众监督和舆论监督结合起来，把监督工作提高到一个新的水平。要加强对各级干部，特别是由人大及其常委会选举任命的干部的监督，防止践踏和滥用人民给予的权力。要切实把好任免关，对“一府两院”提请人大常委会任命的人员，任职前要广泛听取群众意见,任职时必须作从政发言,并进行法律知识考试。广大人民群众始终是依法治县的主体，动员广大人民群众积极参与监督是最行之有效的途径。要通过各种形式的有力监督，促使司法人员、执法人员和广大干部特别是各级领导干部秉公执法，文明执法，自觉维护社会主义法制的统一与尊严。“一府两院”要自觉接受监督，逐步完善内部执法监督机制，及时纠正执法错误，保证国家宪法和法律法规在本行政区域内的正确实施。

六、切实加强领导，落实措施保障。依法治县，既是一个渐进的历史过程，又是一项全方位、多层次的社会系统工程，必须在党委的统一领导下，各部门实行齐抓共管，集全县人民的智慧，举全县各方之力，才能使依法治县的工作健康稳步发展。要建立一个总揽全局的领导班子和勤政务实的工作机构，制定“九五”期间至2010年依法治县的实施方案，各级各部门各单位都要制订依法治理的实施细则。要解决和落实依法治县的机构和编制，经费问题要列入财政预算，保障依法治县工作全面有效的实施。

关于规范法律服务市场秩序的决议

（2002年7月31日县第十三届人大常委会第30次会议通过）

为规范我县法律服务市场秩序，优化法律服务环境，提高法律服务质量，发挥律师和基层法律服务工作者在社会主义民主法制建设中的积极作用，保障公民、法人和其他组织的合法权益，促进我县的社会政治大局稳定和经济健康发展，根据《中华人民共和国律师法》和《湖南省基层法律服务所条例》等有关法律法规的规定，结合我县实际，作如下决议：

一、只有依法成立的律师事务所、基层法律服务所才有权在法定的业务范围内向社会提供有偿法律服务，其从业人员必须依法取得执业证书。其他任何单位和个人均不得从事有偿法律服务。

人民团体和诉讼当事人所在单位不得为非法执业人员出具推荐手续，任何单位和个人不得为非法执业人员出具虚假亲友关系证明。

二、各律师事务所和基层法律服务所要加强规范化管理，特别是要坚持统一收案收费和挂牌亮证服务制度，严格按标准收费。律师和基层法律服务工作者应当恪守职业道德和执业纪律，努力学习业务，不断提高服务质量，自觉接受社会各界和广大人民群众的监督。严禁律师和基层法律服务工作者私自收案收费和贿赂司法工作人员。

律师和基层法律服务工作者必须按照国家规定承担法律援助义务，尽职尽责，为受援人提供法律服务。法律援助中心要依法做好法律援助的指导、协调、组织和实施工作，切实维护弱势群体的合法权益。

三、司法行政机关是法律服务市场的法定主管机关，对法律服务机构和人员的执业审批，必须严格把关，防止不符合条件的机构和人员进入法律服务市场。要加强对法律服务机构及其从业人员的指导和监督。要依法查处法律服务机构及其从业人员在执业中的违法违纪行为。司法行政机关和公安机关要按照各自的职权，依法打击和惩治非法执业行为。

审判机关、检察机关在诉讼过程中，要加强对辩护人、诉讼代理人资格的审查。对律师、基层法律服务工作者办案手续不全或执业证未经年检注册的；以单位当事人内部工作人员、有关人民团体工作人员及当事人近亲属的身份接受委托，但未提交有效身份证明的；其他公民未提交必要的身份证明和司法行政机关出具的无偿法律服务证明的，一律不得允许其参加诉讼。严禁司法工作人员介绍或纵容非法执业人员承办刑事辩护和诉讼代理业务。审判机关、检察机关在诉讼过程中发现非法执业行为和律师、基层法律服务工作者违法违纪行为的，应当及时通知司法行政机关进行查处，并为司法行政机关查处案件提供方便。辩护人、诉讼代理人妨碍诉讼的，有关司法机关应当依法予以制裁，构成犯罪的，依法追究刑事责任。上述机关的工作人员不履行监管职责的，应当依法严肃处理。

四、本决议自2002年9月1日起施行，并授权安化县司法局负责解释。

关于《安化县乡镇行政区划调整方案》的决议

（2005年12月19日县第十四届人大常委会第21次会议通过）

根据有关规定，安化县第十四届人大常委会第21次会议依法审议并通过了县人民政府关于《安化县乡镇行政区划调整方案》的议案。会议认为：县人民政府关于乡镇行政区划调整方案按照合理调整乡镇行政区划、科学划分乡镇类别的原则，比较合理、比较稳妥、比较切合安化的实际，符合国务院及省、市有关推进农村综合配套改革试点工作的精神。会议原则通过的安化县乡镇行政区划调整方案如下：

一、将我县所辖29个乡镇、1个建镇试验区调整为23个乡镇（其中镇18个，乡5个）。

二、调整行政区划后的乡镇名称和政府驻址：

1.梅城镇：撤销原栗林乡、梅城镇，合并组建新的梅城镇，镇政府驻址设原梅城镇；

2.大福镇：撤销原东山乡、新桥建镇试验区、大福镇，合并组建新的大福镇，镇政府驻址设原大福镇；

3.江南镇：撤销原洞市乡、江南镇，合并组建新的江南镇，镇政府驻址设原江南镇；

4.东坪镇：撤销原木子乡、杨林乡、东坪镇，合并组建新的东坪镇，镇政府驻址设原东坪镇；

5.马路镇：撤销原苍场乡、马路镇，合并组建新的马路镇，镇政府驻址设原马路镇；

6.古楼乡：县柘溪林场管辖的8个村、县林科所管辖的1个村行政区并入古楼乡，乡政府驻址不变。

三、维持行政区划现状不变的乡镇：

清塘铺镇、乐安镇、仙溪镇、长塘镇、滔溪镇、小淹镇、羊角塘镇、冷市镇、柘溪镇、烟溪镇、平口镇、渠江镇、奎溪镇、高明乡、田庄乡、龙塘乡、南金乡。

关于加快旅游产业发展推进茶旅一体化工作的决议

（2012年11月28日县第十六届人民代表大会第一次会议通过）

县第十六届人民代表大会第一次会议共收到10人以上代表联名提出的关于旅游、茶产业建设方面的议案5件。各代表团结合审议政府工作报告，对旅游产业、茶产业发展进行了认真讨论。多个代表团认为，发展旅游产业、茶产业，是“3+2”发展战略的关键内容，是富民强县的重要措施，同时具有巨大的融合空间和发展潜力。为此，会议特作出如下决议：

一、要高度重视茶旅一体化建设。我县旅游产业、茶产业具有十分丰富的资源，悠久的历史和厚重的特色文化，且目前已初具规模，广大人民群众也初步尝到了产业甜头。今后，要站在发展“无烟工业”、可持续发展和绿色崛起的高度，牢固树立持之以恒、做大做强的战略思想，推进旅游产业和茶产业的深度融合，彰显区域个性和发展潜力。

二、制定切实可行的规划，建立健全机制体制。要尽快启动可行性研究和系统规划，制定分阶段实施方案。整合旅游、茶叶资源，统一打造具有特色明显、竞争主动的旅游品牌。要研究发展机制，做到有序、有度、有力开发，并组建相应的工作机构，协调行动，整体推进。

三、加强政策和资金支持，保障茶旅一体化健康快速发展。发挥我县茶文化深厚底蕴、旅游资源丰富和国家重点扶持的政策优势，积极向上争取项目和资金支持。捆绑使用相关项目资金，解决发展的引导和瓶颈问题。

四、妥善解决发展与保护的关系，实现有序健康发展。要在注重保护现有旅游资源的基础上，突出观光茶园基地、现代茶叶生产企业和重点景区景点建设。进一步加大宣传推介力度，全面提升我县茶产业、旅游产业的知名度。对一些历史悠久、特色明显的景点、景区，若开发条件尚不成熟，则应建立保护机制，等待时机，蓄积力量，迎接发展。

关于推进法治安化建设的决议

(2013年7月26日县第十六届人大常委会第5次会议通过)

为深入贯彻省委《法治湖南建设纲要》和省人大常委会《关于推进法治湖南建设的决议》、市人大常委会《关于推进法治益阳建设的决议》精神，不断提高我县经济、政治、文化、社会及生态文明建设的法治化水平，努力营造公开、公平、公正、可预期的法治环境，保障和促进经济社会又好又快发展，现就推进治安化建设作出如下决议：

一、深化认识推进法治安化建设的重大意义。建设法治安化是进一步营造安化良好法治环境，提升安化核心竞争力的需要。推进法治安化建设，对于深入贯彻科学发展观，全面落实依法治国基本方略，牢固树立社会主义法治理念，切实提高民主法治水平，加强和创新社会管理，加快推进绿色安化建设，具有十分重大的意义。全县各级各部门要从全局和战略的高度，充分认识推进法治安化建设的重要性、紧迫性和艰巨性，进一步增强责任感和使命感，切实把各项任务落到实处，齐心协力推进法治安化建设。

二、坚持党的领导、人民当家做主和依法治国的有机统一，发展社会主义民主政治。坚定不移地走中国特色社会主义政治发展道路，坚持在党的领导下发展社会主义民主，建设社会主义法治，把党的领导贯穿于法治安化建设的全过程和各方面。坚持和完善人民代表大会制度，保障各级国家权力机关依法行使宪法和法律赋予的各项职权。坚持多党合作和政治协商制度，发挥民主监督、参政议政的作用。加强基层民主政治建设，进一步健全民主制度，保证基层群众依法直接行使民主权利。推进民主的制度化、规范化、程序化，保障人民的知情权、参与权、表达权、监督权。

三、坚持和完善人民代表大会制度，依法行使人大及其常委会的各项职权。进一步完善监督机制，扎实开展法律监督和工作监督，提高监督实效，支持和促进“一府两院”依法行政、公正司法，确保行政权、审判权、检察权得到正确行使，确保公民、法人和其他组织的合法权益得到尊重和维护。适时审议决定本行政区域内关系改革发展稳定大局和群众切身利益、社会普遍关注的重大事项。依法选举任免国家机关工作人员，切实加强任后监督。加强和改进代表工作，支持和保障代表依法履职。

四、全面推进依法行政，着力构建法治政府。深化行政管理体制改革，切实履行政府经济调节、市场监管、社会管理和公共服务的职能。创新政府管理方式，加快推进政府服务法治化。遵循重大行政决策程序，推进决策民主化、科学化、法制化。遵循行政执法程序，规范行政裁量权行使。加强行政执法责任追究，切实解决行政不作为、乱作为和行政管理错位、缺位、越位等问题。全体行政机关工作人员特别是领导干部，带头学法、守法、用法，依法执行公务，依法履行职责。

五、切实促进司法公正，提高司法公信力，维护社会公平正义。深化司法体制和工作机制改革，健全完善司法职权结构和组织体系。保障审判机关、检察机关依法、独立、公正行使审判权、检察权，切实维护司法公正和司法权威。加强司法规范化建设，全面规范自由裁量权，推进量刑规范化改革，统一裁判和执法尺度。加强司法公信力建设，推进司法公开，加大预防和惩治职务犯罪力度，健全司法纠错机制和责任追究机制，严厉惩治司法腐败。加大生效裁判的执行力度，有效解决执行难问题。加强和规范法律服务，为公民、法人和其他组织提供优质高效的法律服务和帮助。加强司法队伍建设，树立司法为民的良好形象。

六、加强和创新社会管理，促进社会和谐稳定。以人民群众满意为标准，切实加强社会管理体制、机制建设。加快推进以保障和改善民生为重点的社会建设，保证全体社会成员共享改革发展成果。加强社会信用建设，完善社会信用体系建设。切实发挥工会、共青团、妇联等人民团体参与社会管理和公共服务的作用，发展和规范社会组织，创新社会管理方式。大力推进基层依法治理，健全“四位一体”村级组织管理模式。畅通社情民意表达渠道，完善多元化的矛盾纠纷解决机制，构建以人民调解、行政调解、司法调解联动为主体的大调解工作格局。加强新形势下的信访工作，依法规范信访行为，注重运用法律手段调节社会关系，平衡社会利益，解决社会矛盾，促进社会和谐。加强基层法律服务和法律援助工作，切实维护人民群众合法权益。深入开展“平安安化”创建活动，完善社会治安防控体系，完善突发公共事件应急处置机制，提高应急管理能力。加强安全生产应急救援能力建设，切实维护社会安全稳定。

七、突出法治惠民，强化法治建设在绿色安化建设中的保障作用。大力推进经济法治、文化法治和生态文明法治建设，切实关注民生民利，突出法治惠民。加强城乡统筹规划，严格执行规划，保证规划的严肃性。依法加强城镇管理，提升城镇管理水平，推进企业依法经营。依法规范市场经济秩序，营造健康有序、公平竞争、诚实守信的市场经济环境。健全生态文明建设制度体系，加大资源环境执法力度，为全县人民构建宜居宜业的生产生活环境。

八、强化对权力运行的制约和监督，确保权力规范行使。建立健全决策权、执行权、监督权既相互制约又相互协调的权力机构和运行机制，全面推行工作责任制和责任追究制。完善监督制度，将党内监督、人大监督、行政监督、法律监督、民主监督、群众监督、舆论监督有机结合，支持政协和各民主党派履行监督职能，推进监督工作制度化、规范化、法制化。加强政府内部层级监督和专门监督，支持审计、监察等部门依法行使监督权，强化对重要部门、重大事项和重要岗位的监督。加强司法监督，健全公安、检察、审判机关相互配合、制约和监督的工作机制，加大惩治和预防职务犯罪力度。建立健全对人民群众和新闻媒体反映问题的受理办理机制，推进预防腐败信息系统建设。

九、深入开展法治文化建设，大力弘扬法治精神。加强法治文化建设，通过学法用法强化全社会法律意识、法治理念和法治精神。坚持法德并重、法德协力，切实加强社会主义法治理念教育和崇法尚德教育，在全社会树立法治信仰，形成法治风尚。加强公民意识教育，树立社会主义民主法治、自由平等、公平正义理念，引导公民依法维护自己的合法权益和正确履行公民义务，有序表达合理诉求。扎实开展普法学习和法制宣传教育，深入推进法律进机关、进乡村、进社区、进学校、进企业、进单位活动。加强法治文化传播体系建设，完善城乡公共活动场所法制宣传教育设施。依法发展文化事业和文化产业，切实加强文化市场监管，促进文化市场健康有序发展。

十、加强组织保障，认真落实法治安化建设各项工作任务。各级党委要切实加强对法治安化建设工作的领导，把法治安化建设工作纳入经济社会发展的总体目标和重要议事日程。各级人大要重视法治安化建设工作，结合人大的职能有序推动本地的民主法治建设。各级政府要对本行政区域内的依法行政负总责，建立健全由政府主要负责人负责的依法行政工作机制，统一领导、综合协调本地依法行政工作，把法治建设宣传、组织、实施等所需的各项工作经费列入各级财政预算，为法治建设提供良好工作条件。各级政协要加强民主监督，积极为法治安化建设建言献策。法院、检察院要严格执行法律法规，切实做到公正司法。不断拓宽人民群众参与民主法治的渠道，确保法治安化建设更好地体现人民群众根本利益，让人民群众在法治安化建设中得到更多实惠。深入推进法治县创建活动，建立健全法治安化建设评价指标体系，开展法治安化建设督查工作，促进法治安化建设在各个层面、各个部门的落实。强化县委法治建设领导小组及其办事机构的综合协调职能，充分发挥其在法治建设工作中的重要作用。

关于开展“司法公正安化行”活动的决定

（2015年7月10日县第十六届人大常委会第20次会议通过）

为认真贯彻《中共中央关于全面推进依法治国若干重大问题的决定》，切实加强对公检法司机关的监督，规范司法行为，保障公民、法人和其他组织的合法权益，维护社会公平正义，根据地方组织法、监督法等法律法规规定，结合我县实际，县人大常委会决定在全县组织开展 “司法公正安化行”

活动。为确保活动深入开展，特作出如下决定：

一、全面提高对开展“司法公正安化行”活动的认识。党的十八届四中全会强调指出，全面推进依法治国，必须保证公正司法，提高司法公信力。开展“司法公正安化行”活动，促进公检法司机关依法履职、文明执法、公正司法，是贯彻落实党的十八届四中全会精神的重要举措，是保障群众合法权益、维护社会公平正义的有效途径，是建设法治安化、和谐安化、小康安化的现实需要，公检法司机关和相关部门要提高对开展“司法公正安化行”活动的认识，把深入开展这一活动作为践行司法为民宗旨、建设法治安化和实现社会公平正义的重要工作来抓，为我县社会经济发展提供强有力的司法保障。

二、牢牢把握“司法公正安化行”活动主题。开展“司法公正安化行”活动，必须牢牢把握“加强司法监督，促进司法公正”这一主题，充分发挥人大及其常委会的监督职能，加强与其他监督主体的协调配合，通过开展庭审录播、庭审评议、工作评议和案件质量评查等活动，督促公检法司机关主动适应法治建设新常态，进一步深化司法公开，规范司法行为，提高司法效率，强化便民措施，严格队伍管理，全力推进阳光司法、规范司法、高效司法、为民司法、廉洁司法，着力解决执法不严、裁判不公、办案不廉和立案难、诉讼难、执行难等社会普遍关注的热点难点问题。督促公检法司机关积极稳妥推进司法体制改革，使中央部署的推行立案登记制改革、推进以审判为中心的诉讼制度改革、实行司法责任制、完善人民陪审员制度和人民监督员制度、法律援助制度等各项改革措施落到实处，让司法改革成果更多更公平惠及人民群众。

三、努力形成“人大主导、政府支持、司法机关实施、社会各界参与”的活动格局。县人大常委会牵头组织开展“司法公正安化行”活动，依法履行监督职责。各级人大代表要密切关注人民群众的司法诉求，积极参与人大常委会组织的相关活动。县人民政府及相关部门要努力优化司法环境，不断改善司法工作条件，将必要的活动经费列入财政预算。公检法司机关要根据各自的职能职责，制定具体的活动方案并认真组织实施。新闻媒体要加强对活动的宣传，坚持正面舆论导向，真实反映活动效果，营造活动的良好氛围。公民、法人和其他组织要积极支持、参与、配合，共同推进“司法公正安化行”活动，确保活动取得实效。

四、中共安化县委有关人大工作文件（选录）

中共安化县委关于加强人大工作的决定

各乡镇党委，县直机关各单位党组织：

为全面贯彻党的十八届三中全会精神，进一步加强和改进党对人大工作的领导，更好地坚持和完善人民代表大会制度，充分发挥人大及其常委会的职能作用，加快我县全面建成小康社会的步伐，特作出如下决定。

一、深刻认识加强人大工作的重大意义

1.加强人大工作是巩固党的执政地位、实现党对国家事务领导的有效途径。实现党的领导最重要的途径就是把党的主张，通过国家权力机关的法定程序变为国家意志，成为全体人民的行为规范，从制度和法律上保证党的路线方针政策的贯彻实施，保证党始终发挥总揽全局、协调各方的领导核心作用，确保执政为民的宗旨和目标一以贯之、善做善成。因此，巩固党的执政地位，加强党对国家事务的领导，必须坚持和完善人民代表大会制度，充分发挥国家权力机关的作用。

2.加强人大工作是巩固人民民主专政、保证人民当家做主的必然要求。宪法规定，国家的一切权力属于人民。人民代表大会制度从政治上、组织上保证人民群众参与国家事务的管理、行使当家做主的权力，能够充分发挥人民群众的积极性和创造性，凝聚人民群众的智慧和力量，协调各方面的利益，反映人民群众的根本要求。历史经验表明，只有始终不渝地坚持和完善人民代表大会制度，才能真正保证人民当家做主的权力，才能真正巩固人民民主专政，才能真正走出“人亡政息”的历史周期律。

3.加强人大工作是全面建成小康社会、加快推进社会主义现代化建设的重要保证。深入实施“3+2”发展战略，致力绿色崛起和富民强县，是全县人民的共同期盼。我们要加快建立和完善社会主义市场经济体制，确保各种生产要素充分涌流，推动经济和社会更快更好、全面协调可持续发展，必须通过民主法制建设提供良好的条件和严格的规范。推动人大工作与时俱进，支持人大及其常委会依法行使职权，充分发挥人大在社会主义民主法治中的作用，维护社会公平正义，就能为我县改革开放和社会主义现代化建设提供切实有效的保障。

二、加强和改进党对人大工作的领导

4.完善党委对人大工作的领导方式。通过科学化、规范化、制度化的机制，科学规范党委与本级人大的关系，支持人大依法履行地方国家权力机关职能。同时根据新形势下人大工作的特点和规律，积极探索进一步加强和改善党对人大工作领导的新途径、新方法，不断提高对人大工作的领导水平。

5.健全和完善党委领导人大工作的各项制度。县委把人大工作纳入总体工作布局，每届任期内至少召开一次全县人大工作会议，每年听取一次县人大常委会党组的工作汇报，及时讨论研究人大工作中的重大事项，及时协调解决人大工作中的重大问题。在做出涉及全县经济社会发展全局、广大人民群众切身利益方面的重大决策前，要采取多种形式，广泛听取人大常委会主任会议和人大代表的意见。坚持县委领导分工联系人大工作制度，坚持县人大常委会主任列席县委常委会议制度，县委、县政府召开全局性会议、组织重大活动和研究专项工作，以及县委开展领导干部民主推荐和测评时，根据工作需要，安排县人大常委会主任会议成员、相关委室负责人和乡镇人大主席参加。

6.充分发挥县人大常委会党组的领导核心作用。县人大常委会党组要对县委负责，坚决贯彻县委的工作意图和工作部署，建立健全重大事项报告制度，及时向县委请示报告人大工作中的重大问题。人大代表、人大常委会组成人员和人大机关中的广大党员要牢固树立党的组织观念、政治观念、大局观念、群众观念，以自己的模范行动，保证党的路线方针政策的贯彻落实。

7.加强对宪法、法律、人民代表大会制度的学习和宣传。各级党组织和党员干部要认真学习宪法、法律和人民代表大会制度基本知识，自觉维护宪法和法律的权威。县、乡（镇）理论学习中心组要把人民代表大会制度和民主法制理论作为中心组学习的重要内容，并把宪法、法律和人民代表大会制度以及民主法制建设理论纳入县委党校干部培训的重要内容。将人民代表大会制度和人大工作的宣传纳入县委宣传工作总体规划，县内各新闻媒体要大力宣传人民代表大会制度和民主法制建设。

三、支持和保证人大及其常委会依法履行职能

8.支持和保证人大及其常委会依法行使重大事项讨论决定权。按照宪法、地方组织法及有关法律的要求，全县国民经济和社会发展中长期规划、年度计划、财政预决算、城镇建设整体规划、重大工程建设、政府债务性融资等重大事项，应及时提请人大常委会听取、审议或做出决定。审议事项一般应在每年年初提出，列入年度计划。人大常委会要依照法定程序，及时就本区域内带有根本性、全局性、长远性的重大问题和人民群众迫切需要解决的问题，在广泛调研、集中民智的基础上，适时作出决定、决议，各相关部门和单位要认真贯彻执行。

9.支持和保证人大及其常委会依法行使监督权。支持人大及其常委会依法运用询问、质询、巡查视察、特定问题调查、罢免、撤职等监督形式，督促解决严重违法和群众反映强烈的问题。支持人大及其常委会创新工作评议方式。“一府两院”包括本行政区域内的垂直管理部门，要自觉接受县人大及其常委会的监督，主要负责人根据需要依法列席人民代表大会、人大常委会会议、人大主任会议，报告工作，听取意见，回答询问。对县人大及其常委会提出的审议意见，交办的重大问题，要认真研究，尽快整改，及时报告办理结果。在监督中发现的重大问题，县人大常委会党组要向县委报告。人大及其常委会要依法加强对事关全县改革发展稳定大局及广大人民群众切身利益的重大问题进行工作监督，加强对社会发展计划、财政预决算、城镇规划、民生事业及工程、主要产业、财政资金投资建设等经济社会发展中的重大事项的监督。认真开展执法检查和规范性文件备案审查工作，确保法律法规在本行政区域内贯彻执行。

10.支持和保证人大及其常委会依法行使选举任免权。各级党组织要把坚持党管干部的原则与人大依法选举任免有机统一起来，切实规范选举任免程序。由人大及其常委会选举或任免的干部，在讨论决定前，事先征求人大常委会党组和人大常委会组成人员意见。支持人大常委会建立和完善对拟任人选的法律知识考试和供职发言制度，“两院”提请任命法律职务的人选进行任前了解的制度。尊重和维护人大的选举表决结果，保证人大选举、任命干部任期内的相对稳定。

四、支持和保障人大代表依法履行职务

11.着力提升人大代表素质。加强对县乡（镇）人大换届选举工作的领导，科学划分选区，精心推荐代表候选人，依法组织选举。在推荐和确定本级和上级人大代表候选人时，县委充分听取县人大常委会党组的意见。采取重点培训和代表小组分批培训相结合的方式，加强对人大代表任期内的系统培训，增强代表的责任意识，切实提升代表履职能力。

12.切实保障人大代表依法履行职务。全县各级各部门要加强与各级人大代表的联系，建立健全各种形式的政情通报制度，尊重和维护宪法与法律赋予人大代表的各项权利。县人大常委会要坚持和完善邀请代表分期分批列席人大常委会会议、参与调查研究、执法检查和集中视察等制度。进一步完善代表工作制度，创新代表小组活动方式，有效开展代表闭会期间活动。按要求逐年提高县乡人大代表的活动经费，并根据工作需要适当安排县人大常委会兼职委员和国省市人大代表活动经费。人大代表依法参加代表活动，其所在单位、部门应依法给予时间、费用和其他履职必需的各项保障。依法严肃

查处妨碍代表履行职务或侵犯代表权益的行为。开展人民满意代表和先进代表小组评选活动。探索建立代表辞职制度。

13.不断提高人大代表议案和建议、批评、意见的办理实效。“一府两院”及相关部门要建立健全代表议案及建议、批评、意见的办理机制，规范办理流程，邀请代表全程参与和监督办理，鼓励“公开办理”和“现场办理”，力戒文来文往的形式主义。县人大常委会要采取上门督查、重点督办等方式，加大对代表议案及建议和批评、意见办理的跟踪督查力度，务求办理实效。

五、重视和加强人大常委会及其机关自身建设

14.加强思想作风和业务能力建设。县人大及其常委会要自觉坚持党的领导，服从和服务于全县工作大局，加强党的基本理论、方针政策和相关业务知识学习，保证人大工作正确的政治方向。不断健全和规范人大常委会、主任会议议事规则，大力弘扬求真务实、开拓进取、勤政清廉的工作作风，努力提高人大工作的规范化水平和依法履职能力。

15.加强组织和机关建设。不断优化县人大常委会组成人员的年龄、知识和专业结构，提高中青年委员和专职委员的比例。重视和关心人大机关干部队伍建设，加大人大优秀干部培养选拔、交流力度。支持县人大常委会积极开展与外地人大的交流学习活动，拓宽人大工作视野。进一步改善人大机关办公设施和信息技术装备。切实为人大机关做好老干部工作创造必要条件。

16.进一步加强乡镇人大工作。乡镇人民代表大会是我国最基层的地方国家权力机关。乡镇党委要把人大工作列入重要议事日程，明确主席、副主席工作职责，及时研究解决工作中的困难和问题，落实各项政治生活待遇。乡镇人大工作经费列入本级财政预算，确保基本需要和代表小组活动的有效开展。县人大常委会要加强对乡镇人大工作的指导，健全常委会领导分片联系制度、年度工作目标管理考核制度，定期组织业务培训。乡镇人民政府要认真贯彻执行乡镇人民代表大会作出的决议决定，认真听取并督促落实人大的建议意见，主动向人大报告工作，自觉接受人大监督。乡镇人大要认真行使宪法和法律赋予的各项职权，创造性地开展工作，合力推进当地经济社会科学发展。

中共安化县委

2013年12月21日

后 记

安化县人民代表大会经过了66年的建立、恢复、完善、发展的历程。1986年来，县人大常委会曾就编写《安化县人大志》两度进行了研究，并组织有关人员开展相关阶段工作，但由于多方面原因被中止。县第十六届人大常委会高度重视，决定从1949～2016年系统编写《安化县人大志》。根据县人大常委会主任蒋跃登等领导的安排，《安化县人大志》的编写从2014年11月正式启动。2016年12月换届后，县第十七届人大常委会进一步加强领导，《安化县人大志》的编修工作顺利推进。

2014年11月至2015年3月，明确罗舜寰开展有关工作，主要是联系挑选编志人员，添置办公设备，学习有关业务，翻阅有关资料，起草有关文件。一段时间以来，主要起草了《关于成立〈安化县人大志〉编纂委员会的通知》《安化县人大志（1949～2016）编纂工作实施方案》《安化县人大志编纂大纲（草案）》《安化县人大志编写行文通则》《关于〈安化县人大志〉的编修》《关于收集人大资料的函》等编写人大志的主要文件等，为正式编写《安化县人大志》做好有关基础工作。

2015年4月，经县人大常委会领导同意，正式确定县财政局退休干部（原副局长）周正平为县人大志编志人员。2015年4月13～15日，在县人大常委会党组成员、办公室主任姚国良的率领下，办公室分管文秘的副主任和编志人员到湖北省来凤县学习了编写人大志的经验。

2015年5月26日，县第十六届人大常委会第27次主任会议研究了《安化县人大志》编纂有关工作。会议决定成立《安化县人大志》编纂委员会、《安化县人大志》编纂委员会办公室，并分别明确了有关成员；通过了《安化县人大志（1949～2016）编纂工作实施方案》《安化县人大志编纂大纲（草案）》等文件；还对60多年《安化人大志》编写工作的重要性、必要性、艰巨性进行充分的肯定，并要求机关各委室及县直有关单位、各乡镇人大完成好相关工作，把《安化人大志》编写成精品力作，为推进人民代表大会制度建设发挥出较大的作用。

2016年7月21日，县人大常委会党组成员、办公室主任姚国良主持，召开全县各乡镇人大办主任、县人大机关各委室副主任参加的《安化县人大志》乡镇人大编纂工作会议。2016年7月，为了加快《安化县人大志》编写进度，我办印刷《安化县人大志（资料本）》送县人大常委会领导，机关各委室、部分同志审阅征求有关修改意见。

2016年7～11月，我办在征求意见的基础上，对《安化县人大志》资料本进行补充，并对全书体例、表述等内容进一步进行规范和修改；对全县23个乡镇人大志编写进行业务指导、资料收集、修改补充、内容核实等大量工作，基本完成编写任务。全书除总述、大事记、丛录外，设6篇20章127节，共100多万字。2016年11月30日，我办打印《安化县人大志（第二稿）》20本送有关领导和单位进行审阅。《安化县人大志（第二稿）》文字部分内容已经编完，主要工作是进一步征求意见，补充、核实、修改、审稿、评审等。

2016年12月至2017年4月，在第二稿的基础上作较大的修改、部分补充和审核工作，在4月底打印了第三稿。该稿全书60多年的跨度在体例上、单位和会议名称表述上及其他文字表述等做到了基本一致，尽可能的考虑志书的整体性、严谨性、系统性和逻辑性，以确保史料采用的真实性、法律运用的准确性、人大业务的科学性，真正具有存史价值。

2017年5月10日，县人大常委会组织召开《安化县人大志》编纂工作推进会。县人大常委会副主任姚国良、办公室主任龙要平出席会议并强调，编纂好《安化县人大志》是保存安化县人大历史资料的需要，也是坚持和完善人民代表大会制度，提升人大工作水平的需要。编纂工作须精益求精，确保志书的全面性、真实性、科学性。要确保人员和经费需要，及时抽调机关工作人员负责编纂工作。同时，要调整、完善和补充有关内容。编辑工作时间紧、任务重、压力大，人大机关各委室要全力支持，加快编辑工作步伐。

2017年5~7月，根据《安化县人大志》编纂工作推进会的要求，我办在《安化县人大志（第三稿）》的基础上进行了较大幅度的调整，增加了县第十七届人大代表选举、县第十七届人民代表大会第一次会议和历届县人民代表大会第一次会议上的县人大常委会工作报告等内容。《安化县人大志》编委会安排编委会成员龙吉明、刘国平等对全书进行了修改，夏琼玲负责彩版的收集和编排。

2017年10月9日，县人大常委会办公室向县委办公室和县委组织部、“一府两院”办公室、县志办、县人大常委会机关各委室、老干党支部等单位和个人发出了《关于征求〈安化县人大志（1949~2016・清样稿）〉修改意见的函》。10月26日，县人大常委会主任会议充分肯定了前段《安化县人大志》的编修工作，并就后段有关时间安排、照片审定、印刷工作及其他有关工作进行了认真研究。

本志编纂中，一直在县人大常委会的具体领导下进行，并得到机关各委室、县档案局、县统计局、县经管局、县委组织部、各乡镇人大主席团的大力支持。县委组织部为我办提供了《中国共产党湖南省安化县组织史资料（第一册，1921.7～1987.10，第二册，1987～1996.12）》，1997.1～2016.8县委关于各乡镇历届人代会选举结果批复文件，各乡镇人大主席团提供了乡镇人大工作（1980～2016年）系统资料。1989年11月陈并宇编写的《安化县人大志（1911～1989・资料稿）》和2001年7月游晓岚、刘昭曙编写的《安化县人大志（1986～2000・资料稿）》，为编纂本志发挥了重要的参考作用。在志稿征求修改意见期间，县人大常委会领导和委室同志以及县人大常委会离退休的老领导、老同志，县委办公室和县委组织部、“一府两院”办公室、发改局、财政局以及各乡镇人大等单位领导和同志，为修改完善工作提出了十分宝贵的意见，省、市人大有关领导给予了指导。由此可见，《安化县人大志》是众手成书的结果，是集体智慧的结晶。在此，谨向关心和支持《安化县人大志》编纂工作的各位领导、各界人士和有关单位表示诚挚的感谢！

修志工作是一项复杂系统的工作，由于本志跨度时间长、涉及内容多，而且档案资料不全，加之我们缺乏修志工作经验，疏漏、错误和不妥之处在所难免，敬请领导、专家和读者批评指正。

《安化县人大志》编纂委员会办公室

2017年10月